U0216128

吉林人民出版社

简体字本二十六史

清史稿

卷四九四——卷五二九

（十五）

［民国］ 赵尔巽等 撰

许凯等 标点

清史稿卷四九四
列传第二八一

忠义八

姚怀祥 全福　舒恭受等　**韦逢甲** 长喜等
麦廷章 刘大忠等　**韦印福** 钱金玉等
龙汝元 乐善　魁霖等　**文丰**　**殷明恒**
高腾　**高善继** 骆佩德等　**林永升**
陈金揆等　**李大本** 于光炘等　**黄祖莲**
杨寿山等

　　姚怀祥,福建侯官人。嘉庆二十三年举人。道光十五年,挑知县,发浙江,权象山、龙游等县。二十年,英吉利以钦差大臣林则徐在两广坚持鸦片之禁,耀兵宁波洋面,破定海,旋退出。二十一年二月,攻虎门,广东水师提督关天培、湖南提督祥福;七月,攻夏门,总兵江继芸,游击凌志;八月,复攻定海,总兵王锡朋、郑国鸿、葛云飞;九月,攻镇海,两江总督裕谦,狼山镇总兵谢朝恩;二十二年三月,攻慈溪,副将朱贵与子昭南;五月,攻吴淞,江南提督陈化成:均先后殉难,自有传。怀祥二十年适署定海篆,分募乡勇为死守计,总兵张朝发撤之。城陷南门,怀祥负伤,立城上呼兵,无应者,愤甚,投成仁塘死。
　　典史全福使酒仗气,敌至,衣冠坐狱门。囚跳,叹曰:"失城当

死,况失囚耶?"敌入署,大呼杀贼,毙黑酋者一,丛刺死。翌年,再犯
宁波、定海,则石浦同知舒恭受,游击张玉衡、外委武英太同死难。
都司李跃渊则随总兵郑国鸿战晓峰岭六昼夜,与把总胡大纯、洪武
琼,外委金钊同没于阵。

是役也,慈溪大宝山死者,为即用知县颜履敬,参将黄泰,守备
田锡、陈芝兰、徐宦、哈克里,千总阿本穰、魏启明,把总林怀玉、卢
炳、邱法德,外委张化鹏、马龙图、何海、毛玉贵、王保元、杨福增;死
镇海城者,为县丞李向阳;战金鸡山死者,为都司孙汝鹏,守备李云
龙、王万龙,千总陈庆三、陈守澍、周万治,把总马金龙、汪宗斌、解
天培、金鳖,外委林赓、吴定江;死招宝山者,为外委蔡步高。而山阴
练勇袁乐忠以从间道导朱贵军至长碛迎战,为炮火所逼,从烟陷中
跃起,投海死。

韦逢甲,山东齐河人。道光十六年进士,用知县,发浙江,累权
宣平、余杭、浦江等县。英吉利既再扰宁波洋面,将寇吴淞,先以戈
船三十艘进攻乍浦。时逢甲以督铸大炮,由镇海赴乍浦设防,就权
同知。四月,敌遽由东光山上陆,屯兵皆溃。逢甲带乡团御于西行
泛,死之。

同死者,为驻防副都统长喜,前锋协领英登佈,佐领隆福,防御
贵顺、额特赫,前锋校佛印,骁骑校伊勒哈奋、根顺、该杭阿及调浙
助防之守备张淮泗,千总李廷贵,把总王荣、马致荣、孙登霄,外委
马成功、朱朝贵。而伊勒哈奋尤惨,伏观山射夷,殆甚众,被执,磔
死。子仁厚,袭职,殉粤寇。

麦廷章,广东鹤山人。道光十二年,以外委随剿连州徭匪功,屡
迁至游击。林则徐查办英吉利趸船鸦片,檄廷章率舟师驻九龙山巡
防。英酋递书辩论,开导不服,遽开炮,廷章以大炮应之,毁双桅敌
船。又潜约土密兵船助攻,复击劫却之。英人既陷浙定海,遂溯大
洋至天津乞和,朝命直隶总督琦善驰粤与议,海防遽懈。二十年十

二月，敌乘不备，突进占大角、沙角，廷章时佐提督关天培防守靖远炮台。明年二月，敌船拥入三门口，断防御桩练。南风作，复以大队围横档、永安，截我军援道，进犯虎门。廷章奋勇御之，力竭死。

时同死者，为香山协副将刘大忠，游击沈占鳌，守备洪达科等。参将周枋则以拒敌乌涌战殁。三月，英人复由粤扰闽，攻厦门，犯内港，守备王世俊、蒋锡恩，千总张然迎击之，均以力战阵亡。

韦印福，江苏上元人。由行伍随剿滑县匪，有胆略，尝曰："武官临阵，死生度外事，畏死不作武官矣。"累擢千总，为两江总督陶澍所赏，擢署金山营游击。英吉利之窥吴淞也，提督陈化成守西炮台，誓死战，以印福忠勇，隶左右。二十二年五月，敌舰丛击之，化成被伤，印福救护不及，殁于阵。

化成之殁，从殉者八十人，其尤烈者：千总钱金玉，临危或劝避去，答曰："金玉年十六即食国饷，今焉避？"遂及难；外委徐太华，善用炮，转移如志，击皆命中，被击死；把总许攀桂，拥护化成，谓："主将与某等同甘苦，公报国在今日，某等报公亦在今日！"众心益固，卒饮剑死；把总龚增龄，迎战，刃数人，敌人围而擒之，钉手足于板，掷诸海；外委周林，率帐下巷战，中枪，先化成死。

时督师两江总督牛鉴，以炮毁演武厅，亟退去，之苏州，又之江宁，敌遂由宝山徇上海，道以下官皆遁，典史刘庆恩投浦江死。内河不能深入舰队，乃由福山口犯镇江京口，副都统海龄战不胜，自缢死，寻谥昭节。赴援游击罗必魁，把总赵连璧，均死之。驻防员弁同与难者，为马甲长松，与子骁骑校祥云；佐领景星、爱星布、恒明，防御恒山、尚德、恒福、吉成，骁骑校伊克济讷，文举人噶喇，武举人哈达海，笔帖式哈丰阿、恩喜，前锋校松宝、文魁、阿勒金图、喜兴等。迨江宁钦差大臣耆英等奏定款局，而五口通商之约成。

龙汝元，顺天宛平人。由行伍随剿广西会匪，以功累擢游击，隶河南巡抚英桂军营。咸丰八年，英吉利纠合法郎西、米利坚两国，藉口换约，俄罗斯复阴助之，坚请在京师开议。议未定，舰队集天津海口，朝命科尔沁亲王僧格林沁办理海防。汝元奉檄至，擢大沽协副将。九年五月，英法兵船驶入内河，汝元手然巨炮沈其船，旋中炮殁于阵，谥武愍。提督史荣椿同死，自有传。

是役也诸国受创甚。十年夏，舰队复集天津古北口，提督乐善奉命驻兵大沽，至则以关防交僧格林沁，令所部愿留者听，得千余人，誓死守。六月，敌兵自北塘登岸，七月一日，自石缝炮台击败之。相持一日，无后援。火药局火起，兵多伤死。乐善知不可守，遂投河死。从死者副将、守备各一，失其名。乐善谥威毅。

时副将魁霖在通州巡防，檄至天津助战，亡于阵，谥威肃。委翼长阿克东阿、侍卫扎精阿同死之。八月，敌遂北犯通州，图占西仓，监督觉罗贵伦与同官玉润衣冠对缢殉节。焚淀园，文丰外，员外郎泰清、苑丞泰衷全家自焚死。时文宗驻跸热河，命恭亲王奕䜣再议款局，而难始定。

文丰，董氏，内务府汉军正黄旗人。内务府笔帖式，历堂主事、员外郎、造办处郎中，充杭州织造，授骁骑参领。道光二十一年，充粤海监督。二十三年，偕两广总督耆英等遵议英吉利五口通商章程十五条，下部议行。二十六年三月，授热河副总管，充苏州织造。差还，授堂郎中。咸丰四年，赏总管内务府大臣衔，历正蓝旗汉军副都统、正蓝旗护军统领。七年二月，授总管内务府大臣，寻署正黄旗护军统领。八年五月，管理圆明园事务，调正红旗满洲副都统，弃崇文门副监督。又调正白旗满洲副都统，署御药房、太医院事务。十年八月，命在圆明园照料一切事宜，是月，英人闯入圆明园，文丰投水殉难。赐恤如例，赠太子少保衔，入祀京师昭忠祠。同治元年，追念忠节诸臣，以"文丰从容赴难，不愧完人"褒之，加恩予谥忠毅。

殷明恒，江西南昌人。由武童投效水师营，擢把总。光绪四年，赴闽，隶平海中营师船司炮。时佛朗西既并越南，将窥滇省，其酋领军舰十四艘先犯福州,图覆船政局。十年七月,在马江发难,明恒阵亡。时毁兵船七,商船二,及艇哨各船俱烬,死者不可计。见奏报者,以参将高腾云死最惨。五品军功陈英战最烈。船厂学生带扬武舰叶琛,带建胜舰林森林,均登台发炮,受弹,犹屹立指挥;充福星轮三副王涟受炮伤,犹枪毙敌兵多名,均以伤重阵亡。

是役也,战镇南关外,隶记名提督刘永福部下者,为武监生杨萼恩、哨弁何承文等;隶署提督苏元春部下者,为总兵孙得胜,副将黄政德、邱福初、陈义新、刘德胜、张大寿、刘玉贵,参将胡延延庆、王绍斌、萧有明、黄世昌、石启官、张兴宽,游击萧宝臣、李纯五、吴少怀,都司黄均、任有锡、李逢桢、吴述元、周同芳,守备黄效忠、杨承禄,千总苏全璧、蒋全昌、李得胜,把总王有兴、李明德、杨春林、徐国庆、叶亚吉、梁玉辉,外委曹正亮,六品军功劳国丰,从九品黄汝霖等。

隶广西巡抚潘鼎新部下,纸作社之役,为副将苏玉标,都司陈福隆,把总张元鸿、顾玉芳;谅山之役,为提督刘思河,都司刘映谷、黄正寅、邓晏林、杜光湔、守备罗云高,千总俞谏臣、蔡得胜、孙其易,把总谢世和,门品军功万国发等。

隶福建布政使王德榜部下,战丰谷等处,为总兵黄喜光,副将胡阳春、武鸿来,参将左廷秀、谭家璐、王得永、蔡玉堂、黄祖富、左占元,游击陶得玉、聂章寿、王得才、柳臣玖,都司王天喜、陈永发、赵步云、谭连胜、胡克胜、田玉贵,守备邱正亮、邓青云,千总谢廷兰、张玉魁、杨大德、胡士英,把总萧恩清、王成吉,外委刘云汉、谢薛昌,六品军功黎占元、唐复兴、谭以明等。

隶福建巡抚刘铭传部下者,为总兵曾照礼,副将刘义高,千总殷有升,把总尤运农、祁文等。均分别上闻,赠恤有差。高州镇总兵杨玉科,则以宿将有功,战殁谅山,自有传。

高善继,字次浦,江西彭泽人。由附生举同治元年孝廉方正,朝考用教职,署弋阳县训导。举优行,皆寒畯士,积弊为清。寻调赣州府学教授，又调南安。光绪十四年，举乡荐，会试不第，谒李鸿章于天津，鸿章，其父执也，语不合，投通永镇总兵吴育仁幕下。二十年，日本侵朝鲜，廷议主战。六月，善继佐营官骆佩德乘英国高升输船运送军实，驶至牙山口外，日本举旗招抚，善继不肯屈。管驾英人先逸去，善继忿极，令悬红旗示战备，且进薄之。方与佩德指挥御敌，忽船中鱼雷，逾时，水势注射益汹涌，众强善继及佩德亟下，善继奋然曰："吾辈自请杀敌，而临难即避，纵归，何面目见人？且吾世受国恩，今日之事，一死而已！"佩德曰："如此，吾岂忍独生？"高升船遂沈，善继溺死，佩德从之。

时护行者为济远舰，亦为敌船在丰岛袭击，大副都司沈寿昌坚守炮位，竭力还攻。及中炮阵亡，则守备柯建章继之；复阵亡，则黄承勋继之。与军功王锡三、管旗刘鹍同与于难，争趋死地，奋不顾身，尤为当时所称。广乙快船管轮把总何汝宾，亦于是役中弹阵亡。

林永升，福建侯官人。入船政学堂肄业驾驶，派兵轮练习，周历南北洋险要，以千总留闽，充船政学堂教习。复出洋留学，归，晋守备，调直隶。从平朝鲜之乱，擢都司。赴德国接收代造经远快船。保升游击。光绪十五年，北洋海军新设左翼左营副将，以永升署理。办海军出力，升用总兵。

二十年八月，朝命海军护送陆军赴大东沟登岸援朝鲜，日本海军来袭，我铁舰十，当敌舰十有二。副将邓世昌管带致远，都司陈金揆副之；参将黄建勋管带超勇；参将林履中管带扬威；经远，则永升主之。永升夙与世昌等以忠义相激厉，既合诸舰，冲锋轰击，沈日舰三，卒以敌军船快炮快为所胜，世昌战殁，提督丁汝昌坐定远督船，畏葸不知所为，又被伤，总兵刘步蟾代之。船陈失列，有跳而免者，永升仍指挥舰勇，冒死与战，骤中敌弹，脑裂死。是役也，血战逾三时，为中国海战所仅见。

永升而外，金揆、建勋、履中及守备杨建洛、徐希颜，千总池兆滨、蔡馥，把总孙景仁、史寿箴、王宗墀、张炳福、易文经、王兰芬，外委郭耀忠,五品军功张金盛,六品军功王锡山,均死之。世昌自有传。

李大本,安徽六安州人。咸丰投效江西军营,以功累擢游击,复投效直隶,充哨长,晋副将。光绪二十年,日本犯朝鲜,叶志超统军往援,扼守公州,聂士成率五营驻成欢驿。敌军来袭,大本与游击王天培、王国佑同亡于阵。时武备学生于光炘、周宪章、李国华、辛得林并趋健士,伏要隘,狙击敌前锋,以接应不至,皆死焉。士成旋绕渡大同江至平壤与诸军合,军无斗志,溃退相继。独左宝贵扼险恶战,死最烈,自有传。自是朝鲜无我驻军,敌遂内犯。

黄祖莲,安徽怀远人。少有志节,尝思立功异域。光绪初,入上海广方言馆,列优等,送美国游学。调天津水师驾驶学堂,旋派赴威远兵轮练习。叙千总,署海军中军左营守备,充济远驾驶二副。海军出力,以都司升用。中日衅启,说丁汝昌以"严兵扼守海口,而以兵舰往捣之,攻其不备。否则载劲旅抵朝鲜东偏釜山镇等处,深沟高垒,绝其归路,分兵徇朝鲜诸郡邑,彼进则迎击,彼退则尾追,又出偏师挠之。彼粮尽援竭,人无斗志,必土崩瓦解,此俄罗斯破法兰西之计也。"汝昌不从。及大东沟将战,又说以"海战宜乘上风,兵法贵争先著。今西北风利,宜乘其兵轮未集,急击不可失。"汝昌复不决,遂失利。

十二月,日人弃西路,南扰山东,祖莲佐总兵刘步蟾等守威海。时官军集关外。东路兵单,日军由落凤港登陆,攻陷荣成,全力萃威海。祖莲挥将士开炮击敌,敌少却,既复大集,诸军皆溃。二十一年正月,道员戴宗骞以力尽援绝投海。越数日,祖莲与刘步蟾及总兵张文宣、杨用霖等俱死之。时汝昌书降于敌,且要敌军不得残余军,仰药死。后以死绥上闻,旨不予恤。或谓汝昌实为所部胁降,愤而自尽,降书则死后出洋弁手也。

时旅顺先陷,海军扫地,黄海诸要隘皆失守,将士多死事,以奏报有缺，不得书。其见奏报者，三等侍卫永山，在凤凰城战殁；游击李世鸿、副将李仁党与提督杨寿山分守盖平，御敌大将乃木军，战最烈，同时以力尽阵亡。步蟾、宗骞自有传。

清史稿卷四九五
列传第二八二

忠义九

宗室奕功 札隆阿等　觉罗清廉等　**松林**
文炘等　**崇寿** 韩绍徽　韩培森　马钟祺　董瀚
谭昌祺　庄礼本　冯福畴　宫玉森　景善等
宋春华　马福禄　杨福同　吴德潚
子仲韬　**成肇麟**

　　宗室奕功,历官奉宸苑卿,至御前侍卫。光绪二十六年,拳匪肇
祸,各国联军破京都,德宗奉孝钦显皇后西狩,奕功以世受国恩,未
能随扈,引火自焚。妻祥佳氏、子载捷等,阖家投井殉节。

　　先后被难者,宗室有奉恩将军札隆阿,子朴诚等;奉恩将军缉
御,子培善,孙存德、存厚等;文举人恩煦,子继勋、懋勋,从子启勋、
世勋等;掌江西道监察御史德藩,户部员外郎恩晔,户部主事谨善,
宗人府经历讷钦,头等侍卫德润,带队官钰璋,及奕鑫、载袍、恕诚、
联德、恩溥、松达、善章、国文、松根、景璋、承惠、和桂、凤喜、吉辰、
海明,觉罗有清廉、年瑞、德润、荣绵。

　　松林,巴雅尔氏,满洲镶黄旗人。由笔帖式累擢给事中。出知
临安府,升云南粮储道,晋山东按察使、布政使。内擢顺天府府尹,

病解任，起为内阁侍读学士。联军犯京师，分守东直门，亲指挥炮火中，抵御甚力。俄中炮死，尸不可辨。

是阵亡者，前敌有世管佐领文炘，骑都尉玉荫、奎龄，笔帖式宝善，前锋校荣春，护军校玉连，骁骑校钟安、德昌，前锋舒元、明顺、护军秀亮、双禄、瑞升、广福、成福、恩启、常贵、成秀，把总文通，队官全成，队长全兴，领催崇宽、贵斌、崇欢、庆祥、广升、奎秀、永顺、暇安、恩庆、广立，马甲成恒、瑞喜、庆山、倭克金布、世昌、玉兴、恩隆、德胜、祥瑞、赓音布、董连元、保麟、裕安、长泉、保玲、王永立、保祥、李景瑞、田应时、张桂祥、李永福、清华、吉顺、全立德、玉崇、喜保、林长玉、布克坦、全保、喜寿、海宽、延禄、玉山、成昌、长福、松龄、柯永、文斌、徐培田、文达、庆连、兴瑞、李烨、保庆、清海、长春、恩常、保顺、广禧、广海、崇福、凤龄、成启、双全、玉岑、汪恒吉，养育兵明禄、玉海、玉存、景立、关喜、庆禄、色勒、连贵、双寿、文奎、奎茂、齐德森、明保、永顺、泳全、常来、吉禄、万善、立得、长桂、松梁、德成、长安，闲散全兴、松泽、德禄、连升、保盛阿、玉庆、德禄、广成、连山、倭克金泰、立海、德绪、富森、广海、崇福、荣义、国安、祥桂、富顺、延茂、德全、恩隆、杨德福，枪甲吉庆、连魁、李长升、景英、文海，枪兵崇昆，炮甲吉安、文弼、景瑞、张启茂、刘龙、富琪、全奎、全保、德凤、增锐、增辉、周奎斌，练兵桂普，队兵光辉、林庆。

东直门有护军参领贤普，世管佐领德续，公中佐领松鹤、锡昌、连秀，笔帖式荣山，骁骑校惠斌、倭什洪额、瀛绪、连桂、常浩、铭纶、凤启，护军瑞斌、常福、春安、普惠、德谦、恒有、兆芳、随善、同广、崇敬、恒斌、桂禄、三多，队官英璞、惠斌，领催德绪、常庆、成山、富顺、常全、双印、文森、松弼、双奎、广义，马甲乔龄、锡瑞、田德贵、奎秀、广喜、宝庚、广禄、富通、明喜、广林、文印、德林、永山、锡连、荣和、永霈、长安、李忠、春元、得林、兴顺、福贞、文芳、文普、玉芳、鸟云珠、达崇阿、德贵、明安、世达、黄培长、贵普、英王、锡禄、文华、德本、春伦、成佑、崇庆、双奎、双海、立福、德保、润秀、奎秀、顺立、志亨、志隆、铭荣、崇喜、恩顺、连敬，养育兵庆林、双禄、隆福、宜绪、济坤、长奎、德文、长清、得隆、景立、得保、明增、成林、福祥、宝瑞、恩佑、闲散荣喜、崇仪、顺福、吉昆、长山、英振、阿炳、阿均、广成、连山、世瑞、承英、锡保、双兴、德玉、治得、和森、广立、李斌、世山、永利、长龄、铁寿、定坤、龙泰、凤林、凤祥、景珍、崇锡、存德、延龄、锡光、宝忠、得虎、奎福，炮兵恒安、国安、承万、吉恒、玉森、善溥、盛濂、队兵凌贵、伊立布。

崇文门有护军校富亮，骁骑校德瑞，笔帖式润普，七品官萨斌图，监生福寿，队官彤勋，护军庆升、定昆、世喜、富山，领催玉山、连英、国栋、文通，马甲志福、铁升、桂安、清海、巨泰、乌林、兴海、聚泰、玉保、成喜、恩沾、全顺、恩保、辅廷、达英、张仲兰，养育兵永禄、文斌、隆兴、德存、富宽、常寿、全禄、海玉、英鋆、松山、连升、存德，闲散文成、文亮、崇林、松山、常林、秀斌、松玉、忠福、巴克坦布、奎荣、崇海、绪顺、德清，枪兵文海，队兵恩保、德禄、隆兴，幼丁刘长立。

朝阳门有云骑尉富珠伦，恩骑尉连福，护军校富亮，骁骑校续魁，鸟枪蓝瓴长松春，护军海秀、常福、乌林泰、万玉斌，前锋吉昌，领催常兴、保昌，马甲永安、福山、双喜、保勋、德福、铁升、兴海、长瑞、玉安、巴杨阿、乌林保，养育兵贵全、凌山、恩启、保春、涌澄、德顺、裕泰、玉厚、成玉、赵文忠、闰福、文瑞、荣德，闲散长绪、文立、多太、诚坤、恒立、常兴、伊三布、文禄、常林、瑞申、恩锡、连升，松山、厚宽、张勋、松山、忠福。

东便门有游击韩万钟、弟韩万禄，千总庆余，把总金钰，战兵王寿、李永福，马兵梁坤、张德舆。

德胜门有副参领祥存，世管佐领承瑞，骁骑校崇桂，领催柏铭、容刚、文惠，马甲锡连、桂启，养育兵常海，队兵荣喜。

安定门有笔帖式增俊，马甲立贵、长庆、德闰、卢检贵、恩寿、德平、长存、松禄、赵俊双、恒山、庄立、玉明、刘殿臣、长寿、荣桂、合海、袁明林、杨有春、文愈、文茂、文毓、连顺、施彬、文福、王玉凤、线长海、全英、煜祥、钟铭、傅合、连升、马玉和，养育兵恩绪、奎元、二立、文浩,闲散清联、德谦,武生长绪。

　　齐化门有护军校连瑞。

　　西直门有养育兵乌什哈,闲散全桂。

　　阜成门有敖尔布钟珊。

　　永定门有闲散长泰、玉泰春祥。

　　正阳门有闲散清林、奎连、德胜。

　　宣武门有炮甲林广明,蓝翎长祥瑞,领催常连、景绪,马甲荣福、崇善、德斌、全顺、定保、荣庆、维明,炮手庆焕,养育兵松长,闲散英绪、续顺、崇海。

　　大清门有前锋玉兴。

　　天安门有护军参领玉山,副护军参领双福,护军校花连布,侍卫润志,前锋歧俊,护军永寿、文瑞、瑞升、承通、林安、玉庆、春喜、祥林、松桂、永寿、文禄、常升、常海、松惠、海全、桂升、双寿。

　　午门有副护军参领凤龄,前锋崇祥、桂丰,护军玉寿、德凯。

　　东安门有公中佐领松寿,步军校文通,领催延寿。

　　东华门有副护军参领长年,副令官英宽,蓝翎长富升,队官玉昌,护军恩秀、奎英、成光、忠明、贵庆、昆连、松群、玉山、阿杭阿、玉寿、恩秀、奎俊、成英、文广、托克托虎、常山、广庆、希拉布、他克布、连德,马甲长山,养育兵存山,闲散德元,技勇兵全贵。

　　西安门有养育兵永顺、德福。

　　西华门有马甲春明。

　　地安门有神虎营营总昆明,副护军参领恒谦,护军营管理祥瑞,护军队官凌魁,队长彦禄,护军常瑞、萨图布、永安、常山、双寿、兴斌,马甲文海、福山,养育兵崇恩、全芩、顺喜,闲散德祥。

　　紫禁城内有护参领海忠,亲军校文玉。

　　守陴者有世管佐领德润,马甲锡秀。

　　巷战者有骁骑校多伦布,蓝翎长德英额、双贵,前锋凤玉、希拉奔、崇安、文英、荣昆,护军德玉、崇贵、崇福、崇兴,领催鹤鸣,马甲双福、长海、庆裕、桂保、长升、恩立、兴岱、存桂、常泰,养育兵英厚、文志、德成、俊成，幼丁元成、全祥、世增、乌凌阿、广林、广俊、松荫、松祺、松立、延尉、成明、广瑞，闲散全顺、颐霈、多山、庆禄，外委王文志、闻廷标、王灏、高玉、常存，百总郭立奎，管队张海、金松林，把总王洪铭，马兵彭玉恩、金祥，战兵李逢春、戴永福、彭玉堂、孟禄，守兵王政枢、刘永安、季茂轩，炮甲祥通，炮手白万泰。

死事者：宁寿宫员外郎诚年、笔帖式福臻在内值宿，七月二十一日巳刻，闻两宫西狩，即赴各殿封锁，至敛禧门外值房投井死。太庙五品官富亮，值班上香，洋兵突进，拒之，枪死。织工张继福，在绮华馆被戕。左营参将王长荫守署不去，以独力难持，投井死。护军连升值班端门；护军崇连，神机营呈递公事步军校赓音布、常福、胜喜，领催双喜，马甲存林、恩明，外委孙国瑞，技勇兵常有、隆祥、万昭，均在厅值瑞；领催荣铃，养育兵定成，队兵布兴泰，均看守军库；南城正指挥项同寿，在署办公；户部书吏高世祥，总理衙门供事沈鹏仪、徐伯兴、洪瑞汶，均在署值班，与于难。

在先阵亡者：把总李钟山，外委李钟林，七月十七日，在张家湾御敌，不克，死。

先后被难者：游击王燮，五月二十五日在东便门弹压拳匪，被戕，并毁其尸；采育营部司杨光第，于闰八月二十九日闻洋兵至，衣冠坐营中，被枪死；把总张进志拥护同死。

均经留京办事大臣昆冈上闻，赠恤有差。

崇寿，温彻亨氏，满洲镶黄旗人。光绪十六年进士，入翰林，累擢翰林院侍读。变作时，不胜忧愤，仰药死。诏以“见危授命”褒之，谥文贞。

韩绍徽，字筱珊，贵州贵阳人。光绪二十年进士，授主事，分刑部，勤于所职。拳乱初起，尝走同官，涕泣誓身殉。七月二十一日，自经于陕西司司堂。

掌江西道御史韩培森，巡城积劳，城破，绝食死。内阁中书坤厚，手书“见危授命”四字，与妻同缢死。

马钟祺,字维春,隶汉军镶黄旗。少为诸生,以袭一等子,例不得与试,授三等侍卫,擢二等,有文武才。初服膺陆、王之学,继参以程、朱、张、吕,不主一家。为人伉爽有奇气,慕孙白谷之为人,好与朝野贤士游,与语或不合,辄哦诗乱之,以此得狂名。光绪二十年,日本争朝鲜,廷议出师,钟祺上书请自效,遂从戎奉天。盛京将军依克唐阿器之,使统镇边马队。会和议定,遂归。二十五年,李秉衡奉旨巡视长江,亲访于家,疏请从行。拳匪祸作,冒锋火而北,秉衡殉难,钟祺护其丧归。归三日,京师破,钟祺自缢死。著《五伦大义》、《马氏日记》若干卷。

候选县丞董瀚,于城破日与弟候补巡检征曰:"我等职虽微末,既读圣贤书,惟有以身殉国而已。"同时自缢。

涿州附生谭昌祺,闻城陷,怀药哭诸圣庙,仰药死。

举人庄礼本,留京读书。拳匪初起,即以为忧。洋兵入城,痛哭不食,后以一恸而绝。

州同衔冯福畴,在通州署办刑名事。七月十六日,敌入署,守护案牍,不屈,被戕。

东城司吏目、练勇局委员宫玉森,洋兵攻局,其女请避,怒投其女于井,拔刀出战。伤数处,自知不免,亦投井死。

时同被难者,为原品休致礼部侍郎景善,前奉天府尹福裕,蒙古副都统耆龄,前察哈尔副都统明秀,冠军使文球,工科给事中恩顺,刑部朗中汪以庄,兵部员外郎萨德贺、赵宝书,吏部主事钟杰,户部主事陶见曾、李慕、铁山,刑部主事毛焕枢、王者馨,工部主事白庆、恒昌,理藩院主事英顺,光禄寺署丞多文,国子监助教柏山,候选道郑锡敞,前绍兴府知府继恩,分省知县王朝馈等,见册报者千余人。

全家焚溺服毒自经以尽节者众,骑都尉候选员外郎陈銮,住东便门二闸,于七月十九日洋人攻城,势急,与诸弟率眷属仆婢三十二名,一时自尽,尤为惨烈云。

宋春华,字实庵,陕西三原人。光绪十二年武进士,授蓝翎侍卫。出为天津镇标右营守备,与士卒共甘苦,所部为天津绿营冠。联军内犯,总督裕禄檄春华守城南门。城东南制造军械所不守,春华集其众曰:"军械所存亡,天津生死系之。不夺归不可,胆勇者盍随吾出城!"皆应曰:"诺!"率百余人,夜半潜出,及库垣,春华先登,众随之。枪中春华左股,众欲退,春华负创大呼曰:"今夕之事,有进无退!"众争奋敌,死伤甚众,卒以守坚,退归城。已而敌兵日集,守土官多弃城走,春华慨语其妻陈曰:"城孤兵单,终恐不守。汝当以吾子出求生,吾誓与城存亡矣!"语毕,登陴督战不少息。城既陷,身被数伤,犹死守不退。或劝少避,春华曰:"城不守,死自吾分。汝曹各有父母妻子,归可也,俱死无益!"众感其义,无退者。敌毕登城,乃仰天叹曰:"吾志不遂,负国恩矣!然自接战以来,杀敌过当,今日之死,亦无所恨。"以首触陴,脑出,死,年三十五。

马福禄,字寿三,甘肃河州人。光绪六年武进士,用卫守备,归河南镇标,以终养告归。二十年,循化撒拉回族以争教叛,固原提督雷正绾檄福禄往崔家峡、樊家峡协防,战辄胜。河、湟回匪继起,复助官兵获大捷。累功至记名总兵。

二十一年,河州诸回变,福禄本回教,回以福禄助官军,欲加害。福禄在城,人亦以回教为疑,独正绾信之。时河州镇总兵汤彦和远驻起乍堡,命福禄率骑兵迎入河州城镇之,彦和犹豫不果行,叛回周七十乃纠众据山巅下击。福禄战二日,以失地利无功。彦和复潜走,军无统帅,贼益蹙之。福禄乃突围出南番境,至兰州乞师。沿路拔出难民数千,难民德之,状总督杨昌浚,昌浚以福禄孚众望,乃檄与兰州道黄云由北路援河州。时喀什噶尔提督董福祥奉旨赴甘肃协剿,由狄道进兵。福禄率师至莲花渡,与贼隔岸相持,为福祥军犄角,卒,解河州围。时韩文秀亦作乱,河湟提督李培荣、总兵牛师韩军失利,陕西巡抚魏光焘与福祥会白塔寺,议进兵。福禄入谒,陈乱事颠末,及前后战状,福祥奇之,檄剿叛回冶主麻于米拉沟。剿未尽,马营土豪马采哥应之,福祥部将石尧臣等告败,福禄复分道往援,首先陷阵,斩采哥,聚而歼之。冶主麻收余烬由黑山趋米拉,复还兵破之,斩无算用,是有骁将名。

拳匪倡乱,福祥奉旨入都,檄福禄统马步七营,旗防山海关,寻移永平府,福祥入卫京师,檄随行。五月,各国联军躏杨村而西,偕汉中镇总兵姚旺等赴黄村御之。抵郎坊,两军相接,乃令骑兵下设七覆,步兵张两翼,敌近始发枪,倒者如仆墙。敌弹落如雨,骑兵以散处少伤,两翼左右复包抄其后,短兵相接,敌不支,遽却,为庚子之役第一恶战。六月,福祥檄令攻使馆,中弹殁于阵,犹子耀图、兆图亦死,同殉者百余人。

杨福同,直隶清苑人。同治七年,投军,累擢游击,从讨朝阳教匪。嗣以副将驻营大名,专力缉捕,以功记名总兵,分统练军左翼马队,兼统天津马步队各营。近畿拳匪蜂起,涞水尤甚,总督裕禄檄福同率队往。至史家庄,伏匪邀击,力御之,擒数人。次日,又败匪于石亭镇,擒首要梁修。福同不忍多诛,令限日解散,留马队三十人镇之。无何,匪以千余众攻留队,福同率步兵数十驰援。将及石亭,群匪自沟中突出,白刃交下,创甚,犹格杀数敏人,力尽死之。从弁孙裕清、卢玙璠俱力战死,赐恤如例。

吴德潇,字筱村,四川达县人。性至孝。博极群书,以进士用知县。庚子年,任浙江,西安、北京拳乱起,江山县土匪以仇教为名,连陷江山、常山,县人咸欲应之,德潇谓北事未定,洋人必不宜歼。有罗楠者,素健讼,德潇尝严惩之,久含恨。结都司周之德,挟众指德潇袒洋教,劫德潇缚道署辕门,尽镊须发,以利刃攒刺,洞腹死,德潇骂不绝口。子仲韬驰哭尸下,又杀之,并入县署杀全家四十余口。事定,恤如例。

成肇麟,江苏华亭人。父孺,诸生,列《儒林传》。肇麟出由举人官直隶知县，迁直隶州知州，署沧州静海，补灵寿，所至有绩。光绪二十七年，京师和议梗，联军西上，覃及邑境，责供牲畜糗粮甚厉，肇麟壹弗应。俄而布政使廷雍檄至，令迎犒，肇麟自念："不迎犒，无以全民命；迎犒，则以中国臣子助攻君父；事处两难，守土之义无可避，惟有一死耳！"乃缮遗牒遣人间道达府，媵之以诗曰："屈体全民命，捐躯表素怀。"李鸿章状死事以上，谓其能伸大义，降敕褒嘉，赠太仆寺卿，谥恭恪，予世职。明年，允直督请，建直隶省城专祠。

清史稿卷四九六
列传第二八三

忠义一○

刘锡祺　阮荣发　程彬　桂荫　存厚　荣澝
锡桢等　张景良　倭和布　周飞鹏　松兴
松俊等　宗室德祜　彭毓嵩　杨调元
杨宜瀚　陈问绅　德锐　皮润璞　荣麟等　张毅
喜明　阿尔精额　斌恒等　谭振德　熊国斌
陈政诗　陆叙钊　齐世名等　罗长裿　曹铭
章庆　徐昭益　曹彬孙　汪承第　吴以刚
陶家琦等　奎荣　王毓江　刘骏堂　钟麟
何永清　沈瀛　申锡绥等　世增　石家铭　琦璘
毛汝霖　胡国瑞　张舜琴等　钟麟同
范钟岳等　孔繁琴　王振畿　张嘉钰　陈兆棠
冯汝桢　何承鑫　白如镜　何培清　黄兆熊
张德润　张振德　舒志　来秀　刘念慈
李秉钧　王荣绥　定煊　长瑞　巴扬阿等
王有宏　何师程　黄凯臣　戚从云　盛成
哈郎阿　南山　培秀等　桂城　延浩　文蔚

佘世宽等　**高谦**　**黄为熊**　文海　赵翰阶
贵林　量海等　**额特精额**　文荣等　**玉润**
劳谦光　吉升　**张程九**　**王文城**
谭凤等　**张传楷**　孙文楷　王乘龙　赵彝鼎
施伟　李泽霖　胡穆林　更夫某　**梁济**
简纯泽　**王国维**

刘锡祺，字佩之，直隶天津人。毕业将弁学堂。第八镇成立，为正参谋官。光绪二十二年，南、北陆军于河间会操，筹度有劳，加正参领衔。

宣统三年夏秋间，革命党人之在武汉者数被破获，总督瑞澂恣意捕杀，人人危惧。八月十九日，武昌变作，始仅工程营数十人，他军无应者。瑞澂遽逃兵舰，省垣无主。于是各营皆起，拥立都督黎元洪，称军政府，独立。锡祺时方赴沙市，以二十六日回武昌，各营争往迎谒。趣入见元洪，锡祺正色曰："国家岁縻巨帑练兵，原期君等为国干城，以御外侮。奈何一旦为人煽惑，遽尔发难乎？祸机一动，将无已时！吾不能为君等所为。"众闻之哗怒，即于坐中击杀之。事闻，照协都统例从优赐恤。

发难时，督队官阮荣发出阻，众遽击毙之。荣发邑里未详。

程彬，字筱竹，江西乐安人。时署鲇鱼司巡检。署在省城南。十九夜见城外火起，彬驰往救护，至望山门外正街，突遇陆军炮队入城，皆袖缠白布，彬大骇，厉声问曰："汝等反耶！此何为者？"众举枪拟之，彬益前致诘，遂遇害。以一巡检犯难而死，人皆哀而壮之。

桂荫，字辑五，姓嵩佳氏，满洲镶蓝旗文生。由刑部郎中、军机章京外擢施南府知府，调安陆，以治堤尽力名。安陆为襄樊门户，府城故无兵。武昌变闻，图守计，并牒道请兵，已而旁郡德安、荆州皆陷。十月初五日，郧阳兵骤变，围府署，劫印信。桂荫携妻富察氏趋入文庙，夫妇同缢崇圣殿中，死，衣带中书有"虚生一世，不能报国安民"数语。临殉难时，顾为仆曰："葬我必北面！"官绅流涕敛之，葬城内阳春台侧。

存厚，字宽甫，正白旗监生。由内务府郎中选宜昌府，调办襄阳榷局。三年十月，郡中党人应武昌，存厚挥家人出避，曰："吾嗣不绝，死无憾！"局丁旋絷存厚，拥至北门校场，戕之。幼子被搜获，惊死。

荣澬，字心川，荆州驻防，蒙古镶蓝旗人。光绪三十年进士，用知县，发湖北，补天门县。操行不苟。变作后，荆防旗人有自武昌脱归者，道天门，语状，且为荣澬危。荣澬以死自誓，集绅耆、练民团为保卫计。无何，党众来攻，遂被害。记名骁骑校炳安死，仆成松亦殉焉。

同时殉国难者，为候补县丞锡桢，姓汪氏，汉军人。充沙市警察官，尽室被歼。簰洲司巡检方祖桢，安徽桐城人。鄂军头目将入湘，道簰洲，土豪某夙衔祖桢，嗾人杀之江岸石花衔。巡检王萃奎，江西丰城人。佐谷县城，治盗有声。襄阳既变，属邑响应，盗渠絷萃奎及一子、一孙杀之。蕲州吏目骆兆纶，字文卿，湖南江华人。乱作，知州亡去，州人以纶习吏事，遮留之。纶请送母至汉口乃还，至治所，以全省皆陷，事无可为，愤绝投河死。又襄阳府某县典史，当变作时，晨起踞廨门外，过者叩头要入，得负贩者十八人。出银币二百枚分遗之，曰："平生所积止此！城破义不得活，请助我杀敌。"众感其义，各携肩舆长木及负担之具，噪而出。变军方踞府署，出不意击死者数人，俄而排枪起，某与十八人者皆死。候补知府张曾畤，字望屺，江苏无锡人。以书迹似总督张之洞，为之洞所赏，充文案有年，榷汉阳车站货捐。战事起，避上海，仇者诬为挟赀通，胁还汉口，会计出入悉符合，得还。党人适同舟，面辱之，摔其冠，遽投江死。候补知县联森，字植三，蒙古镶红旗人，隶荆州驻防。光绪八年举人，挑知县,发广东,改湖北。屡榷厘捐,能恤商。九月,道出汉阳,变兵争索金,慷慨大骂,遇害。子宝焯、兄子宝明从死。

张景良,湖北人。将弁学堂毕业生。游学日本归,充湖北新军标统。武昌既拥立都督,景良慷慨说之曰:"朝廷已宣布立宪,不宜更言革命。公受知遇久,诸将惟公命是听,盍三思之?"变军怒,拘景良署中。时清兵攻汉阳,景良阳请赴前敌,以妻子为质,乃委充司令官。九月初六日之战,清兵却,景良率炮队出,临发炮予弹一枚,枪予弹一排,甫战弹罄,景良遽大声促军退,众不知所为,遂大溃,死者枕藉,清兵得进屯大智门。后廉其故,杀景良,临刑夷然,仰天大言曰:"某今日乃不负大清矣!"

倭和布,字清泉,满洲正白旗人。家世以武功显,独兼肄文学。起家护军蓝翎长,历二等侍卫。拳匪之变,欧人侨京者多被戕,倭和布护之甚至。或诘之,曰:"外人侨吾国,胜之不武。无故与八国构衅,败将不国,吾敢重召乱乎?"旋扈驾西行,家人初以为战死。出为湖北均光营参将,擢施南协副将。川寇陷黔江,率所部赴援,获其渠,斩以徇。武昌变作,鄂将屯宜昌者应之,倭和布时以裁缺寓宜城,被执,劝降不应,以得死为幸,遂枪杀之。

周飞鹏,字翔千,江西新建人。由武举人累官都司,充湖北襄防马队管带,驻老河口。鄂军变,县无赖出狱囚,纠水师营谋变,飞鹏持不可,出佩刀与斗。枪及马腹,坠马,枪继至,洞胸死。裁缺荆州城守营参将玉萼,亦遇难死之。

松兴,蒙古正白旗人,荆州驻防。以诸生改武职,累官协领,记名副都统,充常备军统领。变兵入城,被絷入鄂,叱使跪,曰:"吾朝廷大吏,城不保,义当死。头可断,膝不可屈。"士绅三十余人驰救之,已及于难。其戚善吉、庖人福全皆从死。

驻防之同时殉难者,在武昌有兵备处提调松俊,守楚望台火药库,变兵攻库,力战死。三十标队官重光,守藩库,变兵掠取库储,重光大呼："保全名誉!"被枪死。妻赵、子春年、长年、宝年同日殉。四十一标排长色德本,三十标副军需官宝善,二十九标排长德龄、队官东良、排长德培,均战死,前泰宁镇右营都司荣锦就养子书记官朗察所,拔所佩剑自裁。偓迎吉及朗察举室自焚。骁骑校哲森以领军械至省,自刺其腹死。陆军小学教习举人迎禧,平时于古人之当死不死者辄痛诋之。变作时,衣冠坐讲堂,及难。副军需官荣勋仰药死,子额勒登勒、穆贞额殉之。第八镇执事官锦章谋召同志抵御,中途遇害,父荣喜即自尽。司书生恩特亨、云骑尉荣清、排长仓生光均大骂不屈死。文生楚俊在督署,金培、荣森、司书生钰寿、讷尔赫图均在省与难。

在荆州者,联长泽麟愤全省尽陷,发枪毙数人,被害。协领志宽,排长额哲苏、依成额、关斌魁,恩骑校尉扎勒杭阿,队官王荣耀,均亡于阵。生员秋培城陷自尽。防御多瑞仰药死。记名骁骑校金霖尝作万言书,以旗制不良,力主变更,人多笑之。及变作,发枪自击死。又知县用模范讲习所所员根寿于羊楼峒,文生陆营司书生定海于施南府,均死之。

其后死于江宁者,为生员占先、文志、恩昌,武生林福。死镇江者,为生员荣有;副将赫成额则随端方在资州,兵变遇害;军谘府军谘使良弼,自有传。

宗室德祜,字受之,隶正蓝旗,不详其支派。宣统二年,由礼部仪制司郎中选授凤翔府知府。三年九月,西安兵变,德祜闻警,即与知县彭毓嵩筹备。有湘人刘瑞麟,以武职留陕,委令募团勇,与参将王某分任防守。初七夜,匪徒假民军名号,骤集千余人,攻府城。德祜与毓嵩登陴,激厉士卒拒守。至天明,匪气夺,将引去,以有内应者,城遽陷。左右拥德祜走避,德祜曰:"此吾死所,尚何避为?"匪蜂至,呼曰:"知府满人,且宗室,宜速杀之!"遂遇害。又杀其幼子二人。

王参将,同州人,城破,与匪相搏,愤而自戕,舁至署乃死,名未详。

毓嵩，字篯孙，四川宜宾人。由举人官教谕。学政疏荐，用知县。选陕西凤翔，勤听断，时方兴小学，必令读经。城陷后，毓嵩解束带自经，遇救未绝，乃从容出堂皇北向跪，起语众曰："吾有死耳，任尔等为之。"匪拥至署西北神祠，以白布缠其颈，毓嵩怒詈，遂被戕，枭其首去，年六十有二。子和年，奔赴死所，为匪众所逐，投井死。

杨调元，字和甫，贵州贵筑人。光绪二年进士，授户部主事。丁父忧归，服除，以母老不赴官。终母丧，乃入都，改知县，选陕西紫阳县。于秦境为极南，居万山中，为楚、蜀会匪出没地。以缉捕有名，迁长安，权华阴。疏浚河渠，复民田五万亩。调华州，以狱事忤上官，解任。已，复补咸阳，擢华州，署富平、渭南等县。

其署渭南，以宣统三年正月。先是，南方革命军数起皆不得志，始改计结学生之隶新军籍者，潜伏待应。陕军势弱，则又结会匪以厚其力。八月十九日，鄂变起，九月朔，陕变继作。诸守令多委印去，调元独谓守土吏当与城存亡，亟召绅民议守御。渭南北有号"刀客"者，杀人寻仇，数犯法，至是感调元义，争效命，集者万余人，橄邑绅武进士韩有书统之。时邻匪蜂起，渭南以守御严，不能入。

临潼武生张士原扬言受军政府命，骤率众循城下，调元登陴语之曰："吏所职，保民耳。无如所犯，则释兵入见。必怙图一逞，则视力所极，当与决生死。"士原知不可侮，遂屏骑入廨，以议贷饷事，语侵调元。调元至是，踯躅廨后园中，仰天叹曰："吾谊应死，所以委曲迁就，欲脱吾民兵祸而后归死耳。询辱至此，尚可一息偷生乎？"遂投井死。民闻调元殉难，执士原磔之，并杀陕都督所派副统领及同党数十人以徇。有书时出击他盗，驰归，葬调元毕家原。调元通古学，工诗文，有《训纂堂集》、《说文解字均谱》等书。所作篆书，人尤宝之。

杨宜瀚，字吟海，四川成都人。兄宜治，官太常寺卿。宜瀚好学，尝入乌鲁木齐都统金顺幕中，治军书，知名，保知县。中顺天乡试举人，以知县发陕西，补兴平，调宝鸡。以经术饰吏事，与调元齐名。署华州知州，民军围署索饷，以威劫人甘露寺中，有以事系狱赖宜瀚手反得出者，约护宜瀚出。入夜，宜瀚独至神殿自到死。遗书亲友，意思安闲，谓已得死所，无可哀者。

陈问绅，字子仲，湖北安陆人。入赀为县令，发陕西，权甘泉，以能缉捕称。调白水，邑刀匪素难治，武昌变起，乘间应之，纠众攻城。时问绅初受任，一切无备，乃集绅民告之以不忍以一人故致全境糜烂，遽出城，大骂不屈死。妻吴，以护印不与，同被戕，并毙佣妇某。

德锐，满洲人。官秦中久，历长安、三原诸县，有循声。西安变作，八旗人多被祸，德锐时居会城，变兵突入，语德锐："公得民心，我曹不忍死公，请速出城！"答曰："感汝等意，然予满人也，不忍独生，刀加予颈可也。"遽起夺刀自刺死。妻、子均自裁。

皮润璞，湖北大冶人。官榆林县典史，有强项称。变作，匪徒缚榆林镇总兵张某、中营游击瑞某送狱，润璞斥之。群怒，以利刃相拟，不为动，纷加以刃，分肢体为数段。妻闻讯，即以身殉。榆林守备穆克精额同时死，阖门自尽。

时殉难者，候补道荣麟，字仲文，满洲人。变作，方榷白河厘金，全家投井死。候补知州张存善，字次章。榷凤翔盐厘，死事所。候补直隶州知州宝坪，字子钧，西安驻防。一门殉难者七人。候补同知广启，字少渔；候补通判严济，字宽甫：均满州人，与于难。

张毅，字仁府，直隶天津人。父梦元，官福建布政使，护台湾巡抚，以清廉著称，卒，赠太子少保。毅由荫生官部曹，改道员，分山西，奏调陕西，授甘凉道。宣统三年六月，擢安徽提法使。八月，自陇入秦，将入觐，九月，抵乾州，变作，道梗。变军侦知之，请为参谋官，斥之，撄众怒，羁留不得脱。会疾作，州人知毅贤，言于变军，乃出就医。毅念惟一死可自完，十一月初十日夜加丑，乘间投井死。毅无官守，中道遭变，卒完大节，世尤多之。

喜明,字哲臣,西安驻防。举人。宣统三年九月,民军猝起,攻旗营,将军文瑞督战,喜明领兵百余人,独树一帜,誓以书生效死。战不利,归告母曰:"吾属死不免。"母曰:"妇女以洁身为重,可受辱乎?"帅子妇二、幼孙一,投井死。喜明有三女匿邻庙中,走入手刃之,蘸血书壁曰:"喜哲臣三女死于此。"还至家,纵火自焚死。

附生春祥,素端谨。闻变后,语兄若弟曰:"城破家必亡,自古全家尽节,有光史册,吾愿死矣。"则皆应曰:"诺!"城陷,闻炮声近,曰:"可矣!"遂偕兄、弟、妻、子辈十余口焚死,无一免者。

直隶州州判阿尔精额,榷厘金于方计堡,受代还,道咸阳,变军将劫之,为之语曰:"吾当未乱时,志欲以忠报国,敢偷活耶?"义之,不加害。乃入邸舍,肃衣冠,北向自刎死。妻张氏,即吞金以殉。

城破时阵亡者,为协领斌恒、恩瑞、存福、培基,佐领贵升、特克什肯、庆喜、巴克三图、恒秀、瑞明、额哲本、达朗阿、兴智、恩寿、玉祥、西拉本、奇彻亨、恩撒亨,防御存喜、存升、恩成、林福、色清额、平升、胡图灵额、惠文、鹤龄、奇巽、苏克敦、讷拉春、惠源、呢克通阿、哲尔精额、惠祥,骁骑校奎亮、林启、启弟正目林璋、都伦太、景文太、萨立善、文昭、伊吉斯珲、智厚、惠庆、惠启,副官惠璋、盐大使文焕,举人惠斌,生员金常,武举人德、森布,骑都尉昌广、益光,云骑尉俊亮、和瑞、松善、特伸布、富海、胜春、海亮、多銮太、达林、和顺、忠云、玉恒、培文、存禄、倭什珲、凤玉、惠撒亨,恩骑尉培绪、凤山、恩瑞、奎德、贵成、锡龄、崇喜、倭仁额。殉难者,为佐领图切珲,候补直隶州知宝坪,直隶州州同俊兴。候补知县德锐自刺死,妻、子同殉。防御多英,与长子举人奎成率妻、女等投井死,次子生员奎章,伏井恸哭从死,族弟奎斌、奎庄皆死之。巡官惠祥率警生守城,城陷,投井死,家属从死者六人。从子广兴既殉,母赵氏,年六十余,执短刀闯入民军,欲杀敌,寻自刎死。生员音德本走多公祠自经死,弟领催额哲亨城陷死。伤亡者,佐领图门布、善印、全瑞。

旗兵之死于此役有名册可稽者,凡千余人,官弁兵丁之家属遇害及自尽者尤众。论者谓各省驻防,于辛亥国变,以西安死难为最烈且最多云。

谭振德，字子明，直隶天津人。始入武备学堂，调新建陆军，派充山西四十三协协统。时山西仅陆军一协，振德宽而有制，兵士亲之。巡抚陆钟琦履任之三月，武昌变作，陕西响应，召军官议省防。振德与参议官姚鸿法建议接济河南军火，而以重兵助守潼关，钟琦从之。遂于九月初七日发新军一、二营子弹，令于翌日出蒲州，屯潼关，又令熊国斌带第三营继之。有构于一、二营者，谓熊营将于中途袭击，适第二营管带姚维藩以请棉衣未得为憾，闻之，愤激，谋变。明日，拥众入省城，振德闻警，不及集兵卫，驰出遮道，对众有所宣喻，维藩恐其挠众心，举枪毙之。遂趋抚署，钟琦父子殉难，国斌以不上附和亦被戕。钟琦自有传。

陈政诗，字咏笙，浙江仁和人。年十九，从湘军西征，将军穆图善器之。从至奉天，充防营统领。光绪初，以知县发山西。历署州县，以廉惠称。以剿套匪功擢知府，以道员用。调浙，统嘉湖水陆防军，中谗罢。宣统元年，浙抚增韫奏言政诗军纪严，有廉将风，诏复原官，再发山西。

三年，统带南路巡防队，驻泽州，兼署泽州府。武昌变作，陕西响应，晋新军亦变，戕巡抚。时政诗驻闻喜临口镇，遏变兵南趋。敌千人，胁土匪亦千人，以三百人屡败之。方乘胜进击，清廷诏命停战，乃驻师绛州。敌句结旁近土匪势复张。政诗以去，绛则南路即与秦军接，全晋将不保，誓死守。十一月二十日，敌攻城，城绅迎以入，政诗巷战，力不支，被执，骂不绝口，剖心脔割死。弟敷诗，山西候补同知，队官陈顺兴、刘占魁，均同时被难。

陆叙钊，字磐芝，顺天大兴人，原籍萧山。少厉志节，从军甘肃，保知县。曾国荃抚山西，招入幕。擢直隶州，发山西，历官州、县凡十二，皆有声。宰灵邱十年，尤得民。拳匪逼晋边，大治乡团，县境晏然。宣统初，荐卓异，补河东监制同知。太原变作，河东戒严。叙钊先以盛暑督浚盐池致疾,至是疾甚,强起治防守事。秦军来袭,晋军应之,城陷,预服阿夫容膏,衣冠出堂皇,厉声诃之,刃交下,无完肤,殒于座。子文治,闻变以毁卒,幼子亦为变兵所戕。时论谓与巡抚陆钟琦父死忠、子死孝、乡里同、氏族同、死难情事略同,推为奇烈。

时署陶林厅同知齐世名,天津人;岢岚州知州奎彰,天镇县知县世泰,均京旗人:先后均以兵变被戕。

罗长裿,字申田,湖南湘乡人。光绪二十一年进士,改庶吉士,授编修。捐升道员,发江苏,改四川。赵尔丰督川边军事,长裿在幕府多赞画。宣统二年,简驻藏左参赞,驻藏大臣联豫以兵备任之。会阅新调川军,以哗噪故,与协统钟颖有隙,且核钟颖入藏军资用浮冒,汰二十余万,钟颖益嫉。三年五月,钟颖率师征波密,战屡挫。长裿驰往,夺其军,得钟颖失机状。方激厉军士规进取,而军多会党,气嚣甚,长裿驭将又严。及秋,内地变作,军在藏者遽变,掠长裿私宅,波密军继之。系长裿,屈辱之。偶得脱,自投崖下,未死,复曳之起,卒被戕。长裿之死,钟颖实阴嗾之,后家人诉得实,置钟颖于法。

曹铭,浙江上虞人。由诸生参四川总督刘秉章幕,保知县。历治西藏夷务,著绩,擢道员。巴塘边乱番族十余,阴为犄角。铭往解散,赵尔丰军得深入勘定,功尤伟。署嘉定府,旋委石堤厘局。局介黔、楚间,往者皆中饱,铭丝毫不染。成都变作,匪众入局,露刃逼索厘款,拒不应,中十余创,垂绝乃委去。县绅来视,以先事窝藏金指视之,点验毕,遽卒。

章庆,字勤生,浙江会稽人。以通法家言游蜀,就幕职。为总督锡良等所器,保知县,所至有声。署剑州,倡捐万金修文庙,擒巨逆王文朗,歼其党九十余人。调南部,河徙䂬城,筑长堤御之,城以完。调冕宁县,有桥缩毂川南,毁于水,渡者以水驶多溺。庆制铁梁数十丈,行旅称便。普支夷扰境,庆廉威所被,济以兵力,夷归诚,出被掠者多人。补射洪,擢道员,在任候补。其任西昌也,值川省争路事起,哥匪张国怔与裁缺千总黄义库,侦知宁远军队出防,城中无备,联内匪袭城,庆督团众御之,力竭死之。妻颜、犹子镛及胥役、仆从同死者二十余人。

徐昭益,字谦侯,浙江乌程人。咸丰季年殉难江苏巡抚有壬从孙。随父游蜀,以通法家言,佐治有声,官知县。宣统三年四月,摄威远。同志会起,土匪附会名义,乘机报怨,四出剽掠。匪过境,昭益率团丁数百人出城解散,不从。匪以全力进逼,昭益念母老,居危城,命亲丁护送还省。母临行勉以大义,昭义泣涕受命,谓必不负母训以辱先人,闻者皆为感动。九月十三日,匪薄城下,奸民为内应,团丁未训练,猝战遽溃。昭益乘骑亦受创,退而守城。其酋七八人入厅事,昭益厉声问:"何不杀我?"其一酋突出利刃刲昭益腹,死之。

曹彬孙,字蔼臣,顺天武清人。以举人劳绩知县,发四川,权奉节,补开县,未赴。七月,省城之争路拘衅,匪徒欲附同志军起事,彬孙随方禁阻,未敢逞。武昌发难,夔府响应。十月初十日,彬孙率团勇出巡,行至协台坝,众暴起,团勇先受煽,不战而散。彬孙被执,割其首,置县公案。警察长徐某,失其名,安庆人,同时被戕。

汪承第,字棣圃,江苏太仓州人。由州学生佐学幕。以知县发四川。宁远夷乱,檄运兵械,至则知府黄承麟留办剿抚事,充营务处,摄大足。川汉铁路拟派租股,请岁减万余金,民困以纾。摄永川,解散公口秘密会,编练保甲,群盗屏迹。既受代,大吏仍以营务属之。同志军起,双流境尤器张,檄摄县事,捕诛其尤者,人心少定。未几,省城变作,土寇四起,以事至簇桥,被困,中枪死,十月二十日也。

吴以刚,字克潜,江苏阳湖人。以知县发四川,尝权彭县,县铜厂通松潘、茂州夷地,素为盗薮,胥吏与通,十余年不获一犯。以刚乘冬至朝贺礼毕,驰马自率队擒之,未午,获著名巨盗数人归。宣统三年,以父忧,充重庆属水路巡警提调。武昌变作,党人谓以刚藏军器,执而戕之。

时候补县丞陶家琦在重庆，诬与以刚通谋，并遇害。候补知县湖南文某，字晋岩，省城兵变，亦与于难。

奎荣，字聚五，满洲正红旗人，成都驻防。同治十三年翻译进士，用知县，发四川。奎荣笃嗜程、朱书，务躬行。性温厚，与人语，惟恐伤之。始权南充，偶误决一狱，屈者恚而得狂疾，闻之大戚，曰："是予之罪也！"亟集两曹，自引咎，平反之，自是听断益平。尤留意风化，在峨眉任，捐俸购儒先书，集书院诸生定课程，亲为讲授。历犍为、彭水、庆符诸县，所至劝学，一如在峨眉时。庚子前，以老告休，捐居宅为学校用。铁路争事起，总督赵尔丰持之急，奎荣太息，谓"损下益上失民心，蜀祸将自此始，"遂避地郊居。同志军起，复迁入城。十月初四日，绅民迫总督交政权，又讹传北京失守，遂托疾不食。或谓年已笃老，毋过自苦，奎荣慨然曰："国事如此，吾辈尚偷生耶？"至十四日，饿死，年八十。奎荣德望为蜀士推重，皆称聚五先生。既殉节，益崇敬之。

王毓江，字襻山，安徽宿州人。父心忠，官江南总兵。毓江将家子，有才略，以知县官江苏，复以道员改发陕西，充兵备处总办。余诚格擢湘抚，檄调湖南，仍管兵备处。事长沙变，被执，骂绝不口，被乱兵所戕，到湘才九日。

同时死难者，候补游击刘骏堂，湖南益阳人。光绪庚子，自立军谋起汉上，事败。骏堂时管带院署卫队，捕党人最力，党中尤恨之。至是自益阳拘至省城，徇于市，骏堂骂不绝声，众愤怒，丛击毙之，并籍其家。

钟麟，字书春，蒙古正白旗人。光绪二十九年进士，用知县，发湖南，补浏阳。摄永顺，宣统二年，调嘉禾。省城难作，衔永郴桂道通令输欵，麟闻，大恸。即集士绅谓曰："麟莅县经岁，无德于民。今国亡城危，请诸君先杀麟以谢百姓。幸县城不罗兵祸，死无所恨！"皆相顾错愕，为好语慰之。九月二十一日，民军围县署，钟麟坐堂皇,屑金自尽。预伏火内室,妻邱氏火燔焉。两子及次子妇均遇难。

典史何永清,字泽浦,四川新津人。捐典史,发湖南,历权州同、州吏目,屏绝规费,胥役畏之。尝于除夕,有富商以金为寿,请系一负债者,永清曰:"除夕人皆欢聚,我拘之,非人情。我受金而使人一家皇皇,尤非此心所安。"峻拒之,其廉介类此。变作,誓与钟麟死守。或有谕永清者,谓邑侯旗籍,民军恐不相容,公幸自爱。有变,当奉公主县事。"永清谢之,不为动。道令至,永清痛哭,悬印于肘,自经死。

沈瀛,字士登,江苏吴县人。尝刮臂疗母疾。以劳保知县。尝从湘抚吴大澂出关,事转运,丝毫不自润。累署武陵,长沙,奏擢知府。宣统二年春,长沙以米贵肇事,烻抚署,以瀛前任长沙得民心,复令摄任,缉匪振贫。省城复安。三年八月,充营务处提调。新军既变,黄忠浩被戕。瀛方出巡,新军遮入谘议局,请为长沙守,不可;请仍宰长沙,又不可;锢诸室,令所亲劝之,至泣下,瀛曰:"官大清州县二十年,一朝背之,异日将何面目见人乎?"言已大哭。与前湘乡知县城固申锡绶同忍饥,以死节相勉。党人知不可屈,拥二人出,骂不绝口,同死之。时长沙协都司熊得寿为人狙击死。忠浩自有传。

世增,字益之,为祖大寿后,隶正白旗汉军。由生员入同文馆,能法文。随使英、俄诸国,历保道员,加布政使衔。尝译西藏全图、西伯利亚铁路图进呈。光绪三十二年,授宁绍台道,外务部调丞参上行走。三十三年,授沂沂曹道,擢云南按察使,调交涉使。宣统二年,擢布政使。三年七月,调甘肃,未行,而革命难作。时新简滇藩未至,或讽世增速交替,可脱险,以"义不当苟免"辞之。事亟,法领事韦礼敦劝入领事馆,又谢之。有恧世增者,则曰:"人孰无耻,安有一省大吏求庇外人者?得死,命也!"挥眷属出,独抱印不去。

九月十三日,兵变,世增夕怀印步谒总督李经义,仆纪祥从,总督拒不见,乃归。出手枪自击,纪祥遽夺之,恚曰:"汝误我!"军队突入,拥至讲武堂,索金助饷,斥之。韦礼敦闻讯来视,且允代任饷银二万,变兵略无图害意。夜半,枪声作,杨某绐守兵,谓电请大兵且至,众遂叩寝门,迫世增为都督,且以枪拟之,卒不应,排枪起,中五弹死。纪祥图殉,众义之,获免。乃市薄椊敛。事上闻,赠巡抚,谥忠愍。

石家铭,字订西,湖南湘潭人。治刑名,游滇,佐大府幕,凡边防扼塞及通商各国科条章约靡不谙究。云南自界连英、法领土,交涉尤繁,文书往复,惟家铭随方应付,动中窥要,历任总督皆倚重之,以县丞累擢知府。宣统元年,补昭通,三年,调澄江,寻改开化。视事数月,审结滞狱数百起,多所平反。九月十五日,巡道所募新兵骤变,署中仅哨弁李世清率卫兵二十人守御,相持竟夜,子弹尽,仰药不死;和金屑服之,又不死;乃令世清燃火油,以身投入,世清哭随之,遂共焚死。世清,云南人。

琦璘,满洲镶红旗人。由部曹选授云南澄江府府知府,调补顺宁,严正廉洁,对属吏不少假借。省城兵变,正筹议集兵往剿。先是顺宁县令萧贵祥疏脱要犯,援例上劾,贵祥衔之。至是结巡防营乘不备入城,贵祥假他事请琦璘至文昌庙会议,突起围之。琦璘理谕不退,遂大骂,众怒,遽开枪击杀之。城中大乱,贵祥遁去。

毛汝霖,字泽卿,四川成都人。云南候补知州。宣统三年,榷永昌府厘金,代行知府事。九月初六日,腾越兵变,永昌民大震,集民团守御。十二日,电传省城变作,知事不可为,仰药死。营官罗某民军入城,不屈被害,碎其尸。

胡国瑞字琼笙,湖南攸县人。举人。光绪二十九年,挑知县,发云南。始摄霑益知州,清积讼逾百。三十三年,署弥勒,县多盗,易八令不能治,告戍将:"我行,君继之,出不意,可擒也。"如其策,破贼巢,擒其渠,斩之。明年大潦,蠲振并举,以循绩上闻,被旨嘉奖。旋补江川,擢大关厅同知,皆未之任。时请修墓归里,既受代矣,变作,遣家属行,寓子书曰:"省垣不守,布政使被戕,余无殉节者。臣子之义,万古为昭。予虽无守土责,然实官也。俟北信,当死即死。"旬日后,讹传京师破,明日有汲于署东井者,井上有双履,往视之,

则屹立井中死矣。背有遗书,曰:"自经不死,又复投井。"又书曰:
"京师沦陷,用以身殉。达人不取,愚者终不失为愚。"于是县吏棺敛
之,邑人请封其井,题曰胡公井。

张舜琴,字竹轩,云南石屏州人。举人,选昆明县训导。讲正学,
尚名节,士皆敬之,擢顺宁府教授。事继母孝,迎养学舍,颜其堂曰
"不冷"。监师范学校,人疑舜琴改平时宗旨,及观其学规严肃,壹准
礼法,皆翕服。外国教习亦金曰:"张先生正人。"学使叶尔恺调充学
务议绅。变作,有令剪发,即夕阖户仰药死。

钟麟同,字建堂,山东济宁州人。威海武备学堂毕业。治军严
整,累保道员。以尝从军龙州,调入滇,充陆军第十九镇统制官。宣
统三年九月初九日,七十三标兵变,夜半,自北校场入城。麟同率卫
队护五华山,手发机关炮,毙者数百,而七十四标驻巫家坝者应之,
更迭战山下。军械局员阴与之合,移巨炮城上,攻五华,蚁附上,卫
队伤亡多,子弹亦尽,突围转战,慨然曰:"身为统将,乃破坏至此,
何面目生存耶?"以手枪自击而仆,变军碎其尸,剖习啖之。上闻,有
"忠骸支解,惨不忍闻"之谕,谥忠壮。

同时死难者:辎重营管带范钟岳,字静甫,直隶盐山人,力战
死;七十二标标统罗鸿奎,直隶天津人,被执,不屈死;七十四标副
官张之泮,直隶河间人,遇毒死;七十二标第三营管带张恩福,直隶
静海人,大骂被害。

孔繁琴,字韵笙,安徽合肥人。以文童投武卫军,入武备学堂,
毕业,充哨。官庚子拳乱,扈两宫西狩,与兄繁锦殿后,夺回龙泉关,
名以起。尝调广西帮办绍字营,驻柳州。营本降匪改编,将调入城,
疑而哗变,戕统军,繁琴奋击之,歼甚众。又调广东管带巡防队。惠
州匪声言欲投诚,胁绅求一见,繁琴盛服单骑往,觉有异,出匕首刺
之,立毙。匪党将致死,援者至,乃免。地方亦以匪首死,始不复扰。
历保知县,宣统元年,调云南,充蒙个防军分统。以劳补靖边同知,
又以赈奖知府。民军之变,独率一营扼普雄。军至,急与战,死甚众。

已而左膝中弹伤，弁兵请退，怒，以枪击之，所部遂溃，仅七人死守不去。民军中有素重繁琴者说之，又以枪毙数人。乃大愤，发一枪，问："降否？"曰："不降！"累问之，答如故。至十三枪，乃中要害死。管带张荣魁与繁琴本同学，是日亦战死。荣魁亦安徽人。

王振畿，字化东，山东滕县人。天津武备学堂毕业，充哨长，累擢至统领，改道员，入滇，总办兵备处，治军有节制。变作，欲坠城死，仅伤左股，遂被执。劝降不从，见害。

张嘉钰，字武平，湖南凤皇厅人。起世职，累官至总兵。宣统三年，署腾越镇。武昌变起，有自省遣嘉钰书讽其达时变者，嘉钰谓："我所知者，与城存亡而已，其他非我所能行，亦非我所忍闻也。"未几，腾越防军起应民军，九月初六日围镇署，出堂皇弹压，兵猝入，被戕。

陈兆棠，字树甘，湖南桂阳州人。父士杰，山东巡抚，自有传。宣统三年，兆棠官惠州府知府。九月，粤中党人起应武昌，总督张鸣岐遁香港，民军遂踞省城，设军政府。潮州镇赵国贤自尽死，所统防军扰乱，守、道、知县皆逃。士民惧，坚留兆棠收抚防军，部署未定，二十八日，民党纠众攻府署，火及宅门，左右挟兆棠出。民军悬赏购执，令输饷十万贷死，兆棠曰："死则死耳，安有巨金助尔谋反？"众怒，缚之柱，中十三枪乃绝。国贤自有传。

冯汝桢，字莱云，浙江桐乡人。以诸生捐知县，发广东。榷商谳狱，咸举其职。宣统三年七月，摄西宁。广州变起，党军阗县署，胁汝桢悬白旗示归顺，持不可。俄而枪声作，乃朝衣冠出大堂，众争前，枪刃交集，洞胸穿肋，断右臂，死之。

何承鑫，字性存，湖南湘潭人。少治《说文》学。光绪六年，学政陶方琦按临长沙，以漯字为题，承鑫征引渊赡，文誉以起。光绪季年，广东陆路提调秦炳直招入幕，于军事多所赞画。时提督驻惠州，以总稽查任之。宣统三年八月，革命军起，惠及邻境匪皆蠢动。闻营官有通敌者，密告炳直，而营务处刘殿元以全力护主帅自任，否则偕死。承鑫感其意，以首触地谢之。亡何，饷匮薪米竭，援师不至，承鑫以死自誓。城陷，夕归私室，自书绝命时日，置衣带中，并遗书诫子，自经死。炳直上闻，以"忠义可嘉"褒之。

白如镜，字显斋，隶镶黄旗汉军。由笔帖式补銮仪卫官，出为兴宁营都司。宣统元年，署潮州左营游击，兵变不屈死。

何培清，字镜亭，广东归善人。入提标，补千总。光绪三十四年，领连和防营，提督秦炳直才之。调博罗，剿罗桂帮匪，尽歼之。会鄂变，粤应之，民军猝集，攻博罗。培清以三百人登陴守两昼夜，敌不得逞。奸民开门迎民军，执培清，不欲死之。甫出，猝遇罗桂余党，出不意，狙击死之。

时又有黄兆熊者，名家玫，以字行，湖南湘潭人。久从秦炳直为惠安水师营哨官。博罗既失，民军薄惠州，兆熊被调入城守，三日目不交睫。城陷，传提督被害，悲怆不欲生。时全城抢攘，独携枪至城堞间，以足指触枪机，洞贯胸腹死。

张德润，南雄人。以千总充香山巡防营管带官。革军入县城，守南门力战，援绝被执，杀之，投尸江中。嘉应州游击柏某，时亦以兵变遇难。

张振德，并失其籍。广西候补知府，充巡防队统领。十月，浔州乱，率师至黄茅规进剿。众寡不敌，中枪死。时南宁府知府摄思恩府舒志，亦以兵变死之。

来秀，字乐三，姓聂格里氏，满洲镶蓝旗人。由翻译生考取笔帖式，历官刑部，屡决疑狱。充军机章京。三十三年，出知汀州府。大吏议加汀盐价，力争罢。武昌事起，福建响应，总督松寿殉难，全省无主。来秀在官多惠政，士绅忧来秀满洲，为人指目，谒请护避汕头，来秀以大义自矢，不之允。九月三十日，郡城骤悬白旗。来秀知事不可回，朝服坐大堂，北向叩头，仰药死。松寿自有传。

刘念慈。字晋芝，湖北钟祥人。由禀生选教谕，俸满，以知县发福建，补永安。福州既乱，土匪倚山险，聚众数百人，念慈募勇督剿。匪负隅抵抗，勇被枪死，念慈亦重伤，为匪拥去，索银币取赎。念慈即间遣人持绝命书归，且曰："慎毋来赎，以增羞贻累！"卒绝粒不食死。

李秉钧，汉军正白旗人。由誊录叙知县，选泰宁，有治声。革命变作，慨然曰："国亡与亡，义也！第县治无官，民将失所。"召绅士议保卫，法既定，仰药死。继妻乌苏氏亦仰药殉之。

王荣绶，字笛青，湖南善化人。以军功起家，官甘肃。光绪二十八年，改选连江县知县，严于捕缉，党人莫敢留县境。受代寓省城，被拘至军政府，责以前事，抗辞不屈，被害。

定煊，福州驻防，诸生。有干略，官佐领。武昌变起，将军朴寿日料军实、简卒伍。旗民能胜兵者，皆授以兵，而任定煊为捷胜营管带，日夕操练。防军图变，于九月十八日，扬言旗营将开炮洗城以惧众。四鼓，炮声隆起，分扑军、督两署。朴寿亲督所部血战两昼夜，防御长瑞、骁骑校巴扬额主军书，发愤从战，相继殒于阵。前者僵，后者继，变军不支，渐引却。侦利枪巨炮皆在于山，定煊从朴寿于二十日夕，短衣草履，督死士袭山垒，深入，中炮死。

长瑞、巴扬额均翻译举人，同隶驻防之前锋森俊、苏都里、达哈使、尚阿里，领催桂斌、庆铭，举人松音，均阵亡。教员麟瑞，举人裕彤与兄笔帖式裕丰，族兄哨官铄钦额，均殉难。朴寿自有传。

王有宏，字金波，直隶天津人。同治五年，投效铭军，充兵目。自平定发、捻余孽，与剿台湾番社，法人攻台湾诸役，均随军有功，擢至游击。日本渝盟，奏调山海关办防务。和议成，入江南防营，以缉枭匪劳，记名总兵。江苏巡抚鹿传霖器之，从入秦，扈从两宫回銮。寻为河南巡抚张人骏奏留，倚以练军。人骏督两广，移督两江，皆从。管江南缉捕营，兼统总督卫队。宣统三年八月，湖北告变，檄统选锋十营会提督张勋江防军守江宁,尝请率三千人赴沪守衬制造局,断苏、杭铁道,未果。无何,江苏巡抚程德全宣布独立,率兵攻江宁,提督张勋与战,颇胜,而变军别出一支攻督署,有宏以机关炮击却之。十月初旬,德全以江浙联军至,麇集薄城,有宏驰出通济门,以三百人战。民军以远镜测知有宏所在,发枪,子中左腹,犹直立,督军士进击,左右舁至医院,乃绝。电闻,赠太子少保,谥壮武。

何师程,字云门。由袭骑都尉擢副将,保总兵,补江南督标中军。十月十二日,宁垣陷,自戕。

黄凯臣,本名彩,以字行,江苏江都人。入徐宝山虎字营为哨官,叙功至游击,以事去职,去卖茶自给。武昌变起,江宁将军铁良添募十营助城守,凯臣领其一。省城既陷,各营相约悬白旗,凯臣语所亲曰:"城不守,而相率降附,吾实耻之!"联军至,横刀大呼杀敌,驰入阵,被戕。

戚从云,徐州人。由行伍官千总,隶江苏巡防营,以能缉捕名。苏、沪独立时,从云率巡防一营驻黄渡,抵抗不从,遂为民军所戕。

盛成,字抱轩,本荆州驻防。同治初,金陵克复,调江宁,由骁骑尉累擢镶黄旗佐领。民军攻江宁,知城不可守,约知交城破各挈孥就火药库,谋同死。十月十一日,城破,有言缴械免死者,众要盛成往,不应,率子妇赵,孙国瑞,女三,赴药库,携酒痛饮,炷香以待炸发。

哈郎阿,字叔芬。素与盛成善,闻之,亦挈妻张,子成仁、成义,女一,往,同时熸焉。旁近旗民无老幼男妇,巨响一震,死不知数。

南山,字寿民。充贴写,累擢防御。初从将军铁良驻军北极阁,城破,知同僚集都统署,驰入,言曰:"吾辈受国厚恩,今宜发天良,背城一战。不济,则以死继之!"无应者。出召军士语如前,亦无应者。恚甚,发枪自击死。妻某,闻南山殉节,抱其子纵火自焚死。

培秀,字希贤。先以褓褓子授其戚,以阿芙蓉膏饮一女、一侄女,夫妇自焚死。

防御松柏与妻、子、女八人,骁骑尉恩钧夫妇,副前锋宝林全家,防御长年,均自焚死。隶某旗洪某,闻变,先以妻女投官井,与同居刘永祥阖室举火自焚。洪失其名,永祥,微者也。中学教习兴发,约同营前锋锦秀同投塘水死。小学校长富勒浑布,尝以世浊独清,誓与屈灵均为伍,有欲缚献民军者,跃入水,犹抗声语曰:"吾今日遂吾志矣!"不受援,死。防御严德海,骁骑校爱仁阿、荣生,均率妻、女、子、妇,千总色勒善夫妇,佐领广照,世职关秀昆,相率投水死。防御果仁布,城破自尽。世职鹿鸣,自经死。队官汝霖、彭兴,教练官恩锡,执事官魁秩,均以不屈被害。

阵亡者,为骁骑尉赵金泉,教练官鹏兴,排长海祥,炮队官赵寿昌。被戕者,千总富有,世职金鑫、祥泰、韩万兴、鸿锡、侯恩、俊卜、金海、永潮、韩万富,文生衣吉斯浑。

凡旗兵战死及眷属与难见姓名者数百人。事定,掩埋丛冢凡十三处,其数不可稽。生员长明,以在杭州武备学堂肄业,为同学斫之死。

桂城,字仲藩,姓伊布杼克氏,蒙古镶红旗人,世京口驻防。由生员入将备学堂,考送日本振武、士官诸学校。入联队实习,调江宁为宪兵协军校,管陆军警察营。宣统三年九月,变作,遗妻、子枪令自裁。族人在军者,咸勖以大义。时第九镇统制徐绍桢驻秣陵关,往谒,知桂城不与同志也,拘荒祠中,新军败雨花台,迁怒桂城,拥之出,中数枪死。后二年,补谥刚愍。

延浩,字子余,蒙古鄂依罗特氏,汉姓文。既老,赤面白须,善骑射,如少年。官协领,以原品食俸。载穆殉节,默不语,具衣冠北面再拜,僵卧不食卒。

文蔚,字子贞,蒙古人。同治初,从将军都兴阿军,累擢佐领。变作,家人劝出避,誓死不应。一夕,痛饮,哭不止,家人谓其醉也,中夜遽卒,盖阴以毒物自戕矣,年八十。

协领佘世宽,骁骑尉恩厚、同源,佐领春涛、延熙,防御贵庆、延福,前锋锦章、炳炎,领催东皋、德庆、延昌、松廷、三元、锡昌,云骑尉良弼,师范学校校长崇朴,生员崇椿,同以绝食死。防御吉瑞呕血死。领催德霈自经死。前锋钟祥、达邦,领催庆耀、升奎、国能、殿伦、发昆,五品顶戴发元,生员穆都哩,同自经死。前锋德尚,领催清泰,投江死。举人恩沛,吞玻璃死。佐领荣康、德兴、普亮,前锋国栋、和庸及弟启瑞,领催文光、延熙及弟延本、海春,恩骑尉延章、西登佈、武举人炳南、生员喜德,师范毕业生锡蕃,均受伤死。安徽县丞寿余及二子德兴、德祚,同日遇害。其被调江宁者,排长国权、海靖、文馨、启贞,与桂城同日死。排长炳升,守北城战死。马兵那康元,遇敌军南门,搜军械,不服,缚于树,支解死。

高谦,字敬亭,湖南沅江人。同治季年,从左宗棠度陇司书记,以劳保县丞,发安徽。光绪八年,宗棠督两江,委谦淮北督销分局,连任十有七年,盐商馈遗皆不受;受代,典衣裘而行。商民颂之。三十三年,补安徽阜阳县丞,清严不妄入民间一钱,知县有过举,辄阴为规正,民尤爱戴之。宣统三年九月二十五日,安庆变作,变兵旋入阜阳,左右劝谦引避,厉声斥曰:“名位虽卑,大节不易,吾岂苟活者耶?”即夕饮鸩自尽。凌晨家人入视,则衣冠端坐,气绝,面如生,年七十有四。民闻之,皆走哭。议立祠祀之,因乱未果。

黄为熊,字子祥,江西德化人。由举人挑知县,发浙江,署于潜,再署东阳。民好讼,积案千百,排日决事,民畏而感之。署兰溪,除盗匪殆尽,益兴学重农。治行上闻,被奖。省城变作,闻之欲自裁,翌日,闻讹言谓京师陷,大恸曰:“主忧臣辱,主辱臣死,何颜见地方人民耶?”乱民来夺县印,正色谕之,不许,抱印自经。僚友趋救,气已绝,面如生。

文海,字云舫,汉军镶蓝旗人。由拔贡生用知县,发浙江,一摄长兴,充劝业道科长。新军变,入寓搜军械,得洋枪,将縶之,文海发枪,毙一人,伤二人,出报其党,被收,慷慨不屈,引颈受刃死。

赵翰阶，字春亭，山西祁县人，父受璧，奉天昌图知府，有惠政。翰阶随侍边塞，习骑射，以任侠重乡里。拳匪之变，尝乘垣毙其酋。增韫素与习，官浙江巡抚，令充卫队管带。杭垣变作，抚署被围，率犹子赵锦标等突围入护巡抚家属，穴墙匿民舍。明日，闻巡抚为新军所拘，往救之，挈锦标持手枪出，为变兵所执，曰："我北方男子，岂畏死者！"遂与锦标同被害。

贵林，字翰香，满洲正红旗人，杭州驻防。官协领，与浙人士游，有贤名。浙兵变，驻防营犹抗拒，相持二日。浙人劝罢战，招贵林出营议事垂定，有陷之者，谓旗营反覆不可信，且诬贵林置毒各坊巷井中，变军诱之出，枪毙之。同出者，子量海，举人存炳，佐领哈楚显，被戕。

额特精额，字蔚如，杭营正红旗防御，驻守武林门。辛亥九月十四夜，变兵强令开城，额特精额喝问："何人？"以"革命党"对，遂斥曰："汝等狗也！我不死，城不能开。独持枪击众，众环攻，惨剁死，暴尸数日，居近商民始殓之。

文荣，字如山，蒙古巴岳特氏。世袭云骑尉。变兵攻旗营三日，坚不下，使来议和，合营官兵愿效死力争，将军德济遽遣贵林出许之，官兵皆掷枪军署，痛哭散去。文荣愤不欲生，手书十六字曰："杭营失守，忠义扫地。清流北向，是吾死所！"遂投河死。

迎喜，号寿芝，满洲镶白旗人。年八十余矣，当议和时，诣军署以死争，大呼曰："八旗受国恩三百年，今事至此，若辈犹欲靦颜偷生乎"遂归，闭户自经死。

金海，正蓝旗前锋校。变兵架巨炮吴山，遥轰旗营，众议启城驰夺之，金海愿从战，闻议和，遂弃械于河，亦自经死。

希曾，正蓝旗监生，前南昌知府盛元孙。变兵入营多劫杀，希曾斥之曰："既议和矣，奈何犹为盗贼行？"众怒，击，竟剁尸如泥，时旗人皆自危，颇有无故被杀者，其姓名不能尽详矣。

玉润，汉军镶红旗人。光绪季年，以銮仪卫治仪正出补秦州营游击。武昌事起，甘肃僻远，总督长庚素持镇静，闻陕西扰乱，乃戒严。时有道员黄越者，宿与南方党人通，充军事参议，欲通陕中民军谋独立。以陕中民军屡败，乃阴引川军入甘为援。玉润侦知，日与守备习斌筹守御，以限于兵额，未由增募。是时南北款议成，甘、陕电断不相闻。钺于秦州各官独惮玉润忠鲠，壬子正月二十三日，遂率众入城据各署局，而以兵围游击署。玉润列队出拒，身自督战，终以兵少不敌，玉润中枪，殒于阵。

劳谦光，字佩兰，山东阳信人。少读书，有用世志。入北洋武备学堂，毕业，山西设武备学堂，聘为教习，管带马队营，捐知县，遂官于晋。新政创始，若督练处、警察学堂并充提调官。数岁，移充北洋常备军第三镇参谋官，兼军需官，擢第六镇工程管带官。武汉变起，率工程营赴前敌，筑桥汉上，将以济师，敌争之力，炮子雨下，躬督视不却，猝中炮死，时十月初六日。死而桥卒成，清师得渡，复汉阳，清主兵者遂有停战之议。

吉升，字允中，满洲镶黄旗人。以学生官本旗前锋，入海军学习，积资充海筹兵舰帮带官。湖北告警，海军奉调赴援，至者兵舰十五艘、鱼雷艇两艘。清军攻汉阳，海军助势，而炮发多不命中。未几，至煤罄，相率下驶。九月二十一日，海筹与海容、海琛三巡洋舰奉令离汉口，二十三日抵九江。时江西九江已响应武昌，海容、海琛遂相约悬白旗，停泊。海筹管带喜昌不欲，邀吉升同遁，吉升潸然涕下，曰：“国家经营海军四十年，结果乃如是耶？”发愤投长江死。

张程九，字子沄，奉天台安人。由岁贡考充盛京宗室学教习，任满，以知县用。宣统元年，选为奉天谘议局议员。三年九月，鄂变起，地方不逞之徒，假改革名义，狡然思逞，台安齐某纠众将起事，惮程九持正不敢发。程九闻警，至省谒总督赵尔巽，请派队剿办，免涂炭地方，尔巽允其请，并令回县办乡团以资捍卫。程九归，经县西佛牛录，为群贼所伺，设伏遇害。恤赠知府，赏世职。

王文域，字伯若，四川人。知山东乐安县，辛亥冬，为变兵所戕。黑龙江海伦府巡防马队管带官谭凤亭，于十月阵亡。有旨优恤。伊犁将军志锐被戕，仆吕顺以朴诚著，临难护主，同死之。从死者，武巡捕官刘从德，四川人；教练官春勋，京旗人。志锐自有传。

张传楷，字睿斌，直隶青县诸生。充宗人府供事，叙劳得知州。革命事起，举朝震恐，自亲贵达官而下，惟日以徙家入外人居留地为事。传楷愤甚，诣都察院上说帖，请代奏，院官无在者，止院门，哭三日，无一官至。逊位诏下，拔所佩刀自戕死。自铭十六字曰："成仁取义，孔、孟所垂。读书明理，舍此何为！"

孙文楷，字模卿，山东益都人。同治癸酉举人。潜心著述，尤精金石之学，以收藏贫其家，力耕自养，恒屡岁不入城市。有《适野集》、《一笑集》，皆咏田事诗也。逊位诏下，家人秘不以闻。经月，忽入城访友归，即仰药自尽。将死，属其子曰："吾行吾所安耳，毋谓我死节也！"著有《老学斋文集》二卷，《今吾吟草》四卷，《稽庵古印笺》四卷，《古钱谱》等书。

王乘龙，字少枚，福建龙溪人。安贫好学，以岁贡生授经里中。闽军应武昌，乘龙感怆，弥日不食。翦发令下，长至谒宗祠，宗人劝之，乘龙不一语。入夕，乃潜设香案自经死，案上遗诗曰："肤发知钧重，纲常万古新，毁形图苟活，何以见君亲！"年六十有一。

赵彝鼎，字焕文，江苏江阴县诸生，好程、朱之学。武昌变起，苏抚程德全应之，愤痛绝食。十月初九日，出而不返，明日，家人迹至三贤祠楼，则衣冠北面悬梁间，气绝矣。检箧得遗笔千余言，有曰："我死合君臣之义，冀斯人不以我君为满州而漠视之！愿国家大兵早至，反正者免，胁从者赦。"又曰："我为国故不死于家，会文讲学地，正欲以明人伦也。"

施伟，字卓斋，江苏高淳县诸生。傲岸绝欲，以兄喜谭新学，心非之。逊位诏下,大恸。壬子元日,具衣冠拜家祠,自书轶句祠壁,投塘水死。

李泽霖,字郇雨,广东香山县诸生。教授生徒,以小学、近思录为日课。闻变,绝粒五日死。先手书“清处士李郇雨墓”七字授其子,俾刊墓道。且命二子毋入学校,毋出仕。

胡穆林,失其名,湖北江陵县诸生。变作,上书荆州将军议战守事,将军壮之。时电报被毁,具乞援牍,令赍以北行。至资福寺,为通敌之警察所侦,絷沙市敌营,诃之曰:“汝汉人,奚助满人为?”穆林叱之,遇害。

杭州望江门有更夫某者,夜鸣钲巡于市,变军自城外入,方昧爽,猝见之,急鸣钲大呼兵反,狂走向官署,冀警备。军诃之不止,追及,枪击之,立毙。

梁济,字巨川,广西临桂人。父承光,卒官山西,贫不能归,寓京师,喜读戚继光论兵书暨名臣奏议。光绪十一年,举顺天乡试,时父执吴潘祖荫、济宁孙毓汶皆贵,济不求通。追毓汶罢政,始一谒之。大挑二等,得教谕,改内阁中书,十余年不迁。举经济特科,亦未赴。三十三年,京师巡警厅招理教养局,济以总局处罪人,而收贫民于分局,更立小学课幼儿,俾分科习艺,设专所售之,费省而事集。由内阁侍读署民政部主事,升员外郎。在部五年,未补缺。逊位诏下,辞职家居。明年,内务部总长一再邀之,卒不出。岁戊午,年六十,诸子谋为寿,止之不可,避居城北隅彭氏宅。先期三日,昧爽,投净业湖死。时十月初七日也。遗书万余言,惓惓者五事:曰民、曰官、曰兵、曰财、曰皇室,区画甚备。予谥贞端。

有吴宝训者,字梓箴,蒙古人。尝为理藩院员外郎。素与济游,闻济死,痛哭,越日,亦投净业湖死。

简纯泽,字廉静,湖南长沙人。父桂馥。纯泽生七岁,即出嗣伯父敬临。敬临以总兵从左宗棠军攻金积堡叛回战死,谥勇节,赐骑都尉世职。纯泽自幼吐弃俗学，尝入粤从西人习军械制造法。桂馥客游新疆，久不归，迄二十余年无耗，纯泽乃以袭职从度陇军，欲遂出嘉峪关觅之。陇督以荒远坚阻，而行文地方官搜访，卒不能得，则大痛，谓他日不求死乡里也。入陕西，为布政使升允所重。庚子，升允率师勤王，纯泽与营官欧丙森从。遇夷兵正定，斩数百人。疾作，闻丙森战死，力疾请战，升允尼之，上书责升允，词甚直。正定令将迎夷师入，下令军中严阵待，夷慑之，解去。升允擢巡抚，檄管武备学堂，兼领新军，后复檄充新军教练官，会后抚以贪黩闻，非门金不得通，积二岁不往。又与道员王毓江议军事不协，谢归里。国变后，居数年，悲咤不解。丙辰夏，北行之京师，旋客天津。后一年至烟台，游烟霞洞，去之威海，投海死。获其尸，有自书绝命词。以树墓碣镌"大清遗民"四大字为获尸者告，感其义，敛而葬诸海滨，且立碣焉。

王国维，字静安，浙江海宁州诸生。少以文名，年弱冠，适时论谋变法自强，即习东文，兼欧洲英、德各国文。并至日本求学。通农学及哲学、心理、论理等学。调学部，充图书馆、编译名词馆协修。辛亥后，携家东渡，乃专研国学。谓"尼山之学在信古，今人则信今而疑古，变本加厉，横流不返。"遂专以反经信古为己任。著述甚多，撷其精粹为《观堂集林》二十卷。返国十年，以教授自给。壬戌冬，前陕甘总督升允荐入南书房，食五品俸，屡言事，皆褒许。甲子冬，遇变，国维誓死殉。驾移天津，丁卯春夏间，时局益危，国维悲愤不自制，于五月初三日，自沈于颐和园之昆明湖。家人于衣带中得遗墨。自明死志，曰"五十之年，只欠一死！经此世变，义无再辱"云云。谥忠悫。海内外人士，知与不知，莫不重之。

清史稿卷四九七
列传第二八四

孝义一

朱用纯　吴蕃昌 从弟谦牧 杨磊 　周靖

耿燿 弟炳 兄子于彝 耿辅 　李景濂

汪灝 弟晨 日昂 日升 　黄农　曹亨

黄嘉章　郑明允　刘宗洙 弟恩广

恩广子青藜　何复汉　许季觉

吴氏四孝子　雷显宗　赵清　荣涟

薛文 弟化礼 　曹孝童　子履豫

钟保　觉罗色尔岱 翁杜 佟良 克什布

王麟瑞　李盛山　李悕　奚缉营

周士晋　黄有则　王尚毅　胡镆

李三　张梦维　乐太希　董盛祖

徐守仁　李凤翔　卯观成　葛大宾

吕敦孚　王子明 冯星明 　张元翰

俞鸿庆　姜瑢　汤渊　魏兴

戴兆苯　潘周岱　张淮 张廷标

胡其爱　方其明　邓成珠　张三爱
杨梦益　阎天伦　夏士友　白长久
郭味儿　聂宏　董阿虎　张乞人
席慕孔　张良松　崔长生　荣孝子
无锡二孝子　哑孝子

　　清兴关外，俗纯朴，爱亲敬长，内恩而外严。既定鼎，礼教益备。定旌格，循明旧。亲存，奉侍竭其力；亲没，善居丧，或庐于墓；亲远行，万里行求，或生还，或以丧归。友于兄弟，同居三五世以上，号义门，及诸义行，皆礼旌。亲病，刮股剔肝；亲丧，以身殉：皆以伤生有禁，有司以事闻，辄破格报可。所以教民者，若是其周其密也。国史承前例，撰次孝友传，亦颇及诸义行。合之方志甄录、文家传述，无虑千百人。采其尤者用沈约宋书例，为孝义传。事亲存没能尽礼；或遭家庭之变，能不失其正；或遇寇难、值水火，能全其亲。若殉亲而死，或为亲复仇，友于兄弟，同居三五世以上，及凡有义行者，各以类聚。事同，以时次，孝为二卷，友与义合一卷。

　　朱用纯，字致一，江南昆山人。父集璜，明季以诸生死难。用纯慕王裒攀柏之义，自号曰柏庐。弃诸生，奉母。其学确守程、朱，知行并进，而程于至敬。来学者授以小学、近思录。仿白鹿洞规，设讲约，从者皆兴起。居丧哀毁，尝曰："宰我欲短丧，吾党皆以为怪，然可见古人丧礼之尽，必蔬水馈粥哭泣哀毁无苟弛。若今人饮酒食肉不改其常，虽更三年，岂谓久哉？"晚作辍讲语，又为治家格言，语平易而切至。病将革，设先人位，拜于堂，告无罪，顾弟子曰："学问在性命，事业在忠孝。"乃卒。用纯与徐、枋杨无咎称"吴中三高士。"皆明季死事之孤也。

　　吴蕃昌，字仲木，浙江海盐人。父鳞征，明季死难，蕃昌事所后母查孝，居丧，水浆不入口。既殡，啜粥，不茹蔬果。寝苫，不脱衰绖。比葬，呕血数升，逾小祥遂卒。

　　从弟谦牧，字衷仲。为程、朱之学。事母朱孝，居丧，杖不能起。疾稍间，手编父遗集，复困。治窆歹，哀动行路。谦牧体素羸，益不自胜，遂卒。蕃昌、谦牧皆交于张履祥，履祥称之。

　　时以孝著者，复有归安沈磊，亦履祥友也。磊事母严，母不御酒肉，磊力请，终不听。有疾，医为言，乃御酒肉。磊客授于外，弟子具时食，不忍食，以为母未尝也。弟子乃先以馈母，曰："太君食矣。"乃食，率以为常。

　　周靖，江南吴县人。父茂兰，刺血上书明父顺昌冤事具明史。靖少补诸生，事亲能尽力。茂兰卒，擗踊哭泣，丧葬悉如礼。三年不脱衰绖，不饮酒食肉。小祥，有疾作，或谓在礼得饮酒食肉，靖不可。靖素善作篆，或请题榜，亦以丧辞。

　　耿燿，河南太康人。世农。父应科，好施与，七世同居，颜其堂曰"效艺"。兄光，明诸生，孝后母而教诸弟严，燿从之学，事必谘而后行。明末，流寇屠太康，燿与弟炳异母避河北，贸布以养。母病，朝出暮归，不解带累月。母卒，挽车归母丧。炳亦纯谨，定兴耿权与弟极以孝友闻，炳慕其为人分田舍处之，孙奇逢为作三耿传焉。方寇至，光前卒，未葬，子于彝号泣守其枢不去，寇执之，推陨城下，伤腰膂，几死。寇退，归掬土掩枢乃去。县饥，知县馈以粟，散赡贫乏。督僮蔬，任饥者刈以食。

　　同时有耿辅，虞城人，奉母避寇开封，寇决河灌城，倚浮木负母以渡。母卒，哀毁，缌衣粗食终其世。

　　李景濂，字亦周，浙江鄞县人。幼丧母，父再娶于何而卒。何年少,媒氏欲夺之,景濂闻,伺于道,出椎击之,归告何。何相与恸哭,誓相依终身。何教景濂严,景濂事何甚谨。何嗜酪,景濂日入市求之,端捧急趋,如鸟张翼。市人怪而求其故,则皆叹其孝,为让道。何老病,景濂侍疾七年不息。何卒,景濂亦六十,庐墓三年,作孺子泣。景濂明诸生,明亡,弃诸生去为医。

汪灏,江南休宁人。晨、日昂,日升,其弟也。父病咯血,灏年十六,割股和医进,良愈。后数年病足,晨割股炼为末,敷治亦愈。又数年复咯血,晨复割臂以疗。更数年,疾大作,灏复割臂,勿瘳。晨病,日昂泣曰:"吾兄割臂愈父,吾不能割以愈吾兄乎?"众尼之。憮且仆,匠治棺,日升持匠斧断指,血淋漓,调药以饮晨。有司表其门曰"一门四孝友。"

钱塘吴瑷及弟琦、璠、琰相友爱,年皆逾九十。江苏华亭美应龙,应龙子世璜,世璜子文枢,子超萃,超萃子怀权,怀权子栻,六世皆以孝行旌,人尤以为难。

黄农,江南元和人。父衮,诸生。农年十余,母吴病六年,农侍疾不懈。母卒,恸屡绝,坐卧母枢侧。衮客授于外,携农俱。久之,察其枕渍泪若膏,貌瞿然如初丧。衮客授稍远家,农归,五日一往省,衮止之,则私伺门外问安否,衣服器用,时其寒暑具以往。一夕,心悸,走省,衮得暴病,舁以归。会除夕祷神,原减算益父,衮愈。农三十余而卒,妻金,亦贤孝。

曹亨,陕西镇安人。年十一丧母,不能具棺,号泣于路,乞自鬻为敛。或与之金,葬母毕,即诣其家执役终身。

黄嘉章,湖南桂阳人。吴三桂之乱,从父避兵连珠崖。父没,兄嘉林年十六,嘉章亦年十一,自鬻以葬父。嘉林稍长,力为佣,得钱赎嘉章还,兄弟相友爱。

郑明允,江南歙县人。康熙间,耿精忠兵至,明允侍母抱谱牒及先世遗笔入山。贼大索山中,明允夜负母匿僻坞,还挈二子,未至,雾溢山,虎声震林木,纳二子石穴中,疾趋侍母。贼退,二子亦无恙。兄病,视汤药不去侧。及亡,每恸辄绝。与其戚同贾,失其资。明允发橐金尽与之。族子缢客舍,明允为坐守达曙,白于官,出私财以敛。有友荡其资,困甚,明允罄所有佽之,无难色。明允世业医,精而不试,曰:“十得九,犹有一误。”业贾终其身。

刘宗洙,字长源;弟恩广,字锡三:湖北襄城人。父汉臣,明季从军。襄城破,被数创,几殆。恩广两耳断,号泣负以归。宗洙方走避寇,闻父难,往赴,贼截其耳鼻。居数年,父病,尝粪,时称襄城“尝粪孝子”。父殁,与季弟宗泗同居,俄与恩广皆得官,以母老不出。母殁,恩广呕血至笃疾。或慰解,曰:“勿复言,五内裂矣!”遂卒。宗洙积哀兼痛弟,亦呕血卒。

恩广子青藜,康熙四十五年进士,选庶吉士。遭父丧,哀毁呕血,事母不复出。

何复汉,江西广昌人。十五而丧父,哭泪皆血。长事母孝,母疾作,尝粪苦甘以测病深浅,不解带者数月。母殁,寝苫三月,泪渍苫左右尽血痕。葬,乃庐墓侧,日夜悲号,丧终犹庐居。耿精忠兵至,复汉守墓不去,亲知毁其庐,乃哭而行。著古今粹言示子孙。子人龙,康熙五十二年进士,入翰林。

许季觉,浙江海宁人。少尚侠,既折节读书。居亲丧,水浆不入口者七日,杖而后起。含殓、殡葬、虞祔、卒哭、祥禫皆用古礼。葬,躬负土,庐于侧,朝夕哭不辍。季觉故与同县查氏交密,查氏贵,营葬侵许氏墓地。季觉曰:“吾不能以友卖亲。”讼连年不决,亲朋居间,季觉终不让。查氏诬季觉通海,逮狱,有为辨者,狱稍解,避地山阴。查氏复诬以他事,再逮狱。季觉度不免,狱中碎瓷盏吞之,死。

吴氏四孝子，江南崇明人，失其名。父壮年家贫，鬻子为富家奴。及长，皆能自赎。取妇列肆居，养父母，兄弟议奉父母膳，月而易。诸妇曰："翁姑老矣！月而易，必三月后方为翁姑具膳，太疏。"复议日而易，诸妇又曰："翁姑老矣！日而易，必三日后方为翁姑具膳，仍太疏。"乃议伯具早餐，仲午，叔脯，次日季具早餐，周而复始。越五日，诸子合具馔奉父母，子孙皆侍，诸妇以次上酒食，以为常。室置厨，兄弟各具钱五十，父食毕，取钱入市嬉，易果饵，归畀诸孙，钱将尽，复具。父或从博徒戏，兄弟潜以钱畀博徒，令阳负与其父以为欢。行之数十年，父母皆将百岁，奉事不衰，陆陇其为之传。

雷显宗，河南陈州人。诸生。父病瘓，显宗摩掌热拊父四支，二十七昼夜不倦，父良愈。居数年，复病剧，侍汤药两月余，竟卒，哀毁柴立。居母丧亦如之。康熙中，岁饥，出米粟济贫乏，代偿其逋赋。有鬻其孥者，赎以归。佽婚葬者三百余家。显宗年九十，朔望集家人讲《孝经》、《曲礼》、《内则》诸篇，里闬称其家范。

赵清，山东诸城人。生有至性，嗜酒，与同县李澄中、刘翼明辈偏陟县中山，纵饮，辄沉顿。丧父，庐墓侧百日，母往携以归。丧母，复庐墓侧，麻衣躬畚锸，负土为坟，毁几殆。客有劝者，清曰："清所以为此者，盖下愚居丧法耳。清狂荡如湍水，不居墓侧，将食旨，久而甘；闻乐，久而乐；居处，且久而安。不一期，沈湎不可问矣。不孝孰甚！"居庐久，或传有狼与犬为守庐，狎不相啮也。

荣涟，江南无锡人。少孤，多病，母令为道士。善诗画。事母孝，出游得珍玩、良药必以奉母。游倦归，晨昏侍母侧。母卒，庐墓不复出。涟与县人杜诏及僧妙复号"三逸。"

薛文，江南和州人。弟化礼。贫，有母，兄弟一出为佣，一留侍母，迭相代。留者在母侧絮絮与母语，不使孤坐。日旰，佣者还，挟酒米鱼肉治食奉母，兄弟舞跃歌讴以侑。寒，负母曝户外，兄弟前后为侏儒作态博母笑。母笃老，病且死，治殡葬毕，毁不能出户。佣主迹至家，文与化礼骨立不能起，哭益哀，数日皆死，时康熙四十二年也。知州何伟表其间。伟勤于民，卒，民祠焉。乾隆间，学政宋筠令以文、化礼附伟祠。

曹孝童，江南无锡人。居南郭，父为圬者。童五岁，父或扃户出，则竟日不食。邻或哺之，泣不食，俟父归同食。父死，童呜咽匍匐死父侧，邻市棺为敛。

丁履豫，江南娄县人。少孤，事母孝。兄二、弟一皆出游，以岁所入畀履豫，使营甘旨。母卒将敛，画师貌母像绝肖，履豫谛视久之，大恸，仆地遽绝。

钟保，满洲镶黄旗人。父希晋，以步军校从讨吴三桂，积功当迁，钟保以父老，力劝请休奉养。康熙间，自刑部笔帖式累迁刑部郎中，居父丧哀恸，水浆不入口。事母尤谨，归必侍母侧。兄荡产，抚其孤，祖遗田宅悉推与之。弟贫，周之甚力。雍正二年，举孝子，赐金，旌其门。官至工部侍郎。

觉罗色尔岱，满洲镶红旗人，德世库七世孙也，性笃孝。年十七，父病，医不效，乃割左臂为糜以进，病稍间，旋殁。事母益谨，母病饮食减，亦减饮食；饮食不能进，忧之，亦辍饮食；母能饮食，乃复常。雍正元年，命举忠孝节义，以色尔岱应，诏赐白金，旌其门，授银库主事，勤其官，迁郎中。

康熙间，以割臂疗亲旌者，有翁杜、佟良，与色尔岱同时有克什布。翁杜，满洲镶白旗人；佟良，蒙古镶黄旗人：官防御。克什布，满洲镶红旗人，官三等侍卫。

　　王麟瑞，福建南靖人。诸生。八岁丧母，事后母如所生。母病渴，非时思食梅，麟瑞饶树呼号，不食三日，梅夜华，结实奉母，母良愈。父丧，庐墓三年，遇虎，虎为却避。雍正初，诏举孝廉方正，县以麟瑞上。四年，授陕西道监察御史，出为直隶永平知府。

　　李盛山，福建罗源人。母病，割肝以救，伤重，卒。巡抚常赍疏请旌，下礼部，礼部议轻生愚孝，无旌表之例。雍正六年三月壬子，世宗谕曰："朕惟世祖、圣祖临御万方，立教明伦，与人为善。而于例慎予旌表者，诚天地好生之盛心，圣人觉世之至道，视人命为至重不可以愚昧误戕；念孝道为至弘，不可以毁伤为正。但有司未尝以圣贤经常之道，与国家爱养之心，明白宣示，是以愚夫愚妇救亲而捐躯，殉夫而殒命，往往有之。既有其事，若不予以旌表，无以彰其苦志。故数十年来虽未定例，仍许奏闻，且有邀恩于常格之外者。圣祖哀矜下民之盛心，如是其周详而委曲也。父母爱子，无所不至，若因己病而致其子割肝刮股以充饮馔、和汤药，纵其子无恙，父母未有不惊忧恻怛惨惕而不安者，况因此而伤生，岂父母所忍闻乎？父母有疾，固人子尽心竭力之时，傥能至诚纯孝，必且感天地、动鬼神，不必以惊世骇俗之为，著奇于日用伦常之外。妇人从一之义，醮而不改，乃天下之正道，然烈妇难，节妇尤难。夫亡之后，妇职之当尽者更多，上有翁姑，则当代为奉养。他如修治频繁，经理家业，其事难以悉数，安得以一死毕其责乎？朕今特颁训谕，有司广为宣示，俾知孝子节妇，自有常经，伦常之地，皆合中庸，以母负国家教养矜全之德。倘训谕之后，仍有不爱躯命，蹈于危亡者，朕亦不概加旌表，以成激烈轻生之习也。"盛山仍予旌表。

　　李悃，河南开封府人，失其县。贫为木工，父病痹，奉侍惟谨。岁歉，不能养，乃行乞于于市，归啖父。后得赈谷一石，虑不能继，日舂升许供父，而以糠秕自咽。父病剧，夜中邻人时闻捆抚摩嗟泣声，迟明则惘抱父足死矣,父亦一恸而绝。邻人愍其孝,收而葬之。

奚缉莹,字圣辉,江苏宝山人。父士本,以孝旌。缉莹幼读论语,至“父母之年,不可不知”,辄陨涕簌簌,师奇之,谓真孝子子也。母病,刮臂以疗。士本老,恶寒,缉莹夜抱父足眠,以为常。两弟早卒,抚其孤如所生。女兄嫁而贫,从妹寡,皆依以居,为营婚嫁。

周士晋,江苏嘉定人。母病久,医言惟饮人乳可生,士晋子生方九月,谋于妻李,弃道旁,以乳乳母。母病已,问儿,以殇对,后李不复妊,亦无怨。越十二年,有僧为殷氏子推命,年月日与士晋儿同,诘之,则得诸道旁者也,父子得复合。

黄有则,湖南邵阳人。四岁丧父,母孙劬苦育以长。遣就傅,或迁之,孙曰:“吾忍死,不欲儿废学也。”有则大感恸,奋学,客授养母。夏无帐,主人以进,命撤之,曰:“吾母无此也。”寒为制棉衣,又却之,曰:“家贫,无以暖母,不忍享奇温。”一夕风雪,既寐,复起,行三十里归省母。母喜曰:“吾正思儿!”是时母逾九十,有则亦六十矣。母丧,以毁卒。

王尚毅,陕西郃阳人。为人佣。母佞佛,欲凿山造佛象,力不逮,将死,以命尚毅。尚毅佣,啬衣食积钱,买山辟洞,琢石为佛像,洞六,像十二,皆手造。或愍而助之,谢曰:“力不已出,非敬母命也。”钱尽乃辍,复出佣,得钱更为之,如是三十余年。山植柏,围以紫荆,洞上下莳迎春,洞成方冬,花尽开,山人怪之,名曰九华洞。山无水,凿池而雨至,遂不涸,名曰青龙池。

胡锁,浙江上虞人。锁九岁从母汲,母堕井,锁呼救未至,亦跃入井,救至,引以出,俱不死。中岁游陕西,一夕忽心痛,曰:“殆吾父病耶?”驰还,父正病,旋卒,哀恸尽礼。方冬母病,求医,途遇盗,衣尽襦，冒寒行数十里，与医俱归。

李三，江苏宜兴人。一目眇，一足跛。父死，二兄皆娶，析产，有田六亩、屋四椽、舟一，二兄分田、屋，而畀三以舟。迭养母，三奉母食必有肉，母至二兄所，三辄私致甘旨。二兄死，嫂一前死，一嫁，三独奉母。晨爨毕，乃以舟应客，或当出五十里外，度尽日不能返，虽重雇不之许。事母三十年，邻里称其孝，抚兄子慈，而教之严。母将死，呼孙执手泣曰："儿学好，毋累汝叔怒！"自是不复怒其兄子。

张梦维，直隶元城人。县诸生。父晚病风痹，梦维日侍左右，卧起饮食溲溺皆躬自扶持。父愍其劳，呵之去，少退，复前，数年不少懈。事母如事父。居丧哀毁，准家礼，屏俗习。弟病疽，为剪发灼艾，日数省视，及卒，恸甚，几丧明。弟妻或诟谇，待之有加，抚孤女逾己出，弟妻卒悟且悔。少师郡人卫鹤鸣，治程、朱之学。鹤鸣卒，心丧三年。授弟子孝经、小学，以力行为本。

乐太希，湖北通山县人。幼慧，三岁母负以嬉，坠地伤额。祖母问，诡对，恐祖母见怜而怒母也。父疾，抑搔汗濯，昼夜不去侧。居丧尽哀，既葬，恒绕墓悲痛。母疾及丧亦如之，庐墓侧居五年。早为诸生，以事亲不应试，或延使授经，辄辞，虑违亲也。亲既终，益笃学。

董盛祖，云南黑盐井人。盛祖不知书，早失父，事母谨，起居饮食侍视不少懈。一妹嫁里中，盛祖出负贩，呼妹还侍母，妹亦善事母如盛祖。盛祖行遇蛇当道，惊曰："母得无病乎？"归则母方病，呼盛祖，人皆怪之。母丧，哭甚哀，或恸绝，邻里惊救之，乃苏。盛祖有妻早亡，不更娶。或劝之，曰："娶妇以事亲，顾贤者实难。脱不贤，将戾吾母，吾能安乎？"卒不娶，未终丧，遂卒。

徐守仁，安徽青阳人。世为农，未尝读书。四岁而孤，事母孝。得佣值，市酒肉奉母，母呼共食，辄以持斋谢，实不忍分甘也。母没，哀恸。既葬，露处墓侧，蛇虺不避，里人哀之，为庐舍饮食焉。守仁并奉其父木主以居，四年，乃还其室，须发皆白。

李凤翔，直隶武强人。善事父母。凤翔以父老，自请佐家事，而督诸弟读书、习射，应文、武试。父将终，遗命析产，心怜幼子而未有言。凤翔察父意，益以所分三之一。父殇，事母益谨。道光初，滹沱连岁汜溢，闾里荡析，负凤翔债者二千余缗，悉焚其券，复散钱济贫者。又遇旱，所艺蔬果任饥者采食。族子早孤，他县人以迎丧遇盗，皆厚周之。或将屠马，凤翔赎以归，马训异常畜，乡人感之，遂无屠马者。

卯观成，云南恩安人。父汉而母夷。乌蒙乱，父死，母被掠，鬻为婢。乱定，观成无所依，为昭通禁卒。父母尝为聘妇，舅促观成娶，娶而不与婚。三年，舅诘之，曰："吾非不欲婚也，行将嫁吾未婚之妻，取所值归吾母。与之婚，情不能割，义亦不可出也。"语且泣。有义之者，募得六十金，以半赎其母，半为营庐舍，成婚，仍为禁卒以养母。

葛大宾，字兴森，湖南湘乡人。诸生。四岁丧父，哀恸如成人。丧终，值忌日，出主祭，主仆，粉落"葛"字脱，露"周"姓，盖木工饰周氏废主为之。大宾痛哭引咎，告墓易主。事母钜细必躬，疾尝药，生徒有馈则献。尝出客授，独坐心动，亟还呼母，母出，屋后山遽颓，压母坐处。母没，饮不入口者五日。既葬，不脱衰，腰以下缕皆尽。丧终，祭必哀，兄弟既分居，财尽，大宾复与同居，通财无所私。没则庀其丧，无子，为立后。

吕敦孚，湖南永定人。父孟卿，贫，以客授自给。母病将殆，思肉食，斄乎方七岁，贷诸屠，屠不可，泣而归。闻母呻吟，益痛，内念股肉可陷母，取厨刀砺使利，割右股四寸许，授其女弟，方五岁，令就炉火炙以进。母疾良已，孟卿归，察斄乎足微跛，得其状，与母持以哭。斄乎曰："母然，儿固无所苦也。"乡人皆嗟异称孝童。长为诸生，学政温忠翰疏闻，寻除华容训导。孟卿亦尝刮股愈父病，然斄乎割股时，初知父有是事也。

王子明，甘肃通渭人。诸生。事母孝。出为客，蔬果新出，必遥献乃食。尝赴试，母闻桃香久不散，女曰："此必吾兄所献。"记其日，归验之，果然。

冯星明，甘肃秦安人。为营卒，戍龙山。食新韭，置诸案，叩首。同伍问之，曰："以献母。"咸以为迂。或归候其母，母曰："他日吾假寐，梦儿以韭食我，觉，犹有余香。"叩其日，星明献韭时也。

张元翰，直隶南皮人。光绪五年举人，除获鹿教谕，迁知县。方谒京师，父嗣陶时为万全教谕，卒官。元翰奔赴恸哭，几不能胜。居丧三年，悉用古礼。丧终，以知县待阙河南，奉母赴官，摄渑池、宁陵诸县。方有事于考城，而母遽卒。元翰以父母卒皆不克视终事，大痛。将归葬，自为文祭告，凭棺一恸而绝。

俞鸿庆，湖南善化人。光绪十八年进士，改庶吉士，授编修。事父母笃孝。官京师，岁必乞假归省。二十七年，母殇，鸿庆方自西安还京师，闻丧奔还，哀恸若不欲生。父年已八十，衰病，鸿庆跬步不去侧，婉容愉色，依慕如少时。冬夜必数起省视，或竟夕不眠。二十九年，父殇，鸿庆恸甚，以毁卒，距父殇方匝月。

姜瑢，云南嵩峨人。父文柄，尝远游，瑢裹粮行求，得以归，贫，析薪治圃以养。父嗜饮，日必具酒，家益贫。父为罢饮，命子跪而请，翌日偕樵于山，买酒归，共劝酬饮，日以为常。父殇，辄提父尝饮壶沽酒，哭于墓，人称其圃为"孝子圃"。

汤渊，江苏常熟人。八岁丧父。母茅纺织不稍休，渊见辄泪下。少长，为负贩，劝母暂休，母曰："休，不且馁死耶？"渊大恸。客至，母擎茗碗呼渊持以出，渊跪而受，自责贫不能具仆婢也。娶，生子而妇亡，或劝再娶，曰："吾已有子，何忍分养母力以养妇？"竟以鳏终。母卒，哀号动行路。其后家稍裕，方冬，有被而无裤，曰："吾母昔无此也。"将卒，命市棺视殡母之费。

魏兴，直隶新城人。早丧父，兴与弟继宗皆入伍。继宗战死，兴以母老，出伍为樵以养。岁饥，米贵，兴以米奉母，而自食糟糠，恒不饱。兴亦老，樵不足，毁屋，伐屋后树以鬻。安康诸生张鹏翼闻其事，过兴，见兴侍母左右扶持如童子，因问其邻魏叟："与其母日何食？"邻曰："兴啖包谷，母食麦。"鹏翼大嗟异，以其事白知府，月予以粟，兴母子始得饱。

戴兆笨，安徽旌德人。少从父业缝纫，十三丧母，尽礼，事后母如母。父病噎，亦减饮食，百方疗父，不得，则刲肱糜以进，终不愈。恸甚，庐墓侧，朝夕稽颡。时归省后母，呼妻出，戒以善侍养，不入其室。

潘周岱，安徽泾县人。为竹工，与父同佣，必躬其劳而遗父易且逸者。父创足，负以往返。老废，周岱独应佣，得酒肉时蔬怀归，燂以进。家食，必父母食乃食。岁饥，奉父母必丰，次以食弟，躬与妻子饱糠核。父母疾，左右侍养无须臾去侧。母家山下泉冽，母病笃，夜半思得泉以饮，周岱挈瓶往，行四十余里，向晨以泉至。居丧，日暮悲号，先后庐墓三年。丧既终，夕必诣墓爇香然灯，如是终其身。妻吴亦孝，无违命。

张淮，浙江秀水人。贫，粗识字，为人收田租。父有心疾，思食羊，非特杀则不食，淮买羊杀以食父。思出游，则凭肩舆侍以出，穷日乃还。父疾数年，凡所思，百方致之，不稍息。疾笃，刮肱进，卒不治。

同时张廷标，为衣工。奉母，常效市中儿嬉戏以娱母。一日邻家火，负母出，迁祀先之具，而不及他器用。节所入为弟娶妇，而终身不自娶。县人与淮称"二孝子"，道光初年事也。

胡其爱，江南桐城人。为人佣而养母。母病罢癃，其爱日夕在左右，视卧起饮食。出就佣，具晨餐，度午不得归，出勺米付邻媪，属代爨，必拜。邻媪止之，行数里外，复遥拜。夜必归，为母涤中裙厕牏，在佣家得肉食，即请归遗母。母出观优，负以往，夜则负以还。欲往戚党家，亦如之。母没，负土为坟，居悒悒而卒。

方其明，亦桐城人。亦为佣而养母，母亦病罢癃。其明虑出佣母饥渴，乃弃佣为丐，负母以出，得食必先母。母卒，乃为圃，时荷锄而泣曰："昔为乞，苦饥寒，不离母侧；今稍足衣食，思母不可得矣！"

邓成珠，福建泰宁人。亦为佣而养母。佣所距家远，日乞米一合，昧旦送母所，还执佣。母盲不能炊，乃负母依主家傍舍，朝夕为具食。主或以为言，成珠曰："成珠自减餐奉母，不敢重累主人也。"居五年，母卒，葬毕，辞主人，不知所之。

张三爱，江南歙县人。为人役。事母孝，母病，不能具药物。或谓之曰："汝欲愈母病，盍刮肝？"三爱祷于业祠，破腹，肝堕出，以右手刮肝，得指许，左手纳于腹，束以白麻。归以肝和羹饮母，母良愈，三爱创亦合。三爱所事主，故尝为知县，贫，遘赋，三爱辄代承，被笞，不少怼。主病且死，命三爱去，三爱勿听，事主之子如事主。

杨梦益，陕西郃阳人。卖菜佣也。事母孝，妻贾力纺织以佐养。乾隆中，岁饥，梦益与妻食糠籺，盛米于囊，置其中，熟以奉母。米尽，将鬻子，族人感而周之，乃止。

阎天伦，甘肃陇西人。贫，父居僧寺，天伦与妻杨，鸡鸣起磨面，及明入市，求父所嗜往馈，午若晡皆然，夜则从父寝。父失明，天伦为茹素，年余，目复明。天伦先父卒，杨卖浆为养，如天伦在时。翁卒，力营葬，忌日必祭，终其身。

夏士友，湖北江夏人。事母孝，佣力以养，不足，则减己食食母。邻或邀食，必先为母具食，然后往。寒，语母勿早起，自执炊置食床前，又丁宁属母善自护，乃出，如是以为常。年四十未娶，或愍之，助其娶妇。居半载，士友自外归，妇与姑诟于室，流涕责妇，即日出之。或曰："出妇，如无后何？"士友曰："有妇，欲其孝；有子孙，亦欲其孝。苟不孝，安用妇？安用子孙？"年余，士友疾卒，母哭之恸，邻有张某感士友孝而不得终事母，月供薪米，终其身。

白长久，甘肃平番人。幼孤，贫，负贩奉母，具甘旨。母或不怡，以首抵母，引手披其颈，俟解乃止。里社演剧，负母往观，侍侧说剧中事。母年八十，长久亦六十，未尝稍懈。光绪中，青海办事大臣预师馈以金，不受。母卒，朝夕诣墓，馈食三年。

郭味儿，甘肃礼县人。卖浆，出必拜母，归亦然。母严，稍不当意即恚，味儿为孺子状悦母。母苦胫痛，或言瘗枯骨，母当愈，黎明辄携长铲徘徊邱陇间，寒暑不间。母卒，饮不入口，五日毁卒。

聂宏，陕西鄠县人。卖酒，事亲孝，得钱易甘脆奉亲。母卒，卧父榻侧，时省视。畜犬，得饼衔饲母，人以为孝感。

董阿虎，江南山阳人。少父丧，为人担水，得值养母。稍有余，必具旨甘。积十余年，构茅屋奉母。一日，邻被火，阿虎负母避，还跪户外，乞神佑。俄左右尽爇，独阿虎茅屋存。

张乞人，顺天永清人，失其名。父死，行乞以养母。穴土为居，天大雪，知县魏继齐过其处，闻歌声出地中，怪而呼问之，曰："今日母生日，歌以劝餐耳。"继齐命车载其母子至县，继齐母畀其母粟及布，继齐与银十缗。乞人叩头曰："官母赐我母，不敢不受；官赐我，我不敢受。"继齐问其故，曰："民愚，不知此十缗官何所受之？我母年八十，我年六十一，为清白百姓足矣。"继齐不复强，将为营室，乞人负其母去，不知所终。

席慕孔，广东三水人。善养母。尝娶妻生子。岁饥，田数亩尽鬻，妻怨其贫，求去，遂遣之。夏秋助人耕获为佣，冬则乞食以养。得饼饵归食母，得余羹，啜潲，以肉归。

张长松，山东栖霞人。母瞽，长松出为佣，主人与之食，辄不尽，归遗母。无所事则乞诸邻里，母食已，乃食其余。冬大雪，长松病不能出，呼母涕泣言曰："儿不肖，不能养吾母，乃乞食，母赖以活。今疾瘳，母老，可若何？"遂死。

崔长生，江南邳州人。生而瘖，手又挛。为佣养父母，出入必面。岁大祲，乞食于市，得糟糠，上父母，自食草根木实以活。拾字纸，得遗金，待失者逾月不得，乃易母彘饲之，苗壮蕃息，为父母治送死之具。丧父母，舁葬于中野，遂去，不知所终。

荣孝子，河南遂平人。幼痴聋，无名。家本饶，后中落，贫甚。父卒，无所居，奉母居栖流铺。出乞食，择所得供母，自食其余，得少，则但供母，而自忍饥归。见母必叩头，食必跪进。母食则起而舞，食减则泣。母或故减食以食子，则泣不受。母七十余卒，县人为具敛，朝暮泣，终其身。吏以孝子旌其楣，亦不知也孝为何名也。卒也七十余。

　　无锡二孝子，皆失其姓氏。其一瞽，磨粉为业，事母至孝，竭力供甘旨。年至四十余复明，人皆异之。其一哑，行乞得钱以养母，必具酒脯。母卒，食必祭，祭必伏地号痛。既葬，哭于墓，见者皆感。

　　哑孝子，无姓氏，或曰云南昆明人。家有母，老矣，行乞以养。得食必奉母，母食然后食。母或怒，嬉戏拜且舞，必母乐乃已。得钱密投诸井，母卒，乡人有欲醵钱以助敛者，与如井，数数指水中，乡人为出钱，营殡且葬，事毕，远游不知所终。

清史稿卷四九八
列传第二八五

孝义二

卢必升　李应麒　李中德　张文龄
黎安理　易良德　方立礼　丁世忠
汪良绪　贾锡成　王长祚　刘国宾
曹超　黎兴岭　夏汝英　金国选　张慷
李志善　弟志勃　彭大士　钱孝则
任遇亨　族子裕德　陆国安　徐守质
兄基　黄简　程愿学　郁褒　姚易修
胡梦豸　贺上林　何士阀　陈嘉谟
林长贵　弟长广　戚彀言　李敬跻
张大观　杨璞　蔡应泰　张士仁　潘琚
刘希向　沈嗣绶　谢君泽　冯福基
黄向坚　顾廷琦　李澄　刘献煜
钱美恭　赵万全　刘龙光　李芳燝
唐肇虞　缪士毅　子秉文　陆承祺
弟承祚　汪龙　方如珽　张焘　朱寿命

潘天成　　翁运槐　_{弟运标}　杨士选

徐大中　　沈仁荣　　魏树德　　李汝恢

郑立本　　李学侗　　董士元　　李复新

党国虎　　严廷瓒　　陆起鹍　_{弟起鹏}

虞尔忘　_{弟尔雪}　黄洪元　_{弟福元}　颜和

颜鳌　　王恩荣　　杨献恒　　任骑马

李巨勋　　任四　　王国林　　蓝忠

　　卢必升,字采臣,浙江山阴人。九岁,父芳病,思得蟛蜞炙,必升挟筐求之沙上,潮至,几死,不释筐。明季遇寇,芳独行入山,必升行求得之归。必升为叔父茂后,顺治初,寇系茂舟中,必升绕岸哭,三昼夜不绝声。寇引使见茂,协茂降,拔刃屡欲下,必升叩头流血,乞贷死。久之,寇中有义其行者,脱茂使共还。茂有女忌必升,嗾母遣必升往松江,使被盗击诸途。盗察必升且死,曰:"尔死勿我雠,谁某实使我。"必升阳死,盗掷之水,复以救免。必升书告所后母,但自谢不谨被盗,所后母为感悟,为母子如初。

　　李应麒,云南昆明人。遭乱,与其父相失,被略至迤东,乞食归。丧母,劝父再娶,后母至,遇应麒虐,应麒卖卜以养。失后母意,辄笞楚,跪而受杖。后乃被逐,事父母愈谨。父生日,卖卜得鸡米,持归为寿。佃人田,方耕,闻后母病,辍耕走三十里求医药。后母生三子,友爱无间,后母久乃悟,卒善视焉。

　　李中德,汉军旗人。康熙初,父从征福建,中德亦出参陕西军事,奉母以行。事毕,还京师,父先福建还,已娶妾生子矣。中德母至,父昵妾而出嫡,拒不相见。中德为请,叩头流血,父终不听。请得居别室,亦不听,乃营室东直门外奉母,早晚待父侧无几微憾,善视诸庶弟。越六年,父病棘,乃告父迎母还,父深悔焉,旋卒,妾亦死。中德母抚妾生四子如己出,中德亦友爱如父在时。

张文龄,字可庭,河南西华人。父昵妾而憎其母,文龄事父抚庶弟甚笃,庶弟亦感之,而父终不悟,逐文龄。文龄号泣呼天自惩艾,谓不复比于人,未尝一言扬亲过。远近慕其行,遣子弟从游,得束修,因庶弟以献其父,或不得通,循墙走,泣且望,见者皆泣下。雍正五年,成进士,父荣之,意稍改。八年,就吏部选,京师地震,死者众,文龄亦与焉。邹一桂与为友,归其丧,父始悟其孝,为之恸。

黎安理,遵州遵义人。祖母卒,复娶而悍,父不容于后母,客授四川灌县,逐卒,葬焉。母还母家,安理方十岁,留祖父母所。祖母遇之虐,书则令刈薪,夜督舂,舂重不举,绳络碓,以足挽之。恒不使得饱。尝取毒虫纳其口。诱之溪侧,推堕水。皆濒死,遇救苏。既长习举子业,出客授佐家。祖父卒,为治丧葬。祖母病,侍疾不倦,卒,又为治丧葬,无阙礼。其事祖父母凡三十有四年。痛父客死,恒诣灌县谒墓。母复归,事之孝。两弟不胜祖母虐,出走,安理往来黔、蜀,求得仲弟还。季弟客死,抚其孤。安理晚举乾隆四十四年乡试,授永清教谕,迁山东长山知县,有治绩。告归,卒于家。

易良德,湖南黔阳人。出为世父志宰后,志宰性急,屡抚兄弟子,皆不相能,遣还本支。最后得良德,良德能先意承志,得其欢心。有疾,昼夜侍,寝食俱废,里人无子者恒举良德相尉藉。

方立礼,江苏江都人。母殁,后母遇之虐,怒辄与大杖,立礼谨受无怼,一日,杖几绝,及苏,无变容。父殁,遂逐立礼。立礼时时候门外问起居,疾则忧惧不食,愈乃己。妻洪,亦孝谨,日受鞭挞,后母稍自悔,为少戢。后母殁,为之哀毁,后母二子皆早死,立礼育其子女如己出。

丁世忠,湖南黔阳人。母初未有子,父娶妾,母生世忠。妾亦有子女而悍,恶世忠,尝酖之,不死。父懦,令别室居,世忠事两母无怼。庶弟无礼于世忠,嫡母丧,不欲持服,世忠皆不与校。庶弟坐事破家,世忠亦中落,仍割田畀之。

汪良绪,江苏吴江人。父嗜博,母谏,忤父,为父逐。良绪日夜号泣,求返其母。父怒,并逐之,乃奉母依其妻父居。父以博破家,亦来与共居,母出奁资易田,尽所为父所鬻,良绪客授以养。方暑,父撤床上帐偿博进,屡易屡鬻,良绪亦不具帐。晨起,蚊迹偏其体。母多病,良绪必亲视汤药。出客授,母疾病,方冬,水冻舟阻,履水而还。母既殁,哭泣无常,寝不解经,稍寐辄呼阿母,寤则大恸,未终丧而卒。卒后视其枕,麻布包土卤也。

贾锡成,江苏宜兴人。父映乾,性严。锡成生而生母吴以小过逢映乾怒,遂去不返。锡成稍长,邻儿嘲无母,问得其故,悲不胜。甫成童,屡出访母。过无锡,梦至尼庵,妪予食,甚慈爱。因偏访诸尼庵,方雪,老尼问里居,曰:“宜兴。”因曰:“吾徒亦宜兴。”入见之,即其母也。相持哭,母终不肯归。锡成数省视馈食。及母卒,以丧还葬,上蒙哭必恸。映乾遭疫卒,锡成痛甚,伏枢侧喃喃若共父语,梦中或欢笑,寤则大恸。疾作遽卒,距映乾卒才五日。

王长祚,字尔昌,湖南衡阳人。父乔年,以富名。明季张献忠破衡阳,乔年出避,游骑系长祚与次子璠求乔年所在,榜掠终不言。寇挽长祚发,加刃于颈,璠号泣求代。寇中有骑者,言:“此父子皆孝,奈何杀之?”遂得释。

刘国宾,芷江人。国初流寇入县境,国宾负母出避,道遇寇,劫母衣,刃创国宾,血流至足。国宾忍痛跪乞还母衣,语迫至,寇愍其孝而还之。康熙中,吴三桂兵至,掠族弟国宥,其母蓥也,哭之丧明。国宾行求国宥,愈年以归,其母目复明。贫不能自存,国宾分田百亩与之。

曹超,安徽和州人。顺治中,郑成功兵至,超奉父母出避,遇寇欲杀之,超号泣求代,并得免。居丧,负土为坟。家有紫薇,父手植也,久枯,每对之哀恸,非时复发花。

黎兴岭,湖南湘阴人。张献忠破长沙,略湘阴,兴岭父嘉品为贼系,将杀之。兴岭八岁,请代父死,贼幼之,举刀令申颈,泣曰:"此恐欺我,既杀我,复杀父,乞但杀我一人。"引项就刀,贼两释之,里人称之曰:"孺孝。"

夏汝英,湖南安化人。顺治初,游兵掠其家,汝英九岁,卫母不去左右,游兵掠汝英去。道中告以母孤苦,乞释还,贼怜而许之。

金国选,湖南黔阳人。吴三桂之乱,贼掠其父母去。国选七岁,牵衣痛哭,求释,不得。骂贼,贼吓以白刃,不舍。击以杖,终不舍,乃释其父母。

张愫,湖南湘阴人。年十岁,寇至,从其祖走避。寇执其祖,将杀之,愫哀号求代,身蔽祖,被数创,不顾,寇嗟叹,舍之去。

李志善、志勃,湖南安化人。父步武,诸生。流寇破县,缚步武,勃善十六、志十四,号泣求免。贼诘步武里中孰为富,步武骂贼,贼杀之。志善、志勃夺贼刀杀贼,皆为贼所杀。

彭大士,湖南湘阴人。顺治初,李自成余党破县,执大士母求金。大士给贼:"金在井侧。"请偕往,因赴井,母走免。大士年十八,妻仇归大士仅二十日,亦入井死。

钱孝则,江南桐城人。方明福王时,父以党人被急逮,变姓名,挈家人亡命至震泽。兵起,母及弟、妹皆赴水死,孝则与父匿稻田中得脱。兵过,收葬母及弟、妹,走福建。未几,福建乱作,父子奔避相失。孝则走广东,数年还福建,求父十三年,始得与父俱归。父续娶于徐,徐有富名。父他往,盗夜至,毁牖,缚孝则迫令导入徐室,孝则不可。盗斫以斧,颅裂死。

任遇亨,江南昆山人。生有膂力。国初盗大起,遇亨负父逃,盗劫其父去。遇亨持刀突入,负父出,身被数创,肠出,遇医得不死。扶父徙居嘉定以老。

族子裕德,有士豪积怨于其父,伺隙持刀欲杀之。裕德年十一,身蔽父,两手夺刀,正言晓以祸福,土豪掷刀去。父病痢三年,裕德昼夜扶持,躬涤濯污秽。父卒,居丧哀毁。友于兄,幼即请代兄杖。兄老而无藉,养生送死皆任之甚具。

陆国安,浙江山阴人。父华宇,顺治初,县境寇作,缚华宇入砦,求金以赎。国安归自海上,奋入寇砦,詈寇,救华宇归,被重创,卒无恙。

徐守质,江南常熟人。顺治初,守质与兄基奉母避乱,母老病,兵至,度不能去。守质谓基曰:“母徒死,绝徐氏后。兄速行,守质当奉母。”基不可。兵迫,守质恫,促基行。守质有妹适袁氏,早寡,携子与母俱。基乃弃妻、子,挟孤甥而遁。事定,基还,母与袁氏妹俱自沈井,守质被二创仆,死。

黄简,字敬之,湖南祁阳人。父用忠,诸生。简事亲孝,顺治十年二月,李定国兵略湖南,其将郝永忠屠祁阳,简奉父母避兵竹山。母渴,命简取饮,兵遽至,简父窜山阳,简妻张,奉姑窜山阴。简取饮至,不见父母,升高望之,见乱兵缚一人置釜上将烹,则其父也。简大呼,往乞代,乱兵释简父,执简求略,不得,遂烹之。村民哀简,名其山汤镬岭。

　　程愿学,字奂若,江南仪真人。顺治十六年,郑成功兵退,县人坐连染死者二十余,愿学祖故睢州知州绍儒与焉。父免死徙塞外,愿学以幼留。稍长,将出塞求父,虑死且无后,乃娶妻生子。妻死,挟子行道中。子病,还,计行待子长。居恒丧服,食但啜粥,不饭,不食果蔬,衣不帛不棉。僦居学舍旁,授经不出户。训导顾蔼慕其贤,屡过皆不见。偕其弟子出不意往语愿学:“何自苦?”愿学对曰:“愿学有隐痛,不可以为人,非以自苦也。”明日报谒,贽砚与画,蔼谢曰:“子无所受于人,今吾受子遗,亦愿以报子。”愿学乃持砚与画去。他日复过之,已他徙矣。俄卒,蔼求得其砚,铭曰“廉士砚。”

　　郁褒,字子弁,浙江嘉善人。父之章,顺治六年进士,以大理寺丞坐罪徙尚阳堡。京师修治官廨,许罪人出家财佐工赎罪,褒请任刑部官廨,之章得赎还。工未如程,例当复徙,褒叩阍,请弃官代行。褒弟诸生广,叩阍,言身当代父徙,留褒侍父疾。部议代子父徙非旧例,仍用冲突仪仗例治罪。圣祖愍其孝友,并宥之。之章还乡里,褒以贡生授江西永丰知县。

　　姚易修,字象亭,江南元和人。父宗甲,康熙初客闽浙总督范承谟幕。耿精忠为乱,执承谟,尽系其幕客,宗甲与焉。易修闻,诣精忠,啮指作血书原代父死,贼乃释宗甲而系易修狱,协使降,易修不为屈。康熙十五年,师至,乃得脱归。易修母闻变,悲泣,两目盲,易修晨起舐母目,母目复明。邻家火,易修突火入,负父出;又入,负母出。发尽燎,两足焦烂,而父母俱无恙。

　　胡梦豸,江南江都人。康熙中,从父至绍兴省墓,道遇盗劫民财,斥其不义。盗怒,将刃之。梦豸从后至,奔赴,击盗扑,民群起殴杀盗。盗大至,欲屠其里,梦豸曰:“不可以我故,危一乡也”入盗寨,独承杀盗,遂被杀。

贺上林,江苏丹阳人。父天叙,以事忤知县,系狱,将杀之。上林年十八,谋脱父。闻巡抚将上官,涉江溯淮,迎舟呼,驺从呵之,不得前,乃发愤投水,发没数寸,复跃起大呼。巡抚见,令救,已死,检其衣,得白父冤系状。巡抚按部黜知县,释天叙出狱,乡人为立贺孝子祠。

何士阀,安徽南陵人。族人破其祖母冢以葬,士阀讼不得直,巡抚檄知县诣勘,族人恃其力,事未定。士阀恸,触墓碑,脑裂,死。知县乃责族人他葬,治其罪,葬士阀,碑曰"义士"。

陈嘉谟,江苏兴化人。顺治初诸生。父宏道,为怨家所诬,系扬州府狱。狱卒绝其囊饘,嘉谟求见父不得,知怨家计必杀之,乃痛哭祷于神,自沉于水。明日,盐运使得嘉谟讼冤血书,而嘉谟仆又诉失嘉谟。求其尸,七日得于钞关水次,植立风涛中,发上指。遂出宏道狱,葬嘉谟,而抵诬告者罪。

林长贵、长广,福建福清人。父宗正,业晒盐。入城,至星桥,海潮暴至,溺死。长贵闻之,奔救不及,仰天长号,投桥下殉;长广继至,绕崖痛哭,亦自沉。时雍正九年七月。里人悯其孝,收三尸敛焉。

戚发言,字魏亭,浙江德清人。父麟祥,官翰林院侍讲学士。坐事戍宁古塔,发言从,备艰苦。麟祥遣令归就试,成雍正八年进士,除福建连江知县,勤其官。乾隆初,赦流人,麟祥不得与,发言深痛之。总督郝玉麟将入觐,发言刺指血为书求赦父,诣玉麟乞代上,玉麟难之。发言叩首持玉麟裾号泣,引佩刀欲自裁,玉麟乃许之。诣京师,以发言书上,高宗悯之,赦麟祥。麟祥就发言养连江,明年卒,发言持丧还,哀甚,亦卒。

李敬跻,字翼兹,云南马龙州人。父盛唐,雍正八年进士,官四川松茂道,以所部有罪坐监临官,戍卜魁。卜魁距云南万四千里,敬跻三往省。尝遇暴水,丧其仆马,徒步行,路人哀之,与之食,导使诣盛唐,盛唐辄令还侍祖母,迫使归。敬跻成乾隆二十二年进士,授福建将乐知县,计赎盛唐还。盛唐死戍所,敬跻遂发病,日呜呜而啼,未几亦死。

卜魁有范杰者,与盛唐善,盛唐倚以居二十年,至是归其丧。闽人吴阿玉尝欲从敬跻之官,盛唐丧过京师,吴为送还云南。

张大观,河南偃师人。乾隆二十六年秋,伊、洛水溢,灌偃师,民避水奎星楼上,大观奉母亦登焉。水撼楼,楼倾,柱压大观手,臂折,奋入水求母。望母髻露水中,得之,负出水,攀树以上,泳而求食以食母。水退,负母归其室,即夕创重死。

同时有杨璞,与其弟奉母居。水至,弟以筏载其妻逃山上,母呼不应。璞弃妻子背襁母,浮水至神堤滩,或援之,得登。顷之,有妇抱子从水下,母遥望,呼曰:"吾妇与孙也!"拯之,皆不死。而弟乘筏即至山下,树折压筏沈,夫妇俱死。

又有蔡应泰,居母丧,柩在堂,水至,以绳系母柩,跪而负之,入水中疾驶,亦至神堤滩。村民以长钩引至岸,舁以上,日暮,其妻、子亦得救。

张士仁,江南昆山人。六岁,母有疾,泣祷请代,母良愈。十三从父寝,仇伏榻下,露刃出。士仁呼父未应,手捍之,指欲堕,涕泣语仇请代,仇为感动,呼其父醒,曰:"尔有此子,吾不忍杀尔。"父惶遽,良久始定,与矢天日,释怨。母丧尽礼,后母虐士仁,士仁孝敬无稍渝,后母亦感悟。火作,负父出,复入火负后母,后母抱幼子,几不胜,风反得无恙。居父及后母丧如丧母,里或忤父母,必泣劝之,悔乃已。

潘瑁,浙江钱塘人。父出近游,家遇火,母出箧令瑁负以行,及门回视，不见母，委箧复入，家人自火出，止瑆母入，瑆不可，入与母俱死。瑆女兄珠姑嫁范氏，归宁，亦在火中，家人欲掖以出，珠姑挥之曰："汝男子，何可掖我！我从我母死耳。"火熄，瑆与母、姊三尸相环结，时乾隆四十四年十二月望。瑆聘妻王，家江干，闻丧来归，事舅以孝闻。

刘希向，江南山阳人。火，其父入火中求先人木主遗象。希向自外归，突火入，求其父不得，号而出；复入，火方盛，救者以为刘氏父子死矣。俄而墙圮，顾见庭树下人影往来，乃争入负其父出，左奉象，右握木主，希向牵父衣，额半焦矣。后数年，父病，希向为割股，良愈。希向年六十，病噎，其子亦割股，刀钝，肉不决，剪之，乃下，然希向竟不瘳。

沈嗣绶，字森甫，江阴人。父燿鋆，湖北通判，咸丰二年死于寇。嗣绶奉母还，寇至，徙避江船，高不可攀，展襮被以其母登。至通州，转徙山东、河南，结绳床舁母，步从之，千数百里，不去左右。未至兰山，道遇寇。嗣绶涕泣乞免，寇感其孝，遣四骑护行。至兰山，方闭城拒寇，嗣绶求入城，守者疑谍也，趣缚之，涕泣言其故，乃得释。既，亦得官湖北，以母病不赴，侍养十六年，进汤药，夜起，虑履声惊母，虽严寒必跣。凡事婉曲称母意，见者感叹。

谢君泽，江苏武进人。父祜曾，事母以孝闻。寇乱，为贼虏，君泽冒死依护。父齿豁，不能食，恒嚼以哺。贼欲戕之，则号泣乞代父死，贼首感动，并释之。

冯福基，代州人。父焯，为安徽潜山天堂巡检。咸丰七年，寇至，福基年十四，匿母他所，藏利刃，计伺隙杀贼，不可得。日夜涕泣从至黄梅，市毒药置饭中，毙贼十七，亦吞药死。巡抚李续宜奏言："福基以童稚之年，护母陷贼，计杀凶党多人，从容就义。奇节至性，深可嘉愍。"被旨旌恤。

黄向坚,字端木,江南吴县人。父孔昭,崇祯间,官云南大姚知县,挈孥之官,向坚独留,鼎革后,孔昭阻兵不得归,向坚日夜哭,将入云南,亲朋、妻子颇危之,向坚决行。至白盐井,得父母并弟向严皆无恙,留一年乃归,时为顺治十年。行二万五千里有奇,向坚次山川道途所经,自为图十二记之。吴人作乐府纪其事。

顾廷琦,江南长洲人。父绳诒,崇祯间,官四川仁寿知县,死张献忠之难。事定,廷琦徒步入四川,阅四年,乃至成都。转辗求得绳诒墓龙脑桥侧,持丧归,自撰入蜀记,述其事。

李澄,字仲澜,云南昆阳人。明季,充选拔贡生。父兆旂,官庐江训导,死寇难,幼子淳从死。澄奔赴,收父骨返葬,请于当事,得立祠,晨必诣祠拜且泣。寇至,奉母洪避山谷。洪病亟,言不愿以山谷终,负母投佛寺,遽卒,负遗骸攒祖墓。顺治初,山猓入州城,劫官舍,发藏粟。省吏以兵至,执澄将杀之,兵中有识澄者,乃免。澄因言:"山猓迫饥寒,无与百姓事。今固不宜累百姓,即山猓亦不宜轻言剿,否则且反戈。"乃坐其渠,州民以安。兄弟凡八,与仲弟俱,老,相友爱。

刘献煜,字台凝,陕西华阴人。父濯翼,明崇祯间官武昌,母与偕,遭乱绝消息。顺治初,献煜徒步求父母,乱初定,道阻,屡濒险乃达。哭山径中,遇叟识濯翼殡所,发得砖,朱书姓名里贯皆具,犹濯翼所自记也。乃负骨归葬。

钱美恭,浙江山阴人。父士骍,明官云南宗知县,与妾之官,美恭留侍母。康熙元年,美恭得请于母,求父,至云南,乃知士骍迁嵩明知州,卒葬通海。美恭至通海,得故仆导诣士骍墓,得庶母及幼弟。贫无赀,留五年,乃负骨归葬。

赵万全,浙江会稽人。父应麟,明季客授北游,万全始二岁。既长，问母："父安在？"母告以故。年十九，出求父。应麟初客京师，遇乱转徙死马邑。万全偏访江、淮间，亦至京师，必疑应麟死，见道有遗骸，刺血渗之，不得入，则号于路。又自京师西，亦至马邑。马邑人张文义，尝招应麟主书者，死为之殡。一日遇万全，问得其事，导至殡所，恸绝良久，乃裹应麟骨负以归。既卒，吏为之祠，琢石表异孝。

刘龙光，字蓼萧，江南长沙人。父廷谔，仕明为益王长史。师下江西，克建昌，益王遁，廷谔逃山中。龙光以应试家居，闻乱疾作。居五年，乃行诣建昌，不得父母所在。祷于神，梦闻人语在石际，谘石际所在，有女僧示以路。行小径万山中，经藤峡至白石岭。径绝险，攀援颠顿，蒲伏上下。岭尽至石际，于村民姚氏家遇其母，廷谔已前一年卒。居数月，舆榇奉母归。所居村曰娘堡，相传宋王龙山于此遇母，故得名云。

李芳燥，小字葵生，湖南湘乡人。明季流寇至，湘乡当孔道，三复三陷，芳燥父母皆被掠。兄弟死于兵者三，芳燥收葬之，弃家，求父母所在。行数年至贵阳，遇乡人必为言父状，或谓军中某所颇有状似所言者，诣求之，果得父。父脱军中籍与归。再出，又数年至宝庆，暮投山家宿，见二妪操作，其一方理炊，乃似母。芳燥自陈寻母状，妪闻遽呼曰："汝葵生耶？吾即汝母也！"盖母避兵转徙，方从此妪为佣，遂奉母还。

唐肇虞，江南人，失其县。父卒，肇虞尚幼，昼夜哭，母止之，曰："母哭，能止儿勿哭耶？"顺治初，江南寇大起，母被掠。肇虞遍求诸村落及旁郡县，渡江北，复南行数千里，屡与寇遇，仅乃免，卒不得母。至江宁，众问所自来，泣以情告。一妪前问曰："若母非戴姓耶？"曰："然。"妪引至家，则其母在焉，相见大恸，遂侍母归。

缪士毅，江南天长人。父廊宾，富。顺治十七年，寇掠其家牛马，怨家诬以助寇。廊宾见法，妻子徙奉天。士毅以后世父得免，依从母以长。既闻父死母徙状，从母语之曰："而母将行，抱汝乳，且言儿仅此一乳，乳当饱，生死与儿诀矣！"士毅闻，号泣，欲行求母，恐去不得还，先娶妻生子，康熙二十二年乃决行。至沈阳，遇族人同徙者，知母在乌喇为流人薛氏妻。乃行求得母，母不相识，士毅具言姓名及两女兄适谁某，皆信，相抱哭，观者多流涕。母于法不得还，乃辞归。居数年，复往，母又徙爱珲。行未至，闻母死，求得母葬所，遂居其侧僧庐，不复归。

子秉文，长躬至爱珲，泣请归，士毅终不可。又数年，卒母葬所。秉文乃发祖母瘗，并持父骨还葬。

陆承祺，字又祉，浙江仁和人。父梦兰，客死郁林。方军兴，逾年乃得问。承祺与弟承祚号恸，走万里，历险阻，仅得达。睹丛箐中败棺，刺血瀝骨皆不入，兄弟哭愈哀。途中有知梦兰者，告其棺在佛寺，兄弟从以往，抚棺恸，皆殒绝，观者嗟叹呼孝子。持水饮之，承祚徐苏，承祺气结不属，竟死。承祚匣两骸提以归。母王得承祚报，知得梦兰骨及承祺死状，悲恸不食，七日，未见承祚归，遽卒。

汪龙，江南歙县人。祖客死苏州，父往迎丧，溺采石，龙时六岁。稍长，闻祖丧未归，如苏州求祖枢，无知者。久之，遇灌园叟与徙其祖枢，引诣殡舍，诸枢纵横，匍匐谛审，枢有祖名，乃奉以归。龙侍母孝，一夕，疽发背，委顿甚，自力勿使母闻，越数旬始瘥，母竟未知也。

方如珽，休宁人。国初，其曾祖避兵客死潜山，祖前卒，父不在侧，道梗，丧未归。如珽既长，问老婢，言有族姑嫁程氏，年七十余，访之，则尝会其曾祖丧。偕往踪迹，至黄石坂，于洞中得败棺，得白金簪，族姑验之，其曾祖敛时物也。乃负骨归葬，距其曾祖卒时，已五十有六年矣。

　　张焘，福建连江人。父震公，家县东岱堡，海寇破岱堡，张氏歼焉。震公适他往，独免。焘方七岁，为所掠，转徙佣于清漳。康熙十年，焘年二十余矣，时时念父母。顾被掠时幼，不审乡县，以人谓其语音似连江，而追忆父似名天贞，乃走还连江，数日无所响。或问何为，以张天贞问。震公闻之，曰："天贞，吾亡弟，彼焉识之？"走视问其详，喜挟以归，使见母。焘追忆母容貌，曰："非吾母也。"震公曰："汝母已死于贼，此汝后母耳。"焘大恸，为母补行丧服三年，而事后母如母。

　　朱寿命，江西余干人。康熙十三年，遇寇，与母李相失，寿命日夜泣。既，闻母为禁旅所俘，属正蓝旗。寿命徒步走京师，乞于市，忍饥积钱将赎母。久之得母所在，而主者邀重购，拒寿命。寿命日踞其门外，膝为痹。侍读学士邵远平高其行，为捐金以赎，暂留远平家。母下，小不当意辄诟骂，或掷而批其颊，寿命益嬉笑。居数月，附舟还，寿命不知书，语质，每言："在母腹日啖母血三合，那忍不报？"

　　潘天成，字锡畴，江南溧阳人。年十三，遇家难，父母挈子女出避仇。天成行后，几为仇所毙。既得免，乃行求父母。经青阳白沙庙，宿废庙，闻虎声，为诗述悲。往来徽州、宁国所属州县，迹父母所在，至则又他徙。天成行经村聚，辄播鼗作乡语大呼。至江西界，母金自巷出，就问之，始相识。乃得父及其弟、妹，皆无恙。时天成年十五，欲归苦无资，出行贷。又六年，使其弟从父归，天成奉母挈妹以行。遇风雪，负母行数里，还抱妹，往复跣行，足流血，入雪尽殷。既归，出行贩以养，暇则读书。荆溪汤之锜出高攀龙门，治性理之学，贤天成，天成从受业焉。同县许国昌遇天成尤厚，使为童子师。邻家儿詈母，天成召其乡老人呼儿共惩之，儿悔谢乃已。及父母卒，游学桐城，遂隶籍为安庆府学生。居二十余年，移家江宁，天成学益进,狷洁不以干当道。终穷饿,年七十四卒,葬惠应寺侧。国昌子重炎,师天成,编刻其遗书为《铁庐集》。

翁运槐,字楫山;运标,字晋公:浙江余姚人。父瀛,往广西,道湖南。一夕,泊舟祁阳新塘,失所在,舟人求不得,还报,归其行箧,锁在而钥亡。时运槐、运标皆幼,运槐年十三,行求父不得,以病归。运标,雍正元年成进士,与运槐复求父,遍湖南境,更二年不得。一夕,复泊新塘,遇土人郑海还,言距今三十年,弟海生堕水,格败苇不死。视苇间有尸,因瘗之白沙洲,身有钥在囊,藏为识。乃遣力以囊钥还,钥与行箧锁牝牡合,囊则运槐女兄昔年制以奉父者也。乃痛哭启攒,以父丧还葬,而于瘗处留封树焉,时雍正五年八月也。

运标谒选,得湖南武陵知县。尝有兄弟争田讼,运标方诘勘,忽掩涕。讼者请其故,曰:“吾兄弟日相依,及官此,与吾兄别。今见汝兄弟,思吾兄,故悲耳。”讼者为感泣罢讼。县东堤圮,水虐民,县又无书院,运标为修筑,民以运标姓名其堤与书院。擢道州知州,县通郴、桂,凿山八十余里为坦道。疫,亲持药巡视,曰:“我民父母,子弟病,奈何不一顾耶?”年六十,卒官。

运标知武陵,建祠白沙洲,起钥亭,买田,俾郑氏世董之。知道州,拜祠下,哀感行路。

杨士选,字有贞,江南吴县人。方六岁,入塾,塾师为说古人孝行。辄穷其本末,归告父母:“儿他日亦当如是。”父商于河南,丧资而病。士选年十六,往省,渡河风雨,士选泣祷得不覆,人称“孝子舟”,奉其父还里。岁饥,士选与妻唐食糠粃,共营甘旨奉父。居丧营葬,身穿窀负土,唐为姑吮疽。

徐大中,湖北潜山人。潜山俗重风水,大中丧母,厝棺居室傍未葬。乾隆四十七年,县大水,啮前和,失其尸,大中大恸。水初退,求尸于沙中,得一足,袜败犹未尽,色余黄,其母敛时装也。大中抱足泣，路人见者语曰："去此二里许，树上悬尸，湿绵裹，缺一足。"奔视良是，但脱颐下骨，负归改敛。忽有人若丐入其家，曰："吾拾得颐下骨。"取与合，人传为异。学官欲上其事，大中曰："我久不葬母，乃遘此祸，我天地间一罪人耳。举我孝，于及时葬亲者谓何也？"坚却之。

沈仁业，字振先，江苏吴县人。父贾于安南，娶妇生子女，仁业八岁从父归，而母为外国女，例不得入中国，不能从。仁业长而思母，父卒，乃图父象，渡海省母。安南有兵事，母挟幼子女窜山谷中，仁业行求得之，不食七日矣。居二年，有义其行者为具舟，舟入海，飓作，触海中山，仁业抱母泣，风转，挟母过山至琼州。吏执例拒仁业母不得入，仁业涕泗请，莫应。久之，有老吏谓康熙间有故事，检文书得之，仁业乃奉母及弟妹以归。

魏树德，陕西蒲城人。父季龙，出佐幕客游，树德犹在娠。幼劬学，母力针黹以活。季龙久不归，树德以嘉庆十五年于乡，乃行求父。初闻季龙自福建转客广东，先诣福建，求不得，乃诣广东，遇知季龙者，为约略言葬处，遍求之，得志石荒冢中，乃持丧还。逾年，母卒，庐墓三年。除高陵训导，求吕柟遗书，授诸生。久之，以老乞归，卒。

李汝恢，江西庐陵人。父仲鸿，业医，游无方。汝恢年十三出求父。初至四川，又至广东，皆未遇。乃节日用得百金，复出，遍涉江湖，遇仲鸿贵筑。仲鸿有弟亦出游，既归，日念弟。汝恢乃更出求其从父，得诸柳州。仲鸿乃乐甚，遽无疾而卒，汝恢丧葬尽礼。母病，奉事尤谨。

郑立本，江苏萧县人。父相德，坐罪戍新疆，立本方四岁。年十八，辞母以求父，母哭而戒之曰："汝父左手小指缺一节，中有横纹，幸相值，以此为验。"立本贫无资，乞且行，至库车，闻父戍绥来，绥来至库车三千余里,张格尔乱未定,官道塞,乃裹粮求路,独行迷失道,还库车。待乱定,乃行至绥来,则父殁已数年。相德在戍授同戍子弟读,殁,弟子为治葬。立本哭墓而病,居二十年,相德弟子力护视,故得不死。病起,启父瘗,体久化,左手独存小指,缺一节,有横纹,如母言。立本骇恸,闻其事者皆叹异,乃负骨归葬,往还凡八年。同治中,大学士曾国藩驻军徐州,闻立本事,招往见,立本举《孟子》召役往,召见不往语,谢不往见。国藩高其义,檄知县以时存问。

李学侗,山西介休人。诸生。父廷仪,道光中客死贵州荔波县,有同行者敛而葬焉。学侗志欲归父丧,贫,客授十余年,积数百金,始克行。诣荔波,时方乱,贵州境亦骚动,屡遇险,乃达。廷仪葬社稷坛山下,或以为先农坛,语廷仪同行者音转,又以为西龙塘。学侗至,求西龙塘,无其地。恸哭周行诸业冢,乃于社稷坛得焉。学侗持丧还葬,族人有客死而旅殡者,并载以归。既葬,日必往视,持盂饭以祭。晚治《易》,有所撰述。

董士元,直隶临榆人。父行健,嘉庆中出关,去三月而士元生,行健遂不归。士元幼思父,六岁,尝失所在,翼日得之关外二里店。母问其故,涕泣言曰:“欲寻父也。”年十五,戚商于奉天,士元请于母,从之往,求父消息不能得。越十余年,至阿什河,有言十年前在三姓南淘淇,尝遇临榆人,董姓,今不知存亡。士元乃往淘淇,地僻,行失道,久之始得达。举父姓名里居问居人,有知者,曰:“是尝渔于此,死数年矣。”士元大恸,得藁葬地,发蒙审视,啮指血滴入骨,函以归。至奉天,乃具棺还葬。居二十余年,母殁,丧葬如礼。至光绪初卒。

李复新,湖北襄城人。崇祯末岁饥,复新出粜于郾。土寇贾成伦劫杀其父际春,复新归,痛甚,誓复雠。时方乱,法不行,而成伦悍甚,复新乃谬懦示无复雠意,成伦易之,顺治初,复新始告官,狱成,会赦，成伦得减死。吏监诣徒所，复新伏道旁，俟其至，举大石击之，死。诣县请就刑，县愍其孝，上府，请勿竟狱，且旌表其门。府驳议，谓成伦已遇赦减死。复新擅杀，当用杀人律坐罪。县有老掾复具牒上府曰："《礼》言父母之仇，不共戴天。又言报仇者，书于士杀之无罪。赦罪者一时之仁，复仇者千古之义。成伦之罪，可赦于朝廷，复新之仇，难宽于人子。成伦且欲原贷，复新不免极刑，平允之论，似不如是。复新父子何辜，并遭大戮？凡有人心，谁不哀矜！宜贳以无罪，仍旌其孝。"府乃用县议，表其门曰："孝烈"。

党国虎，陕西富平人。明末，父兄为族子所杀，国虎方幼。顺治初，国虎稍长，诱族子于野，挝杀之，并其子，诣县自首入狱。知县郭传芳将贷之，国虎念父兄仇已雪，遂自经狱中。唐时县人梁悦复亲仇，传芳立孝义祠，首悦而配以国虎。

严廷瓒，浙江乌程人。父时敏。族子旸，以姑为明大学士温休仁妻，怙余势，时敏尝斥其非。旸阳与出游，挤堕水死。廷瓒稍长，闻父死状，讼旸论斩。旸贿上官反其狱，得脱，益肆。廷瓒奉母避长兴，买斧誓复仇。岁还里省墓，遇旸，阳暱就之，旸以为畏己也。母卒，以丧归。方村演剧，旸高坐以观。廷瓒直前斧裂其首，断项，诣县自首。县嘉其孝，欲生之，狱上，按察使将援韩愈复雠议为请，廷瓒遽死狱中，或曰旸家贿狱吏杀之。

陆起鹍、起鹏，贵州安顺人。父希武。明末水西安邦彦叛，破安顺，陆氏举室自焚，希武与起鹏幸得脱。起鹍自火中跳而出，遇贼，为所掠。居数月，贼攻贵阳，自间道出求父及弟，未得。顺治初，师下安顺，起鹍乃归。鹍知起鹏所在，鬻产赎以归。起鹏具言父为邦彦党罗戎所杀，被掠鬻入土司中。时戎已就抚，起鹍兄弟诉父前为戎杀事，下巡道，巡道判戎罚锾。起鹍始不肯受，既而曰："不受金，是使戎知吾必报也。"乃受金。戎谓讼已决，不为备。起鹏故善骑射，结壮士七,日夜伺戎隙。一日,戎以事入安顺,其徒皆从,起鹍、起鹏与七人者盟,挟弓弩伏城外,令所亲醉戎。戎既醉而出,起鹏射戎中肩,即前斫之,七人者皆起,尽缚其徒,得与戎同杀父者四人,剖心以祭父。起鹍令起鹏走避,戎党诉巡道,起鹍赴质,抗辨不稍屈,巡道释不问。

虞尔忘、尔雪,江南无锡人。国初江南多盗,尔忘、尔雪父罕卿董乡团,捕盗,盗恚焉。一日自县还,闻门外呼,罕卿出,为盗缚去。尔忘、尔雪方田作,闻驰救,罕卿死桥下矣。尔忘、尔雪既葬父,仍董乡团,乃更其初名,“忘”,警忘仇;“雪”,冀雪恨也。每获盗,必诘执杀罕卿者,久之,知为盗杜息。息方谋入海,与所左右二人夜治行,尔忘、尔雪诇知之,将壮士奄至息家,絷息及二人者至罕卿死所。比明,尔忘抱罕卿木主至,尔雪于其旁爇釜,尔忘取息舌,尔雪探心肝,且祭且啖,尔忘乃断息头。将刃二人者,一詈死,一乞哀,沈诸河。尔忘、尔雪持息头悬罕卿墓,时距罕卿死方逾月。

黄洪元,江南丹阳人。父国相,与同里虞庠不相能。方社,国相被酒夜行,庠遣恶少纺而沈诸河。洪元与弟福元皆幼,稍长,微闻父死状,庠欲堉洪元以自解,洪元异言谢之。母丧,既葬,洪元、福元同诇庠所在。又值社,洪元见庠在社所,还呼福元,各持斧往,洪元入近庠,字庠曰:“逸群,我死汝!”庠起犹曰:“孺子醉耶?”洪元曰:“将醉汝血!”两斧并举,遂杀庠。诣县自陈状,有司义之,免福元,下洪元狱。明年,亦赦出,为浮屠以终。

颜和,吴县人。父宏仁。顺治初,怨家周昌乘乱诱而杀之,弃其首。和砺斧砺蒉如人一形,书昌姓名以试斧。昌闻之,轻和幼,不为备。和怀斧出迹昌,直市中,尾之行。稍前,遽挥斧中昌,昌左右顾,又斧之。母遣其兄孟和走视弟,昌已死。乃相与诣县,兄弟争自承杀人,市人言杀昌者实和,乃下和狱。明年巡按御史录囚,释和。和,明义士佩韦从孙也。

同时又有颜鳌,父仲常,国初为其仇金瑞甫所杀。鳌淬刃挟以出入,一日,遇诸胥口,鳌刺瑞甫,入水,鳌从之。瑞甫脱去,诬鳌以盗。兵备道王纪、同知刘瑞讯得实,为诛瑞甫。

和复仇时年十六,鳌年十八。

王恩荣,字仁庵,山东蓬莱人。县有小吏宠于官,恩荣父永泰与有隙,被殴死。恩荣方九岁,祖母、母皆刘氏。祖母以告官,不得直,畀埋葬银十两,内自伤,遂缢。母泣血三年,病垂死,以官所畀银授恩荣曰:"汝家以三丧易此,汝志之不可忘!"

恩荣依其舅以居,稍长,补诸生。志复仇,以斧自随,其舅戒之曰:"汝志固宜尔,然杀人者死,汝父母其馁矣。"乃娶妻,生子,辞于舅,挟斧行。遇小吏,挥斧不中,投以石,仆,得救免;又遇于门,直前斫其首,帽厚,伤未殊。诉官,时去永泰死十九年,事无证。恩荣出所授银,其上有朱批,旁钤以血书。知县叹曰:"孝子也!吾欲听尔,违国家赦令;吾欲挠尔,伤人子至情。周官有调人,其各相避已耳。"于是恩荣哭,堂上下皆哭,小吏避之栖霞。

居八年,一日,方入城,过小巷,恩荣与遇,小吏无所逃,乞贷死。恩荣曰:"吾父迟尔久矣!"斧裂其脑,以足蹴其心,死。乃诣县,小吏家言永泰故自缢,非殴死,当发棺以验。恩荣曰:"民原抵罪死,不原暴父骸。"叩头流血。知县谘于众,皆曰:"恩荣言是。"具状上按察使,按察使议曰:"律不言复仇,然擅杀行凶人,罪止杖六十,即时杀死者不论,是未尝不许人复仇也。恩荣父时死未成童,其后屡复仇不遂,非即时,犹即时矣。况其视死无畏,刚烈有足嘉者,当特予开释,复其诸生。"有司将请旌,其舅为辞罢。

杨献恒,山东益都人。父加官,与济南杨开泰有隙,罝其门,开泰讼焉。加官率献恒走求援,开泰遣其徒给使出小径,要而殴之,加官死焉。献恒死复苏,开泰以他事诬之,下济南狱。山东初设总督,献恒讼焉,下青州府勘问,直献恒,开泰以贿免。献恒走京师叩阍,下山东巡抚会鞫，罚开泰纳埋葬银四十两，迫献恒具领。献恒藏银典肆，再走京师叩阍，下山东巡抚，以狱已定罪，献恒妄诉，笞四十。开泰计必欲杀献恒，遣其子承恩至青州谋诸吏。献恒潜知之，持铁骨朵挟刃至所居。承恩方与吏耳语，伺其出，以铁骨朵击之，仆，急拔刀断其喉，又抉其睛啖之，诣县自陈，出所藏银为证。县具狱，得末减，遣戍。

任骑马，直隶新城人。父为仇所戕，死以四月八日，方赛神，被二十八创。骑马时方幼，至七岁，问母，得父死状，恸愤，以爪刺胸，血出。悲至，辄如是，以为常。其仇姓马，因自名骑马。长，虑仇且疑，乃字伯超，诡自况马超也。母欲与议婚，力拒。母死，治葬，且营祭田。年十九，四月八月复赛神，骑马度仇必至，怀刃待于路。仇至，与漫语，指其笠问值，骑马左手脱笠授仇，蔽其目，右手出刃急刺，洞仇胸，亦二十八创乃止。仇妻子至，怖甚，骑马曰："吾杀父仇，于汝母子何与？"乃诣县自首。知县欲生之，曰："彼杀汝，汝夺刃杀之耶？"骑马对曰："民痛父十余年，乃今得报之，若幸脱死，谓彼非吾仇，民不愿也。"因袒，出爪痕殷然，见者皆流涕。狱具，得缓决。

在狱十余年，知县尝使出祭墓，辞，怪而问之，曰："仇亦有子，假使效我而新我。我死，分也，奈何以累公？"新城人皆贤之，请于县，筑室狱傍，为娶妻生子。久之，赦出。知县后至者欲见之，辄辞。闻其习形家言，以相宅召，又谢不往，曰："官宅不同于民，若言不利，且兴役，是以吾言扰民也。既卒，总督曾国藩旌其庐曰"孝义刚烈。"

李巨勋，甘肃礼县人。回乱，土豪罗五杀其父，巨勋欲赴死，母以弟幼沮之，命之娶，不可，乃讼五，五系狱，始娶生子。五以贿出狱，巨勋与弟恒挟刃伺五。光绪初，竟击杀五，巨勋自首系狱，瘐死。母不食，亦卒。妻张，抚孤子成立。

任四,甘肃渭源人,农也。徙家狄道,父死于虎,四乃习鸟枪,誓杀百虎报父仇。遇虎,枪一发立百殪。邻县有虎,辄迎四往捕,必得。四已老,计所杀虎九十有九,复入山伺虎,虎骤至,枪不及发,几为所噬。俄云起书晦,虎自去,四归祭父,戒子孙毋更雠虎,遂以无疾卒,卒时犹寝虎皮也。

王国林,湖南长沙人。有膂力。虎咥其父,国林奋击,折虎左牙,虎怒,爪其腹,腹破,肠出尺许,而父卒死。国林死复苏,家人纳其肠,为缝腹,得愈。乃制火器猎虎,最后获一虎,左牙折,知为咥父者,烹之,告父墓。

蓝忠,福建漳浦人。家万山中,父元章,与叔裕比屋居。有虎夜出,中伏弩,跳踉入所居村。裕梦中闻虎至,呼,虎扑门不得入,登屋毁宲桷直下,啮杀裕。元章闻裕为虎杀,复呼,虎循声至,破屋扑元章,仆。忠持长刀直前,刺虎中喉,刃入腹三尺许。虎舍元章扑忠,忠拔刀柄脱,妻卓搤虎颈,连呼曰:"斧!"忠自门后取斧力斫之。天明,力且尽,视虎已殁。元章尚卧地,忠与妻扶就寝,越日,创甚竟死。

清史稿卷四九九
列传第二八六

孝义三

岳荐　张廏　黄学朱　吴伯宗

钱天润　萧良昌　李九　张某

程含光　陈福 谯衿 黄成富 李长茂

任天笃　赵一桂 黄调鼎　杨艺

咸默 李晋福 胡端友 朱永庆　王某

张瑛　郭氏仆　胡穆孟　苑亮

杨越 子宾 吴鸿锡　韩瑜　程增

李应卜　塞勒　王联　黎侗 李秉道

赵珑　蒋坚　李林孙　高大镐

许所望　邢清源 王元　凤瑞

方元衡　叶成忠　杨斯盛　武训

吕联珠

　　岳荐,江南山阳人。明末为诸生。事父母谨,居丧哭踊,气息仅属,乃病羸终其身。庶弟甫生而其母暴疾死,荐亦生女,乃令妻弃女而乳其弟。弟病疡，日夜啼，夫妇迭拊之，遂俱生疡，血淋漓被体，不以为苦。

张厥，陕西蓝屋人。顺治初，山贼破其堡，杀厥兄厂，并掠厂子去。厥愍厂死且无后，负其子入山易厂子归。方谋赎子，山贼引去，其子幼不能从，遂杀之。厥复生子，与厂子并成立。

黄学朱，福建瓯宁人。诸生。顺治间，县有土寇，执学朱及其弟。度不能两全，乃绐贼曰：“家有薄产，释弟归鬻产，以其值赎我，何如？”贼疑，欲遣学朱，学朱曰：“我秀才，质重于弟。”贼遂释弟归。实无产，赎不至，学朱遂被戕。

吴伯宗，山西稷山人。早丧父母，二弟幼，与相依。居数年，先后皆失之。伯宗求弟遍远近，久之，得季弟京师。为高氏仆。高氏遇之厚，曰：“吾为子善抚，子求得仲弟，与之俱归。”又久之，伯宗得仲弟消息，在宁古塔，乃躬往踪迹之。仲弟属将军部，投牒讼焉。庭质，辞未毕，伯宗忽跃起，主者怒，扑之，血被面。伯宗徐曰：“民非敢与抗，适见略吾弟者，奴吾弟者，皆法所不宥，顾美衣帽，平立官侧。民兄弟良家子，为奸人诱掠，万里投命，官不明其冤，乃视若罪囚，使跪而听命，民是以不服。”主者悟，白将军，归其仲弟。时正冬，兄弟相扶行冰雪中，至京师，与季弟同归。

钱天润，江苏宜兴人。少孤，为人佣耕，得钱必奉母。母死，以奉其兄。有女弟嫁而寡，甥二，方幼，天润往视之。女弟泣言：“夫死子幼，不知所以为计。”天润问其意，女弟言：“愿守节，第苦贫。”天润曰：“妹无忧！吾助汝。”遂为女弟耕以给食。三年，女弟死，抚二甥，毕姻娶。

萧良昌，湖南邵阳人。家贫，贸漆，事父孝。兄弟四，良昌其少季。析居，伯、仲、叔皆有一子，伯、仲早卒，叔携其子出游，良昌召伯、仲子与同居，率之贸荆、襄间。家渐起，始娶妇。岁除，具酒奉父，父语良昌曰："儿能抚存孤侄甚善，顾安得汝叔兄父子复还耶？"良昌跪白父曰："儿欲行求久矣。"明岁遂行。时传叔兄在云南，良昌行六阅月，资且尽，途穷哭泣，目尽肿。晨行至一村，遇晓汲者，则叔兄子也，乃与见叔兄，偕归。父乃大慰。年八十余，乃为诸子析居，厚兄子而薄其子，其子亦受之无间言。

李九，江苏赣榆人。家青口，兄七，与其邻争地而讼，知县吴蕊元纳邻赇，逮七，下典史费长春加楚毒焉，七自经死，九誓雪兄枉，诉州不得直，诉监司，狱下州，仍不得直。走京师，诉都察院，命下江苏巡抚蕊元、长春辂承审官，责九健讼，加非刑，而令九所亲关说，陷以重眹，九不应。九愤且楚，发病，蕊元等贿医将毒九。会按察使陈继昌至，亲鞫，九得直。狱成，黜蕊元，戍长春，诛县役二。九叹曰："兄枉雪，死无憾！"归未至，卒。青口士民具鼓乐迎其丧。

张某，甘肃通渭人。兄弟皆贫，为木工，相友爱。将析产，兄曰："均之。"弟曰："弟子一，而之子五，如兄言，弟子则富矣。诸侄独非父母孙乎？当视人为分。"兄曰："不可，父母先有子，未尝有孙。"议不决，乃析为三，兄二而弟一。兄弟皆逾八十，常言："谁先死，必呼与俱去。"兄卒，弟恸几绝，不食七日，亦卒。

程含光，安徽休宁人。出游，得资以养亲。尝偕弟自六安归，策蹇经箬岭。日暮风起，虎突出，攫弟去。含光惊坠地，持短鞭力追，左手据虎颈，右以鞭捶虎，大呼震山谷。虎舍弟崛吼，含光负弟疾趋投岭下旅舍。弟息仅属，灌以汤，徐苏，肩创十余，血淋漓。人言虎牙毒，血不尽且死，含光吮之，血尽出，乃瘥。其后含光卒，弟每言遇虎事，解衣示人，辄流涕不已。

陈福，福建永春人。居西溪，同居十二世，家范简肃。世以一人督家事，子孙率教醇朴，未有讼者。

谯衿，湖南沅江人。同居七世，有家训二十条，丧祭无失礼。

黄成富，福建连江人。同居六世，子弟各执其业。方田作，诸妇馌，以一妇守家，视卧儿于筐，饥则哺，不问何人子。悬衣于桁，共衣之，垢则浣，不问何人衣。雍睦无间言。

李长茂，福建海澄人。同居四世，建祠，置祭田，立义学，著家规、法戒各十条示子孙。子五福，顺治六年进士，官刑部侍郎，兄弟八人皆友爱。

任天笃，河南偃师人。乾隆中，巡抚何裕成言天笃九世同居，高宗赐以诗，赉锡帛，表宅里。初，天笃祖开昌生五子，欲定议不析产，观诸子意。纳金麦囷中，子士尧、士舜得以告，开昌曰：“此天赐，汝二人取之！”以“子无私蓄”对。开昌悦，乃定议不析产。宗经、傅，为家训，教子弟毋侈，毋急利，毋入城市，毋传述时事。务耕田读书，惟许学医，亦毋取酬，不则执百工业以佐家。妇初至，长者以家训教之，不率，令暂还母家，悟，乃迎归。平居布衣椎髻操作，毋私馈，毋饰容观，毋适私室。年五十不执役，寡母入厨，稍厚其衣食。女适人寡，毋再嫁。至天笃，上溯开昌祖光玉，下见玄孙瑞丰，通九世男妇百六十余人共爨。吏问天笃何术能不析产，天笃曰：“不忍也！”人传其语，谓视张公艺书“忍”字义尤大而远。

其后傅麟瑞、张璘，皆以七世同居赐诗旌奖。麟瑞，鲁山诸生；璘，泾阳诸生。

赵一桂，不知其邑里。崇祯末，以省祭官署昌平州吏目，被檄为庄烈帝、后营葬。师入关，定京师，列状申州，略曰：“三月二十五日奉顺天府檄，穿田妃圹，葬崇祯帝、后。四月初三日发引，初四日下窆。州库如洗，葬日促，监葬官礼部主事许作梅无策，职与义士孙繁祉等十人，敛钱三百四十千，傭夫穿圹。至初四日，羡道开通，启圹宫门入。享殿三间,陈祭品。中设石案一,悬镫二。旁列锦绮缯币五色,具生存所有器物衾具,皆贮以朱红木笥。左傍石床一,床上甀觚衾枕。又启中羡门,内大殿九间,中为石床,置田妃棺椁。帝、后梓宫至,停席棚,陈羊豕、金银纸锞、祭品。率众伏谒,哭,尽哀。职躬督夫役移田妃柩于右,奉周皇后梓宫于左,乃安先帝梓宫居中。先帝有棺无椁,移田妃椁用之。梓宫前各设香案祭器,职手燃万年镫,度不灭。久之,事毕,掩中羡,闭外羡门,复土与地平。初六日,又率诸人祭奠号哭,呼集居民百余人,畚土起冢,又筑冢墙高五尺有奇。幸本朝定鼎,为先帝建陵殿三间,缭以周垣,使故主陵寝,不侵樵牧,虽三代开国,无以加。一时敛钱者:繁祉,诸生刘汝朴、白绅、徐魁、李某、邓科、赵永健、刘应元、杨道、王政行,皆州民。"康熙中,嘉兴谭吉璁至昌平,得故吏牒,采入所为肃松录,邵长蘅又为之文,谓是时李自成拒京师,礼部主事改礼政府属,盖一桂不知自成所改官制,而政行有子乞韩菼表墓,亦书其事。

黄调鼎,字盐梅,河南洛阳人。诸生。其女兄,明福王由崧妃也。早卒,葬洛阳。福王称帝南京,追爵妃父奇瑞洛中伯,以其长子九鼎袭,亦官调鼎。福王选立后、妃,巡抚山阴祁彪佳之女与焉,命以彪佳少女妻调鼎。南都破,九鼎降,马士英挟福王母邹太后至浙江。兵败,太后匿山阴民家,调鼎走依祁氏,与相闻。福王死京师,求得其柩,载归洛阳,葬故妃园。迎邹太后奉养,至卒,葬福恭王园。调鼎弃诸生,不出。

杨艺,字硕父,广西临桂人,大学士瞿式耜客也。阔略无所忌讳,同幕者称为凝艺,因以自号。己,终不合去。孔有德徇广西,破桂林,执式耜及总督张同敞,不屈死。艺衰经悬纸钱满衣,号哭营、市间,请敛式耜,有德闻而义焉,遂许之,令并敛同敞。有姚端者,式耜门人。艺与谋,敛式耜及同敞,浅葬风洞山麓,筑室于旁,守墓不去。时明给事中金堡去为僧,将上书有德乞敛式耜等,知艺先之,乃罢。以书稿寄式耜子,颇流传人间,而罕知艺者。堡纪其事甚详,且曰:"以吾书掩艺,吾为窃名,瞿氏子为负德。"

咸默,字大咸,江南山阳人。明诸生,侍郎左懋第客也。福王遣懋第等诣京师,默与司务陈用极,刘将艾大选,游击王一斌,都司张良佐、王廷佐,守备刘统从。使事毕,留勿遣。大选从令薙发,懋第怒笞之,自杀。南京破,懋第与用极、一斌、良佐、廷佐、统,皆以不屈死。默送懋第丧归葬莱阳,又送用极丧归葬昆山,一斌等为浅葬京师郊外。默托堪与舆术游四方,尝作哭莱阳诗以吊懋第,凄楚,人不忍读。

李晋福,直隶景州人。事诸生赵遵谱为僮。师入塞,略地至州,遵谱方出游,骑而行,晋福从,仓卒被掠去,家人不知也。越数日,晋福潜还,告家人,即复从遵谱出塞。遵谱马为人夺,与晋福徒跣行。久之,有骑过,则遵谱马也。遵谱直前欲夺之,骑者抽刀斫遵谱仆,几死。晋福负归为裹创,仅乃得愈。遵谱蠢直,晋福力戒毋负气取祸,在兵中稍久相习。晋福弟遵谱,有劳役,必代之。后三年,得间,遣遵谱亡归。归一年,晋福亦逃入塞。

胡端友,湖南宁乡人,刘光初仆也。顺治初,光初妻胡遇寇,以幼子付端友,端友负而逃,寇逐之,力奔得脱。至其家,释负,仆,久之乃苏。胡死于寇,其子得成立。至乾隆中,丁近二千,刘氏祀端友于祐。

朱永庆,字长源,顺天大兴人,故明宣府巡抚之冯子也。师入关,永庆见俘,隶汉军正黄旗,傭屋居。永庆修干美髯,负气节,好佛,主者贤之,将赐以妇,命视诸俘,恣所择。武进杨兆升,仕明官给事中,起兵死。妾姚见俘,薙发矢守节。永庆风闻之,乃自名故殉难宣府巡抚子,择姚以请,引归所居室。向夕,姚拜永庆乞哀,永庆曰:"吾将全夫人节,非特哀之而已。"乃诵佛至旦凡,三夕,居停觇知之,问曰:"君不近妇人。安用此赘疣?"永庆曰:"此缙绅妇,吾非欲妻之,欲完其节耳。恐机泄,故且同室,然非诵佛不可。乃为君侦得,幸终为吾讳。"居停感焉,乃治别室以居姚。久之,事闻于主者,主者益贤之,令姚寄书其家,以其母若弟来,予资遣之还。

王某,江南如皋人,隶也。顺治初,县人许德溥坐不薙发死,妻当流,王欲脱之,思不得其策,夜不寐,其妻怪问之,语以故。其妻曰:"此义举也!然非得一人代不可。"王曰:"安所得代者?"其妻曰:"吾当成子义举,愿代行。"王伏地叩头谢。乃匿德溥妻,而以其妻行,行数千里,至流所。县人义之,敛全赎归,夫妇终老于家。

张瑛,字玉采,山西汾阳人,居西官村。顺治六年,姜瓖乱,众劫东官村赵氏,尽杀其人。独一子亡归瑛,瑛纳之,众索焉,瑛不与。瓖乱定,瑛助赵氏子讼于官,诛劫者。当乱急,村人将走避,瑛曰:"贼未至先走,能保必全乎?孰若为守计!"众曰:"如无砦堡何!"瑛曰:"砦堡诚不可猝为,环村而沟焉,其可。"遂为沟,务深广。瑛家有楼,贮村人财物其中。既而贼大至,逾沟,村人退保楼。瑛见贼渠据胡床坐而指挥,发石中之,立毙。余贼怒攻楼,取薪将焚,众汲井以救。持数日,乃稍稍去。瑛率众出击之,贼奔溃,村以得全。瑛家饶,岁终,必出粟周邻里。康熙三十六年,饥,县民鬻田,贬其值,瑛辄收之,得田且千亩。明年大穰,瑛榜诸村曰:"愿赎者听。"不十日,尽赎去。瑛卒,年九十有一。

郭氏仆,失姓名,山西闻喜郭景汾家仆也。姜瓖反,县人章惇为乱,杀景汾祖及父。景汾方三岁,仆负之走,得免。瓖败,惇降,得官。景汾读书成进士,上仆义,被旌。景汾图复仇,顾惇已遇赦,知县邵伯麟为之解,今惇谒景汾祖、父墓,且诣景汾谢。居无何,景汾击杀惇,断其首祭祖、父,而身诣狱。伯麟义景汾,具狱辞言惇谋反,景汾率众击杀之。大吏覆谳惇谋反事无有,乃坐景汾擅杀,伯麟意出入人罪,皆论死。逾年遇赦,减死,戍福建。耿精忠反,官景汾,事定,逮京师,以从逆见法。仆自闻喜走京师,为具敛。惇子讦仆不当收罪人尸,下刑部,仆言:"某负三岁主艰难万死中,辱以义被旌。景汾虽被罪死，固某主也。主死，仆不为之收，是为无义。某愿死，不敢负前旌。"狱上，圣祖哀而宥之。当精忠官景汾，亦欲官伯麟，景汾言："是不办一县令，何能为？"遂不用，以是免。

胡穆孟，福建人，失其县。顺治间武举。与连江沈廷栋同岁，相善。耿精忠反，征穆孟，避匿廷栋家。廷栋寓书于其友，诋精忠，穆孟窃见之，虑书发且得祸，易书为隐语，逻者得书，犹以诋精忠见收。穆孟以语其妻王，王谓当自承以脱廷栋。穆孟乃诣吏，吏使与廷栋各具书，辨其迹，释廷栋而杀穆孟。穆孟死，王诣市缀穆孟首，具衣冠为敛，属子于其叔，且及廷栋，遂缢于尸侧，市人皆感泣。师克福建，恤穆孟，荫其子焉。

苑亮，江南亳州人。事州人韩斌为仆，斌举武科，授福建兴化守备。耿忠精反，协授副将，浙江总督李之芳讨焉。移江南，录斌子世晋。亮从之行，之芳授以札，使招斌。亮度精忠兵所置堠，为逻者所执。问谁何，亮自陈，言斌家被籍，南来投斌。主者监亮见斌，而不许交语。亮伪遗履，斌发视，得之芳札，单骑诣之芳降。亮陷贼中，被刑讯，终不言赍札率，遂死。之芳作传表之。

杨越，初名春华，字友声，浙江山阴人。所居曰安城，因以为号。为诸生，慷慨尚侠。康熙初，越友有与张煌言交通者，事发，辞连越，减死，流宁古塔。例金妻，与其妻范偕行，留老母及二子家居。宁古塔地初辟，严寒，民朴鲁。越至，伐木构室，垒土石为炕，出余物易菽粟。民与习，乃教之读书，明礼教，崇退让，躬养老抚孤。赎入官为奴者，萧山李兼汝、苏州书贾朱方初及黔沐氏之裔忠显、忠祯皆廪焉。又赎明大学士朱大典孙妇，河南李天然希声夫妇。凡贫不能举火及昏丧，倡出资以周，民相助恐后。吝，则嗤之，曰："何以见杨马法？"马法犹言长老，以敬越也。母终于家，年余始闻丧，哀恸，杜门居三年。

子宝，出塞省越越，初戍年二十四，至是已六十八。宾还，叩阍乞赦越，事未行。子宝，复出塞省越。又二年，越卒于戍所，例不得归葬，宾、宝请不已，又二年乃得请。迎范奉越丧以归，民送者哭填路。宾撰《柳边纪略》，述塞外事甚详。

吴鸿锡，字允康，福建晋江人。父德佑，康熙初，客浙江，兵部郎中噶尼布奉命督造战舰，延德佑入幕。数月德佑卒，鸿锡方七岁，噶尼布携至京，将子之，鸿锡请呼以伯，曰："父一而已。"噶尼布奇之，曰："七岁儿能办此耶？"噶尼布故廉，家渐困，鸿锡为督刍牧，私市书册、弓矢习之。通满、汉文，精骑射。噶尼布从兄云麟以平台湾功授温州参将，至京师，欲以鸿锡行，噶尼布诺之。鸿锡流涕曰："我七岁育于公，今我壮而公老，公子幼，必俟其成立，我乃归。"镇国公海清，噶尼布婿也，义鸿锡俾入旗。

噶尼布卒，妻哀甚，得狂疾。子和顺、和蒲、和麟。和顺才七岁，鸿锡为治丧，持家政，延师教和顺兄弟，稍长，为娶妇。和顺年十六，有忌之者，授以护军，将困苦之。每直宿，鸿锡佩刀以从，露坐终夜。

大学士阿兰泰为噶尼布故交，鸿锡率和顺兄弟候其门，和顺试除中书。师征噶尔丹，和顺从军，以功擢礼部主事。有召和顺饮者，佐以博，鸿锡持刀迳入坐以和顺归。他日，或问鸿锡："人可杀乎？"鸿锡曰："杀人罪不过死，吾受抚孤托，而坐视其溺于燕朋，诚生不如死。死而诸孤知勉，则死贤于生矣。"和顺自是不复与人饮。

山东饥，遣官治赈，和顺与焉，鸿锡从之。武城廪未发，出私钱散米，又虑饥者骤饱且致毙，沦莱蔽饮之，全活无算。和顺寻榷密云关，鸿锡曰："负贩小民不得取其税，额不足，可以家财补焉。"民欢趋之，额亦足。

和蒲习举业，鸿锡督之，虑其怠，穴几贯铁索自系守之，和蒲惊谢，读益力，以副榜贡生得官。

和麟年十六，鸿锡偕诣永定河效力，水大至，巡抚于成龙夜行堤上，见有向河拜且泣者，问之，鸿锡也，解衣旌之。工竟，和麟议叙笔帖式,擢刑部郎中。

　　鸿锡不得归,募工写父母遗象,检父遗衣冠招魂葬之。年五十八,卒。和顺兄弟去缨席地,如父母丧。

　　韩瑜,字玉采,山东潍县人。少孤,事母孝。母没,哭泣三年。既除丧,祭墓未尝不哀,年八十如故。冠时母有衣一袭,弃箧中,宾祭则服之,衣敝不弃。将卒,命以敛,犹举孟郊诗曰:"此慈母手中线也。"事兄谨,兄弟皆八十,无改常度。产不过中人,好施予,多蓄书,遇寒士则遗之。族党长不能昏娶,丧不能葬,必依以资。族子贫,赠以秋十石,使居贾。得赢,倍以偿,不受。康熙四十三年,饥民鬻子女,罄所蓄,得九人,不立券。岁丰,悉遣还之。卒。时八十有六。

　　程增,字维高,江南歙县人。父朝聘,自歙移家安东。归省墓,病作。增冒风渡江,六日夜行千五百里,至则朝聘已没。母唐病复作,急还,又已没,乃绝意仕进。安东地卑,母柩在堂,水大至,增与一仆力升柩木案上。既葬,复移家山阳为贾,而使二弟就学。父母之党死而无归者毕葬焉,余皆定其居,使有恒业。析田立塾,以养以教。友有急难,以千金脱之,后更相背,穷复来自解,待之如初。康熙初,河、淮溢,增出家财修邗沟两岸堤十里,河道总督张鹏翮以闻。四十四年,圣祖巡视芒稻河,召增入见,书"旌劳"二字以赐。两江总督于成龙好微行,奸人因造言倾怨家,狱或失入。增谒成龙,力言其弊,指事为征,成龙曰:"微子言,吾安知人心抗敝至此!"久之,卒。

　　李应卜,河南郏县人。早失父母,叔丕基遗侧室,事如母,寿百岁终。侄伟,孤,饮食教诲之。病作,必数视之,曰:"我夜不能起,然终宵未成寝也!"弟应会亡,病甚,一夕髭发皆白。侄缉幼,食必呼共案,出必视而行,返必问在何所。施及于乡人,有典其田而远游者,以子托焉,久之,为娶妇,且复其田。有丧其妻者,为之复娶,予田,俾资以生。有贫欲远徙者，予之粟，留勿徙。有佣于其肆，负金，病且死者，为之鬻其逋，厚给其妻子。有持金入其肆市粟者，视金有官封，与粟，遣之去。持金诣县庭，知县方以库失金笞吏，应卜以金上，具言始末，事乃白。乾隆二年，县举应卜行事上大吏，请旌表其门曰："义士。"

塞勒，满洲人。官苑副。与惠色友，塞勒老无子，时引以为戚。惠色曰："我已有二子，今妇又有身，男也，为君子。"已而得男，命曰奇丰额。既免乳，以畀塞勒，塞勒与其妻抚以为子。年十六，将应童子试，当具三代，塞勒曰："吾宁无子，不可改祖宗，欺君父！"用携奇丰额还惠色。奇丰额初不自知惠色子，塞勒语以故，骑马去。奇丰额遂还为惠色子，乾隆三十四年成进士，授刑部主事，累迁江苏布政使。塞勒及其妻相继卒。五十七年，奇丰额擢江苏巡抚，入觐，涕泣陈本末，请以本身封典貤封塞勒，并以第三子广麟为塞勒后。上命具疏，下部议，皆不许，上特允之。

奇丰额，黄氏，先世朝鲜人，隶内务府满洲正白旗。坐事罢官，终内务府主事。

王联，字鹭亭，江苏泰州人。诸生。应乾隆四十五年江南乡试，联与友沈某偕。沈病于喉，欲归，联不入试，送之还。至龙潭，沈病益剧，联伴之寝，病者口腐，秽触鼻，不问。舆行虑其颠，徒步翼以行。沈遽死，舆者欲散，联以义感之，乃得至丹徒，殡于僧寺，以其柩归。论者谓《新唐书》以张道源送友尸归里，列诸《忠义传》，联亦其亚也。

黎侗，安南人，故安南国王黎维祁之族也。乾隆间，广南阮光平破安南，侗护维祁叩关乞援，上遣孙士毅率师送归国。既，复为光平袭破，维祁出走，侗赍上所赐国王印走，间道入关，与段旺等二十九人俱。上命薙发，分置江、浙诸地，独侗与李秉道等四人不肯从。其一为黎驷,亦维祁族,其一失姓名,四人者坚请得出关为维祁复仇。
上已受光平降,不欲更为黎氏出兵。谓侗等忠于黎氏,不以盛衰为
去就,谕福康安平心询问。士毅寻奏:"侗假托忠义,意图构衅。"上
命侗等从维祁至京师,令军机大臣传询。侗等力请还黎氏故土,誓
以死殉。上曰:"侗等仍还安南,或为光平所戮,朕心所不忍。"命暂
系刑部狱。维祁卒,葬京师郊外。

　　仁宗即位,命释四人者,使居外火器营。嘉庆八年,农耐阮福映
并安南,使上表乞封,侗子光倬在行,侗与秉道至涿州迓焉。仁宗责
其私出,下刑部。侗等初自承出谒维祁墓,既乃具言愿得归国,并以
维祁丧还葬。上许之,赉以银,并诸黎氏旧臣入汉军置内地者悉遣
还。

　　赵珑,字雨亭,安徽桐城人。倜傥重然诺。有叶旸者,与有连,
官大名同知。珑往客焉。甫逾月,旸坐事戍伊犁,童仆皆散走,旸父
母老且病,日夜泣,珑请与俱行。既至,将军爱旸才,置幕中,珑乃辞
归。旸泣,珑曰:"勿尔!吾且再来。"归一年,旸母卒,珑复往。比出
关,闻旸从将军移驻塔尔巴哈台,改途赴之。将军闻,贤珑,称曰"义
士,"以此赵义士名著关外。

　　有叶椿者,旸同族也。亦戍伊犁。珑再出关,椿母附寄子书致
金。珑既改赴塔尔巴哈台,未至伊犁。归道呼图壁,遇巡检陈栻,亦
皖人也。因迹椿,则死久矣。珑曰:"椿母日夜望子归,乃今死,当奈
何?且以金附我者,为我能致之也,义不忍空返其金,令椿骨不还。
顾金少,尽吾囊中资,犹不足,又当奈何?"贷于栻,迂道八千里,载
椿柩以归。

　　蒋坚,字非磷,江西铅山人。幼即有智数。七岁,从叔入寺,庀
坐县役,值与语,谓某寺僧被杀,不得其主名。坚语其叔曰:"杀人
者,堂上老僧也!"方诵经,屡顾,意乃不在经。役牵去,一讯而服。十
七,附舟经瑞洪,有少年同舟,当食必出避,坚疑而问之。少年自言

贫不能偿舟值，舟人将不余食焉，故出避。坚邀与共食，资以金，其人后客死，又策返其骨及余金。长习法家言，佐幕山西，屡雪疑狱，康熙五十二年，主泽州知州佟国珑，临汾民迫奸胥为变，巡抚檄国珑往按，坚从国珑以七骑往。至则众保山汹汹，坚以巡抚令箭先谕众。国珑入县，执胥扰民者五六，笞之流血，众就观，欢谍悉散。国珑乞休，坚归。数年，闻国珑以属吏亏帑逮下太原狱，责偿数千金。坚往省，为国珑征债栾城，又至泽州，贷于州民，为国珑输偿，狱乃解。坚尝曰："法所以救世，心求人之生，斯善用法矣。"著《求生集》。

子士铨，《文苑》有传。

李林孙，河南襄城人。乾隆末，教匪起，将攻河南会城。是时布政使马慧裕主城守，顾无兵，度无以御。有陈伯瑜者，郫县人，尝为河南巡抚客，先事言教匪且起，以妖言下狱。川、楚乱作，诸大吏礼为上客。友林孙，言于慧裕，使率乡兵五百人助守。教匪至，伯瑜以二百五十人面水鏖战。匪易其少，就观之，林孙以二百五十人出其背夹击，大破之。知县林岚乞其兵守卢氏，教匪渠张潮儿来攻，号十万，岚兵不及二千，莫敢进。岚谢其众曰："公等皆林孙人，徒死无益。"指大树曰："我官也，死是间耳。"众怒曰："谁无面目者，致公为此言？今日战，有不胜贼而生者，撞大石破脑死！"岚拜，众亦拜。遂战，贼几歼。人或以兵家言问林孙，林孙谢不省，曰："豪杰无他，得人心耳。"

高大镐，湖南桃源人。父陛，临淄知县。嘉庆初，大镐将仆王明省父归，道荆门，遇教匪。大镐从容语，使引见其渠。渠疑为官军谍，欲杀之。大镐自言："我盗也！奈何杀我？"渠使与其徒角，杀三人，乃录与其徒伍。渠令攻宜城，大镐从行，度溪，匿桥下得脱。遇余寇，又杀三人，乃走宜城白吏，言寇且至，为画城守策。大镐在贼中久，知贼畏飞石，令尽发市衢街道民家阶碱碎之，置城上。寇至，见有备乃走。吏欲叙大镐功，大镐辞归桃源。王明在贼中，不与大镐相闻，既为官兵所俘，谳非盗，释之，亦得归。

许所望，字叔翘，安徽怀远人。诸生。工为诗。嘉庆七年冬，宿州民王朝明、李胜才为乱，州破。所望与其戚王冠英出粟三千石佐军，且率其徒邱惠龄、张国纲、谢崇训等破贼陈家集。十八年秋，林清乱起，师围滑县，两江总督百龄驻徐州，安徽巡抚胡克家驻亳州，为备。归德盗杨七郎据引河集，其党洪广汉据保安山，与颍州乱民沙占魁等遥相结，观变。克家知所望，以书招之。所望率八百人至亳州，以惠龄等十人为队长。所望谋曰："杨七郎猛且狡，宜以计诱之。"令国纲、崇训率健儿八人伪为逃卒诣七郎，越五日诱之出，以百余人至邱家集。七郎忽疑曰："若为许所望来耶？"崇训出不意断七郎臂，众大惊，国纲疾呼曰："我张国纲也！"立击杀数人。国纲与惠龄同破宿州贼，以勇闻，贼素惮之，遂大溃。所望率兵至，七郎走死，广汉亦溃。占魁等走永城，会师克滑县，余贼走与合，焚会亭。所望与战公基湖。列十火枪土埠上，令众伏地，曰："贼至二百步，枪发，乘烟疾进击之。"贼溃奔，逐之数十里，亳州师乃罢。百龄在徐州，亦得河南张永祥者，以乡兵三百助守。事定，所望辞叙功，以诸生应试如故。永祥从巡抚阮元自河南移浙江，亦罢去，人呼为张铁枪云。

邢清源，曹州人。入镇标为兵数十年，老而退伍。咸丰十一年，长枪会为乱，围曹州。时亲王僧格林沁驻军济宁，欲乞援，无敢赍书往者，清源请行。乃裂帛为牒，置清源衣带，清源破衣持竹杖为丐者状，出围达王所。王即札示发兵状，仍置衣带还报。兵至，城得全。

王元，杭州旗营牧马人也。粤寇陷省城，将军瑞昌守旗营，令元持书突围出乞援张玉良，大哭不食。玉良义之，立进兵。瑞昌夹击，遂复省城。明年，城再陷，元已保营官，战殁长安，附祀瑞昌祠。

凤瑞，字桐山，瓜尔佳氏，满洲正白旗人，乍浦驻防。粤寇来犯，与兄麟瑞战御。城陷,麟瑞阵殁,见《忠义传》。凤瑞改隶李鸿章军,转战江、浙,屡有功,而太仓一役尤著。

初,李军以乏饷不用命,凤瑞力保盗魁贺国贤,国贤本盐商,官诬杀其兄,乃为盗。凤瑞与其兄善,责以大义,立出十万金助饷,并率所部奋攻城,遂克太仓州。国贤后官至总兵,凤瑞以笔帖式积功累保副都统,赏花翎。

江南平,调归杭州,遂隐居不仕。时难民遍地,凤瑞先于上海、青浦设厂施衣食,为谋栖宿,分遣归里。复奉诏招集旗人归防安插,恢复营制。建昭忠祠,立忠义坟。凡杭、乍两营死者逾万人,尸骨狼藉,躬督检埋,分建两大冢于两地。勒碑致祭,列入祀典。又采访姓名,量刻浙江八旗殉难录。

乍浦副都统锡龄阿全家同殉,其仆石某独负其幼子出,乞食养之。凤瑞见而言于巡抚薛焕,奏请抚恤,为赋义仆行,给资送归。

凤瑞义侠,好行善,岁收租谷数百石,必尽散之穷乏,数十年如一日,众称善人。卒年八十有二,赠将军。

凤瑞博学,工书画,游迹遍天下,尝自刊玉章,曰:“读万卷书,行万里路。”著有《老子解》、《如如老人诗草》及《殉难录》等。

子四,文梁年十三,母病危,剖心以救,母愈,文梁竟卒。

方元衡,字莘田,安徽桐城人。以贡生官光禄寺署正。父病失明,晨夕调护,厕牏必躬亲之,终亲之身不稍息。推产给弟,惟笔耕以奉甘旨。年五十,依母怀如婴儿。居丧不宴笑,不居内,日所行必告于主,葬则庐墓侧,岁时祭,必哀戚尽礼。俗惑于风水,常停枢久不葬,请设劝葬局,限期督葬,无后者则购地代葬之,先后逾五万具。复设采访局,采访全省节孝贞烈,历二十年,汇请得旌者凡十余万人。建总祠总坊于省会,有司春秋致祭。著有《续心学宗》、《孝经浅注》。卒后,皖人上其孝义行,特赠五品卿。

叶成忠,字澄衷,浙江镇海人。世为农。六岁而孤,母洪抚以长。

为农家佣，苦主妇苛，去之上海，掉扁舟江上，就来舶鬻杂具。西人有遗革囊路侧者，成忠守伺而还之，酬以金不授，乃为之延誉，多购其物，因渐有所蓄。西人制物以机器，凡杂具以铜铁及他金类造者，设肆以鬻，谓之五金。成忠肆虹口，数年业大盛，乃分肆遍通商诸埠。就上海、汉口设厂，缫丝、造火柴，资益丰。乃置祠田，兴义塾，设医局。会朝议重学校，成忠出资四十万建澄衷学堂，规制宏佣，生徒景从。制《字课图说》、修身、舆地诸书，诸校用之，以为善本。又建怀德堂，佣于所设肆者死，育其孤，恤其嫠，困乏者岁时存问，毋俾冻馁。乡人为之谚曰："依澄衷，不忧穷。"凡佣于叶氏，皆为尽力。成忠屡以出资助赈，叙劳至候选道，加二品顶戴，卒。命诸子人择一业，行义竟其志，勿邀赏。

杨斯盛，字锦春，江苏川沙人。为圬者至上海，上海既通市，商于此者咸受廛焉。斯盛诚信为侪辈所重，三十后稍稍有所蓄，乃以廉值市荒土营室，不数年地贵，利倍蓰。善居积，择人而任，各从所长，设肆以取赢，迭以助赈叙官。光绪二十八年，诏废科举，设学校，出资建广明小学、师范传习所。越三年，又建浦东中、小学，青墩小学，凡糜金十八万有奇。上海业土木者以万计，众议立公所，设义学，斯盛已病，力赞其成，事立举。海滨潮溢，居民多死者，斯盛出三千金以赈，又集资数万，全活甚众。浦东路政局科渡捐急，民大哗，官至，群毁其舆。斯盛力疾往，挥众散，捐亦罢。又出资规筑洋径、陆家渡、六里桥南诸路，改建严家桥，创设上海南市医院，诸事毕举。建宗祠，置义田，饮故友族人，咸有恩纪。及卒，遗命散所蓄助诸不给，遗子孙者仅十一。

武训，山东堂邑人。乞者也，初无名，以其第曰武七。七孤贫，从母乞于市，得钱必市甘旨奉母。母既丧，稍长，且佣且乞。自恨不识字，誓积资设义学，以所得钱寄富家权子母，积三十年，得田二百三十亩有奇，乞如故。蓝楼蔽骭，昼乞而夜织。或劝其娶，七谢之。

又数年,设义塾柳林庄,筑塾费钱四千余缗,尽出所积田以资塾。塾为二级,曰蒙学,曰经学。开塾日,七先拜塾师,次遍拜诸生,具盛馔飨师,七屏立门外,俟宴罢,啜其余。曰:"我乞者,不敢与师抗礼也!"常往来塾中,值师昼寝,默跪榻前,师觉惊起;遇学生游戏,亦如之,师生相戒勉。于学有不谨者,七闻之,泣且劝。有司旌其勤,名之曰训。尝至馆陶,僧了证设塾鸦庄,资不足,出钱数百缗助其成。复积金千余,建义塾临清,皆以其姓名名焉。县有婺张陈氏,家贫,刲肉以奉姑,训予田十亩助其养。遇孤寒,辄假以钱,终身不娶,亦不以告人。光绪二十二年,殁临清义塾庑下,年五十九。病革,闻诸生诵读声,犹张目而笑。县人感其义,镌象于石,归田四十亩,以其从子奉祀。山东巡抚张曜、袁树勋先后疏请旌,祀孝义祠。

吕联珠,字星五,汉军正黄旗人。隶盛京内务府。所居村曰瓦子峪。贫,授徒为大父及父母养,一介不妄取。应乡试,徒步千余里,有富家子招与同乘,坚却之。光绪十四年,举于乡,授笔帖式,补催长,不改其狷。联珠有从叔,其一贫,无子,请兼祧侍养。叔严急,事之尽礼;其一出远游,以废疾归,奉于家,丧葬昏嫁力任之。有田招佃以耕,邻田鬻于人,占联珠田五尺,联珠言于官,让与之。田中有他氏墓,为之扫除岁祭焉。同学坐事系狱死,为之葬。姻家有以疑狱死京师者,赴会试,为携其骨还葬。

联珠笃行,式于乡人。治程、朱之学,乡人奉其教。久之,卒。

清史稿卷五〇〇
列传第二八七

遗逸一

李清 李模　梁以樟 王世德　阎尔梅

万寿祺　郑与侨　曹元方　庄元辰

王玉藻　李长祥 王正中　董守谕　陆宇㷆

弟宇燧 江汉　方以智 子中德等　钱澄之

恽日初　郭金台　朱之瑜　沈光文

陈士京　吴祖锡

　　大史公《伯夷列传》,忧愤悲叹,百世下犹想见其人。伯夷,叔齐扣马而谏,既不能行其志,不得已乃遁西山,歌《采薇》,痛心疾首,岂果自甘饿死哉?清初,代明平贼,顺天应人,得天下之正,古未有也。天命既定,遗臣逸士犹不惜九死一生以图再造,及事不成,虽浮海入山而回天之志终不少衰。迄于国亡已数十年,呼只奔走,逐坠日以终其身,至老死不变,何其壮欤!今为遗逸传,凡明末遗臣如李清等,逸士如李孔昭等,分著于篇,虽寥寥数十人,皆大节凛然,足风后世者也。至黄宗羲等已见《儒林传》,魏禧等已见《文苑传》,余或分见于《孝友》及《艺术》诸传,则当比而观之,以见其全焉。

　　李清,字心水,号映碧,兴化人。天启辛酉举人,崇祯辛未进士,授宁波推官。考最擢刑科给事中,同日上两疏:一言御外敌当战守兼治,不当轻言款;御内寇当剿抚并用,不当专言抚。一言治狱不宜置失入,而独罪失出,因论尚书刘之凤不职状。寻以天旱,复疏言此用刑锻炼刻深所致,语侵尚书甄淑。淑遂劾清把持,诏镌级,调浙江布政司照磨。无何,淑败,即家起吏科给事中。疾朝臣日竞门户,疏言:"国家门户有二:北门之锁钥,以三协为门户;陪京之扃键,以两淮为门户。置此不问而哄堂斗穴,长此安底?"疏入,不报。

　　京师陷,福王建号南京,迁工科都给事中。见朝政日坏,官方大乱,乃疏言:"大仇未雪,凡乘国难以拜官者,义将惭恧入地,宜急更前辙,以图光复。"又愤时议以偏安自足,抗疏曰:"昔宋高之南渡也,说者谓其病于意足,若陛下于今日,其何足之有?以河、洛为丰、沛,则恭皇之旧封也,为恭皇所已有而不有,则不足;以金陵为长安,则高帝之始基也,为高帝所全有而不有,则不足。臣深望陛下无忘痛耻,以此志为中外倡也。倘陛下弛于上,则诸臣必逸于下,先帝之深仇将安得而复哉?且宋之南渡,犹走李成、擒杨么,以靖内制外。今则献、徭交炽,两川危于累卵,汀、潮、南赣,并以警闻。北有既毁之室,南无可怡之堂,臣窃为陛下危之。"疏上,报闻而已。

　　有司始谥庄烈帝为思宗,清言庙号同于汉后主禅,请易之。又请补谥太子、二王及开国、靖难并累朝死谏诸臣,或以为迂,叹曰:"士大夫廉耻丧尽矣!不于此时显微阐幽,激发忠义之气,更复何望耶?"清事两朝,凡三居谏职,章奏后先数十上,并寝阁不行。

　　寻迁大理寺左寺丞,遣祀南镇,行甫及杭,而南都失守矣。乃由间道趋隐松江,又渡江寓高邮,久乃归故园,杜门不与人事。当道屡荐不起,凡三十有八年而殁。清忠义盖出天性,庄烈帝之变,适在扬州,闻之,号恸几绝。自是每遇三月十九日,必设位以哭。尝曰:"吾家世受国恩,吾以外史,蒙先帝简擢,涓埃未报。"国亡后,守其砭砭,有死无二,盖以此也。

　　晚著书自娱,尤潜心史学,为史论菲若干卷,又删注《南、北二史》，编次《南渡录》等书。藏于家。

李模，字子木，吴县人。天启乙丑进士，授东莞知县。考最，入为御史。因劾论中官，谪南京国子监典籍。福王立，封四镇为侯、伯，模上言：“拥立时，陛下不以得位为利，诸臣何敢以定策为功？甚至侯、伯之封，轻加镇将。夫诸将事先帝未收桑榆之效，事陛下未彰汗马之绩，方应戴罪，何有勋劳？使诸将果忠义者，必先慰先帝殉国之灵，而后可膺陛下延世之赏。”报闻。寻改为河南道御史。马、阮乱政，叹曰：“事无可为矣！”即请告，不复出。杜门里居，三十年如一日。幼与徐汧为总角交，汧死国事，为恤其家而存其孤，不渝旧好。年八十，卒于家。

梁以樟，字公狄，清苑人。与兄以枋、弟以桂并知名，时号“三梁”。以樟负异才，八岁读书家塾中，值壁裂，作《壁裂歌》云：“壁猛裂，龙惊出。”见者大奇之。十六岁补弟子员，受知左光斗。崇祯己卯举乡试第一，明年成进士。命试骑射，进士皆书生，夙不习，以樟独跃马弯弓，矢三发，的皆应弦破，观者欢异。即授河南太康知县。

中原盗起十余年，所在荼毒，督抚莫能办，率倡抚议，苟且幸无事，盗且服且叛。而河南比年大旱蝗，人相食，民益蜂起为盗。人为以樟危，金都御史史可法以其有经世略，独劝之行。抵任，探知境内贼凡三十六窟，于是练乡勇，修城堡，严保甲，募死士，入贼巢，伺贼出入。尝夜半驰风雪中，帅健儿密捣贼垒，贼惊佚，禽其渠，毁巢而归。居半载，境内贼悉平。调商邱，时李自成犯开封，不能破，乃东攻归德。以樟婴城血战三日夜，城陷，妻张率家人三十口自焚死，事具《明史》。

以樟被重创，仆乱尸中，死复苏，商民救之出，奔淮上，被逮谳请室。贼入潼关，复渡河东犯，京师震动。以樟乃从狱中上疏：“请皇太子抚军南京，辅以重臣，假便宜从事，系人心，倡召豪杰义旅，大起勤王兵。择宗室贤才，分建要地，而重督抚权，行方镇遗意，合力拒。”疏上，执政尼之。

迨出狱，而都城陷。福王立，以樟自德州、临清南下，与各郡邑建义文武吏及诸豪士歃血盟，人皆感愤流涕，受约束待命。渡淮见可法，因建议："山东、河南为江南藩蔽，若无山东、河北，是无中原、江北，无中原、江北，区区江南岂能自守耶？今宜于河南北、山东，设三大镇，仿唐节度使、宋经制招讨使之制，以大臣文武兼资者为之。宽其文法，使自为战守，而阁部大治兵，居中驭之。"又言："北方人心向顺，宜及时抚为我用，否则忠者不能支，黠者反戈相向矣。"前后奏记百数十。而马士英专政，货鬻官爵，用逆党阮大铖为兵部尚书，竞立门户，斥忠谠之士，君臣日夜酣乐。左良玉、高杰、刘泽清等各拥兵跋扈，莫能制。以樟知事不可为，愤郁成疾，辞去。可法仍举以樟为兵部职方司主事，经理开、归。

未几，扬州破，可法死，南都相继溃。以樟遂与以枏遁迹宝应之葭湖，买田数十亩，躬耕自给。清初，召用胜国诸臣，以樟年才三十七，朝贵致书劝驾，不应。自筑忍冬轩，日与张瑃、孙尔静讲学其中，四方之士，若阎尔梅、王猷定、刘纯学、崔干城、僧松隐暨其乡人王世德父子，时时过以樟剧饮，慷慨激昂，继以涕泣。晚年偕乔出尘、陈钰、朱克生、刘中柱结文字社。康熙四年七月十五日，端坐作论学数百言，掷笔而卒，年五十八。世德之子洁、源，集其理学、经济诸书及诗、古文合为一编，曰《梁鹤林先生全书》，今传世者，惟《叩否诗集》而已。

世德，字克承，自号霜皋，北平人。少袭锦衣卫指挥佥事。北都陷，拔刀将引决，为仆所夺，妻魏已率诸妇女赴井死，遂易僧服，与以樟偕隐。尝愤野史诬罔，不可传信后世，欷歔扼腕，作《崇祯遗录》一卷，自序之，康熙间修明史，有司录其副本上史馆。三十二年，卒，年八十有一。子源，以手薤殉葬。

阎尔梅，字用卿，号古古，沛县人。崇祯庚午举人。李自成陷北京，尔梅上书请兵北伐，并尽散家财，结死士，为前驱。自成党武愫至沛，屡使招尔梅，以碎牒大骂下狱，愫败，乃免。赴史可法之聘，参军事，首劝渡河复山东，不听。时高杰为许定国所杀，河南大乱，尔梅又说可法西行镇抚之。杰部将约束待命，可法为设提督统其众，而自退保扬州。尔梅力阻之，请开幕府徐州，号召河南北义勇，得以一成一旅规画中原。又请空名告身数百纸，乘时布发，视忠义为鼓励，俾逋寇叛帅不得以逾时涣散，少有睥睨。策皆不行，遂贻以书而去。

及可法殉节，尔梅走淮安，就刘泽清、田仰，画战守策，复不听。师入淮，尔梅率河北壮士伏城外，众惧阻，羽士陶万明特庇之。巡抚赵福星以书招，尔梅痛哭谢之。乃散其众，遁海上，祝发，称蹈东和尚。复走山东，联络四方魁杰，谋再举。又至河南，至京师，以山东事发被捕，下济南狱，脱走还沛。名捕急，弟尔羹、侄御九皆就逮，妻、妾同自缢。

尔梅乃托死夜遁，变名翁深，字藏若，历游楚、蜀、秦、晋九省。过关中，与王宏撰等往还。北至榆林，从宁夏入兰州。凡十年，狱解，始还。未几，为仇家所攀，复出亡，龚鼎孳救之，得免。北谒思陵，又东出榆关。还京，会顾亭林，复游塞外。至太原，访傅山，结岁寒之盟。尔梅久奔走，历艰险，不少阻。后见大势已去，知不可为，乃还沛。寄于酒，醉则骂座。常慨然曰："吾先世未有仕者，国亡，破家为报仇，天下震动。事虽终不成，疾风劲草，布衣之雄足矣！"遂高歌起舞，泣数行下。居数岁，卒。年七十有七。

尔梅博学善诗，有《白耷山人集》。

万寿祺，字介若，世称年少先生，徐州人。与尔梅同郡，又同岁生，同举乡试，志节皆同，既同举事。南都破，江以南义师云起。沈自炳、戴之儁、钱邦芑起陈湖，黄家瑞、陈子龙起泖，吴易起笠泽，皆与会师，谋恢复。兵溃，寿祺被执，不屈，将及难，有阴救之者，囚系月余，得脱。乃渡江归隐，筑室浦西，妻徐、子睿，灌园以自给。髡首被僧衣，自称明志道人、沙门慧寿，而饮酒食肉如故。时渡江而南，访知旧，吊故垒。遗民故老过淮阴者，亦辄造草堂，流连歌哭，或淹留旬月。虽隐居，固未尝一日忘世也。顺治九年，卒。

寿祺善诗、文、书、画，旁及琴、剑、棋、曲、雕刻、刺绣，亦靡弗工妙。尔梅论有明一代书，推为第一。著有《隰西草堂集》。

初，尔梅、寿祺同谋举事，一起江北，一起江南，先后相呼应。及事败，尔梅出走，思得一当。寿祺留江、淮观世变，不幸先死。尔梅独奔走三十余年，亦终无所就。后世称"徐州二遗民"，常为之太息云。

郑与侨，字惠人，号确庵，济宁人。五岁父殁，母张以祖遗田让之仲，独取遗书一箧授侨，曰："儿读此，可饱也！"与侨发奋力学，崇祯丙子举于乡。时流寇充斥山左，与侨以济宁为漕艘咽喉地，倡义与城守张世臣、举人孟瑄并力杀贼，城赖以完。有贼郭升者，将至济宁州，吏议迎款，属与侨草表，力拒乃止。及贼至，与侨率乡人歼之，遂徙家淮阳。

史可法方开府淮上，闻与侨名，奏为仪真令，而吏部以其前守济宁功，改除扬州府推官。扬州为兴平伯高杰列藩地，其将卒多骄横，稍不当意，抽刀划人，与侨悉裁之以法。巡按御史何纶荐以推官监江、海军，驻通州。

江南失守，与侨奉母之武林，总督张存仁、经略洪承畴奇其才，欲官之，皆谢不起。后归济上，立社教授生徒，绝口不谈时事。尝遍游秦、晋、川、蜀、荆、楚、吴、越诸胜，著有《庵稿》、《丹照集》、《争光集》、《济宁遗事》、《秦边记要》等书。卒，年八十有四。自为圹志。

曹元芳，字介皇，海盐人。父履泰，明兵部侍郎，以忠直著。元方，崇祯癸未进士，南京建号，授常熟知县。时大学士马士英擅国政，有荐元方署职方司事者，士英亦藉元方名，冀往谒附己，元方讫不往。上疏言愿遵定制补外吏，语侵士英，士英怒，卒与令常熟。常熟为吴中烦剧邑最，当金陵草创，所在兵与民交狃无宁晷。元方措兵饷，惜民力，俱帖然，邑称治。

金陵败，弃官归，履泰先获谴谪戍，亦适归。父子相谓，于义不可宴然以居。元方先变姓名，间道入闽，至建宁，谒唐王。即授吏部文选司主事，进验封司郎中。顷之，履泰亦由海道至，即授太常卿，晋兵部右侍郎。父子俱以忠义激发，间关来，一时咸伟之。

当是时，郑芝龙久以桀骜内附，崇其秩号，姑息为养，骄至是益甚，志叵测。元方抗疏，自请出视江上师，阅封守，欲从外为重内计。得召对，加御史衔，赐白金，挥涕以行。至浦城，则江上溃兵接踵狼狈下，元方仓卒走，计后图。履泰从唐王趋赣州，遇兵，投身崖石下，绝复苏。舁至僧舍，辗转至浦城，父子得相见。

履泰疾甚，先归，旋卒于家。元方闻，乃亟归，微服挈母及妻子行，寄食旅舍中。久之，事稍定，卜居硖石邨，筑草堂，自号耘庵。以老卒，年八十有二。

庄元辰，字起贞，晚字顽庵，鄞人，学者称汉晓先生。赋性严凝，不随人唯阿。崇祯丁丑进士，授南京太常博士。甲申之变，一日七至中枢史可法之门，促以勤王。福王立，议推科臣，总宪刘宗周、掌科章正宸皆举元辰为首，而马士英密遣私人致意曰：“博士曷不持门下刺上谒相公？掌科必无他属。”峻拒之。中旨仅授刑部主事。已而阮大铖欲兴同文之狱，元辰曰：“祸将烈矣！”遽行，未几而留都亡。

钱肃乐之起事也，元辰破家输饷，时降臣谢三宾为王之仁所胁，以饷自赎。及肃乐与之仁赴江上，三宾潜招兵，众疑之。明经王家勤谓肃乐曰：“浙东沿海皆可以舟师达盐官，倘彼乘风而渡，列城且立溃矣，非分兵留守不可。”肃乐曰：“是无以易吾庄公者。”于是共推元辰任城守事，分兵千人属之，以四明驿为幕府，家勤及林时跃参其事。元辰日耀兵巡诸堞里，人呼为“城门军”，三宾不敢动。乃迎鲁王于天台，鄞始解严。

晋史科都给事中，迁太常卿。上疏言：“殿下大仇未雪，举兵以来，将士宣劳于外，编氓殚藏于内，卧薪尝胆之不遑，而数月来，颇安逸乐。釜鱼幕燕，抚事增忧，则晏安何可怀也？敌在门庭，朝不及

夕,有深宫养优之心,安得有前席借箸之事?则蒙蔽何可滋也?天
下安危,托命将相,今左右之人,颇能内承色笑,则事权何可移也?
五等崇封,有如探囊,有为昔时佐命元臣所不能得者,则恩膏何可
滥也?陛下试念两都黍离麦秀之悲,则居处必不安;试念孝陵、长陵
铜驼荆棘之惨,则对越必不安;试念青宫二王之辱,则抚王子何以
为情;试念江干将士列邦生民之困,则衣食可以俱废。"疏入,报闻。
已又言中旨用人之非,累有封驳,王不能用。

　　时三宾夤缘居要,而马士英又至,元辰言:"士英不斩,国事必
不可为!"贻书同官黄宗羲、林时对云:"蕞尔气象,似惟恐其不速尽
者,区区忧愤,无事不痛心疾首,以致咳嗽缠绵,形容骨立。愿得以
微罪,成其山野。"遂乞休。

　　未几,大兵东下,乃狂走深山中,朝夕野哭。元辰故美须眉,顾
盼落落,至是失其面目,巾服似头陀,一日数徙,莫知所止,山中人
亦不复识。忽有老妇呼其小字曰:"子非念四郎邪?"因叹曰:"吾晦
迹未深,奈何?"顺治四年,疽发背,戒勿药,曰:"吾死已晚,然及今
死犹可。"遂卒。

　　王玉藻,字质夫,江都人。崇祯癸未进士,授慈溪知县。少詹项
煜以从逆亡命,玉藻及慈民冯元飚均出其门,遂匿于冯氏。慈人毙
煜于水,玉藻置不问。有明士习重闽谊,或以为过,玉藻曰:"吾岂能
为向雄之待钟会哉!夫君臣之与师友,果孰重?"闻者悚然。

　　金陵破,鲁王监国,玉藻乃与沈宸荃起兵,晋御史,仍行县。复
募义勇,请赴江上自效,略谓:"今恃以自保者,惟钱唐一江,待北兵
渡江而后御,曷若御之于未渡之先?臣愿以身先之。"乃解县事,以
兵科都给事往军前。时驻兵江上者,有方国安、王之仁、孙嘉绩、熊
汝霖、章正宸、郑道谦、钱肃乐、沈光文、陈潜夫、黄宗羲,咸各自为
军,兵饷交讧,莫敢先进。即不予玉藻以饷,复陈划地分饷,又不听,
玉藻乃力请还朝。

　　既入谏垣,上封事十余,略谓:"北兵之可畏者在勇,而我军之
可虑者在怯,怯由于骄,兵骄由于将骄。今统兵之将,无汗马之劳,

辄博五等之封，安得不启以骄心？骄则畏战，非稍加裁抑，恐无以戢
其器陵之气。"又谓："宜用海师窥吴淞，以分杭州北兵之势。又刘宗
周、祁彪佳诸臣，宜加褒忠之典。"以是不为诸臣所喜，乃力求罢职。
时元辰为太常，固乞留之，谓："古人折槛旌直，今令直臣去国，岂国
家之福？"玉藻感其言，供职如初。

浙东再破，玉藻追鲁王踪，弗及，自投于池，水涸，不得死，乃以
黄冠遁于剡溪。资粮俱尽，采野葛为食。妻李，辽东巡抚植女，知书
明大义，在浙右时，屡脱簪珥佐军兴。偕入剡溪，命二子方岐、方嶷
拾堕樵，不以穷厄易操。适四明山寨竞起义军，以书致玉藻，玉藻思
乘间入舟山，为侦骑所遏，不果往。每临流读所作诗，辄激厉慷慨，
仰天起舞，或朝夕悲歌，与门人熊亦方相和答。继亦方以癫死，玉藻
归隐北湖，誓不易衣去发，作绝词以逝。遗命不冠而敛。

李长祥，字研斋，达州人。崇祯癸未进士。初以诸生练乡勇助
城守，后选庶吉士，吏部荐备将帅之选。或曰："天子果用公，计安
出？"叹曰："不见孙白谷往事乎？"今惟有请便宜行事，虽有金牌，亦
不受进止。平贼后，囚首阙下受斧钺耳！"闻者咋舌。贼日逼，上疏
请急令大臣辅太子出镇津门，以提调勤王兵。不果行而京师溃，为
贼所掠，乘间南奔。

福王立，改监察御史，巡浙盐。鲁王监国，加右佥都御史，督师
西行，而江上师又溃。鲁王航海去，长祥以余众结寨上虞之东山。时
浙江诸寨林立，四出募饷，居民苦之。独长祥与张煌言、王翊三营，
且屯且耕，井邑不扰。监军鄞人华夏者，为之联络布置，请引舟山之
兵，连大兰诸寨，以定鄞、慈五县，因下姚江，会师曹娥，合偁山诸寨
以下西陵。佥议奉长祥为盟主，刻期将集，而为降绅谢三宾所发，引
兵来攻。前军张有功被执，死。中军与百夫长十二人，期以次日缚
长祥为献。晨起，十二人忽自相语："奈何杀忠臣？"折矢扣刃，偕誓
而遁。

长祥匿丐人舟中，入绍兴城。居数日，事益急，复足至奉化，依

平西伯朝先。朝先亦蜀人，得其助，复合众于夏盖山，晋兵部左侍郎。请合朝先之众，联络沿海，以为舟山卫。张名振忌之，袭杀朝先，长祥仅免。舟山破，亡命江、淮间，总督陈锦捕得之，安置江宁。未几，乘守者之怠，逸去。由吴门渡秦邮，奔河北，遍历宣府、大同，复南下百粤。晚岁，始还居毗陵，筑读易堂以老。

王正中，字仲挒，保定人。崇祯丁丑进士。鲁王监国，以兵部职方司主事摄余姚县事。时义军猝起，市魁、里正得一札付，辄入民舍括金帛，郡县不敢谁何。正中既视事，令各营取饷必经县，否则以盗论。

总兵陈梧渡海掠余姚，正中遣民兵击杀之，诸营大哗，责正中擅杀大将。黄宗羲言于监国曰："梧借丧乱以济其私，致犯众怒，是贼也。正中守土，当为国保民，何罪之有？"议乃息。张国柱、田仰、荆本彻各率所部过姚江，舳舻蔽空而下，以正中严备，不敢犯，皆帖帖趣行。国柱后从定海入，纵兵焚掠，正中单骑入其军，呵止之，国柱迄不得逞。寻擢监察御史，诸军从浙西来会，一听约束，众倚之若严城焉。

寻以株连系狱，论死，狱中有闽人柯仲炯者，精星象，正中欲从受业，援黄霸从夏侯胜授经事为说，数年讲习不息，洞悉天官、律吕，度数诸书，复从黄宗羲学壬遁、孤虚之术。宗羲叹曰："传吾绝学者，仲挒一人耳！"遂造监国鲁元年丙戌大统历以进。浙东亡，避窜山中，贫不能自存，傍鉴湖佃田五亩，佐以医卜自给。康熙六年，卒，年六十九。著有《周易注》、《律书详注》。

董守谕，字次公，鄞县人。举人。鲁王监国，召为户部贵州司主事。时熊汝霖、孙嘉绩首事起兵，然皆书生，不知调度。乃迎方国安、王之仁，授之军政，凡原设营兵、卫军俱隶之。孙、熊所统，惟召募数百人。

方、王兵既盛，反恶当国者有所参决，因而分饷分地之议起。分饷者，正兵食正饷，田赋之出也，方、王主之；义兵食义饷，劝捐无名之征也，熊、孙诸军主之。分地者，某正兵，支某邑正饷，某义兵，支某邑义饷也。鲁王令廷臣集议,方、王司饷者,皆至殿陛哗争,守谕曰:"诸君起义旅,咫尺天威,不守朝廷法乎?"乃稍退守。谕又进曰:"义饷有名无实,以之馈义兵,必不继。即使能继,谁为管库?今请以一切税供悉归户部,计兵而后授饷,核地之远近,酌给之后先,则兵不绌于食,而饷可以时给也。"方、王虽不从,然所议正,无以难也。

之仁请收渔船税,守谕曰:"今日所恃者,人心耳。渔户已办渔丁税矣,若再苛求,民不堪命,人心一摇,国何以立?"久之,又请行税人法,请塞金钱湖为田,官卖大户杞田赡军,三疏皆下部议,兵士露刃以待覆,守谕力持不可。之仁大怒,谓:"行朝大臣不敢裁量幕府,户曹小臣敢尔阻大事邪?"檄召守谕,将杀之,鲁王不能禁,令且避。守谕慷慨对曰:"司饷守正,臣分也。生杀出主上,武宁虽悍将,何为者?臣任死王前听武宁以臣血溅丹墀可耳!"于是举朝忿怒,曰:"之仁反邪,何敢无王命而害饷臣!"之仁乃止。

明年,庄烈帝大祥,守谕请谒朝堂哭,三军缟素一日,迁经筵日讲官,兼理饷事。鲁王航海,守谕不及从,遂遁迹荒郊,旋卒。著有《扳兰集》。

陆宇燝,字周明,鄞县人。诸生。慷慨尚气节。时有弟子讼其师,师不得直,宇燝诣文庙,恸哭伐鼓,卒直其师而后止。明亡,尝与黄宗羲谋举事,其所与计画者,皆四方知名士。其城西田舍,复壁柳车,杂宾死友。计败,喜事乃益甚。江湖间多传其姓名,以为异人。

南都破,甬东师起,宇燝毁家纾饷。翁洲又破,宇燝捐金与谍者,令访死事消息。张肯堂之孙以俘至,亟治橐饷入狱视之,语其弟宇燝使为脱系。董志宁之丧在海上,宇燝致而葬之。旋为降卒所诬,捕入省狱,狱具,宇燝无所讳误,脱械出门,未至馆而卒。

宇燝以好事尽其家产,室中所有,惟草荐败絮及故书数百卷。讣闻,家人整理其室,得布囊于乱书之下,发而视之,则赫然人头也。宇燝识其面目,捧之而泣曰:"此故少司马笃庵王公头也!"初司马兵败，枭城缺，宇焻思收葬之，每徘徊其下。一日，见暗中有叩首而去者，迹之，走入破室。宇焻曰："子何人?"其人曰："余毛明山，曾以卒伍事司马，今不胜故主之感耳!"宇焻相与流涕，而诣江子云计所以收其头者。子云名汉，钱肃乐部将也。失势家居，会端阳竞渡，游人杂沓，子云红笠握刀，从十余人登城遨戏。至枭头所，问守卒曰："孰戴此头也者?"卒以司马对。子云佯怒曰："嘻! 吾怨家也，亦有是日乎?"拔刀击之，绳断落地，宇焻、明山已豫立城下。方是时，龙舟噪甚，人无回面易视者，宇焻以身蔽，明山拾头杂偁人而去。宇焻祀之书室，盖十二年矣，而家人无知者。至是宇焻始瘗之。

宇燨，宇焻第五弟，字春明。负才自喜，俯视一切。宇焻风格棱棱不可犯，而宇燨稍济之以和，故世人亲之如夏日冬日之分。然其刻意厉行，虽謇笑皆归名节，则一也。丙戌后，弃诸生与诸遗民游，荒亭木末，时闻野哭。

同里秀才杜懋俊，仗义死难，藏其遗孤。桐城方授，避地来鄞，宇燨馆之湖楼中。授卒，宇燨经纪其丧，收拾遗文以致其家。性嗜异书，晚年，家既贫，不能具写官，乃手抄之，濒病不倦。从子官山左，令其访东莱赵士哲遗书，垂殁，尚以其书未至为恨。自弃诸生，即练衣蔬食，丛林以为佞佛，争劝之披缁，宇燨笑不答。及遗命不作佛事，众始瞿然。卒，年六十六。著《观日堂集》八卷。

汉，钱唐人。为肃乐所倚恃，授以都督佥事总兵官。师至闽，几下福州，汉功为多。侍郎冯景第之乞师日本也，请与偕行。及归，汉曰："东师必不出也!"已而果然。肃乐既卒，汉侍母居鄞，种蔬自给，四壁无长物，惟余肃乐所赠宝刀一而已。每语及肃乐，则泪淋淋下，抑郁终。

方以智，字密之，桐城人。父孔炤，明湖广巡抚，为杨嗣昌劾下狱，以智怀血疏讼冤，得释，事具《明史》。以智，崇祯庚辰进士，授检讨。会李自成破潼关，范景文疏荐以智，召对德政殿，语中机要，上抚几称善。以忤执政意，不果用。京师陷，以智哭临殡宫，至东华门，被执，加刑毒，两髁骨见，不屈。

贼败，南奔，值马、阮乱政，修怨欲杀之，遂流离岭表。自作《序篇》，上述祖德，下表隐志。变姓名，卖药市中。桂王称号肇庆，以与推戴功，擢右中允。扈王幸梧州，擢侍讲学士，拜礼部侍郎、东阁大学士，旋罢相。固称疾，屡诏下不起。尝曰："吾归则负君，出则负亲，吾其缁乎？"行至平乐，被縶。其帅欲降之，左置官服，右白刃，惟所择，以智趋右，帅更加礼敬，始听为僧。更名宏智，字无可，别号药地。康熙十年，赴吉安，拜文信国墓，道卒。其闭关高坐时也，友人钱澄之，亦客金陵，遇故中官为僧者，问以智澄之曰："君岂曾识耶？"曰："非也。昔侍先皇，一日朝罢，上忽叹曰：'求忠必于孝子！'如是者再。某跪请故，上曰：'早御经筵，有讲官父巡抚河南，坐失机问大辟，某薰，衣饰容止如常时。不孝若此，能为忠乎？闻新进士方以智，父亦系狱，日号泣，持疏求救。此亦人子也。'言讫复叹，俄释孔炤，而辟河南巡抚，外廷亦知其故乎？"澄之述其语告以智，以智伏地哭失声。

以智生有异禀，年十五，群经、子、史，略能背诵。博涉多通，自天文，舆地、礼乐、律数、声音、文字、书画、医药、技勇之属，皆能考其源流，析其旨趣。著书数十万言，惟《通雅》、《物理小识》二书盛行于世。

子中德，字田伯，著《古事比》。以智构马、阮之难，中德年十三，挝登闻鼓，讼父冤。父出亡，偕诸弟徒步追从。中通，字位白，精算术，著《数度衍》，见《畴人传》。中履，字素伯，幼随父于方外，备尝险阻，著《古今释疑》。

钱澄之，字饮光，原名秉镫，桐城人。少以名节自励。有御史巡按至皖，盛仪从，谒孔子庙，诸生迎迓门外。澄之忽前扳车，御史大骇，止车，因抗声数其秽行。御史故阉党，方自幸脱"逆案"，内惧不敢究其事。澄之以此名闻。是时复社、几社始兴，比郡中主坛坫者，宣城沈寿民，池阳吴应箕，桐城则澄之及方以智，而澄之又与陈子龙夏允彝辈联云龙社,以接武东林。澄之体貌伟然,好饮酒,纵谈经世之略。尝思冒危难,立功名。

阮大铖既柄用,刊章捕治党人,澄之先避吴中,妻方赴水死,事具《明史》。于是亡命走浙、闽,入粤,崎岖险绝,犹数从锋镝间支持名义不少屈。黄道周荐诸唐王,授吉安府推官,改延平府。桂王时,擢礼部主事,特试,授翰林院庶吉士,兼诰敕撰文。指陈皆切时弊,忌者众,乃乞假,间道归里。结庐先人墓旁,环庐皆田也,自号曰田间,著《田间诗学》、《易学》。

澄之尝问《易》道周,依京房、邵雍说,究极数学,后乃兼求义理。其治《诗》,遵用《小序》首句,于名物、训诂、山川、地理尤详。自谓著《易》、《诗》成,思所以翊二经者,而得庄周、屈原,乃复著《庄屈合诂》。盖澄之生值末季,离忧抑郁无所泄,一寓之于言,故以庄继《易》,以屈继《诗》也。又有《藏山阁诗文集》。卒,年八十二。

恽日初,字仲升,号逊庵,武进人。崇祯癸酉副榜。久留京师,应诏上备边五策,不报。知时事不可为,乃归隐天台山。两京亡,唐王立福州,鲁王亦监国绍兴,吏部侍郎姜垓荐日初知兵,鲁王遣使聘之,固辞不起。大兵下浙,避走福州;福州破,走广州;广州复破,乃祝发为浮图,复至建阳。

是时唐王被执死,鲁王亦败走海外,湖广何腾蛟、江西杨廷麟等皆前后覆灭,而明遗臣尚拥残旅,遥奉永历。金坛人王祈聚众入建宁,属县多响应。日初曰:“建宁,入闽门户,能守,则诸郡安,然不扼仙霞关,建宁终不守也。欲取仙霞,宜先取蒲城。”乃遣长子祯随副将谢南云先趋蒲城,失利,皆死。而御史徐云兵连入数州县,锐甚,日初说令夜入蒲城,自督兵继进。会大雷雨,人马冲泥淖,行不能速,军遂溃。建宁被围,王使兵部尚书揭重熙赴援。日初上书,请迳取蒲城,断仙霞岭饷道,徐与围中诸将夹击之。重熙巡至邵武,不能进,建宁遂破,王祈力战死。日初收残卒走广信,寻入封禁山中,数日粮尽,喟然曰:“天下事坏散已数十年,不可救正。然庄烈帝殉社稷，薄海茹痛，小臣愚妄，谓即此可延天命。今乃至此，徒毒百姓，何益?"遂散众，独行归常州。久之，张煌言与郑成功军薄江宁，败走。讹传张弟凤翼乃日初门人，从师匿，县官将收捕，日初色如常，曰："吾当死久矣。"既而事解。卒，年七十有八。

少与杨廷枢等交，于百氏无所不窥，尤喜宋儒书。及从刘宗周游，学益进，常上书申救，义声震天下。丙戌后，累至山阴哭祭，为之《行状》，近十万言。晚服浮图服，而言学者多宗之。无锡高世泰重葺东林书院，日初与同志习礼其间。知常州府骆钟泰屡求见，不纳。去官后，与一见，言《中庸》要领，喜而去，曰："不图今日得聆大儒绪论也!"

次子桓，在建宁被掠，不知所终。少子格，字寿平，见《艺术传》。

郭金台字幼隗，湘潭人，本姓陈氏，名湜。年十五遭家难，赖中表郭氏卵翼得脱，遂为继。弱冠有声黉序间，万历间，两中副车。崇祯朝，屡以名荐，不起;例授官，亦不拜。既南渡，隆武乡试登贤书，督师何腾蛟论荐，授职方郎中。再起监军金事，有司敦迫，皆以母老病辞不就。避迹山中，然于时事多所论列。一二枕戈泣血之士，崎岖岭海，经营措置，不遗余力。当是时，溃卒猖獗，积尸盈野，百里无人烟。金台请于督师，命偏裨主团练，力率乡勇，锻矛戟，峙刍粮，乡人全活者以数万计。

清初，当局特疏荐于朝，力请得免。晚授徒衡山，深衣幅巾，足不履户外，绝口不谈世事。惟论列当时殉难诸人，辄欷歔流涕。康熙十五年，以疾卒于家，年六十有七。自题其墓曰"遗民郭某之墓。"著有《石村诗文集》、《五经骈语》、《博物汇编》。

朱之瑜，字鲁玙，号舜水，余姚人，寄藉松江。少有志概，九岁丧父，哀毁逾礼。及长，精研六经，特通毛诗。崇祯末，以诸生两奉征辟，不就。福王建号江南，召授江西按察司副使，兼兵部职方司郎中，监方国安军，之瑜力辞。台省劾偃蹇不奉诏，将逮捕，乃走避舟山，与经略王翊相缔结，密谋恢复。渡海至日本，思乞师。鲁王监国，累征辟，皆不就。又赴安南，见国王，强令拜，不为屈，转敬礼之。

复至日本，时舟山既失，之瑜师友拥兵者，如朱永祐、吴钟峦等皆已死节，乃决蹈海全节之志，遂留寓长崎。日人安东守约等师事之，束修敬养，始终不衰。日本水户侯源光国厚礼延聘，待以宾师，之瑜慨然赴焉。每引见谈论，依经守义，曲尽忠告善道之意。教授学者，循循不倦。日人重之瑜，礼养备至，特于寿日设养老之礼，奉几杖以祝。又为制明室衣冠使服之，并欲为起居第，之瑜再辞曰："吾藉上公眷顾，孤踪海外，得养志守节，而保明室衣冠，感莫大焉！吾祖宗坟墓，久为发掘，每念及此，五内惨烈。若丰屋而安居，岂我志乎？"乃止。

之瑜为日人作学《宫图说》，商榷古今，剖微索隐，使捽人依其图而以木模焉，栋梁枅橼，莫不悉备。而殿堂结构之法，梓人所不能通晓者，亲指授之。度量分寸，凑离机巧，教喻缜密，经岁而毕。文庙、启圣宫、明伦堂、尊经阁、学舍、进贤楼，廓庑射圃，门户墙垣，皆极精巧。又造古祭器，先作古升、古尺，揣其称胜，作簠、簋、笾、豆、登、铏之属。如周庙欹器，唐、宋以来，图虽存而制莫传，乃依图考古，研核其法，巧思默契，指画精到。授之工师，或未洞达，复为揣轻重，定尺寸，关机运动，教之经年，不厌烦数，卒成之。于是率儒学生，习释奠礼，改定仪注，详明礼节，学者皆通其梗概。日人文教，为之彬彬焉。之瑜居日本二十余年，年八十三卒，葬于日本长崎瑞龙山麓。日人谥曰文恭先生，立祠祀之，并护其墓，至今不衰。

之瑜严毅刚直，动必以礼。平居不苟言笑，唯言及国难，常切齿流涕。鲁王敕书，奉持随身，未尝示人，殁后始出，人皆服其深密谨厚云。著有《文集》二十五卷，《释奠仪注》一卷，《阳九述略》一卷，《安南供役纪事》一卷。

沈光文，字文开，一字斯庵，鄞人。少以明经贡太学，福王授太常博士，浮海至长垣，晋工部郎。闽师溃而北，扈从不及。闻粤中建号,乃走肇庆,累迁太仆卿。由潮阳航海至金门,闽督李率泰方招徕故国遗臣,密遣使以书币招之,光文焚书返币。知粤事不可支,卜居于泉州海口,浮家泛宅。忽飓风大作,舟人失维,飘泊至台湾。时郑成功尚未至,而台湾为荷兰所据,光文受一廛以居,与中土音耗隔绝。成功克台湾,知光文在,大喜,以宾礼见。时海上诸遗老,多依成功入台,光文与握手相劳苦。成功致禀饩,且以宅赡之。

成功卒,子锦嗣,改父之臣与政,军亦日削。光文作赋讽之,几不测。乃变服为浮屠,逃入台北鄙,结茅罗汉门山中以居,山旁有伽溜湾者,番社也。光文教授生徒自给,不足,则济以医,叹曰:“吾二十载飘零绝岛,弃坟墓不顾者,不过欲完发以见先皇帝于地下耳,而卒不克,命也夫!”已而锦卒,诸郑复礼之如故。

康熙癸丑年,王师下台湾,闽督姚启圣招之,光文辞。启圣贻书问讯曰:“管宁无恙?”且许遣人送归鄞,会启圣卒,不果。而诸罗令李麟光,贤者也,为粟肉之继,旬日一候门下。时耆宿已尽,而寓公渐集,乃与宛陵韩文琦,关中赵行可,无锡华衮、郑廷桂,榕城林奕丹,山阳宗城、螺阳王际慧等结诗社,所称《福台新咏》者也。寻卒于诸罗。

陈士京,字佛庄,先世本奉化朱氏,迁鄞,改姓陈。熊汝霖荐授职方司郎中,监三衢总兵陈谦军。谦使闽,偕行,而唐、鲁方争颁诏事,谦死遂遁之海上。郑芝龙闻名,令与其子成功游,芝龙以闽降,成功不肯从,异军特起,士京实赞之。已而汝霖奉鲁王至,复以公义说成功,始致寓公之敬。会鲁王上表粤中,成功亦欲启事于粤,使士京往,加都御史,归。

鲁王入浙,特留闽,与成功相结,以为后图。成功盛以恢复自任,宾礼遗臣,其最致敬者,尚书卢若腾,侍郎王忠孝,都御史章朝荐,及徐孚远、沈光文,与士京数人而已。久之,见海师无功,粤事亦日坏,乃筑鹿石山房于鼓浪屿中,感物赋诗以自遣。寻卒。

吴祖锡,字佩远,吴江人。崇祯壬午副贡。时中原大乱,料京师必危，预谋勤王。欲身任浙西，以浙东属之许都，约未定而变作。故镇臣陈洪范随王师下江南，与有旧，自言其降出于不得已，而以奇策告祖锡，立出遗产四万金畀之。已而剃发令下，遽委之去，改名鉏，字稽田。从陈子龙、徐孚远谋恢复。侦事杭州，为仇家缚送江宁，羁系狱中，复髡而纵之。鲁王授职方郎，中桂王亦官之如鲁，仍往来吴、越间。

副将冯源淮驻军嘉兴，乃与结纳，冀有所为。其部属董某司调察，冯耳目也，亦故与厚善。比孚远归自海外，有所谋，密馆之。事稍闻于冯，冯遣董诣问，祖锡遽前握其手曰："徐公在此，若欲见之乎？"董惊曰："徐公果在此，顾肯令我见耶？"即引见，董叩头泣下，道其向慕，矢不相负。因以讹言报冯，而阴遣戈船卫孚远浮海去。

海师入江，祖锡实导之，且连岁在金陵，隐为之助。乃复遭刊章，事解，志不稍挫。将诣滇南，而先之郧阳。时郧阳十三营尚保残寨，乃劝出师挠楚以救滇。顾十三营已疲敝，不能用其策也。

桂王既入缅甸，思追从，道阻，不得达。复返吴。游中州，更由秦入楚，卒无所遇。康熙己未，客胶州大竹山，郁郁靡所骋。会怀宗忌日，恸哭呕血死，遗命藁葬山中，年六十有二。距明亡已三十有五年矣。

凡明末三王遗臣逸士，其初或起义，或言事，各有所谋，其后或蹈海，或居夷，志不少沮，皆先后云亡。及祖锡死，徐枋为之传曰："自吴子殁，而天下绝援溺之望。"亦可悲矣！故以附于明末遗臣之末。

清史稿卷五〇一
列传第二八八

遗逸二

李孔昭 <small>单者昌</small> 崔周田　刘继宁　　刘永锡

彭之灿　徐枋　戴易　沈寿民　李天植　理洪储

顾柔谦 <small>子祖禹</small>　冒襄　陈贞慧　　祁班孙

<small>兄理孙</small>　汪沨　傅山 <small>子眉</small>　费密

王宏撰　杜浚 <small>弟芥</small>　郭都贤 <small>陶汝鼐</small>

李世熊　谈迁

　　李孔昭，字光四，蓟州人。性孤介，平居教授生徒，倡明理学。崇祯十五年进士，见世事日非，不赴廷对，以所给牌坊银留助军饷。奉母隐盘山中，躬执樵采自给。母病，刲股疗之。北都陷，素服哭于野者三载。蓟州城破，妻王殉难死，终身不再娶。形迹数易，人无识者。

　　清初，诏求遗老，抚按交章荐，不出。一日，当道遣吏持书币往，遇负薪者，呼而问之曰："若识李进士耶？"负薪者诘得其故，以手遥指而去。吏至其室，虚矣。邻叟曰："汝面失之，向所负薪者，李进士也。"后屡物色之，卒不得。时有某孝廉，当上公车，辄止不行，曰："吾出郭门一步，何面目见李光四乎？"

　　会值邑中方兴役，按户签夫，驱孔昭，孔昭曰："吾力不能任，愿出资以代。"吏持去。阅数日,大学士杜立德闻孔昭在邑,急往候之,吏闻,趋谢罪。孔昭曰:"此间不知有李进士,若勿误也。"由是踪迹愈密,或黄冠,或儒服,见者甚稀。惟宝坻单者昌、崔周田、刘继宁皆高士,与之友善,往来无虚岁。

者昌,字蔚起。才名埒孔昭。早饩于庠,入清不复应试。杜立德招之,不能致,独与孔昭徜徉田野间,悲歌慨愤,有所作,辄焚之不以示人。竟以忧死。

周田,字锡龄。顺治中,充岁贡,不与试。建一楼,贮古本书及金石刻万卷,日吟啸其中。尝过盘山,与孔昭坐林石间相笑语。孔昭亦时下榻于其家,周田命其子执弟子礼,且迎孔昭母,事之如所生。

继宁,字兑庵。少负义气,有古侠士风。尝出重金赎难女二,为之择配。岁饥,煮粥食饿者。视周田如手足,有缓急恒资之,周田亦弗谢也。晚年为子择师游盘山,踪迹孔昭,得之,邀至其家,令其三子从受业。暇则与周田聚燕歌呼以为乐,然每一念母,虽深夜必驰归,弗能禁也。晚好陶诗,因又自号潜翁。一日,为门人讲孟子尽心章,曰:"此传心法也。"言讫而卒。其弟子私谥曰安节先生。

刘永锡,字钦尔,号腾庵,魏县人。崇祯乙亥举人,官长洲教谕。南都败,率妻栗隐居相城,大吏造其室,欲强之出,永锡袒裼疾视,曰:"我中原男子,年二十渡漳河,登大伾,跃马鸣鞘,两河豪杰谁不知我者!欲见辱耶?"取壁上剑自刿。门下士抱持之,得解,谓其妻曰:"彼再至,我与若立决矣!"皆裂尺帛握之。寻移居阳城湖滨,与妻及子临、女贞织席以食。市中见永锡携席至,皆呼席先生。食不继,时不举火,有遗之粟者,非其人不受,益困惫。其女已许字,未嫁,乱后恐遭辱,绝粒死。其妻哭之成疾,亦死。其童仆遇水灾乏食,相继饿死,或散走。有老奴从魏县来,劝之归,曰:"室庐故在也!"永锡曰:"我非不欲归,然昔奉郡命来,义不可离此一步。"命其子与妇携老奴还里曰:"祖宗邱墓责在汝!"麾之去。时岁荒,得食愈艰,每杂糠粃作饭。临既归,思父不置,假贷得百金驰献,中途马惊,落地死。

永锡容貌甚伟,至是,毁形骨立,既自悼无家,买一破船往来江湖间。尝泛舟中流,鼓枻而歌曰:"逆彼中流兮,采其荇矣。呼君与父兮,莫之应矣。身为饿夫兮,天所命矣。中心殷殷兮,涕斯进矣。"又歌曰:"白日落兮野荒荒,逐凫雁兮侣牛羊,壮士何心兮归故乡。"歌声悲烈,闻者哀之。尚书钱谦益念其穷,招之往,永锡曰:"尚书为党魁,受主眷,枚卜时天子期以伊、傅,彼岂忘之邪?"却不往,卒穷饿至不能起。一夕,大呼"烈皇帝"者三,遂卒,时顺治十一年秋也。弟子长洲徐晟、陈三岛,友人常熟陆泓,经纪其丧,葬之于虎邱山塘,以妻、女祔之。

彭之灿,字了凡,蠡县诸生。甲申后携妻寓饶阳作村塾师。未几,妻、子相继死,至苏门,与孙奇逢游。然性不谐俗,爱静坐。有人延于家,以市嚣,辄避去。尝渡河南游,韩鼎业为馆之僧舍,年余,又弃去。独担瓢笠图书,遍游嵩、少、王屋诸名胜。在九山绝粒数日,奇逢挽之夏峰,劝归老先人墓旁。之灿曰:"某出门时,已誓告先垅不再返,不能蹈东海、入西山而死,即沟壑道路,无恨也。"顺治十五年六月,竟死啸台东北石柱下。奇逢为镌石记其事,立墓上,曰"饿夫之墓。"之灿与容城张果中、西华理鬯和,并称"苏门三贤"。

徐枋,字昭法,长洲人。父汧,明少詹事,殉国难,事具《明史》。枋,崇祯壬午举人。汧殉国时,枋欲从死,汧曰:"吾不可以不死,若长为农夫以没世可也。"自是遁迹山中,布衣草履,终身不入城市。及游灵岩山,爱其旷远,卜涧上居之,老焉。枋与宣城沈寿民、嘉兴巢鸣盛,称"海内三遗民"。枋书法孙过庭,画宗巨然,间法倪、黄,自署秦余山人。尝寄灵芝一帧于王士禛,士禛与金孝章画梅、王玠草书作《斋中三咏》以记之。然性峻介,键户勿与人接。睢州汤斌巡抚江南,屏驺从,往访之,枋避不见。斌登其堂,坚坐移晷,为诵《白驹》之诗,周览太息而去。川湖总督蔡毓荣自荆州致书求其画,枋答书而返币，竟不为作。曰："明府是殷荆州，吾薄顾长康不为耳。"所往来惟沈寿民与莱阳姜垓、同里杨无咎、门人吴江潘耒及南岳僧洪储而已。

家贫绝粮，耐饥寒，不受人一丝一粟。洪储时其急而周之，枋曰："此世外清净食也。"无不受。豢一驴，通人意。日用间有所需，则以所作书画卷置箧于驴背，驱之。驴独行，及城闉而止，不阑入一步。见者争趣之，曰："高士驴至矣！"亟取卷，以日用所需物，如其指，备而纳诸箧，驴即负以返，以为常。卒，年七十三。

时商邱宋荦抚吴，枋预戒曰："宋中丞甚知我，若我死，勿受其赙也。"荦果使人赠棺椁资如枋命，终不受。卒，以贫不能葬。一日，有高士从武林来吊，请任窀穸，其人亦贫，而特工篆、隶，乃赁居郡中，鬻字以庀葬具，纸得百钱。积二年，乃克葬枋于青芝山下，而以羡归其家。语之曰："吾欲称贷富家，惧先生吐之，故劳吾腕，知先生所心许也。"葬毕即去，不言名氏。或有识之者，曰："此山阴戴易也。"

易，字南枝。少从刘宗周学，游吴门，年七十余矣。有六子，不受其养，独携一子及残书百卷自随。其售字也，铢积寸累，不妄费一钱。一苍头饥不能忍，辄逃去。已寄食僧舍中，语及枋，必流涕。尝浮七里濑，登严子陵钓台，赋诗，且歌且泣。或竟日不得食，采野蕨充膳。操瓢量水，坐长松古石间饮之。

李天植，字因仲，平湖人。崇祯癸酉举人。改名确，字潜夫。甲申后，余田四十亩、宅一区，乃并家具分与所后子震及女，而与妻别隐陈山，绝迹不入城市，训山中童子自给。居十年，以僧开堂，始避喧，返蜃园，卖文自食，不足，则与其妻为梭簚竹筥以佐之。好事者约月供薪米，力辞不受。有司慕其高，往访之，辄跃垣避。所著诗文，皆吊甲申以来殉节者。蜃园者，乍浦胜地，可望见海市者也。

又十年，家益困，鬻其园，寄身僧舍，戚友赎而归之，始复与妻居，时年七十矣。子震，亦弃诸生，非义一介不取。老夫妇白头相对，时绝食，则叹曰："吾生本赘耳，待尽而已！"有馈食者，非其人，终不受。或问身后，曰："杨王孙之葬，何必棺也！"

又十年，蜃园仅存二楹，两耳聋，又苦腹疾，终日仰卧。客至，以粉版书相问畣。魏禧来自江西，造其庐，天植与之粉版，书竟，天植视姓字，则强起张目视之，泣，禧亦泣。时方绝粮，禧探囊得银半两赠之，五反不受，固以请，曰："此非盗跖物也！"始纳之。买米为炊，共食而别。禧属布衣周赟、侍郎曹溶纠同志为继粟，且谋身后事，徐枋闻之曰："李先生不食人食，听其以饿死可也。"已而赟赍粟往，天植果坚拒。禧闻之，曰："吾浅之乎为丈夫已。"乍浦有郑婴垣者，孤介绝俗，与天植称金石交，先二年，冻死雪中，至是天植亦饥死。临殁，曰："吾无愧于老友矣！"时康熙十一年也。年八十有二。葬牛桥。所著有《蜃园集》、《乍浦九山志》。

理洪储，字继起，兴化人。本姓李，父嘉兆与中州理鬯和耻与贼同姓，皆改理氏，天下称"二理"。洪储早岁出家，南都覆，明之遗臣多举兵，洪储左右之，被逮，获免，好事如故。人戒之，则曰："吾苟自反无愧，即有意外风波，久当自定。"又曰："忧患得其宜，汤火亦乐国也。"枋闻之，叹曰："是真能以忠孝作佛事者也！"洪储在沙门，宏畅宗风，笃好人物，海内皆能道之。枋曰："此其迹也，但观其每年三月十九日素服焚香，北面挥涕，二十八年如一日，是何为者？"

顾柔谦，字刚中，无锡人，迁常熟。幼遭家难，资产皆尽。尝同兄出门游，有数人拥之行，行乃挤大泽中。母忽心动，急呼老仆往迹之，得不死。补弟子员。甲申之变，柔谦哀愤，往往形诸诗歌，读者悲之。不妄交游，以父执师事马士奇，而江阴黄毓祺、嘉定黄淳耀皆一见定交。诸人殉国难，柔谦皆设位以哭尽哀。子祖禹，见父尝闭门嘿坐，或竟日不食，祖禹叩头宽譬，柔谦乃曰："汝能终身穷饿，不思富贵乎？"祖禹跪应曰："能"。柔谦曰："汝能以身为人机上肉，不思报复乎？"祖禹复应曰："能"。柔谦喜曰："吾与汝偕隐耳！"遂更名隐，署其室曰伐檀。常夜蹴祖禹曰："汝他日得志，如旧怨何？"祖禹曰："每忆幼时祖母抱儿置膝上，为言家难及落大泽中事，祖禹不敢忘。"柔谦曰:"嘻,汝何见之隘?吾家数传以来,颇盈盛,以祖、父之才,而竟中折,天也,于彼何尤?同室之中,宁彼以非礼来,吾不可以非礼报,汝谨识之。"著有《补韵略》、《六书考定》、《山居赘论》。

祖禹,字复初。柔谦精于史学,尝谓:"明一统志于战守攻取之要,类皆不详山川,条列又复割裂失伦,源流不备。"祖禹承其志,撰《读史方舆纪要》一百三十卷,凡职方、广舆诸书,承讹袭谬,皆为校正。详于山川险易,及古今战守成败之迹,而景物名胜皆在所略。创稿时年二十九,及成书,年五十矣。宁都魏禧见之,叹曰:"此数千百年绝无仅有之书也。"以其书与梅文鼎《历算全书》、李清《南北史合钞》称三大奇书。祖禹与禧为金石交,禧客死,祖禹经纪其丧。徐乾学奉敕修《一统志》,延致祖禹,将荐起之,力辞罢。后终于家。

冒襄,字辟疆,别号巢民,如皋人。父起宗,明副使。襄十岁能诗,董其昌为作序。崇祯壬午副榜贡生,当授推官,会乱作,遂不出。与桐城方以智、宜兴陈贞慧、商邱侯方域,并称"四公子"。襄少年负盛气,才特高,尤能倾动人。尝置酒桃叶渡,会六君子诸孤,一时名士咸集。酒酣,辄发狂悲歌,訾詈怀宁阮大铖,大铖故奄党也。时金陵歌舞诸部,以怀宁为冠,歌词皆出大铖。大铖欲自结诸社人,令歌者来,襄与客且骂且称善,大铖闻之益恨。甲申党狱兴,襄赖救仅免。家故有园池亭馆之胜,归益喜客,招致无虚日,家自此中落,怡然不悔也。

襄既隐居不出,名益盛。督抚以监军荐,御史以人才荐,皆以亲老辞。康熙中,复以山林隐逸及博学鸿词荐,亦不就。著述甚富,行世者有《先世前徽录》、《六十年师友诗文同人集》、《朴巢诗文集》、《水绘园诗文集》。书法绝妙,喜作擘窠大字,人皆藏弆珍之。康熙三十二年,卒,年八十有三。私谥潜孝先生。

陈贞慧,字定生,宜兴人,明都御史陈于廷子。于廷,东林党魁。贞慧与吴应箕草《留都防乱檄》,摈阮大铖。党祸起,逮贞慧至镇抚司,事虽解,已濒十死。国亡,埋身土室,不入城市者十余年。遗民故老时时向阳羡山中一问生死，流连痛饮，惊离吊往，闻者悲之。顺治十三年，卒，年五十三。著有《皇明语林》、《山阳录》、《雪岑集》、《交游录》、《秋园杂佩诸书》。子维崧，见《文苑传》。

祁班孙，字奕喜，山阴人。父彪佳，明苏松巡抚。班孙次六，人称六公子。彪佳尝受业于刘宗周，宗周将兵江上，班孙与其兄理孙罄家饷之。祁氏藏书甲江左，班孙兄弟以故国乔木自任。豪宕喜结客，家居山阴之梅墅，园林深茂。登其堂，复壁大隧，莫能诘也。慈溪布衣魏耕者，狂走四方，思得一当。班孙兄弟与之誓天，称莫逆。或告变于浙大吏，四道捕耕，并缚班孙兄弟去。既谳，兄弟争承，祁氏客乃纳赂而宥其兄。班孙遣戍辽左，理孙竟以痛弟郁郁死，而祁氏家亦破。

旋班孙遁归，祝发于吴之尧峰，寻主毗陵马鞍山寺，所称咒林明大师者也。班孙好议论古今，不谈佛法，每语及先朝，则掩面哭，然终莫有知之者。康熙十二年，卒。发其箧，有《东行风俗记》、《紫芝轩集》。且得其遗教，命归附，乃知为山阴祁六公子，遂得返葬云。

班孙娶少师朱燮元女孙，朱工诗。其来归也，与其姑商、姒张、小姑湘君，时相唱和。商氏字冢妇曰楚缥，字介妇曰赵璧，以志闺门之盛。班孙既被难，朱盛年，孤灯缒帐，数十年未尝一出厅屏。自班孙兄弟殇，淡生堂书星散，论者谓江东文献一大厄运也。

汪沨，字魏美，钱塘人。少孤贫，力学，与人落落寡谐，人号曰汪冷。举崇祯己卯乡试，与同县陆培齐名。甲申后，培自经死，沨为文祭之。一恸几绝，遂弃科举。姻党欲独强之试礼部，出千金瞯其妻，俾劝驾，妻曰：“吾夫子不可劝，吾亦不屑此金也。”尝独身提药裹往来山谷间，宿食无定处。沨故城居，母老，欲时时见沨，其兄澄、弟沄亦弃诸生服，奉母徙城外。沨时来定省，然沨能自来，家人欲往迹之，不可得。

嗣因兵乱，奉母入天台。海上师起，群盗满山谷，复反钱塘。当是时,湖上有三孝廉,皆高士,沨其一也,当事皆重之。监司卢高尤下士,一日,遇沨于僧舍,问:"汪孝廉何在?"沨应曰:"适在此,今已去矣。"高怅然,不知应者即沨也。高尝舣舟载酒西湖上,约三高士以世外礼相见,惟沨不至。已,知其在孤山,以船就之,排墙遁去。沨不入城市,有司或以俸金为寿,不得却,坎而埋之。里贵人请墓铭,馈百金,拒弗纳。徙居孤山,匡床布被外,残书数卷,键户出,或返或不返,莫可踪迹。遇好友,饮酒一斗不醉。

晚好道,夜观天象,昼习壬遁,能数日不食,了不问世事。黄宗羲遇之于孤山,讲龙溪调息法。尝坐月至三更,夜寒甚,只布被一,沨与宗羲背相摩,得少暖气。魏禧自江西来访,谢弗见。禧留书曰:"吾宁都魏禧也,欲与子握手一痛哭耳!"沨省书大惊,一见若平生欢。临别,执手涕下,沨尝从愚庵和尚究出世法,禧曰:"君事愚庵谨,岂有意为其弟子耶?"沨曰:"吾甚敬愚庵,然之志士,多为释氏牵去,此吾所以不屑也。"康熙四年秋,终于宝石山僧舍,年四十有八。临殁,举书卷焚之,诗文无一存者。起视日影,曰:"可矣!"书五言诗一章,投笔就寝而逝。沨与陈廷会、柴绍炳、沈昀、孙治人,称"西陵五君子"。

余增远,字谦贞,世称若水先生,会稽人。明崇祯十六年进士,除宝应知县。南都授礼部主事,迁郎中。事败,逃之山中。郡县逼之出见,乃舆疾城南,以死拒。久之,事得解。草屋三间,不蔽风雨,以鳖甲承漏。聚村童五六人,授以《三字经》。卧榻之下,牛宫鸡塒,无下足处。晨则秉耒出,与老农杂作。同年生王天锡为海防道,欲与话旧,以疾辞。天锡披帷直入,增远拥衾不起,曰:"不幸有狗马疾,不得与故人为礼。"天锡执手劳苦,出门未数武,则已与一婢子担粪灌园矣。天锡遥望见之,叹息去。冬夏一皂帽,虽至昵者,不见其科头。增远慨世路逼仄,遂疑荀卿性恶之说为确,至欲著论以非孟。康熙八年,卒,年六十有五。盖二十有四年不出城南一步也。疾革,黄宗羲造其榻前,欲为切脉,增远笑曰:"某祈死二十年前,反祈生二十年后乎?"宗羲泫然而别。

同时有周齐曾者,字思沂,号唯一,鄞人,增远同年进士也。知广东顺德县事,变社仓为义田,而以社仓之法行之。国变后,弃官遁入剡源,尽去其发为发冢,架险立飘榜,曰"襄云",自称无发居士。剡源饶水石,与山僧樵子出没瀑声虹影间。天锡访之,拒曰:"咫尺清辉,举目有山河之异,不愿见也。"为诗文,机锋电激,汪洋自恣,寓言十九。然清苦自立,胸中兀然有所不可,与增远无二也。黄宗羲尝为两人合志其墓云。

傅山,字青主,阳曲人。六岁,啖黄精,不谷食,强之,乃饭。读书过目成诵。明季天下将乱,诸号为缙绅先生者,多迂腐不足道,愤之,乃坚苦持气节,不少婣婉。提学袁继咸为巡按张孙振所诬,孙振,阉党也。山约同学曹良直等诣通政使,三上书讼之,巡抚吴甡亦直袁,遂得雪。山以此名闻天下。甲申后,山改黄冠装,衣朱衣,居土穴,以养母。继咸自九江执归燕邸,以难中诗遗山,且曰:"不敢愧友生也!"山省书,恸哭,曰:"呜呼!吾亦安敢负公哉!"

顺治十一年,以河南狱牵连被逮,抗词不屈,绝粒九日,几死。门人中有以奇计救之,得免。然山深自咤恨,谓不若速死为安,而其仰视天、俯视地者,未尝一日止。比天下大定,始出与人接。

康熙十七年,诏举鸿博,给事中李宗孔荐,固辞。有司强迫,至令役夫舁其体以行。至京师二十里,誓死不入。大学士冯溥首过之,公卿毕至,山卧体不具迎送礼。魏象枢以老病上闻,诏免试,加内阁中书以宠之。冯溥强其入谢,使人舁以入,望见大清门,泪涔涔下,仆于地。魏象枢进曰:"止,止,是即谢矣!"翼日归,溥以下皆出城送之。山叹曰:"今而后其脱然无累哉!"既而曰:"使后世或妄以许衡、刘因辈贤我,且死不瞑目矣!"闻者咋舌。至家,大吏咸造庐请谒。山冬夏著一布衣,自称曰"民"。或曰:"君非舍人乎?"不应也。卒,以朱衣、黄冠敛。

山工书画,谓:"书宁拙毋巧,宁丑毋媚,宁支离毋轻滑,宁真率毋安排。"人谓此言非只言书也。诗文初学韩昌黎，崛强自喜，后信笔抒写，俳调俗语，皆入笔端，不愿以此名家矣。著有《霜红龛集》十二卷。子眉，先卒，诗亦附焉。

眉，字寿髦。每日出樵，置书担上，休则把读。山常卖药四方，与眉共挽一车，暮抵逆旅，篝灯课经，力学，继父志。与客谈中州文献，滔滔不尽。山喜苦酒，自称老蘖禅，眉乃称小蘖禅。

费密，字此度，新繁人。父经虞，明云南昆明县知县。密年十四，父病，医言尝粪甘苦，可知生死，密尝而苦，父病果起。未几，流贼张献忠犯蜀，密上书巡按御史刘之勃，陈战守策，不省。已而全蜀皆陷，密展转穷山中，会有人传其父滇中消息，闻之痛哭，遂去家入滇。经历蛮峒中，奉父自滇归蜀。至建昌卫，为凹者蛮所得，父赂蛮人，始脱归。

明将杨展闻密名，遣使致聘，密乃说展曰："贼乱数年，民且无食，今非屯田，无以救蜀民，且兵不能自立。"展纳其言，命子总兵官璟偕密屯田于荥经瓦屋山之杨村，以次举其法，行诸州县。后展为袁韬、武大定所杀，密与璟整师为复仇计，尝与贼战躬，自擐甲，左手为刃所伤。时璟营于峨眉，裨将有与花溪民殴争者，言"花溪居民下石击吾营，势且反"以怒璟，璟欲引兵诛之，密力争，曰："花溪，吾民也。方与贼战而杀吾民，彼变从贼，是益贼也。"璟乃止，全活数百家。

后密还成都省墓，至新津，为武大定兵所掠。知密尝参展军事，欲杀之，以计得免。密叹曰："既不能报国，又不能庇亲及身，不如舍而他去！"遂奉父由成都北行入秦。溯汉江，下吴、越，流寓泰州，老焉。

经虞邃于经学，尝著《毛诗广义》、《雅论》诸书，以汉儒注说为宗。密尽传父业，又博证学士大夫，与王复礼、毛甡、阎若璩交。密一足跛，后往苏门谒孙奇逢，称弟子。工诗、古文，俯仰取给于授徒、卖文，人咸重其品，悲其遇。州守为之除徭役，杜门三十年，著书甚多。

　　密谓宋人以周、程接孔、孟,尽黜二千余年儒者为未闻道,乃上稽古经、正史,旁及群书,作《中传正纪》百二十卷,序儒者授受原流,自子夏始。又作《宏道书》十卷、《古今笃论》四卷、《中旨定录》四卷、《中旨辨录》四卷、《中旨申感》四卷,皆申明宏道书之旨。又有《尚书说》、《周官注论》、《二南偶说》、《中庸大学驳议》、《四礼补篇》、《史记笺》、《古史正》、《历代贡举合议》、《费氏家训》及《诗文集》。卒年七十七。子锡琮、锡璜,世其学。

　　王宏撰,字无异,号山史,华阴人。明诸生。博雅能古文,嗜金石,藏古书画金石最富。又通濂、洛、关、闽之学,好易,精图象。学者翕然宗之,关中人士领袖也。与李颙、李柏、李因笃齐名,时以得一言为荣。凡碑版铭志非三李则宏撰,而宏撰工书法,故求者多于三李。宏撰交游遍天下,甲申后,奔走结纳,尤著志节。

　　顾炎武遍观四方,至华阴,谓秦人慕经学、重处士、持清议,他邦所少;华阴绾谷之口,虽足不出户,而能见天下之人,闻天下之事。欲定居,宏撰为营斋舍居之。炎武尝曰:“好学不倦,笃于朋友,吾不如王山史。”当时儒硕遗逸皆与宏撰往还,颇推重之。宏撰尝集炎武及孙枝蔚、阎尔梅等数十人所与书札,合为一册,手题曰《友声集》,各注姓氏。中有为谋炎武卜居华下事,言:“此举大有关系,世道人心,实皆攸赖唯速图之。”盖当日华下集议,实有所为也。

　　康熙间,以鸿博征,不赴。初与因笃同学,甚密,及因笃就征,遂与之绝。宏撰所居华山下,有读易庐。与华峰相向,称绝胜。卒,年七十有五。著有《易象图说》、《山志》、《砥斋集》。

　　杜浚,字于皇,号茶村,黄冈人。明季为诸生,避乱居金陵。少偭侻,尝欲著奇节,既不得试,遂刻意为诗,然不欲以诗人自名也。于并世人独重宣城沈寿民、吴中徐枋,自愧不如。其在金陵,与方仲舒善,仲舒,苞父也。金陵冠盖辐辏,诸公贵人求诗者踵至,多谢绝。

钱谦益尝造访，至闭门不与通，惟故旧徒步到门，则偶接焉。门内为竹关，关外设坐，约客至，视键闭，则坐而待，不得叩关，虽大府至，亦然。乃功令有挑门之役，有司案籍欲优免，浚曰："是吾所服也！躬杂厮舆夜巡绰，众莫能止。嗜茗饮，尝言吾有绝粮，无绝茶。既有花冢，因拾残茗聚封之，谓之"茶邱"。年七十七，卒于扬州。

丧归，故人谋卜兆，子世济曰："吾有亲，而以葬事辱二三君乎？是谓我非人也。"亡何，世济卒。又数年，陈鹏年来守金陵，始葬诸蒋山北梅花村。

浚诗最富，世所传不及十一，手定者四十七册。吴伟业尝云："吾五言律得茶村焦山诗而始进。"阎若璩于时贤多所訾警，独许浚五律，称为"诗圣"。已刻者曰《变雅堂集》。

弟芥，字苍略，号些山。诸生。与兄同避乱金陵。昆弟行身略同，而趣各异。浚峻廉隅，孤特自遂。遇名贵人，必以气折之，于众人未尝接语言，用此丛忌嫉。然名在天下，诗每出，远近争传诵之。芥则退然自同于众，所著诗歌、古文，虽子弟弗示也。方壮丧偶，不复娶。所居室漏且穿，木榻敝帷，数十年未尝易。室中终岁不扫除，每日中不得食，儿女啼号，客至无酒浆，意色间无几微不自适者。行于途，尝避人，不中道与人言，虽儿童厮舆，惟恐或伤之也。后兄七年卒，年七十七。有《些山集》。

郭都贤，字天门，益阳人。天启壬戌进士，授行人，分校顺天乡试，得史可法等六人。历官员外郎，出为四川参议，督江西学政，分守岭北道，巡抚江西。时张献忠已逼境，贼骑充斥。都贤昼夜缮守御，兵饷无措，乃大会属僚，凡官司一应供给，皆捐以助饷。左良玉屯兵九江，骄蹇观望，都贤恶其淫掠，檄归之，而募士兵为戍。会有尼之者，遂乞病，弃官入庐山。逾年，北京陷，悲愤不食。南都建号，史可法开阃扬州，荐授以官，辞不赴。桂王立肇庆，以兵部尚书召，而都贤已祝发为僧矣。先是洪承畴坐事落职，都贤奏请起用，至是承畴经略西南，以故旧谒都贤于山中，馈以金，不受。奏携其子监军,亦坚辞。都贤见承畴时,故作目眯状,承畴惊问何时得目疾,都贤曰:"始吾识公时,目故有疾。"承畴默然。

都贤笃至性,哀乐过人,严而介,风骨崚然。博学强识,工诗文,书法瘦硬,兼善绘事,写竹尤入妙。僧号顽石,又号些庵。茹苦,无定居。初依熊开元、尹民兴于嘉鱼,住梅熟庵。已,流寓海阳,筑补山堂,前后十九年。归结草庐桃花江。客死江宁承天寺。

有女名纯贞,许字黔国公沐氏,变后,音问梗绝,遂终于家。纯贞能诗,自署曰郭贞女。

都贤所著有《衡岳集》、《止庵集》、《秋声吟》、《西山片石集》、《破草鞋集》、《补山堂集》、《些庵杂著》等书。

陶汝鼐,字仲调,一字密庵,宁乡人。与都贤交最笃。崇祯初,充拔贡生。会帝幸太学,群臣请复高皇积分法,祭酒顾锡畴奏荐汝鼐才,特赐第一,诏题名勒石太学。除五品官,不拜,乞留监肄业。癸酉举于乡,两中会试副榜。南渡后,剃发沩山,号忍头陀。生平内行笃,父殇,哀慕终身。事母曲尽孝养,处族党多厚德,尝为人雪奇冤,冒险难,活千余人,然不自言也。诗古文有奇气,著有《广西涯乐府》、《嗻古集》、《寄云楼集》、《褐玉堂集》、《嘉树堂集》、都贤为序而行之。有"生同里,长同学,出处患难同时同志"之语。

李世熊,字元仲,宁化人。明诸生。少负奇气,植大节,更危险,死生弗渝。笃交游,敢任难事。生平喜读异书,博闻强记。年八十,读书恒至夜分始休。《六经》、诸子百家靡不贯究,然独好韩非、屈原、韩愈之书。其为文,沈深峭刻,奥博离奇,悲愤之音,称其所遇。纵论古今兴亡,儒生出处,及江南北利害,备兵屯田水利诸大政,辄慷慨欷歔,涔涔泣下不止。年十六,补弟子员,旋中天启元年副榜,以兴化司李佘昌祚得其文,争元于主司弗得,袖其卷去,曰:"须后作元也。"典闽试者,争欲物色之为重。

甲申后,自号寒支道人,屏居不见客。征书累下,固谢却之。凡守、令、监、司、镇将至其门者,罕能一识面。闽中拥唐王监国,用大学士黄道周、礼部侍郎曹学诠、都察院何楷荐,征拜翰林博士,辞不赴。尝上书道周,感愤时事。及道周殉节,走福州请褒恤,时恤问其孤嫠。

顺治初,师入闽,有龂龁于郡帅者,帅遣某生移书,逼入都,且言:“不出山,祸不测。”世熊复之曰:“死生有命,岂遂悬于要津之手?且某年四十八矣,诸葛瘁躬之日,仅少一年;文山尽节之辰,已多一岁。何能抑情违性,重取羞辱哉!”时蜚语腾沸,世熊矢死不为动,疑谤旋亦释。

世熊既以文章气节著一时,名大震。辛卯、壬辰间,建昌溃贼黄希孕剽掠过宁化,有卒摘其园中二橘,希孕立鞭之,驻马园侧,视卒尽过乃行。粤寇至,燔民屋,火及其园,贼魁刘大胜遣卒扑救之,曰:“奈何坏李公居?”当时虽匹夫匹妇,无不知有寒支子者。

世熊积垒块胸中,每放浪山水,以写其牢骚不平之概。尝诣西江,交魏禧、魏礼、彭士望诸子,相与泛彭蠡,登庐山绝顶。追维闽贼横行时事,痛悼如绝,泪下如泉涌,不能禁也。耿精忠反,遣伪使敦聘,世熊严拒之。自春徂冬,坚卧不起,乃得免。世熊山居四十余年,乡人宗之,争趋决事。有为无善者,曰:“不使李公知也。”晚自号愧庵,颜其斋曰“但月”。所著有《寒支集》、《宁化县志》、《本行录》、《经正录》、《狗马史记》等。年八十五,卒于家。

世熊有三弟,早世,遗子女,抚育装遣之。馈遗其亲戚终身。又独建祖祠,修葺墓,编述九世以来宗谱。凡祭祀,必亲必谨。父母忌日,则减餐绝宴会。元日,殿先人遗像,则泣下沾襟,拜伏不能起,盖其孝友出于天性云。

谈迁,字孺木,原名以训,海宁人。初为诸生。南都立,以中书荐,召入史馆,皆辞,曰:“余岂以国家之不幸博一官耶?”未几,归里迁肆力经史百家言,尤注心于明朝典故。尝谓:“史之所凭者,实录耳。实录见其表,其在里者,已不可见。况革除之事,杨文贞未免失实,泰陵之盛,焦泌阳又多丑正;神、熹之载笔者,皆逆奄之舍人。至于思陵十七年之忧勤惕厉,而太史遁荒,皇城烈焰,国灭而史亦随灭,普天心痛,莫甚于此!"乃汰十五朝实录,正其是非。访崇祯十七年邸报,补其缺文,成书,名曰国榷。

　　当是时,人士身经丧乱,多欲追叙缘因,以显来世,而见闻窄狭,无所凭籍。闻迁有是书,思欲窃之为己有。迁家贫,不见可欲者,夜有盗入其室,尽发藏橐以去。迁喟然曰:"吾手尚在,宁遂已乎?"从嘉善钱氏借书复成之。阳城张慎言目为奇士,折节下之。慎言卒,迁方北走昌平,哭思陵,复欲赴阳城哭慎言,未至而卒,顺治十二年冬十一月也。黄宗羲为表其墓。

　　明末遗逸,守志不屈,身虽隐而心不死,至事不可为,发愤著书,欲托空文以见志,如迁者,其忧愤岂有已耶?故以附于各省遗逸之末。

清史稿卷五〇二
列传第二八九

艺术一

吴有性 戴天章　余霖　刘奎　喻昌
徐彬　张璐　高斗魁　周学海　张志聪
高世栻　张锡驹　陈念祖　黄元御　柯琴
尤怡　叶桂　薛雪　吴瑭　章楠　王士雄
徐大椿　王维德　吴谦　绰尔济　伊桑阿
张朝魁　陆懋修　王丙　吕震　邹澍
费伯雄　蒋平阶　章攀桂　刘禄
张永祚　戴尚文

　　自司马迁传扁鹊、仓公及《日者》、《龟策》，史家因之，或曰《方技》，或曰《艺术》。大抵所收多医、卜、阴阳、术数之流，间及工巧。夫艺之所赅，博矣众矣，古以礼、乐、射、御、书、数为六艺，士所常肄，而百工所执，皆艺事也。近代方志，于书画、技击、工巧并入此类，实有合于古义。

　　圣祖天纵神明，多能艺事，贯通中、西历算之学，一时鸿硕，蔚成专家，国史跻之《儒林》之列。测绘地图，铸造枪炮，始仿西法。凡有一技之能者，往往召直蒙养斋。其文学侍从之臣，每以书画供奉内廷。又设如意馆,制仿前代画院,兼及百工之事。故其时供御器物、雕、组、陶埴,靡不精美,传播寰瀛,称为极盛。沿及高宗之世,风不替焉。钦定《医宗金鉴》,荟萃古今学说,宗旨纯正。于阴阳术数家言:亦有《协纪辨方》一书,颁行沿用,从俗从宜,隐示崇实黜虚之意,斯征微尚矣。中叶后,海禁大开,泰西艺学诸书,灌输中国,议者以工业为强国根本,于是研格致,营制造者,乘时而起。或由旧学以扩新知,或抒心得以济实用,世乃愈以艺事为重。采其可传者著于篇,各以类为先后。卓然成家者,具述授受源流。兼有政绩、文学列入他传者,附存梗概。凡涉荒诞俳谐之说,屏勿载。后之览者,庶为论世之资云。

吴有性,字又可,江南吴县人。生于明季,居太湖中洞庭山。当崇祯辛巳岁,南北直隶、山东、浙江大疫,医以伤寒法治之,不效。有性推究病源,就所历验,著《瘟疫论》,谓:"伤寒自毫窍入,中于脉络,从表入里,故其传经有六。自阳至阴,以次而深。瘟疫自口鼻入,伏于膜原,其邪在不表不里之间。其传变有九,或表或里,各自为病。有但表而不里者,有表而再表者,有但里而不表者,有里而再里者,有表里分传者,有表里分传而再分传者,有表胜于里者,有先表后里者,有先里后表者。"其间有与伤寒相反十一事,又有变证、兼证,种种不同。并著论制方,一一辨别。古无瘟疫专书,自有性书出,始有发明。

其后有戴天章、余霖、刘奎,皆以治瘟疫名。

天章,字麟郊,江苏上元人。诸生。好学强记,尤精于医。所著《伤寒》、《杂病》诸书,及《咳论注》、《疟论注》、《广瘟疫论》,凡十余种。其论瘟疫,一宗有性之说。谓瘟疫之异于伤寒,尤慎辨于见证之始。辨气、辨色、辨舌、辨神、辨脉,益加详焉。为人疗病,不受谢。子瀚,成雍正元年一甲第二名进士。

霖,字师愚,安徽桐城人。乾隆中,桐城疫,霖谓病由热淫,投以石膏,辄愈。后数年,至京师,大暑,疫作,医以张介宾法者多死,以有性法亦不尽验。鸿胪卿冯应榴姬人呼吸将绝，霖与大剂石膏，应手而痊。踵其法者，活人无算。霖所著曰《疫疹一得》，其论与有性有异同，取其辨证，而以用《达原饮》及《三消》、《承气》诸方，犹有附会表里之意云。

奎，字文甫，山东诸城人。乾隆末，著《瘟疫论类编》及《松峰说疫》二书，松峰者，奎以自号也。多为穷乡僻壤艰觅医药者说法。有性论瘟疫，已有大头瘟、疙瘩瘟疫、绞肠瘟、软脚瘟之称，奎复举北方俗谚所谓诸疫证名状，一一剖析之。又以贫寒病家无力购药，取乡僻恒有之物可疗病者，发明其功用，补《本草》所未备，多有心得。同时昌邑黄元御治疫，以浮萍代麻黄，即本奎说。所著书流传日本，医家著述，亦有取焉。

喻昌，字嘉言，江西新建人。幼能文，不羁，与陈际泰游。明崇祯中，以副榜贡生入都上书言事，寻诏征，不就，往来靖安间。披剃为僧，复蓄发游江南。顺治中，侨居常熟，以医名，治疗多奇中。才辩纵横，不可一世。著《伤寒尚论篇》，谓林亿、成无已过于尊信王叔和，惟方有执作《条辨》，削去叔和序例，得尊经之旨；而犹有未达者，重为编订，其渊源虽出方氏，要多自抒所见。惟《温证论》中，以温药治温病，后尤怡、陆懋修并著论非之。

又著《医门法律》，取风、寒、暑、湿、燥、火六气及诸杂证，分门著论。次法，次律。法者，治疗之术，运用之机；律者，明著医之所以失，而判定其罪，如折狱然。昌此书，专为庸医误人而作，分别疑似，使临诊者不敢轻尝，有功医术。

后附《寓意草》，皆其所治医案。凡诊病，先议病，后用药。又与门人定议病之式，至详审。所载治验，反覆推论，务阐审证用药之所以然，异于诸家医案但泛言某病用某药愈者，并为世所取法。

昌通禅理，其医往往出于妙悟。《尚论后篇》及《医门法律》，年七十后始成。昌既久居江南，从学者甚多。

徐彬，字忠可，浙江嘉兴人。昌之弟子。著《伤寒一百十三方发明》及《金匮要略论注》，其说皆本于昌。《四库》著录《金匮要略》，即用彬《论注》本。凡疏释正义，见于注；或剩义及总括诸证不可专属者，见于论。彬谓："他方书出于凑集，就采一条，时亦获验。若《金匮》之妙，统观一卷，全体方具。不独察其所用，并须察其所不用。"世以为笃论。

张璐，字路玉，自号石顽老人，江南长洲人。少颖悟，博贯儒业，专心医药之书。自轩、岐迄近代方法，无不搜览。遭明季之乱，隐于洞庭山中十余年，著书自娱，至老不倦。仿明王肯堂证治准绳，汇集古人方论、近代名言，荟萃折衷之，每门附以治验医案，为《医归》一书，后易名《医通》。

璐谓仲景书衍释日多，仲景之意转晦。后见《尚论》、《条辨》诸编，又广搜秘本，反覆详玩，始觉向之所谓多歧者，渐归一贯，著《伤寒缵论》、《绪论》。缵者，祖仲景之文；绪者，理诸家之纷纭而清出之，以翼仲景之法。

其注《本草》，疏本经之大义，并系诸家治法，曰《本经逢原》；论脉法大义，曰《诊宗三昧》：皆有心得。又谓唐孙思邈治病多有奇异，逐方研求药性，详为疏证，曰《千金方释义》，并行于世。

璐著书主博通，持论平实，不立新异。其治病，则取法薛已、张介宾为多。年八十余卒。圣祖南巡，璐子以柔进呈遗书，温旨留览焉。子登、倬，皆世其业。

登，字诞先，著《伤寒舌鉴》。

倬，字飞畴，著《伤寒兼证析义》；并著录《四库》。

高斗魁，字旦中，又号鼓峰，浙江鄞县人。诸生。兄斗枢，明季死国难。斗魁任侠，于遗民罹难者，破产营救。妻因事连及，勒自裁。素精医，游杭，见舁棺者血沥地，曰："是未死！"启棺，与药而苏。江湖间传其事，求治病者无宁晷。著《医学心法》；又《吹毛编》，则自记医案也。其论医宗旨，亦近于张介宾。

周学海，字澄之，安徽建德人，总督馥子。光绪十八年进士，授内阁中书,官至浙江候补道。潜心医学,论脉尤详,著《脉义简摩》、《脉简补义》、《诊家直诀》、《辨脉平脉章句》。引申旧说,参以实验,多心得之言。博览群籍,实事求是,不取依托附会。慕宋人之善悟,故于史堪、张元素、刘完素、滑寿及近世叶桂诸家书。皆有评注。自言于清一代名医,服膺张璐、叶桂两家。证治每取璐说,盖其学颇与相近。宦游江、淮间,时为人疗治,常病不异人,遇疑难,辄有奇效。刻古医书十二种,所据多宋、元旧椠藏家秘笈,校勘精审,世称善本云。

张志聪,字隐庵,浙江钱塘人。明末,杭州卢之颐、繇父子著书,讲明医学,志聪继之。构侣山堂,招同志讲论其中,参考经论,辨其是非。自顺治中至康熙之初,四十年间,谈轩、岐之学者咸归之。注《素问》、《灵枢》二经,集诸家之说,随文衍义,胜明马元台本。

又注《伤寒论》、《金匮要略》,于《伤寒论》致力尤深,历二十年,再易稿始成。用王叔和原本,略改其编次。首列六经病,次列霍乱易复并痓湿、暍汗、吐下,后列辨脉、平脉,而删叔和序例,以其与本论矛盾,故去之以息辨。驳辨成无已旧注,谓:"风伤卫,寒伤营,脉缓为中风,脉紧为伤寒。伤寒,恶寒无汗,宜麻黄汤;中风,恶风有汗,宜桂枝汤:诸说未尽当。而风、寒两感,营、卫俱伤,宜大青龙汤为尤谬。其注,分章以明大旨,节解句释,兼晰阴阳血气之生始出入,经脉藏府之贯通循行,使读论者取之有本,用之无穷,不徒求之糟粕,庶免终身由之而不知其道也。"

又注《本草》,诠释本经,阐明药性,本五运六气之理。后人不经臆说。概置勿录。

其自著曰《侣山堂类辨》、《针灸秘传》。志聪之学,以《素》、《灵》、《金匮》为归,生平著书,必守经法,遗书并行于世,惟《针灸秘传》佚。

高世栻,字士宗。与志聪同里。少家贫,读时医通俗诸书,年二十三即出疗病,颇有称。后自病,时医治之,益剧;久之,不药,幸愈。

翻然悔曰："我治人，殆亦如是，是草菅人命也。"乃从志聪讲论轩、岐、仲景之学，历十年，悉窥精奥。遇病必究其本末，处方不同流俗。志聪注《本草崇原》，未竟，世杙继成之。又注《伤寒论》。晚著《医学真传》，示门弟子。自述曰："医理如剥蕉，剥至无可剥，方为至理。以之论病，大中至正，一定不移。世行分门别类之方书，皆医门糟粕，如薛已、赵献可辈，虽有颖悟变通，非轩、岐、仲景一脉相传之大道。古人云：'不知十二经络，开口举手便错；不明五运六气，读尽方书无济。病有标有本，求其标，只取本，治千人，无一损。'故示正道，以斥旁门，使学者知所慎。"

后有张锡驹，字令韶，亦钱塘人。著《伤寒论直解》、《胃气论》，其学本于志聪。

陈念祖，字修园，福建长乐人。乾隆五十七年举人。著《伤寒金匮浅注》，本志聪、锡驹之说，多有发明，世称善本。嘉庆中，官直隶威县知县，有贤声。值水灾，大疫，亲施方药，活人无算。晚归田，以医学教授，门弟子甚众，著书凡十余种，并行世。

黄元御，字坤载，山东昌邑人。诸生。因庸医误药损目，发愤学医，于《素问》、《灵枢》、《难经》、《伤寒论》、《金匮玉函经》皆有注释，凡数十万言。自命甚高，喜更改古书，以伸己说。其论治病，主于扶阳以抑阴。

柯琴，字韵伯，浙江慈溪人。博学多闻，能诗、古文辞。弃举子业，矢志医学。家贫，游吴，栖息于虞山，不以医自鸣，当世亦鲜知者。著《内经合璧》，多所校正，书佚不传。

注《伤寒论》，名曰《来苏集》。以方有执、喻昌等各以己意更定，有背仲景之旨，乃据《论》中有太阳证、桂枝证、柴胡证诸辞以证名篇，汇集六经诸论，各以类从。自序略曰："《伤寒论》经王叔和编次，已非仲景之旧，读者必细勘何者为仲景言，何者为叔和笔。其间脱落、倒句、讹字、衍文，一一指破，顿见真面。且笔法详略不同，或互文见意，或比类相形，因此悟彼，见微知著，得于语言文字之外，始可羽翼仲景。自来注家，不将全书始终理会，先后合参，随文敷衍，彼此矛盾，黑白不分。三百九十七法，不见于仲景序文，又不见于叔和序例，林氏倡于前，成氏和于后，其不足取信，王安道已辨之矣。继起者，犹琐琐于数目，亦何补于古人？何功于后学哉？大青龙汤，仲景为伤寒中风无汗而兼烦燥者设，即加味麻黄汤耳。而谓其伤寒见风、伤风见寒，因以麻黄汤主寒伤营、桂枝汤主风伤卫、大青龙汤主风寒两伤营卫，曲成三纲鼎立之说，此郑声之乱雅乐也。且以十存二三之文，而谓之全篇，手足厥冷之厥，或混于两阴交尽之厥，其间差谬，何可殚举？此愚所以执卷长吁，不能已也！"

又著《伤寒论翼》，自序略曰："仲景著《伤寒》、《杂病论》，合十六卷，法大备。其常中之变，变中之常，靡不曲尽。使全书俱在，尽可见论知源。自叔和编次《伤寒》、《杂病》，分为两书，然本论中杂病留而未去者尚多，虽有《伤寒论》之专名，终不失《杂病》合论之根蒂也。名不副实，并相淆混，而旁门歧路，莫知所从，岂非叔和之谬以祸之欤？夫仲景之言六经为百病之法，不专为伤寒一科，伤寒、杂病，治无二理，咸归六经之节制。治伤寒者，但拘伤寒，不究其中有杂病之理；治杂病者，复以伤寒论无关于杂病，而置之不问。将参赞化育之书，悉归狐疑之域，愚甚为斯道忧之。"论者谓琴二书，大有功于仲景。

尤怡，字在泾，江苏吴县人。父有田千亩，至怡中落。贫甚，鬻字于佛寺。业医，人未之异也。好为诗，与同里顾嗣立、沈德潜游。晚年，学益深造，治病多奇中，名始著。性淡荣利，隐于花溪，自号饲鹤山人，著书自得。其注《伤寒论》，名曰《贯珠集》。谓后人因王叔和编次错乱，辨驳改订，各成一家言，言愈多而理愈晦。乃就六经，各提其纲，于正治法之外，太阳有权变法，干旋法，救逆法，类病法；阳明有明辨法，杂治法。少阳有权变法；太阴有藏病法，经病法，经、藏俱病法；少阴、厥阴有温法、清法。凡病机进退微权，各有法以为辨，使读者先得其法，乃能用其方。分证甚晰，于少阴、厥阴、温清两法，尤足破世人之惑。注《金匮要略》，名曰《心典》。别撰集诸家方书、《杂病治要》，足以羽翼仲景者，论其精蕴，曰《金匮翼》。又著《医学读书记》，于轩、岐以下诸家，多有折衷，徐大椿称为得古人意。怡著述并笃雅，世以《贯珠集》与柯琴《来苏集》并重焉。

叶桂，字天士，江苏吴县人。先世自歙迁吴，祖时、父朝采，皆精医。桂年十四丧父，从学于父之门人，闻言即解，见出师上，遂有闻于时。切脉望色，如见五藏。治方不出成见，尝曰："剂之寒温视乎病，前人或偏寒凉，或偏温养，习者茫无定识。假兼备以幸中，借和平以藏拙。朝用一方，晚易一剂，讵有当哉？病有见证，有变证，必胸有成竹，乃可施之以方。"

其治病多奇中，于疑难证，或就其平日嗜好而得救法；或他医之方，略与变通服法；或竟不与药，而使居处饮食消息之；或于无病时预知其病；或预断数十年后：皆验。当时名满天下，传闻附会，往往涉于荒诞，不具录。卒，年八十。临殁，戒其子曰："医可为而不可为。必天资敏悟，读万卷书，而后可以济世。不然，鲜有不杀人者，是以药饵为刀刃也。吾死，子孙慎勿轻言医！"

桂神悟绝人，贯彻古今医术，而鲜著述。世传所注本草，多心得。又《许叔微本事方释义》、《景岳发挥》。殁后，门人集医案为《临证指南》，非其自著。附《幼科心法》一卷，传为桂手定，徐大椿谓独精卓，后章楠改题曰《三时伏气外感篇》；又附《温证证治》一卷，传为口授门人顾景文者，楠改题曰《外感温证篇》。二书最为学者所奉习。

同里薛雪，名亚于桂，而大江南、北，言医辄以桂为宗，百余年来，私淑者众。最著者，吴瑭、章楠、王士雄。

雪，字生白，自号一瓢。少学诗于同郡叶燮。乾隆初，举鸿博，未遇。工画兰，善拳勇，博学多通，于医时有独见。断人生死不爽，疗治多异迹。生平与桂不相能，自名所居曰扫叶庄，然每见桂处方而善，未尝不击节也。著《医经原旨》，于《灵》、《素》奥旨，具有发挥。世传《湿温篇》，为学者所宗，或曰非雪作。其医案与桂及缪遵义合刻。

遵义，亦吴人。乾隆二年进士，官知县。因母病，通方书，弃官为医，用药每出创意，吴中称三家焉。

瑭，字鞠通，江苏淮阴人。乾、嘉之间游京师，有名。学本于桂，以桂立论甚简，但有医案散见于杂证之中，人多忽之。著《温病条辨》，以畅其义，其书盛行。

同时归安吴贞，著《伤寒指掌》，亦发明桂医案之旨，与瑭相同。

楠，字虚谷，浙江会稽人。著《医门棒喝》。谓桂、雪最得仲景遗意，而他家不与。

士雄，字孟英，浙江海宁人。居于杭，世为医。士雄读书砥行，家贫，仍以医自给。咸丰中，杭州陷，转徙上海。进吴、越避寇者麇集，疫疠大作，士雄疗治，多全活。旧著《霍乱论》，致慎于温补，至是重订刊行，医者奉为圭臬。又著《温热经纬》，以轩、岐、仲景之文为经，叶、薛诸家之辨为纬，大意同章楠注释。兼采昔贤诸说，择善而从，胜楠书。所著凡数种，以二者为精详。

同时浙西论医者，平湖陆以恬、嘉善汪震、乌程汪曰桢，宗旨略同。

阳湖张琦、曜孙，父子皆通儒，以医鸣、取黄元御扶阳之说，偏于温。曜孙至上海，或劝士雄往就正，士雄谢之。号叶氏学者，要以士雄为巨擘，惟喜用辛凉，论者谓亦稍偏云。

徐大椿，原名在大业，字灵胎，晚号洄溪，江苏吴江人，翰林检讨钎孙。生有异禀，长身广颡，聪强过人。为诸生，勿屑，去而穷经，探研《易》理，好读黄老与《阴符》家言。凡星经、地志、九宫、音律、技击、句卒、嬴越之法，靡不通究，尤邃于医，世多传其异迹。然大椿自编医案，惟剖析虚实寒温，发明治疗之法，归于平实，于神异者仅载一二。其书世多有，不具录。

乾隆二十四年，大学士蒋溥病，高宗命征海内名医，以荐召入都。大椿奏溥病不可治，上嘉基朴诚，命入太医院供奉，寻乞归。后二十年复诏征,年已七十九,遂卒于京师,赐金治丧。

大椿学博而通,注《神农本草经》百种,以旧注但言其当然,不言其所以然,采掇常用之品,备列经文,推阐主治之义,于诸家中最有启发之功。

注《难经》曰《经释》,辨其与《灵枢》、《素问》说有异同。注《伤寒》曰《类方》,谓:"医家刊定《伤寒论》,如治《尚书》者之争《洪范》、《武成》,注《大学》者之争古本、今本,终无定论。不知仲景本论,乃救误之书,当时随证立方,本无定序。"于是削除阴阳六经门目,但使方以类从,证随方定,使人可案证以求方,而不必循经以求证。一切葛藤,尽芟去之。所著《兰台轨范》,凡录病论,惟取《灵枢》、《素问》、《难经》、《金匮要略》、《伤寒论》、隋巢元方《病源》、唐孙思邈《千金方》、王焘《外台秘要》而止。录方亦多取诸书,宋以后方,则采其义可推寻、试多获效者,去取最为谨严。于疑似出入之间,辨别尤悉。

其论医之书曰《医学源流论》,分目九十有三。谓:"病之名有万,而脉之象不过数十,是必以望、闻、问三者参之。如病同人异之辨,兼证兼病之别、亡阴亡阳之分。病有不愈不死,有虽愈必死,又有药误不即死。药性有古今变迁,内经司天运气之说不可泥。针炙之法失传。"诸说并可取。

又《慎疾刍言》,为溺于邪说俗见者痛下针砭,多惊心动魄之语。《医贯砭》,专斥赵献可温补之弊。诸书并行世。

大椿与叶桂同以医名吴中,而宗旨异。评桂医案,多所纠正。兼精疡科,而未著专书。谓世传《外科正宗》一书,轻用刀针及毒药,往往害人,详为批评,世并奉为善本。

同郡吴县王维德,字洪绪,自号林屋山人。曾祖字若谷,精疡医,维德传其学,著《外科全生集》。谓:"痈疽无死证,痈乃阳实,气血热而毒滞;疽乃阴虚,气血寒而毒凝。皆以开腠理为要,治者但当论阴阳虚实。初起色红为痈,色白为疽,截然两途。世人以痈疽连呼并治,误矣。"其论为前人所未发。凡治初起以消为贵,以托为畏,尤戒刀针毒药,与大椿说略同,医者宗之。维德兼通阴阳家言,著《永宁通书》、《卜筮正宗》。

吴谦,字六吉,安徽歙县人。官太医院判,供奉内廷,屡被恩赉。乾隆中,敕编医书,太医院使钱斗保请发内府藏书,并征集天下家藏秘籍,及世传经验良方,分门聚类,删其驳杂,采其精粹,发其余蕴,补其未备,为书二部。小而约者,以为初学诵读;大而博者,以为学成参考。既而征书之令中止,议专编一书,期速成,命谦及同官刘裕铎为总修官。

谦以古医书有法无方,惟《伤寒论》、《金匮要略》、《杂病论》始有法有方。《灵》、《素》而后,二书实一脉相承。义理渊深,方法微奥,领会不易,遂多讹错。旧注随文附会,难以传信。谦自为删定,书成八九,及是,请就谦未成之书,更加增减。于二书讹错者,悉为订正,逐条注释,复集诸家旧注实足阐发微义者,以资参考,为全书之首,标示正轨。次删补名医方论,次四诊要诀,次诸病心法要诀,次正骨心法要旨。书成,赐名《医宗金鉴》。虽出众手编辑,而订正《伤寒》、《金匮》,本于谦所自撰。

其采引清代乾隆以前医说凡二十余家,张璐、喻昌、徐彬、张志聪、高世栻、张锡驹、柯琴、尤怡,事具本传。

其次者:林澜,著《伤寒折衷》、《灵素合钞》,兼通星象、堪舆之学;汪琥,著《伤寒论辨注》;魏荔彤,著《伤寒金匮本义》;沈明宗,著《伤寒金匮编注》;程应旄,著《伤寒后条辨》;郑重光,著《伤寒论条辨续注》;周扬俊,著《伤寒三注》、《金匮二注》;程林,著《金匮直解》、《圣济总录纂要》;闵芝庆,著《伤寒阐要编》。而遗书湮没无考者,尚六七家云。

绰尔济,墨尔根氏,蒙古人。天命中,率先归附。善医伤。时白旗先锋鄂硕与敌战,中矢垂毙,绰尔济为拔镞,傅良药,伤寻愈。都统武拜身被三十余矢,昏绝,绰尔济令剖白驼腹,置武拜其中,遂苏。有患臂屈不伸者,令先以热镬熏蒸,然后斧椎其骨,揉之有声,即愈。

觉罗伊桑阿,乾隆中,以正骨起家,至钜富。其授徒法,削笔管为数段,包以纸,摩挲之,使其节节皆接合,如未断者然,乃如法接骨,皆奏效。故事,选上三旗士卒之明骨法者,每旗十人,隶上驷院,名蒙古医士。凡禁庭执事人有跌损者,命医治,限日报痊,逾期则惩治之。侍郎齐召南坠马,伤首,脑出。蒙古医士以牛脬蒙其首,其创立愈。时有秘方,能立奏效,伊桑阿名最著。当时湖南有张朝魁者,亦以治伤科闻。

朝魁,辰溪人,又名毛矮子。年二十余,遇远来乞者,朝魁厚待之,乞者授以异术,治痈疽、瘰疬及跌打、损伤、危急之证,能以刀剖皮肉,去淤血于藏府。又能续筋正骨,时有刘某患腹痛,仆地濒死,朝魁往视曰:“病在大小肠。”剖其腹二寸许,伸指入腹理之,数日愈。辰州知府某乘舆越银壶山,忽落岩下,折髑骨。朝魁以刀刺之,拨正,傅以药,运动如常。

陆懋修,字九芝,江苏元和人。先世以儒显,皆通医。懋修为诸生,世其学。咸丰中,粤匪扰江南,转徙上海,遂以医名。研精《素问》,著《内经运气病释》。后益博通汉以后书,恪守仲景家法,于有清一代医家,悉举其得失。所取法在柯琴、尤怡两家,谓得仲景意较多。吴中叶桂名最盛,传最广,懋修谓桂医案出门弟子,不尽可信。所传《温病证治》,亦门人笔述。开卷揭“温邪上受、首先犯肺、逆传心包”一语,不应经法,误以胃热为肺热,由于不识阳明病,故著《阳明病释》一篇,以阐明之。又据《难经》“伤寒有五”之文,谓:“仲景撰用《难经》,温病即在伤寒中,治温病法不出《伤寒论》外。”又谓:“瘟疫有温、有寒,与温病不同,医者多混称。吴有性、戴天章为治疫专家,且不免此误。”著论辨之,并精确,有功学者。

懋修既弃举业,不求仕进,及子润庠登第,就养京邸,著述至老不倦。光绪中,卒。润庠亦通医,官至大学士,自有传。

王丙，字朴庄，吴县人、懋修之外曾祖也。著《伤寒论注》，以唐孙思邈《千金方》仅采王叔和《伤寒论序例》，全书载《翼方》中，序次最古，据为定本。谓："方中行、喻昌等删驳《序例》、乃欲申己见，非定论。"著《回澜说》，争之甚力。又著《古今权量考》，古一两准今六分七厘，一升准今七勺七秒，承学者奉以为法。

吕震，字榇村，浙江钱塘人。道光五年举人，官湖北荆门州判。晚寓吴，酷嗜医，诊疗辄有奇效。其言曰："《伤寒论》使学者有切实下手工夫，不止为伤寒立法。能从六经辨证，虽繁剧如伤寒，不为多歧所误，杂证一以贯之。"著《内经要论》、《伤寒寻源》。懋修持论多本丙、震云。

邹澍，字润安，江苏武进人。有孝行，家贫绩学，隐于医。道光初，诏举山林隐逸，乡人议以澍名上，固辞。澍通知天文推步、地理形势沿革，诗古文亦卓然成家，不自表襮。所著书，医家言为多。《伤寒通解》、《伤寒金匮方解》、《医理摘要》、《医经书目》，并不传。所刊行者，《本经疏证》、《续疏证》、《本经序疏要》。谓明潜江刘氏《本草述》，贯串金、元诸家说，反多牵掣，故所注悉本《伤寒》、《金匮》，疏通证明，而以《千金》、《外台》副之．深究仲景制方精意，成一家之言。

费伯雄，字晋卿。与澍同邑，居孟河，滨江。咸、同间以医名远近，诣诊者踵相接，所居遂成繁盛之区。持脉知病，不待问。论医，戒偏戒杂。谓古医以"和缓"命名，可通其意。著书曰《医醇》，毁于寇。撮其要，成《医醇賸义》，附方论。大旨谓常病多，奇病少，医者执简，始能驭繁，不可尚异。享盛名数十年，家以致富，子孙皆世其业。伯雄所著，详于杂病，略于伤寒，与懋修、澍宗旨并不同。清末江南诸医，以伯雄为最著，用附载焉。

清代医学，多重考古，当道光中，始译泰西医书，王清任《著医林改错》。以中国无解剖之学，宋、元后相传脏腑诸图，疑不尽合，于刑人时，考验有得，参证兽畜。未见西书，而其说与合。光绪中，唐宗海推广其义，证以内经异同，经脉奇经各穴，及营卫经气，为西医所未及。著《中西汇通医经精义》，欲通其邮而补其缺。两人之开悟，皆足以启后者。

蒋平阶，字大鸿，江南华亭人。少孤，其祖命习形家之学，十年，始得其传。遍证之大江南、北古今名墓，又十年，始得其旨；又十年，始穷其变。自谓视天下山川土壤，虽大荒内外如一也。遂著《地理辨正》，取当世相传之书，订其纰缪，析其是非，惟尊唐杨筠松一人，曾文迪仅因筠松以传。其于廖瑀、赖文俊、何溥以下，视之蔑如。以世所惑溺者，莫甚于《平砂玉尺》一书，斥其伪尤力。自言事贵心授，非可言罄，古书充柜，半属伪造。其昌言救世，惟在《地理辨正》一书。后复自抒所得，作《天元五歌》，谓此皆糟粕，其精微亦不在此，他无秘本。三吴两浙，有自称得平阶真传及伪撰成书指为平阶秘本者，皆假托也。

从之学者，丹阳张仲馨，丹徒骆士鹏，山阴吕相烈，会稽姜尧，武陵胡泰征，淄川毕世持，他无所传授。姜尧注《青囊奥语》及《平砂玉尺辨伪》，《总括歌》，即附《地理辨正》中。

平阶生于明末，兼以诗鸣。清初诸老，多与唱和。地学为一代大宗，所造罗经，后人多用之，称为“蒋盘”云。

章攀桂，字淮树，安徽桐城人。乾隆中，官甘肃知县，累擢江苏松太兵备道。有吏才，多术艺，尤精形家言。谓近世形家诸书，理当辞显者，莫如明张宗道《地理全书》，为之作注，稍辨正其误失。大旨本元人《山阳指迷》之说，专主形势。攀桂既仕显，不以方技为业，自喜其术，每为亲族交友择地，贫者助之财以葬。妻吴故农家，自恨门第微，攀桂为购佳壤葬其亲，择子弟秀异者抚教之，遂登进士第，为望族。

高宗数南巡，自镇江至江宁，江行险，每由陆。诏改通水道，议凿句容故破冈渎，攀桂相其地势，谓茅山石巨势高，纵成渎，非设闸不可成，储水多劳费。请从上元东北摄山下，凿金乌珠刀枪河故道，以达丹徒，工省修易。遂监其役，渎成谓之新河，百年来赖其利便，攀桂亦因获优擢。

大学士于敏中于金坛里第筑园，攀桂为之相度营建，敏中殁后，事觉，高宗恶之，褫职居江宁。晚耽禅理，殁时预知期日。兼通日者术，括《协纪辨方》精要为一书，曰《选择正宗》，行于世。

刘禄，河南人。善风角。圣祖召直蒙养斋，欲授以官，屡辞。从上北征，会粮饷乏济，命卜之，曰："不出三日必至。"果如其言。后从幸热河，一日，踉跄至宫门，请上速徙高阜以避水厄，时方晴霁，夜山水涨发，果冲没行宫。又善相人，谓张廷玉、史贻直皆异日太平宰相。六十一年冬，乞假归，至十一月望日，忽命家人制缞服，北向哭，未几，哀诏至，正圣祖崩之后二日也。后卒于家。

张永祚，字景韶，浙江钱塘人。幼即喜仰观五纬，长通晓星学，究悉天象。年近三十，督学王兰生稔其学，录为诸生。闽浙总督嵇曾筠求通知星象者，试永祚策，立成数千言。荐于朝，授锡天监博士。屡引见，占候悉验。诏刊《二十二史》，永祚校勘《天文》、《律历》两志。及书成，告归。晚著书，曰《天象源委》。卒后，有女传其学。婿沈度，亦善推步，守其书。

戴尚文，湖南溆浦人。诸生。从鸿胪卿罗典学，凡天官星卜诸书，无不究览。尝曰："吾治经，师罗先生。吾术数，未知孰可吾师者？"闻江南某僧精六壬，奇门，往师焉，尽得其秘。归，应乡试长沙，同舍生失金、尚文为占曰："君金若干，盗者青衣，手鱼肉，前行，后一白衣随之，肩荷重物。以某时，候驿步门外，可获也。"如其言往，果验。尝侍母夜坐，心动，知偷儿入宅。取井泥涂灶门，书符封之，偷不得去。

嘉庆初，福康安征苗，招致才异，罗典荐溆浦两生，一严如煜，一即尚文。谓曰："严生负经济才，应禄仕。汝疏散，为幕客，慎勿官职自羁也。"

尚文见福康安，长揖不拜，福康安欲试其术，握丝带问曰："君神算，知吾握中何物？”乃请一字析其数，以五行推之，曰：“丝缕耳。”大惊异，礼遇之，凡事必咨。时苗猖獗，恒夜扑营，尚文辄预卜知之。当五月，进攻旗鼓寨，占：“有大雹，贼伏林莽，师出不利。”勿听。日午，将抵寨，忽大风，雷雨雹交下，如卵如拳，击伤士卒，伏苗乘之，果败。军中呼曰：“神仙”。又大军在乾州，营龙头，为苗所围，断水，军不得食。尚文设坛凿池，以法禳之，斸地，清泉滃出。四年，驻天心寨，尚文夜观天象，知有咎，作书置幕府，辞归。数日，福康安遽卒。尚文归未几，亦病，自知死日。卒后，其母伤之，焚所传书。

清史稿卷五〇三
列传第二八九

艺术二

王澍 蒋衡 徐用锡 王文治 梁巘
梁同书 邓石如 钱伯坰 吴育 杨沂孙
吴熙载 梅植之 杨亮

　　王澍,字若林,号虚舟,江南金坛人。绩学工文,尤以书名。康熙五十一年进士,入翰林,累迁户科给事中。雍正初,诏以六科隶都察院。澍谓科臣掌封驳,品卑任重,悦隶台臣,将废科参,偕同官崔致远、康五端抗疏力争。世宗怒,立召诘之,从容奏对,上意稍解,遂改吏部员外郎。越二年,告归,益耽书,名播海内。摹古名拓殆遍,四体并工。于唐贤欧、褚两家,致力尤深,辄跋尾自道所得。后内阁学士翁方纲持论与异,谓其篆书得古法,行书次之,正书又次之。所著题跋及淳化阁帖考正,并行于世。

　　自明、清之际,工书者,河北以王铎、傅山为冠,继则江左王鸿绪、姜宸英、何焯、汪士铉、张照等,接踵而起,多见他传。大抵渊源出于明文征明、董其昌两家,鸿绪照为董氏嫡派,焯及澍则于文氏为近。澍论书尤详,一时所宗。

　　蒋衡,改名振生,字湘帆,晚号拙老人。与澍同里。键户十二年,写十三经。乾隆中,进上,高宗命刻石国学,授衡国子监学正,终不出。衡早岁好游，足迹半海内，观碑关中，获晋、唐以来名迹，临摹三百余种，曰《拙存堂临古帖》。晚与澍相期斗胜，每临一书，相从质证。子骥、孙和，并以书世其家。

骥尤精分隶，著《汉隶讹体集》、《古帖字体》、《续书法论》各一卷，兼工画。其言曰：“汉、魏字体不同，性情各异。书须悬臂中锋，而用力以和平为主。作画之提顿逆折，参差映带，其理一尔。”皆阐明其先说。

徐用锡，字坛长，宿迁人，占籍大兴。登乡举，康熙四十八年进士，官翰林院编修。从李光地游，究心乐律、音韵、历数、书法。五十四年，分校会试，严绝请托，衔之者反喙言官劾其把持闱事，圣祖原之，终以浮议罢归。乾隆初，起授翰林院侍读，年已八十。寻告归，卒于家。用锡乡举出姜宸英之门，与何焯同为光地客，论书多与二家相出入。精于鉴别古人，言笔法亦多心得，著《字学札记》二卷，载《圭美堂集》中。

王文治，字禹卿，江苏丹徒人。生有凤慧，十二岁能诗，即工书。长游京师，从翰林院侍读全魁使琉球，文字播于海外。乾隆三十五年，成一甲三名进士，授翰林院编修。逾三年，大考第一，擢侍读。出为云南临安知府，因事镌级，乞病归。后当复官，厌吏事，遂不出。往来吴、越间，主讲杭州、镇江书院。高宗南巡，至钱塘僧寺。见文治书碑，大赏爱之。内廷有以告，招之出者，亦不应。

喜声伎，行辄以歌伶一部自随，辨论音律，穷极幽渺。客至张乐，穷朝暮不倦。海内求书者，多有馈遗，率费于声伎。然客散，默然禅定，夜坐，胁未尝至席。持佛戒，自言吾诗与书皆禅理也。卒，年七十三。

所著《诗集》外有《赏雨轩题跋》，略见论书之旨。文治书名并时与刘墉相埒，人称之曰：“浓墨宰相，淡墨探花。”与姚鼐交最深，论最契，当时书名，鼐不及文治之远播；后包世臣极推鼐书，与刘墉并列上品，名转出文治上。

梁巘，字闻山，安徽亳州人。乾隆二十七年举人，官四川巴县知县。晚辞官。主讲寿春书院，以工李北海书名于世。初为咸安宫教习，至京师，闻钦天监正何国宗曾以事系刑部，时尚书张照亦以他事在系，得其笔法，因诣家就问。国宗年已八十余，病不能对客。遣一孙传语，巘质以所闻，国宗答曰："君已得之矣。"赠以所临米、黄二帖。

后巘以语金坛段玉裁曰："执笔之法，指以运臂。臂以运身，凡捉笔，以大指尖与食指尖相对，笔正直在两指尖之间，两指尖相接如环，两指本以上平，可安酒杯。平其肘，腕不附几，肘圆而两指与笔正当胸，令全身之力，行于臂而凑于两指尖。两指尖不圆如环，或如环而不平，则捉之也不紧，臂之力尚不能出，而况于身？紧则身之力全凑于指尖，而何有于臂？古人知指之不能运臂也，故使指顶相接以固笔，笔管可断，指锲痛不可胜，而后字中有力。其以大指与食指也，谓之单勾。其以大指与食指中指也，谓之双勾。中指者，所以辅食指之力也，总谓之'拨镫法'。王献之七、八岁时学书，右军从旁掣其笔不得，即谓此法。舍此法，皆旁门外道。二王以后，至唐、宋、元、明诸大家，口口相传如是，董宗伯以授王司农鸿绪，司农以授张文敏，吾闻而知之。本朝但有一张文敏耳，他未为善。王虚舟用笔只得一半，蒋湘帆知握笔而少作字乐趣。世人但言无火气，不知火气使尽，而后可言无火气也。如此捉笔，则笔心不偏，中心透纸，纸上飒飒有声。直画粗者浓墨两分，中如有丝界，笔心为之主也。如此捉笔，则必坚纸作字，软薄纸当之易破。其横、直、撇、捺皆与今人殊，笔锋所指，方向迥异，笔心总在每笔之中，无少偏也。古人所谓屋漏痕、折钗股、锥画沙、印印泥者，于此可悟入。"巘少著述，所传绪论仅此。当时与梁同书并称，巘曰："北梁"，同书曰："南梁"。

梁同书，字元颖，晚号山舟，浙江钱塘人，大学士诗正子。乾隆十七年，会试未第，高宗特赐与殿试，入翰林，大考，擢侍讲。淡于荣利，未老，因疾不出。晚年重宴鹿鸣，加侍讲学士衔。卒，年九十三。好书出天性，十二岁能为擘窠大字。初法颜、柳，中年用米法，七十后乃变化。名满天下，求书者纸日数束，日本、琉球皆重之。

尝与张燕昌论书，略曰："古人云'笔力直透纸背'，当与天马行空参看。今人误认透纸，便如药山所云'看穿牛皮'，终无是处。盖透纸者，状其精气结撰墨光浮溢耳，彼用笔如游丝者，何尝不透纸背耶？用腕力使极软之笔自见，譬如人持一强者，使之直，则无所用力。持一弱者，欲不使之偃，则全腕之力，自然集于两指端。其实书者只知指运，而不知有腕力也。藏锋之说，非笔如钝锥之谓，自来书家从无不出锋者，只是处处留得笔住，不使直走。笔要软，软则遒；笔要长，长则灵；笔要饱，饱则腴；落笔要快，快则意出。书家燥锋曰渴笔，画家亦有枯笔，二字判然不同。渴则不润，枯则死矣。今人喜用硬笔故枯。帖教人看，不教人摹。今人只是刻舟求剑，将古人书摹画如小儿写仿本，就便形似，岂复有我？字要有气，气须从熟得来。有气则有势，大小、长短、高下、敧整，随笔所至，自然贯注，成一片段，却著不得丝毫摆布，熟后自知。中锋之法，笔提得起，自然中，亦未尝无兼用侧锋处，总为我一缕笔尖所使，虽不中亦中。乱头粗服非字也，求逸则野，求旧则拙，此处不可有半点名心。"在同书平生书旨，与梁巘之异同，具见于此。

邓石如，初名避仁宗讳，遂以字行，改字顽伯，安徽怀宁人。居皖公山下，又号完白山人。少产僻乡，鲜闻见，独好刻石，仿汉人印篆甚工。弱冠孤贫，游寿州，梁巘见其篆书，惊为笔势浑鸷，而未尽得古法。介谒江宁梅镠，都御史珏成子也。家多弆藏金石善本，尽出示之，为具衣食楮墨，使专肄习。

好《石鼓文》，李斯《峄山碑》、《泰山刻石》，汉《开母石阙》，《敦煌太守碑》，吴苏建《国山碑》，皇象《天发神谶碑》，唐李阳《冰城隍庙碑》、《三坟记》，每种临摹各百本。又苦篆体不备，写《说文解字》二十本。旁搜三代钟鼎，秦、汉瓦当，碑额。五年，篆书成。乃学汉分，临《史晨前、后碑》、《华山碑》、《白石神君》、《张迁》、《潘校官》、《孔羡》、《受禅》、《大飨》诸碑，各五十本。三年，分书成。石如篆法以二李为宗，纵横阖辟，得之史籀，稍参隶意，杀锋以取劲折，字体微方，与秦、汉当额为近。分书结体严重，约《峄山》、《国山》之法而为之。自谓："吾篆未及阳冰，而分不减梁鹄。"

客梅氏八年，学既成，遍游名山水，以书刻自给。游黄山，至歙，鬻篆于贾肆。编修张惠言故深究秦篆，时馆修撰金榜家，偶见石如书，语榜曰："今日得见上蔡真迹。"乃冒雨同访于荒寺，榜备礼客之于家。荐于尚书曹文埴，偕至京师，大学士刘墉、副都御史陆锡熊皆惊异曰："千数百年无此作矣！"时京师论篆、分者，多宗内阁学士翁方纲，方纲以石如不至其门，力诋之。石如乃去，客两湖总督毕沅，沅故好客，吴中名士多集节署，裘马都丽，石如独布衣徒步。居三年，辞归，沅为置田宅，俾终老。濒行，觞之，曰："山人，吾幕府一服清凉散也！"石如年四十六始娶，常往来江、淮间，卒，年六十三。

子传密，初名廷玺，字守之。从李兆洛学，晚客曾国藩幕。能以篆书世其家。

当乾、嘉之间，嘉定钱坫、阳湖钱伯坰，皆以书名。坫自负其篆直接阳冰，尝游焦山，见壁间篆书《心经》，叹为阳冰之亚。既而知为石如所作，摭其不合六书者以为诋。伯坰故服石如篆、分为绝业，及见其行、草，叹曰："此杨少师神境也！"复与论笔法不合，遂助坫诋之尤力。坫见《儒林传》。

伯坰，字鲁斯，自号仆射山人，尚书维城从子。少孤，力学，工诗嗜酒，广交游，以国子监生终。书学颜平原、李北海，尝曰："古人用兔毫，故书有中线，今用羊毫，其精者乃成双钩。吾躭此五十年，才十得三四。"论者谓自刘墉殁，正、行书以伯坰为第一。其执笔，虚小指，以三指包管外，与大指相拒，侧毫入纸，助怒张之势。指腕皆不动，以肘来去，斥古今相承拨镫之说。石如作书，则悬腕双钩，管随指转，两家法大殊。

吴育，字山子，江苏吴江人。与包世臣、李兆洛游，能文，工书。

谓:"下笔须使笔毫平铺纸上,乃四面圆足,此阳冰篆法,书家真秘密语。"世臣取其说。育篆书尤,工法与石如差近。

杨沂孙,字咏春,江苏常熟人。道光二十三年举人,官安徽凤阳知府。父夏锦,遂不出,自号濠叟。少学于李兆洛,治周、秦诸子。耽书法,尤致力于篆、籀,著《文字解说问伪》,欲补苴段玉裁、王筠所未备。又考上古逮史籀、李斯,折衷于许慎,作《在昔篇》。篆、隶宗石如,而多自得。尝曰:"吾书篆、籀,颉颃邓氏,得意处或过之;分、隶则不能及也。"光绪七年,卒,年六十九。沂孙同时工篆、籀者,又推吴大澂,自有传。

吴熙载,初名廷飏,以字行,后又字让之,江苏仪征人。先世居江宁,父明煌,始游扬州,善相人术。熙载为诸生,博学多能,从包世臣学书。世臣创明北朝书派,溯源穷流,为一家之学。其笔法兼采同时黄乙生、王良士、吴育、朱昂之、邓石如诸人之说。执笔,食指高钩,大指加食指、中指之间、中指内钩,小指贴名指外拒,管向左迤,后稍偃,若指鼻准。运锋,使笔毫平铺纸上,笔笔断而后起。结字计白当黑,使左右牝牡相得,自谓合古人八法、九宫之旨。熙载恪守师法,世臣真、行、藁草无不工,嗜篆、分而未致力,熙载篆、分功力尤深。复纵笔作画,亦以士气,咸丰中,卒。

与熙载同受包氏法者,江都梅植之蕴生,甘泉杨亮季子,高凉黄洵修存,余姚毛长龄仰苏,旌德姚配中仲虞,松桃杨承汪挹之。配中详《儒林传》。

植之,道光十九年举人。通经,以诗鸣,世臣尤称其书。谓其跌宕遒丽,煅炼旧拓,血脉精气,奔赴腕下,熙载未之敢先。又得琴法于吴思伯之女弟子颜夫人,独具神解。纠正思伯传谱,于古操制曲之故,辄能知之。自署所居曰稽庵。配中与有同嗜,著琴学二卷。植之五十而卒,琴法未有传书。

亮,世为将家,袭骑都尉世职。笃学敦行,江、淮间士大夫多称之。书亚于熙载。

合肥沈用熙最后出，至光绪末始卒，年近八十。毕生守师法，最为包门老弟子。

世臣叙次清一代书人为五品，分九等："平和简静，遒丽天成，曰神品；酝酿无迹，横直相安，曰妙品；逐迹寻源，思力交至，曰能品；楚调自歌，不谬风雅，曰逸品；墨守迹象，雅有门庭，曰佳品。神品一人，邓石如隶及篆书。妙品上一人，邓石如分及真书；妙品下二人，刘墉小真书，姚鼐行草书。能品上七人。释邱山真及行书，宋珏分榜书，傅山草书，姜宸英行书，邓石如草书，刘墉榜书，黄乙生行榜书；能品下二十三人，王铎草书，周亮工草书，笪重光行书，吴大来草书，赵涧草榜书，张照行书，刘绍庭草榜书，吴襄行书，翟赐履草书，王澍行书，周于礼行书，梁巘真及行书，翁方纲行书，于令淓行书，巴慰祖分书，顾光旭行书，张惠言篆书，王文治方寸真书，刘墉行书，汪庭桂分书，钱伯垧行及榜书，陈希祖行书，黄乙生小真行书。逸品上十五人，顾炎武正书，萧云从行书，释雪浪行书，郑簠分及行书，高其佩行书，陈洪绶行书，程邃行书，纪映钟行书，金农分书，张鹏翀行书，袁枚行书，朱筠藁书，朱珪真书，邓石如行书，宋熔行书，逸品下十六人，王时敏行及分书，朱彝尊分及行书，程京萼行书，释道济行书，赵青藜真及行书，钱载行书，程瑶田小真书，巴慰祖行书，汪中行书，毕涵行书，陈淮行书，姚鼐小真书，程世淳行书，李天澄行书，伊秉绶行书，张桂岩行书。佳品上二十二人，沈荃真书，王鸿绪行书，先著行书，查士标行书，汪士铉真书，何焯小真书，陈奕禧行书，陈鹏年行书，徐良行书，蒋衡真书，于振行书，赵知希草书，孔继涑行书，稽璜真书，钱沣行书，桂馥分书，翁方纲小真书，张燕昌小真书，康基田行书，钱坫篆书，谷际岐行书，洪梧小真书；佳品下十人，郑来行书，林佶小真书，方观承行书，董邦达行书，华岩行书，秦大士行书，高方书小真，金榜真书，吴俊行书，陈崇本小真书。"九品共九十七人，重见者六人，实九十一人。复增能品上一人，张琦真、行及分书；能品下三人，于书佃行书，段玉立小真及草书，吴德旋行书。佳品上六人，吴育篆及行书，方履篯分书。梅植之行书,朱昂之行书,李兆洛行书,徐准宜真书。

　　其后包氏之学盛行,咸、同以来。以书名者,何绍基、张裕钊、翁同和三家最著,并见他传。绍基宗颜平原法,晚复出入汉分。裕钊源出于包氏。同和规模闳变,不为诸家所囿,为一代后劲云。

清史稿卷五〇四
列传第二九〇

艺术三

王时敏 族侄鉴　子撰　孙原祁　原祁曾孙宸

陈洪绶 崔子忠　禹之鼎　余集　改琦　费丹旭

释道济 髡残　朱耷　宏仁　**王翚** 吴历

杨晋　黄鼎　方士庶　**恽格** 马元驭　王武

沈铨　**龚贤** 赵左　项圣谟　查士标

高其佩 李世倬　朱伦瀚　**张鹏翀**

唐岱 焦秉贞　郎世宁　张宗苍　余省　金廷标

丁观鹏　缪炳泰　**华岩** 高凤翰　郑燮　金农

罗聘　奚冈　钱杜　方薰　**王学浩** 黄均

　　王时敏,字逊之,号烟客、江南太仓人,明大学士锡爵孙。以荫官至太常寺少卿。时敏系出高门,文采早著。鼎革后,家居不出,奖掖后进,名德为时所重。明季画学,董其昌有开继之功,时敏少时亲炙,得其真传。锡爵晚而抱孙,弥钟爱,居之别业,广收名迹,悉穷秘奥。于黄公望墨法,尤有深契,暮年益臻神化。爱才若渴,四方工画者踵接于门,得其指授,无不知名于时,为一代画苑领袖。康熙十九年,卒,年八十有九。

鉴,字圆照,明尚书世贞曾孙。与时敏同族,为子侄行,而年相若。崇祯中,官廉州知府,甫强仕,谢职归。就弇园故址,营构居之,萧然世外。与时敏砥砺画学,以董源、巨然为宗,沈雄古逸,虽青绿重色,书味益然。后学尊之,与时敏匹。康熙十六年,卒,年八十。

时敏子撰,字异公。画守家法,得其具体。

孙原祁,字茂京,号麓台。幼作山水,张斋壁,时敏见之,讶曰:"吾何时为此耶?"问知,乃大奇曰:"此子业且出我右!"康熙九年成进士,授任县知县。行取给事中,寻改中允,直南书房。累擢户部侍郎,历官有声。时海内清晏,圣祖右文,几余怡情翰墨,常召入便殿,从容奏对。或于御前染翰,上凭几观之,不觉移晷。命鉴定内府名迹,充《书画谱》总裁、《万寿盛典》总裁,恩礼特异。五十四年,卒于官,年七十四。

原祁画为时敏亲授,于黄公望浅绛法,独有心得,晚复好用吴镇墨法。时敏尝曰:"元季四家,首推子久,得其神者,惟董宗伯;得其形者,予不敢让;若形神俱得,吾孙其庶几乎?"王翚名倾一时,原祁高旷之致突过之。每画必以宣德纸,重毫笔,顶烟墨,曰:"三者一不备,不足以发古隽浑逸之趣。"或问王翚,曰"太熟";复问查士标,曰"太生"。盖以不生不熟自居。中年后,供奉内廷,乞画者多出代笔,而自署名。每岁晏,与门下宾客画,人一幅,为制裘之需,好事者缄金以待。弟子最著者黄鼎、唐岱,并别有传。

原祁曾孙宸,字子凝,号蓬心。乾隆二十五年举人,官湖南永州知府。原祁诸孙,多以画世其家,惟宸最工。枯毫重墨,气味荒古。爱永州山水,自号潇湘子,有终焉之志。罢官后,贫不能归,毕沅为总督,遂往依之武昌。以诗画易酒,湖湘间尤重其画。著《绘林伐材》十卷,王昶称为"画史总龟"云。

陈洪绶,字章侯,浙江诸暨人。幼适妇翁家,登案画关壮缪像于素壁,长八九尺,妇翁见之惊异,扃室奉之。洪绶画人物,衣纹清劲,力量气局,在仇、唐之上。尝至杭州,摹府学石刻李公麟《七十二贤像》,又摹周昉《美人图》,数四不已,人谓其胜原本,曰:"此所以不及也。吾画易见好,则能事犹未尽。"尝为诸生,崇祯间,游京师,召为舍人,摹历代帝王像,纵观御府图画,艺益进。寻辞归。鼎革后,混迹浮屠间,初号老莲,至是自号悔迟。纵酒不羁,语及乱离,辄恸哭。后数年卒。子字,号小莲。画亦有名。

洪绶在京师与崔子忠齐名,号"南陈北崔"云。

子忠,一名丹,字道母,别号青蚓,山东莱阳人,寄籍顺天。为诸生,负异才。作画意趣在晋、唐之间,不屑袭宋、元窠臼。人物士女尤胜,董其昌称之,谓非近代所有。以金帛请者不应,家居常绝食。史可法赠以马,售得金,呼友痛饮,一日而金尽。为诗古文,奥博奇崛。遭乱,走居土室中,遂穷饿以死。其后画人物士女最著者,曰禹之鼎、余集、改琦、费丹旭。

之鼎,字尚吉,号慎斋,江苏江都人。幼师蓝瑛,后出入宋、元诸家,尤擅人物,绘《王会图》传世。其写真多白描,不袭李公麟之旧,而用吴道子兰叶法,两颧微用脂赭染之,弥复古雅。康熙中,授鸿胪寺序班。爱洞庭山水,欲居之,遂归。朝贵名流,多属绘图像,世每传之。

集,字秋室,浙江钱塘人。乾隆三十一年进士。工画士女,时称曰"余美人",廷试,当得大魁,因此抑之。寻充《四库全书》纂修,荐授翰林院编修,累擢侍读。所作风神静朗,无画史气,为世所重,比诸仇、唐遗迹。

琦,字伯蕴,号七芗,先世为西域人,寿春镇总兵光宗孙,因家江南,居华亭。琦通敏多能,工诗词,嘉、道后画人物,琦号最工。出入李公麟、赵孟𫖯、唐寅及近代陈洪绶诸家。花草兰竹小品,迥出尘表,有恽格遗意。

丹旭,字子苕,号晓楼,浙江乌程人。工写真,如镜取影,无不曲肖。所作士女,娟秀有神,景物布置皆潇洒,近世无出其右者。

释道济，字石涛，明楚藩裔，自号清湘老人。题画自署或曰大涤子，或曰苦瓜和尚，或曰瞎尊者，无定称。国变后为僧，画笔纵恣，脱尽窠臼，而实与古人相合。晚游江、淮，人争重之。著论画一卷，词议元妙。与髡残齐名，号"二石"。

髡残，字石溪，湖南武陵人。幼孤，自剪发投龙三三家庵。遍游名山，后至江宁，住牛首，为堂头和尚。画山水奥境奇辟，缅邈幽深，引人入胜。道济排奡纵横，以奔放胜。髡残沈著痛快，以谨严胜，皆独绝。

朱耷，字雪个，江西人，亦明宗室。崇祯甲申后，号八大山人，尝为僧。其书画题款"八大"二字每联缀，"山人"二字亦然，类"哭"类"笑"，意盖有在。画简略苍劲，生动尽致，山水精密者尤妙绝，不概见。慷慨啸歌，世以狂目之。

宏仁，字渐江，安徽休宁人，姓江，字亦奇。明诸生，亦甲申后为僧。工诗古文，画师倪瓒，新安画家皆宗之。然宏仁所作层崖陡壑，伟俊沈厚，非若世之以疏竹枯株摹拟高士者比。殁后，墓上种梅数百本，因称梅花古衲云。

自道济以下，皆明之遗民，隐于僧，而以画著。其后画僧，上睿、明中、达受最有名。

上睿，字目存，吴人。尝从王翚游，得其指授。

明中，字大恒，浙江桐乡人。晚主杭州南屏净慈。高宗南巡，赐紫衣。山水得元人法。

达受，字六舟，浙江海宁人。故名家子。耽翰墨，书得徐渭、陈道复纵逸之致。善别古器，精摹拓，或点缀折枝于其间，多古趣。阮元呼曰"金石僧"。

王翚，字石谷，号耕烟，江南常熟人。太仓王鉴游虞山，见其画，大惊异，索见，时年甫冠。载归，谒王时敏，馆之西田。尽出唐以后名迹，俾坐卧其中，时敏复挈之游江南、北，尽得观收藏家秘本。如是垂二十年，学遂成。康熙中诏征，以布衣供奉内廷。绘《南巡图》，集海内能手，逡巡莫敢下笔，翬口讲指授，咫尺千里，令众分绘而总其成。图成，圣祖称善，欲授官，固辞，厚赐归。公卿祖饯，赋诗赠行。翬天性孝友，笃于风义，时敏、鉴既殁，岁时犹省其墓。康熙五十六年，卒，年八十六。翬论画曰："以元人笔墨，运宋人邱壑，而泽以唐人气韵，乃为大成。"称之者曰："古今笔墨之龃龉不相入者，翬罗而置之笔端，融冶以出。画有南、北宗，至翬而合。"

吴历，又名子历，字渔山，号墨井道人，亦常熟人。学画于王时敏，心思独运，气韵厚重沈郁，迥不犹人。晚年弃家从天主教，曾再游欧罗巴。作画每用西洋法，云气漂渺凌虚，迥异平时。康熙五十七年卒，年八十七。当时或言其浮海不归，后于上海南郭得其墓碣，题曰"天学修士"云。翬初与友善，后绝交。王原祁论画，右历而左翬，曰："迩时画手，惟吴渔山而已。"世以时敏、鉴、翬、原祁、历及恽格，并称为六大家。同县又有杨晋、黄鼎。

晋，字子鹤。翬弟子，山水清秀，尤以画牛名，翬作图，凡有人物与轿驼马牛羊，皆命晋写之。从翬绘《南巡图》，因摹内府名迹进御。

鼎，字尊古。学于王原祁，而私淑翬，得其意。临摹古人辄逼真，尤擅元王蒙法。遍游名山，号独往客。论者谓翬看尽古今名画，下笔具有渊源。鼎看尽九州山水，下笔具有生气。常客宋荦家，梁、宋间其迹独多。

方士庶，字循远，号小师道人，安徽歙县人家于扬州。鼎弟子，早有出蓝之目。年甫逾四十卒。论者惜之。翬画派为一代所宗，世比之王士禛之诗，当时门弟子甚盛，传衍其法者益众，附著其尤者。

恽格，字寿平，后以字行，改字正叔，号南田，江南武进人。父日初，见隐逸传。格年十三，从父至闽。时王祈起兵建宁，日初依之。总督陈锦兵克建宁。格被略，锦妻抚以为子。从游杭州灵隐寺，日初侦遇之，绐使出家为僧，乃得归。格以父忠于明，不应举，擅诗名，鬻画养父。画出天性，山水学元王蒙。既与王翬交，曰："君独步矣！吾不为第二手。"遂兼用徐熙、黄筌法作花鸟，天机物趣，毕集豪端，比之天仙化人。画成。辄自题咏书之,世号“南田三绝”。虽自专意写生,间作山水,皆超逸。得元人冷淡幽隽之致。王时敏闻其名,招之,不时至。至,则时敏已病,榻前一握手而已。家酷贫,风雨常闭门饿,以金币乞画者,非其人不与。康熙二十九年卒,年五十四。子不能具丧,王翚葬之。

从父向,字道生。自明季以画著,山水得董源法,格少即师之。及格负重名,群从子弟多工画。其著者源浚,字哲长,官天津县丞。能传徐熙法,笔有生气。族曾孙钟荫之女曰冰,尤有名,详《列女传》。

其弟子尤著者:马元驭,字扶曦,常熟人。家贫,好读书。幼即工画,王翚称之。后学于格,得其逸笔,颇称入室。孙女荃,传其学,名与恽冰相匹。元驭尝以画法授同县蒋廷锡,后廷锡官禁近,以书招之,谢不往。

格人品绝高,写生为一代之冠,私淑者众,然不能得其机趣神韵。惟乾隆中华岩号为继迹。后改琦亦差得其意云。

王武,字勤中,吴县人。画花草,流丽多风,王时敏亦称为妙品,学者宗之。及格出,遂掩其上。

沈铨,字南苹,浙江德清人。工写花鸟,专精设色,妍丽绝人。雍正中,日本国王聘往授画,三年乃归,故其国尤重铨画,于格为别派。

龚贤,字半千,江南崑山人。寓江宁,结庐清凉山下,茸半亩园,隐居自得。性孤僻,诗文不苟作。画得董源法,埽除蹊径,独出幽异,自谓前无古人,后无来者。同时与樊圻、高岑、邹哲、吴宏、叶欣、胡造、谢荪号“金陵八家”。圻,字会公。造,字石公,与荪,皆江宁人。岑,字蔚生,杭州人。哲,字方鲁,吴人。宏,字远度,金溪人。欣,字荣木,华亭人。诸家皆擅雅笔,负时誉,要以贤为称首。

清初画学蔚盛,大江以南,作者尤多,各成派别,以娄东王时敏为大宗。若金陵、云间、嘉禾、新安,皆闻人迭起。

赵左,字文度,华亭人。画出于宋旭,为云间派之首,吴、松间多宗之。

项圣谟,字孔彰,嘉兴人,元汴之孙。初学文征明,后益进于古,董其昌称其与宋人血战,又得元人气韵。子奎,字东井,世其学。

同县李琪枝,字云连,日华之孙。山水淡逸,传世者梅竹为多。项、李皆名族,濡染有绪,群从多以画名。

其后雍、乾中钱纶光妻陈书,花鸟人物并工,详《列女传》。钱氏子孙及闺秀传其法者众,更盛于项、李二家。

张庚,字浦山,亦嘉兴人。学于书,深通画理,著《画征录》及《续录》,自明末至乾、嘉中,所载四百余人。

查士标,字二瞻,号梅壑,安徽歙县人。明诸生,后弃举子业,专精书画。家饶于赀,多藏鼎彝古器,及宋、元名迹。初学倪瓒,后参以吴镇、董其昌法,称逸品。晚益以幽淡为宗,疏懒罕接宾客,盖托以逃世。与同县孙逸,休宁汪之瑞,释宏仁,号"新安四家"。久寓扬州,康熙三十七年卒,年八十四。

逸,字无逸。流寓芜湖,曾绘《歙山二十四图》。

之瑞,字无瑞。豪迈自喜,渴笔焦墨,酒酣挥洒如风雨。

时当涂萧云从,字尺木。与逸齐名,山水不专宗法,兼长人物。于采石太白楼下四壁画《五岳图》,又画《太平山水》及《离骚图》,好事者并镂刻以传。

高其佩,字韦之,号且园,奉天辽阳人,隶籍汉军。父殉耿藩之难,其佩以荫官至户部侍郎。画有奇致,人物山水,并苍浑沈厚,衣纹发草篆,一袖数折。尤善指画,尝画黄初平叱石成羊,或已成羊而起立,或将成而未起,或半成而未离为石,风趣横生。画龙、虎,皆极其态。世既重其指墨,晚年以便于挥洒,遂不复用笔。其笔画之佳,几无人知之。雍正十二年,卒。甥李世倬、朱伦瀚皆学于其佩。

世倬,字汉章,总督如龙子。官至右通政。少至江南,从王翚游,得其传。后官山西,观吴道子《水陆道场图》,悟人物之法。花鸟写生,得其佩指墨之趣,易以笔运,各名一家。

伦瀚,字涵斋,明裔也,隶籍汉军。官至都统,直内廷。指画师其佩,邱壑奇而正,色淡味厚。喜作巨障,元气淋淳。指上生有肉锥,故作人物,须眉尤有神,出于天授。其后传其佩法者,有傅雯、瑛宝。

雯,字凯亭。奉天布衣,为诸王邸客,京师多其遗迹。

瑛宝,字梦禅,满洲人,大学士永贵子。以疾辞荫不仕,诗画自娱。指墨以简贵胜,深自矜许。

张鹏翀,字天飞,自号南华山人,江苏嘉定人。雍正五年进士,入翰林,官至詹事府詹事。天才超迈,诗画皆援笔立就,潇洒自适,类其为人。高宗爱其才,不次拔擢。进奉诗文,多寓规于颂。画无师承,自然入古。虽应制之作,萧散若不经意,愈见神韵。绘《春林澹霭图》,题诗进上。上赐和,鹏翀即于宫门叠韵陈谢。尝从驾西苑液池,一渡之顷,得诗八首。屡敕御舟作画,赐御笔《枇杷折枝》及《松竹双清图》,又赐双清阁书额,迭拜笔砚、文绮之赐无算。乾隆十年,乞假归,卒于途次。上眷之,久不忘,对群臣辄曰:"张鹏翀可惜!"

自康熙至乾隆朝,当国家全盛,文学侍从诸臣,每以艺事上邀宸眷。大学士蒋廷锡及子溥,董邦达及子诰,尚书钱维城,侍郎邹一桂,与鹏翀为尤著。廷锡以逸笔写生,奇正、工率、浓淡,一幅间恒间出,无不超脱。源出于恽格,而不为所囿。邦达山水源于董源、巨然、黄公望,墨法得力于董其昌,自王原祁后推为大家。久直内廷,进御之作,大幅寻丈,小册寸许,不下数百。溥、诰各承其家法。维城山水苍秀,花卉傅色尤有神采。一桂以《百花卷》被宸赏,世谓恽格后罕匹者。诸人所绘并入《石渠宝笈》,御题褒美,传为盛事。

嘉庆中,尚书黄钺由主事改官翰林,入直,画为仁宗所赏。道、咸以后,侍郎戴熙、大学士张之万,并官禁近,以画名。然国家浸以多故,视承平故事稍异焉。

唐岱,字毓东,满洲人。康熙中,以荫官参领,从王原祁学画,丘壑似原祁。供奉内廷,圣祖品题当时以为第一手,称"画状元"。历事世宗、高宗。高宗在潜邸,即喜其画,数有题咏,后益被宠遇。唐岱专工山水,以宋人为宗,少时名动公卿。直内廷久,笔法益进,人间传播者转稀。著《绘事发微》行世。

清制,画史供御者无官秩,设如意馆于启祥宫南,凡绘工、文史及雕琢玉器、装潢帖轴皆在焉。初类工匠,后渐用士流,由大臣引荐,或献画称旨召入,与词臣供奉体制不同。间赐出身官秩,皆出特赏。高宗万几之暇,尝幸馆中,每亲指授,时以为荣。其画之精美者,一体编入《石渠宝笈》、《秘殿珠林》二书。嘉庆中,编修胡敬撰《国朝院画录》,凡载八十余人,其尤卓著可传者十余人。

焦秉贞,山东济宁人。康熙中,官钦天监五官正。工人物楼观,通测算,参用西洋画法,剖析分刌,量度阴阳向背,分别明暗,远视之,人畜、花木、屋宇皆植立而形圆。圣祖嘉之,命绘《耕织图》四十六幅镂版印赐臣工。自秉贞创法,画院多相沿袭。

其弟子冷枚,胶州人,为最肖。与绘《万寿盛典图》。

陈枚,江苏娄县人。官内务府郎中。初法宋人,折衷唐寅,后亦参西洋法。寸纸尺缣,图群山万壑,人物胥备。

郎世宁,西洋人。康熙中入直,高宗尤赏异。凡名马、珍禽、琪花、异草,辄命图之,无不奕奕如生。设色奇丽,非秉贞等所及。

艾启蒙,亦西洋人。其艺亚于郎世宁。

张宗苍,字默存,江苏吴县人。学画于黄鼎。初官河工主簿。乾隆十六年南巡,献册,受特知,召入直。数年,授户部主事,以老乞归。宗苍山水,气体深厚,多以皴擦取韵,一洗画院甜熟之习,被恩遇特厚。所画著录《石渠》者,百十有六,多荷御题。

弟子徐扬、方琮最得其法,亦邀宸赏,赐扬举人,授内阁中书。

余省,字曾三,江苏常熟人。善写生,能得花外之趣。同时杨大章,亦赋色修洁。可与邹一桂颉颃,花鸟以二人为最工。

金廷标,字士揆,浙江桐乡人。南巡进白描罗汉,称旨,召入只候。廷标画不尚工致,以机趣传神。高宗题所作《琵琶行图》曰:"唐寅旧图,有琵琶伎在别船,廷标只绘白居易一人侧耳而听,别有会心。古人画意为先,非画院中人所及。"会爱乌罕进四骏,郎世宁绘之,复命廷标别作,仿李公麟法,增写执靮人,古趣出彼上。及廷标卒,上命旧黏殿壁者悉付装池,收入《石渠宝笈》。

丁观鹏,工人物,效明丁云鹏,以宋人为法,不尚奇诡。画仙佛神像最擅长,著录独多。

时有严宏滋者,南巡两次献画,所作三官神像,秀发飞扬,称为绝作,屡命画院诸人摹之。

姚文瀚,亦以人物仙佛名,亚于观鹏。

缪炳泰,字象宾,江苏江阴人。初以国子监生召绘御容。南巡,应召试。赐举人,授中书,官至兵部郎中。乾隆五十年以后御容,皆出所绘。又命绘紫光阁功臣像,人人逼肖,写真之最工者。

画院盛于康、乾两朝,以唐岱、郎世宁、张宗苍、金廷标、丁观鹏为最,宗苍所作,尤有士气,道光以后无闻焉。至光绪中,孝钦皇后喜艺事,稍复如意馆旧规,画史皆凡材,无可纪者。

华岩,字秋岳,号新罗山人,福建临汀人。慕杭州西湖之胜,家焉。画山水、人物、花鸟、草虫无不工,脱去时蹊,力追古法。有时过求超脱,然其率略处,愈不可及。工诗,有《离垢集》,古质清峭。画法脱俗,世称"三绝",可继恽格。侨居扬州最久,晚归杭州,卒,年近八十。

乾、嘉之间,浙西画学称盛,而扬州游士所聚,一时名流竞逐。其尤著者,为高凤翰、郑燮、金农、罗聘、奚冈、黄易、钱杜、方薰等。

凤翰,字西园,山东胶州人。雍正初,以荐得官,署安徽绩溪知县,被劾罢。久寓江、淮间,病偏痹,遂以左手作书画,纵逸有奇气。尝登焦山观《瘗鹤铭》,寻宋陆游题名,亲埽积藓,燃烛扪图,以败笔清墨为图,传为杰作。性豪迈不羁,藏砚千,手自镌铭,著《砚史》。又藏司马相如玉印,秘为至宝。卢见曾为两淮运使,欲观之,长跪谢不可。其癖类此。

燮，字板桥，江苏兴化人。乾隆元年进士，官山东潍县知县，有惠政。辞官鬻画，作兰竹，以草书中坚长撇法为兰叶，书杂分隶法，自号"六分书"。诗词皆别调，而有挚语。慷慨啸傲，慕明徐渭之为人。

燮同县李鱓，字复堂。举人。官山东滕县知县。花鸟学林良，多得天趣。

陈撰，字楞山，浙江鄞县人，亦居扬州。举鸿博，不就试。与鱓齐名，写梅尤隽逸。

农，字寿门，号冬心，浙江仁和人。布衣，荐鸿博，好学癖古，储金石千卷。中岁，游迹半海内，寄居扬州，遂不归。分隶小变汉法，又师《禅国山》及《天发谶》两碑。截毫端，作擘窠大字。年五十，始从事于画。初写竹，师石室老人，号稽留山民。继画梅，师白玉蟾，号昔耶居士。又画马，自谓得曹、韩法。复画佛，号心出家盦粥饭僧。其点缀花木，奇柯异叶，皆意为之。问之，则曰："贝多龙窠之类也。"性逋峭，世以迂怪目之。诗亦镵削苦硬。无子，晚手录以付其女。殁后，罗聘搜辑杂文编为集。

聘，字两峰，江都人。淹雅工诗，从农游，称高足弟子，画无不工。躯禅悦，梦入招提曰花之寺，仿佛前身，自号花之寺僧。多摹佛像，又画《鬼趣图》，不一本。游京师，跌宕诗酒，老而益贫。曾燠为两淮运使，资之归，未几卒。妻方婉仪，亦工诗画，好禅，号白莲居士。

冈，字铁生，号蒙泉，旧为歙县人，居钱塘，遂隶籍。负奇，不得志，寄于诗画。山水取法娄东，自成逸韵。竹石花木，超隽得元人意。四十后名益噪。曾游日本，海外估舶，悬金购其画。征孝廉方正，辞不就。

冈与同县黄易齐名。易父树谷，亦工书画。易详《文苑传》，笃嗜金石，每以访碑纪游作图，为世所重。画境简淡，山左多宗之。

杜，字叔美，号松壶，仁和人。屈于下僚，曾官云南经历，足迹逾万里。深挈画学,摹赵伯驹、孟頫、王蒙皆神似。间为金碧云山,妍雅绝俗。画梅疏冷出赵孟坚。兼擅诗名。著《松壶画赘》、《画忆》,多名论。

从兄东,字袖海,画近恽格,名亚于杜。

薰,字兰垞,浙江石门人。父梅,故善画,薰幼从父游吴、越间,多见名迹,接耆宿,遂兼众长。论画曰:"写生以意胜形似。"又曰:"不拘难易,须雅驯。"著《山静居论画》,以布衣终。

王学浩,字椒畦,江苏昆山人。乾隆五十一年举人。幼学画于同县李豫德,豫德为王原祁外孙,得南宗之传。学浩溯源倪、黄,笔力苍劲。论画曰:"六法,一写字尽之。写者,意在笔先,直追所见,虽乱头粗服,而意趣自足。或极工丽,而气味古雅,所谓士大夫画也。否则,与俗工何异?"又曰:"画以简为上,虽烟客、丽台,犹未免繁碎,如大痴,真未易到。大痴法固在荒率苍古中求之,尤须得其不甚著力处。"时论学浩用墨,能入绢素之骨,比人深一色。晚好用破笔,脱尽窠臼,画格一变。著《山南屋画论》。卒,年七十九。学浩享大年,道光之季,画苑推为尊宿。馆吴中寒碧山庄刘氏,坛坫甚盛。其时吴、越作者虽众,足继前哲名一家者,盖寥寥焉。

黄均,字谷原,元和人。守娄东之法,尽其能事。游京师,法式善、秦瀛为之延誉,得官,补湖北潜江主簿,未之任。于武昌臙脂山麓筑小园,居之二十年,以吏为隐。画晚而益工,于吴中称后劲。

清画家闻人多在乾隆以前,自道光后,卓然名家者,惟汤贻汾、戴熙二人,并自有传。昭文蒋宝龄著《墨林今话》,继张庚《画征录》之后,子茞生为《续编》,至咸丰初,视庚录数几倍之。其后光绪中,无锡秦祖咏著《桐阴论画》,论次一代作者,分三编,评隲较严,称略备焉。今特著其尤工者,宝龄、祖咏画亦并有法。

清史稿卷五〇五
列传第二九一

艺术四

王来咸　褚士宝　冯行贞　甘凤池
曹竹斋 潘佩言　江之桐　梁九
张涟 叶陶　刘源　唐英　戴梓
丁守存　徐寿 子建寅　华封

　　王来咸,字征南,浙江鄞县人。先世居奉化,自祖父居鄞,至来咸徙同番,从同里单思南受内家拳法。内家者,起于宋武当道士张三峰,其法以静制动,应手即仆,与少林之主于搏人者异,故别少林为外家。其后流传于秦、晋间,至明中叶,王宗为最著,温州、陈州同受之,遂流传于温州。嘉靖间,张松溪最著,松溪之徒三四人,宁波叶继美为魁,遂流传于宁波。得继美之传者,曰吴崑山、周云泉、陈贞石、孙继槎及思南,各有授受。思南从征关白,归老于家,以术教,颇惜其精微。来咸从楼上穴板窥之,得其梗概。以银卮易美樨奉思南,始尽以不传者传之。

　　来咸为人机警,不露圭角,非遇甚困不发。凡搏人皆以其穴,死穴、晕穴、哑穴,一切如铜人图法。有恶少侮之,为所击,数日不溺,谢过,乃得如故。牧童窃学其法,击伴侣,立死。视之,曰:"此晕穴"。不久果苏。任侠,尝为人报仇,有致金以仇其弟者,绝之,曰:

“此以禽兽待我也！”明末，尝入伍为把总，从钱肃乐起兵浙东，事败，隐居于家。慕其艺者，多通殷勤，皆不顾。锄地担粪，安于食贫。未尝读书，与士大夫谈论蕴籍，不知为粗人。黄宗羲与之游，同入天童，僧少焰有膂力，四五人不能掣其手，稍近来咸，蹶然负痛。来咸尝曰：“今人以内家无可眩耀，于是以外家羼之，此学行衰矣！”因为宗羲论述其学拳源流。康熙八年，卒，年五十三。宗羲子百家从之学，演其说为《内家拳法》一卷。百家后无所传焉。

清中叶，河北有太极拳，云其法出于山西王宗岳，其法式论解，与百家之言相出入。至清末，传习者颇众云。

褚士宝，字复生，江南上海人。家素封，膂力过人，好技击，游学四方。与毕昆阳、武君卿为友，遂精枪法，名曰四平枪，旋转如风，人莫能近。同邑有张擎者，虎颈板肋，力举百钧，横行为闾里患，众请士宝除之。同饮酒，擎自夸其勇，酒酣，攘臂作势，士宝徐以箸点其胸，曰：“子盍坐而言乎？”擎遂默然，少顷辞去，越日，死于桥亭。明季福王南渡，兵部员外郎何刚荐士宝为伏波营游击。未之官，南都陷，终老于家。所传弟子有王圣蕃、池天荣。天荣又传浙江提督乔照。其枪谱二种及治伤药酒方，世犹有藏之者。

冯行贞，字服之，江南常熟人。父班，以文学著。兄行贤，传其学。行贞少亦喜读书，工小词，性倜傥不羁。善射，能以后矢落前矢，投石子于百步外无不中。实鸡卵壳以矿灰，遇剧盗，辄先发鸡卵中其目。山东响马老瓜贼为行旅患，闻冯氏名，莫敢撄。从休宁程打虎及张老受枪法，驰突无敌。山行遇虎，以短枪毙之。尝为客报仇。康熙中，从康亲王杰书军南征，有功，当得官，寻弃归。侨居吴中娄门外村落，以经书教授，诗画自娱。年七十余卒。以枪法授同县陶元淳，元淳后无传者。

甘凤池，江南江宁人。少以勇闻。康熙中，客京师贵邸。力士张大义者慕其名,自济南来见。酒酣,命与凤池角,凤池辞,固强之。大义身长八尺余,胫力强大,以铁裹拇,腾跃若风雨之骤至。凤池却立倚柱,俟其来,承以手,大义大呼仆,血满靴,解视,拇尽嵌铁中。即墨马玉麟,长躯大腹,以帛约身,缘墙升木,捷于猱。客扬州巨贾家,凤池后至,居其上。玉麟不平,与角技,终日无胜负。凤池曰:"此劲敌,非张大义比!"明日又角,数蹈其瑕,玉麟直前擒凤池,以骈指却之,玉麟仆地,惭遁。凤池尝语人曰:"吾力不逾中人,所以能胜人者,善借其力以制之耳。"手能破坚,握铅锡化为水。又善导引术,同里谭氏子病瘵,医不效,凤池于静室窒牖户,夜与合背坐,四十九日而痊。

喜任侠,接人和易,见者不知为贲、育。雍正中,浙江总督李卫捕治江宁顾云如邪术不轨狱,株连百数十人,凤池亦被逮,谳拟大辟。世宗于此狱从宽,未尽骈诛。或云凤池年八十余,终于家。江湖间流传其侠事多荒诞,著其可信者。

曹竹斋,以字行,佚其名,福建人。老而贫,卖卜扬州市。江、淮间健者,莫能当其一拳,故称曹一拳。少年以重币请其术,不可。或怪之,则曰:"此皆无赖子,岂当授艺以助虐哉?拳棒,古先舞蹈之遗也,君子习之,所以调血脉,养寿命,其粗乃以御侮。必彼侮而我御之,若以之侮人,则反为人所御而自败矣。无赖子以血气事侵凌,其气浮于上。而立脚虚,故因其奔赴之势,略藉手而仆耳。一身止两拳,拳之大才数寸,焉足卫五尺之躯,且以接四面乎?惟养吾正气,使周于吾身,彼之手足近吾身,而吾之拳,即在其所近之处。以彼虚嚣之气,与吾静定之气接,则自无幸矣。故至精是术者,其征有二:一则精神贯注,而腹背皆乾滑如腊肉;一则气体健举,而额颅皆肥泽如粉粢。是皆血脉流行,应乎自然,内充实而外和平,犯而不校者也。"嘉庆末,殁于扬州,年八十余。

潘佩言,亦以字行,安徽歙县人。以枪法著称,称潘五先生。其言:"枪长九尺,而杆圆四五寸,然枪入手,则人全身悉委于杆。故必以小腹贴杆，使主运。后手必尽铮，以虎口实撼之。前手必直，令尽势。以其掌根与后手虎口反正拧绞，而虚指使主导。两足亦左虚右实，进退相任以趋势。使枪尖，前手尖、前足尖、鼻尖，五尖相对，而五尺之身，自托荫于数寸之杆，庶闭周匝，敌仗无从入犯矣。其用，有戳、有打：其法，曰二、曰叉。二以取人，又以拒人。此叉则彼二，此二则彼叉。叉二循环，两枪尖交如绕指。分寸间，出入百合，不得令相附，杆一附，则有仆者，故曰'千金难买一声响'。手同则争目，目同则争气。气之运也，久暂稍殊，而胜败分焉。故其术为至静。"

"吾授徒百数，而莫能传吾术。吾之术，受于师者才十之三，其十之七，则授徒时被其非法相取之势迫而得之于无意者也。是故名师易求，佳徒难访。佳徒意在得师，以天下之大，求之无不如意者。至名师求徒，虽遇高资妙质，足以授道而非其志之所存，不能耐劳苦以要之永久，则百贡而百见却矣。"

佩言与竹斋同时处扬州，后归歙，不知所终。

江之桐，字兰崖，安徽和州人。年十余岁，佣于江宁卖饼家，嗜读书，其主人异之。招至家，居之楼上数年，读《左传》、《国语》、《战国策》、《史记》、《汉书》、《三国志》毕。乃谢主人去，自设小肆于市。更习武艺，手臂刀矛，皆务实用，变通成法。且读书，且习艺，读稍倦，则超举翕张，以作其气。已而默坐，以凝其神，昼夜无间。至百日乃睡，睡十余日，复如之。读史善疑，质之儒生，往往无以答。其艺通绵长、俞刀、程棓、峨嵋十八棍，多取洪门，敌硬斗强，以急疾为用。复及阵图、形势、器械，皆有理解。

年六十余，始遇荆溪周济。济故绩学，自负经世之略，通武艺，好谈兵。与语大悦，延教其孙，三年而之桐卒。济之言曰："兵事至危，非得练士能临敌苦斗历三十刻，及选锋一可当三者，虽上有致果之志，下有死长之心，遇强敌不能必克。以力为本，以技济之，谓之练士。作其勇者，谓之选锋。世之便骑射、习火器，以为士卒程，事取捷速，恒不能持久。洎乎接刃，则霍然而去。故曰'巧不胜拙。

若之桐,庶为知务"。

梁九,顺天人。自明末至清初,大内兴造匠作,皆九董其役。初,明时京师有工师冯巧者,董造宫殿,至崇祯间老矣。九往执业门下,数载,终不得其传,而服事左右,不懈益恭。一日九独侍,巧顾曰:"子可教矣!"于是尽授其奥。巧死,九遂隶籍工部,代执营造之事。康熙三十四年,重建太和殿,九手制木殿一区,以寸准尺,以尺准丈,大不逾数尺许,四阿重室,规模悉具,工作以之为准,无爽。

张涟,字南垣,浙江秀水人,本籍江南华亭。少业画,谒董其昌,通其法,用以叠石堆土为假山。谓世之聚危石作洞壑者,气象蹙促,由于不通画理。故涟所作,平冈小阪,陵阜陂穷,错之以石,就其奔注起伏之势,多得画意,而石取易致,随地材足,点缀飞动,变化无穷。为之既久,土石草树,咸识其性情,各得其用。创手之始,乱石林立,踌躇四顾,默识在心。高坐与客谈笑,但呼役夫,某树下某石置某处,不假斧凿而合。及成,结构天然,奇正罔不入妙。以其术游江以南数十年,大家名园,多出其手。东至越,北至燕,多慕其名来请者,四子皆衣食其业。晚岁,大学士冯铨聘赴京师,以老辞,遣其仲子往。康熙中,卒。后京师亦传其法,有称山石张者,世业百余年未替,吴伟业、黄宗羲并为涟作传,宗羲谓其"移山水画法为石工,比元刘元之塑人物像,同为绝技"云。

叶陶,字金城,江南青浦人,本籍新安。善画山水,康熙中,祗候内廷。奉敕作畅春园图本称旨,即命佐监造,园成,赐金驰驿归。寻复召,卒于途。

刘源,字伴阮,河南祥符人,隶汉军旗籍。康熙中,官刑部主事,供奉内廷,监督芜湖、九江两关,技巧绝伦。少工画,曾绘《唐凌烟阁功臣像》,镂刻行世,吴伟业赠诗纪之。及在内廷,于殿壁画竹,凤枝两叶,极生动之致,为时所称。手制清烟墨,在"寥天一"、"青麟髓"

之上。于一笏上刻《滕王阁序》、《心经》，字画崭然。奉敕制太皇太后及皇贵妃宝范，拨蜡精绝。时江西景德镇开御窑，源呈瓷样数百种。参古今之式，运以新意，备诸巧妙。于彩绘人物山水花鸟，尤各极其胜。及成，其精美过于明代诸窑。其他御用木漆器物，亦多出监作，圣主甚眷遇之。及卒，无子，命官奠茶酒，侍卫护柩，驰驿归葬，恩礼特异焉。

　　唐英，字俊公，汉军旗人。官内务府员外郎，直养心殿。雍正六年，命监江西景德镇窑务，历监粤海关、淮安关。乾隆初，调九江关，复监督窑务，先后在事十余年。明以中官督造，后改巡道，督府佐司其事，清初因之。顺治中，巡抚郎廷佐所督造，精美有名，世称“郎窑”。其后御窑兴工，每命工部或内务府司官往，专任其事。年希尧曾奉使造器甚夥，民称“年窑”。

　　英继其后，任事最久，讲求陶法，于泥土，釉料、坯胎、火候，具有心得，躬自指挥。又能恤工慎帑，撰《陶成纪事碑》，备裁经费、工匠解额，胪列诸色瓷釉，仿古采今，凡五十七种。自宋大观，明永乐、宣德、成化、嘉靖、万历诸官窑，及哥窑、定窑、均窑、龙泉窑、宜兴窑、西洋、东洋诸器，皆有仿制。其釉色，有白粉青、大绿、米色、玫瑰紫、海棠红、茄花紫、梅子青、骡肝、马肺、天蓝、霁红、霁青、鳝鱼黄、蛇皮绿、油绿、欧红、欧蓝、月白、翡翠、乌金、紫金诸种。又有浇黄、浇紫浇绿、填白、描金、青花、水墨、五彩、锥花、拱花、抹金、抹银诸名。

　　奉敕编《陶冶图》，为图二十：曰《采石制泥》，曰《淘炼泥土》，曰《炼灰配釉》，曰《制造匣钵》，曰《圆器修模》，曰《圆器拉坯》，曰《琢器做坯》。曰《采取青料》，曰《炼选青料》，曰《印坯乳料》，曰《圆器青花》，曰《制画琢器》，曰《蘸釉吹釉》，曰《镟坯空足》，曰《成坯入窑》，曰《烧坯开窑》，曰《圆琢洋采》，曰《明炉暗炉》，曰《束草装桶》，曰《祀神酬愿》。各附详说，备著工作次第，后之治陶政者取法焉。英所造者，世称“唐窑”。

戴梓，字文开，浙江钱塘人。少有机悟，自制火器，能击百步外。康熙初，耿精忠叛，犯浙江，康亲王杰书南征，梓以布衣从军，献连珠火铳法。下江山有功，授道员札付。师还，圣祖召见，知其能文，试《春日早朝诗》，称旨，授翰林院侍讲。偕高士奇入直南书房，寻改直养心殿。梓通天文算法，预纂修律吕正义，与南怀仁及诸西洋人论不合，咸忌之。陈宏勋者，张献忠养子，投诚得官，向梓索诈，互殴构讼。忌者中以蜚语，褫职，徙关东。后赦还家，留于铁岭，遂隶籍。

所造连珠铳，形如琵琶，火药铅丸，皆贮于铳脊，以机轮开闭。其机有二，相衔如牝牡，扳一机则火药铅丸自落筒中，第二机随之并动，石激火出而铳发，凡二十八发乃重贮。法与西洋机关枪合，当时未通用，器藏于家，乾隆中犹存。西洋人贡蟠肠鸟枪，梓奉命仿造，以十枪赍其使臣。又奉命造子母炮，母送子出坠而碎裂，如西洋炸炮，圣祖率诸臣亲临视之，锡名为“威远将军”，镌制者职名于炮后。亲征噶尔丹，用以破敌。

丁守存，字心斋，山东日照人。道光十五年进士，授户部主事，充军机章京。守存通天文、历算、风角、壬遁之术，善制器。时英吉利兵犯沿海数省，船炮之利，为中国所未有。守存慨然讲求制造，西学犹未通行，凡所谓力学、化学、光学、重学，皆无专书，覃思每与暗合。大学士卓秉恬荐之，命缮进图说，偕郎中文康、徐有壬赴天津，监造地雷、火机等器，试之皆验。

咸丰初，从大学士赛尚阿赴广西参军事，会获贼党胡以旸，使招降其兄以旸，守存制一匣曰手捧雷，伪若缄书其中，俾以晚致之贼酋，酋启匣炸首死。寻槛送贼渠洪大全还京，迁员外郎。从尚书孙瑞珍赴山东治沂州团防，造石雷、石炮以御贼。寻调直隶襄办团练，上战守十六策。十年，回山东，创议筑堡日照要塞，曰涛雒。贼大举来犯，发石炮，声震山谷，贼辟易，相戒无犯。丁家堡附近之民归之，数年遂成都聚。

同治初,复至直隶,留治广平防务,筑堡二百余所。军事竣,授湖北督粮道,署按察使。充乡试监试,创法,以竹筒引江水注闸中,时以为便。濒江诸省,率仿行之。寻罢归。所著书曰《丙丁秘籥》,进御不传于外。所传者曰《造化究原》,曰《新火器说》。

徐寿,字雪村,江苏无锡人。生于僻乡,幼孤,事母以孝闻。性质直无华。道、咸间,东南兵事起,遂弃举业,专研博物格致之学。时泰西学术流传中国者,尚未昌明,试验诸器绝鲜。寿与金匮华蘅芳讨论搜求,始得十一,苦心研索,每以意求之,而得其真。尝购三棱玻璃不可得,磨水晶印章成三角形,验得光分七色。知枪弹之行抛物线,疑其仰攻俯击有异,设远近多靶以测之,其成学之艰类此。久之,于西学具窥见源委,尤精制器。咸丰十一年,从大学士曾国藩军,先后于安庆、江宁设机器局,皆预其事。

寿与蘅芳及吴嘉廉、龚芸棠试造木质轮船,推求动理,测算汽机,蘅芳之力为多;造器置机,皆出寿手制,不假西人,数年而成。长五十余尺,每一时能行四十余里,名之曰黄鹄。国藩激赏之,招入幕府,以奇才异能荐。既而设制造局于上海,百事草创,寿于船炮枪弹,多所发明。自制强水棉花药、汞爆药。

创议翻译西书,以求制造根本。于是聘西士伟力亚利、傅兰雅、林乐知、金楷理等,寿与同志华蘅芳、李凤苞、王德均、赵元益孳孳研究,先后成书数百种。寿所译述者,曰《西艺知新》及《续编》、《化学鉴原》及《续编》、《补编》、《化学考质》、《化学求数》、《物体遇热改易说》、《汽机发轫》、《营阵揭要》、《测地绘图》、《宝藏兴焉》。法津、医学,刊行者凡十三种,《西艺知新》、《化学鉴原》二书,尤称善本。

同治末,与傅兰雅设格致书院于上海,风气渐开,成就甚众,寿名益播。山东、四川仿设机器局,争延聘寿主其事,以译书事尤急,皆谢不往,而使其子建寅、华封代行,大冶煤铁矿、开平煤矿、漠河金矿经始之际,寿皆为擘画规制。购器选匠,资其力焉。无锡产桑宜蚕,西商购茧夺民利,寿考求烘茧法,倡设烘灶,及机器缫丝法,育蚕者利骤增。

寿狷介，不求仕进，以布衣终。光绪中卒，年六十七。子建寅、华封，皆世其学。

建寅，字仲虎。从父于江宁、上海，助任制造。寻充山东机器局总办，福建船政提调，出使德国二等参赞，洊擢直隶候补道。光绪末，张之洞调至湖北监造无烟火药，已成，药炸裴，殒焉，赐优恤。

华封，字祝三，性敏，为父所爱，秘说精器多授之，以制造为治生建寅、华封并从父译书行于世。

清史稿卷五〇六
列传第二九三

畴人一

薛凤祚 杜知耕　龚士燕　王锡阐

潘圣樟　方中通 揭暄　梅文鼐 子以燕

孙瑴成　曾孙钫　弟文鼏　文鼐　明安图 子新

陈际新　张肱　刘湘煃　王元启　朱鸿

博启　许如兰

　　推步之学，由疏渐密。泰西新法，晚明始入中国，至清而中西荟萃，遂集大成。圣祖聪明天亶，研究历算，妙契精微，一时承学之士，蒸蒸向化，肩背相望。二百年来，推步之学，日臻邃密，匪特辟古学之榛，芜抑且补西人之罅漏。嘉庆初，阮元撰《畴人传》，后学一再续之。唐、宋以来，于斯为盛。今甄其卓然名家者著于篇，其政事、文学登于《列传》及《儒林》、《文苑》者；西人官钦天监，厕于卿贰，各自有传者，不具列焉。

　　薛凤祚，字仪甫，淄川人。少习算，从魏文魁游，主持旧法。顺治中，与法人穆尼阁谈算，始改从西学，尽传其术，因著《算学会通正集》十二卷，《考验》二十八卷，《致用》十六卷。其曰对数比例者，乃西算以假数求真数之便法也，曰中法四线，以西法六十分为度，不便以十进位，改从古法，以百分为度，所列止正弦、余弦、正切、余切，故曰四线。其推步诸书：曰《太阳太阴诸行法原》，曰《木火土三星经行法原》，曰《交食法原》，曰《历年甲子》，曰《求岁实》，曰《五星高行》，曰《交食表》，曰《经星中星》，曰《西域回回术》，曰《西域表》，曰《今西法选要》，曰《今法表》，皆会中、西以立法。以顺治十二年乙未天正冬至为元，诸应皆从以起算，以三百六十五日二十三刻三分五十七秒五微为岁实，黄、赤道交度有加减，恒星岁行五十二秒，与《天步真元》法同。梅文鼎谓其书详于法，而无快论以发其趣，盖其时新法初行，中、西文字辗转相通，故词旨未能尽畅，然贯通其中、西，要不愧为一代畴人之功首云。

凤祚定岁实秒数为五十七，与奈端合，与穆尼阁以为四十五秒者不同，则其学非墨守穆氏可知，或讥其谨守穆尼阁成法，依数推衍，非笃论也。

杜知耕，字端甫，号伯瞿，柘城举人。精研几何，以利玛窦、徐光启所译《几何原本》复加删削，作《几何论约》七卷，后附十条，则知耕所作也。言其法似为本书所无，其理实涵各题之内，非能于本书之外别生新义也。称后附者，以别于丁氏、利氏之增题也。又杂取诸家算学，参以西人之说，依古《九章》为目，作《数学钥》六卷，言数非图不明，图非指不明，图中用甲乙等字作志者，代指也，故其书于图解尤详。梅文鼎称其图注《九章》，颇中肯綮云。

龚士燕，字武任，武进人。少颖异能文，讲求性理，旁通算术，发明蔡氏《律吕新书》，推演黄钟圜径、开方密率诸法，而于元太史郭守敬《授时术》尤得其秘。如求冬至时刻、上推百年加一算，以为岁周三百六十五日二十四刻二十五分之内，满百年消长一分。核之《春秋》日食三十七事，多与符合。又如推晦、朔、弦、望，以太阳之盈与太阴之迟，以太阴之疾与太阳之缩皆相并，为同名相从；以太阳之盈与太阴之疾，以太阴之迟缩太阳之缩皆相减，为异名相消；乃得盈缩迟疾化为加减时刻之差。以此加减朔望之大、小余分，得定朔弦望诸时刻。至盈、缩、迟、疾，郭守敬创平、立、定三差，理隐数繁，能审其机括，绘图以明之。

又如赤道变黄道之法，谓在二至后者，以度率一零八六五除赤道积度变为黄道宿度；在二分后者，以度率一零八六五乘赤道积度变为黄道宿度。凡此《授时》之术，引伸益明。其余月离五星等法，与回回、西洋诸算，遇有疑难，无不洞悉。至日、月体径有大小，交食限数有浅深，具见其奥。且悟唐顺之弧容直阔之法，以推求太阴出入黄道，在内在外，不离乎六度。自是一应七政、气朔、交食诸端，按法而推，百不失一。

康熙六年，诏募天下知算之士，于是入都。其时钦天监用《大统》算七政多不合天，奉旨在观象台每日测验，而金星比算差至十度。因修改古法，乃据七年所测表景推测太盈缩，又据日测五星行度，考其迟疾。彼此推求加减，气、闰、转、交诸应，测验皆与天合。盖其法亦本郭守敬，太阳为气应，推冬至日躔用之；太阴周天为转应，朔望用之；日月地球之运，同在一直线，视点上为交应，推日月食用之；合气盈、朔虚之奇零为闰应，推闰月用之；此外又有金、木、水、火、土同聚一宿为合应，推五星用之。

修改诸应，取顺治元年甲申为元，以应世祖章皇帝抚有中夏之祥，钦天监名为“改应法”。既改气、闰、转、交诸应，复改迟、疾限及求差诸法，又改冬至黄道日出分依步中星内法。又盈缩迟疾无积度，日食无时差，皆与天合。台官交章保荐。八年，《历书》告成，奏对武英殿，授历科博士。时有荐西人南怀仁等于朝，及其实测诸术，验且捷，遂定用西法，而古历卒不行。

十年，以疾归，著有《象纬考》一卷《历言大略》一卷。其《天体论》一卷及《暗虚》、《中星》、《交食》、《定朔》、《五星》诸论俱佚。

王锡阐，字晓庵，吴江人。兼通中、西之学，自立新法，用以测日、月食不爽秒忽。每遇天晴霁，辄登屋卧鸱吻察星象，竟夕不寐。著《晓庵新法》六卷，序曰：“炎帝八节，历之始也，而其书不传。《黄帝》、《虞》、《夏》、《殷》、《周》、《鲁》七历，先儒谓系伪作。今七历俱存，大指与汉历相似，而章蔀气朔，未睹其真，为汉人所托无疑。《太初》、《三统》，法虽疏远，而创始之功，不可泯也。刘洪、姜岌，次第阐明，何、祖专力表、圭，益称精切。自此南、北历象，率能好学深思，多所推论，皆非浅近所及。唐历《大衍》稍密，然开元甲子当食不食。一行乃为谀词以自解，何如因差以求合乎？"

又曰："明初元统造《大统历》，因郭守敬遗法，增损不及百一，岂以守敬之术果能度越前人乎？守敬治历首重测日，余尝取其表景，反覆布算，前后牴牾。余所创改，多非密率。在当日已有失食失推之咎，况乎遗籍散亡，法意无征。兼之年远数盈，违天渐远，安可因循不变耶？元氏艺不逮郭，在廷诸臣，又不逮元，卒使昭代大典，踳陋袭伪。虽有李德芳苦争之，然德芳不能推理，而株守陈言，无以相胜，诚可叹也！"

又曰："万历季年，西人利氏来华，颇工历算。崇祯初，命礼臣徐光启译其书，有《历指》为法原，《历表》为法数，书百余卷，数年而成，遂盛行于世。言历者莫不奉为俎豆。吾谓西历善矣，然以为测候精详可也，以为深知法未可也。循其理而求通，可也；安其误而不辨，不可也。姑举其概：二分者，春、秋平气之中；二至者，曰日道南、北之中也。《大统》以平气授人时，以盈缩定日躔。西人既用定气，则分、正为一，因讥中历节气差至二日。夫中历岁差数强，盈缩过多，恶得无差？然二日之异，乃分、正殊科，非不知日行之朓朒而致误也。《历指》直以怫己而讥之，不知法意一也。诸家造历，必有积年日法，多寡任意，牵合由人。守敬去积年而起自辛巳，屏日法而断以万分，识诚卓也。西历命日之时以二十四，命时之分以六十，通计一日为分一千四百四十，是复用日法矣。至于刻法，彼所无也。近始每时四分之，为一日之刻九十六。彼先求度而后日，尚未觉其繁，施之中历则窒矣。乃执西法反谓中历百刻不适于用，何也？且日食时差法之九有六，与日刻之九十六何与乎？而援以为据，不知法意二也。天体浑沦，初无度分可指，昔人因一日日躔命为一度，日有疾徐，断以平行，数本顺天，不可损益。西人去周天五度有奇，敛为三百六十，不过取便割员，岂真天道固然？而党同伐异，必曰日度为非，讵知三百六十尚非天真有此度数乎？不知法意三也。上古置闰，恒于岁终，盖历术疏阔，计岁以置闰也。中古法日趋密，始计月以置闰，而闰于积终，故举中气以定月，而月无中气者即为闰。《大统》专用平气，置闰必得其月，新法改用定气，致一月有两中气之时，一岁有两可闰之月，若辛丑西历者，不亦謷乎！夫月无平中气者，乃为积余之终，无定中气者，非其月也。不能虚衷深考，而以卤莽之习，侈支离之学，是以归余之后，气尚在晦；季冬中气，已入仲冬；首春中气，将归腊杪。不得已而退朔一日以塞人望，亦见其技之穷矣，不知法意四也。天正日躔，本起子半，后因岁差，自丑及寅。若夫合神之说，乃星命家猥言，明理者所不道。西人自命历宗，何至反为所惑，谓天正日躔定起丑初乎？况十二次命名，悉依星象，如随节气递迁，子午不妨异地，岂元枵、乌昧亦无定位耶？不知法意五也。岁实消长，昉于《统天》，郭氏用之，而未知所以当用。《元氏》去之，而未知所以当去。西人知以日行最高求之，而未知以二道远近求之，得其一而遗其一。当辨者一也。岁差不齐，必缘天运缓疾，今欲归之偶差，岂前此诸家皆妄作乎？黄、白异距，生交行之进退；黄、赤异距，生岁差之屈伸；其理一也。《历指》已明于月，何蔽于日？当辨者二也。日躔盈缩最高，干运古今不同，揆之臆见，必有定数。不惟日月星应同，但行迟差微，非毕生岁月所可测度耳。西人每诩数千年传人不乏，何以亦无定论？当辨者三也。日月去人时分远近，视径因分大小，则远近大小，宜为相似之比例。西法日则远近差多，而视径差少；月则远近差少，而视径差多。因数求理，遂会其通。当辨者四也。日食变差，机在交分，日轨交分，与月高交分不同；月高交分本道，与交于黄道者又不同。《历指》不详其理，《历表》不著其数，岂黄道一术足穷日食之变乎？当辨者五也。中限左右，日月视差，时或一东一西。交、广以南，日月视差，时或一南一北。此为视差异向与视差同向者，加减回别。《历指》岂以非所常遇，故置不讲耶？万一遇之,则学者何以立算?当辨者六也。日光射物,必有虚景,虚景者,光径与实径之所生也。暗虚恒缩,理不出此。西人不知日有光径,仅以实径求暗虚。及至推步不符,复酌损径分以希偶合。当辨者七也。月食定望,惟食甚为然,亏复四限,望有差。日食稍离中限,即食甚已非定朔。至于亏复,相去尤远。西历乃言交食必在朔、望,不用朓朒次差。当辨者八也。”

又曰:“语云‘步历甚难,辨历甚易。’盖言象纬森罗,得失无所遁也。据彼所说,亦未尝自信无差。五星经度,或失二十余分,躔离表验,或失数分,交食值此,所失当以刻计;凌犯值此,所食当以日计矣。故立法不久,违错颇多,余于《历说》已辨一二。乃癸卯七月望食当既不既,与夫失食失推者何异乎?且译书之初,本言取西历之材质,归《大统》之型范,不谓尽堕成宪,而专用西法,如今日者也。余故兼采中、西,去其疵类,参以己意,著《历法》六篇,会通若干事,改正若干事,表明若干事,增葺若干事,立法若干事。旧法虽舛,而未遽废者,两存之;理虽可知,而上下千年不得其数者,缺之;虽得其数,而远引占测,未经自信者,别见补遗,而正文仍袭其故。为日一百几十有几,为文万有千言,非敢妄云窥其堂奥,庶几初学之津梁也。”

其法:度法百分,日法百刻,周天三百六十五度二十五分六十五秒五十九微三十二纤,内外准分三十九分九十一秒四十九微,次准九十一分六十八秒八十六微,黄道岁差一分四十三秒七十三微二十六纤。列宿经纬,角一十度七十三分七十九秒,南二度一分二十三秒,亢一十度八十二分二十四秒,北三度一分一秒,氐一十八度一十六分一十四秒,北四十三分九十六秒,房四度八十三分六十三秒,南五度四十六分一十九分,心七度六十六分二秒,南三度九十七分三十八秒,尾一十五度八十二分七十八秒,南一十五度二十一分九十秒,箕九度四十六分九十六秒,南六度五十九分四十九秒,南斗二十四度一十九分八十二秒,南三度八十八分九十三秒,牵牛七度七十九分五十五秒,北四度七十五分一十七秒,婺女一十

一度八十二分二秒,北八度二十五分五十九秒,虚一十度一十二分
九十一秒,北八度八十二分七十秒,危二十度四十一分四秒,北一
十度八十五分六十二秒,营室一十五度九十二分二十秒,北一十度
七十一分七十一秒。

先是《晓庵新法》未成,作《历说》六篇,《历策》一篇,其说精核,
与新法互有详略。又隐括中、西步术,作《大统西历启蒙》。丁未岁,
因推步《大统法》作《丁未历稿》。辛酉八月朔日食,以中、西法及己
法豫定时刻分秒,至期,与徐发等以五家法同测,己法独合,作《推
步交朔测小记》。又以治历首重割员,作《图解》。测天当据仪晷,造
三晷,兼测日、月、星,因作《三辰晷志》。俱能究术数之微奥,补西人
所不逮。与同时青州薛风祚齐名,称“南王北薛”云。《历策》有云:
“每遇交会,必以所步、所测课较疏密,疾病寒暑无间,变周、改应、
增损、经纬、迟疾诸率,于兹三十年所。”亦可以想见作者实测之诣
力矣。

潘柽樟,字力田。与王锡阐同邑友善。锡阐尝馆其家,讲论算
法,常穷日夜。柽樟著《辛丑历辨》曰:“昔尧命羲和,曰以闰月定四
时成岁,盖历法首重置闰。而《春秋传》曰:‘先王之正时也,履端于
始,举正于中,归余于终’。所谓始者,取气朔分齐为历元也;所谓中
者,月以中气为定,无中气者则为闰也;所谓终者,积气盈、朔虚之
数而闰生焉也。自汉以降,历术虽屡变,未有能易此者。唯西域诸
历则不然,其法有闰年、有闰日,而无闰月。盖中历主日,而西历主
度,不可强同也。今之为西历者,乃以日躔求定气、求闰月,不惟尽
废中国之成宪,而亦自悖西域之本法矣。故十余年来,宫度既紊,气
序亦讹。如戊子之闰三月也,而置在四月;庚寅之闰十一月也,而置
在明年之二月;癸巳之闰七月也,而置在六月;己亥之闰正月也,而
置在三月。其为舛误,何可胜言! 然非深于历者,未易指摘,至于辛
丑之闰月,则其失显然无以自解矣。何也? 闰法论平气而不当论定
气,若以平气,则是年小雪在十月晦,冬至在十一月朔,而闰在两月
之间。所谓闰前之月中气在晦,闰后之月中气在朔者也。今以定气,

则秋分居九月朔,故预七月朔置闰,然后秋分仍在八月,而霜降小雪,各归其月。无如大寒定气乃在十一月朔,而十二月又无中气,既不可再置一闰,则是同一无中气之月,而或闰或否。彼所云太阳不及交宫即置为闰者,何独于此而自背其法乎?盖孟非归余之终,故天正不能履端于始,地正不能举正于中也。如此,则四时不定,岁功不成,而闰法又安用之?且壬寅正月,定朔旧法在丙子丑初,即彼法亦在丙子子正,则辛丑之季冬当为大尽,而明年正月中气复移于今岁之杪。彼亦自觉其未安,故进岁朔于乙亥,而季冬为小尽之月,皆所谓欲盖弥彰者耳。即辛丑岁朔,以彼法推,当会于亥正,而今在戌正,差至六刻,其他牴牾,更难枚举。噫!作法如是,而犹自以为尽善,可乎?盖其说以日行盈缩为节气短长,每遇日行最盈,则一月可置一气,是古有气盈、朔虚,而今更有气虚、朔盈矣。然或晦两节气而中气介其间。如丙戌仲冬,去闰稍远,犹可不论;独辛丑仲冬,冬至、大寒俱在晦朔,去闰最近,进退无据。苟且迁就,有不胜其弊者。夫闰法之主平气,行之已数千年矣,今一变其术,未久而辄穷,至于无可如何,则又安取纷更为也!”柽樟后坐法死。弟枀,亦学历算,见《文苑传》。

方中通,字位伯,桐城人。集诸家之说,著《数度衍》二十四卷,《附录》一卷。言:“《九章》皆出于句股,环矩以为圆,合矩以为方,方数为典。以方出圆,句股之所生也;少广,方圆所出也。方田、商功,皆少广所出。一方一圆,其间不齐,始出差分,而均输对差分之数,盈朒借差求均。又差分、均输所出,而以方程济其穷。度量衡原出黄钟,粟布出焉,黄钟出于方圆者也。”又言:“古法用竹径一寸长六分二百七十一而成六觚为一握,后世有珠算而古法亡矣。泰西之笔算、筹算,皆出九九。尺算即比倒规,出三角。乘莫善于筹,除莫善于笔,加减莫善于珠,比例莫善于尺。”其珠算归法,三一三十一,四一二十二之类,“十”字俱作“余”字。其尺算以三尺交加,取数只用平分一线。时广昌揭暄亦明算术,与中通论难日轮大小,得光肥影瘦之故,及古今岁差之不同,须测算消长以齐之。一昼夜人一万三千五百息,每息宗动天行十万里有奇。别录为一书,曰《揭方问答》。

揭暄,字子宜,广昌人。著《璇玑遗书》七卷,一名《写天新语》。论日月东行如槽之滚丸,而月质不变。又谓七政之小轮,皆出自然,如盘水之运旋而周遭,以行疾而成旋涡,遂成留逆。于五星西行,日月盈缩,皆设譬多方,言之近理。康熙己巳,以草稿寄梅文鼎,抄其精语为一卷,称其“深明西术,而又别有悟入,其言多古今所未发”。卒年逾八十。

梅文鼎,字定九,号勿庵,宣城人。儿时侍父士昌及塾师罗王宾仰观星象,辄了然于次舍运转大意。年二十七,师事竹冠道士倪观湖,受麻孟旋所藏台官《交食法》,与弟文鼐、文鼏共习之。稍稍发明其立法之故,补其遗缺,著《历学骈枝》二卷,后增为四卷,倪为首肯。

值书之难读者,必欲求得其说,往往废寝忘食。残编散帖,手自抄集,一字异同,不敢忽过。畴人子弟及西域官生,皆折节造访,有问者,亦详告之无隐,期与斯世共明之。所著历算之书凡八十余种。

读《元史授时历经》,欢其法之善,作《元史历经补注》二卷。又以《授时》集古法大成,因参校古术七十余家,著《古今历法通考》七十余卷。《授时》以六术考古今冬至,取鲁献公冬至证《统天术》之疏,然依其本法步算,与《授时》所得正同,作《春秋以来冬至考》一卷。《元史西征庚午元术》,西征者,谓太祖庚辰;庚午元者,上元起算之端也。历志讹太祖庚辰为太宗,不知太宗无庚辰也。又讹上元为庚子,则于积年不合。考而正之,作《庚午元算考》一卷。《授时》非诸古术所能方,郭守敬所著《历草》,乃《历经》立法之根,拈其义之精微者,为《郭太史算草补注》二卷。《立成》传写鲁鱼,不得其说。不敢妄用,作《大统立成驻》二卷。《授时术》于日躔盈缩、月离迟疾,并以垛积招差立算,而《九章》诸书无此术,从未有能言其故者,作《平立定三差详说》一卷,此发明古法者也。唐《九执术》为西法之权舆，其后有婆罗门《十一曜经》及《都聿利斯经》，皆《九执》之属。在元则有札马鲁丁《西域万年术》，在明则马沙亦黑、马哈麻之《回回术》、《西域天文书》，天顺时具琳所刻《天文实用》，即本此书，作《回回历补注》三卷，《西域天文书补注》二卷。《三十杂星考》一卷。表景生于日轨之高下，日轨又因里差变移，作《四省表景立成》一卷。《周髀》所言里差之法，即西人之说所自出，作《周髀算经补注》一卷。浑盖之器，最便行测，作《浑盖通测宪图说订补》一卷。西国以太阳行黄道三十度为一月，作《西国日月考》一卷。西术中有细草，犹《授时》之有通轨也，以历指大意櫽括而注之，作《七政细草补注》三卷。新法有《交食蒙求》、《七政蒙引》二书，并逸。作《交食蒙求订补》二卷，《附说》二卷。监正杨光先《不得已日食图》，以金环食与食甚分为二图，而各有时刻，其误非小，作《交食作图法订误》一卷。新法以黄道求赤道交食，细草用《仪象志表》，不如弧三角之亲切，作《求赤道宿度法》一卷。谓中、西两家之法，求交食起复方位，皆以东西南北为言。然东西南北惟日月行至午规而又近天顶，则四方各正其位。非然，则黄道有斜正之殊，而自亏至复，经历时刻，辗转迁移，弧度之势，顷刻易向。且北极有高下，而随处所见必皆不同，势难施诸测验。今别立新法，不用东西南北之号，惟人所见日月员体，分为八向，以正对天顶处为上，对地平处为下，上下联为直线，作十字横线，命之曰左、曰右，此四正向也；曰上左、上右，曰下左、下右，则四隅向也。乃以定其受蚀之所在，则举目可见，作《交食管见》一卷。太阳之有日差，犹月离交食之有加减时，因表说含糊有误，作《日差原理》一卷。火星最为难算、至地谷而始密，解其立法之根，作《火纬图法》一卷。订火纬表记，因及七政，作《七政前均简法》一卷。《天问略》取纬不真，而列表从之误，作《黄赤距纬图辨》一卷。新法帝星、句陈经纬刊本互异，作《帝星句陈经纬考异》一卷。测帝星、句陈二星为定夜时之简法，作《星轨真度》一卷。以上皆以发明新法算书，或正其误，或补其缺也。

康熙己未，《明史》开局，《历志》为钱塘吴任臣分修，经嘉禾徐善、北平刘献廷、毗陵杨文言,各有增定,最后以属黄宗羲,又以属文鼎,摘其讹误五十余处,以算草、通轨补之,作《明史历志拟稿》一卷。虽为《大统》而作,实以阐明《授时》之奥,补《元史》之缺略也。其总目凡三:曰《法原》,曰《立成》,曰《推布》。而《法原》之目七:曰句股测望,曰弧天割员,曰黄赤道差,曰黄赤道内外度,曰白道交周,曰日月五星平立定三差,曰里差刻漏。《立成》之目凡四:曰太阳盈缩,曰太阴迟疾,曰昼夜刻,曰五星盈缩。《推步》之目凡六:曰气朔,曰日躔,曰日离,曰中星,曰交食,曰五星。

又作《历志赘言》一卷,大意言:"明用《大统》,实即《授时》,宜详《元史》缺载之事,以补其未备。又《回回历》承用三百年,法宜备书。了郑世子历学已经进呈,宜详述。他如袁黄之《历法新书》,唐顺之、周学述之《会通回历》,以《庚午元历》之例例之,皆得附录。其《西洋历》方今现行,然崇祯朝徐、李诸公测验改宪之功,不可没也,亦宜备载缘起。"

己巳,至京师,谒李光地于邸第,谓曰:"历法至本朝大备矣,而经生家犹若望洋者,无快论以发其趣也。宜略仿元赵友钦《革象新书》体例,作简要之书,俾人人得其门户,则从事者多,此学庶将大显。"因作《历学疑问》三卷。

光地扈驾南巡,驻跸德州,有旨取所刻书籍回奏,光地匆遽未及携带,遂以所订刻《历学疑问》谨呈。求旨:"朕留心历算多年,此事朕能决其是非,将书留览再发。"二日后,召见光地,上云:"昨所呈书甚细心,且议论亦公平,此人用力深矣,朕带回宫中仔细看阅。"光地因求皇上亲加御笔,批驳改定,上肯之。

明年癸未春,驾复南巡,于行在发回原书,面谕光地:"朕已细细看过。"中间圈点涂抹及签贴批语,皆上手笔也。光地复请此书疵缪所在,上云:"无疵病谬,但算法未备。"盖其书本未完成,故圣谕及之。未几,圣祖西巡,问隐沦之士,光地以关中李永、河南张沐及文鼎三人对。上亦夙知永及文鼎,乙酉二月,南巡狩,光地以抚臣扈从,上问:"宣城处士梅文鼎焉在?"光地以"尚在臣署"对。上曰:"朕归时，汝与偕来，朕将面见。"四月十九日，光地与文鼎伏迎河干，越晨，俱召对御舟中，从容垂问，至于移时，如是者三日。上谓光地曰："历象算法，朕最留心，此学今鲜知者，如文鼎，真仅见也。其人亦雅士，惜乎老矣！"连日赐御书扇幅，颁赐珍馔，临辞，特赐"绩学参微"四大字。越明年，又命其孙毂成内廷学习。

五十三年，毂成奉上谕："汝祖留心律历多年，可将《律吕正义》寄一部去，令看，或有错处，指出甚好。夫古帝有'都俞吁咈'四字，后来遂止有'都俞'，即朋友之间，亦不喜人规观，此皆是私意。汝等须竭力克去，则学问长进。可并将此意写与汝祖知之。"恩宠为古所未有。

文鼎图注各省直及蒙古各地南北东西之差，为书一卷，名《分天度里》。地既浑员，则所云二百五十里，纬度则然，若经度离赤道远，则里数渐狭。故惟路正东西行，自有一定算法；路或斜行，则其法不可用为立法。若两地各有北极高度，又有相距之经度，而无相距里数，是有两边一角，而求余一角，即可以知斜距之里。若先有斜距之里数而求经度，是为三边求角，亦可以知相距之经度。其法并用斜弧三角形立算，可与月食求经度之法相参，而且简易的确。

文鼎于测算之图与器，一见即得要领，古六合、三辰、四游之仪。以意约为小制，皆合。又自制为月道仪，揆日测高诸器，皆自出新意。尝登观象台，流览新制六仪，及元郭守敬简仪，明初浑球，指数其中利病，皆如素习。其书有《测器考》二卷，又《自鸣钟说》一卷，《壶漏考》一卷，日《晷备考》一卷，《赤道提晷》一卷，《勿庵揆日器》一卷，《加时日轨高度表》一卷，《揆日测说》一卷，《璇玑尺解》一卷，《测量定时简法》一卷，《勿庵测望仪式》一卷，《勿庵仰观仪式》一卷，《月道仪式》一卷。

其说曰："月道出入于黄道，犹黄道之出入于赤道也。自古及今，未有为之仪器者。今依浑盖北密南疏之度，以黄极为枢，而月道半在其内，半出其外，则月纬大小之理，及正交、中交、交前、交后之法，可以众著。仪以铜为之，略如浑盖，其上盘为月道，亦如浑盖天盘之黄道圈；其下盘黄道经纬，分宫分度，并以黄极为心，而尽边以黄纬九十五度少半为限。出黄道南五度少半，月道所到也。"

礼部郎中李焕斗尝从文鼎问历法，作《答李祠部问历》一卷。沧州老儒刘介锡同客天津，问历法，作《答刘文学问天象》一卷。又言生平于难读之书，每手疏而携诸箧，以待明者问之，于历学尤多，作《思问编》一卷。纬度以测日高，因知北极为用甚博，古用二至二分，今则逐日可测，承友人之问，作《七十二候太阳纬度》一卷。潘天成从文鼎学历，而苦于布算，作《写历步历法》一卷授之。又《授时步交食式》一卷。文鼎季弟文㷍之稿也。《步五星式》六卷，文鼎与其仲弟文㷍共成之者也。

文鼎每得一书，皆为正其讹阙，指其得失，又《古历列星距度考》一卷，从残坏之本，寻其普天星宿，入宿去极度分，中缺二星，又从闽中林侗写本补完之，而断以为《授时》之法。万历中利玛窦入中国，始倡几何之学，以点线面体为测量之资，制器作图，颇为精密。学者张皇过甚，未暇深考，辄薄古法为不足观；而株守旧法者，又斥西人为异学：两家之说，遂成隔碍。文鼎集其书而为之说，用筹、用尺、用笔，稍稍变从我法。若三角、比例等，原非中法可该，特为表出。古法方程，亦非西法所有，则专著论，以明古人之精意不可湮没。又为《九数存古》，以著其概。总为《中西算学通例》一卷。

余分九种：一，《勿庵筹算》七卷。二，《笔算》五卷，皆易横为直，以便中文。三，《度算》一卷，原无算例，其弟文鼐补之，而参以嘉禾陈荩谟尺算用法。又有矩算，用一尺一方板，则文鼎所创。四，《比例数解》四卷。释穆尼阁所译之对数。五，《三角法举要》五卷。其目有五：曰测量名义，曰算例，曰内容外切，曰或问，曰测量。六，《方程论》六卷，安溪李鼎徵为刻于泉州。七，《几何摘要》三卷，就《原本》删繁补遗。八，《句股测量》二卷，就《周髀》、《海岛》诸术，录要以存古意。九，《九九数存古》十卷，九数即《九章》隶首之法，仅存者《九章》之目耳。后有作者，莫能出其范围。

外有书一十七种为《续编》：一，《少广拾遗》一卷。古有一乘方至九乘方相生之图，而莫详所用。后或增之至十乘，惟四乘方与十乘方不可借用他法，因为推演至十二乘方，有条不紊。二，《方田通法》一卷，算家有捷田二十三法，广之为百二十有四。三，《几何补编》四卷。《几何原本》六卷，止于测面，七卷以后，未经译出，取测量全义量体诸率，实考其作法根源，以补原书之未备。而原书二十等面体之说，向固疑其有误者，今乃得其实数。又《原本》理分中末线，但有求作之法，而莫知所用。今依法求得十二等面及二十等面之体积，因得其各体中棱线及棱心对角诸线之比例。又两体互相容及两体与立方、立员诸体相容各比例，并以理分中末线为法，乃知此线不为徒设。四，《西镜录订注》一卷。五，《权度通几》一卷。重学为西术一种，载于《比例规解》者多讹误，今以南勋卿《仪象志》互相订补，其数始真。六，《奇器补注》二卷，关中王公徵《奇器图说》所述引重转木诸制，并有裨于民生日用，而又本于西人重学，以明其意。尝以书史所传，如汉杜诗作水鞴以便民，及王氏《农书》诸水器之类，赌记所及，如刘继庄《诗集》载筒车灌田法，稍为辑录，以补其所遗，而图与说不相应者正之，以西字为识者易之。七，《正弦简法补》一卷。《大测》诸书，言作《八线表》之法详矣，薛凤祚书有用矢线求度法，为之作图，以明其意。因得两法，在六宗、三要之外，而为用加捷。两法者，一曰正弦方幂倍而退位得倍弧之矢，一曰正矢进位折半得半弧正弦上方幂。八，《弧三角举要》五卷。历书皆三角法也，内分二支：一曰平三角，一曰弧三角。凡历法所测，皆弧角也，弧线与直线不能为比例，则剖析浑员之体，而各于弧线中得其相当直线。即于无句股中寻出句股，此法之最奇而确者。弧三角之用法虽多，而其最著明者，为黄赤交变一图。反覆推论，了如列眉，熟此一端，则其余不难推及矣。《测量全义》第七、第八、第九卷专明此理，而举例不全，且多错谬。其散见诸历指者，仅存用数，无从得其端倪。《天学会通》圈线三角法，作图草率，往往不与法相应。一以正弧三角为纲，仍用浑仪解之。正弧三角之理，尽归句股。参伍其变，斜弧三角之理，亦归句股矣。其目：曰弧三角体式，曰正弧句股，曰求余角法,曰弧角比例,曰垂线,曰次形,曰垂弧捷法,曰八线相当。
九,《环中黍尺》五卷。《举要》中弧度之法已详,然更有简妙之用宜
知。《测量合义》原有斜弧两矢较之例,所立图姑为斜望之形,而无
实度可言。今一以平形正仪为主,凡可以算得者,即可以器量。浑
仪真象,呈诸片楮,而经纬历然,无丝毫隐伏假借。至于加减代乘除
之用,历书举其名不详其说,疑之数十年,而后得其条贯,即初数次
数甲数乙数诸法。其目:曰总论,曰先数后数,曰平仪论,曰三极通
几,曰初数次数,曰加减法,曰甲数乙数,曰加减捷法,曰加减又法,
曰加减通法。十,《堑堵测量》二卷。古法斜剖立方,成两堑堵形,堑
堵又剖为二,成立三角,立三角为量体所必需,然此义皆未发。今以
浑仪黄赤道之割切二线成立三角形,立三角本实形,今诸线相遇成
虚线,与实形等,而四面皆句股,西法通于古法矣。又于余弧取赤道
及大距弧之割切线,成句股方锥形,亦四面皆句股,即弧度可相求,
亦不言角,古法通于西方矣。二者并可以坚楮为仪象之,则八线相
为此例之理,了如掌纹,而郭守敬员容言直矢接句股方法,不烦言
说而解。其目:曰总论,曰立三角摘要,曰浑员内容立三角,曰句股
锥,曰句股方锥,曰方堑堵容员堑堵,曰员容方直仪简法,曰郭太史
本法,曰角即弧解,十一,《用句股解几何原本之根》一卷,几何不言
句股,而其理莫能外。故其最难通者,以句股释之则明。惟理分中
末线似与句股异源,今为游心于立法之初,仍不外乎句股,益信古
句股义包举无遗。徐光启译《大测表》,名之曰《割圜句股八线表》,
其知之矣。十二,《几何增解数则》。其目有四:曰以方斜较求斜方,
曰切线角与员内角交互相应,曰量无法四边形捷法,曰取平行线简
法。并就几何各题而增,不入《补编》,附前条共卷。十三,《仰观覆
矩》二卷。一查地平经度为日出入方位,一查赤道经度为日出入时
刻,并依理差,用弧三角立算,与历书法微别。十四,《方员幂积》二
卷。历书周径率至二十位,然其入算,仍用古率十一与十四之比例,
岂非以乘除之际难用多位屿?今以表列之,取数殊易,乃为之约法,
则径与周之比例即方、员二幂之比例,亦即为立方、立员之比例,殊

为简易直捷。十五,《丽泽珠玑》一卷。友朋之益,取其有关算学者。十六,《算器考》一卷。十七,《数学星槎》一卷。

文鼎《历学疑问》,曾呈御览,后又引申其说,作《历学疑问补》二卷,皆平正通达,可为步算家准则。

文鼎为学甚勤,刘辉祖同舍馆,告桐城方苞曰:“吾每寐觉,漏鼓四五下,梅君犹构灯夜诵,乃今知吾之玩日而愒时也。”居京师时,裕亲王以礼延致朱邸,称梅先生而不名。李文贞公命子钟伦从学,介弟鼎徵及群从皆执弟子之礼。宿迁徐用锡,晋江陈万策,景州魏廷珍,河间王兰生,皆以得与参校为荣。家多藏书,频年游历,手抄杂帙不下数万卷。岁在辛丑,卒,年八十有九。上闻,特命有地治者经纪其丧,士论荣之。

子以燕,字正谋。康熙癸酉举人。于算学颇有悟入,有法与加减同理,而取径特殊,能于《恒星历指》中摘出致问,文鼎所谓“能助余之思”也。早卒。

珏成,字玉汝,以燕子。文鼎疑日差既有二根,即宜列二表,珏成以为:“定朔时既有高卑盈缩之加减矣,复用于此,岂非复乎?”文鼎因其说,然后悟交食之非缺,比之童乌九岁能与《太元》。康熙乙未进士,改编修,与修国史。珏成肄蒙蒙养斋,以故数学日进。御制《数理精蕴》,《历象考成》诸书,皆与分纂。所著《增删算法统宗》十一卷,《赤水遗珍》一卷,《操缦卮言》一卷。

明代算家,不解立天元术,珏成谓立天元一即西法之借根方,其说曰:“尝读《授时历草》求弦矢之法,先立天元一为矢,而元学士李冶所著《测圜海镜》,亦用天元一立算。传写鲁鱼,算式讹舛,殊不易读。明唐荆川、顾箬溪两公互相推重,自谓得此中三昧。荆川之说曰:‘艺士著书,往往以秘其机为奇,所谓天元一云尔,如积求之云尔,漫不省其为何语。’而箬溪则言:‘细考《测圜海镜》,如求城径,即以二百四十为天元,半径即以一百二十为天元,即知其数,何用算为?似不必立可也’。二公之言如此,余于顾说颇不谓然,而无以解也。后供奉内廷,蒙圣祖仁皇帝授以借根之法,且谕曰:‘西人名此书为《阿尔熟八达》，译言东来法也'。敬受而读之，其法神妙，诚算法之指南，而窃疑天元一术之颇与相似。复取《授时历草》观之，乃焕然冰释，殆名异而实同，非徒似之而已。夫元时学士著书，台官治历，莫非此物。乃历久失传，犹幸远人慕化，复得故物。东来之名，彼尚不忘所自，而明人视若赘疣而欲弃之。噫！好学深思如唐、顾二公，尚不能知其意，而浅见寡闻者，又何足道哉？"

明史馆开，珏成与修《天文》、《历志》，呈总裁书曰："一《历志》半系先祖之蘽，但屡经改窜，非复原本，其中讹舛甚多。凡有增删改正之处，皆逐条签出。一，《天文志》不宜入《历志》，拟仍另编。盖历以钦若授时，置闰成岁，其术委曲繁重，其理精微，为说深长。且有明二百七十余年沿革非一事，造历者非一家，皆须入志。虽尽力删削，卷帙犹繁。若加入《天文志》之说，则恐冗杂不合史法。自司马氏分《历》与《天官》为二书，历代因之，似不可易。一，《天文志》例载天体、星座、次舍、仪器、分野等事，《辽史》谓天象千古不变，历代之志天文者近于衍，其说似是而非。盖天象虽无古今之异，而古今之言天者，则有疏密之殊。况恒星去极，交宫中星，晨昏隐现，岁岁有差，安得谓千古不易？今拟取天文家精妙之说著于说；其不足信者，拟削之。"

又《时宪志用图论》曰："客问于梅子曰：'史以纪事，因而不创。闻子之志《时宪》也用图，此固《廿一史》所无，而子创为之，宜执事以为非体而欲去之也。而子固执已见，复呶呶上言，独不记昌黎之自讼乎？吾窃为子危之！'梅子曰：'吾闻史之道贵信而直，余本不愿为史官，总裁谓《时宪》、《天文》两志非专家不能办，不以为固陋而委任之。余既不获辞，不得不尽其职。今客谓旧史无图而疑余之创，窃谓史之记事，亦视其信否耳，因，创非所计也。夫后史之增于前者多矣，《汉书》十志，已不侔于八书，而《后汉皇后本纪》，与《魏书》之志《释老》，《唐书》之传《公主》，《宋史》之传《道学》，皆前史所无，又何疑于国史用图之为创哉？且客未读《明史》耶？《明史》于割员弧矢、月道距差诸图，备载《历志》，何《明史》不疑为创，而顾疑余乎？'

客曰：'后史增于前者，必非无因，若《明史》之用图，亦有说欤！'梅子曰：'疑以传疑，信以传信，《春秋》法也，作史者谁能易之？古之治历者数十家。大率不过增损日法，益天周，减岁余，以求合一时而已。即《太初》之起数钟律，《大衍》之造端蓍策，亦皆牵合，并未能深探天行之故，而发明其所以然之理。本未尝有图，史臣何从取而载之？至元郭太史修《授时》，不用积年日法，全凭实测，用句股割员以求弦矢，于是有割员诸图载于《历草》。作《元史》时，不知采摭，则宋、王诸公之疏也。明之《大统》，实即《授时》。本朝纂修《明史》诸公，以义非图不明，遂采《历草》入志，其识极超。复经圣君贤相鉴定，不以为非体而去之，俾精义传于无穷，洵足开万古作史者之心胸矣。至于《时宪》立法之妙，义蕴之奥，悉具于图，更不可去。如必以去图为合体，岂以《明史》为非体，而本朝之制不足法欤？且客亦知《时宪》之图所自来乎？我圣祖仁皇帝悯绝学之失传，留心探索四十余年，见透底蕴，始亲授儒臣，作图立说，以阐明千古不传之秘，即《御制历象考成》是也。余亲承圣训，实与汇编之列。彼前辈纂修《明史》，尚不忍没古人之善，创例以传之。而余以承学之臣，恭纪御制，顾恐失执事之意，而迁就迎合，以致圣学不彰，贻误后学，尚得谓之信史乎？不信之史，人可塞责，而何用余越俎而代之？余之呶呶，非沽直，不得已也。然则韩子之自讼，亦谓其言之可以已者耳。使韩子果务为容悦以求幸免，则《诤臣》之论，《佛骨》之表，又何为若是其侃侃哉？'客唯唯而退。"

又《仪象论》曰："齐政授时，仪象与算术并重。盖非算术，无以预推节候以前民用；非仪象，无以测现在之行度，以验推步之疏密，而为修改之端也。《虞书》'璇玑玉衡'，为仪象之权舆，其制不传。汉人创造浑天仪，即玑衡遗制，唐、宋皆仿为之。至元始有简仪、仰仪、窥几、景符等器，视古加详矣。明于齐化门南倚城筑观象台，仿元制作浑仪、简仪、天体三仪，置于台上，台下有晷影堂，圭表壶漏，国初因之。康熙八年，命造新仪，十一年，告成，安置台上，其旧仪移藏他室。五十四年，西人纪理安欲炫其能而灭弃古法，复奏制象限仪，遂将所遗旧器用作废铜,仅存明仿元浑仪、简仪、天体三仪而已。所制象限仪成,亦置台上。按《明史》云:‘嘉靖间修相风杆及简、浑二仪,立四大表以测晷影,而立运仪、正方案、悬晷、偏晷,具备于观象台,一以元法为断。’余于康熙五十二三年间,充蒙养斋汇编官,屡赴观象台测验。见台下所遗旧器甚多,而元制简仪,仰仪诸器,俱有王珣、郭守敬监造姓名。虽不无残缺,然睹其遗制,想见创造苦心,不觉肃然起敬也。乾隆年间,监臣受西人之愚,屡欲废台下余器作铜送制造局,赖廷臣奉请存留,礼部奉旨查检,始知仅存三仪,殆纪理安之烬余也。夫西人欲藉技术以行其教,故将尽灭古法,使后世无所考,彼益得以居奇,其心叵测。乃监臣无识,不思存什一于千百,而反助其为虐,何哉?乾隆九年冬,有旨移置三仪于紫微殿前,古人法物,庶几可以永存矣。”

又论句股曰:“句股和较相求,言算学者莫不留心,其法可谓详且备矣,未有以句股积与句弦和较为问者。元学士李冶著《测圆海镜》,用余句、余股立算,神明变化,几如五花八门,亦未及此。岂俱未计及耶?抑有其法而遗之耶?《统宗少广章》内,虽有句股积及句弦较两题,乃偶合于句三股四之数,非通法。昔待罪蒙养斋,汇编《数理精蕴》,意欲立法以补其缺。先用平方辗转推求,皆不能御,思之累日,而后得用带纵方立求句股二法。”卒,年八十有三,谥文穆。

钫,字导和,珏成第四子也。珏成纂《丛书辑要》六十余卷,图皆所绘。删订《统宗》图,十之七八,皆出其手。年二十六,卒。

文鼏,字和仲,文鼐从弟也。初学历时,未有五星通轨,无从入算。与兄鼎取《元史历经》,以三差法布为五星盈缩立成,然算之,共成《步五星式》六卷。早卒。

文鼐,字尔素,文鼏季弟也。著《中西经星同异考》一卷。以三垣二十八宿星名,依《步天歌》次第,胪列其目,而以中、西有无多寡分注其下,载古歌、西歌于后。古歌即《步天歌》,西歌则利玛窦所撰《经天该》也。其南极诸星,则据汤若望《算书》及南怀仁《仪象志》,为考证补歌,附子于末。其《发凡》略言:“齐七政,非先定恒星,则无从著手。故曰：‘七政如乘传，恒星其地志也；七政如行棋，恒星其楸局也。’曰‘恒’者，谓其终古不易。曰‘经’者，谓其不同纬星南北行，‘经’亦有‘恒’之义焉。是编专以中、西两家所传之星歌星名考其多寡同异，故曰《经星同异考》。星官之书，自黄帝始，重黎、羲和，志天文者，纷糅不一。汉张衡云：‘中外之官常明者百有二十四，可名者三百二十，为星二千五百，微星之数盖万一千五百二十。’至三国时，太史令陈卓始列甘、石、巫咸三家所著星，总二百八十三官，一千四百八十四星。自唐以来，以仪考测，迨宋《两朝志》，始能言某星去极若干度，入某星若干度，为说较详。此中国之言星学者。西儒星学远有端绪，据其书所译，周赧王丙寅古地末一测，汉永和戊寅多禄某一测，明嘉靖乙酉尼谷老一测，万历乙酉第谷一测，崇祯戊辰汤若望一测。国朝康熙壬子，南怀仁著《仪象志》，又依岁差改定黄经及赤经。今依南公《志》《表》，稽其大小，分为六等。一等大星一十有六，二等星六十有八，三等星二百有八，四等星五百一十有二，五等星三百四十有二，六等星七百三十有二，总计一千八百七十八。其微茫小星，则不能以数计。此泰西之学也。”

　　文鼎又有累年算稿，文鼎为录存，名曰《授时步交食式》一卷。又有《几何类求新法》，算书中比例规解，本无算例，文鼎作《度算》，用文鼎所补，而参之以陈盖谟尺算用法。

　　明安图，字静庵，蒙古正白旗人。官钦天监监正。受数学于圣祖，预修《御定历象考成后编》、《御定仪象考成》。因西士杜德美用连比例演周径密率及求正弦、正矢之法，知其理深奥，索解未易，因积思三十余年，著《割圆密率捷法》四卷。一曰步法，于杜氏三法外，补创弧背求通弦、求矢法，仍杜氏，但通加一四除耳。又弦、矢求弧背，并通弦、矢求弧背，凡六法，合杜氏共成九法。其弦求弧背法，以弦为连比例二率，半径为一率，求得二、四、六、七、八、十诸率，以一、三、五、七、九之五数各自乘，为累次乘数。二、三、四、五、六、七、八、九相挨，两两相乘，为累次除数，即用二率为第一得数。复置四

率，以第一乘数乘之，第一除数除之，为第二得数。又置六率，以第
一、第二乘数乘之，第一、第二除数除之，为第三得数。又置八率，以
第一、第二、第三乘数乘之，以第一、第二、第三除数除之，为第四得
数。如是累求，至所得数只一位止，乃并之，即所求之弧背也。矢求
弧背法，倍正矢为连比例三率，亦以半径为一率，求得五、七、九、十
一诸率。以一、二、三、四、五之五数各自乘，为屡次乘数，三、四、五、
六、七、八、九、十相挨，两两相乘，为屡次除数，即用三率为第一得
数。复置五率，以第一乘数乘之，第一除数除之，为第二得数。又置
七率，以第一、第二乘数乘之，第一、第二除数除之，为第三得数。又
置九率，以第一、第二、第三乘数乘之，第一、第二、第三除数除之，
为第四得数。如是累求，至所得数只一位而止。开平方，即所求之
弧背也，通弦求弧背，亦各加一四除。矢求弧背，则三率又多加一
四。因更创余弧求弦矢，余弦矢求本弧，及借弧与正，余弦互求四
术。二曰用法，以角度求八线，及直线、弧线、三角形边角相求，共设
七题。谓今法所以密于古者，以用三角形也。然三角形非用《八线
表》不能相求，惟用此法，以之立表则甚易，以之推三角形，则不用
表而得数同。三、四两卷曰法解，皆阐明弦矢与弧背相求之根，其法
先以一分弧通弦求二分弧通弧弦之数，次以一分、二分弧通弦求三
分、四分全弧通弦之数。又因二分、五分相乘得十分，十分自乘得百
分，十分、千分相乘得万分，遂以半径为一率，一分弧通弦为二率，
各如相乘之率数，求得十、万、千万诸分弧率数。比例得弧背求通
弦，应减四率二十四分之一，六率八十分之一，减八率一百六十八
分之一，加十率二百八十八分之一，减十二率四百四十分之一，加
十四率六百二十四分之一，减十六率八百四十分之一。各四归之，
则二十四得六，为二三相乘数；八十得二十，为四五相乘数；一百六
十八得四十二，为六七相乘数。二百八十八得七十二，为八九相乘
数。四百四十得一百一十，为十与十一相乘数。六百二十四得一百
五十六，为十二与十三相乘数。八百四十得二百一十，为十四与十
五相乘数。故以二、三、四、五、六、七、八、九等数两数两相乘，为屡

次除数。又以通弦求得二率一分多,四率一分,六率九分,八率二百二十五分,十率一万一千二十五分,十二率八十九万三千二十五分,十四率一亿八百五万六千二十五分,得后率分数为实。各递降二等,使二率降为四率,四率降为六率,得前率分数为法。以法除实,得四率一分,为一自乘数;六率九分,为三自乘数;八率二十五分,为五自乘数;十率四十九分,为七自乘数;十二率八十一分,为九自乘数;十四率一百二十一分,为十一自乘数;十六率一百六十九分,为十三自乘数:故以一、三、五、七、九等数各自乘为屡次乘数。次求通弦法,求得十、百、千、万诸分弧正矢率数,比例得弧背求正矢,应减五率十二分之一,加七率三十分之一,减九率五十六分之一,加十一率九十分之一,减十三率一百三十二分之一,加十五率一百八十二分之一,减十七率二百四十分之一;而十二为三四相乘数,三十为五六相乘数,五十六为七八相乘数,九十为九与十相乘数,一百三十二为十一与十二相乘数,一百八十二为十三与十四相乘数,二百四十为十五与十六相乘数,故以三、四、五、六、七、八、九等数两两相乘,为屡次除数。又以正矢求得五率一分多,七率四分,九率三十六分,十一率五百七十六分,十三率一万四千四百分,十五率五十一万八千四百分,十七率五千五百四十万一千六百分,为后率分数,各递降二等为前率分数。如前通弦法,除得五率一分为一自乘数,七率四分为二自乘数,九率九分为三自乘数,十一率十六分为四自乘数,十三率二十五分为五自乘数,十五率三十六分为六自乘数,十七率四十九为七自乘数,故以一、二、三、四、五等数各自乘,为屡次乘数。书未成而卒,子新续之。

　　新,字景臻,安图季子。充食俸生。安图病且革,以所著《捷法》授之,新遵父命,与门下士陈际新、张肱共续成之。

　　陈际新,字舜五,宛平诸生。官灵台郎,为监正。续明安图《割员密率捷法》,寻绪推究,质以生前面授之言。至乾隆甲午,始克成书。

　　刘湘煃,字允恭,江夏人。闻梅文鼎以历算名当世,鬻产走千余里,受业其门,湛思积悟,多所创获,文鼎得之甚喜,曰:"刘生好学精思进,启予不逮!"其与人书曰:"金、水二星,《历指》所说未彻,得刘生说,而后二星之有岁轮,其理确不可易。"因以所著《历学疑问》属之讨论,湘煃为著《订补》三卷。又谓历法自汉、唐以来,五星最疏,故其迟、留、伏、逆皆入于占,至元郭守敬出,而五星始有推步经度之法,而纬则犹未备。西法旧亦未有纬度,至地谷而后有五星纬度,已在守敬后矣。历书有法原、法数,并为历法统宗。法原者,七政与交食之历指也。法数者,七政与交食经纬之表也。故历指实为造表之根本。今历所载金、水,历指如其法以造表,则与所步之表不合,如其表以推算测天,则又密合,是历虽有表数,而犹未知立表之根也。"乃作《五星法象》五卷,文鼎深契其说,摘其要目为《五星纪要》。

　　湘煃又欲为浑盖通宪天盘安星之用,以戊辰历元加岁差,用弧三角法,作《恒星纪纬表根》一卷,及《月离交均表根》、《黄白距度表根》各一卷,皆补新法所未及也。所著又有《论日》、《月食算稿》各一卷,《各省北极出地图说》一卷,《答全椒吴荀淑历算十问书》一卷。

　　王元启,字宋贤,号惺斋,嘉兴人。乾隆辛未进士,将乐县知县,究心律历句股之学,著书已刻者为《惺斋杂著》。内有《史记》、《汉书正讹》两种,其正《史记》之讹者,为《律书》、《历书》、《天官书》各一卷;正《汉书》之讹者,为《律历志》上下二卷。未刻者为《历法记疑》、《句股衍》、《角度衍》、《九章杂论》。而《句股衍》一书,因繁求简,最为精晰。分甲、乙、丙三集,甲书《术原》三卷,乙集《纲要》二卷,丙集《晰义》四卷。甲集首卷通论术原,为句股因积求边张本。二卷专论立方,因及平方法。三卷专论和数开立方,所以尽天方诸数之变。乙集两卷,为相求法百二十三则之纲要。丙集四卷,即相求法,逐则分晰,其义专取发明立法之意。

　　其《总序》曰:"句股弦相求法,参以和较,凡得七十八则,求句股中函数。又有幂积求容员、容方、容纵方，及依弦作底求容方，与句股求外方、外员之数。又有积数与句股和较相求容方，与句股余数相求之法。综而计之，凡得二十九则。立表测量，得求高、求远、求深三则，重表亦然。旧算书多简略，详者又苦错出无绪。间尝力为区别，使各以类从，先定相求法百十三则。甲申仲秋，复理前绪，逐一布算，捷于旧法，而旧法仍附见，以资参考。至以中函积与弦之所和、所较相求而得句、股、弦之正数，旧法罕见，今亦窃拟一法，以附于后。又别创截弦分两，及补句求股、补股求句之法，分为六则，使不成句股之形，亦化为句股。并载不成句股求中函积二则，容方、容员四则，外切员径一则，员内累求句股六则，凡又一十九则。以该西术三角之算，兼备割员之用。使学者知《周髀》一经，于术无所不该。后人不能触类旁通，以尽其变，故使西术得出而争胜，其实西术亦出《周髀》，不能出折句为股之外也。"

又《略例引言》曰："算家句股一门，为术最繁，非凿指一数以为布算之准，难以虚领其义。然如广三修四见于经者，特其正例，正例外变例尤多。必欲正变兼呈，则一卷中彼此错出，使阅者耳目数易，转增烦愦。兹特标举略例，并不成句股之形亦附见焉，以尽句股之变而该三角之法。"

又《答友问句股书》曰："欲求句股，先学开方，方有正方、纵方之异。纵方则以修广之和、较数开之，其次则求四率比例，有三率求四率之法，有二率求三率之法，又有一率求三率之法。知此即可以知求句、股各无零数法。以三率之中率为主，倍中率为股，首末二率相减为句，相加为弦。依此衍之，得句股略例十数则，然后以句、股、弦为正数，两数相加为和，相减为较。又有句股三数相加减之和较数，弦与和、和弦与较和三数相加之和数也；弦与较、较弦与和较三数相减之较数也。三数相加减，今名之为兼三和较。凡正数和较之数各三，兼三和较各二共，十三数。十三数中，随举两数，即可求句股弦全数。凡得相求法九十四则，而容方、容员、截股分两、立表测量单表、重表之法，犹不与焉。其次则求截股弦分两之法，是为一句股分两句股,即可以知不成句股,亦可以分两句股。不成句股分两句股,即西法三角算之所由名,今则总以句股概之。其法取大小两句股形,小股与大句同类者合为一形,即为不成句股之形。分之为两,则所谓中垂线者,即小矩之股,大矩之句。以此衍之,又得不成句股略例二十余则,依类推之,又得合形分两,又削形求全二法。合形分两,则有正合形截偶分两、反合形截中分两、偏合形截边分两之法。削形求全,则有削去正矩、偏矩之殊,偏矩中又有浅削、深削之分。知此则句股之学尽矣。”元启尝曰:“我无他长,惟好学深思,心知其意而已。”然其《句股术》一书,几欲驾梅文鼎而上之,为算术中不可少之书云。

　　朱鸿,字云陆,秀水人。嘉庆七年进士,改翰林院庶吉士,散馆授编修。擢御史,历给事中,出官督理湖南粮储道。研精算学。同郡钱仪吉撰《三国会要》,集《乾象》、《景初》二术成,尝为作注。乌程陈杰时为台官博士,阳湖董祐诚亦客京邸,皆日从讲数,各出所得相质问。旧无椭圆求周术,为祐诚言,圆柱斜剖,则成椭员,可以句股形求之。祐诚既发明其说,系以图释。初得杜德美《割圜九术》写本,以示祐诚,创《图解》三卷。既成,复得《密率捷法》于李潢家,则蒙古监正明安图师弟续绎之书也,与传写本互异。鸿曾依杜法步算,径一者,周三一四一五九二六五三五八九七九三二三八四六二六四三一八六三六七四七二二七九五一四,周十者,径三一八三零九八八六一八三七九零六七一五三七七六七五四六六九六三八九零五六六六一。徐有玉采入《务民义斋算学》中。道光十年后,辞官仍居京师,撰《考工记车制参解》。又评程氏易畴《考工创物小记》,多所纠正云。

　　博启,字绘亭,满洲正白旗人。乾隆中,官钦天监监副。尝因句股和较之术,前人论之极详,独句股形中所容之方边、员径、垂线三事,尚缺而未备。爰以三事分配和较,创法六十。惜其书未刊,法不传。今所传者,惟有方边及垂线求句、股、弦一题。法用平行线剖容方幂为四小句股形,借垂线为小句股和,借方边为小弦,求小句小股。以小股与垂线比,若方边与句比。以小句与垂线比,若方边与弦比。道光初,方履亨官监正,每举此题课士。其后得甘泉罗士力为表章,博术乃复明于世。

罗论云:"曩者闻方慎菴监正言绘亭监副有是法,失传。因仿监副遗法,用平行线剖半员幂为四小句股形,以半圆径减垂线余,借为小句股和,借半员为小弦,求得小句、小股。以小股比垂线,若半员径比股。以小股比股,若半员径比弦。又以半员径减方边,得较。用平行线剖较幂为四小句股形,借半员径为小句股和,较为小弦,求得小句、小股。以小股比半员径,若方边比句。以小句比半员径,若方边比股,以小股比股,若较比弦。用补副监之遗。复用元天术演得三事和较六十题,更立天、地两元为广例二十五术,撰《句股容三事拾遗》四卷。更试变通其术、御以八线,取方边用方斜率,得容方中之斜线。以垂线为一率,半径为二率,斜线为三率,求得四率为正割。检《八线表》得度用,与四十五度相加减,得垂线所分之大小两弧,副以半径为一率,垂线为二率,小弧正割为三率,求得四率为句。如以大弧正割为三率,求得四率为股,又如以大小两弧之两正切为三率,求得四率,为大小两弧之两弦分,相并得弦余。二题仿此,其得数同,而尾数有奇零。以《八线表》所列之数至单位止,单位以下,弃其余分,故不能如句股与天元所得之密合。或有妄诋天元术不能驭三角和较者,抑知元天创于宋、明之间,安能逆知西法之有三角而豫为立法?要在学者善为会通耳。试设平三角形,有一角而角在两边之中,有大边与对边和,有小边与对边和,求三边及垂线,此西人常法所不能驭者。若立天元一术,则任求何边或和数或较数,皆一平方即得。然则天元之与西法,其优劣可见矣。"

许如兰,字芳谷,全椒人。乾隆三十年举人,大挑知县,分发福建。因亲老改江西,历任浮梁、新建等县事。丁忧服阕,赴福建,题补侯官,未履任,会瘴气发,病卒。

如兰性敏,所读书皆究心精妙,于历算始习西法,通薛凤祚所译《天步真原》、《天学会通》。时同县山西宁武同知吴烺受梅文鼎学于刘湘煃,如兰因并习梅氏历算。又于乾隆四十年夏,谒戴震于京都,受《句股割圜记》。四十四年,谒董化星于常州。戴传《缉古算经十书》。而董则专业薛氏者也。由是兼通中、西之学。

尝谓其弟子胡旱春曰:"古人以句股方程列于小学,童而习之,人人能晓,今则老宿不能通其义。一则时尚帖括,视句股为不急之务。再则习为风雅,不屑持筹握算,效畴人子弟所为。噫!过矣。"又谓:"士大夫不精弧矢之术,虽识天文,无益也。畴人算工不明象数之理,虽能步算,无益也。"著有《乾象拾遗》、《春晖楼集》诸书,今多散佚。

其存者,有《书梅氏月建非专言斗柄论后》,略曰:"天气浑沦,无可识认,古人不得已,即以恒星为天以识日躔。恒星积久而差,冬至日躔不作原宿,始立岁差之法。古谓恒星不动,而黄道西移。今则普天星座皆动,其经纬之度,不随赤道运转,而顺黄道东移。故谓黄道不动,而恒星东行,与七政同一法。"又谓:"古人以中数为岁,朔数为年。上古气朔同日,故月建起于节气,而不起于中气。日躔过宫,起于中气,而不起于节气。起于节气,故曰冬至子之半。起于中气,故曰冬至日躔星纪之次也。然则一岁十二建,乃天道经历十二辰,故谓之月建,此万古不易者也。斗柄所指分位不真,且恒星东移,积久有差,辨之诚是也。但古人云:'斗为帝车,斟酌元气而布之四方。'又曰:'招摇东指。'不过言天道无迹。可见顺时布化,斗柄有象可征耳。拘泥其词则惑矣。"其《岁差说略》曰:"恒星一年东行五十余秒,又黄、赤二道斜交,并非平行,于左旋至速之中,微斜牵向右。日之于天。犹经纬之于日也。日行至黄道分至节气之限,则春秋寒暑皆随之而应。七政躔于过各宫,遇各宫燥湿寒风雨,则随恒星之性而应。然则冬、夏二至。乃黄道上子、午之位也。春、秋而分,乃黄道上卯、酉之位也。惟唐、虞时冬至日躔虚中,恒星之子中,正逢黄道之子中。嗣是渐差,而东周在女,汉在斗,今在箕。黄道之子,非恒星之子也。以丑宫初度为冬至者,因周时冬至恒星已差至丑,周人即以恒星为黄道之十二次,故命丑为星纪,言诸星以此纪也。其实丑乃周时恒星之宿度,并非恒星之子中。今并不在丑,又移至寅十余度矣。由今箕以上溯古虚五,历年四千有余,已差至五十八度,此恒星东行之明验也。"其他著论无关历算者不录。

清史稿卷五〇七
列传第二九四

畴人二

李潢　汪莱　陈杰　丁兆庆　张福僖

时曰淳　李锐　黎应南　骆腾凤

吴玉榲　项名达　王大有　丁取忠

李锡蕃　谢家禾　吴嘉善　罗士琳

易之瀚　顾觐光　韩应陛　左潜　曾纪鸿

夏鸾翔　邹伯奇　李善兰

华衡芳　弟世芳

　　李潢,字云门,钟祥人。乾隆三十六年进士。由翰林官至工部左侍郎。博综群书,尤精算学,推步律吕,俱臻微妙。著《九章算术细草图说》九卷,附《海岛算经》一卷,共十卷。

　　其自序《重差图》云:"图九,《望远》,《海岛》旧有图解,余八图今所补也。同式形两两相比,所作四率,二三率相乘,与一四率相乘同积。如欲作图明之,第取一三率联为一边,又取二四率联为一边,作相乘长方图之,自然分为四幂。又以斜弦界为同式勾股形各二,则形势验矣。旧图于形外别作同积二方,至两形相去辽远者,又必宛转通之,皆可不必也。图中以四边形、五边形立说,似与勾股不类,然于本形外补作勾股形,则亦勾股也。四率比例法,在《九章》粟米谓之今有,一为所有率,二为所求率,三为所有数,四为所求数,在勾股则统目之为率。刘氏注云:'勾率股率,见勾见股者是也。'今只云同式相比者,取省易耳,异乘同除则一也。"书甫写定,潢即病。俟吴门沈钦裴算校,方可付梓。越八年,其甥程荞采家为之校刊,以成其志。

《九章》初经东原戴氏从《永乐大典》中录出,一刻于曲阜孔氏,再刻于常熟屈氏,悉依戴氏原校本刊刻。其时古籍甫显,校订较难,不无间有擗格,自是天下之习《九章》者,莫不家弄一编,奉为圭臬。而刘徽《九章》亦从此有善本矣。潢又尝因《古算经十书》中,《九章》之外最著者,莫如王孝通之《辑古》。唐制开科取士,独《辑古》四条限以三年,诚以是书隐奥难通。世所传之长塘鲍氏、曲阜孔氏、罗江李氏各刻本,又悉依汲古阁毛影宋本,只有原术文而未详其法,且复传写脱误。虽经阳城张氏以天元一术推演细草,但天元一术创自宋、元时人,究在王氏后,似非此书本旨。爰本《九章》古义,为之校正,凡其误者纠之,阙者补之,著《考注》二卷。以明斜袤广狭割截附带分并虚实之原,务如其术乃止。稿未成,潢殁后,为南丰刘衡授其乡人,以西士开方法增补算草,并附图解,刻于江西省中,喧宾夺主,殊乱其真。荞采取江西刻本削去图草,仍以原《考注》刊布。

武进李兆洛为之序,曰:"《辑古》何为而作也?盖阐少广、商功之蕴而加精焉者也。商功之法,广袤相乘,又以高若深乘之为立积,今转以积与差求广袤高深,所求之数,最小数也。曷为以最小数为所求数?曰,求大数,则实方廉隅,正负杂糅。求小数,则实常为负,方廉隅常为正也。观台羡道,筑堤穿河,方仓圆囷,刍甍输粟,其形不一,概以从开立方除之何也?曰,一以贯之之理也。物生而后有象,象而后有滋,滋而后有数。斜解立方,得两堑堵,一为阳马,一为鳖臑。阳马居二,鳖臑居一,不易之率也。今于平地之余续狭斜之法,无论为堑堵、为阳马、为鳖臑,皆作立积。观其立积内不以所求数乘者为减积,以所求数一乘者为方法,再乘者为廉法,所求数再自乘为立方,即隅法也。从开立方除之,得所求数。若绘图于纸,令广袤相乘,以所求数从横截之。剖平幂为若干段,又以截高与所求数乘之。分立积为若干段,若者为减积,若者为方,若者为廉,若者为隅,条段分明,历历可指。作者之意,不烦言而解矣。其云廉母自乘为方母,廉母乘方母为实母者之分,开方之要术也。先生于是书立法之根,如锯解木,如锥划地,又复补正脱误,条理秩然,信王氏之功臣矣!爰述大旨,以告世之习是书者,无复苦其难读云。"

汪莱,字孝婴,号衡斋,歙县人。年十五,补博士弟子。弱冠后,读书于吴蔚门外,慕其乡江文学永、戴庶常震、金殿撰榜、程征君易畴学,力通经史百家及推步历算之术。嘉庆十二年,以优贡生入都,考取八旗官学教习,会御史徐国楠奏请续修《天文》、《时宪》二志,经大学士首举莱与徐准宜、许沄入馆纂修。十四年,书成。议叙,以本班教职用,选授石埭县训导。十八年,应省试,得疾归,卒于官。年四十有六。先是十一年夏,黄河启放王营减坝,正溜直注张家河,会六塘河归海。两江督臣奉上命,查量云梯关外旧海口与六塘河新海口地势高下,延莱测算,盖其精算之名,久为官卿所知。曾制浑天、简平、一方各仪器观测。

与郡人巴树谷最友善,客江、淮间,又与焦孝廉循、江上舍蕃、李秀才锐,辩论宋秦九韶、元李冶立天元一及正、负开方诸法。天性敏绝,极能攻坚,不肯苟于著述。凡所言,皆人所未言,与夫人所不能言。

尝以古书八线之制,终于三分取一,用益实归除法求之,其一表之真数,仅得十之二。因悟得五分之一之通弦与五分之三通弦交错为三角形,比例立法,以取五分之一通弦,而弦切之数益密。梅氏环中黍尺,有以量代算之术,惟求倚平仪外周之两角,而缩于内半周之角未详。其法较易,因立新术,量取不倚外周之角度,而三角之量法乃全。堆垛有求平三角、立三角、尖堆积法,不及三乘方以上,又复推而广之,自三乘、四乘以上之尖堆,皆可由根知积。并及诸物递兼之法,以补古《九章》所未备。

又纠正梅文穆公句股知积术,及指识天元一,正、负开方之可知、不可知。其纠正句股知积术也,文穆《赤水遗珍》称:"有句股积及股弦和较求句股,向无其术,苦思力索,立法四条。"其门人丁维烈又造减纵翻积开三乘方法,文穆许之。莱谓:"句股形等积、等弦和,带纵立方形等基、等高阔和,皆有两形互易。如句二十,股二十一,弦二十九,句弦和四十九,句股积二百一十。若句十二,股三十五,弦三十七,句弦积亦四十九,句股积亦二百一十。设问者暗执一形,则对者交盲两数。梅、丁诸公法成而不可用,盖两句弦较,与一句弦和,恒为连比例之三率。其两句弦较,即首、末二率;两较减一和之余,即中率;而句弦和必为三率。并遂创立有两积相等。两句弦和相等、求两句股形之法。以四倍句股积自乘,句弦和除之,为带纵长立方积。以句弦和为纵,开得数为两句弦较之中率,自乘为带纵平方积。又以中率与句弦和相减为长阔和,求得长阔两根为两句股较,用求两句股形各数。又同积之边,彼此可互,三次之乘,先后可通,故四倍句股积自乘,即两形之倍句相乘为底,两形之股相乘为高,即犹以中末乘首。中化为中率,再乘为立方三率,并为带纵。由是推得立方形两高数恒为首末二率,高阔和恒为三率,并数与等积、等弦和之两弦较及弦和丝毫无异。如高九阔十,高阔和十九,立方积九百。若高四阔十五,高阔和亦十九,立方积亦九百,其数莫不由两形相引而出。故其法即命积为带纵长立方积,以高阔和为所带之纵。用带纵长立方法开得本方根,为两形高数之中率。与高阔和相减,余为带纵之平方长阔和。中率自乘,为带纵平方积。用带纵平方长阔和法开之,得长阔一根,为两形之两高数,两高与和相减,为两阔数。"

其指识正,负开方也,"元李冶传洞渊《九容术》、《撰测圆海镜》、《益古演段》,以明天元如积相消,其究必用正、负开方,互详于宋秦九韶《数学九章》。梅文穆公虽指天元一为西人借根方所由来,而正、负开方则未有阐明者。元和李秀才锐特为雠校,谓《少广》一章,得此始贯于一。好古之士,翕然相从。莱独推其有可知、有不可知。如《测圆海镜》边股第五问'圜田求径二百四十步与五百七十六步共数',而李仁卿专以二百四十为答。《数学九章》田域第二题'尖田求积二百四十步与八百四十步共数',而秦道古专以八百四十为答。乃自二乘方以下,缕析推之,得九十五条。凡几根数为带纵长阔较则可知,为带纵长阔和则不可知。又推得几真数少,几根数又多,几平方与一立方积等多少杂糅,和较莫定。立法以审之,以几平方数用几立方数除之,得数乘几根数,以较几真数。若少于真数,则以几平方为高阔较,是为可知。若多于真数,则或几平方为通分法,三母总数、几真数为三母维乘之共数,几根数为通分之共子,如二、如六、如十二。设真数一百四十四,少二百八,根数多二十,平方积与一立方积相等,则三数皆同,是为不可知。"

　　盖以一答为可知,不止一答为不可知。故李秀才锐跋其书,括为三例以证明之。谓:"隅实同名者不可知,隅实异名,而从廉正负不杂者可知;隅实异名,而从廉正负相杂,其从翻而与隅同名者可知,否则不可知。隅实同名,即带纵之长阔较也,较仅一答;隅实同名,即带纵之长阔和也,和则不止一答。"锐以隅实同名、异名,明一答与不止一答;莱以长阔、和较,明可知、不可知,其义一也。著有《衡斋算学》七册,《考定通艺录磬氏倨句解》一册。

　　陈杰,字静弇,乌程诸生。考取天文生,任钦天监博士,供职时宪科兼天文科,司测量。累官国子监算学助教。道光十九年,谢病归,卒于家。生平邃于算学,尤神明于比例之用。初著《辑古算经细草》一卷,后十余年,又为之指画形象,成《图解》三卷;又博采训诂,考正其传写之舛讹,稽合各本之同异,别成《音义》一卷。

　　其自述比例言有曰:"比例之法,仿自《九章》,传由西域,在古法曰异乘同除,在西法曰比例等。假如甲有钱四百,易米二斗,问乙有钱六百,易米几何? 答曰三斗。法以乙钱为实,甲米乘之,得数,甲钱除之,即得。钱与米异名相乘,与钱同名相除,故谓之异乘同除,此古法也。以甲钱比甲米,若乙钱与乙米。凡言以者一率,言比者二率,言若者三率,言与者四率。二三相乘,一率除之,得四率,此西法也。古法元、明时中土几以失传,不知何时流入西域。明神宗时,西人利玛窦来中国,出其所著算书,中人矜为创获,其实所用皆古法,但异其名色耳。兹以西人名色解王氏,固取其平近,亦以名中、西之合辙也。”又有论曰:“《二十一史律志》无不用比例者,他如《九章》、《缉古》、《十种算书》,多用比例,无如古人总不言比例。如《缉古》第二问,求均给积尺,欲以本体,求又一形之体,忽取两面幂之数,一用以乘,一用以除,而得数。又第九问求员囤,第十问求员窖,忽以周径乘除,即如方亭法求之,诸数悉得。走作图解,审谛久之,而始知为比例,乃明言比例以揭之。嗣是而阅古算书者,罔弗比例矣。”又自道光以来,尝亲在观象台督率值班天文生频年实测黄、赤大距为二十三度二十七分,未经奏明,故当时未敢用。迨甲辰岁修《议象考成续编》,监臣即取此数上之,而钦定颁行焉。

晚年所撰为《算法大成》,上编十卷,首加、减、乘、除,次开方、句股,次比例、八线,次对数,次平三角、弧三角。门分类别,皆先列旧法,而以新法附之,图说理解,不惮反覆详明,专为引诱初学设也。下编十卷,则有目无书。其言曰:“算法之用多端,第一至要为治历,故下编言在官之事,先治历,次出师,次工程钱粮,次户口盐司,次堆积丈量;儒者则考据经传,下及商贾庶民,则赀本营运,市廛交易,持家日用,凡事无钜细,各设题为问答,以明算法之用,盖如此之广云。”下编似未成。其门人丁兆庆、张福僖均以算名。

兆庆,字宝书,归安人。沈潜好学,为《项学正两边夹角迳求对角新法图说》,谓其讲解明晰,戛戛独造。

福僖,字南坪,乌程诸生。精究小轮之理,著有《慧星考略》。

时曰淳,字清甫,嘉定人。精算术,发明古人术意,无不入微。咸丰末,与长沙丁取忠同客胡林翼幕府,每与商榷数理,见丁氏《数学拾遗》之百鸡术,谓与二色方程暗合。因为广衍,立二十八题,以“旧学商量加邃密、新知培养转深沈"十四字识其上下,为十四耦。诸题皆借方程为本术,并述大衍求一术以博百其趣,作《百鸡术衍》二卷。

自序略曰:"张邱建算经鸡翁鸡母题问,甄、李两注及刘孝孙草,皆未达术意,不可通。近蕉理堂所释尤误。读吾友丁君果臣《数学拾遗》,设术与二色方程暗合,乃通法也。骆氏《艺游录》用大衍求一术,以大小较求中数,取径颇巧,然遇较除共较实适尽者,则不可求。方程术则遇法除实得中数,不尽者以分母与减率相求而齐同之,无不可得。骆氏殆未知有方程本术耳。夫题只本经一术,算理之微妙,不如孙子不知数一问,而术文各隐秘。彼则但举用数,此亦仅著加减三率,于前半段取数之法皆阙如。岂古人不传之秘,必待学者深思而自得乎?孙子求一术,至宋秦道古发之,独是题袭谬传讹,无借方程以问途者。曰淳蓄疑既久,今年春与果臣连榻鄂城,复一商榷,别后数月乃通之。怡然涣然,了无滞凝,亦穷愁中一快事也。因衍方程术为《数学拾遗补》,求负数法及加减率求答数法,附述求一术为《艺游录补》。以中小较求大数法,及大中较、大小较互求得中数、小数法,引伸钩索,温故知新,庶足以大畅厥旨乎?易翁、母、雏为大、中、小,设数不必以百,而统以百鸡命之者,识斯术所自仿也。"

李锐,字尚之,元和诸生。幼开敏,有过人之资。从书塾中检得《算法统宗》,心通其义,遂为《九章》、八线之学。因受经于钱大昕,得中、西异同之奥,于古历尤深。自《三统》以迄《授时》,悉能洞澈本原。尝谓:"《三统》、《世经》称殷术,以元帝初元二年为纪首,是年岁在甲戌。推而上之,一千五百二十岁而岁值甲寅为元首,又上四千五百六十年而岁复甲寅为上元。以此积年,用四分上推,太初元年得至朔同日,而中余四分日之三,朔余九百四十分之七百五,故《太初术》亏四分日之三,去小余七百五分也。《汉书》载《三统》而不著《太初》,其实一月之日,二十九日八十一分日之四十三,是日法、月法与《三统》同。贾逵称《太初术》斗二十六度三百八十五分，是统法周天又与《三统》同。盖四分无异于《太初》，而《太初》亦得谓之《三统》。郑注《召诰》，周公居摄五年二月三月，当为一月二月，不云正月者，盖待治定制礼，乃正言正月故也。江徵君声、王光禄鸣盛以为据《洛诰》十二月戊辰逆推之，其说未核。今案郑君精于步算，此破二月三月为一月二月，以纬候入蔀数，推知上推下验，一一符合，不仅检勘一二年间事也。"

因据《诗·大明》疏，郑注《尚书》文王受命、武王伐纣时日皆用殷历甲寅元，遂从文王得赤雀受命年起，以《乾凿度》所载之积年推算是，年入戊蔀，二十九年岁在戊午，与刘歆所说殷历周公六年始入戊午蔀不同。歆谓文王受命九年而崩，崩后四年武王克殷，后七年而崩，明年周公摄政元年，校郑少一年。又载《召诰》、《洛诰》俱摄政七年事，其年二月乙刻朔，三月甲辰朔，十二月戊辰朔，并与郑不合。乃以推算各年及一月二月，排比干支，分次上下，著《召诰日名考》，此融会古历以发明经术者也。

当是时，大昕为当代通儒第一，生平未尝亲许人，独于锐则以为胜己，大昕尝以《太乙统宗宝鉴》求积年术日法一万五百岁，实三百八十三万五千四十八分二十五秒为疑。锐据宋同州王湜《易学》，谓每年于三百六十五日二千四百四十分之外，有终于五分者，有终于六分者，有终于万分历是也，以一万分为日法。终于五六分之间者，《景祐历》法载于《太乙遁甲》中是也，以一万五百分为日法，此暗用《授时》法也。试以日法为一率，岁实为二率，《授时》日法一万为三率，推四率，得三百六十五万二千四百二十五分，即授时之岁实也。探本穷源，一言破的。

近世历算之学，首推吴江王氏锡阐、宣城梅氏文鼎，嗣则休宁戴氏震亦号名家。王氏谓《土盘历》元在唐武德年间，非开皇己未；梅氏谓《回回历》实用洪武甲子为元，而托之于开皇己未。其算宫分，虽以开皇己未为元，其查立成之根，则在己未元后二十四年，二说并同。

戴氏谓《回回历》百二十八年闰三十一日,是每岁三百六十五日之外,又余百二十八分日之三十一也。以万万乘三十一,满百二十八而一,得二千四百二十一万八千七百五十,地容所定岁实三百六十五日二十三刻三分四十五秒,通分内子以万万乘之,满日法而一,亦得二千四百二十一万八千七百五十,与梅氏《疑问》所云合。是三家所论,未尝不确知灼见,然均未得其详。锐据《明史·历志》,《回回》本术,参以近年瞻礼单,精加考核,谓《回回历》有太阳年,彼中谓为宫分;有太阴年,彼中谓为月分。宫分有宫分之元,则开皇己未是也;月分有月分之元,则唐武德壬午是也。自开皇己未至洪武甲子,积宫分年七百八十六,自武德壬午至洪武甲子,积月分年亦七百八十六,其惑人者即此两积年相等耳,因著《回回历元考》。有求宫分白羊一日入月分截元后积年月日法,以为不明乎此,虽有立成,不能入算也。稿佚未刊。

梅氏未见古《九章》,其所著《方程论》,率皆以臆创补,然又囿于西学,致悖直除之旨。锐寻究古义,探索本根,变通简捷,以旧术列于前,别立新术附于后,著《方程新术草》,以期古法共明于世。古无天元一术,其始见于元李冶《测圆海镜》、《益古演段》二书,元郭守敬用之,以造《授时历草》,而明学士顾应祥不解其旨,妄删细草,遂致是法失传。自梅文穆悟其即西法之借根方,于是李书乃得郑重于世。其有原术不通,别设新术数则,更于梅说外辨得天元之相消,有减无加,与借根方之两边加减法少有不同。

且不满顾氏所著之句股、弧矢两算术,谓:“弧矢肇于《九章》方田,北宋沈括以两矢幂求弧背,元李冶用三乘方取矢度,引伸触类,厥法綦详。顾氏如积未明,开方徒衍,不亦慎乎?”爰取弧矢十三术,入以天元,著《弧矢算术细草》。并仿《演段》例,括句股和较六十余术,著《句股算术细草》,以导习天元者之先路。

又从同里顾千里处得秦九韶《数学九章》,见其亦有天元一之名,而其术则置奇于右上,定于右下,立天元一于左上。先以右上除右下,所得商数与左上相生,入于左下,依次上下相生,至右上末后奇一而止,乃验左上所得以为乘率。与李书立天元一于太极上,如积求之,得寄左数与同数相消之法不同。因知秦书乃《大衍》求一中之又一天元,秦与李虽同时,而宋与元则南北隔绝,两家之术,无缘流通,盖各有所授也。

锐尝谓:"四时成岁,首载《虞书》,五纪明历,见于《洪范》。历学诚致治之要,为政之本。乃《通典》、《通考》置而不录,邢云路虽撰《古今律历考》,然徒援经史,以侈卷帙之多。梅氏只有欲撰《历法通考》之议,卒未成书。因更纲罗诸史,由《黄帝》、《颛顼》、《夏》、《殷》、《周》、《鲁》六历,下逮元、明数十余家,一一阐明义蕴,存者表而章之,缺者考而订之,著为《司天通志》,俾读史者启其扃,治历者益其智。"惜仅成《四分》、《三统》、《乾象》、《奉天》、《占天》五术注而已。余与《开方说》皆属稿未全。

《开方说》三卷,锐读秦氏书,见其于超步、退商、正负、加减、借一为隅诸法,颇得古《九章少广》之遗,较梅氏《少广拾遗》之无方廉者,不可以道里计。盖梅氏本于《同文算指》、《西镜录》二书,究出自西法,初不知立方以上无不带从之方。锐因秦法推广详明,以著其说。甫及上、中二卷而卒,年四十有五。其下卷则弟子黎应南续成之。

应南,字见山,号斗一,广东顺德人。嘉庆戊寅顺天经魁,以书馆议叙,选浙江丽水县知县,调平阳县知县。海疆俸满,加六品衔,卒于官。

骆腾凤,字鸣冈,山阳人。嘉庆六年举人,道光六年,大挑一等,用知县。以母老不愿仕,改授舒城县训导。未一年,告养归,教授里中,学徒甚众。二十二年八月,卒于家。年七十有二。性敏锐,好读书,尤精畴人术,在都中从钟祥李学,研精覃思,寒暑靡间。

著《开方释例》四卷,自序略谓:"天元一术,见宋秦九韶《大衍数》中,不言创于何人。元李冶《测圆海镜》、《益古演段》二书,亦用此例。冶称其术出于洞渊《九容》,今不可详所自矣。是书自平方以至多乘,悉用一术,即刍童、羡余诸形,亦可握觚而得,洵算术之秘之钥也。西法借根方实原于此,乃以多少代正负,徒欲掩其袭取之迹。不知正负以别异同,多少以分盈朒,毫厘千里,必有能辨之者。"

又著《游艺录》二卷,自识云:"余于正、负开方之例,既为释例以明其法矣。至于衰分方程、句股等法,以及《九章》所未载,与夫古今算术之未能该洽者,辄为溯其源、正其误。不敢掠前哲之美以为名,亦不为黭黮之词以欺世也。随所见而识之,汇为一编。"遗稿凡十余万言,即今传本也。

南汇张文虎尝与青浦熊户部其光书论之曰:"承示骆司训算书二种,读竟奉缴。李四香《开方说》,详于超步。商除、翻积、益积诸例,而不言立法之根,令出学者茫不解其所谓。骆氏于诸乘方、方廉、和较、加减之理,皆质言之,而推求各元进退、定商诸术,尤足补李书所未备,诚学开方者之金锁匙。汪孝婴创设两句股同积同句股和一问,以两句弦较中率转求两句弦较,立术迂回。骆氏以正、负开方径求得两句,颇为简易。衡斋亦当首宜也。"其为人所推服如此。

项名达,字梅侣,仁和人。嘉庆二十一举人,考授国子监学正。道光六年,成进士。改官知县,不就,退而专攻算学。三十年,卒于家,年六十有二。著述甚富,今传世者,但有《下学庵勾股六术》及《图解》,复附勾股形边角相求法三十二题,合为一卷。以勾股和较相求诸题术稍繁难,爰取旧术稍为变通。分术为六,使题之相同者通为一术,厘然悉有以御之。第一、二、三术及第四术之前二题,悉本旧解,余为更定新术,皆别注捷法,各为图解,以明其意。第四、五、六术其原皆出于第三术,可释之以比例。第三术以勾股较比股,若股与勾弦和,以股弦较比勾,若勾与股弦和,是为三率连比例。凡有比例加减之,其和较亦可互相比例。故第四、五、六术诸题,皆可由第三术之题加减而得,即可因第三术之比例而另生比例。因比例以成同积,而诸术开方之所以然遂明。名达又创有弧三角总较术,求椭员弧线术,术定,未有诠释,以义奥趣幽,难猝竟事,故六术独先成云。

名达与乌程陈杰、钱塘戴煦契最深,晚年诣益精进,谓古法无用,不甚涉猎,而专意于平弧三角,与人意不谋而合。与杰论平三角,名达曰:"平三角二边夹一角,迳求斜角对边,向无其法,窃尝拟而得之,君闻之乎?"杰曰:"未也。"录其法以归。盖以甲乙边自乘与甲丙边自乘相加,得数寄左;乃以半径为一率,甲角余弦为二率,甲乙、甲丙两边相乘倍之为三率,求得四率,与寄左数相减,钝角则相加,平方开之,得数即乙丙边。

又尝谓泰西杜德美之《割圜九术》,理精法妙,其原本于三角堆,董方立定四术以明之,洵为卓见。惟求倍分弧,有奇无偶,徐有补之,庶几详备。名达尝玩三角堆,叹其数只一递加,而理法象数,包蕴无穷,天方圜之率不相通,通方圜者必以尖,勾股,尖象也;三角堆,尖数也。去法用半径屡求勾股得圜周,不胜其繁。杜氏则以三角堆御连比例诸率,而弧弦可以互通,割圜术蔑以加矣。然以此制八线全表,每求一数,必乘除两次,所用弦线,位多而乘不便,董、徐二氏大、小弧相求法亦然。向思别立简易法,因从三角堆整数中推出零数,但用半径,即可任求几度分秒之正余弦,不烦取资于弧线及他弧弦矢。且每一乘除,便得一数,似可为制表之一助。

又著《象数原始》一书,未竟,疾革时,嘱戴煦。后煦索稿于名达子锦标,校算增订六阅月而稿始定,都为七卷。原书之四,仅六纸,并第七卷皆煦所补也。卷一曰《整分起度弦矢率论》,卷二曰《半分起度弦矢率论》,卷三、卷四曰《零分起度弦矢率论》,皆以两等边三角形明其象,递加法定其数,末乃申论其算法。卷五曰《诸术通诠》,取新立弧弦矢求他弧弦矢二术、半径求弦矢二术及杜、董诸术,按术诠释之。卷六曰《诸术明变》,杂列所定弦矢求八线术,开诸乘方捷术,算律管新术,椭员求周术,以明皆从递加数转变而得。卷七曰《椭员求周图解》,原术以亥为径,求大员周及周较,相减而得周,补术则以广为径,求小员周,周较相加而得周,末系以图解。徐有壬巡抚江苏,邮书索煦写定本梓行,刻甫就而有壬殉难,书与板皆毁焉。

有王大有者,字吉甫,仁和诸生。翰林院待诏。穷究天算,问业于处士戴煦。凡煦所著述,皆录副本去,名达见之,因与煦订交。大有尝校《割圜捷术合编》。后殉于杭州。

丁取忠,字果臣,长沙人。研究象数,不求闻达,刻算书二十有一种,为《白芙堂丛书》。光绪初,卒于家,年逾七十。所自撰者为《数学拾遗》一卷,以所演算草较详,可便初学,又意在拾遗,故未暇详其义之出自何人。

又撰《粟布演草》二卷,自序曰:“道光壬辰,余始习算,友人罗寅交学博演宾以难题见询,久无以应。同治初元,始获交南丰吴君子登太史,驭以开屡乘方法,余始通其术,然未悉其立法之根也。后吴君游岭表,余推之他题,及辗转相求,仍多窒碍。又函询李君壬叔,蒙示以廉法表及求总率二术,而其理始显。后吴君又示以指数表及开方式表,李君复为之图解以阐其义。由是三事互求,理归一贯。余因取数题详为演草,并捷法图解,都为一卷。质之南海邹君特夫,君复为增订开屡乘方法,并另设题演草,补所未备。即算家至精之理,如圜内容各等边形,皆可借发商生息以明之,诚快事也!”

后又撰《演草补》一篇,序云:“余前年与左君壬叟共辑《粟布演草》,原为商贾之习算者设,或一例而演数题,或一题而更数式。或用真数,或用代数。其式或横列,或直下,杂然并陈,无非欲学者比类参观,易于领悟也。乃初学习之,犹谓茫无入门处,盖商贾所习算书,大都详于文而略于式。况代数又古算术所无,宜其卒然览之而不解也。兹更拟一题附后,特仿《数理精蕴》借根方体例,专详于文,庶初学读之,可因文知义。算理既明,则全书各式,可涣然冰释,或兼可为习代数者之先导乎?”其乡人李锡蕃,亦以演算名。

锡蕃,字晋夫。道光三十年早卒,著有《借根方句股细草》一卷,衍为二十有五术,取忠刊入《丛书》。

谢家禾,字和甫,钱塘举人。与同学戴氏兄弟熙、煦相友善。少嗜西学,点线面体四部,靡不淹贯。已,复取元初诸家算书,幽探冥索,悉其秘奥。乃辑平时所得析通分加减,定方程正负,以标举立元大要,撰《演元要义》一卷。其自序云:"元学至精且邃,而求其要领,无过通分加减,凡四元之分正负,及相消法,互隐通分法,大致原于方程。方程者,即通分之义。方程不明,由于正负无定例,加减无定行,以讹传讹,如梅宣城精研数理,未暇深究,他书可知矣。《九章算经》正负术甚明,而释者反以意度,古谊之不明,可胜道哉!唯以衍元之法正方程之义,由是方程明而元学亦明。著《演元要义》,综通分方程而论列之,附以连枝同体之分等法。通乎此,则四元庶可窥其涯涘耳。"

又以刘徽、祖冲之之率求弧田,求其密于古率者,撰《弧田问率》一卷。同里戴煦为之序曰:"古率径一周三,徽率刘徽所定,径五十周一百五十七也。密率乃祖冲之简率,径七周二十二也。诸书弧田术皆用古率,郭太史以二至相距四十八度,求矢亦用古法。顾徽、密二率之周既盈于古,则积亦盈于古,试设同径之圆,旁割四弧,其中两弦相得之方三率皆同,知三率圆积之盈缩,正三率弧积之盈缩也。徽、密二率弧田古无其术,惟四元玉鉴一睹其名,而设问隐晦,莫可端倪。谷堂得其旨,因依李尚之《弧矢算术细草设问》立术,亦足发前人所未发也。"

又以直横与句股弦和较转辗相求,撰《直积回求》一卷,其自序云:"始戴谔士著《句股和较集成》,予亦著直积与和较求句股弦之书,然二书为义尚浅,且直积与句弦和求三事,用立方三乘方等,得数不易,而又不足以为率,其书遂不存。近见《四元玉鉴》直积与和较回求之法,多立二元,尝与谔士思其义蕴,有不必用二元者。盖以句弦较与句弦和相乘为股幂,股弦和与股弦较相乘为句幂,而直积自乘,即句幂股幂相乘也。如以句乘较乘股弦较幂,除直积幂,即为句弦和乘股弦和幂矣。句弦和乘股弦和幂,即弦幂和幂共内少半个黄方幂也。盖相乘幂内去一弦幂,所余为句股相乘者一,句弦相乘者一,股弦相乘者一,此三幂合成和幂。则少一半黄方幂,半黄方幂,即句弦较股弦较相乘幂也。加一半黄方幂,即为弦幂和幂共矣。加二直积,即二和幂也。减六直积,即二较幂也。又句弦和乘股弦较幂,为句幂内少个句股较乘股弦较幂也。股弦和乘句弦较幂,为股幂内多个句股较乘句弦较幂也。减一句股较乘股弦较幂,尚余一句股较幂矣。术中精意,皆出于此。其他之参用常法者,可不解而自明耳。草中既未暇论,恐习者不知其理,因揭其大旨于简端,见《演段》之不可不精也。"

家禾殁后,戴熙搜遗稿,嘱其弟煦校雠而授诸梓。煦精算,见《忠义传》。著有《补重差图说》,《句股和较集成消法简易图解》,《对数简法》,《外切密率》,《假数测圆》,及《船机图说等》。

吴嘉善,字子登,南丰人。咸丰十一年进士,改翰林院庶吉士,散馆授编修。与徐有壬同治算学,同治改元,避粤匪乱游长沙,识丁取忠。逾年,客广州,因邹伯奇又识钱塘夏鸾翔。三人志同道合,相得益彰。光绪五年,奉使法兰西,驻巴黎。后受代还,旋卒。

所撰《算书》,首述《笔算》。次《九章翼》,曰今有术,曰分法,曰开方,曰平方平员各术。推演方田者,曰立方立员术,推演商功者,曰句股,曰衰分术,曰盈不足术,曰方程术。于句股术后,次付平三角、弧三角测量高远之术。又次则专述天元四元之书,为《天元一术释例》,为《名式释例》,为《天元一草》,为《天元问答》,为《方程天元合释》,为《四元名式释例并草》,为《四元浅释》。自序曰:"算学至今日,可谓盛矣。古义既彰,新法日出,前此所未有也。余与丁君果臣皆癖此,既忘其癖。更欲以癖导人。尝苦近世津逮初学之书无善本,梅文穆公所删之《算法统宗》,今亦不传。因商榷述此,取其浅近易晓,以为升高行远之助云。"

罗士琳,字茗香,甘泉人。以监生循例贡太学,尝考取天文生。咸丰元年,恩诏征举孝廉方正之士,郡县交荐,以老病辞。三年春,粤匪陷扬州,死之。年垂七十矣。少治经,从其舅江都秦太史恩复受举业,已乃弃去,专力步算,博览畴人书,日夕研求数年。

初精西法,自撰言历法书曰《宪法一隅》。又思句股、少广相表里,而方田与商功无异,差分与均输不殊。按类相从,摘《九章》中之切于日用者,悉以比例驭之,汇为十二种,以各定率冠首,以借根方继后,以诸乘方开法附末,凡四卷,曰《比例汇通》,虽悔其少作,实便初学问途。

后见《四元玉鉴》,服膺叹绝,遂壹意专精四元之术。士琳博文强识,兼综百家,于古今算法尤具神解,以朱氏此书实集算学大成,思通行发明,乃殚精一纪,步为全草,并有原书于率不通及步算传写之讹,悉为标出,补漏正误,反覆设例,申明疑义,推演订证。就原书三卷二十有四门,广为二十四卷,门各补草。

尝为提要钩元之论,谓:“是书通体弗出《九章》范围,不独商功修筑、句股测望、方程正负已也。如端匹互隐,廪粟回求寓粟布,如意混和寓借衰,荄草形段、果垛叠藏,如像招数寓商功中之差分,直段直源,混积问元,明积演段、拨换截田、锁套吞容寓方田、少广诸法。他若分索隐之为约分命分,方员交错、三率究员、箭积参之为定率兼交互。至于或问歌彖、杂范类会,以其各自为法,不能比类。故一则寄诸歌词,一则编成杂法,均似补遗,大旨皆以加、减、乘、除、开方、带分六例为问,每门必备此例,略简易而详繁难,尤于自来算书所无者,必设二问以明之。如混积问元中既设种金田及句三股四八角田为问。拨换截田中复设半种金田,锁套容中复设方五斜七八角田为问。又果垛叠藏两设员锥垛,杂范类会既设徽率割员,又设密率割员是矣。更有一门专明一义者,如和分索隐之之分开方,三率究员两仪合辙之反覆互求是矣。是书但云如积求之,如积有用定率为同数相消者,有如问加减乘除得积为同数相消者。祖序谓:‘平水刘汝谐撰《如积释锁》,惜今不传。’意者其释此例欤?”

道光中,得朱氏《算学启蒙》于京师厂肆,士琳复加斠诠刊布之。此书总二十门,凡二百五十九问,其名术义例多与玉鉴相表里。士琳为之互斠,始于天元,终于四元,义主精邃,所得甚深。考大德四年莫若序,计后此书四年。此书首列乘除布算诸例,始于超径等接之术,终于天元如积开方。由浅近以至通变,循序渐进,其理易知。名曰《启蒙》,实则为《玉鉴》立术之根,此一证也。《玉鉴》原本十行,行十九字"今有"。低一格,"术曰"又低二格,与此书同,此二证也。《玉鉴》斗斛之"斗"别作"卧",此假借字,本《汉书·平帝纪》及《管子·乘马篇》,尚杂见于唐以前之孙子、五曹、张邱建诸《算经》,钧石之"石",《说文》本作"柘",《玉鉴》作"硕","硕","石",古虽互通,然假"硕"为"石",则仅见于《毛诗·甫田》疏引《汉书·食货志》,而算书罕见,又《玉鉴》畹田之"畹",虽见李籍《九章音义》,为字书所无,此书并同,此三证也。《玉鉴》虽亦三卷,而门则为二十四,问则为二百八十八,较多此书四门二十九问,然以四字分类,其体裁同。且如商功、修筑、方程、正负之属,则又二书互见,此四证也。《玉鉴》如意混和第一问,据数知一秤为十五斤,适与此书之斤秤起率合,此五证也。《玉鉴》锁套吞容第九问,方五斜七八角田左右逢元第六、第十三、第二十诸问,有小平小长,皆向无其术。此书卷首明乘除段,即载平除长为小长,长除平为小平之例。其田亩形段第十五问,复载方五斜七八角田求积通术,此六证也。他如《玉鉴》或问歌象第四问,与此书盈不足术第七问,又《玉鉴》果垛叠弟十四问,与此书堆积还原第十四问,又《玉鉴》方程正负第四问,与此书方程正负第五问,题皆约略相同,此七证也。知系朱氏原书佚而复出,并其算法一则,亦为附列,间有鱼豕,悉仍其旧,但各标识于误字旁,别记刊误于卷末。

又尝以乾隆间明氏《捷法》校得《八线对数表》,一度十三分二十秒正切第五字"〇"误"一",又六度四十一分十秒正切第五字误"〇""六";又十二度五十分正弦第六字"七"误"五";又十六度三十二分十秒正切第七字"九"误"〇";又四十二度三十二分四秒正切第九字"五"误"四"。可见西人所能,中人亦能之。

又因会通《四元玉鉴》如像招数一门,更取明氏《捷法》,御以天元,知密率亦可招差,其弧与弦矢互求之法,与《授时历》之垛积招差一一符合。且以祖氏《缀术》失传。其法厪见于秦书，即《大衍》之连环求等递减递加，亦与明氏《捷法》相近。爰融会诸家法意，撰《缀术辑补》二卷。

又甄录古今畴人，仍阮氏体例为列传，采前传所未收者，得补遗十二人，附见五人，续补二十人，附见七人，合共四十有四人，次于前传四十六卷之后。

集所校著都为《观我生室汇稿》十二种。如《四元玉鉴细草》二十四卷，《释例》二卷，《校正算学启》三卷，《校正割圜密率捷法》四卷，《续畴人传》六卷，皆别有单行本。

外已刻者尚得七种，曰《句股容三事拾遗》三卷，《附例》一卷，本绘亭监副博启法补其遗，取内容方边员股垂线交互相求，一以天元驭之。曰《三角和较算例》一卷，取斜平三角形中两边夹一角术熔入天元法，用和较推演成式。曰《演元九式》一卷，括《玉鉴》中进退消长诸例，借无数之数，以正负开方式入之。曰《台锥积演》一卷，以《玉鉴》菱草，果垛二门可补《少广》之阙，爰取台锥形段引而伸之。曰《周无专鼎铭考》一卷，以《四分》周术佐以《三统》汉术，推得宣王十有六年九月既望申戌，与铭辞正合。曰《弧矢算术补》一卷，以元和李四香原术未备，为增补二十七术，合成四十术。曰《推算日食增广新术》一卷，推广正升斜升横升之算法，以求太阴随地随时之明魄方向分秒，复推其术，以求交食限内之方向，及所经历之诸边分。

余若《春秋朔闰异同考》、《缀数辑补交食图说举隅》、《句股截积和较算例》、《淮南天文训存疑》、《博能丛话》，凡若干卷，未有刻本。其同县友有易之瀚者，亦以算名。

易之瀚，字浩川。知士琳有《四元玉鉴补草》，因从问难，为撰《四元释例》一卷。凡开方例二十九则，天元例十一则，四元例十三则。

顾觀光，字尚之，金山人。太学生，三试不售，遂无志科举，承世业为医。乡钱氏多藏书，恒假读之。博通经、传、史、子、百家，尤究极天文历算，因端竟委，能抉其所以然，而摘而不尽然。时复蹈瑕抵隙，搜补其未备。如据《周髀》"笠以写天，青黄丹黑"之文及后文"凡为此图"云云，而悟篇中周径里数皆为绘图而设。天本浑员，以视法变为平员，则不得不以北极为心，而内外衡以次环之，皆为借象，而非真以平员测天也。

《开元占经鲁历》积年之算不合，因用演积术，推其上元庚子至开元二年岁积，知《占经》少三十六千年。又以《占经颛顼历》岁积考之《史记·秦始皇本纪》，知其术虽起立春，而以小雪距朔之日为断。盖秦以十月为岁首，闰在岁终，故小雪必在十月，昔人未及言也。李尚之用何承天调日法考古历日法朔余强弱不合者十六家，以为未能推算入微。爰别立术，以日法朔余辗转相减，以得强弱之数。但使日法在百万以上皆可求，惟朔余过于强率者不可算耳。《授时术》以平定立三差求太阳盈缩，梅氏《详说》未明其故。读《明志》乃知即三色方程之法。谓凡两数升降有差，彼此递减，必得一齐同之数。引而伸之，即诸乘差，则八线、对数、小轮、椭员诸术，皆可共贯。读《占经》所载瞿昙悉达《九执术》，知《回回》，太西历法皆源于此。其所谓高月者即月孛，月藏者即月引数，日者即日引数，特称名不同，亦犹《回历》称岁实为宫日数，朔策为月分日数也。

其论婺源江氏冬至权度，推刘宋大明五年十一月乙酉冬至前以壬戌丁未二日景求太阳实经度，而后求两心差，乃专用壬戌。今用丁未求得两心差，适与江氏古大今小之说相反。盖偏取一端，其根误在高冲行太疾也。西法用实朔距纬求食甚两心实相距，术繁而得数未确。改以前后两设时求食甚实引径得两心实相距，不必更资实朔，较本法为简而密矣。

西人割圆，止知内容各等边之半为正弦，而不知外切各等边之半为正切。乃依六宗，三要、二简诸术，别立求外切各等边之正切法，以补其缺。杜德美求员周术，周员内容六边形起算，巧而降位稍迟，谓内容十等边之一边，即理分中末线之大分，距周较近。且十边形之边与周同数，不过递进一位，而大分与全分相减即得小分，则连比例各率,可以较数取之。入算尤简易,可用弧度入算,不用弧背真数。然犹虑其难记,仍不能无藉于表,因又合两法用之,则术愈简,而弧线、直线相求之理始尽。钱塘项氏割员捷术,止有弦矢求余线术,以为可通之割、切二线,因补其术。西人求对数,以正数屡次开方,对数屡次折半,立术繁重。李氏《探源》以尖锥发其覆,捷矣,而布算术犹繁。且所得者皆前后两数之较,可以造表而不可径求。戴氏《简法》及西人《数学启蒙》,并有新术,而未穷其理。乃变通以求二至九之八对数,因任意设数,立六术以御之,得数皆合。复立还原四术,又推衍为和较相求八术,为自来言对数者所未有也。又谓对数之用,莫便于八线,而西人未言其立表之根,因冥思力索,仍用诸乘方差,迎刃而解,尤晚岁造微之诣也。其它凡近时新译西术,如代数、微分、诸重学,皆有所纠正,类此。

　　所著曰《算剩初》、《续编》凡二卷。曰《九数存古》,依《九章》分为九卷,而以堆垛、大衍、四元、旁要、重差、夕桀、割员、弧矢诸术附焉,皆采古书而分门隶之。曰《九数外录》,则隐括四术为对数、割员、八线、平三角、弧三角各等面体、员锥三曲线,静重学、动重学、天重学,凡记十篇。曰《六历通考》,则据《占经》所纪黄帝、颛顼、夏、殷、周、鲁积年而加以考证。曰《九执历解》,曰《回回历解》,皆就原法疏通证明之。曰《推步简法》,曰《新历推步简法》,曰《五星简法》,则就原术改度为百分,省迂回而归简易,盖于学实事求是,无门户异同之见,故析理甚精,而谈算为最云。其友人韩应陛,亦以表章算书显。

　　应陛,字对虞,娄县人。道光二十四年举人,官内阁中书舍人。少好读周、秦诸子,为文古质简奥,非时俗所尚。既而从同里姚椿游,得望溪、惜抱相传。西人所创点、线、面、体之学,为《几何原本》,凡十五卷,明万历间利译止前六卷。咸丰初,英人伟烈亚力续译后九卷,海宁李壬叔写而传之。应陛反覆审订,授之剞劂,亚力以为泰西旧本弗及也。外若新译重、气、声、光诸学,应陛推极其致,往往为西人所未及云。

　　左潜，字壬叔，大学士宗棠从子，补县学生。于诗、古文辞无不深造，尤明算理。长沙丁取忠引为忘年交。早卒，士林惜之。所学自《大衍》、天元及借根方、比例诸新法，无不贯通。且能自出己意，变其式，勘其误，作为图解，往往突过先民。尝增订徐九壬《割圆缀术》，既成，忽悟通分捷法析分母、分子为极小数，根同者去之，凡多项通分，顷刻立就。因演数草，为《通分捷法》一帙。

　　所撰《缀术补草》四卷，自序曰：“自泰西杜德美创立割圜九术，以屡乘屡除通方圜之率，我朝明氏、董氏各为之说，而杜书之义，推阐靡遗。顾八线互求，尚无通术，未足以尽一圜之变，非明氏、董氏之智力，不能因法立以尽其变也。其能穷杜氏之义也，资于借根方；其不能广杜氏之法也，亦限于借根方。盖借根方即天元一之变术，究不如元术之巧变莫测也。是书祖杜宗明，又旁参以董氏之法，八线相求，各立一式，因式立法，因法入算。向之不可立算者，今皆能驭之以法，即有不能立法布算者，而其式存，则能济法之穷；而度圜诸线，一以贯之矣。推其立式之由，所谓比例术，即明氏定半径为一率，所有为二率或三率之法也。所谓还原术，即明氏弧背求正矢，又以正矢求弧背之法也。所谓借径术，即明氏借十分全弧通弦率数求百分全弧通弦率数，求千分全弧通弦率数诸法也。所谓商除法，又即还原术之变法。是故缀术胎于明氏，而又足以尽明氏之变。明氏之未立式者，以借根方取两等数，其分母、分子杂糅繁重，既不可通，其多号、少号，辗转互变，又不可约。试取明氏书驭之以缀术，其递降各率，顷刻可求。则是书也，其真能因法立法，别树帜于明、董之后者钦？书为徐君青先生所作，吴君子登成之，顾详于式而略于草。敬考其立法之原，不可遽得，学者难焉，潜因于暇日为补草四卷，因缀数语于简端云。”

　　又缀《撰术释明》二卷，湘乡曾纪鸿为之序，略曰：“《易系》云：‘极其数遂定天下之象’。则综天下难定之象以归有定，莫数若矣。在昔圣神，制器尚象，利物前民，于数理必有究极精微，范围后世者,代久年湮,渐至失传。近三百年,泰西犹能推阐古法,而中国才智之士,或反率其成辙。孔子曰:'天子失官,学在四夷。'正今日数学之谓也。中国旧有弧矢算术,而未标角度八线钤表,则虽有用其理以入算者,而无表可检。则每求一数,必百倍其功,而所得数仍非密率。明代译出《泰西八线表》及《八线对数表》,核其立法得数之原,甚属繁难,而成表之后,一劳永逸。大至无外,细及极微,莫不以此表测之,则其用之广大可想。然得表之后,虽无事于再求,而任举一数,无从较其讹误。若仍用旧术,则非币月经旬,不能得一数,此明静庵、董方立推演杜德美弧矢捷术之所以可贵也。向来求八线者,例用六宗、三要、二简各法,若任言一弧,必不能考其弦矢诸数。至杜氏创立屡乘屡除之法,则但有弧径,而八线均可求。董方立解杜术,先取其线之极微者,令与与弧线合,而后用连比例以推至极大。又考诸率数与尖锥理相合,故用尖锥以释弧矢,而弧矢之数理以显。明静庵解杜术,先取四分弧与十分弧之通弦直线之极大者。用连比例以推至千分、万分弧通弦之极微者,考其乘除之率数,与杜术乘除之原理合,故用缀术以释弧矢,而弧矢之数理亦出。董、明二氏,均为弧矢不祧之宗,无庸轩轾。迄百年中继起者,如、戴、徐、李三氏所著书,虽自出心裁,要皆奉董、明为师资也。吾友左君壬叟,于数学尤孜孜不倦,遇有疑难,必穷力追索,务洞澈其奥突。尝谓方员之理,乃天地自然之数,吾之宗中宗西,不必分畛域,直以为自得新法也可。曾释君青徐氏《缀术》,又释戴鄂士《求表捷术》,兹又释明静庵弧矢捷术,而一贯以天元寄分之式,于员率一道三致意焉,可谓勤矣。孰意天厄良才,壬叟竟于甲戌秋不永年而逝,凡在同人,无不叹惜!况余与之为两世神交,安能无怆切耶!"

曾纪鸿,字栗诚,大学士国藩少子。恩赏举人。早卒。纪鸿少年好学,与兄纪泽并精算术,尤神明于西人代数术。锐思勇进,创立新法,同辈多心折焉。谓《大衍》求一术亦可以代数推求,依题演之,理正相通,撰《对数详解》五卷,始明代数之理,为不知代数者开其先路。中言对数之理,末言对数之用,明作书之本意。其于常对、讷对,辨析分明。先求得各真数之讷对,复以对数根乘之,即为常对数。级数朗然,有条不紊,虽初学循序渐进,无不可相说以解焉。

　　夏鸾翔,字紫笙,钱塘人。以输饷议叙,得詹事府主簿。为项梅侣入室弟子。讲究曲线诸术,洞悉员出于方之理。汇通各法,推演以尽其变,撰《洞方术图解》二卷,自序略曰:"自杜氏术出,而求弦矢得捷径焉。顾犹烦乘除,演算终不易,思一可省乘除之法而迄未得。丁巳夏,客都门,细思连比例术者,尖堆底也。尖堆底之比例,与诸乘方之比例等。以之求连比例术,必合诸乘方积而并求之。设不得诸乘方积递差之故,方积何能并求?且并求方积而欲以加减代乘除,又必得诸较自然之数而后可,诚极难矣。既而悟曰,方积之递加,加以较也。较之递生,生于三角堆也。较加较而成积,亦较加较而成较。且诸乘方积之数与诸乘尖堆之数,数异而理同。三角堆起于三角形,故屡次增乘,皆增以三角。方积起于正方形,故累次增乘,皆增以正方。三角之较数,增一根则增一较;方积之较数,增一乘则增一较,理正同也。累次相较,较必有尽,惟其有尽,乃可入算。相连诸弦矢所以愈相较而较愈均者,正此理矣。诸较之理,皆起于天元一,而生于根差。递加根一,诸乘方根差皆一。一乘之数不变,故可省乘。若增其根差,非复单一,则乘不能省。弦矢弧背之差,或一秒,或十秒,即以一秒、十秒弧线当根差,按根递求。即可尽得诸乘方之较。以较加较,即尽得所求弦矢各数矣,岂不捷哉!爰演为求弦矢术,俾求表者得以加减代乘除。并细绎立术之义,以俟精于术数者采择。"

　　又撰《致曲术》一卷,曰平员,曰椭员、曰抛物线、曰双曲线、曰摆线、曰对数曲线、曰螺线,凡七类。类皆自定新术,参差并列,法密理精。复《著致曲图解》一卷,谓天为大员,天之赋物,莫不以员。顾员虽一名,形乃万类。循序员一帀,而曲线生焉。西人以线所生之次数分为诸类,一次式为直线。二次式有平员、椭员、抛物线、双曲线四式。三次式有八十种。四次式有五千余种。五次以上殆难以

数计矣。今但就二次式四种，溯其本源，并附解诸乘方。抛物线形
虽万殊，理实一贯。诸曲线式备具于员锥体，员锥者，二次曲线之母
也。椭员利用聚，抛物线利用远，双曲线利用散，其理皆出于平员。
苟会其通，则制器尚象，仰观俯察，为用无穷矣。今为一一解之，其
目为诸曲线始于一点终于一点第一，诸式之心第二，准线第三，规
线第四，横直二径第五，兑径亦名相属二径第六，两心差第七，法线
切线第八，斜规线又名曲率径第九，纵横线式第十，诸式互为比例
第十一，八线第十二。

又尝立捷术以开各乘方，不论益积、翻积，通为一术，俱为坦
途，可径求平方根数十位，成《少广缒凿》一卷。

鸾翔同治三年卒。因方积之较而悟求弦矢之术，骎骎乎驾西人
而上之，然微分所弃之常数，犹方积之方与隅也。所求之变数，犹两
廉递加之较也。其术施之曲线，无所不通，鸾翔犹待逐类立术，是则
不能不让西人以独步。然西法开方，自三次式以上，皆枝枝节节为
之，不及中法之一贯。鸾翔又于中法外独创捷术，非西人所能望其
项背云。

邹伯奇，字特夫，南海诸生。聪敏绝世，覃思声音文字度数之
源。犹精天文历算，能荟萃中、西之说，而贯通之，静极生明，多具神
解。尝作《春秋经传日月考》，谓："昔人考《春秋》者多矣，类以《经》、
《传》日月求之，未能精确。今以《时宪术》上推二百四十二年之朔闰
及食限，然后以《经》、《传》所书，质其合否，乃知有《经》误、《传》误
及术误之分。"又谓："《尚书》克殷年月，以郑元据《乾凿度》，以入戊
午蔀四十二年克殷，下至春秋，凡三百四十八年。刘歆《三统术》以
为积四百年，近人钱塘李锐皆主其说。今以《时宪术》上推、且以岁
星验之，始知郑是刘非。"其解《孟子》"由周而来，七百有余岁"句，
谓阎百诗《孟子生卒年月考》据《大事记》及《通鉴纲目》，以孟子致
为臣而归在周赧王元年丁未，逆数至武王有天下，岁在己卯，当得
八百有九年。然周共和以上年数，史迁已不能纪，可考者鲁世家耳，

此为刘歆《历谱》所据。然将歆《谱》与《史记》比对，歆与杨公、献公等年分多所加，共计五十二。若减其所加，则歆所谓八百有九年者，实七百五十七年耳。

又谓向来注经者，于算学不尽精通，故解《三礼》制度多疏失，因作《深衣考》，以订江永之谬。作《戈戟考》，以指程瑶田之疏。以《文选景福殿赋》"阳马承阿"证古宫室阿栋之制。以体积论桌氏为量，以重心论悬磬之形，皆绘图立说，援引详明。

又尝谓群经注疏引算术未能简要，甄鸾《五经算术》既多疏略，王伯厚《六经天文篇》博引传注，亦无辨证。因即经义中有关于天文、算术，为先儒所未发，或发而未阐明者，随时录出，成《学计一得》二卷。

于天象著《甲寅恒星表》、《赤道星图》、《黄道星图》各一卷，自序略曰："甲寅春，制浑球以考证经星、恒星出没历代岁差之故。然制器必先绘图，绘图必先立表，此恒星表之所由作也。《史》、《汉》、《晋》、《隋》诸志，于恒星但言部位，至唐、宋始略有去极度数，盖旧传新图，大抵据《步天歌》意想为之，与天象不符。国朝康熙初，南怀仁作《灵台仪象志》，然后黄、赤经、纬各列为表。乾隆九年，增修《仪象考成》，补正缺误。道光甲辰，再加考测，为《仪象考成续编》，入表正座一千四百四十九星，外增一千七百九十一星，洵为明备。今逾十岁，岁渐有差，故复据现时推测立表，庶绘图制器密合天行也。"

又谓："绘地难于算天，天文文可坐而推，地理必须亲历。近人不知古法，故疏舛失实。因考求地理沿革，为《历代地图》，以补史书地志之缺。"又手摹《皇舆全图》，自序略曰："地图以天度划方，至当不易。地球经纬相交皆正角，而世传舆图，至边地竟成斜方形，殊失绘图原理，其蔽在以纬度为直线也。昔尝为小总图，依浑盖仪，用半度切线，以显迹象。然州县不备，且内密外疏，容与实数不符，故复为此图。其格纬度无盈缩，而经度渐狭，相视皆为半径与余弦之比例。横九格，纵十一幅，合成地球滂沱四颓之形，欲使所绘之图与地相肖也。

又变西人之旧,作《地球正变两面全图》,其序略曰:"地形浑员、上应天度,经纬皆为员线。作图者绘浑于平,须用法调剂,方不失其形似。然视法有三,其一在圜外视法员,法用正弦,则经圈为椭员,纬圈为直线,其形中广旁狭,作简平仪用之。其一在员心视员,法用正切,则经圈为直线,纬围为弧线,其形中曲旁狭,内密外疏,作日晷用之。斯二者;线无定式,量算繁难。且经纬相交,不成正角。其边际或太促褊,或太展长,以画地球,既昧方斜本形,复失修广实数,所不取也。其一在员周视员,法用半切线,经纬圈皆为平员,虽亦内密外疏,而各能自相比例,西人以此作浑盖仪,最为理精法密。今本之为地球图,分正背两面。正面以京师为中线,其背面之中,即为京师对冲之处,尊首都也。旁分二十四向,审中土与各国彼此之势,定准望也。经纬俱以十度为一格,设分率也。"

因推演其法,著《测量备要》四卷,分《备物致用》、《按度考数》二题。《备物致用》其目四:一丈量器、曰插标、曰线架、曰指南尺、曰曲尺、曰丈竹、曰竹筹、曰皮活尺、曰蕃纸簿、曰铅笔;二测望仪、曰指南分率尺、曰立望表、曰三脚架、曰矩尺、曰地平经仪、曰平水准、曰纪限仪、曰回光环、曰折照玻璃屋、曰千里镜、曰象限仪、曰秒分时辰标、曰行海时辰标、曰折分大日晷、曰风雨针、曰寒暑针;三检核书、曰志书、曰地图、曰星表、曰星图、曰度算版、曰对数尺、曰八线表、曰八线对数表、曰十进对数表、曰现年行海通书、曰清蒙气差表、曰太阳纬度表、曰日晷时差表、曰句陈四游表、曰大星经纬表、曰对数较表、曰对数较差表;四画图具、曰大小幅纸、曰砚、曰墨、曰朱、曰颜色料、曰笔、曰五色铅笔、曰笔壳、曰指南分率矩尺、曰长短界尺、曰平行尺、曰分微尺、曰机翦、曰交连比例规、曰玻璃片、曰橡皮。

《按度考数》其目四:一明数,曰尺度考,曰亩法,曰里法,曰方向法,曰经纬里数;二步量,曰量田计积,曰步地远近,曰记方向曲折,曰认山形,曰准望所见;三测算,曰测量方向远近法,曰测地纬度法,曰论平归大海地平界角,曰测地经度法,曰经纬方向里数互求法；四布图，曰正纸幅，曰定分率，曰缩展，曰识别设色。

又因修改对数表之根求析小术，是开极多乘方法，可径求自然对数，即讷对数，以十进对数根乘之，即得十进对数，著《乘方捷术》三卷。

又创对数尺，盖因西人对数表而变通其用，书数于两尺，相并而伸缩之，使原有两数相对，而今有数即对所求数。一曰形制，二曰界画，三曰致用，四曰诸善，五曰图式，为记一卷。

又尝撰《格术补》一卷，同郡陈澧序之，略曰："《格术补》者，古算家有格术，久亡，而吾友邹征君特夫补之也。格术之名，见《梦溪笔谈》，其说云：'阳燧照物，迫之则正，渐远则无所见，过此则倒，中间有碍故焉。如人摇橹，臬为之碍，本末相格，算家谓之格术'。又云：'阳燧面洼，向日照之，则光聚向内，离镜一二寸，聚为一点，著物火发'。《笔谈》之说，皆格术之根源也。宋以前盖有推演为算书者，后世失传，遂无有知此术者。征君得《笔谈》之说，观日光之景，推求数理，穷极微眇，知西人制镜之法皆出于此。乃为书一卷，以补古算家之术。盖古所谓阳燧者，铸金以为镜也，西洋铁镜，即阳燧，玻璃为镜，亦同此理。故推阳燧之理，可以贯而通之。有此书而古算家失传之法复明，可知西人制器之法，实古算家所有，此今世之奇书也。至若古算失传，如此者当复不少，吾又因此而感慨系之矣！"

同治三年，嵩涛特疏荐之，坚以疾辞。曾国藩督两江日，欲以上海机器局旁设书院，延伯奇以数学教授生徒，亦未就。八年五月，卒，年五十有一。

李善兰，字壬叔，海宁人。诸生。从陈奂受轻，于算术好之独深。十岁即通《九章》，后得《测圆海镜》《勾股割圜记》，学益进。疑割圜法非自然，精思得其理。尝谓道有一贯，艺亦然。《测圆海镜》每题皆有法有草，法者，本题之法也。草者，用立天元一曲折以求本题之法，乃造法之法，法之源也。算术大至躔离交食，细至米盐琐碎，其法至繁,以立天元一演之,莫不能得其法。故立天元一者,算学中之一贯也。并时明算如钱塘戴照,南汇张文武,乌程徐有壬,汪日桢,归安张福僖,皆相友善。咸丰初,客上海,识英吉利伟烈亚力、艾约瑟、韦廉臣三人,伟烈亚力精天算,通华言。善兰以殴九里几何原本十三卷,续二卷,明时译得六卷,因兴伟烈亚力同译后九卷,西士精通几何者少,其第十卷犹玄奥,未易解,讹夺甚多,善兰笔受时,辄以意匡补。译成,伟烈亚力叹曰:"西士他日欲得善本,当求诸中国也!"

伟烈亚力又言美国天算名家罗密士尝取代数、微分、积分合为一书,分款设题,较若列眉,复与善兰同译之,名曰《代微积拾级》十八卷。代数变天元、四元,别为新法,微分、积分二术,又借径于代数,实中土未有之奇秘。善兰随体剖析自然,得力于《海镜》为多。

粤匪陷吴、越,依曾国蕃军中。同治七年,用巡抚郭嵩焘荐,征入同文馆,充算学总教习、总理衙门章京,授户部郎中、三品卿衔。课同文馆生以《海镜》,而以代数演之,合中、西为一法,成就其众。光绪十年,卒于官,年垂七十。

善兰聪强绝人,其于算,能执理之至简,驭数至繁,故衍之无不可通之数,抉之即无不可穷之理。所著则《古昔斋算学》,详《艺文志》。世谓梅文鼎悟借根之出天元,善兰能变四元而为代数,盖梅氏后一人云。

华衡芳,字若汀,金匮人。能文善算,著有《行素轩算学》行世。其笔谈一书,犹为生平精力所聚。凡十二卷,第一卷论加、减、乘、除之理。第二卷论通分之理。第三卷论十分数。第四卷论开方之理。第五卷论看题、驭题之法,以明加、减、乘、除、通分、开分之用。第六卷论天元及天元开方。第七卷论方程之术,已寓四元之意,末乃专论四元。第八卷论代数释号及等式。第九卷论代数中助变之数及虚代之法。第十卷论微分。第十一卷论积分,分十六款以明之。第十二卷论各种算学不外乎加、减、乘、除,二论一切算稿宜笔之于书,三论算学中可以著书之事,四论学算与著书并非两事,五论缮算学之书,六论《畴人传》当再续。综计自加、减、乘、除、通分以至微分、积分,由浅入深,术本繁难,而括之以简易之旨。理本艰深,而写之以浅显之词。

又于同治十三年,与英士传兰雅共译《代数术》二十五卷,衡芳序之曰:"代数之术,其已知、未知之数,皆代之以字,而乘、除、加、减各有记号,以为区别,可如题之曲折以相赴。迨夫层累已明,阶级已见,乃以所代之数入之,而所求之数出焉。故可以省算学之工,而心亦较逸,以其可不假思索而得也。虽然,代数之术诚简便矣,试问工此术者,遂能不病其繁乎? 则又不能也。夫人之用心,日进而不已,苟不至昏眊迷乱,必不肯终辍。故始则因繁而求简,及其既简也,必更进焉,而复遇其繁,虽迭代数十次,其能免哉? 自是知代数之意,乃为数学中钩深索隐之用,非为浅近之算法设也。若米盐零杂之事,而概欲以代数施之,未有不为市侩所笑者也。至于代数、天元之异同优劣,读此书者自能知之,无待余言也。"

又与传兰雅共译《微积溯源》八卷,序之曰:"吾以为古时之算法,惟有加、减而已。其乘与除乃因加减之不胜其繁,故更立二术以使之简易也。开方之法,又所以济除法之穷者也。盖学算者自有加、减、乘、除、开方五法,而一切简易浅近之数,无不可通矣。惟人之心思智虑日出不穷,往往以能人之所不能者为快,遇有窒碍难通之处,辄思立法以济其穷,故有减其所不可减,而正负之名不得不立矣。除其所不受除,而寄母通分之法又不得不立矣。代数中种种记号之法,皆出于不得已而立者也。惟每立一法,必能使繁者简,难者为易。迟者为速,而算学之境界,藉此得更进一层。如是屡进不易,而所立之法于是乎日多矣。微分、积分者,盖又因乘、除、开方之不胜其繁,且有窒碍难通之处,故更立此二术以济其穷,又使简易而速者也。试观圜径求周、真数求对数之事,虽无微分、积分之时,亦未尝不可求,惟须乘、除、开方数十百次,其难有不可言喻者。不如用微积之法,理明而数捷也。然则谓加、减、乘、除、代数之外,更有

二术焉,一曰微分,一曰积分可也。其积分犹微分之还原,犹之开方
为自乘之还原,除法为乘法之还原,减法为加法之还原也。然加与
乘,其原无不可还,而微分之原,有可还有不可还者,是犹算式中有
不可还原之方耳,又何怪焉!如必曰加减乘除开方已足供吾之用,
何必更求其精?是舍舟车之便利。而必欲负重远行也。其用力多
而成功少,盖不待智者而辨矣。又《代数术》中末卷之中,载求平员
周率简捷法式,为犹拉所设。未有此法之时,会有算学士固灵用平
员内容外切之多等边形,费极大工夫,算得三十六位之数。设径为
一,周为三一四一五九二六五三五八九七九三二三八四六二六四
三三八三二七九五零二八八。其临死之时,嘱其家以此数刻于墓
碑,盖平时得意之作,恐其磨灭,故欲传之永久,亦犹亚基默得之之
墓,刻一球形与员柱形也。"

　　又与傅氏共译《三角数理》,此书为英士海麻士所撰。海麻士专
精三角、八线之学,著书十有二卷,皆言三角数理,即用为名。首明
三角用比例之理;次论两角或多角诸比例数;次论造八线比例表之
法;次解平三角诸形;次论诸角比例乘约变化之理,纪彼国算士隶
弗美创例也,附以专论对数术及诸三角形设题一百则,为书三卷,
以引学者;次总说球上各圈及弧三角形之界;次解正弧斜弧三角形
之法;次杂论求弧三角数种特设之表;终以弧三角形设题二十七则
焉。然书中说解过于烦费,仍不能变外角和较与垂弧、次形、总较诸
旧法,故自海氏书出,益觉徐有壬《拾遗三术》难能可贵,超越西人。
又与傅氏共译《代数难题解法》十六卷。

　　其弟世芳,字若溪。亦通算术,著有《近代畴人著述记》。

清史稿卷五〇八
列传第二九五

列女一

田绪宗妻张　　菑永仁妻杨　妾苏

张英妻姚　　蔡璧妻黄　子世远妻刘

尹公弼妻李　　钱纶光妻陈

胡弥禅妻潘　　张棠妻金　　洪翘妻蒋

张蟾宾妻姜　　施曾锡妻金

廷璐妻恽　　汪楷妻王　妾徐

冯智懋妻谢　　郑文清妻黎

程世雄妻范　　高学山妻王

王氏女　张天相女　周氏女　　王孜女

缪浒妻蔡　　濮氏女　　李氏女

来氏二女　　曾尚增女　王氏女

吕氏女　　佘长安女　　王法夔女

武仁女　唐氏女　　张桐女　汪俨聘妻张

吴某聘妻周　李荐一聘妻曾　　袁斯凤女

丁氏女　　朱械之女　　杜仲梅女

方氏二女　刘可求女　**杨泰初女**　孙承沂女

赵承谷聘妻丁　彭爵麒女　陈宝廉女

吴士仁女　王济源女　董桂林女

耿恂女　吴芬女　邵氏二女

蒋遂良女　**徐氏二女　李鸿普妻郭**

牛辅世妻张　**高位妻段　郑光春妻叶**

子文炳妻吴　**屈崇山妻刘**

谢以炳妻路　弟仲秀妻郑　季纯妻吴

王钜妻施　陈文世妻刘

张守仁妻梁　韩守立妻俞　**路和生妻吴**

诸君禄妻唐　**牛允度妻张**

游应标妻萧　蒋广居妻伍　**周学臣妻柳**

王德骏妻盛　**张茂信妻方**　林经妻陈

张德邻妻李　武烈妻赵

孙朗人妻吴　李天挺妻申　刘与齐妻魏

周志桂妻冯　**欧阳玉光妻蔡**

子惟本妻蔡　**萧学华妻贺　张友仪妻陈**

冯氏　王钺妻隋　林云铭妻蔡

陈龙妻胡　王懃妻岳　鲁宗镐妻朱

马叔吁妻丁　许光清妻陈

黄开鳌妻廖　黄茂梧妻顾

高其倬妻蔡陈之遴妻徐　詹枚妻王

艾紫东妻徐　柯蘅妻李　**郝懿行妻王**

汪远孙妻梁　**陈裴之妻汪　汪延泽妻赵**

吴廷铃妻张　诸妹章政平妻等

程鼎调妻江　陈瑞妻缪　马某妻阮

富乐贺妻王　仁兴妻瓜尔佳　**耀州三妇**

杉松邮卒妇　杨芳妻龙

崔龙见妻钱　沈葆桢妻林

王某妻陈李某妻赵　罗杰妻陈　杨某妻唐

姚旺妻潘　**盖氏**

　　积家而成国，家恒男妇半。女顺父母，妇敬舅姑，妻助夫，母长子女，姊妹娣姒，各尽其分。人如是，家和；家如是，国治。是故匹妇龟勉帷阃之内，议酒食，操井臼，勤织纤组纮，乃与公卿大夫士谋政事。农劳稼穑，工业势曲，商贾通货财，同有职于国，而不可阙。晚近好异议，以谓女絷于父，妻絷于夫，戚戚求自食。或谓女制于父母，妇制于舅姑，妻制于夫，将一切排决，舍家而蹴国，务为闳大，其过不及若殊，要为自弃其所职而害中于家国则均。呜呼，何其诬也！古昔圣王经国中而为之轨，亿万士女母或逾焉。是故矜其变，所以诲其正，愍其异。所以励其庸；范而趋于一。使凡女若妇者，循循各尽其职。则且广之为风俗，永之为名教。有国者之事，以权始，以化终，权故行，化故成，国以治平。

　　清制，礼部掌旌格孝妇、孝女、烈妇、烈女、守节、殉节、未婚守节，岁会而上，都数千人。军兴，死寇难役辄十百万，则别牍上请。捍强暴而死，爰书定，亦别牍上请，皆谨书于实录。其征之也广，其禩之也显,流风余韵,绵绵延延,风雨如晦,鸡鸣不已。故知权所以能行,化所以能成,尤必有当于人人之心,固不可强而致也。列女入史,始《后汉书》,用其例,择尤炳著如干人,贤母、孝女、孝妇、贤妇、节妇、贞妇、贞女、烈妇义行,边徼诸妇,以类相从,其处变事相亚者,厌而比焉。篆昔懿,素来淑,敬我彤管,宜有助于兴观。

田绪宗妻张,德州人。绪宗,顺治九年进士,官浙江丽水知县,有声。卒官。张预戒管库,谨视赋徭所入,发牍核其数。代者至,请知府临察,无稍舛漏,乃持丧归。教三子雯、需、霖,皆有文行。张通《诗》、《春秋传》,能文。

年七十,里党将为寿,诫诸子曰:"礼,妇人无夫者称未亡人,凡吉凶交际之事不与,亦不为主名,故《春秋》书'纪履绲来逆女。'《公羊传》曰:'纪有母,何以不称母?母不通也。'何休云:'妇人无外事,所以远别也。'后世礼意失,始有登堂拜母之事。战国时,严仲子自筋聂政母前,且进百金为寿。盖任侠好交之流,有所求而然耳,岂礼意当如是耶?吾自汝父之没于官,携扶小弱,千里归榇,含艰履戚,三十年余。阖户辟绩,以礼自守。幸汝曹皆得成立,养我余年,然此中长有隐痛。每岁时腊腊,儿女满前,牵衣嬉笑,辄怦怦心动,念汝父之不及见。故或中坐叹息。或辍箸掩泪。今一旦宾客填门,为未亡人称庆,未亡人尚可以言庆乎?三十年吉凶交际之事不与知,而今日更强我为主名,其可谓之礼乎?处我以非礼,不足为我庆,而适足增我悲耳。汝曹官于朝,宜晓大体,其详思礼意,以安老人之心!"张年七十七而卒,有《茹荼集》。雯官至户部侍郎。

嵇永仁妻杨,永仁,无锡人;杨,长洲人。永仁死浙闽总督范承谟之难,杨时年二十七,子曾筠生七年。舅姑皆笃老,黾勉奉事,丧葬谨如礼。福建定,永仁仆程治乃克以其丧还,杨质衣营葬。葬竟,抚曾筠而泣曰:"我前所以不死,以有舅姑在。舅姑既没而葬,今又葬汝父,我可以死,则又有汝在。汝父以诸生死国事,汝未成人,当如何?"则又呜咽曰:"我其如何?"曾筼长而力学,杨日织布易米以为食,指谓曾筼曰:"汝能读书,乃得啖此,未亡人则歠粥。"及曾筼官渐显。恒诚以廉慎。雍正十一年,卒,年八十有四。永仁、曾筼皆有传。

永仁妾苏,字瑶青。从永仁福州,临难,取带面永仁而缢,年十七。

张英妻姚,桐城人。英初官翰林,贫甚,或馈之千金,英勿受也,故以语姚,姚曰:"贫家或馈十金五金,童仆皆喜相告。今无故得千金,人问所从来,能勿惭乎?"居恒质衣贳米。英禄稍丰,姚不改其俭,一青衫数年不易。英既相,弥自谦下。戚党或使婢起居,姚方补故衣,不识也。问:"夫人安在?"姚逡巡起应,婢大惭沮。英年六十,姚制棉衣贷寒者。子廷玉继入翰林,直南书房,圣祖尝顾左右曰:"张廷玉兄弟,母教之有素,不独父训也!"卒,年六十九,有《含章阁诗》。女令仪,为同县姚士封妻,好学,有《蠹窗集》。英、廷玉皆有传。

蔡璧妻黄,漳浦人,世远母也。璧丧妻,以为妾。耿精忠为变,璧方客京师,黄奉璧父母避山中,璧母老不能粒食,辍女子子乳乳之。璧父母命璧以为妻。

世远妻刘,事舅姑孝。世远既贵,家人谋买婢,勿许。谋佣乳母,刘曰:"吾六子四女皆自乳,吾不以贵易其素。"世远有传。

尹公弼妻李,博野人。公弼早卒,家贫,舅姑老,父母衰病,无子。养生送死,拮据黾勉。教子会一有法度,通籍,出为襄阳府知府,李就养。雨阳不时,必躬自跽祷,禳疫驱蝗亦如之。冬寒,民六十以上,量予布帛。襄阳民德之,为建贤母堂。李赋诗辞之,不能止。会一移扬州府知府,扬州俗奢,李为作女训十二章,教以俭。累迁河南巡抚,所至节俸钱,畀高年布帛,周贫民,佐军饷,皆以母命为之。民间辄为立生祠,如在襄阳时。会一内擢左副都御史,李以疾不能入京帅，陈情归养。复以母命，里塾社仓次第设置。居数年，高宗赐诗嘉许，榜所居堂曰："荻训松龄。"卒，年七十八。

公弼曾孙溯醇妻徐，亦早寡，与其族公亮妻高、公聘妻杨、德一妻韩、成一妻李、多福妻刘、林妻王、二喜妻朱，合称"尹氏九节"。会一有传。

钱纶光妻陈。名书。纶光，嘉兴人；陈，秀水人。幼端静，读书通大义。初昏，纶光侍其父瑞征出上冢，陈从楼上望见少年殴佃客几死，咯血，方大雪，血沾衣尽赤。佃客家以其族党至，汹汹。陈遣苍头问，少年，从子也。乃畀佃客入室，召医予药，畀其母钱米，呼从子使受杖，众乃散。瑞征还，亟贤之。陈善事舅姑，助纶光款宾客，周邻里。曲尽恩意。纶光卒，教子尤有法度。子陈群，自有传。畀，官陕西醴泉知县，有贤声。陈晚为诗，号复庵。署画，号南楼老人。《诗》三卷，戒陈群母付刻。画尤工，山水、人物、花草皆清迥高秀，力追古作者。

曾孙女与龄，字九英，为广西太平府同知吴江蒯嘉珍妻，亦能画，题所居曰仰南楼。

胡弥禅妻潘，桐城人。弥禅卒，遗三子，长子宗绪，方十岁。贫，遣就学村塾，且倚闾注而送之，逾岭不见，乃返，暮复迎之而泣。三年，贫益甚，罢学，潘不知书，使儿诵，以意为解说。一日，闻程、朱语，叹且起立曰："我固谓世间当有此！"闻诵司马相如《美人赋》则怒，禁毋更读。诸子出必告，襟濡露，则笞之，问："奈何不由正路？"岁饥，潘日茹瓜蔓，而为麦粥饭儿，有余，以周里之饿者。尝命仆治室，发地得千金，献宗绪，宗绪不受，母闻乃喜。宗绪成雍正八年进士，官至国子监司业，笃学行，有所述作。

张棠妻金，秀水人。棠卒，金作苦奉姑，晨炊偶有余，日午复以进。姑呼金共食，金虑姑不足。辄以腹痛辞。姑病，侍食尝药，搔痒涤楲，鬌发拭垢，靡不躬焉。夜坐床下，闻呻吟即起。姑没，哭之痛，曰：“吾将何怙，以冀孤儿长乎？”则愈益作苦。方冬捆屦，两手龟且裂，敷以酱及蜡泪，痛如割，必毕事乃寝。子庚，稍长有文行，客游以为养。一日，金晨起，理发竟，登案扳瓮西南望曰：“我安得望见江西？”时庚方客南昌，南昌于浙为西南，故云。既得旌，泣而言曰：“我姑亦早寡，徒以年已逾三十，不中令甲，而我得被旌，我于是有私痛也。”年七十九而卒。

洪翘妻蒋，武进人。翘尚义而贫，僦居临大池，隘且泾，蒋择处其尤陋者，暴雨，水浸淫床下。翘既不第，客游养父母。俄书报病且归，蒋挟二子舟迎，闻来舟哭声，审其仆也，号而自掷于水，女佣持之，免。自是率诸女针纫组织，力以自食。授其子礼吉读，至《礼经》“夫者妇之天”，哭绝良久，呼曰：“吾何戴矣！”遂废其句读。礼吉稍长，出就里中师，里中师不辨音训，母为正其误，日数十字。母织子诵，往往至夜分，翘大父崦尝守大同，父公寀独赏大同官逋十有余万，不以累第昆。受托赵氏孤，坐累家破，卒全之，经此名孝义，蒋恒举以勖礼吉。丧舅姑，毁甚，既复丧母，疾作遂卒。礼吉更名亮吉，有传。

张蟾宾妻姜，武进人。蟾宾父金第客死京帅，妻白，食贫抚诸孤。蟾宾复早卒，姜抚二子惠言、翊。贫，惠言就其世父读，归省姜，无食，明日，惠言饿不能起，姜抚之曰：“儿不惯饿，惫耶？吾与而姊、而第时时如此也！”惠言稍长，使授翊书，姜与女课女红，常数线为节，晨起，尽三十线乃炊。夜燃灯视二子读，恒至漏四下，里党称姜苦节如其姑。惠言有传。

施曾锡妻金，名镜淑。曾锡，桐乡人也；金，震泽人。曾锡故有文行，以副榜贡生终。孤福元生七年矣。教之严，夜篝灯读书，福元稍惰，欲扑之。扑未下，涕泗交于颐，辄罢。初曾锡丧父母及所生父，金撤簪珥以佐葬。及葬曾锡，家益贫。纺绩，冬寒皲瘃，十指皆流血。所生姑亦卒，乃还依母。岁大无，具饭饭母，并及福元，而自食豆粥杂糠核，母病，侍尤谨。福元以举人知西江安福县，而金已前卒。

廷璐妻恽，廷璐，完颜氏，满洲镶黄旗人。恽，阳湖人。名珠，字珍浦。恽自寿平以画名，其族多能画。毛鸿调妻恽冰，字清于，画尤工粉墨，映日有光，于珠为诸姑。珠亦能画，善为诗。廷璐为泰安知府，卒官。珠抚诸子麟庆、麟昌、麟书，教之严。持家政，肃而恕。尝拟《列女传》为《兰闺宝录》。撰定清女子诗为《国朝女士正始集》，校刻寿平父日初遗书及李颙集。皆传世。麟庆有传。

汪楷妻王、妾徐，萧山人。楷为河南淇县典史，尝廉民冤，白令为平反。既去官，客死广东。母七十，徐有子辉祖，幼。丧归，索债者至，王鬻田、出嫁时衣装以偿。楷第不肖，恒求钱以博，甚或篡辉祖去，得钱乃归之。已，将以母迁，王与徐力请留，奉侍甚谨。母垂殁，叹其贤孝。教辉祖读，或不中程，徐奉棰呼辉祖跪受教，王涕泣戒督，往往弃棰罢。贫益甚，互称疾减食食辉祖。辉祖长，出游，佐州县治刑名。王戒之曰："汝父尝言生人惨怛，无过图圄中，偶扑一人，辄数日不怡，曰：'彼得无恚恨戕其生乎？'汝佐人当知此意。"辉祖自外归，必问："不入人死罪否？破人家否？"曰："无。"则喜。即言法不免，王与徐辄相视为流涕。王尤不喜言人过，辉祖或偶及之，必曰："汝能不尔即佳，此何与汝事？"徐居常布衣操作，岁饥，日织布一匹，易三斗粟，虽谴不为止。一絮被，余二十年，辉祖请易，曰："此汝父所予，不可易也！"徐病，辉祖进参，却之，曰："汝父客死，吾不获以此进，吾何忍饮"？王强之，微啜而罢。徐卒十余年，辉祖成进士而王卒。辉祖有传。

冯智懋妻谢，智懋，长洲人；谢，嘉兴人。智懋家中落，再遇火，谢处贫，黾勉无所恨。子桂芬，入学为诸生，谢喜曰："汝家久无秀

才,汝继之,甚善。原世世为秀才,毋觊科第也!"及得第,训之曰:
"人必有职,女红中馈,妇职也,易尽耳;汝当思尽其职"。又曰:"好
官不过多得钱,然则商贾耳,何名官也? 汝谨,当不至是,勉旃!"苏
州、嘉庆,皆困重赋,谢氏以催科破家。谢每谓桂芬:"汝他日为言
官,此第一事也!"同治初,江、浙初定,桂芬佐江苏巡抚李鸿章幕,
成减赋之议。苏州、松江、太仓三府、州,减三之一;常州、镇江减十
之一。浙江巡抚左宗棠继请嘉兴亦得量减,时谢已前卒。桂芬有传。

　　郑文清妻黎,遵义人。事祖姑及姑能得其欢心。贫,令长子珍
就传,诸子力田,教督之甚肃。珍录平生所训诫为《母教录》。尝曰:
"妇人舍言、容、工,无所谓德。言只柔声下气,容只衣饰整洁,工则
针黹、纺绩、酒浆、菹醢,终身不能尽,"又曰:"人虽贫,礼不可不富;
礼不富,是谓真贫。"珍,《儒林》有传。

　　程世雄妻万,衡阳人。世雄兄世英早卒,妻何无子,世雄旋亦
卒。子学伊弱,族有争嗣者,万以学伊兼承世英后。姑丧未殡,火发,
何、万与诸婢号泣奉枢出,火为之止。万善治家,学伊长,家渐起。咸
丰间军兴,诸将唐训方、陈士杰、彭玉麟皆倚学伊筹兵食。万日具百
人馔,为规画盉屋,贤母名益闻。力施与,赡诸戚族,教孙曾,皆成
立。年八十九卒。

　　高学山妻王,泸州人。王归学山,视前室子四皆嬴弱,鞠育甚
至。长子病且死,泣语申母恩。原再来为母子。第三子病,亦如之。
逾年,学山梦二子者至,即夕,王孪生二子。王教诸子读书、择友有
法度,多取科目,孪生子同举于乡。

　　王氏女娥,九江屠者女也。顺治十四年,火,屠者方醉卧,娥奔
火中,呼不起,遂并焚死。
　　张天相女巧姑,仪徵人。乾隆十年正月庚寅,火,天相方病,巧

姑年十四，负父欲出，同死。明日得其尸，犹负父也。

周氏女，六安人。父瞽，女八岁，火作，母抱女出，问："父胡不出？"母曰："父瞽不能行。奈何？"女入火中，导父行，火烈迷路，俱死。

王孜女，慈溪人。康熙十六年七月乙未，乙夜慈溪火。女方居母丧，停棺于堂。火至，女呼舁棺，无应者，伏棺上泣。父从火光中遥见之，抱之出，则已死。灌以矾水，稍苏，声出喉音，仅属。问："母棺出否？"家人不答，遂哽咽而绝。女年十五。

萨玉瑞妻许。闽人。夫亡，姑初丧，火发，护姑柩不去，同烬。

缪浒妻蔡，名蕙，泰州人。父孕琦，生五女，而蕙为长。字浒，未行，孕琦坐法论死。系狱待决。蕙绝嗜好，屏服饰，寝不解衣，严寒不设炉火。居四年，浒请婚，蕙谢不行。康熙二十八年，圣祖巡江南，蕙伏道旁上疏，略云："妾闻在昔淳于缇萦为父鸣冤赎罪，汉文帝怜而释之，载之前史，传为盛典。今妾父孕琦被仇害，自逮狱以来，妾日夜悲号，吁天无路。每夕遥望宸阙，礼拜数千，于今三年，寒暑靡辍。今幸驾临淮海，是诚千载奇逢，妾愿效缇萦之故事，冒死鸣哀，伏维天鉴。"上下其疏江南江西总督覆谳，二十九年，谳上，孕琦得减死。蕙归浒，未一年，卒。

濮氏女，桐乡人。其父无子，而母妒，不使置滕侍，家万金悉畀女。嫁吴生，予田宅、奴婢、什物皆具。女独愍父未有子，尝从容谏母，母怒，骂曰："吾万金饷汝，犬豕犹知人意，况人乎？"女不敢复言。乃为父置婢其家，时父至，使侍父。岁余，果生男。载而之母家，会濮氏长老，见男于庙。具白母，贺母有子，母憾女，尽收田宅、奴婢、什物，驱就他舍，屏勿复相见。吴生既以妇富，乃骤贫。愤恚欲杀女，女度无所容，自经死。

李氏女，鹿邑人，次三。父麒生与族人础、挺九月隙，挺九语础，若与麒生有杀姊仇，不先之，终为害。础与其子兆龙行求麒生，共欧之，垂死，乃弃去。三时年十九，麒生将死，嗋曰："仇杀我，我无子能报者，尚何言！"呼："天，天！"遂绝。三请于母，讼县及府，皆不省。讼巡抚，下开封府同知治，挺九好语三，愿养母，请得息讼，三扼其吭，啮面尽坏，卒脱去。狱上，当础死，础自杀。兆龙杖，创甚，亦死。三以祸始挺九，顾无罪，走京师，击登闻院鼓自列。下巡抚覆按，会挺九亦死。三泣告父墓曰："仇虽尽，然不弃于市，恨未雪也！"乃不嫁养母。居十五年，康熙三十七年八月，母卒，三治丧葬竟，自经死。乾隆中，知县海宁许荙表其墓，环墓为之田，曰"李孝女墓田。"

来氏二女，萧山人。姊曰凤筼，年十四。父客福建，从渡古田箬洋。父堕水，凤筼方卧病，闻遽起，跃入水，呼救。鱼舟集，援出水，凤筼痓慄无人色，犹为父易衣。夜半，遂死。凤荪，其女弟也。父病，露祷百余夕，不胜寒，亦死。

曾尚增女衍纶，长清人。尚增以庶吉士改官，迁知郴州，衍纶从。母病瘫不能起，衍纶日夜侍。居四年，一夕，母命衍纶少休，女佣就床下熏衣，遗火灼帷。衍纶突火入抱母号，救者以衍纶出，复入，哭且呼曰："速救夫人！夫人出，我乃出。"火幂床，救者不得入，尚增厉声呼衍纶出，不应，火益炽，遂殉。既灭火见衍纶身覆母，而体胶结不可解，时乾隆二十三年十二月乙亥，衍纶年十五。

又有王氏女，怀远人，母亦病瘫，火作，女突火入负母，俱烬。

刘魁妻徐，霍邱人。既嫁而归省，火作，负父出，复入负母，病瘫不能起，俱焚。火熄，见徐跪认床下，犹执母手。

薛中奇女，宿州人。侍祖母，火作，扶祖母出，梁折，承以肩，焚死，祖母得免。

吕氏女，平陆人。父卒，母且嫁，女生七年，痛哭谏其母，母不听,则日长跽母前,且哭且言,母意终不回。一日晨,潜出,家人求之勿得;暮,途人或言墙间有幼女死焉。家人就视,则女哭父瘗所,死矣,泪血溢两眶,遍地尽碧。及敛,视其寝处,枕上血深渍数重。

佘长安女,名酉州,四川重庆人。长安妄讼人聚博宰耕牛,坐诬,戍湖北。嘉庆十六年,酉州走京师,诣都察院,自陈祖父、母年皆逾八十,乞赦其父得侍养。事闻,仁宗以长安罪非常赦所不原,至配所已九年,其女年甫十一,不远数千里匍匐奔诉,情可悯,命赦长安。

王法夑女,名淑春,杨州人。法夑老而贫,淑春誓不嫁,力针黹为养。方冬,手龟身寒颤,工不辍。法夑至七十余卒,淑春以首触壁,额裂死。

武仁女,名端,钱塘人。能读书,愿不嫁事父母,父母不可。少长,母偶疾,夜求药,坠楼,折脊,则喜曰:“吾今形残,不可匹人,吾自是得终事父母矣!”仁客死贵州,端从母迎丧,至则资已尽,力针黹奉母,而蓄其余。居十有七年,始克以丧归。

唐氏女,名素,无锡人。贫无昆第,亦不嫁,鬻画以赡父母。

张桐女,名富,蔚州人。道光九年,山水暴发,家人皆走避。桐方病卧,富将负父出,弱不胜。水大至,父挥之去,号泣,俱溺。水退,家人至,见富两手犹握父臂不释。

汪岩聘妻周,刘氏女名密,吴某聘妻周,皆六安人。岩卒,周归汪氏,事舅姑,水至,周从姑乘屋,攀树,姑堕水,周跃下拯之,与俱死。密与母同堕,得板扉,缘以上,扉攲屡堕。母呼密速上,密曰:“扉狭不足全我母女,冀活母,儿不上矣!”遂死。周既入水,或援之登舟,问:“父母存否?”皆曰:“不知。”复跃入水死。

李荐一聘妻曾,南丰人。未行,遇水,室尽圮,母投水死。女援不及,入水殉。

袁斯凤女璲，字仪贞，江苏华亭人。斯凤官河南怀庆府黄沁同知，璲事父母孝，视疾尤谨。母陈有寒疾，璲榻母侧，视起居。母命之卧，顷辄起。八年，陈疾少瘥，璲乃曰："世无不可治之疾，人力未至，而委之天命，则以为不可治尔。"斯凤疾作，乍剧乍瘥，夜静或大雪，璲严立窗外，伺声息，往往不眠。道光十四年，斯凤疾大作，医谢不治。璲闻涕泣，已而怒曰："谁谓不可愈，吾必欲愈之！"而斯凤竟卒。后四日，璲阖扉欲自经，嫂过而劝之，璲泣誓死。嫂喻以杀身非孝，璲作色曰："吾自欲死，此时虽孔子、朱子以吾为不孝，吾亦惟死尔！"嫂曰："独不念病母乎？"璲曰："有汝在。"乃告其母，共谕慰之。又二日，璲竟死。死后，母察敛具，得断钏。

丁氏女，鹤庆人。父贫。煅石为灰以自给，女助之。年十六，父卒，女力作养母。尝负重而踬，遂敛偻。为佣，食于佣家，每饭思母，辄哽咽。人怜之，许其分食以遗。否必为母炊竟乃出佣。居四十余年，母卒女亦卒。

朱棫之女，武清人。字县诸生曹文甲。早丧父，母病，奉事良谨。将婚，女坚请留侍母。母卒，治丧葬，请旌母节，奉母主入祠，见祠有孝女，为低徊甚久，归遂自裁。遗书告文甲曰："君家孝娥以身殉父，儿愚只知有母，深负舅姑慈，愿更得贤妇奉馨飧也。"

杜仲梅女末姑，安徽太平人。贼至，刃其母，抱持乞代，刃及，终不释，贼去，母创死，女抱母尸泣，达旦，寻毁卒。同时二方氏女，一年十四，一方九岁，皆代母死。
又有刘可求女，亦太平人。弟被掠，女请于父易弟归，即夕自杀。

杨泰初女徽德，孙承沂女锦宜，皆休宁人。徽德年十二，母死寇,抱尸不食死。锦宜七岁,寇杀其祖母,守尸侧五日,贼与食,却之,饿死。

赵承古聘妻丁,名畹芬,武进人。父士衍,官蠡县知县,母赵及畹芬从。咸丰十年,洪秀全兵破常州,承古大父起殉焉。或传承古亦见执,母感伤发病卒。明年二月壬子夕,畹芬自经死。将死,书所为思亲赋及词六篇,字画端静如平时。

彭爵麒女,名咏春,怀宁人。陈宝廉二女慧庄、慧敬,侯官人。皆殉母。咏春哭母殡僧寺,登浮屠自投死,慧敬请以身代母,慧庄居母丧,皆仰药死。

吴士仁女,献县人。幼丧父,无兄弟,誓不嫁养母。会寇至,女求利刃置袖中,扶母出避,遇二寇,挤母仆,母怒詈,寇持刃欲斫,女急呼曰:“毋杀我母!我从若,不则死。”寇乃止,扶母还其家,藏母于室,出问寇饥否?具食使食,食毕,一方饮,一出卧他室中,女蹴饮者后,挟刃刺其颈,贯喉,嘶而仆。女阳为嬉笑,拔所佩刀他室,卧者方起立,遽前剚其胸,亦死,乃负母出走。

王济源女,枣强人。幼即能事父母。寡兄弟,遂矢不嫁。尝有盗,夜破门入,女持火枪立暗陬,击一盗毙,盗乃去。丧父母,葬祭皆如礼,为立后。同治间,寇至,负父母木主行避寇。逾六十,父母忌日,岁时祭墓,犹号泣哽咽。

董桂林女,乐亭人。桂林卒,女十二,矢不嫁,耕织以养母。昌黎富家子,闻其贤,请婚,愿代之养,女坚拒不许。母卒,五十余矣,鬻田以为敛,存屋数椽,田一亩,杏五树,女即牖外置母棺,手畚土以封。独处,昼夜悬刀自卫。又十余年,邻里高其义,醵金为营葬。

耿恂女,名一圭,望都人。恂举人,无子,客授保定。母刘病痹,一圭按摩抑搔,尝六七昼夜不少休。母少间,因卧床下,恂自外至,误践其手,指甲脱,血流至肘,倦不自知也。尝议婚某氏子,未聘而某氏子夭,女闻泣曰:“我得终事父母矣!”遂矢不字。刘病垂二十年,哽噎不能食,食必女口哺,恂卒,持丧奉病母归里。逾年,刘亦卒,一圭营丧葬,自为文以表于阡。一圭尝以生日上冢,掬土以益墓,急仆墓侧,家人掖以归,数日卒。

吴芬女,开县人,女次第二。芬,光绪二十三年拔贡生,以知县发山东,女留侍母。芬病,女闻,夜辄焚香露祷。三十一年,芬卒,女闻大悲,且恚曰:“人谓天有眼,我夜焚香露祷,叩头至数百。乃漠然不一顾耶!”越日饮药死,时年十三。

邵氏二女,黟人,长名媚,十五,次名扬,十三。从父入山樵,虎出噬其父,媚持父挥樵斧斫虎,虎负创去,父女皆不死。

蒋遂良女,城步人,虎挟其母去,女夺以还。

徐氏二女,淑云、淑英,温江人。父瞀,兄登云早卒。嫂凌疾革。抚子成龙而泣,淑云、淑英在侧,曰:“我二人在,当扶持以长,嫂何虞?”时成龙方二岁,淑云、淑英皆不嫁,以女红事蓄,卒扶持以长。

李鸿普妻郭,禹州人。鸿普母王,明季流贼破州,自经死,失其尸。鸿普将斫檀为之象,未成而卒。郭力纺织,奉其舅及后姑。子以达,稍长,喻以父意,求檀,辄不中像材。郭乃刺左腕,出血盈盂,和香屑为像,复剪发饰其首。以达惊,叩首泣,郭曰:“我姑以节死,我何爱发若血不以奉姑?吾无恙,汝又何悲?”像成,藏洁室,日上饮膳,事如生。

其后又有牛辅世妻张,太原人。姑卒,刻木祀之,饮食必祭。

高位妻段,宛平人。位卒,段年十七,二子劝依其兄以居。兄劝改嫁,段不可,携二子徙居小市板屋中。长子早死,次子为吏,以罪徙辽左,乃复抚诸孙。段年九十,孙裔成进士,赎其父以归。

裔母谷,事姑孝。始处贱,躬洒扫,晨侍盥栉,食时,就灶下作羹,亲上之。食毕,然后退,日以为常。既贵,终不改。或以为言,谷曰:"若母言,吾与姑故寒苦,姑习我,非我供事,姑终不适。吾老矣!洒扫盥馈以事我姑,此日可多得耶!"康熙二十七年,段卒,年九十六。

郑光春妻叶,莆田人。光春游湖南,久不归,叶以纺绩养姑。子文炳幼,或不率教,辄拊心号天,文炳惧,向学。姑老病痹,叶负以出入。七年,姑乃卒。

文炳长,娶于吴,念父不归,婚夕惘惘无欢。吴逡巡得其故,劝文炳行求父,曰:"事姑,我任之!"文炳行求得父以归,吴已卒,犹处子。文炳子任仁,妇张,能绳其孝。

屈崇山妻刘,雩县人。崇山卒,刘奉姑以居。康熙三十年,岁凶,姑劝之嫁,不从。饥益甚,姑泣刘语曰:"我旦暮且死。盍自鬻,尚可活我!"刘泣不应。姑大恸曰:"死耳,夫何言!"刘哽咽久之,乃曰:"如姑命。"自鬻于豪家,得金畀姑,号泣登车去。豪家方具酒食为贺,刘入厕自经死。豪家大恨,以敝蒿裹尸弃野外。

谢以炳妻路,仲秀妻郑,季纯妻吴,湖口人。以炳兄弟并早卒,三妇励节事姑,姑病痈,迭吮之,良愈。

王钜妻施,钜,萧山人;施,富阳人,姑严,小不当意,辄呵斥,施屏息不敢声。姑病反胃甚,医以为不治,施刲股和药进,病良已,姑遇施如故,钜疾作,施视疾急,病瘵卒,姑犹不善施。钜以刲股事告,视其尸,信,乃大恸曰:"吾负孝妇!"及疾笃,出珠花付钜曰:"汝妇孝,以此志吾痛,使汝子孙勿忘。"萧山人因称钜后为珠花王氏。

陈文世妻妇刘，郧人。陈、刘皆农家，刘待年于陈。既婚，姑年
七十二，病噎，刘割臂和药以进，疾少间；既而复作，不食已十日，垂
尽矣。刘夜屏人杀鸡誓于神，持小刀自蠡其胸二寸许，出矸肝刲半，
取布束创，以肝与鸡同瀹汤奉姑。姑久不言，忽曰："汤香甚！"饮之
竟，病良愈，刘亦旋平。为乾隆四十四年夏六月事。知县嘉兴李集
出俸为买田宅，宅北有大陂，几三顷，因命曰孝妇陂。

张守仁妻梁，献县人。守仁卒，祖姑穆，耄而瞽且瘘，日偃仰床
蓐，梁佣力以养。或讽梁嫁，梁曰："我今日嫁，明日祖姑饥且死，义
不忍。"祖姑善恚，小不当意，则怒詈，或攫其面，血出，梁事之自若。
祖姑卒，依其女以终。

县又有韩守立妻俞，祖姑及姑皆瞽，或妄言割肉以燃灯可愈，
守立愿试之，俞请代，刲右股然之，尽十余日，祖姑目复明。

路和生妻吴，靖远人。善事姑。姑丧明，吴侍左右，非整衣不入，
或言姑无见也，吴曰："吾心自不可欺耳。"

诸君禄妻唐，零陵人。姑胡，老无齿，兼病痹，唐日操作毕，辄跪
而乳之。或曰："坐可也。"唐曰："是乳小儿也，乳姑不可。"

牛允度妻张，通渭人。三十而寡，奉姑谨。嘉庆六年，大祲，求
野菜以食。姑老病，久之，不能复食。张贷钱得市脯进姑。又久之，
贷不继，姑病欲绝，张慰之曰："姑稍待，妇制草笠，可得钱数十，犹
足为数日供也。"笠成，卖得钱，姑已死。乃求市脯祭，朝夕哭，以馂
余活夫弟。

游应标妻萧，新都人。应标出耘，萧居绩。火发翁室，翁老病不
能行，萧冒火入，负翁。将及门，门焚，俱死。

蒋广居妻伍，桐城人。寡，奉姑徐。嘉庆二十四年，火作，徐年

九十六矣，卧不能起。伍自火中奔赴，负徐至灶前，火逼，俱死。伍尸倚墙，背负徐，俱僵立不仆，面如生。

又有扶沟蒋有广妻陈，救翁；洧川阎惠妻李，救姑，皆火死。

周学臣妻柳，湖口人。早寡。夜，虎突门，翁出视，惊仆。柳徒手击虎，虎自去。

王德骏妻盛，益阳人。事祖姑孝，病噎，哺以乳。寇掠县，负姑夜遁，堕虎穴，祷于虎，虎不咥。

张茂信妻方，茂信，河津人；方仪徵人。方尝割股愈舅疾，舅与茂信皆卒，奉姑刘。姑严，方事之谨。当夏，姑病暴下，方躬涤茵席，不以为秽。夜与姑共忱寝，微呻辄起，抚摩抑搔五十余日，姑愈，亟称其孝。

林经妻陈，连江人。姑盲性下，常臆妇藐己，陈断三指自明，姑为之悔。经病，刲股；经卒，以节终。

张德邻妻李，迁安人。寡，从弟欲夺其志，力拒，岁饥，驱驴鬻石灰易米以养姑。一日遇盗，泣曰："驴可将去，丐留囊中物俾我姑，不即饿死！"盗舍之去。

武烈妻赵，烈，永年人；赵，宣化人。赵事姑孝，姑病，夜露祷，得寒嗽疾。烈病疫，或谓口吮胸，汗出则愈，而吮者当病，赵曰："果尔，死不恤。"卒吮之，烈竟卒，赵病几殆。贫，操作纺绩，诸子成进士，自奉恒觳。亲族有缓急，往往倾其资。出千金置义学。卒，遂祠焉。

孙朗人妻吴，连江人。姑陈，早寡，遗腹生朗人。性严急，有不当意，辄坚卧，朗人偕吴跪床下，俟意解，命之起，乃起。朗人卒，吴以节终。

李天挺妻申，日照人。天挺早卒，姑严，申年六十，犹终日跪庭中。居姑丧，以毁卒。

刘与齐妻魏，秦州人。既寡，事姑，日被笞骂，欢颜受之。躬蒇
贱，十余年不怠。

周志桂妻冯。湘乡人。姑暴、忍饥以养。犹时时加笙楚。姑病
痪，不能举杖，叱冯跪自挝，流血，不敢怨。历三十余年，人名其里曰
孝妇村。

欧阳玉光妻蔡，湘乡人。玉光母刘，治家有法度。玉光居父丧，
以毁卒。蔡承姑教，董家事，率姒娌，与子侄佣奴，各有专职，家渐
起。

子惟本。亦娶于蔡。妇家贫，将嫁，宗族周焉，得钱三千有奇，
阴置秆荐中，而系钥其端。父送女还。入室，引钥，则钱在焉。曰：
"孝哉我女，留此以活我！"惟本亦早卒，从姑敬事祖姑，祖姑兴，姑
执笄侍左，妇自右为约发，盥，姑奉水，妇奉盘。及食，妇具馔，姑侑
之。寝，三世连床。一夕，姑起，堕床折胁，妇号泣就援，姑戒勿声，
毋令祖姑惊也。祖姑晚丧明，手足痿痹，挽篝舆，日游庭中，姑肩前，
妇肩后。祖姑刘，年至九十，姑蔡，九十六，妇蔡。八十三。曾国藩
为之传，谓："欧阳姑、妇，虽似庸行无殊绝者，而纯孝兢兢，事姑至
六十年、五十年之久而不渝，天下之至难，无以逾此。"

萧学华妻贺，湖南安化人。贺父徙陕西，学华赘其家。年余，学
华归省母。贺欲与俱，父不许，贺割股肉付夫以奉姑。姑适病，学华
烹肉进，病良已。后学华携贺归，事姑以孝称。

张友仪妻陈。福建永定人。事姑孝，姑尝称曰："诸妇汝最朴讷，
然酒浆筐篚琐碎无不治，得吾意者，汝也！"友仪早卒，陈未三十，勉
痛事姑，抚孤子。同治初，寇至，负姑入山避，徒行数十里，踵裂血
流，屡踣屡起。匿深林中，燃枯枝，采野蔌以活，卒得免。

子日焜妻李，尝刲股愈母病，事祖姑及姑孝。姑病，割臂进，病

目,舐以舌,良已。尝赴族人饭,心动,归,正姑病。又尝宿姻家,夜半,索舆还。姑曰:"吾正念汝,知汝必念我速归也。"

冯氏,武进人。嫁吉龙大,事舅姑谨。姑病偏废,饮食卧起皆需冯,而龙大游荡,欲衔冯以媒估客,冯不可。龙大引外妇入室,舅怒而逐之。冯曰:"姑病,妇终日侍,苦为他事间,得一人分其劳,甚善。"因持卧具从姑寝,龙大时时殴辱冯,冯未尝有怨色。舅病,龙大市毒药授冯,令饮其父,冯掷药,诡谏数日,龙大别市药,殴而逼之,冯叹曰:"我所以不死。为舅姑耳,今无冀矣!"入视姑寝,至龙大所,举药尽饮之。谓龙大曰:"我代舅矣,后毋萌此念!"须臾,毒发死。

王钺妻隋,诸城人。敏而有定识。明季,奉姑避兵,航海行数千里。寇至,负姑夜逾垣匿谷中以免,钺成进士,为广东西宁知县。康熙十三年,吴三桂反,钺城守,贼至,钺谓隋:"当奈何?"隋出匕首曰:"有此何惧!"贼去,钺行取主事,隋请以诸子先行。是时贼方盛,行人道绝,隋得敝舟,挟幼子经肇庆、度大庾、入鄱阳湖,水陆行数千里,率仆婢佩刀昼夜警备。家居,地震,自楼坠。血淋漓,持子泣,地摇摇未已,子请避,隋曰:"诸婢压其下,我去,死矣!"督家僮发砖石出之,皆复活。火发于楼。烟蔽梯不可登,命以水濡被予诸婢,身持泾衣障火先登,诸婢汲水次第上,火遂得熄。子沛恩、沛檀、沛恂,皆成进士,官于朝,隋益勤俭自敛抑,乡人称老实王家。

林云铭妻蔡,云铭,闽人;蔡名捷,字步仟,侯官人。云铭,顺治十五年进士,授江南徽州推官。郑成功兵入江,徽州兵叛,蔡矢死不去。官省,进还建宁。耿精忠反,下云铭狱,蔡忧之,呕血殷紫,女瑛佩刳臂肉入药,旋苏。师至,云铭乃出狱,云铭无子,蔡为买妾七,乃生子。蔡御诸妾有恩,所亲有妇妒,而五十无子者,蔡延至家,与处三日,归为夫买妾生子。里妇忏其夫,共指蔡以劝,曰:"毋令林孺人知。"瑛佩为闽清郑郏妻。

陈龙妻胡，龙溪人。龙少恃勇，为暴于乡里，父老群谋去害。时胡未嫁，使密劝乘时立功名。龙亡命为盗海岛，父母将别字，胡坚拒。闻龙娶，不贰。龙降，官金门总兵，知胡犹未字，乃成婚。海澄许贞尝以逋饷系狱，胡告龙代偿其负，释使去，贞卒为名将。

王懃妻岳，曲周人。岳奉舅姑笃谨，若不能言。懃移家临清，而商于天津。王伦为乱，将攻临清，临清民争走避，岳请于舅姑曰："贼将以临清为窟，必不剪居民以自弱。从众以行，不死于奔窜，必死于蹂藉，宜若可缓然。"舅姑用其言。出者争道，多挤入水死。岳曰："乃今宜可徙，官军且至，贼方谋出御，不暇捕逃人。且徙者已十八九，今行，无虑蹂藉，今不行，免于贼，或不免于官军。"遂相将潜出城，还曲周，懃亦归，人称其能量事，岳笃谨如故。

鲁宗镐妻朱，名如玉，字又寒，仁和人。事舅姑孝。或以贿干宗镐，有所关说，朱劝毋受。宗镐曰："我度是无利害，"朱曰："诸为不义事，皆以为无利害耳，奈何以贫窭素行。"宗镐悟，谢之。

马叔吁妻丁，扬州旧城人，事舅姑甚谨。叔吁兄弟三，既分，而伯兄以讼破家，丁义不已食，虽壶酒豆肉必以分。一日，语叔吁，请致家于伯氏，叔吁行之。丁事伯如舅，姒如姑，米盐纤悉一关姒，嫁时衣装饰首约臂皆不私。家故贾也，叔吁兄善贾，遂以其家富。叔吁有所请于姒，姒不时给，叔吁怒曰："乃我家所有，嫂何与？"丁曰："始让而终怒，人其谓我何？"劝叔吁毋校。

许光清妻陈。海宁人。善持家，戚有鬻妇者，妇誓死不从，陈偕姒妇朱醵金异其夫，要之署券。曰："彼人游荡，金尽终且鬻妇，不如是，妇不免。"乃招妇至，善视之。其夫死，复醵金赎所居，遣妇还，并前券焚之。邻童入其室窃壶去，陈戒家人勿言，曰："彼何以为人？"

御婢宽,闻有虐婢者,必以陶潜语劝曰:"彼亦人子也!"

黄开鳌妻廖,开鳌,高安人,廖,沔阳人。开鳌善为针,设肆衡州,廖佐以纺绩。开鳌病痪,廖习为针,针成,置诸版,摩以掌,针乃泽,数以是创,不懈。

开鳌卒,子长发幼,妇刘,监利人,待年于姑氏。稍长,夫妇共为针,长发截铁。圆本而锐末,持就煅,睨火察纯疵。刘削竹,缀以钢,悬双纮环竹,曳纮则竹转以穿针鼻。针良,市者多,家渐裕。洪秀全之徒躏湖南,家破,长发治针益力。当冬,和敝羊裘奉廖,与刘皆敝褐短裤,手足龟,不敢怠。

长发旋卒,子才三岁,被火,家再破。于是廖语刘曰:"天乎! 此诚不可再活,盍同死?"刘对曰:"火,亦常也,姑、妇惟当复食苦耳。"鬻簪珥为贸迁,居贱鬻贵。廖持算,刘主议值。又数年,家复裕。廖老而下,易怒,刘进淡巴菰,徐言他事辄解,不解,即跪谢,相持泣乃已。廖七十六而卒。

刘既善贸迁。邻家就求术,刘为谋至详,贫者贷以资。同巷居五十余家,多以贸迁富。开龟初设肆,才钱六千四百,刘晚年积白金至十万,督子孙就学,取科目,家益大,年七十九而卒。

黄茂梧妻顾,名若璞,字和知,仁和人。顾好言经世之学,为诗、古文辞,自为集序曰:"若璞不才,少不若于母训,笄事东生,十有三年。间事咏歌,大抵与东生相对优苦之所为作也。东生溘逝,帷殡而哭,不如死之久矣。徒以藐诸孤在。发藏书,日夜披览,二子从外傅,入辄令隅坐,为陈说吾所明。日月渐多,闻见与积,圣贤经传,旁及骚雅词赋,冀以自发其哀思。题曰《卧月轩稿》。轩为东生所尝憩,志思也。"东生,茂梧字。顾至康熙中乃卒,年九十。

子灿妻丁,从雇学,亦好言经世,先顾卒。

高其倬妻蔡,名琬,字季玉,汉军正白旗人,绥远将军毓荣女也。毓荣、其倬皆有传。琬谙政事,其倬章疏文檄每与商榷。能诗,有《蕴真轩诗钞》。集中《辰龙关》、《关锁岭》、《江西坡》、《九峰寺》诸篇,追怀其父战绩,尤悲壮,为世传诵。嘉庆间。铁保录满洲、蒙古、汉军旗人诗,为《熙朝雅颂集》,以琬为余集首。同入选者,珠亮妻、嵩山妻皆宗室女。张宗仁妻高、名景芳,诗最多。珠亮妻有《养易斋诗》,嵩山妻有《兰轩诗》,景芳有《红雪轩诗》。

陈之遴妻徐,名灿。字明霞,吴县人。之遴自有传。徐通书史,之遴得罪,再遣戍,徐从出塞。之遴死戍所,诸子亦皆没。康熙十年,圣祖东巡,徐跪道旁自陈。上问:"宁有冤乎?"徐曰:"先臣惟知思过,岂敢言冤?伏惟圣上覆载之仁,许先臣归骨。"上即命还葬。徐晚学佛,更号紫㜮,有《拙政园诗词集》。词尤工。陈维崧推为南宋后闺秀第一。画得北宋法。

詹枚妻王,名贞仪,字德卿。枚,无为人;贞仪,泗州人,而家江宁,祖者辅,官宣化知府,坐事戍吉林,贞仪年十一。者辅卒戍所,从父锡琛奔丧,因侨居吉林,侍祖母董,读书学骑射。十六还江南,又从锡琛客京师,转徙陕西、湖北、广东,二十五归于枚。后五年,嘉庆二年,卒。

贞仪通天算之学,能测星象,旁及壬遁,且知医。为诗文皆质实说事理,不为藻采。撰《星象图释》二卷,《历算简存》五卷,《筹算易知》、《重订策算证讹》、《西洋筹算增删》,皆一卷,《象数窥余》四卷,《女蒙拾诵》、《沉疴呓语》,皆一卷。《绣缤余笺》、《文选诗赋参评》,皆十卷,《德风亭集》二十卷。

贞仪病且死,谓枚曰:"君门祚薄,无可为者。我先君死,不为不幸。平生手稿,为我尽致蒯夫人,蒯夫人能彰我。"蒯夫人者,吴江蒯嘉珍妻钱,附见曾祖母钱纶光妻陈传中,时侨居江宁,贞仪与相习,枚以贞仪书归焉。其倳仪吉。为《历算简存》序,言:"贞仪有实学,不可没,班惠姬后一人而已。"女子治历算盖至鲜。

咸丰间,胶州柯蘅妻李,名长霞,邃于选学,著《文选详校》八卷。工诗,有《锜斋诗集》。光绪间,济阳艾紫东妻徐,名桂馨,治音韵之学,有《切韵指南》四卷。

郝懿行妻王,名照圆,字瑞玉,一字婉佺,福山人。懿行见《儒林传》。照圆文辞高旷,得六朝人遗意。懿行有所述作,照圆每为写定题识。其所自为书有《列女传补注》八卷,序曰:"《列女传补注》者,补曹大家注也。照圆六岁而孤。母林夫人恩勤鞠育,教以读书。尝从燕间,顾照圆而命之曰:'昔玫氏注《列女传》十五卷,今其书亡,如能补为之注,是余所望于汝也。'照圆谨志之不敢忘。分阴遒迈,奄忽四七,寸草盟心,遂成衔恤。追省前言,陨越滋惧。不揣愚蒙,略依先师之诂,用达作者之意,凡所诠释,将以通其隐滞,取供吟讽。至于义所常行,或传记成文,旧人已注,则皆阙而弗论。诚知疏陋,无能纂续前修,庶几念昔先人,少酬明发之怀。《补注》成,请夫子辨析疑义,时加订正,无隐乎尔,窃所慕焉!"又校正《列仙传》二卷,旧有潘,考以《隋书经籍志》,知为晋郭元祖撰,复别出为一卷。又集传记言梦者为《梦书》一卷,皆自为序,附懿行书以行。尤喜言《诗》,著《葩经小记》,书未成。懿行撰《诗问》,谓与照圆相问答,条其余义,别为诗说,皆采照圆说为多。光绪间,其孙联薇以书进。因误为照圆著云。自照圆为《列女传补注》,其后又有汪远孙妻梁《校注》。

梁,名端,字无非,钱塘人。幼为祖玉绳所爱。元和顾之逵校刻《列女传》,玉绳为审定,端辄胪其同异,退而笔之,玉绳为之折衷。既归远孙,与参酌增损。端既卒,远孙为刻行。

陈裴之妻汪,名端,字允庄。七岁赋《春雪诗》,拟以谢道韫,因又字小韫,钱塘人。长为诗,旨远而辞文,尝撰定明诗初、二集,上始开国,下逮遗民,都三十家,附录又七十人。自定凡例,以为:"初集,犹主盟之晋、楚;二集,犹列国之宋、郑、鲁、卫;附录,犹附庸之邾、莒、杞、薛。"梁德绳称其宗尚清苍雅正,能扫前后七子门径。吴振棫称其论一代升降正变,元元本本,纵横莫当。端所自为诗,有《自然好学斋集》。裴之卒,子又有疾,舅文述素奉道,端诗亦多为道家语。既卒,诸侄重定其集。尽删晚作,二本并行于世。

汪延泽妻赵。名棻,字仪姞。延泽,乌程人;赵,上海人,户部侍郎秉冲女也。幼读书,能诗文,有《滤月轩诗集》四卷,《文集》二卷,《词》一卷自为序,略曰:"宋后儒者多言文章吟泳非女子所当为,故今世女子能诗者,辄自讳匿,以为吾谨守'内言不出于阃'之礼。反是,则迁欺炫鬻于世,以射利焉耳。是二者,胥失之也。《礼》《昏义》女师之教,妇言居德之次,郑君注云:'妇言,辞令也。'夫言之不文,行而不远,文章吟泳,非言辞之远鄙倍者欤?何屑屑讳匿为!"子曰桢,撰《二十四史日月考》,赵为之序,曰:"刘义叟撰《刘氏辑术》,迄于五季,书久佚,仅存《通鉴目录》。自宋迫明,六百余年,未有续为之者。曰桢好史学,习算,考当时行用本术,如法推步,得其朔闰。自《史记》至《新旧唐书》,属草已一百余卷,余亟欲睹其成,预为此序,俾写定冠诸简端。"

吴廷鉁妻张,廷珍,常熟人,道光六年进士,官至刑部员外郎。张名绍英,字孟缇,阳湖人。世父惠言,父琦,皆博通能文章。绍英与诸女弟承其教,咸有述作,皆能诗。绍英兼为词,秀逸有王沂中、张炎遗意。妹䌌英亦能诗词;纶英尤工书。传琦笔法,真书出入欧阳、颜、杨诸家,分书自北碑上溯晋、汉,遒丽沈厚;纨英兼治古文。绍英尝编次《国朝列女诗录》,纨英为作传,简雅合法度。䌌英,江阴章政平妻,纶英,同县孙劼妻;纨英,太仓王曦妻。

程鼎调妻汪,名嫈,字雅安,歙人。好学,通儒家言,诗文皆雅正。病将卒,为诗曰:"秋风一叶落,余亦归荒墟。"遗书戒其子葆,言家事至详。复谓:"武侯著书,内有八务、七戒、六恐、五惧,武侯第一流人,务一,而戒恐惧居其三,可不识所致力耶?"葆编其所作为《雅安书屋诗文集》。

陈瑞妻缪,名嘉蕙,字素筠,昆明人。工书、善画。光绪中,召入宫供奉,为皇太后嘉赏,特赐三品服。

时同被召者,马某妻阮,字蘋香,仪征人,赐名玉芬。富乐贺妻王,名韶,字乔云,杭州驻防满洲人。著有《冬青馆诗》。仁兴妻瓜尔佳氏,名画梁,亦杭州驻防满州人。著有《超范室画范》。

耀州三妇:一青嘉努妻,一纳岱妻,一迈图妻,所居寨曰荞麦冲,在耀州城南。天命十年六月癸卯。明将毛文龙遣兵三百夜薄寨,方逾墙入,寨兵未即出,三妇者见之,倚车辕于墙,以为梯,青嘉努妻持利刃先偕登城奋击,三百人皆惊,坠墙走。耀州守将扬古利兵至,追击,尽歼之。太祖召三妇,赍金、帛、牛、马,赐青嘉努、纳岱妻备御,迈图妻千总。

杉松邮卒妇,禄劝人,失其姓。康熙五十七年正月,有常应运者为乱,逼杉松,诸邮卒方耕于山,无御者。妇曰:"此可计走也。"挟钲鸣山巅,若且集众,贼引去,妇乃走告夫,州始为备。事定,知州李廷宰聚父老贲妇酒食,具鼓吹,簪胜披锦,以矜于市民。

杨芳妻龙,芳,松桃厅人;龙,华阳人。芳有传。龙善鼓琴,工画兰。嘉庆十一年,芳自宁陕镇总兵署固原提督,龙留宁陕。是岁秋,镇兵以饷不给,将叛,龙使告署总兵杨之震,之震不之省。或请龙行避乱。龙曰:"不可,若我出而兵叛,是知其叛也,人其谓我何?"七月辛亥夕,乱作,芳素得兵心,兵有以匪降者,尤感芳不杀,皆入署为龙卫。民妇就避兵,廊庑盈焉。龙严戒奴婢毋号泣,向明,叛兵叩阍请谒,诸避兵者恟惧,请毋纳。龙曰:"愚哉!彼辈且自入,孰能御之?"乃启门,纳其渠数十人,咸泣谢,且请龙行。龙谓之曰:"若曹虽叛弁官,其渠罪不逭,于多人何尤？主将旦夕归,白若曹于朝,非尽歼也,可各罢归伍。"叛兵不欲罢。坚请龙行,龙命以舆来,尽出诸避难者,而殿其后。叛兵送至清涧,哭而返。龙兄为兴安知府,乃之兴安。芳自固原至,抚叛兵,复定。

蒲大芳者,叛兵渠也,请于芳,迎龙归。芳遣大芳等二十辈以往,龙初举子,即冒雪就道,道中大芳与其曹诟争,举刀伤其曹。行至汉阴,龙使假刑具于有司,召大芳责曰："汝叛,幸不死,更弄刀杖,又待叛耶？"杖之四十,械而行。三日,将至宁陕,其曹十九人者为之请,乃令脱械。

龙至,语芳曰："事虽定,然君且有远行。"芳曰："保至是？"龙曰："朝廷自有法度,兵叛事大,不容无任其咎者。"果有命戍伊犁。龙归侍姑,姑风缓不能言,惟龙达其意,左右在视。居姑丧尽礼。芳复起,迁湖南提督,道光五年,龙卒。

崔龙见妻钱,名孟钿,字冠之,一字浣青。龙见,永济人；钱,武进人,侍郎维城女。九岁刲臂疗父疾。归龙见,事姑谨,龙见以进士官州县,为四川顺庆知府。川东啯匪为乱,龙见帅师出御,贼自间道来袭,吏民惊扰。钱诇贼自府西至,遣人掣渡舟泊东岸。贼至,不得渡,遂引去。

及为湖北荆宜施道,值白莲教匪为乱。龙见出督饷,钱居危城中,烽火四逼,以龙见指发书,戒所属州县,令收附郭积聚,谨守备,毋与贼浪战。贼侦有备,亦引去。

龙见在官廉,钱每出余财周戚党。自四川还,泊燕子矶,见渡舟覆溺,出钱募救者,活十余人,皆应试士也。罗拜岸上。龙见卒,教诸子成立。钱工诗词。即以"浣青"名其集。

沈葆桢妻林,名普晴,字敬纫,侯官人。云贵总督则徐女也。则徐,葆桢皆有传。葆桢故则徐甥,林六七岁时,尝侍诸姑坐,臧否戚党诸子第。戏以诮林,辄曰："无逾沈氏兄贤。"及归葆桢,葆桢贫,董中厨,斥奁具佐馔,能得姑欢。咸丰六年,葆桢知广信府,八月,出行县,洪秀全将杨辅清自吉安潜师越山谷入。戊子,破贵溪,己丑,破弋阳。吏具舟促林避寇,林勿行,庚寅,葆桢还,时遵义镇总兵饶廷选驻军玉山,乃为书乞援,而辅清兵益进,去广信八十里。辛卯,廷选报书,言水涸,师不得下,仆役散走,林怀印倚井坐誓死。乙夜,城南火,达曙,大雨火灭。林谓葆桢曰:"城中炊烟断,火何由起?此贼谍所为,以空城告也。今日贼当至,吾殉君固其所。"解剑授葆桢曰:"雨甚,吾不可露坐,贼至,君以剑当之,使吾仓卒得入井也。"贼得谍,知城无人,易之,待霁乃发。癸巳,辅清兵复进四十里,而廷选师至,葆桢徒步迎以入。甲午,辅清兵薄城,廷选军出御,其裨将毕定邦、赖高翔战甚力,林煮粥啖士卒,士卒益奋。丁酉,贼大至,围合,文吏窜伏,馈运犒劳,皆林会计而出纳之。乙亥望,大战,解围,辅清乃引去。自是葆桢治军日有声,擢江西巡抚。治船政,林佐治官书,一一中条理。治家尤有节度,断线残纸,必储以待用。方葆桢试礼部,鬻金条脱治行,代以蜀藤,虽贵,弗易也。光绪三年,卒。

王某妻陈,皋兰人。同治六年,河州回攻兰州,师自平番来援,阻黄河不得渡。陈家河北,令其子化凤集族党,以舟济师,兰州以全。

李某妻赵,营山人。县多虎,李子赴市,暮未还,李立村外待。虎骤至,李惊呼,赵闻,持梃出,与虎斗,虎弭尾去。

罗杰妻陈,安徽太平人。杰与陈共入山采薪,虎攫杰,陈与争,不得脱,急触虎口,虎舍杰咥陈,陈死,杰得脱。

杨某妻唐,衡阳人。夫妇偕耘,虎攫其夫去,唐曳虎尾不舍,三逾岭,伤左臂,卒负夫归。数日夫死,以节终。

姚旺妻潘,旌德人。旺遇虎,潘奔救,同死。

盖氏,吉林凉水泉金广年妻也。广年贫,眇一目,有友与狎。一

日,戏语广年:"汝何修得美妇?"广年心动,即曰:"若艳我妇,予我
百金,以妇与若。"遂与友偕还语盖,盖曰:"贫死,命也!以贫而鬻其
妇,生何心矣?"噭然哭。广年出以语友,闻哭止,入视,则自馨死矣。
呼友共解之,友因摩其足。盖苏,以足抵友仆,走厨下,取刀自斫其
足,立断。昏卧血中,邻里趋视,唾广年,其友惧,请以百金疗,广年
亦悔,力负贩,育子姓甚繁。

清史稿卷五〇九
列传第二九六

列女二

张廷祚妻蔡　陈时夏妻田

傅光箕妻吴　郑哲飞妻朱　李若金女

王师课妻朱　秦甲祐妻刘

艾怀元妻姜　周子宽妻黄

李有成妻王　杨方勘妻刘　邹近泗妻邢

胡源渤妻董　林国奎妻郑

陈仁道妻庞　张某妻秦　李氏女

何某妻韩　张荣妻吴　张万宝妻李

沈学颜妻尤　王赐绂妻时

王某妻张　子曰琦妻卫　李学诗妻赵

学书妻高　高明妻刘　邓汝明妻刘

魏国栋妻庞　吕才智妻王

许尔臣妻骆　原某妻马　张扬名妻彭

沈万裕妻王　卢廷华妻沈

李豁然妻杨　曾经佑妻林

梁昙妻李　姜吉生妻木

曹某妻王　潘思周妻傅

倪存谟妾方朱　杨震甲妻杨

杨三德妻马　张壶装妻牛

陈大成妻林　温得珠妻李

贾国林妻韩　孙云黓妻白

图斡恰纳妻王依　吴先榜妻郑

王元龙妻李　蔡庚妻吴

韩某妻马　李鸣銮妻黄

金光炳妻倪　徐嘉贤妻刘

冒树楷妻周　曾广垔妻刘

冯丙焕妻俞　袁绩懋妻左

子学昌妻曾　俞振銮妻傅

周怀伯妻边　吉山妻瓜尔佳氏

张某妻钱　戚成勋妻廖

曾惟庸妻谭　谢万程妻李

李殿机妻王　长清妇

程允元妻刘　杨某妻樊

刘柱儿妻鲁　李国郎妻苏

赵惟石妻张　钟某聘妻吴

岳氏　姚氏　张氏　袁氏

杨某妻张　周士英聘妻吴

蔺壮聘妻朱　　沈煜聘妻陈

王国隆聘妻余　　于天祥聘妻王

方礼秘聘妻范　　姚世治聘妻陈

何秉仪聘妻刘　　沈之蠡聘妻唐

贝勒弘暾聘妻富察氏

潍上女子　　吴某聘妻林

雷廷外聘妻侯　　程树聘妻宋

张某聘妻姜　钱某聘妻王　王志曾聘妻张

李家勋聘妻杨　　李家驹聘妻朱

贾汝愈聘妻卢　　袁进举聘妻某

李应宗聘妻李　　何其仁聘妻李

王前洛聘妻李　　节义县主

李承宗聘妻何　　吴某聘妻朱

徐文经聘妻姚　　李煜聘妻萧

刘戊儿聘妻王　　朱某聘妻李

武稌聘妻李　　陈霞儿聘妻钱

汪荣泰聘妻唐　　季斌敏聘妻蔺

董福庆聘妻冯　　乔涌涛聘妻方

张氏女　　粉姐　　阚氏女　　赵氏婢

张延祚妻蔡,漳浦人。国初,师既下福建,滨海数百里。犹群起负固。有方祐者,谋举兵,延祚与语,不合,被杀。子才十余岁,蔡哀恸,谋复仇。一日,闻祐将其徒至,方夕,易男子服,挟刃诣祐垒。未至,顾见其子踉跄来,念母子并命,斩张氏祀,乃与俱归。既,祐降为民,娶于蔡,其妇,蔡大母行也,因得常见祐。祐甘语谢蔡,蔡益愤,夜辄握刃刺壁,壁穿,刃犹击。

顺治五年春,蔡伺祐有所过,度道所必经,将其子止松林中,挟刃俟。日午,祐雄服怒马来,蔡自林中出叱祐,祐惊呼从者,从者骇走。蔡持刀斫祐,祐坠马,负创走,蔡疾追之。行人聚而哗,蔡且奔且言曰:"吾夫为此贼害,有助者,吾与俱死!"追及祐,祐攀松枝与斗,中蔡额,血被面,斗益力。遂迫祐,左手掔祐,右手奋刃;断其首,掷道旁,观者皆大惊。

蔡持祐首告于延祚墓,将其子诣巡按御史台门请死,巡按御史霍达异其事,问:"有主者乎?"蔡哭对曰:"夫死,所以不即死者,以有子耳。今子且不顾,安肯受他人指耶?然杀人当死,公毋挠国法。"达乃释不问。

陈时夏妻田。长乐人。时夏父超鹏早卒,母高守节。田读书,知大义。时夏贫,事王姑及姑高,朝夕扶持,不去左右。病不能食,取以口哺。时夏卒,督诸子读,尝自述与夫论学语,为《敬和堂笔训》,以授诸子,粹然儒家言。其自序略曰:"余苟延性命,祗以三子一女,冀其能自立,不至辱泉下耳!大儿今十一,犹有童心,况诸幼孤,未亡人心力垂尽。恐旦暮死,而夫子之学行,与余之出肝胆,忍艰苦以冀其有成者,将谁为余告之耶?爰述先训,书之于册。嗟乎!小子异日读此,其能自省,使余生不负于子女,死不愧于夫子否耶?"居十余年,卒。

傅先箕妻吴,宣城人。吴归于傅,光箕已病矣,逾年卒。吴父母欲嫁之,吴归,留吴而讼傅氏,衣食吴。吴还傅氏,以讼故勿纳。吴复归,请自食,无累父母。力纺,闻有媒至,辄求死,乃别居。明季,饥,恒饿。邻馈之,勿受。族姊归于魏,亦黎也,遗之米,乃半易糠核。或怪问之曰:"杂糜之,可一月不死也。"久之,纺有余钱,得婢曰春兰,拾籴供爨事。里媪或呼春兰食,吴必审所自,戒勿轻受食。春兰自是即不受里媪食。

郑哲飞妻朱,哲飞,南安人;朱,明鲁王以海女也。嫁哲飞,生丈夫子一,女子子三,而哲飞卒。会以海亦殂,渡海至台湾,依明宗室宁靖王术桂以居。康熙二十二年,师克台湾,术桂自杀,朱奉姑育诸孤,以女红自给。居五十余年乃卒,年八十余。初师下舟山,以海妃陈入井死,以海谥之曰贞,而以海女又以节终。

李若金女,名闾,余干人。明季,字淮王世子由桂。入国初,由桂出亡,闾誓不更字。尝咏金环曰:"红炉经百练,不失本来真。"事父母孝,年五十九卒。

王师课妻朱,萧山人。师课,明天启中官太医院院判,卒。明亡兵乱,朱率二子避九里坳,尝遇贼,协以刃,朱夺刃劙面,哭且詈。贼欲杀之,二子号恸求代,得不死。事平,归老于家。尝为《勖子歌》五章,其三章曰:"我生之后逢世乱,白头兵起苍黄窜,肤血染点丛麻红,母子支离宵不旦。飞蚊雷聚惊鼓鼙,秋雨淋漓断薪爨。呜呼,九里坳边真瓦全,尔曹性命天所怜。"五章曰:"庭闱肃洁辞亲族,薄田聊许资饘粥,震荡扁舟波复风,儿才却聘家回禄。此身直缘正气生,机杼犹能活枵腹。呜呼,但愿长作太平民,何尝俯仰惭天人。"

秦甲祐妻刘,三原人。甲祐病瘵,刘侍疾甚谨,管家政甚饬。越十年,甲祐卒,时岁饥,兵未定。刘抚二子四符、四采,尝训之曰:"年荒,众人之荒;学荒,则吾儿之荒也。兵乱,众人之乱;心乱,则或一家之乱也。"闻者以为名言。四符,甲祐前妇子也。刘爱之,均于所生。

　　艾怀元妻姜,米脂人。怀元父穆,兄怀英,在明皆官参将。穆卒,国初怀英降,入镶蓝旗,授牛录章京,居京师。顺治八年,怀元往省其兄,既归,仇家诬为逃人,遂亡命,官收其孥,穆妻马,老矣,妾金请代,姜方娠,皆就逮。明年,事雪,西还。姜襁稚子,金与相扶持,行数千里。又明年,马与金皆卒,怀元遣信至,言母死不得奔丧,誓毕生不归,姜食贫抚子,居四十余年乃卒。

　　周子宽妻黄,顺德伦教村人。子宽刺船,与其侣戏,侣溺,坐减死戍贵定。黄求从夫行,哗县门,吏为注官书。乃尽鬻嫁时物畀舅姑,制竹担荷具从夫行。夫道病,黄行经村市,操土音歌,求钱,得药物酒食奉夫。夫瘳,达戍所。居十七年,举一子,二女,而夫死。黄求以夫骨归,跪县门搏颡二十余日,吏许之,畀以牒。

　　黄怀牒裹夫骨,笪负小儿女,独身以行。其长女已嫁农家子,牵衣泣,黄斥不顾。黔多虎,而黄负夫骨,逆旅禁不纳。日汲于涧,拾树枝以爨,夜宿道旁废庙,恒见虎残人,余骼狼籍,无所怖,及至村,黄齿既长。鬒黑丑恶,又杂罗施语。有叟独识之,指道旁冢曰:“此而翁也,而姑僵墙阴,不食已一日。”

　　黄求得姑,姑两目眵,黄引其手拊裹中骨,及笪中儿女。姑抱而噫,黄大号,笪中儿女亦号。乡里皆走视,义之,畀以金,僦屋奉姑居。黄行逮归十九年,顺德人号曰:“女苏武”。

　　李有成妻王,常宁人。寡,悉散奁饰于族邻贫者。将卒,呼诸妇曰:“吾寡居四十余年,耳目如聋聩,未尝妄视听,汝曹其识之!”

　　杨芳勖妻刘,宣城人。嫁五日而寡,剪发自誓。邻妇或微讽,刘出刀以示,曰:“吾昼以是为镜,夜以是为枕。”邻妇慑,不敢复言。

　　邹近泗妻邢,昆明人。寡而贫,或讽之嫁,邢曰:“吾能忍饥寒,不能忍耻。”卒以节终。

胡源渤妻董,临清人。源渤卒,胡年十五,为嫠八十年,年九十五乃卒。里妇或问:"守节易乎?"曰:"易。"如无夫何?"曰:"如未嫁。"如无子何?"曰:"如有子而死若不孝。"曰:"何以制此心?"曰:"饥而食,倦而寝,不饥不倦,必有事焉,毋坐而嬉。吾尝为人佣,治女红,必求其工。求工,则心专;心专,则力勤;力勤,则劳而易倦。倦即寝,寤好兴,毋使一息间,久之则习惯矣。"

林国奎妻郑,闽人。国奎卒,有子二。郑将殉,姑诚以存孤,乃已。一子殇,遂自沈于江,渔者拯以还。姑疾,刲肝杂糜进,疾良已。族有亡赖子尝中夜至,告族人杖于宗祠。亡赖子为嫚书污郑。郑恚,取刀断左耳,讼于县,县笞亡赖子。亡赖子出,益妄词,郑复割右耳。巡抚卞永誉闻其事,坐辕门讞其狱,令隶以两耳示观者,械亡赖子至,阅嫚书一行。取挞其面,复重榜荷校论戍边。居数月,郑两耳复生,永誉复坐辕门,召而察之,左耳完且晰,右耳赤如血,下廓乃微颣而短于左。文武吏及诸观者皆惊叹,一时称异事云。

陈仁道妻庞,博白人。康熙十九年,吴三桂将程可任掠博白。仁道将与邻人拒之,为所杀。庞自经,家人救之,苏,乃斥产购得杀仁道者,杀诸仁道墓前。

张某妻秦,三原人。康熙三十一年,仍岁大祲,县民多流亡。秦内外无所依,至龙桥河北,河岸圻有隙,自匿其中,有老人闵之,遗以食。明日复往,则昨所遗故在,劝之食,且问故,秦曰:"谢翁厚,然不可为常,先后等死耳,我坐岸隙,令死不至暴露足矣。"遂饿而死,年二十余。老人为封焉。

同时李氏女,从父母逐食至汉口,父母皆疫死。女年十六,美,侩聘焉。将鬻使为妓,女得其情,力求死。三原人贾汉口者群诘侩,侩阴杀之。

何某妻韩,张荣妻吴,张万宝妻李,皆潍县人。韩早寡,求疏属子为后。康熙四十三年,潍大饥,韩昼抱子拾薪,夜则纺绩,日一食。久之,有所蓄,非甚饥则不食。卒买宅娶妇生孙,年七十三卒。

吴嫁三日,夫死,贫甚。转役自活,夜必归其室。得米杂糠秕树叶为食,赢一日食,则一日闭户。年九十二,病将死,呼其侄,谓曰:"我有银纫衣带,犹昔吾夫物。我死,以此市棺埋我夫墓侧。"李嫁生子,方晬,而丧夫。舅、姑谓曰:"汝不幸,我曹老,子幼,汝当如何?"李泣曰:"妇非为舅姑老子幼,夫死何所不得?犹忍活至此,妇自审已决,愿舅姑无疑。"舅卖浆,暮出户,闻铎声,必趋往代其担。抱子力作,人未尝见其启齿。既丧舅、姑,娶妇生孙乃卒。疾革,谓其子曰:"我死得见汝父,我甚喜,汝勿悲也。"

韩居县东南草庙村,吴居县西张家村,李居县北长疃村。

沈学颜妻尤,仁和人。学颜卒,无子,以从子时吉为后。时吉生子大震,又卒。尤抚孤孙,其兄侮之。秋将获,以众刈其禾,尤置针于髻末,外向踊而号。兄提其发,针创手乃去。常恨其孙弱,曰:"我安得见曾孙,见曾孙,死不恨。"大震娶妇举子,尤乃卒。既卒,大震复举子近思,自有传。

王赐绂妻时,黄平人。赐绂出行,宿于翁丙,为苗所杀,弃尸箐中。时行求得之,告官,得苗五,俱伏罪,时年二十一。母欲令更嫁,剪发、烙左颊,毁容矢不行。

王某妻张,滦州人。早寡,无子。以族子曰琦后,亦早卒,妻魏。亦州人。所居村曰柳河,地卑湿,食不足,掇草根木叶,拾苹藻,杂糠秕以食其孤,复殇。复以族子后,张卒,族人讽魏嫁,魏不可。居十余年,为所后子娶妇,乃语所亲曰:"吾乃今志始遂,使嫁,不过温饱死耳。人恒苦贫,吾独不自觉。苦皆自乐生,吾生不知为乐,又焉知有苦?"州又有李学诗妻赵,学书妻高,娣姒以节著。学诗学书生友

爱，行涉水，学书误就深，学诗拯之，相抱持俱死。赵生二女，高无
出，食贫坚守，年皆逾八十。

高明妻刘，秦安人，早寡，子步云幼。贫甚，尝伺邻家炊，乞余热
为儿煨饼。步云稍长，就学归，则燃灯读。刘缝纫，夜必尽数线。一
夕，线未尽，步云倦卧，抚之有泪迹，问曰："儿病耶？"曰："无之，但饥
耳！"刘泫然曰："儿不惯饿，我则常耳！"步云为贾，家渐起。郑汝明
妻刘，崇善人。康熙四十一年，岁大无，官煮粥食饥民，刘不食五日。
邻家招偕赴，刘耻之，三出三反，终不行。因投水，渔人拯之，坐岸
侧，渔人去，复入水死。

魏国栋妻庞，蠡县庞家庄人。祖姑徐、姑董，皆节妇。国栋卒，
无子，庞力女红以养。织日一匹，或授以纑，织成必增重，曰："糨所
滋也。"或与值多一钱，不受。祖姑八十余，目昏，向曝、如厕，躬负以
出入，姑亦至八十，负出入如之。再居丧，有周之者，魏曰："吾贫，幸
相贷，然必偿。如不使我偿，是视我非人也。"日夜织，不期月皆偿。
当葬，衰而前柩，或请代，魏曰："我祖姑、我姑无子孙，我在，即其子
孙也，可代乎？"姑葬以夏，方雨，魏涉潦号踊，见者皆流涕。雍正三
年，县大水，岁无，有县治赈役自户外呼告之，魏曰："妇固饥，然食
朝廷米，偿否？"曰："赈也，何偿？"魏曰："偿则食，不偿，则我孱妇何
功报朝廷而徒食乎？不可！"遂键户，复呼之，不应。县使役具刺归
之米一石，魏复辞。役曰："此乔令君所以旌节义，毋辞！"乃拜而受。
县上其事，得旌，族人为立后。

吕才智妻王，博兴人。才智病伛偻，杖而行，鬻饼于市。岁祲，
才智将鬻王，王曰："汝病废，我去，汝不得生！且我身值几何？汝不
过得数日饱。食尽，终当死。等死。不如相依死也。"乃令才智守舍，
而出行乞。生一子，才智死。终不嫁。

许尔臣妻骆，肃宁人。家奇贫。尔臣及其父母相继卒，骆号于

市,得柳棺瘗焉。或劝:"盍嫁?"骆曰:"乞食虽辱,犹胜于再嫁!"卒以穷饿死。

原某妻马,河津人。康熙六十年,饥,行乞食,泣语人曰:"乞食至辱,不如死,顾安得死所无累人耶?"或漫应曰:"去此十余里,有红石崖,死此,可无累。"马明日径至其所,脱耳环易饼,迟邻人过者,属以畀其母,曰:"为我语母,无复望我,我今死此矣!即投崖下死。

张扬名妻彭,临江人。早寡,贫,或谓行乞可得食,彭唾之,曰:"我亦书生妇,有饿死张氏舍耳,安能为丐?"日夜操作,立后,娶妇,持门户。

沈万裕妻王,浙江山阴人。万裕早失母,王事后姑谨。万裕卒,子幼,后姑虐使之,舅予田数亩,使别居。后姑使嫁,王不可。后姑阴取犬子胞掷王室,阳出之,曰:"寡妇室,何乃有此?"迫嫁益厉。或语王:"当以死自明。"王曰:"吾当死。吾死孤不得生,夫且无祀,事终当白。吾死,又谁吾明也?"藏其胞,事后姑愈谨。后姑有少子讼于县,知县姚仁昌察胞非人,杖少子,而表王节。其后少子死,王收其孤,为娶妇。

卢廷华妻沈,永定人。廷华好狭邪游,摈沈异居,姑溺爱,亦恶沈。沈晨必谒姑,为理井臼。或私具甘旨,姑不善也。施鞭挞,无怼。廷华得恶疾,沈乃归侍。廷华死,以节终。

李豁然妻杨,永年人。康熙十五年,豁然卒,杨年二十一。事舅姑孝。抚子尊贤,娶妇王,生子而尊贤卒,姑、妇共抚孤孙至成立。杨以乾隆四十二年卒,寿百二十,守节百有一年。王前一年卒,年亦九十八。

曾经佑妻林，惠安人。早寡。所居滨海，为渔家补网，夜无灯，随月升落为作辍。积数十年，目因以盲，而手甚习，操作如故。舅姑资以老，复为夫立后。

梁县妻李，临汾人。县卒，时子生方两月，贫，啖野菜以活。县尝莳槐于庭，李日纺其下，护之甚谨。曰：“此吾夫手植，见之如见吾夫矣！”乡人因称“节妇槐”。

姜吉生妻木，东川人。雍正八年，东川属夷叛，从吉生逃山中。贼至，杀吉生及其子。木忍哭伏林间。师至，贼降，木蹑贼至城西，手搏杀吉生贼以告官，请得手刃之。提督张耀愍而许焉，遂磔贼以祭吉生。

曹某妻王，兴县人。早寡，子喑，邻妇亦早寡，相与约不嫁。居十五年，王诣其戚，或自外至，曰：“邻妇嫁矣！”王曰：“信有之乎？”曰：“信，我所目见也！”王乃大恸，曰：“不意此妇，乃有此事！”遂绝。

潘思周妻傅，名五芳，会稽人。思周父为田州吏目，傅氏亦侨居广西。嫁年余，生一女，思周卒。或欲聘，焉傅截发矢曰：“所不终于潘者，如此发！”未几，母与兄死，兄公及娣又死，舅亦死，傅持六丧还。出郭门，身衰绖。徒步号泣以从。僮民皆感叹，称孝妇，归营葬，抚叔及其女毕婚嫁。

倪存谟二妾方、朱，富顺人。存谟为英山知县，坐事戍伊犁，方、朱皆从。存谟死，方、朱恸不食。伊犁将军为征赙，俾持丧归。至富顺，嫡子出郭迎，方、朱相谓曰：“我二人不死者，惧主人骨不归。今归矣，请死。”相携跃入江，救不死，嫡子及孙死，抚曾孙二成立。

杨震甲妻杨，杨三德妻马，张壶装妻牛，皆秦州人。夫皆出客游，久不归，皆善事媰姑。马姑尤严，日被箠楚，奉之愈谨。杨抚子女成立，马、牛皆无子，立后。州人为之语曰：“马牛羊，立人纲。夫远客，姑在堂，胸中冰、头上霜。”盖借“羊”目杨也。

陈大成妻林，连江人。大成坐事戍黑龙江。将行，遣林别嫁，林不可，从大成戍所。居二十八年，大成死，林褰其骨，褓儿女，乞食跣行万余里，还故乡。灌园自给，葬大成祖墓侧。

温得珠妻李，永清人。得珠早丧母，父娶后妻，生二子，遂恶得珠，并憎李。得珠病狂易，一日逃其叔杖，投井死。父母闻，不哭，李力请，乃得敛。遗腹生子经元，舅姑迫李嫁，谓李嫁，则田庐皆二少子产也，因虐之百端。李度终不可留，抱经元辞舅姑还母家，赁地以耕，劳苦自食力。经元娶妇生孙，而舅及二少子皆死，遗田亦殆尽，姑衰病无所依。李乃率子妇还，起居床下。姑执手流涕，道其悔也；而得珠叔故助虐者，亦前死，其嫠仰食于经元。经元有四子，皆力田，能孝养。

贾国林妻韩，国林，扶沟人。韩，淮宁人。乾隆五十一年，大饥，民为盗。国林有族子二，行无赖，执国林及韩，绑于庭之槐，而尽取其室所有，已乃矸纺释之。国林将指伤，越三日死。韩欲告官，无人焉为之佐。有子二，皆幼。其弟日负薪米赡姊，夜执梃伺门户。居数年，无赖又至，撤其屋茅，掷大砖中韩手，遂夺田伐树，一不与较。二人者死，乃稍稍得安。嘉庆二十三年，又大饥，无赖有子鬻其嫂，夜出走，韩为召其夫归之。因泣告其子曰：“害尔父者，某也。今其子又鬻嫂，不仁哉此父子也！顾为贾氏妇，即饿死，岂可失清白，汝曹当死守之！”此妇竟得免。

孙云瓛妻白，兴县人。生十四年而嫁，嫁十三年而云瓛卒。又二十年，子长娶妇，白挈以拜云瓛墓，指而言曰：“此君子也，此君妇也,吾事毕,可以从君矣!"恸而仆,遂绝。

　　图翰恰纳妻王依氏,满洲人,乍浦驻防。图翰恰纳,瓜尔佳氏,早丧母,寻亦卒,无子,嗣绝矣。父查郎阿谋为立后,王依氏曰:"子他人子,终非骨肉,不足奉大宗,愿翁娶继室。"查郎阿感其意,娶于邵,生子观成。观成生七月,而查郎阿卒,王依氏哀姑少寡,奉养甚谨,躬操作助姑抚孤。既遭疾,犹不自逸,事辄代其姑。卒时观成已举乡试,以子凤瑞为兄嗣,未百年而子孙繁衍至百余人。

　　吴先榜妻郑,陕西山阳人。先榜卒,郑誓殉。家人慰喻之,曰:"两兄公皆无子,若方有身,男也,吴氏幸有后。'逾数月生男,抚以成立,吴氏得有后。

　　王元龙妻李,嘉兴人。元龙悍,嗜酒,稍拂意,辄呵斥。既,伤于酒而病,李斥嫁时所媵田供药饵。元龙病,益悍,稍间,则日夜博。怒李,故以非礼虐使。或加以鞭楚,李安之,无几微忤也。元龙病三年而死,李朝夕上食,辄号恸。服除,会兄公之官福建,姑老不能赴,李往奉姑,七年而姑卒。李泣谓诸从子曰:"我当从汝叔于地下矣!"会火发,李整衣坐楼上,有梯而援者,李戒毋上楼,烬死焉。

　　蔡庚妻吴,合肥人。早寡,立从子为后,以事姑,尝为辞自序曰:"父母生我时,惟愿得其所。十六归君子,同心祀先祖。归时舅已没,姑老谁为主?嗟嗟夫质弱,终朝抱疾处。十八幸生男,朝夕姑欣睹。无端因痘殇,姑泣泪如雨。堂上节姑哀,入幔痛肝腑。二十再生男。视若擎天柱。儿生甫一载,忽然夫命殂。姑妇并时啼,眷属群相抚。死者不复生,弱息堪承父。那知天夺儿,骨肉又归土。姑祇有哭时,我岂无死所!还念朽姑存,我死谁为哺?陷痛敛深闺,衰颜愿长护。奇灾偏遇火,焦烂姑肌肤。和血以丸药,年余乃如故。灾退宜多寿,云何复病殂!送姑归黄泉,夫缺我今补。我今补夫缺,一死何所顾?哀哀我父母,茕茕将泣诉!"卒,年八十有八。

韩某妻马。莱芜人。贫,夫商于辽阳,马出为佣。闻夫死,其父欲嫁之,马曰:“归夫骨其可。”乃乞食行五千里,得夫骨,负以归。日行一二十里,夜或露宿,犯风雪,行岁余,乃至家。既葬,其父终欲嫁之,以执白刃自誓,乃已。

李鸣銮妻黄,腾越人。咸丰间,云南回乱,鸣銮以千总战,负伤卒。黄截发,抚二子。同治初,寇至,转徙为人缝纫浣濯,日率一粥,仍督子读不辍。尝曰:“人不读书,与禽兽何异?”

金光炳妻倪,金华人。光炳卒,倪殉,救免。洪秀全兵至,携二子窜山谷。乱定,力作自给。贫甚,督子读,不少假。

徐嘉贤妻刘,嘉贤,天津人;刘,桐城人。嘉贤少从军河南,尝单骑入贼垒,拔陷贼妇女数百人出。旋卒。刘贫,辄数日不举火,严督其子读。族有为令者招使往,刘曰:“今不自立,而托于人,惧吾子之不振也!”谢不往。

冒树楷妻周,树楷,如皋人。周。祥符人。树楷以知县待缺福建,早卒。周挈子女从舅广州,舅亦卒。侨居,日食率百钱,翼子女以长。子得官,将请旌,周拒之曰:“妇节常耳,人子于其母,奈何欲假以为名哉!”父星诒,诸父星瑬、星察,并有文行,周刻其遗著,为父营葬,置墓田焉。

曾广垕妻刘,衡阳人。归广垕,舅老,姑前卒。兄公初丧,舅痛子,几失明,出入需人。刘侍舅谨,日执炊,一饭三起视舅起居衣食。虽贫,必具酒肉。舅病,奉侍七昼夜不就枕。舅卒,弃田庐治丧。刘方产,徙陋巷,艰苦冰雪中。广垕又卒,乃与姒李同居,以子为之后。李亦苦节,刘事之如姑。昼治针黹,夜则纺绩,节衣食,命子熙就学,卒成进士。方极困,老稚或乞食,必分食与之。晚少丰,年饥,必出谷以赈贫者。

　　冯丙瑛妻俞,丙瑛,大兴人。俞,栾城人。丙瑛为世父后,俞事两姑,维护调和,迭遭诸丧,丙瑛亦卒。丧葬皆尽礼。光绪二十六年,京师被兵,俞市米数十石与贫者,戚友相依者六十余家,衣食之,乱定始去。乱后多暴骨,募资为收敛,死难者,求其姓名为请旌恤。狱囚衣粮主者不能给,斥银米畀之。其后直隶、安徽灾,辄募资至巨万。京师恤嫠会、八旗工厂,皆输金以助其成。

　　袁缵懋妻左,缵懋见《忠义传》。左名锡璇,字芙江,阳湖人。事亲孝,父病,刲臂和药进。工诗善画,书法尤精,著有《卷葹阁诗集》。
　　缵懋子学昌妻曾,名懿,字伯渊,华阳人。通书史,善课子,著有《古欢室诗集》、《医学篇》、《女学篇》、《中馈录》。
　　俞振銮妻傅,振銮,余杭人。傅名宛,号青泉,大兴人,以礼女。能承父学,工诗,著有《山青云白轩诗集》。教子严,建宗祠,立条教,示子孙。光、宣间,江、浙遇灾,屡蠲金赈之。

　　周怀伯妻边,怀伯,余杭人,边,诸暨人。边事姑孝,怀伯卒,有女子子三。边恃女红养姑,营丧葬,嫁三女,贷于人以举,节衣缩食,数十年乃毕偿。年六十九,知将死,辞亲族,启夫墓右生圹,坐卧其中,遂死。坚嘱毋具棺,重以累人。亲族哀其志椟椑而掩之。

　　吉山妻瓜尔佳氏,名惠兴,满洲人,杭州驻防。早寡,事姑谨,尝刲肱疗姑疾。光绪季年,创立女学。逾年,资不足,校将散,乃饮毒具牍上将军,自陈以身殉校。且言曰:"雁过留声,人过留名,我非乐死,不得已耳!"既死,将军瑞兴与巡抚张曾扬奏闻,赐"贞心毅力"额,众为集资扩校,以"惠兴"名焉。

　　张某妻钱,嘉兴人。生一女而嫠,还依父母居。姑贫,计鬻之,

度钱刚,言无益,阳携以省戚。先期告鬻妇家,待郭外,舟出郭,别有
舟来并舣,则鬻妇家人也。姑乃告钱,钱即起,跃入水。鬻妇家人大
惊,而姑已得钱,强妇往,趣舟行。钱屡跃入水,持之不能止,至三。
众皆惧,乃送还父母家,而钱为救者扼胸伤,咯血,数月卒。

　　戚成勋妻廖,江津人。成勋家万山中,张献忠之乱,成勋出避
寇,廖弱不能从,闭重门独居,家故有余粟,粟将尽,就池畔种稻以
食。衣敝,缀草自蔽。居四十余年,山径塞,与世隔绝。成勋窜黔中,
闻乱定,乃还,行求故山,斧竹木得道,见其宅尽圮,隐隐起炊烟,呼
且入,廖自楼上问谁何,成勋道姓名,廖乃泣曰:“我夫今得还耶?我
无衣,君以余衣畀我,乃得下相见。”成勋解衣掷楼上,廖衣以下,面
目黧黑,发如蓬,相持大恸,共居又十余,年各至九十余。

　　曾惟庸妻谭,衡阳人。顺治五年,谭归惟庸,方四阅月,惟庸为
游骑掠去。乱定,有言惟庸死者,谭召族人,分授以田宅。康熙二年,
惟庸还,诈称行贾,过谭,音容已尽变,谭不能识。求食,与之。求借
宿,不可。越日再至,乃自名惟庸,谭未敢信,问临别时事,尝授三
钥,铁奇铜偶,语皆验,谭乃泣而言曰:“君别十六年,谓物故久,今
幸生还,当告诸宗族。”惟庸召族人。置酒,具白其事。为夫妇如初。

　　谢万程妻李,唐县人。万程父仪,顺治间诸生,贫,卒无棺,万程
将鬻妻以为敛,不忍言。李知万程意,哭请行。南阳民王全以二十
四金鬻李归,将以为妾。李至全家,日涕泣,但愿供织纴,不肯侍全,
全亦听,不强。居一年所,全兄大有与全隙,诣南汝道告全匿逃人。
事下南阳府同知张三异,三异汉阳人,尝为陕西延长知县,有惠政。
诘大有,辞遁。召全,并以李至,问何为匿逃人,全目李妾,因言:“妾
至日涕泣,但愿供织纴,居一年所,不我从也。”问得自何所,乃复召
万程,具得卖妻葬父状。三异惊叹,问万程:“欲复合否?”万程言:
“妻故无失德,闻其至王氏日涕泣,但愿供织纴,居一年所,艰难以

守身。我岂不欲合，而无其资，则奈何？”三异出俸二十四金偿全，而使吏以金币送万程夫妇还。

李殿机妻王，名素贞，亳州人。幼丧母，父以字殿机，殿机父范同，顺治初坐法，妻张及殿李殿机妻王，名素贞，亳州人。幼丧母，父以字殿机，殿机父范同，顺治初坐法，妻张及殿机没入象房，殿机方三岁。稍长，自鬻于镶红旗护军厄尔库为奴，厄尔库妻以婢萧。王从其父居二十余年，其父病且死，以簪珥授女，泣曰：“此李氏物也！”又年，或传殿机死。王氏诸父兄迫女别嫁，女愿为殿机死。久之，调殿机犹在，欲走京师求殿机。邻有范一魁者，其父友也，王乞为导，诸父兄不欲，令处于楼，去其梯。王以夜缒而下，从一魁至京师，求诸象房，有知者导至厄尔库家，殿机荷畚拾马通自厩出。一魁前与语，王出父故所授簪珥，相向哭，行路聚观，皆流涕。厄尔库义之，许放殿机及萧，不督自鬻值。巡视南城御史阿尔赛疏闻，下礼部。礼部议：“八旗家奴不得复为民。惟王氏守节求夫，裨风化，应如所题。”康熙二十八年四月乙未，疏上，圣祖可其议，王年已三十有四，犹处女也。

长清妇王氏，父王三，农也。未行，岁祲，父母舅姑议鬻之，而均其值。贩挟以去，至饶阳，入妓家，矢死不肯污。转至孔店村，村诸生孔继禹、继淳兄弟好义，愍其志，以五十金赎焉。问所居地，曰焦家台。问戚属，以父王三对。当春，村民祠泰山，具榜书女始末界行者，诚使入长清界则揭膀。焦家台农有见者，以告王三，诣孔氏以女归，复归所字婿。

程允元妻刘，名秀石，允元，江南山阳人；秀石，平谷人也。秀石父登庸，康熙间为山西蒲州知府。初谒选，允元父举人光奎，亦在京师，相与友，申之以婚姻。时允元二岁，秀石生未期也。光奎归，寻卒。乾隆初，登庸罢官，居天津北仓，亦卒。秀石年二十二，母前卒，诸兄奔走衣食，弟崇善为童子师，徙废宅。姊妹姑侄犹五六人，食不得饱，寒无衣，相倚坐取暖。崇善死，益贫，恒数日不得食。屋破，群僵坐雨中，乃徙依比邱尼照震。无何，家人相继死，惟秀石存。力针黹自活。照震徙天津，秀石从。尝有求婚者，介照震道意，秀石恚，不食，照震力谢乃已。

允元既丧父，亦中落，闻登庸卒，家且散，顾不知女存亡。或传女死，劝别娶，允元不可，且曰：“女即死，必酹其墓乃别娶。”乾隆四十二年，附运漕舟至北仓求刘氏，有舟人为言：“刘氏家已散，其孥殆尽死，惟第四女存，是尝字淮安程氏，传程氏子已死，而女矢不他适，昔居淮提菴，今徙天津，不知菴何名也。”允元因言已即程氏子，舟人又言：“刘氏有故仆，瘖而义，岁时必问女起居。”允元求得仆，偕诣照震，言始末，照震疑，且惮秀石，未敢以通。允元言于监漕吏，牒天津县知县金之忠，之忠召允元问之，信。使告女，且勉之嫁，女犹辞，复使谓曰：“女不字五十七年，岂非为程郎？程郎至，天也，复何辞？”乃成婚。

大学士两江总督高晋以其事上闻，下礼部，礼部议：“义夫贞妇，例得旌表。至幼年聘定，彼此隔绝，经数十年之久，守义怀贞，各矢前盟，卒偿所愿，实从来所未有，应旌表以奖节义。”上从之。

杨某妻樊，字正，抚宁人。既字而杨氏子病且废，使辞于樊，樊母乃为正改字。行有日，正请于母曰：“儿奚嫁？”母曰：“嫁某氏。”正曰：“儿幼非受杨氏聘乎？”母曰：“然，杨氏子病且废，使辞于我。我怜儿，故为儿改字也。”正不语，夜潜出，度山林数十里，晨至杨氏。翁姑未即许，父母亦至，相与慰勉。正曰：“夫病，天也，我为病夫妇，亦天也，违天不祥。欲别嫁，我请死。”乃卒归于杨，杨氏子病良已。同县又有刘柱儿妻鲁，字春。柱儿先为李氏义子，聘于鲁，既复还刘氏。李富而刘贫，于是李氏之人，嗾鲁使罢婚，刘不敢争也。春闻，亡之刘氏。鲁氏劫春归。讼于县，县判归刘氏。时乾隆十九年，先樊氏女事一岁。

李国郎妻苏,南安人。未行,父以国郎贫,为女别字富家子,焚李氏书币。苏缢,未绝,父招富家子赘于家,以死拒,挞之不悔。富家子自去。国郎闻,讼于官,乃归于李。婚夕,泣曰:“吾父以吾故在系,何得遽言昏!”国郎为请于有司,出其父。同县蔡登龙妻林,其父母亦以婿贫欲别字,不从,令别居。积女红得十五金,使以遗登龙佐聘钱,父母少之。乃日减餐,治女红益勤,逾年又得十余金,卒归登龙。父母既丧,孤弟贫无依,乃收抚之。又有黄元河妻戴,吴恒妻陈。婿皆有废疾,父母议毁盟,力请行。戴勤俭起其家,吴以节终。

赵维石妻张,小字瑶娃,宁羌人。年十七,未行。嘉庆初。教匪掠州,贼渠得之,以畀其妻。其妻以瑶娃慧,畜为女,渠累欲污之,赖其妻以免。寻窜徽县,一夕渠醉,召瑶娃,瑶娃拒之力,渠使其下将出杀之。其妻知不可救,戒勿过创,弃诸野,而以死告,次日贼引去,村妇舁之归,药其创良愈,将以为子妇。会县吏过门,瑶娃拔银钗贿吏,使告县,瑶娃至县庭,陈始末,乃召维石,为合婚,与俱归。

钟某聘妻吴,武冈人。待年于钟氏。钟氏子从父贾四川,久不归,或传已死。钟母卒,吴纺绩奉其祖母。祖母卒,为营丧葬。年四十余,钟氏子始归,欲与婚,吴曰:“君出游久,安用就木老处子为!”出资为买妾,而自居别室。钟氏子以不妇讼于官,吴曰:“若祖母,吾奉之;若妾,吾畜之。吾齿长,不能育子女,请以贞终。”官判从之。

岳氏,安平人。嫁可仁言,病痼。仁言以礼去恶疾,遂大归,居数年,病已,而仁言已别娶。或讽其嫁,岳不应,以针线遍缀衣履投井死。仁言闻,乞李塈铭其墓。

姚氏,通州人。嫁同州张维垣。维垣移家湖北,归既娶,复去。逾年,遗书绝姚,令改嫁。姚持书泣告乡党曰:“我无故见绝,死无以自白,愿终守以明志。”居五十余年乃卒。张氏之族高其义,持丧葬张氏兆,为立后。

张氏,江南华亭人。字金景山。年十二,丧父母,待年于姑氏。张庄而无容,景山憎焉。稍长,当婚,景山故迟之。既而病作,张奉汤药,斥不使近,辄泣而退。景山将死,指而语母曰:"彼非吾偶,儿死必嫁之。"景山死,张矢不嫁。或以夫不见答劝,曰:"我知夫死妇节而已,不知其他。且祖姑及姑谁为养者?若必强我,我请死。"是岁姑卒,越八年,祖姑卒,张为营葬。日夕纺绩,足不逾阃,又三十余年乃卒。

袁氏,名机,字素文,仁和人。兄枚,见《文苑传》。机幼字如皋高氏子,高氏子长而有恶疾,其父请离婚,机曰:"女从一者也,疾,我侍之;死,我守之。"卒归于高。高氏子躁戾佻荡,游狭邪,倾其奁具;不足,拔之,且灼以火。姑救,则殴母折齿。既,欲鬻机以偿博负,乃大归,斋素奉母。高氏子死,哭之恸,越一年卒。

杨某妻张,名荷,宁国人。某贫,无行,令张以非义,不应。楼居,潜去床前板,绐使堕,折足,匍匐归母家。某鬻子。张积金赎之。将卒,命子以丧归杨氏。

周士英聘妻张,泰州人。士英丧父母,叔狡,利其有,篑杀之。时顺治九年,张年十九,未行,闻其事,哭,不食。遂自髡为尼。具牒丐母舅偕诉有司。巡按为上其事,诛杀人贼,张乃理士英家财,葬士英及其祖若父,为庐奉佛,祀周氏三世。张既为尼,名曰明贞,表其志也。

蔺壮聘妻宋,名典,蔚州人。典家西崖头,壮居千字村,皆农家也,以罗帕为聘。壮死,典方从母春谷,闻,辍舂,恸不食。父母喻之,意若稍解者,数日以罗帕自经死。时康熙四年正月庚辰。

　　沈煜聘妻陈，名三淑，钱塘人。幼能诗。康熙间，讹言官中阅选，民间女子仓卒嫁娶殆尽，三淑父以许煜。煜故贫，客松江，久不归，三淑父从军云南，战死。其母欲改字富人子，扬言煜已他娶，以绝三淑意。三淑闻，恸哭，自髡其发，矢不字，遂病，时时哭，极悲。邻生有闻而哀之者，求煜告以故，煜请婚，母持不可。二十二年春二月，三淑病笃，其母以媒言召煜，煜至，使人省三淑。三淑方瘵，告以沈郎至，遽瘳，手下帷自蔽。煜问："可有言乎？"三淑徐曰："既有成言，何为又他娶？"煜辨其诬，三淑都无言，惟以袂掩泪。煜辞出，三淑泣不已。已而叹曰："彼不负我，我死可。"遂不饮药，越日卒。

　　王国隆聘妻余，怀远人。国隆游不归，或言在含山，余父母挈余行求不遇，遂侨居焉。余母死，从父灌园。纺绩自活，恒以巾幂首，邻女罕见其面。康熙二十八年，父死，敛毕，女自经。

　　韦思诚聘妻宣，广德人。思诚远行，母以贫，欲令改字，宣不可，遂归夫家，虑有强暴窃伺，夜悬橛于床，微风栎有声以警。一夕，语诸姑、姊，梦夫告以死。遂哀泣，不食死。

　　于天祥聘妻王，名秀女，祥符人。天祥尝育于阳武王氏，王氏为娶妻，生子，妻死，还于氏。继室以王，王未行，而天祥死，王父母秘不使知。久之始闻，力请奔丧，天祥丧已小祥矣。王请于阳武王氏，愿得子天祥前室子，王氏靳不许。及大祥，具奠，即夕自经。于氏故有刘麦刀二，俄失其一，至是得诸王枕下。

　　方礼秘聘妻范，名二妹，建水人。幼事父可望孝，字礼秘，未行。礼秘父良佐死，妻改嫁萧伸，居方氏，礼秘及其兄、妹皆死。范闻，哭之恸，请于父母归方氏，居久之，闻姑诟伸，始知礼秘非良死，以质姑，姑内惭，不复言。范度事无证，礼秘冤不得白，恒时时号痛。伸惮范，欲以妻其从子，百方强之，范不许。伸怒挥范仆，手点额。范

怒曰："奴污我额!"刀劖伸手所点处,血淋漓被面。其弟讼诸吏,吏
笞伸,以其室属范,使奉方氏祀。

姚世治聘妻陈,会稽人。两家皆居京师,既定约,世治归,陈父
欲别嫁,陈易服行求世治,遇诸济宁。曰:"女违父非孝,得见君子,
事毕矣!"遂入水死。

何秉仪聘妻刘,昆明人,农家女也。秉仪卒,女请于父母,欲奔
丧,不许。乃窃出,兄追及之,度金汁河,将赴水,兄力持曳以归。秉
仪父使迎女,女哀恸泣血,日夕力作,父母畀田四亩,女为夫弟婚鬻
半,丧舅又鬻半。父母怒,使告姑,诬女有所私,当遣之嫁。姑以责
女,女不能自白,心疾作。缢死。

沈之藟聘妻唐,之藟,普安人;唐,武进人。之藟父文郁,唐父元
声,康熙季年,同游高州,相友善,约为婚姻。于是唐生三年矣。元
声卒,丧归,文郁亦还普安。普安去武进且万里,而文郁贫,虑不能
为之藟娶,诡言之藟殇,使谢唐,唐矢死。久之,文郁将如京师求官,
迂道至常州,唐出拜,涕泣慷慨陈所志。文郁心悔,则请为养女,期
得官迓以归。既,文郁以病还,唐闻大恸,遂不食,七日竟死。后三
十余年,之藟以事过常州,始闻唐死状,感痛求其墓,已火葬矣。唐
死时年十六。

贝勒弘暾聘妻富察氏,弘暾,怡亲王允祥第三子。上命指配富
察氏,雍正六年,未婚卒。富察氏闻,大恸,截发诣王邸,请持服,王
不许。跪门外,哭至夕,王终不许,乃还其家持服。越二年,王薨,复
诣王邸请持服,王邸长史奏闻,上命许之。谕王福晋收为子妇,令弘
暾祭葬视贝勒例,以从子永喜袭贝勒。谕谓:"俾富察氏无子而有
子,以彰节女之厚报焉。"

　　潍上女子，不知其氏，雍正间，潍田家女也。未行而夫死，其母往吊，女请从，母止之不可，衣红而袭以素，潍俗妇吊丧不至殡，女阳为如厕，因问得殡室，潜入，去袭，缢柩侧。

　　吴某聘妻林，漳浦人。未行，夫坐罪当死，林欲人狱与诀，夫丐狱卒勿纳。林昼夜哭不食。夫畀以钱三百，且曰："速择佳婿，毋自苦！"越日，闻夫已决，以所畀钱易绖缞。

　　雷廷外聘妻侯，南安人。廷外母黄，早寡，贫，虑不能娶，乞贫家女抚之，期长以为妇，故侯四岁而育于黄。十一黄卒，十六廷外卒，死而不瞑，侯恸屡绝。廷外有从兄，以其子震为后，侯乃笄，抱以拜祖。侯母欲令别嫁，拒以死。身自耕，跪而耨，十指皆骿，尝诫震曰："妇人不可受人怜，况孀乎！"震亦早卒，其妻傅，从姑织席以育子。

　　程树聘妻宋，名景卫，长洲人。树十三补诸生，丧母，复丧大父，旋亦卒。景卫年二十，请于父，归程。以素服拜舅，见于庙；谒其大父丧，成孙妇服；谒其母丧，成妇服；乃哭其夫，持服三年；终，复补行姑服三年。同县陈氏女淑睿，未行而婿殇，有请婚者，遂自经。景卫为作诗，于《诗》共姜用刘向说，于《春秋》伯姬用何休说，旁采朱彝尊、江琬、彭定求诸家言，申女子子未嫁守贞之义。贯穿赅洽，八百余言，以破俗说，白已志。景卫通经义，好读先儒论学书，娣、侄皆从讲说。病女教不明，乃会通古训，括圣贤修身尽伦之要，复作诗九百余言，授娣、侄，令歌习之。

　　张氏子聘妻姜，名桂，元和人。年十九，婿与舅、姑先后卒，依其母以居，不嫁。

　　钱氏子聘妻王，吴人，亦年十九而婿卒，女绝食，大父母强起之。居三年，有请婚者，复绝食，死复苏。母哭之，女曰："先年儿私吞金环不死，食银珠又不死，顷复吞金环。儿死愿得葬钱氏之兆。"遂卒。

王志曾聘妻张,亦吴人。年二十,志曾卒。居六年,闻姑丧,因归于王,奉佛以终。

三女皆与景卫同时,而桂能诗善画。尝为柏舟图,赋诗赠景卫。

景卫有二婢:曰卫喜,字于张,张死,不更字。曰陈寿,嫁朱氏,寡,无子。皆依景卫以老。

李家勋聘妻杨,海宁人。杨富而李贫,家勋父为杨氏佃。杨父行田,见家勋慧,问之,九岁,使人所立塾,资令读。年十五入学为诸生,家勋父来谢,杨年十四,呼令出拜。杨母及兄皆恚曰:“是老颠!岂患女无家,而弃诸佃人子乎?”父旋卒,杨氏之人薄家勋。一夕,呼灯,无应者,杨自帷言曰:“丈夫不自处高明,何依人受慢为!”家勋遂辞杨氏去。乾隆十五年,举浙江乡试,杨氏请婚,家勋以试礼部辞。留京师数年,病卒。杨知母将为议婚他氏,请于母:“愿得迎家勋丧,临奠,然后听母。”母许之。杨迎丧于郊,奠竟,要母,遂归李氏。家勋父老而瞽,杨请于姑。为买妾生子。家勋父八十,目复明,德杨甚,命其子呼“嫂母”也。杨或曰徐氏。

李家驹聘妻朱,高安人,大学士轼女。家驹,乾隆三十六年举人,早卒。朱事父母孝,性和以肃,自诸弟妹及内外臧获,咸敬惮之。生恶华彩,寸金尺帛不以加身。及闻家驹讣,欲奔丧,饮泣不食。时轼督学陕西,大母喻其意,诚当待父命,始复食。轼还,越半载,乃以请,遂归于李。事祖姑及姑,如事父母。轼有父丧,圣祖命夺情视事,疏请终丧,戚友或尼之。朱泣曰:“吾父不得归,虽官相国,年上寿,犹无与也。彼姑息之爱何为者?圣主当鉴吾父之诚矣!”卒得请。邻火且及,朱坐室中不肯出,曰:“死,吾分也!宋共姬何人哉?”姑破扃挟以避。病不肯药,两弟来省,曰:“吾死无恨,但恨不得终事吾父及吾舅姑!”又曰:“我生恶华彩,寸金尺帛不以加身。死毋负我!”遂卒。

贾汝愈聘妻卢,汝愈,故城人;卢,德州人,协办大学士荫溥女。

汝愈卒,卢矢不嫁,贾氏迎以归,为立后。

袁进举聘妻某,天津梁进忠养女也。进忠负薪行水次,有大舟泊焉,或抱女婴出,授进忠曰:"此女生八月矣,父之官,卒于舟,母继殒,其善视之!"进忠抚以为女。而进忠有长女悍甚,女稍长,貌端好,长女将鬻以为人妾,女不可,长女益恚。进举故无藉,长女啾父母使字焉。进举行不归,又使告其母谋罢婚,女复不可。进忠病,疡生于胫,女割股以疗,家人皆不知,而长女虐愈甚。进举母怜之,迎以归。进忠及其长女皆死,女为营葬,迎义母进忠妻同居。长女有子,失所,召为鞠之。为进举弟娶妇,生子为进举后。终姑及其义母丧,女遂自经死。有司葬之天津西郭外五烈墓傍。

五烈墓者,先为三妇墓,葬谭应宸妻陈、阮某妻诸、赵某妻裴,陈、诸皆以捍强暴死,裴以节终。乾隆元年,金振妻丁殉夫,附葬,称节烈四妇墓。七年,又有殷氏女误嫁倡家,为所迫,棰楚炮烙,沃以沸汤,死,葬墓侧,称五烈墓。五十六年,复葬女,更为六烈墓云。

李应宗聘妻李,昆明人。所居曰庙前铺大河埂,父春荣。未行,应宗卒。其明年,应宗大母语春荣,将改字女,女闻,遂缢。缢之夕,裂绫二尺许,刺血书九十四字。民家女未尝读书,字多讹易,嘉兴钱仪吉为之句读。曰:"呈天子前,"曰"忠孝节烈,"曰"二月初九日,"二月初九日盖女死日,事在乾隆末。

何其仁聘妻李,路南人。嘉庆十一年,年十六,未行。其仁及其父皆病笃,李割股畀叔母使送婿家。至,则其仁及其父皆已卒,其仁母将以奠。李欲奔丧,母尼之,遂缢。

王前洛聘妻林,潜山人。前洛病,林父馈药,林潜割股入药。前洛卒,固请奔丧,引刀誓不嫁。

节义县主,成郡王绵勤第七女,选文纬为婿。文纬,费莫氏,内阁学士英绥子。未婚，嘉庆十八年文纬卒，主时年十六，诣文纬家守节，仁宗诏封节义县主。二十二年。卒。

李承宗聘妻何，巢县渔家女也。两家居滨溪，相违半里余，而李氏庐当上流。承宗卒，女年二十，请奔丧，父母不许，不食四日，不死；自经，或拯之。越日自沉于溪，求其尸不得。后三日，尸见溪上流，正值李氏门。

江亨昭妻杨，侯官人，二氏皆渔家。杨未嫁，与亨昭舟相值，必引避。或遇水次，则自匿芦苇中。其母非之，女曰："渔家独不当有耻乎？"既嫁，强暴窥其有色，潜逼之，杨挤使堕水，亨昭死，殉焉。

吴某聘妻朱，海盐人。吴某年十八，丧父母，遂出游不归。朱贫，父老，辟垆织屦。其兄悍，屡辱之。朱曰："兄贫不能食我父，我父衰，无所营，不得不就兄食。我留，乃助兄耳。"及父死，朱年五十八，吴不知其存亡，吴之族愍朱节，迎以归，为立后。

徐文经聘妻姚，名淑金，侯官人。文经卒，淑金屡求死，乃归于徐。贫、舅没，姑疾作，刲股以疗。徐掇芹供姑，自食其弃茎。无何，姑亦没，嗣子以贫去。淑金目昏，不能治女红，以钵为釜，以草为衾。僦屋不偿直，见逐，泣路隅。有负担者，怜而周之，里人醵金助衣食，仅得不死。犹朝夕拜徐氏祐，祝其嗣子归也。居十余年乃卒。

李煜聘妻萧，秀水人。煜酒家子，居郭南万螺滨。萧未行，煜死。萧无母，请于父，愿归李，翁姑遣媒止之，勿听，遂归李。视煜敛，即奉侍姑，执爨濯衣甚谨。姑悍，既不欲李来，又见其贫也，昼夜詈，李唯唯无一言，邻勿善也。或劝姑，姑亦詈焉。士大夫众至，诚翁："毋虐贞女，贞女光尔门，宜善视之！"姑终不欲李同居，众乃于室后辟小楼居贞女，醵金以饫之。

刘戊儿聘妻王，名孝，武陟人。未嫁，岁大无，戊儿行六年不归。

父母欲别嫁，孝间出，如刘氏。值老妪，问刘戊儿母，妪曰："我即戊儿母也。"孝拜且泣曰："我王氏女，姑之子妇也！"妪惊未信，孝探怀出物示妪曰："此非姑家聘物耶？吾空持以来为信。"妪视之亦泣，复以贫无食辞。曰："吾夙知姑贫，翁没，两叔幼，安得所食？我能女红，兹固为养姑来也。生未尝一时离吾母，计无所出而后来。"因复泣曰："如不见容，我无归理。惟赴水死耳！"妪告孝父母许焉。孝勤纺绩，夜磨作蒸饼，使叔鬻之。姑病，日夜侍。居数年，乡里感其义，率钱周其姑，葺旧屋，为叔娶妇生子。姑卒，合葬于舅墓，乃授家事于叔，夜入室，扃户，寂无声。翌晨叩户不应，毁牖入，则自经死，衣履皆易新制者。时嘉庆九年二月乙酉。孝年二十四至刘氏，事姑十二年，姑死乃死。

朱某聘妻李，字容，东安人。父大纯，幼字朱氏。朱氏子远游十余年不归，或传已死。女既丧父母，无昆弟，独与其婢春华居，誓不嫁。春华稍长，其父谋嫁之，春华义不去，容亦誓不嫁。其父不听，春华乃告容，俱赴水死。

武稌聘妻李，伊阳人。年十一，丧母，育于武。从娣妇事舅姑谨，姑羸卧，调医药，治家事日勤。姑卒，抚叔弟及二女妹。年十七，犹未婚，稌堕井死，誓从井，舅止之，幼弟妹环而哭，李大恸。遂总发为纷，曰："吾当终妇事。"请于舅，立后，纺织以佐家。舅娶后姑，又有疾，调医药，治家事如前时，久之，叔弟补县学生，两女妹皆嫁。又数年，为所后子娶妇，则语其兄曰："妹曩不即死，诚不敢死也。今吾家奉舅姑宗祐幸有人。井中人待我久，我将从之！"晨起，从容问姑安，出行汲，自投稌所堕井死。道光二十一年八月壬寅，稌生日也。后稌死二十有一年。

陈霞池聘妻钱，桐城人，居东乡。未行而霞池卒，钱请奔丧，东乡俗以为子死妇奔丧，于家凶，辞之。钱毁容矢不嫁。久之，陈氏之族迎以归,为立后。居数十年,县有士人往存问,为言:"朝廷旌贞女,与节烈并重,当请于有司。"钱闻大惊,盖初不知其行应旌也。

汪荣泰聘妻唐,名凤鸾。荣泰,歙人;唐,淳安人。父以许荣泰,未聘而父卒,母更许他姓。他姓来聘,唐自所居楼裂所制衣履掷于庭,俄焄然跃而出,遂堕地死。荣泰请迎丧,母不许;母卒,乃迎丧以归。

季斌敏聘妻蔺,斌敏,正蓝旗汉军;蔺,沧州人。斌敏未婚卒,蔺年十八,矢不嫁。居二年,闻有媒妁至,截右耳,逾三日,又截左耳。其父春以告季氏,迎以归。女事姑甚孝,为夫补行丧服。丧终,归诀父母,谓当死从夫,父母力劝喻之。女复还,见姑,言笑如平时,即夕饮毒死。启箧封所割两耳,识曰"全归"。

董福庆聘妻冯,福庆,发固安驻防汉军;冯,霸州人也。福庆贫,饿犹耕,死于田,女年二十,请奔丧,福庆父往沮之,曰:"子饿至死,复忍饿汝家女耶?"女出拜,伏地哭不起,福庆父乃诺之,遂奔丧。执妇礼以终,寒馁皆无怼。

乔涌涛聘妻方,桐城人。涌涛卒,涌涛母丁亦病,方请于父母,归于乔,以姑病寒疾,亦薄其衣当风雪。刲股以进姑,病良已。乃营葬涌涛,以衣负土,三日不食。为涌涛立后,淡食布衣,深自刻苦。病将革,戒子妇毋以寸丝敛。

张氏女,名有,邹平人。岁饥,鬻为高唐朱氏婢。及长,主母为议婚,有泣言幼已字人,不敢负。主母使求得所许字者,则已别娶有子女矣。以语有,有曰:"虽别娶,身不愿更事他人。"主母怜而听之。有终不别字以死。

粉姐，失其姓，高邮人。父为连氏苍头，字某氏子。岁饥，某氏子行乞，转徙十余年。女父遇之江都市上，某氏子曰："我终不能娶，还我聘钱，听别嫁。"女父喜，还聘钱，与析券。归告女，女呜咽不语，夜自经。

阚氏女，名玉，浙江仁和人。玉端丽，能诗文。父亡，与母及兄嫂居。年十三，福王由崧帝南京，选民间女子，玉母匿诸卖菜佣家。玉父亡时，留百金畀玉兄备玉嫁，玉兄荡其资，遂与佣谋字佣子。玉在佣家尚待年，号泣求还，不可得。疾作，始遣归。玉垂绝，语其母曰："儿今且死。愿埋父棺侧，不作佣家鬼也。"复嚼齿曰："兄陷我！"遂卒。

玉尝作《怨歌》，好事者以琴谱其声，曰《阚玉操》，辞曰："父生我兮中道逝，母茕茕兮门衰瘁。兄嫂难与居，抉我如目中之尘沙。伊又进此桃巧兮，胡迁我之实多。彼六礼之已愆兮，曾贞女之贩从。矧要予以桑中兮，夫岂其为予之匹双，我有母兮，瘸思泣血。我父而有知兮，怒冲发。我兄摩挲佣之金兮，骨肉相蔑。嫂旁睨兮，笑言哑哑。我忽愤气兮，如云。指漆室女以为正兮，又告夫司命与湘君。予不爱一死兮，弗忍速阿母之下世。愿死而有凭兮，为凶之厉。呜呼哀哉，我终死兮，魂独归去。明告我母兮，幽告我父。匪我夙夜兮，胡然遭此行露也。纵谓多行露兮，宁能我之污也。重曰：嘉名为玉，父之命兮。幽辱粪壤，终保贞兮，优思悄悄，泪浧浧兮。蒙耻忍诟，日当心兮。"

赵氏婢，失其名，为杭州赵氏婢。赵氏尝有客，言珞瑛子之学，使为婢算，曰："是当七易其夫。"婢恚曰："吾嫁则有夫，有夫则有死。吾今且不嫁，谁为之夫者！"自是蓬首垢面，矢不嫁。赵氏有婚嫁辄避匿，媒氏至，诟谇不可近。主海之，抢首乞终役。年至七十余。死于赵氏。

清史稿卷五一〇
列传第二九七

列女三

韦守官妻梁　　归昭妻陆　昭弟继登妻张

罗仁美妻李　仁美弟妻刘　妾梅李等

钱应式女　　王氏三女　　沈华区妻潘

陈某妻伍　　洪志远妻叶

罗章衮妻杜　章衮弟群聘妻田等

王磐千妻颜　　方希文妻项

廖愈达妻李　妾汪张　叶芊妻谢

姚文璃妻刘　毛翼顺妻陈　　王三接妻黄

程显妻朱　刘元镗妻吴妾朱等　　应氏妇

平阳妇　　殷壮猷妻李　　杨昌文妻袁

谌日升妻陈　陈某妻万　　林应雄妻莫

梁学谦女　吴师让妻某　黄某妻李

文秉世妻梁　何氏女　王氏三女

陈心俊妻马　郭俊清女　张问行妻杨

张联标妾傅　　林乾妻程

杨应鹗妾佟　　黄居中妻吴

胡守谦妻黄　　沈棠妻俞　妻蒋等

陈得栋　汪二蛟母徐　妻戴　刘章寿妻徐

黄嘉文妻蔡　　徐明英妻吴

长清岭烈妇　　韩昌有妻李

马雄镇妻李　妾顾等　沈瑞妻郑

傅璇妻黄　刘崐妻张　二女　杨天阶妻关

乌蒙女　　刘亨基女　　滕士学妻满

向宗榜妻滕　滕作贤妻杨　滕家万妻黄

陈世章妻朱　　薛中杰女　傅瑛妻周

任寨村二十烈女　　王自正妻马

强逢泰妻徐　方振声妻张　陈玉威妻唐

宝丰二妇　　戴钧衡妻李　妾刘

陈吉麟妻周　凌传经妻杨　秦耀曾妻毕

曹士鹤妻管　谢石全妻廖　曾石泰妻黄

叶金题母胡　缪云胜妻黄　石时稔聘妻刘

章瑶圃女　　戴可恒妻朱

金福曾妻李　张福海妻姚　邵顺年妻伊

顺年弟顺国妻刘　　陈某聘妻鄝

胡金题妻俞　王氏女　郑德高妻阮

方其连妻阮　周小梅妻汤　杨某妻沈

周世棣妻胡　　蔡以莹妻曹　妾马

王永喜妻卢　　刘崇鼎母张

武昌女子　沧州女子　　费某妻吴

冷煜瀛妻卢　陈兆吉妻余　　蔡法度妻简

张守一女　王占元妻杨　王秉埜女　魏克明女

刘庆耀妻廖　欧阳维元妻曹　李盘龙妻邓等

黄氏女　程氏女　　韩肖朱妻郜

张醴仁妻王　许氏女　李氏女　　杨某妻吴

康创业妻郎　李鸿业妻郎　王书云妻谷

王有周妻杨　子汉连妻张　汉元妻李

汉科妻李等　　张金铸妻段　　王氏二女

马安娃妻赵　王之纲妻李　　穆氏女

张某妻蔡　程丁儿妻黄　张氏女

赵贵赐妻任　杨贵升妻刘　　多宝妻宗室

子英烆妻　鄂卓尔　　公额布妻　音得布女

良奎妻　连惠妻　根瑞妻　　松文母吴

姚叶敏妻耿　　陈某妻殷　　黄晞妻周

邹延玠妻吴　　陈生辉妻侯

田一朋妻刘　　蒋世珍妻刘

王有章妻罗　有章妹　　楼文贵妻卢

沙木哈妻　郑荣组妻徐　　张翼妻戴

詹允迪妻吴　　蔡以位妻孙

杨春芳妻王　王尊德妾唐　　窦鸿妾郝

章学闵妻董　杜聂齐妻何 张氏妇
宁化二妇

　　韦守官妻梁，长清人。明季饥，女未行，从父流转河南，婢于富室。及笄，主为择婿，梁泣言幼尝受韦氏聘，死，不敢别嫁。主使求得守官，守官迎以归。已而守官卒，家人欲使别嫁，梁自沉大清河，救，不死。乃自治棺，曰："有欲娶我，以此畀之！"家人不复言。寇乱，匿棺以免。顺治二年，师南行，过其村，梁惧，积薪于户下，举火，乃入棺，自焚死。

　　归昭妻陆，弟继登妻张，昭，昆山人；陆、张皆太仓人。昭仕明为监纪，顺治二年，死扬州，继登为教谕，长兴民乱，戕焉。二妇未得问。昆山兵起，舅姑避于乡，舟迎二妇，二妇不果行。师至，城闭，城西炮如雷。二妇夜登楼，环坐诸儿女酌酒，戒积薪楼下，城破则纵火。一老仆进，谓城破当兵冲，虑不及死，城北比邱尼故与主母善，庵后有池，仓卒可得死，从之。城破，兵掠庵，张入池，陆视其女，一卒前犯，陆力拒，被二矛，仆，又乱棰之，乃绝。张以水浅，不即死。兵去，潜视陆，陆亦苏，乃与尼共掖起之。兵复至，张辄避诸池，一卒索得张，欲执以去，张力拒，见杀。陆创重卒。

　　罗仁美妻李，仁美，扬州人，失其县。李，龙游人。家扬州广储门。师下扬州，李方娠，积薪所居楼下，呼诸妇曰："愿死者共死，毋辱！"于是姒刘、仁美妾梅、李，前室女宦姑及诸妇，从李登楼，凡十二人。呼婢菊花举火，前室子哭，从李俱上，李顾见，启牖呼仁美，掷儿下。仁美负母手掣儿，哭出巷，回首，见黑烟出瓦隙，火合楼摧，闻屧声沸火中。仁美行，遇兵，仅得脱。兵去，发楼烬，拾残骼，惟菊花遗肢衣可辨。乃丛葬十三人西华门外。

　　同时钱应式女淑贤,丹徒人。闻城破,数自杀,未绝。雨甚,门外万马声,比屋杀人,火四起。淑贤以纸渍水塞口鼻,持父手壅其气,父手悸不能举,又解衣带,强母使缢。母哭走,出,闻足击床阁阁,入视,已绝。

　　王氏三女,金坛人。其二为同产,其一为群从姊妹,年皆十六七,以王师下江南,诸州县盗群起,王氏避长荡湖。昼延缘苇间,夜复其居。一日,盗至,劫三女子,缚置筏上。三女子号泣跌荡,筏覆,三女子死焉,贼十数辈亦溺。明日,尸浮水上,缚尽弛,三女子携手,发相縻。乱中无棺,得故箧三重以敛,墓于湖滨,墓木枝蘖皆三,相樛。

　　沈华区妻潘,海宁人,居硖石。顺治二年六月,举人周宗彝起兵硖石。八月望,师宵乘北关破之,华区与潘皆被俘。过南市桥,潘睨水欲自沉,华区密止之,曰:“汝死,兵且杀我!”潘乃语兵:“我从汝去,愿得释我夫。”兵释华区,驱潘入舟,舟行十八里,至王店。水次,观者方集,潘忽跃起,曰:“我硖石沈华区妻,义不任受辱!”奋入水,兵惊,捽其发出水,潘力自沉,发断,系以缥,益力自沉,缥绝,如是三,兵以刃舂其喉,遂死。师中有裨将叹其烈,出千钱为敛。

　　陈某妻伍,华亭人。师下松江,陈家璜溪,兵至,斧陈首,伍奔救,兵舍其夫而絷之。伍曰:“毋缚我,我从汝去!”将登舟,跃入溪,死。
　　当时死于溪者,诸生孙谔妻顾、徽州商孙氏之媪。

　　洪志达妻叶,歙人。顺治二年,徽州初定,盗贼所在多有,志达偕叶避兵淳安郑家村。明年二月,村人哗言兵至,志达与叶仓皇走,匿草中,游骑过,自草中曳叶出。志达习拳勇有力,踊自草中,奋击一骑,仆,众骑拔刀赴志达。志达徒手与斗,众骑且仆且起,环射之,矢中志达目，贯脑死。叶抱尸恸，众骑挟之行，叶辍哭。马行渐缓，度悬崖，叶曰："勿持我急，我自能乘。"贼信之，遂纵马向崖，众骑自后从之，叶自马上掷崖下，死。淳安人言其死且为神，为之祠焉。

罗章衮妻杜，群聘妻由，淳化人。群聘，章衮从子也，皆早卒。顺治三年，寇至，城破，杜指墙间井，语养女淑明、淑仪曰："此吾曹死所也！"遂入井。淑明、淑仪相向哭，从之下。田与杜连墙居，闻哭，呼其女优姐，亦趋井死。

先一年，县兵噪变，章衮侄女窦芳坠楼死，窦芳有从姊雁珠，明崇祯间死寇，窦芳方在娠，其母梦雁珠偕一女至，谓唐奉天窦烈女也，故命曰窦芳。既长，嫁三原房大猷。其死后雁珠十七年，俱以正月十五日死，死时年俱十八，乡人合前后称"七烈。"

王磐千妻颜，江西安福人。顺治三年，遇寇，绐其臂索贿，颜诧曰："此手乃为贼执耶？"投水死。

何大封妻阮，无为人，早寡。有授物误触其手者，引刀断指，血溅尺许。

方希文妻项，名淑美，淳安人。顺治三年，明溃师掠县，希文携家避兵西坑。以妾子病，谒医。兵骤至，纵火。火将及，婢请项出避，项曰："出，死于兵；不出，死于火。死同，死火不辱。若能死，则从，不能，亟出！"希文故有藏书，项积书左右，坐其中，火及，书烬，项殉焉。

廖愈达妻李，妾汪、张，泰宁人。李读书通大义，教二妾章句。愈达从外妇，闻李疏"仁"字，教二妾，语谆谆，愈达入而笑，李正色曰："志士仁人，有杀身以成仁，毋求生以害仁！"顺治三年，愈达将妻妾避兵，或传崇祯十七年京师破时，检讨汪伟与其妻耿殉国事，李以告二妾，相持而哭。师渐逼，愈达与妻妾夜走南石砦，师至，攻砦，愈达率妻妾避砦口。或呼师自砦后入，李即从砦口展手投崖下。愈达挈二妾匿岩石中，搜山兵至，张亦投崖死。愈达出金遣兵去，汪坚持愈达衣，伏其后，顷之，遥见师中出裨将，朱缨窄袖，指挥从卒巡山。汪大哭曰：“君善自保！”亦投崖，激于石，身裂若支解。师退，愈达及诸同避砦中者皆得脱。

叶芊妻谢，宁都人。六年冬十月，明将揭重熙等以师赴南昌，驻宁都兵掠得谢，部曲将悦其色，问家世，谢从容具以对，因乞得沐浴，部曲将许之，遂入室，以剃鬃刀自搕其喉，死。

姚文璃妻刘，名满，福清人。文璃鬻香于市，顺治三年，海寇至，索钱无所得，截文璃首去。满舁尸还，舐血缚布缀于颈，敛毕，乃言曰：“我恨不能手刃贼，独以死报君。”首触棺，仆，久之，苏，请以兄公子为后，尽鬻衣珥营葬。越三年，清明上冢，归，屑金咽之，死。

毛翼顺妻陈，亦福清人。顺治四年，翼顺死于寇，舁尸还，血溢于鼻，陈舐血，敛毕，不食七日，自经。

王三接妻黄，曹县人。三接官汾西知县，黄侍姑田家居。顺治五年，李化鲸乱，破城，姑、妇皆被执。黄语贼曰：“释我姑，我与金帛，惟尔欲！”贼释其姑，黄度姑行远，乃骂曰：“吾家清白吏，安有厚藏？吾名家女，命妇，岂肯从贼？有死而已！”贼磔之。

当时为贼杀者，刘琰妻邢等九人，投水死者，王跻圣妻韩等七人。

程显妻朱，新建人，明宗女也。以其侄为子妇。顺治五年，金声桓为乱，显自南昌将家人入山，道遇兵相失。或传显已死，朱谓子妇：“翁死，吾不独生，汝奈何？”妇曰：“死耳！”朱缢树上，已绝，兵救之，苏，复触树死。妇亦起触树，兵前持妇，妇齿其指，夺刀自刭死。

刘元铠妻吴，妾朱，南昌人。元铠亦将家人避兵，兵及，弃抱中儿道旁厕而走，吴伏沟草。朱为兵得，萦以行，经溪，跃，萦绝，兵斫其颊，死。吴出草，行数十武，遇邻媪，脱簪求扶持。兵复至，吴握发仰天号曰："夫邪子邪！吾其死邪！"兵挟刃逐之，行赴陂死。是役诸女妇死者至众，靖安舒调熙妻朱，救夫；丰城熊嗣蕃妻胡，及从子有恒妻沈，从夫救舅，皆死。而新建徐文璠妻朱，割乳断首；进贤胡永益妻胡，刃出背，死尤烈。

应氏妇，鄞人。贫行乞，顺治六年，海寇至，匿郭东庙。寇欲污之，坚不从。既仍伪诺，出庙，将入井，寇复牵以入，终号泣不就，死乱刃。

平阳妇，不知其姓氏。顺治七年，姜瓖乱，为其徒所掠，过定州唐城村，刺血题诗于壁，并为序自述，略言："明月在天，清水在旁。得自尽于此，上不愧父母，次不惭婿，庶几与水同清，与月同明。"遂自经死。

殷壮猷妻李，丰润人。顺治中，壮猷为临蓝参将。十一年，孙可望攻临蓝，壮猷筑城以守，围久不解，出战，死。李以印畀次子质，挥使出避，而与长子文自刭死。

杨昌文妻袁，安义人，或曰建昌人。顺治间兵乱，父母迎袁妇，袁不可，曰："弃姑避兵，不义。"兵至，伏地请死，斫数刃去。家人归，努目问："姑无恙乎？"曰："无恙。"乃瞑。

谌日升妻陈，高安人。顺治间，金声桓乱，为兵掠挟上马，力拒，中八刃，剖心断腘刲孕死。

陈某妻万，万县人。康熙间，谭宏乱，被执，杀其怀中子。万诡言家有藏镪，贼使其徒从以往，过悬崖，奋起，挤贼坠，亦自投死。

林应雒妻莫，梁学谦女，吴师让妻某，黄某妻李，皆新会人。应雒、学谦、师让皆诸生。顺治十一年，明将李定国攻新会，城守阅八月,食尽,杀人马为食。莫代姑,梁女年十一代父,黄、李代夫,皆死。李之死,兵持首还其夫,使葬焉。

文秉世妻梁,郁林人。李定国掠州,梁为兵掠,迫上马。梁哭,据地骂,兵杀之。越二日,秉世得其尸,目未瞑也。

文氏女兆祥,文枢妻陆,灌阳人。定国兵至,姑嫂避火星山箐中,兵入,自杀。

何氏女,昭平人。是岁师逐定国,避兵思庇冲。或迫之,死。

王氏三女:长亥娘,次竹姑,次酉娘,博白农家女。康熙十九年,避寇宴石岩,寇攻岩,姊妹皆投崖死。

陈心俊妻马,伏羌人。年十九,寡。顺治初,流寇据城,其渠闻马有色,遣人强致之。马居楼上,挥杂器物掷楼下,厉声叱其人曰:"白若渠,欲强污我,惟有头可断耳!"渠闻,亦愕曰:"烈妇,烈妇!"卒得免。

郭俊清女莲姑,巴州人。嘉庆二年九月,教匪破城,掠以去,女骂不绝。贼褫其衣,骂愈厉,杀之,书其背曰:"烈女尸。"

张问行妻杨,秦州人。同治间回乱,破其堡。杨遣三子行,持厨刀倚扉骂贼,贼劙其口至耳际,骂犹不已,遂死。贼举扉掩其尸,书其上曰:"此张监生妻杨烈妇,毋损其尸。"

张联标妾傅,泰顺人。联标为罗阳知县,傅从,年方笄。山寇破县,被执。贼渠令其徒百方诱之,不从。一夕,拥至渠所,诸贼执刀夹左右,怵以死,终不屈,乃缢杀之。

林乾妻程,漳浦人。有殊色,康熙元年,县有刘畅者,为盗马婆山。掠程至,将污之,不从。使他妇慁之曰:"我曹已至此,即完节,谁复能信?"程曰:"吾自行吾志,非求人信,岂能效汝曹无耻耶!"畅杀之。

杨应骢姜佟,奉天人。应骢官贵阳同知,吴三桂叛,檄署官,应骢力拒,乃置诸顺宁。师将入滇,郭壮图使杀之,应骢骂使者。佟曰:"大丈夫当毅然引决,无恋恋如儿女子!我请为公先,不使公遗憾。"遂缢,应骢亦缢。

黄居中妻吴,居中失其里贯;吴丰顺人,广东饶平镇总兵六奇女也。康熙中,居中为苍梧教谕。十三年,孙延龄叛,梧州戍兵应之,入其室,吴曰:"封疆之事,固知非若曹所能,若曹其俘我乎?我将待之!"奋击,杀二人,自伏剑死。

胡守谦妻黄,闽人。守谦武举。当耿精忠叛,守谦投书城外,言贼必败,状为守者所收,送郊外杀之。黄请代,不许。乃求得守谦首,缀于尸。葬毕,自具棺衾,饮药死。

沈棠妻俞,莆田人。年十八,美。耿精忠兵至,执俞,并及棠。俞计脱棠,乃抗贼。贼威以刃,就刃。近以火,赴火。幽之,遂自缢,贼磔其尸。

同时福清陈得栋妻蒋,陈云元妻周,皆为贼磔。莆田林振先妻郑支解,永安黄尾四妻郑刳孕,贵溪傅护妻薛剖腹,脏腑尽出。

汪二蛟母徐,妻戴,开化人。康熙十三年,耿精忠兵入浙江境,开化陷,二蛟及母、妻行避贼。贼至,缚二蛟,驱其母、妻以行。行过大泽,戴厉声曰:"得死所矣!"徐应曰:"待我!"贼持戴袖,戴绝袖,抱子自投泽中,徐与俱下。二蛟大呼,缚尽绝,亦赴水死。

后二年,开化复陷,刘章寿妻徐,为贼渠所得,置楼上,令两卒为守。妇阳谓守者:"事已至此,幸语若主,欲婚我,当具礼。"卒告渠,渠盛服佩刀上,妇迎坐,解刀置案上。复阳言:"奈何不为我具衣饰?"渠诺而下,妇取刀弄之,拔出鞘,忽引自刺。守者前夺刀,妇挥刀断其臂,遂自刭,渠裂其尸。

黄嘉文妻蔡,名慧奴,黄岩人。康熙十三年,耿精忠之徒陷黄岩,明年,师复黄岩,以黄岩民尝丽贼,俘焉。蔡及其子女属杭州驻防将,将艳蔡,欲以为子妇。九月壬申,将召蔡喻指,蔡取壁间刀自刭死,将投其尸于江。时军中得俘辄责金赎。嘉文方求金杭州,至,则蔡已死,乃赎子女还。蔡父行求蔡尸,十二月丙子,风作,江潮涌,蔡尸乃出,距蔡死九十有九日。嘉文还,言子女得赎正同日。

徐明英妻吴,名宗爱,字绛雪,永康人。宗爱幼慧,九岁通音律,十余岁即能诗,善写生,间作设色山水。明英卒。康熙十三年,耿精忠将徐尚朝攻处州,略金华。六月,游兵至永康。尚朝尝官浙东,闻宗爱才色,乃使胁宗爱族人,求宗爱,势汹汹。宗爱乃曰:“未亡人终一死耳,行矣,复何言!”贼遣迎宗爱,以两骑翼宗爱行。至三十里坑,宗爱绐骑取饮,投崖死。宗爱二女兄皆能诗,而宗爱尤工,所著诗二卷。

长清岭烈妇,不知其氏,诸暨人。康熙十三年,盗朱德甫占县紫阆山为乱,吏发兵讨之,妇见掠,与其子并絷。妇好谓兵:“吾既被获,复何言?吾夫只此子,请俟其追至,以子归之,吾从汝去耳。”行至长清岭,其夫奔而至,妇复请以子授其夫。度父子行已远,自掷崖下死。

韩昌有妻李,秦州人。康熙十四年六月,遇寇,李负幼子,行迟,为贼及。李批贼颊骂,贼刃之七创,项未殊。昌有舁之归,夜而苏,谓昌有曰:“必葬我松下!”又七日乃绝,昌有葬之松下。

马雄镇妻李,雄镇自有传,李不知其里贯。雄镇为广西巡抚,孙延龄反,遣子世济如京师告变,旋见执,幽四岁。康熙十六年,吴世琮攻杀延龄，遂戕雄镇及其二子。李及妾顾、刘，女子子二，世济妻董，妾苗，同日死。雄镇初见执，置其孥别室，妾赵及世济子一、女三皆以饥寒死。于是雄镇二女相要同死，妾顾亦愿从。及雄镇见执，守者梯垣以告，二女谓顾："今日当践约。"为缳于梁，语顾曰："夫人诸母行，宜位于中，虽颠沛，不可失序。"顾曰："我妾也，又无出，何敢与诸母齿？"再让，乃先缳。幼女年十五，弱，手不胜绠，久之，环不就，呼曰："姊助我！"长女年十八，应曰："妹怖死耶？吾助妹！"已，皆缳。董先二女缳，绠再绝，再仆地，伤额及足。三缳乃绝。苗与刘后二女缳，李视诸人皆死，曰："姑妇子女，皆幸不辱身，我无憾矣！"乃亦缳。雄镇自有传。

顾，名荃，字芬若，丰润人，能诗画。

沈瑞妻郑，瑞附见其从祖《志祥传》。郑父斌事郑锦，私署礼官，盖亦锦族。瑞嗣封续顺公，驻潮州。锦兵破潮州，送瑞台湾，时瑞年十五，斌盖以此时婿瑞。居数年，锦部有傅为霖者谋为反间，事泄，辞连瑞，锦系瑞及其孥，而以郑归斌。郑泣谓斌曰："儿既归沈氏，生死与共！请遣儿同系。"斌使处于别室。及瑞将死，问："夫人安在？"或以告，解带使诀郑，郑遂自经。

傅璇妻黄，名弃娘，台湾人。璇，为霖子也。为霖事败，锦俘其孥，弃娘有兄铨为营救得免。为霖、璇皆被杀，弃娘矢殉，铨宽譬之。弃娘曰："今日之事，子为父死，妻为夫死，复何言？"卒自经。

刘崐妻张，保宁人。崐死乌蒙之难，语在《忠义传》。崐既死，贼遂破城，张寇帔坐中堂，呼女易璋、可璋及妾吴，戒毋辱，出崐佩刀示易璋，易璋泣而跪，张斫其肩死。可璋亦跪，张栗，刀坠，可璋曰："母怖耶？"拾刀自鉴，亦死。张语吴："汝将三岁儿，好自匿，存张氏后。"吴号，抱张膝，张且叹且回刀自殊，颈且断，危坐几上。吴挥乳母抱儿速去，拜张前，引刀冲喉，死几下。雍正八年八月事也。乳母逃山中，卒全张氏后。师定乌蒙，录崐死事，张、吴、易璋、可璋旌赠如例。

杨文阶妻关,开化人。天阶为乌蒙守备,城破时战死。亦有女子子二,长曰凤,次无名,关闻天阶死,谓二女曰:"我当死,汝姊妹宜求自脱。"二女泣曰:"父已死,兄不知存亡,何以为生?"遂对缢。关自到死。

乌蒙女,不知姓氏,里居乌蒙,傈乱,掠子女财物,女子年少者,头人自取之。女与其曹二十余辈立棚下,日暮,头人持刀入,叱诸女去衣,不从。击以刀脊,次及女,女年十五六,有容色,坚不从。头人欲击辄复止,小傈告有以酒食贺者,头人掷刀出。傈营中为坑,爇薪炭御寒,女挟头人所弃刀立坑后。头人醉,复入就女,张两手将抱持,女迎刺洞其胸,仆地死。众傈惊,就视,女已自到,群碎其尸。

刘亨基女,字满,湘潭人。亨基官台湾府同知,权知彰化县。林爽文之难,亨基殉焉,满年十六,自沉厅后池,池浅不得死,展转泥中。贼大至,曳之上,满骂曰:"我名家女,岂惧死乎?汝曹生太平,乃为逆乱,官军至,汝曹当万段!"贼劙其口,劓其鼻,骂愈厉,乃杀之,台湾平,得旌台湾之民私谥曰贞烈。

滕士学妻满,向宗榜妻滕,滕作贤妻杨,滕家万妻黄,皆麻阳高村人。乾隆六十年,苗乱,掠高村,入士学家,击满以梃。满怒骂,苗抉其目。骂愈厉,遂断舌剖腹,寸磔死。滕绷其儿走水次,求舟将渡。苗逐之,执其手,滕怒骂,苗杀其子,滕跃入水死。作贤、家万皆为苗杀。杨自到殉。黄为苗掠至八斗山,绐苗入深林,解刀揕其胸,杀之。走求家万尸岩下,亦自经殉。高村又有妇,以舅方病,不忍去。苗至,将杀其舅,妇夺刀刺苗,殪,遂自到。

陈世章妻朱,义宁人。世章为湖北保康知县。嘉庆元年,曾世兴为乱,保康故无城,贼骤至,朱怀印坐。贼挟刃索印,朱曰:"我命妇,印在此!汝曹何敢夺?"贼以矛贯其胸死。

薛中杰女,洋县人。嘉庆二年,教匪掠县境,女年十六七,从家人行避贼。为贼得,置马上,女骂,跃,仆地,贼掖之起行。经益水滨,自掷入水。方冬,水落,不即死。贼岸上立,好语招使上,女益匍匐求深处,贼攒矛刺之,死。

傅瑛妻周,宝庆人。道光间,教匪起,周方在母家,从母匿丛粟中。贼拥入,邻妇先匿者群叩头乞哀,周语母曰:"死生命也!奈何降志于此曹乎?"乃举袂蒙其首伏母怀。贼迫视之,美,挟上马,二贼挟以行。周骂贼,贼抚其背为好语,周以指劙面骂益急。贼刺其肋,推坠马,死乱刃下。

任寨村二十烈女,任寨屯宝丰县村也。嘉庆五年,教匪至,距村不十里,村民出御。此二十人者,与同村诸妇避于楼。教匪入村,攻楼。不能克,乃收禾黍积楼下。环而焚焉。火炽,楼中诸妇有穴墙而跳者,或欲与二十人俱,二十人同声曰:"教匪盈野,理难自拔,万一求死不能得,何颜食息于人世!死于刃,死于水,死于火,死同也。惟毕命于此,吾侪志决矣!"俄而风起,火益怒,楼烬,二十人燔。二十人中已适人者,何李氏、张王氏、刘王氏、冯刘氏、傅李氏、任赵氏、任周氏、任宋氏、任邱氏、任张氏、任赵氏、赵叶氏、李张氏、张赵氏、崔郝氏。未字者,何氏、冯氏、傅氏、熊氏、崔氏。

王自正妻马,秦安人。嘉庆五年,教匪破县,马被掠,骂不已,刀胁之,益厉,皆裂血,贼积薪焚杀之。

强逢泰妻徐,韩城人。逢泰父克捷,嘉庆间官滑县知县。十八年九月庚午,李文成之徒为乱,克捷及其妻殉焉。前一月,逢泰将其弟望泰归取妇。乱作,徐骂贼不为屈,贼萦徐钉著厅事柱上,脔割之,弃其骨。事闻,仁宗以徐死事烈,命谥节烈,赠恭人,附祀克捷祠。

　　方振声妻张,大兴人。陈玉威妻唐,台湾人。振声官嘉义县斗六门县丞,玉威官台湾北路协把总。道光十二年十一月,盗张炳为乱,遣其徒黄城攻斗六门,振声、玉威与千总唐步衢拒战,皆死之,张、唐殉焉。张骂贼,劓鼻剜舌死尤惨。其幼女亦从死。

　　宣宗命张、唐并谥节烈,附祀振声、玉威祠。终清世,妇人得谥者凡三人。克捷、振声、玉威语在《忠义传》。

　　宝丰二妇,不知其氏,县察河寨人。道光中,教匪为乱,官军逐捕,以车载火药留置寨中,为教匪所诇,将攘而有之。攻寨急,堕其一隅为陂陀,肉薄以登。二妇见贼入,大呼曰:"寨破矣,火药且资贼,奈何?"寨中人皆潜避,无应者。二妇从风而火,药尽焚,烟涌尘起,蓬勃牟晦如夜,贼自相斗杀,二妇燔焉。

　　戴钧衡妻李、姜刘,桐城人。钧衡,《文苑》有传。咸丰初,洪秀全之徒攻县,钧衡避舒城,李、刘及二女居。寇至,仲女年十六,抗刃死,李、刘皆被掠。寇使他所掠妇与李处,李阳与诸妇语,纳手入袖。忽口喷血仆地,视之,刃刺喉死。寇欲褫其衣,其侣呼曰:"此烈妇!汝褫其衣,吾斩汝!"诸妇防刘益严,刘受李诚,以间脱其幼女囚,两月余,不言,不栉发。一日,寇欲污之,乃大骂。寇怒,杀诸东郊外,骂不绝。曰:"吾今可以报女君矣!"遂死。

　　陈吉麟妻周,临川人。咸丰间,洪秀全之徒破县,周与女仙英走铜岭,贼及之,加剑于项,逼之,不肯从。杀仙英,愈怒,批贼颊,贼杀之,尸提其首而立,贼为之惊走。

　　同时凌传经妻杨,彭泽人。与姑匿山中,贼搜得姑,杨持刀奔赴。贼舍姑与斗,力尽,为贼支解。杨同县又有贾莲品妻韩,捆贼,为所磔。

秦耀曾妻毕，耀曾，江宁人；毕，镇洋人，湖广总督沅女也。耀曾以举人官郎中。咸丰三年二月，洪秀全攻江宁。毕年将八十，城破，集家人告曰：“吾家人受朝廷恩，于义当死。尔曹皆朝廷百姓，平日受承平之福，今寇乱，可爱死乎？且为贼得，必有求死不得者，悔何及！”乃服命服，扶杖赴水死。从者数十人。

曹士鹤妻管，名怀珠，字藏真，亦江宁人。士鹤官陕西清涧知县。城将破，与士鹤兄妻李缢朱氏祠树上，自书衣襟曰：“陕西清涧县知县曹士鹤妻管氏为国死于此。”

谢石全妻廖，曾石泰妻黄，叶金题母胡，缪胜云妻黄，皆定南人。咸丰六年，粤贼攻城，廖、黄皆助城守。廖执刃登陴，历数十昼夜。一夕，依堞视贼，为飞炮所中，遂卒。黄佐石泰杀贼，贼攻城东南隅，黄赴救，中火枪，犹大呼杀贼，死城上。八年，贼复至，攻胡所居村，金题从乡兵御贼，胡握析薪斧，踣贼十余。力斗，被重创，与金题俱死。胜云所居曰缪家庄，土寇作，黄与妯娌发火箭殪贼。贼逾屋入，胜云与其父皆死。黄挥刀巷战，久之，贼大至，自刭死。

石时稔聘妻刘，名敏和，吴县人，家洞庭山。时稔卒，刘得请于父母，奔丧。奉姑居。咸丰十年夏，洪秀全之徒破苏州，洞庭山民拒守。阅岁余，力尽。贼自山前入，刘盛服待水次，誓死。居三日，贼不至，姑挽令入室，刘问：“何以得免？”则曰：“率钱输贼兵。”刘跃起，哭曰：“是乃降也！降则此贼土，吾贼人矣。吾以为三日中，若辈与贼决死战耳。今若此，何用生为？”姑与家人辈力劝毋死，刘好谓曰：“我三日不入户，惫矣，且少休。”入室，即夜自经死。留一纸，自书生死年月日。

章瑶圃女亥姑，余杭人。咸丰十年，年十五。六月庚午，贼至，亥姑抱柱坚不释，贼击之，十指皆创，抱柱如故。贼斫其肩背，亥姑骂曰：“恨不为男子杀尔辈尽！”贼勒其颈死。

戴可恒妻朱,可恒,仁和人;朱,长兴人。可恒父熙自有传。咸丰十年,杭州破,熙殉。朱具衣衾,视敛如礼,从可恒转徙。明年,复还,贼复至。围急,朱方为诗词自若,曰:"我自为计久矣,何惧!"城破,朱语可恒速将子出避,赋诗矢死。不食两日,未绝。自经,纫断,又未绝。夜入池死,即熙死节处。熙死时,少子穗孙妻孙,方归省,闻即仰药殉。其祖母姚、母闵,及诸弟、妹皆死,凡七人。

金福曾妻李,福曾,秀水人,有传。李,余杭人。福曾父鼎燮,官临安训导,寄孥杭州。洪秀全之徒再攻杭州,围久食尽,杂啖草木,甚至煤雨屐缘革为食。城将破,李与福曾矢必死。尚余银饼一,为福曾缝置复絮中,谓穷途得此,犹可旦夕活也。俄,贼大至,投姻家洪氏屋后池死。同时鼎燮殉临安,鼎燮弟鸿僖妻胡,避临安村间,为贼所迫,矛舂其喉死。咸丰十年,贼破嘉兴,福曾之族诸妇女死者,衍芹妻倪、衍科妻钟、鸿鉴妻徐、鸿墀妻许、鸿勋妻潘、鸿勘妻胡、鸿绥妻顾、鸿绂妻屈。徐、许皆有女从死。振声妻张,贼将至时先自经殉。

张福海妻姚,钱塘人。福海官广东曲江知县。姚家居,寇至,城围合。米尽食麦,麦尽食糠粃,糠粃尽食马料豆。城破,贼胁姚行,姚奋起击贼,被杀。同死者娣、姒孙、王,女杏珠,侄女满、文、月。

邵顺年妻伊,仁和人。顺年,懿辰子,懿辰自有传。杭州被围,伊炊粥奉舅姑,辄忍饥不食。城破,俟其姑既出,入井死。巡抚马新贻上懿辰死事状,附陈伊"生则以孝事亲,临难不求苟活,深明大义",得旌。

顺年弟顺国妻刘,亦仁和人。顺国为六合知县,卒。刘父墍方为汉中知府,令以二子往。刘谓异乡非可久居,以顺国丧还葬。搜先世藏书授二子,督就学甚严,二子皆成立。

　　陈某聘妻鄞,海宁长安镇人。未行而夫死,誓不嫁,奉父,父卒,为立后。年四十余,贼至,焚其村,鄞自沉水瓮中。贼去,戚族往视之,其庐烬,瓮水沸,尸为糜矣。

　　胡金题妻俞,金题,乌程人;俞,归安人;家双林。贼以有色,驱使行,不从,持刃吓之,张目以颈就刃。贼笑曰:"痴女子!"乃絷以行,行数十步,有桥横水,俞好语贼曰:"雨后泥泞,絷不可以行,乞舍我,我自从汝去。"复请以两矛夹持以上,示无死意。至桥半,奋跃入水,贼怒其给,矛刺之,死。

　　王氏女婉容,亦家双林。贼掠其父母,婉容请于贼:"释父母,我从汝去。"贼释其父母,已入舟,婉容出户呼曰:"我犹有语,请少待!"且呼且行,近水,疾跃自沉。贼操矛拯之,不上,遂死。

　　郑德高妻与方其莲妻,皆阮氏兄弟也。兰溪人。贼破县,德高、其莲将其孥避北山。久之,德高,其莲偕入县,为贼杀。二妇恸,誓死。一日贼奄至,二妇坚坐不为动。一贼持矛入,倚矛于壁,呼二妇具茗,二妇不应。贼解佩刀掷地,曰:"不应且死!"二妇厉声答曰:"我曹畏死,尚坐待汝耶?吾夫死于贼,今当杀汝!"遂跃起,即取刀矛击贼,贼徒手,被数创,大呼,群贼皆至,二妇力斗死。

　　周小梅妻汤,名硕人,常熟人。咸丰十年,洪秀全之徒陷常熟,小梅方赴乡,汤率子涟香、女淑贞及幼子、女入井死。将入井,嘱长子于邻翁。脱戒指付老仆,嘱持书报小梅,书曰:"昨君出门,饭后即失常熟,一夜未眠。今水穷山尽,当死义,恨不能一言为别。愿君平安,勿以妾母子为念。寄戒指一枚,见此如见妾!"

　　杨某妻沈,名彩霞,金华人。生农家,有力,能舞大刀,重百斤。俗斗牛,牛奔,彩霞手挽之,牛不得动。咸丰十一年,贼将至,乡人集团练得数百人,推彩霞主之。时兰溪诸葛恚团练过万人,与相犄角,贼至则互救。洪秀全将李世贤自龙游至，彩霞乘其未定击之，败走。总督张玉良兵至兰溪，暴于民，焘甚之。兵有自贼降者，伪为诸葛氏之帜过金华索犒，彩霞察其诈，击杀数百人。玉良告巡抚，谓团练杀官军，互讦不已。贼又至，伪为官军装，吏不复察，金华破，彩霞自刭死。杨某亦死乱军中。

周世棣妻胡，镇海人。咸丰十一年，贼掠世棣去，使市马，以三贼监之行。世棣曰："吾乡故多马，四人乃不足。"贼令募壮夫偕，世棣得乡人同陷贼者六，导之至鄞东乡。地僻，遂手刃三贼，其一实阳死，世棣未察也。遣乡人自归，矫贼令入宁波，出被掠男妇数十辈。夜半，阳死贼归告其渠，将群贼捕世棣，世棣逃走。贼执世棣母及胡，胡语贼曰："吾家有藏锱，请以吾质，遣吾姑发藏锱，馈诸公。"姑已去，胡仰药死，世栋母子皆得免。

蔡以莹妻曹、妾马，萧山人。咸丰十一年，贼自严州循江薄萧山，以莹将妻妾子女避兵王家桥。遇贼，劫曹，将犯之，且骂且入水死。子景轼，女景良奔赴，与俱死。女景李为贼掠，语贼："勿相强，我固愿从汝。"贼稍宽之。行近水，亦疾跃自沉。马抱三岁子匿苇间，以莹还，求得马。贼复至，马视道旁舍有采菱者所遗木罂，折枯木授以莹使乘以渡。以莹要马偕，马曰："此非舟，不能胜二人。"出怀中儿投以莹，曰："以此子随君去。"以莹渡未半，回望贼垂及，马呼："君勿念我，今与君永别！"赴水死，以莹得免。

王永喜妻卢，永喜，开州人。卢，清丰人。咸丰十一年四月乙巳，盗李古考围州城，永喜将出助守，语卢曰："若闻炮，即城破，吾家世清白，慎勿为贼污！"卢曰："诺。"贼至，举炮相击，城得全。永喜归，则卢率二女自经死矣。二女：长曰印，次曰改。又有张氏妇，村居，贼执以去。见井，绐曰："我渴甚，乞解缚饮我！"贼解缚，入井死。

　　刘崇鼎母张，都昌人。咸丰间，洪秀全之徒攻县，县人治乡兵，推崇鼎主其事，崇鼎谢母在。张曰："人谁无母，皆以母谢，谁当杀贼者？"崇鼎受命主乡兵，张出家财佐饷。贼至，崇鼎请母避贼，张泣然曰："未战而先策败，人心散矣！有进尺，无退寸，此外复何顾？"崇鼎雪涕出战，败死。张闻败曰："崇鼎死矣！"遂自经，未绝。贼已入，张出，坐堂上，骂贼，死之。

　　武昌女子，不知其姓氏，在贼中号为朱九妹。咸丰间，洪秀全破武昌，驱以东，至江宁，杨秀清欲纳之。女侍饮欢甚，潜置毒酒食中进秀清，持之急，秀清察有异，磔死。

　　沧州女子，亦不知其姓氏，同治七年，张总愚北攻沧州，其党得此女，献总愚，总愚使执役。女袖出剪刺总愚，伤其臂，群贼集，立醢之。

　　费某妻吴，费某，德清人。吴，处州人，失其县。父景藩，为湖州运粮千总，因以女归费。早寡，事祖姑甚谨。洪秀全之徒陷德清，景藩他徙，吴嘱以子而留事祖姑。贼大至，追吴，将污之，不从。贼抽刃出，祖姑与相向哭，吴慷慨求死。贼系之树上，曰："我出汝心，观汝心坚否？"刃剚胸，出心，坚如石，贼大惊。就德清人求其姓氏，曰："此妇殆有神！"

　　冷煜瀛妻卢，义宁人。煜瀛官都昌训导，洪秀全之徒破县，死之。卢伏哭煜瀛侧，为煜瀛理须厉声骂贼，贼断其舌，死，手犹握须弗释也。

　　陈兆吉妻余，亦义宁人。义宁破，贼杀兆吉。余方妊，骂贼，贼刳其腹，儿逐刃坠，呱呱泣，贼惊走。其渠闻，为之少戢。

　　蔡法度妻简，新淦人。简早寡，美。洪秀全之徒攻县，名索简，言不得屠蔡氏。蔡氏大恼，简曰："是无难。"艳服乘舆出，方度溪桥，骤自舆跃出，入溪水。溪水急，求其尸，勿能得。

张守一女春英，山西人，寓海城。同治二年，回乱，守一已卒，弟、妹幼，母悲泣，春英阳语回："能脱我母及弟、妹，愿相从。"回遣两骑使守一旧仆护之行。春英度去远，入井死。

王占元妻杨，皋兰人。同治四年，回乱，杨从家人匿山穴中，为回所得。杨曰："如爱我，幸毋伤我姑。"回驱杨去，至一村，回入掠。杨语途人曰："我王占元妻，将死于此。乞寄语吾夫，速负母远遁！"遂入井死。

王秉堃女翠环，固原人。亦为回得，欲挟之去，翠环曰："释我父、兄可。"回释其父、兄，曰："我弱不任骑，愿以舆行。"回喜，俾以舆行，女舆中饵毒，未至回所，死舆中。

魏克明女秀莲，泾州人。同治七年二月，从两兄行避兵。回至，次兄中矛死。秀莲跪请活长兄，回许之。长兄脱走至山麓，遥望回迫秀莲乘马渡水，至中流，坠水死。

刘庆耀妻廖，龙南人。庆耀赍酒自给。同治三年，贼至，廖持刃卫姑出。贼执姑，廖挥刃断贼腕，姑得脱。贼斗廖，廖杀二贼，力尽，刳腹断舌死。

欧阳维元妻曹，崇仁人。姑早寡，年九十九矣，贼急，曹奉姑走太浮山，遇贼，姑见杀。曹与维元击贼，皆死。

李盘龙妻邓，永新人。贼攻县，邓与族娣、姒走，遇贼仕坪。三妇共斗贼，皆死。娣、姒失其氏。

黄氏女，名婉梨，江宁人。咸丰三年，洪秀全破江宁，婉梨方五岁，有母，与兄弟居。同治四年，师克江宁，有兵入其室，杀其母及其兄弟，缚婉梨置舟中，谓将归湖南。婉梨好语兵："至汝家，当妻汝，舟中毋相逼。"时有金眉姑者，亦被掠，自沉于江，婉梨举以怵兵，兵不敢犯。月余，将至其家，驱就陆，兵遇其侣，与俱投逆旅，二人方共饮,婉梨见牖上有毒鼠药,潜置食中。夜分,一人毒发死,一人毒浅,未即死,婉梨掣所佩刀劁其腹,题诗壁间,述始末,自经死。

程氏女,名季玉,归安人,从父居苏州。苏州陷,其父以医卜自活。师克苏州,季玉与其父相失,就邻媪匿桃花坞。其女兄为部曲将所得,胁季玉去。季玉自经,不死,作绝命诗畀媪,使他日告其父,入井死。

韩肖朱妻郗,赵州人。姑瞽,张总愚自柏乡向赵州,郗奉姑走栾城。贼骤至,姑曰:"我瞽不能行,汝可疾逃,无以我累汝!"郗侍姑终不去。贼见其少,将絷以去,郗请诀于姑,贼稍缓,郗急趋赴井。贼持矛逐之,郗张两手以拒,回身坠井死。贼去,出其尸,矛创七。

张醴仁妻王,武强人。张总愚之徒入县境,王避乱深州。贼至,王与妇女数百自沉于滹沱,水浅,不即死。贼据河滨村二日,饥冻颠踣,一妇哭曰:"此不即死,不如死贼刃!"王曰:"见杀于贼辱甚,不如水死!"三日僵立死。

同县许氏女,从其父避贼。行遇贼,女促父速去。父陟冈望之,贼授女鞭令上马,女持鞭鞭贼,骂曰:"竖子!安敢尔!"贼絷女,挟刃迫之,女骂如故。刺其腕,刺其肩,骂如故,遂见杀。

李氏女,名蒲,饶阳人。亦从父避贼。贼至,将劫之去,女抱持父,坐于地不起。父令从贼行,道侧有井,父顾曰:"蒲,井也!"蒲疾入井。贼并挤其父入井,同死。

杨某妻吴,武进人。子传第,以举人官知府。客河道总督幕,迎吴居黑坬。黑坬在开封北,滨河。同治三年八月,捻匪攻开封,未下,掠黑坬,吴骂贼死。傅第从河道总督在开封,闻母死,大戚。以为不能豫戒,陷母死,为母撰行述,成,仰药死。

康创业妻,与李鸿业妻,皆邸氏,兄弟也,深泽人。同治七年,张总愚党掠县境,方归宁,从其父半千登屋避。贼登,刺半千死,姊持梃击贼,妹夺贼刀殪之。贼踵登,挥刀坠梯下,毙。贼发枪,妹仆,姊被数十创,亦死。

王书云妻谷,亦县人。书云精针灸,谷传其术,活妇女无算。贼至,矛刺其子凤衔仆,谷操杖击贼酋。贼纵火,与其子凤德、凤桐,女然文,皆死。

王有周妻杨,玉门人。早寡,抚三子汉连、汉元、汉科,皆长。同治三年正月,回攻所居堡,急。杨使汉元间道诣肃州请兵,汉连以其人出御。杨闻炮声急,意堡破,将二女孙入井死。汉连妻张挈次女自经,汉元妻李率次女饮鸩,汉科妻李及子三、从女一、女甥一皆自刭。逾时回败去,汉连归,则家人皆狼籍死矣。

张金铸妻段,平凉人。同治间,回乱,金铸跳而逸,段未得从。回至,胁以刃,不为屈。砍项折,未殊,犹怒骂。复断其左臂,乃仆,回委之去。金铸节,段尚能语,曰:“我家长物。尽为寇掠去,惟敝书数帙,我取置怀中,君可将去!”又曰:“我且死,君当速行!勿以我故留,寇复至,君将不免。”金铸取怀中书欲去,返顾,段已绝。

王氏二女,香兰、缠娃,秦州人。同治八年,回乱,掠香兰,悦其色,以好言诱,不从。刃胁,不屈。欲走投崖,为贼及,支解死。缠娃年十六,尤丽。贼萦以行,缠娃唾贼面骂,不少怯,亦见杀。

马安娃妻赵,秦州人。庄而有容,回乱,见执,骂贼,劙口,被数十创而死。安娃母田、兄妻赵皆死。

王之纲妻李,亦秦州人。扶姑避贼,贼及之,李捍贼刃,乞代姑,姑得间走,李乃骂贼。贼剜其左目,被十余刃而死。

穆氏女,名芝,束鹿人。幼慧。同治七年,年十八,捻匪至,欲萦以去。女哀之，不听，乃呼其父曰："速去！勿相顾，儿自有以处之。"父行稍远，芝厉声诟贼，贼鞭之仆。贼曰："汝阳死，岂舍汝耶？"就曳之，芝骤举足创贼目，贼连刃刺之死。

张某妻蔡，秦安人。同治中，回乱，蔡有色，回使执爨，不可。与语兼嘲谑，蔡夺他贼刀刺之，伤贼手，见杀。

同县程丁儿妻黄，执厨刀击贼，不中，贼刳其腹，引肠悬树上。

张氏女，小字纯秀，年十七，有色。为回得，坚絷之。女止哭，求弛缚，度峭岩，耸身自掷岩下死。

赵贵赐妻任，甘肃安化人。同治间，回乱，贵赐为团勇，战死。回入其家，任执厨刀伏户侧，回先入者，出不意，斫之，踣。余贼挺矛入，任反刃自杀。

杨贵升妻刘，伏羌人。回执其姑，将捶楚，刘请代，不听，取厨刀歼一贼，因自杀。

多宝聘妻，宗室氏，多宝，赫舍里氏，失其所隶旗。宗室氏，正蓝旗人，大学士灵桂兄女，未行，多宝卒，易衰经，赴吊，立从子英炝为后。灵桂以闻，穆宗书"未吉完贞"四字以赐。

英炝亦早卒，妻鄂卓尔氏，蒙古正白旗人，大学士荣庆女弟，婚甫逾月，姑、妇食贫守节。光绪二十六年，义和拳为乱，各国合军入京师，城破，多宝弟和宝妻，率佣妇入井。多宝妻起，引药饮其妇，视既绝，乃自饮，同殉。

公额布妻，西安驻防，失其所隶旗。善事姑，三十而寡，教二子奎亮、奎喜，有礼法。宣统三年九月，乱作，戒二子曰："此我完节时，汝曹当努力报朝廷，毋念我！"城破，率二子妇及孙定炎、成惠、孙女三入井死。清中叶后，八旗多从汉姓，公额布妻姓关桑氏，奎亮妻关鄂氏，奎喜妻关白氏。

音德布女雪雁，西安驻防，正红旗人。幼慧，粗解文字。乱作，从家人出避。行遇兵有诱之者，雪雁引刀断其指，血沾衣，诱者惊却。又遇兵，强胁之，女大诟曰：“吾头可断，志不可夺！”兵群起扶之，无完肤，女骂不绝，刃洞胸死之。

良奎妻，从汉姓曰石甘氏，荆州驻防，满州镶黄旗人，为驻藏大臣凤全女兄。凤全自有传。贫，躬织纫供朝夕，诸子佐军，迎母居武昌。宣统三年八月，武昌兵起，诸子将奉母出避，力拒曰：“吾七十老妇，死何憾！”诸子哭，麾之出，遽阖户。翌日，兵大掠，与子妇二、女子一、孙及女孙三，皆死之。

连惠妻，从汉姓曰赵那氏，京口驻防，失其所隶旗。连惠咸丰间以前锋从攻镇江，战死。连惠妻以节旌。宣统三年，年已逾八十。九月兵起，出走，兵抽刃击之，未殊，骂不绝。被数刃，乃绝。血肉狼籍，白发为之赤。

根瑞妻，从汉姓曰王刘氏，京口驻防，镶白旗人。父德永，有文誉，客授学子。根瑞妻服父训，早寡，以节旌。无子，有女已嫁，依以居。闻兵起，语女及女夫曰：“吾年六十二，被旌，当殉变。尔曹将子女村居，得田十亩，耕且食，毋更求仕。”俄闻副都统载穆死官，即求死，辄救免；号泣不食，女及女夫跪进食，终不食，七日乃绝。

松文母吴，松文，荆州驻防，镶蓝旗人。同治初，徙江宁，从汉姓为冯氏。吴，荆州士人女也。事姑孝，早寡，无子，松文，其族子也，立为后。松文子富伦浑，才而早卒，松文哭子恸，亦卒。松文妻康，富伦浑妻石，仍世守节。宣统三年，兵起，江宁驻防军溃，松文母年九十三矣，恸哭，以仍世守节，义不辱，首触墙死。康与妇石将诸孙自沈于水，康死，石与子、女遇救免，康与石不详其族系。

姚叶敏妻耿，襄城人。叶敏早卒，事舅姑尽礼。立兄子为后。武汉兵起,耿方病,襄城土豪为暴,掠妇子为质,耿惧辱,饮药死。

陈某妻殷,秀水人,宣统三年,殷从夫在郴州。九月,长沙兵起,湘南诸府州应之,郴属县宜章、永兴皆变,殷告夫誓相守以死。夫趣殷将子女徙湘乡,依戚属避兵,殷不可,强之,乃行。濒行,部署琐杂事井井,入舟,抑郁,语子女:"若曹免矣,若父奈何?"湘乡距郴千余里,俄傅郴破,殷忧悸不食,面深墨,戚属相慰藉,阳为酬答,十月壬子夕,戚属同居者,闻启户声,旋闻其季女惊呼阿母起,烛之,就堂后门衡自罄死矣。

黄晴妻周,江阴人。晴父毓祺,明诸生,能文,明亡,发狂亡命。有司得晴系诸狱,周闻自经,婢救之,不死,乃日馈狱饘粥,夏不施帷,恣蚊咂,曰:"我遥与狱中共辛苦也!"晴入狱十阅月,事小解,得出。居无何,怨家告毓祺所在,死江宁按察使狱中。有司籍其家,捕晴兄弟,兼收周,周夜投水,不死;茹金屑,亦不死;乃诣府,藏刃刺喉,血冲溢仆地。知府惊其烈,问晴有女兄为女僧,命异置所居庵,上按察使请释周,按察使不许,下县令再收周,周创渐合,乃自归,语县役曰:"我不累若辈,第徐之,俟我死,持片纸去公家,事易了也。"手检晴单衣一,付老仆曰:"主人行久,无亵衣备浣濯,汝以此寄之!"徐入室,阖户自经乃死。时顺治七年十月丁巳,年二十八,晴尚系按察使狱,闻周死,为文述其事,略言:"古成仁取义之士,所以趋死之道不一,由其一,皆可得死。妇独多途遍历,靡苦不尝,而颠跌顿撼,卒死于家。一以显百折不回之苦节,一以遂正命内寝之初心,天不可谓无意云。"晴输八旗为官奴,乡人赎出之,得归,为童子师,至七十余乃卒。

邹延玠妻吴,武进人。延玠,明诸生,顺治八年,逮系江宁狱。十年,见法。吴自经,救不死。十二年,延玠丧还葬。十三年,有司复议收延玠家北徙。周乃迎母至,夜将半,起,请母所曰:"儿今固必死。安能俯首求旦夕活,作长安累囚妇耶？愿母稍忍,成儿死。"母泣不能言。周更衣拜佛,复向母曰:"儿欲为母拜,恐伤母心,儿不敢,母老矣,勿以儿故过哀！"因出一扇,曰:"此夫子南京寄我者。"出一囊,曰:"有医方,夫子所手校。有书,夫子生平所习。有发,夫子狱中所留也,仍乞以殉。"复呼婢戒母号。乃自燃烛,持囊及扇还入室。时鸡甫鸣,母及婢傍徨哭,不敢出声。少顷,视周,自经已绝。死前一日,苦热,周祝曰:"安所得甘雨乎？"遂雨竟日,人谓"节妇雨"。

陈生辉妻侯,单县人。顺治初,盗掠生辉使牧马。县北郭秦氏有马,为盗掠,生辉乘以归。秦氏见马讼生辉,生辉坐通寇死。侯事姑,丧葬毕,并葬生辉,设祭自刭。

田一朋妻刘,通江人。国初,一朋不从剃发令,坐当死,吏并絷刘去。刘挟毒自随,闻一朋将就刑,先服毒死。

蒋世珍妻刘,扬州人,失其县。世珍,顺治中为广东连平知州,有惠于民。岭海初定,土寇数发,谍报旁县贼数千人向连平,行至。世珍曰:"贼至,惊吾民,吾且往,权顺逆强弱而为之所。"单骑入贼中,谕其渠降,其渠为引退。世珍宿贼营,翌旦乃还。守备吴章者,故与世珍有隙,诬世珍通寇,告总兵黄应杰,应杰启平南王尚可喜,捕世珍赴惠州狱,刘系置守备廨旁舍。章将无礼于刘,刘怒叱去。又遣婢说刘,刘曰:"死不可缓矣！"遂缢而死。世珍入狱病,亦死。连平民葬刘州南乌石坳。为之碣,曰:"正烈刘宜人之墓。"嘉庆二十三年,知州陈鹏来上其事,乃得旌。

王有章妻罗,益阳人。顺治七年,盗杀有章父赓及家人男妇二十余辈。越三年,又杀有章,惟余罗及有章妹头贞、皆断发劙面,号于有司。历八年,乃论杀盗渠,罗谓头贞曰:"我当报汝兄地下！"因不食死。

头贞初字曹氏子,曹氏子以其毁容也,遂罢婚。头贞徙长沙,仇家有子赴试,诱至家,殪之。

楼文贵妻卢,东阳人。文贵,农也,有鹅啄其麦,文贵驱鹅,伤邻儿。邻儿呼,遂殴之,投水死。里豪喝文贵,使鬻妻以为解。卢曰:"吾不忍生离!"文贵怵得罪,因求死,卢曰:"吾与汝同死!"遂入林偕缢。

沙木哈妻哈里克,满洲镶白旗人。沙木哈,兵也,为弟三太所击,垂毙,沙木哈妻誓身殉。沙木哈言曰:"我止一弟,我死,弟抵罪。守先墓,抚诸孤,复何人?汝当言于官,曲贳三太死。"沙木哈遂死。沙木哈妻叩阍,述沙木哈遗言,乞贳三太,圣祖命许之。沙木哈妻得请,即自裁。康熙三年正月壬午,礼部疏请旌表,圣祖令立石冢上,书其事始末。

郑荣组妻徐,西安人。荣组有族叔,无状,殴其父,赴救,为所杀。其子五元、七元遇仇于途,啮其鼻。仇诉于县,县吏逮五元、七元,徐以冤白吏,吏不省,撞县门碑死,时康熙二十七年六月事也。典史某为具槥,露置城西铁塔。越七年,知县陈鹏年为营葬,立祠于墓侧。

张翼妻戴,名礼,乌程人。翼父韬,尝知休宁县,托翼于其友王毅,毅以女妻焉。韬卒,毅女亦死,继室于戴。毅子凯翼产,康熙六十年五月,诱至其家,迫作券,殴之垂毙,挤坠水。异归,不能语,瞠视戴。戴泣曰:"我一弱女子,不能为君复仇,当以死从君。"齿指以誓。越七日,翼死。又十七日,戴自经,衣带间得绝命诗三章。

詹允迪妻吴,东阳人。允迪不嗛于族人,为所中,坐危法下狱,吴期与俱死。至其日,尽出金珠畀所识贫乏者,散诸婢仆,诣狱与允迪诀,瞠视不语者久之,归自刭。

蔡以位妻孙,侯官人。以位佐醝商与私贩者斗而死,孙迎丧河干,自掷入水,以救免。其娣,即其姊也,责以抚孤,乃不复言死。官捕得私贩者,法当检验,獄乃定,孙曰:“是重僇吾夫也!”乃大戚,官悲其意,为杖杀私贩者。丧再期,从容语其姊曰:“儿稍长,履袜可取诸市,不烦手自制矣。儿昔病疡,今愈矣。不累我姊矣!”或曰:“姑在,既祥,当更浅色履。”孙曰:“然,姑徐之!”至大祥,奠竟,入户自经死。

杨春芳妻王,铜梁人。乾隆十七年,其家火,春芳卧病,王入户,负以行。火逼不能出,子女奔赴,皆死。

王尊德妾唐,临桂人。尊德年八十,病剧,邻家火,唐欲负以避,力不胜。火迫,尊德挥使出,唐身翼蔽尊德,皆死。

窦鸿妾郝,字湘娥,保定人。十六为鸿妾,能诗善弈,画兼工花草、士女。有绳其才者,豪家谋夺之,不能。嗾盗诬鸿死,湘娥因自经,将死,为绝命词,矢为厉以报。

章学闳妻董,名合珠,连江人。故为婢,嫁学闳。学闳贫不自聊,走死深山中。董号泣求之,不知其在亡。逾年,有樵入山,若有声觑觑,行见遗骼委于地,双履在侧。出以语人,董闻曰:“得非吾夫乎?”亟往视履,其手制也,拾余骨瘗焉,即夕自经死。

杜聂齐妻何,聂齐,泰宁人;何,将乐人。聂齐死于虎,何求得尸,解衣拭其血,敛毕斥家财以葬,悉以其余分戚族,遂自经。

张氏妇。宿州人。夫樵于野,遇狼,为所噬,妇求得夫尸,以镰绝脰死。

宁化二妇，不知其氏。其一，夫嗜博，母闭诸室中，不与饮食，妇导使出亡。既，夫死于途，妇闻，自杀。其一，夫行窃，父将杀之，妇泣为请免。生二子，妇携就母家。父卒杀其夫。妇闻，亦自杀。

清史稿卷五一一
列传第二九八

列女四

长山铺烈妇　胡二妻　唐之坦妻曹
李岸妻焦　方引襛妻毛　林其标妻韩
冯云勷妻李　曹邦杰妻张
林守仁妻王　张四维妻刘
李长华妾吴　周兆农妻王
陈国材妻周　吴廷望聘妻迟　李正荣聘妻崔
项起鹄妻程　于某妻蔡　张义妻李
黄敬升妻王　伊嵩阿妻钮祜禄
张廷桂妻章　郝某妻单
陈广美妻李　贺邦达妻陆　郑宗墩妻陈
任有威妻陈　丁三郎妻　丁采芹妻孙
王如义妻向　狄听妻王　林邦綦妻曾
钱滃甫妻汪　谢作栋妻王
缪文郁妻邱　黄寿椿妻管
冯桂增妾李　黄嘉先妾彭　方悭妻赵

姚森桂妻宋　恽毓华妻庄

弟毓德妻许　侄宝元妻袁　曲承麟妻袁

尹春妻张　李氏　陈三义妻王

游开科妻赵　孙崇业妻金　张某妻田

张氏女　汤氏女　沧州女　张氏

孙大成妻裔　杨某聘妻章　孟黑子妻苑

北塘女　蓝氏妇　芮氏女　栾某妻左　萧氏

黄氏女　吴氏女　顾氏　张氏

许会妻张　赵海玉妻任　殷氏　嘉兴女

王某妻李　何先祐妻孙　邢氏

迁安妇　白镕妻尹　林氏　洪某妻徐

敖氏　涂氏　吴氏　杨氏　赵氏　王氏

梅氏　张氏　秦某妻崔　李某妻管

王某妻徐　陈潜聘妻崔　朱承宇妻曹

陈有量妻海　樊廷桂妻张

李有恒聘妻杨　陈某妻　刘埜妻李　曲氏女

宋氏五烈女　龚行妻谢　女巧

杨文龙聘妻孙　梁至良妻郑

郭进昌妻李　龚良翰妻陈　王均妻汤

李氏女　翠金　张元尹妻李　张检妻颜

万某妻曾　李维先妻侯　田氏女

马某聘妻苗　高日勇妻杨　罗季儿妻

刘氏女　钟某妻蔡　段举妻卢

王某妻刘　张良善妻王

李青照妻张　姚际春女

王敦义妻张　张维章妻陆　何氏女

谢亚焕妻王　张树功妻吴

郭某妻李　赵谦妻王　郭氏女

何氏女　沈鼎猷妻严　铁山妇　汪氏女　贺氏女

冯光琦女　郭君甫妻吴　黄声谐妻王

徐惟原妻许　柯叔明妻巩　胡某妻裘　陈儒先妻李

白洋女　高氏妇　段吴考女　曹氏女

刘廷斌女　张氏女　孙姬　陈氏婢

邱氏婢　董氏　任氏　卢尚义妻梁

白氏　王氏　秦士楚妻洪　张氏婢

杨氏婢　江贵寿妻王　张禄妻徐

任氏婢　郑氏女　王氏婢　徐氏女

丁香　江金姑　罗氏　陇联嵩妻禄

者架聘妻直额　罗廷胜妻马　罗朝彦妻刘

安于磐妻朱　后妻田　田养民妻杨

李任妻矣　鄂对妻热依木

索诺木荣宗母麦吉　坚参达结妻喇章

次妻天天　沙氏女　嘉义番妇

施世耀妻苗

长山铺烈妇，无姓氏，不知何许人。李自成南奔，驱荆、襄之民以从，妇与其夫俱被掠。行至江夏长山铺，其夫道殍，妇仅余一珥，出以乞人求瘗其夫，有少年应焉。瘗既，竟欲强其妇从去，妇入穴枕其夫恸哭，触颡流血，以土自掩，曰："乞并瘗我！"众挽之不起，日暮，风雨至，乃委去。平明往视，则血被面死矣，众因并瘗之。

胡二妻，失其氏，吴洞庭人。妇父，舟人，胡二，农也，有母，兄若弟皆别居。妇与二曰："吾夫妇各减数口食，犹足以饱母，有如母但一子，不独养，又谁养乎？"夫妇忍饥养母，时时具甘脆。母丧，求地以葬。夫妇勤，岁倍收，始有居室，而二病瘵。乡好鬼，妇独不信，奔走医药。二病甚，妇曰："我闻粪苦者生，甘者死。"尝之而甘，二竟死，无子。妇计兄公一子，叔二子，诣叔，匄其次为后，姒不可。居数月，兄公举次子，又诣兄公曰："吾女三岁，乳未尽，今兄公举次子，天其欲使吾夫得有后乎？"兄公颔之。妇归语父，贷百钱，将祀其夫告立后。其父欲嫁妇，不许，且骂之，兄公亦中悔，妇乃自经夫柩侧，时康熙五年十二月，明年，县人黄中坚等为敛钱，与其夫合葬。

唐之坦妻曹，海宁人。康熙十五年秋，之坦卒，曹矢死，治衣衾必有副。食砒，不死；屑钱吞之，又不死。既敛，复饮卤，吐下而解；乃不食二十二日，夜投舍傍池，家人出之，死矣，顷复苏。曹谓其舅，姑及母曰："大人爱我，乃苦我也！"于是复饮食，操作如常，织自制衣一称，婢乞余布，不与。家人窃议曰："数尺布，尚惜之，宜不死矣！"及冬，黄梅方花，曹视而叹，为赋诗，美其不落，复不食。至岁除，出余布缢之坦柩旁，乃死。

李岸妻焦，睢州人。姑严，织纫炊舂皆焦任之。岸卒，方敛，焦缢，遇救，比葬，再缢，再遇救，乃操作如平时。卒哭，拜墓归，复缢，乃死。

方引�妻毛，遂安人。父际可为祥符知县，而引禩父象瑛官编修。引襱病瘵，自京师诣河南，既婚，未三日卒。家人闻毛许引襱死也，闲之密。一日，登楼自掷坠地，呕血，绝复苏，遂归于方氏，促为引襱营葬。久之，地始定，葬有日，于是谓其人曰："吾葬当同是日也！"遂不食，家人喻之百端，起辞祖姑及舅及母皆四拜，终不食，十九日乃卒。时康熙二十九年二月癸亥朔，距引襱丧十年。

林其标妻韩，福清人。其标贫，依姊居，鬻纴自给。邻愠乞之粟，韩曰："是必偿！"其标病，韩代鬻纴，垂芦帘自蔽。少间，析麻苎为布，以易米若药。其标语韩曰："吾以贫累汝终且以死累汝！吾死，汝自为计。"韩痛绝不能语。其标死，韩告其姊曰："乞办两棺，并觅一抔土，俾夫妇相依！"尽散器物偿邻愠，遂自经。

冯云勤妻李，武定人，大学士之芳女。李年十五，适云勤。事舅姑谨，立待竟日，欣欣无怠，命坐则坐，命退则退。之芳督浙江，当耿精忠叛，驻军衢州，传语汹汹，李独谓贼不足平，坦然无惧，云勤卒，无子，李方举次女，矢死，遂不饮食。其兄延医，手为调药，拒不纳。越数日，令侍者扶行，傍柩侧，遽绝。

曹邦杰妻张，镇宁州人。邦杰早卒，张为文以祭，曰："呜呼！痛妾命之不辰也。幼失严慈，抚育无人，形影伶仃，莫可言状！幸得于归夫子，庶几夙夜事之，百年守之。忆吾父择婿时，亦曰：'吾女幸矣，终身之仰望者非婿耶？如宾如友，同心而同德者非婿耶？'私心自庆，在妾尤深。孰意甫归故里，遽婴痰疾，妾向之喜者，化而为忧，忘餐废寝，祈以身代。而天不假年，黄粱一觉，羽化升矣，伤心哉！夫子之人，如金如玉，夫子之文，如海如潮。而今已矣，不可复见矣！天耶人耶！孰为之耶！礼称未亡人，妾不忍未亡也。诗云：'之死靡佗'。妾惟知之死也。九原匪远，妾必从之。呜呼！凄凄恻恻，踽踽凉凉，拊膺呼号，瞻望无将。临风洒涕，对景悲伤，削骨代笔，竭罄衷肠！夫子乎，其知之乎？何不飙轮少待，使妾欲追而难迹乎？灵其不瘳,庶鉴妾心。"邦杰死三日,张遂殉,康熙三十七年事也。

林守仁妻王,侯官人。守仁以优贡生客死京师,无子,女汀哥,前室出也。王矢死。逾年,守仁丧还,王治丧竟。一日,为汀哥制履成,叹曰:"生一日,当作一日事。"因语汀哥曰:"母去,儿无恐,但岁时具杯酒,一腔肉,母当归,不相吓也。"顷之,午食竟,入室自经,藏香屑袖中,解尸气也。

张四维妻刘,四维,钱塘人,刘,汉军,失其所隶旗。四维父商于广东,挈四维以行。刘父官潮州知府,见四维幼慧,因与论婚,四维父丧其资斧,而四维长多病,遂跛,刘父母欲别择婿,刘矢死,父母莫能夺,乃召四维就婚,刘既失父母欢,姊婿达官子,相侮,刘劝四维挈以归。刘辞父母,奁具一不取,勤苦作画刺绣易薪米,四维亦力学,举于乡。康熙五十九年,四维试礼部,不第,卒于京师,刘闻,遂殉焉。

李长华姜吴,长华,郓城人;吴,封丘人。幼孤,为人卖入倡家,矢死不从,其兄赎以归,为长华姜。长华以选人客京师,居八年,贫病死,其友检讨孙勷为具敛,吴饮鸩,勷往救,诫毋死,待长华子迎丧。后十余日,长华子迎丧至,知其事,亦劝毋死,且将以其子为之孙,吴即夕自经死。勷葬长华广宁门外真空寺侧,以吴祔。

周兆农妻王,长沙人。兆农樵于山,大风拔木,被创死。遗腹生子,母家闵其贫,劝改适。王拜姑,泣而言曰:"儿不孝,敢以呱呱者累老人!"语未竟,大恸。姑知其且死,夜与俱寝,稍瘝,闻有异,呼家人蹋户入,火之,见王头击于床,右手握拳,爪陷掌,左手指床上儿。死时年十九。

陈国材妻周,江宁人,居扬州。归国材逾月,遽卒,周日夕居丧次,誓从死。籍遗财授其族子曰:"明年寒食,以一卮酹我夫妇。"其父往慰喻之,周曰:"儿无舅姑,无子,客居无所依。义当死,父勿误儿!然儿死不忍伤肢体。"遂吞金环二,不死。时周羸甚,饵大黄,冀暴下死,反下所吞金环。乃不饮食,七日,犹坐语。又数日,眸陷欲枯,目光注国材棺不转,两手据席爬搔,席草寸寸碎裂。不饮食二十日,雍正九年三月癸未卒,距国材死五十有一日。县人为葬孙大成妻裔墓侧。其先又有烈女池、霍,四家比立如鳞次。

吴廷望聘妻迟,江都人。廷望从军战死,廷望父欲以妻其幼子,使其从母喻意,池不可,自经。

李正荣聘妻霍,甘泉人。生十九年,事父母孝。许字正荣。才十日,而正荣卒。霍号恸自杀。二女之葬,提督学政、右中允杨中讷为之铭曰:"蜀冈之巅,平山之侧,郁乎苍苍,凭高西望而叹息。曰有同县二烈女,此其幽宅。"裔自有传,葬在池、霍后。

又有项起鹄妻程,亦扬州人。程嫁三月,起鹄行贾,死广西,讣闻,程自经。州人葬其侧,合为祠,号"五烈"。

于某妻蔡,名贞仙,金坛人。年十九,将嫁而婿病,卜者言:"迎妇吉。"贞仙母难之。贞仙请于母曰:"彼欲已病而违之,非义。"乃行,而婿病不起。及敛,纳钗一、钏一于棺,自经棺旁,救不死。讽姑为翁置滕,姑从之,且使主家事,忌者谮之,因辞于姑,忌者遂言是且有他志,乃矢死。取所读书、所为诗词尽焚之。钗于髻,钏于腕,且起袭故衣,问安于姑所,辞色如常时。午侍食,既撤,入室缢。时乾隆二年六月壬戌,年二十五。贞仙有从父尝过视贞仙,问曰:"闻舅姑以谮常挫汝,有之乎?"对曰:"否,古贤妇未有讼其舅姑者,即死,毋有他言。"

张义妻李,交城人。义坐罪当斩,免死,遣广西义宁,李与偕。义死遣所,李具棺以敛,以遗金上县。至夕,呼邻媪共宿,俟其熟寐,赴水死,时乾隆五年九月辛未。县具其事上巡抚,巡抚以闻,下礼部,礼部议:"殉夫者令甲有明禁,惟李以从夫罪遣,孤踪殉节,非激烈轻生比,请旌表。"得旨"依议"。

黄敬升妻王,崑山人。敬升贫,客授,王佐以绩,食不足,制辟蚊药,鬻诸市。敬升病疫,一日门不启,邻人坏垣入视,敬升死于床下,儿卧地号,胸系王书,略言:"贫不能敛其夫,食制药红砒以殉,冀有恻隐者,敛夫育儿,身填沟壑不恨!"有士人为敛其夫妇,将儿去,育以长。

伊嵩阿,拜都氏,满洲镶黄旗人;妻希光,钮祜禄氏,正白旗人,总督爱必达女也。伊嵩阿为大学士永贵从子,早卒,方病时,希光割股进,终不起,许以死。爱必达、永贵共谕之,誓毕婚嫁乃殉。为伊嵩阿弟娶,嫁女妹及二女,次女行之明日,自缢死。张遗诗于壁,略谓:"十载要盟,此日当报命。"乾隆四十六年三月事也。永贵疏闻,高宗为赋诗,旌其节。

张廷桂妻章,名孔荣,廷桂,常熟人;章、秦安人。廷桂父为吏陕西,初娶魏,其父宰秦安,廷桂从焉。既归,避事,复游秦安,因赘于章。居八年,事解,乃以孥还,廷桂贫,恒出客游,卒于抚宁。丧归,章为营葬。既窆,将自投穴中,为家人所持。章一女字催凤,廷桂从弟廷梅,许生子为立后,乃依廷梅居。廷桂尝入赀牒授主簿,或购其牒,章曰:"吾以贫鬻牒,罔国家,罪也,况夫名,其可二耶?"遂焚其牒。既终丧,复自经。家人觉,解之。次日既夕,赴水死。死时为绝命辞数章,词旨哀恻,其卒章曰:"忆往事兮,双泪沾巾。想当年兮,妾病沉昏。感君爱兮,信誓殷勤。云妾殁兮,君必亡身。嗟今日兮,命不由人。君先亡兮,妾岂偷存!痛万里兮,生会无因。轻一命兮,地下从君。求神明兮,引我孤魂。觅天崖兮,不惜艰辛。得伴君兮,死亦欢欣。十七年兮,夫妇深恩。食糟糠兮,敢怨君贫!中路诀兮,命蹇时屯。丧葬毕兮,不死何云!伤幼女兮,失母谁亲!死为君兮,此外奚论?"

又留书与廷梅曰:"初闻讣,即欲死,念无后,无人主丧葬。今服除,死更无余事。前议叔生子为立后,毋诳我!家贫,止田十四亩,当以十亩与所后子,四亩与催凤,遗十金为我埋先夫茔次。"催凤旋殇,廷梅亦不为立后。后二十年,县诸生柏渭、吴庆长等始为合葬。

郝某妻单,永宁人。郝奇丑,眇小,羼且跛,一目,口不能言。御小车,遂呼曰小车,而单美,邻妇恒讪焉。单曰:"夫可憎乎?吾命也,请勿再言!"单躬纺绩,养舅姑,育子。舅姑死,鬻所居破屋以葬。尝数日不举火,族人悯之,予荞麦数斗制饼以鬻,分其余以饱,乾隆五十年,岁饥,单为邻妇佐女红,贷余食食夫及子。逾年,夫疫死,子亦殇,单裂席裹尸,以木锹掘坎瘗焉。锹折,手捧土,瘗毕,血殷地。乃号曰:"天乎!单氏事毕矣,而犹生乎?"坐破窑中,饿数日死,年二十六。族人瘗之夫侧,里称贤妇墓云。

陈广美妻李,河内农家女也。生二十四年而归广美,广美已病,李与异室居,侍疾甚谨。事舅,日具膳甚恭。阅三月,广美死。母往视之,且语之曰:"儿虽嫁,犹处子也,何患无佳婿?"李誓不更适。葬之明日,出厨刀,嘱舅砺焉。曰:"为翁作面,虞其钝也。"其舅竟砺授李,李阖户。其舅知李且死,排户入,见李犹立,右手握刀,首坠负于背,几不属,血从鬓间溢,殷地。其舅疾呼,族邻毕至,其母亦至,乃仆。李死嘉庆五年四月丁未。

贺邦达妻陆,震泽人。待年于贺氏。邦达病,舅姑用卜人言,使成婚,逾月而邦达死。或语其舅姑:"妇虽婚,犹处子也,盍为择婿?"陆闻,集族姻出拜,誓母贰。居三年,语姑曰:"我夜数梦吾夫,岂魂魄常从我耶?"遂入室自缢死。时嘉庆十六年四月辛酉,陆年十九。

郑宗墩妻陈,名淑定,长乐人。宗墩客他县,异病归,卒,无子。陈求死,父谕止之,陈力织,葬姑及宗墩,舅以居隘,命归依父。嘉庆二十五年，父卒，还省舅。退告叔弟曰："兄没十二年矣，未亡人惧伤吾父心，久而不死。今已矣，舅老，有叔在，叔能以子为兄后，兄其瞑乎！"遂缢。

任有成妻陈，萧山人。有成无昆弟，贾诸暨，卒，亦无子。舅姑命归母家，将徐夺其志，陈矢死不可。力积资为舅卜妾吴，逾年而有子。舅姑卒，陈与吴居。育夫弟。

钱仪吉为作《二陈传》，谓："当死生危苦之际，进退合度，得礼意云。"

丁三郎妻，失其氏，宜兴人。嫁逾年，夫死，不哭亦不拜，家人莫测也。后四十九日，既奠，妇出就案前立，视其主，久之，拜，拜时若呼三郎，遂伏地不能起，掖之，则已死。

丁采芹妻孙，震泽人。嫁半年，采芹病疗，舅姑谓妇命凶，诟骂之。孙饮泣，脱簪珥具汤药。采芹病日笃，谓孙曰："我且死，所不能瞑目者为汝耳。汝无子，家贫，母家亦无可依，当奈何？"孙泣曰："我念之熟，恐戚君，故不敢言。人孰不死，死贵得所，当先待君地下耳！"采芹垂泣不答，孙乘间自缢，道光六年四月也。采芹乃扶病而拜曰："从我于既死，不若殉我于将死，烈哉！"三日采芹亦死。

王如义妻向，涪州人。幼能为诗文，如义，农家子，向恒劝之读。道光十六年，如义暴卒，姑喻之嫁，矢以死。舅病，为刲股。家益贫，将强遣之，二十三年三月戊申，自沉荷花滩死。将死，为绝命诗十首，其序曰："妾涪陵向氏女，适王氏，未一年，而夫即世。昨岁翁又不幸。孤苦茕独，人劝以非礼，衣食事小，名节事大，惟一死以明志。夜题诗十首，藏笥中，他日阅妾诗，毋累阿姑也！"及入水，粘一纸桥柱，书五字，曰："名节江中见"，死时年二十五。

狄听妻王，名甥桐。听，溧阳人，道光九年进士，官至广西道监察御史，王，江阴人。十九年七月，听卒官，八月，子骢殇，九月丁巳，王缢。王幼承父苏教，通经史大义，能诗。将殉，作书告听诸同岁，略言："夫亡当即死，诸君俱言抚孤重，故未敢尔。孤又夭，复何言？念两世单传，不可无后，今已立后，可报舅、姑、夫子地下！"王尝抚从女，年十七，已许字，留金嘱遣嫁。又谕所后子，期明年以丧还葬，与前母三棺同穴，以殇祔。并令斥资侑祖祠，成父志。书末题曰："我自归家去，人休作烈看。"康熙间钱塘林邦基妻曾所为绝命诗也。

曾，名如兰，邦基卒，曾立其兄子为后，葬舅姑毕，具牒上县请死，知县慰止之。后十日，题辞，吞金殉。

钱瀹甫妻汪，武进人。善女工，所入足自给。而瀹甫博，倾其资。其姑严，虽寒饿不敢告也。夜风雪，家人皆卧，薄絮衣篝灯守后户，待瀹甫。尝以除夕跪而谏："无更博。"瀹甫为少止。后客死余干，汪请立后，所当立者不可汪意，乃勿复言。葬毕，自经死。未死前一日，以十碗致某医，曰："我为人无所受恩，惟是人尝诊我，以是偿也。"

谢作栋妻王，孟津人，王家白鹤镇，作栋家南朱村。作栋卒，王将殉，祖姑及舅姑勉以抚孤。王朝夕奠，必抱其孤拜，哭涕如雨。祖姑闻之，为辍食，王乃饮泣，不敢声。丧终，其孤殇，祖姑亦没，王归诀父母，父母慰谕之。道光二十二年四月辛巳，作栋死三期，先日王哭于墓，誓死。晡，尽以衣物与二女妹，夜中缢。晨，众踢户入，一镫置高处，照屋梁，板障其外，王内衣皆密纫。貌如生。

缪文郁妻邱，吴江同里人。同里有敝俗，岁二、三月祠刘猛，将舆以出，少年傅粉墨为妇人，参错仪卫，闻文郁故磨豆家佣，与其役，曰昳过门，女伴呼邱出观，邱以为耻，恚，阖户。文郁归，戒毋更出。越宿，文郁病，或恫以"神怒，且死。"邱曰："聪明正直为神，岂以茫昧致人死者？吾夫未即死，即死，吾与俱死耳！"数日，文郁竟死，邱迎母与居。三日,语母入市市楮,邱自缢柩侧。

黄寿椿妻管,寿椿,江苏华亭人,管,阳湖人,父光烈,母林,皆死寇。寿椿官江西德安典史,光绪二年,卒。时寿椿父如琳官浙江上虞梁湖巡检,管将寿椿丧挈子女以归。至曹娥江,距梁湖一日程,遣子女先行谒祖父母,管饮药死。

冯桂增妾李,桂增,临朐人,李,肃州农家女。桂增从左宗棠讨叛回马四,军其地,纳焉。桂增会师新疆,李留肃州,与部曲诸妇居。李御诸妇有法度,诸妇惮之,若部曲之事其帅。光绪二年正月,桂增克玛纳斯城,军寡,为贼所乘,战死。李方有身,日夜哭。既生子,逾年殇。桂增丧还,李迎奠丧甚恸,须臾仆,不语。视之,死,盖先时已仰药也。

黄翯先妾彭,翯先,钟祥人;彭,贵筑人,先为田兴恕婢。兴恕戍新疆,寄家秦州,翯先方知秦州,得彭以为妾。光绪二年,宗棠驻军秦州,翯先为主计,四年,卒。彭悉发箧,以衣物属翯先子,吞金死。

方恮妻赵,阳湖人。祖母方,节妇。父烈文,尝知易州,有文行。归恮,食贫,持门户。光绪四年,恮客游,遽卒。赵方有身,烈文迎以归,徐告之,恸绝,首触牖,将死,家人共宽喻之。既免身,生女,赵曰:"生女亦善,使我无系恋也。"后八日,自经死。

姚森桂妻宋,秦安人。森桂卒,宋入厨下自刭,血自咽出汩汩。姑入视,右手握刀,犹力作再割状。母至,束以帛,乃能语,曰:"死已决,毋缓我!"引母手掩口鼻,又解带使缢,母手颤不可任。睹宋状至惨怛,乃饮以毒,毒自创溢。但闻宋咽中若曰:"斫我,斫我!"久之,乃无声,遂死。

恽毓华妻庄,阳湖人。毓华死,庄饮药殉。毓华弟毓德妻许,毓德死，许绝食殉。毓华侄宝元妻袁，宝元死，袁先服毒，急救之，复绝食三日以殉。世称"恽氏三烈妇"。

曲承麟妻袁，承麟，沈阳人；袁，名桂珵，辽阳人。嫁未百日，承麟卒，袁仰药殉。

尹春妻张，歙人，初为黄氏婢，名桂喜。主妇程，知书，尝与诸娣姒说古列女事，桂喜窃听，辄稍羡，既嫁而孀，遂矢死。诣肆求毒药，肆以佗予之，饮不死。市椟，卧其中，主妇泣喻之，对曰："桂喜闻主母讲列女时，意已决，不可回也。"卒不食死。

李氏，高密人。夫嘉猷，失其氏。嘉猷惑于逸，娶不与同室。及病，李奉事甚谨，祷于神请代。嘉猷闻而悔，遂死，李自经以殉。

陈三义妻王，掖县人。王未行，病而瞽，其父辞于三义，三义曰："吾聘时未瞽也，聘而瞽，犹娶而瞽，其可弃乎？"娶三年，王目良愈，三义寻卒。王曰："夫不负吾，吾岂负夫？"遂缢。

游开科妻赵，马边厅人。开科贫，赘于赵。赵有母及兄，皆厌之。赵脱簪珥别赁屋以居，食尽，不贷于母家。一日，赵还省母，方食，开科至，赵推食与之，母及兄遂殴开科，禁赵毋归，且言："此饿莩死，何患无家？"赵缢死。

孙崇业妻金，赤城人。崇业嗜酒，不治生，金劝之不听。顺治中，岁祲，崇业计鬻金，阳语当偕诣戚属。金察其诈，曰："汝乃忍嫁我，我嫁必且死。然至汝家二十余年，讵忍恝然行？盍沽酒为别！"崇业出沽酒，金抽刀断喉死。

张某妻田，万全人。夫游荡，田屡谏，一日叹曰："我生不能劝，死或忆我言。"因仰药死，死时犹呼其夫，劝改过。

张氏女,娄县人。农家女,嫁鲁氏子,姑与夫迫使为污行,不从,棰楚冻馁,凡三四年,志不变。康熙二十六年三月,其夫将劫以佗往,夜入万安桥下水中死。

又有汤氏女,奉天人。有娼家为客娶之,使为娼,棰楚困辱,卒自杀。

沧州女,不知其姓,名黛城。年十五,鬻入娼家,使应客,不从,挞辱之,大骂,娼家支解之,弃尸于河。

张氏,都昌人。康熙十三年,耿精忠为乱,张之夫熊应鼎将从贼,张谏,勿听。质裙沽酒,以饮且劝,终不可。乃告于其族,矢死。应鼎入于贼,张自杀。

孙大成妻裔,江都人。大成母姣,二女嫁而归,皆与县吏通,迫欲污裔,裔告大成,俱缢,救不死。裔归省母,告母状,持母袂哭。临去,检母奁,得青白线各一束,因曰:"儿必不辱母!"俄县吏宿姑室,复呼裔,不应;姑詈,亦不应。县吏醉,裸而噪窗下。裔以青白线缀上下衣,复合为纽,缢。姑觉,不救,遂死。邻知其事,感泣拜裔尸,或语侵姑,姑反辱,众哗以告官。官庇吏,旌裔,葬平山堂右冈,而不竟其狱。后数十年,县隶以事辱裔兄子,死于水。裔兄痛子,亦死。

杨某聘妻章,字原姑,秀水人。年十九,县隶请婚,父不许,许杨氏。县隶与其徒噪于门,诬原姑与有私,原姑夜缢死。县吏欲宽隶,狱上,巡抚持不可,乃绞隶,旌原姑。

裔死康熙六十年四月戊申,原姑死嘉庆六年九月甲午。

孟黑子妻苑,黑子,大城人;苑,东安人。其姑素无行,会永定河决,工役大集,卖酒堤上。强苑与偕,苑不从,窘辱之。姑与恶少入妇室饮,妇终不可犯,姑益怒。妇度终不免,自沉死。夫行求其尸,四日,得之武清境。又四日乃敛,方盛暑,尸未朽也。

北塘女子,业磨豆为腐,母迫为娼;新河蓝某妻暅,失其姓,姑迫为娼。皆自杀。

武清芮氏女秉贞,宁河乐某妻左,并以姑迫与恶少暱,自杀。

萧氏,灵州人,为张文彩妻。文彩有友悦萧美,欲污之,萧力拒。友怼萧,谮诸文彩,谓萧不洁。文彩信之,绐萧归宁,与其友共杀诸途。后事雪,雍正十二年旌。

黄氏女,昭文人,嫁张氏子,为县小吏。其母有所私,迫女从之,日棰楚。或谓女:"盍归?"女曰:"女既嫁,安归?待死而已!"乾隆十六年夏,方暑,姑与所私裸而饮,女避,所私起持之,女大号曰:"奴敢污我!"持案上酒器提之。姑怒,批其颊,复榜掠之,夜半,女入井死。

吴氏女,灵泽人。丧父母,方六岁,字李氏而待年焉。稍长,美,李氏子行贾,久未归,姑悍,私于里豪。里豪啖姑金,欲得女。女勿从,姑挞之极楚。邻妪问其故,女不肯言。当暑,浴,姑纳里豪于室,键其户。女呼,不应,挟剪拒,创里豪,里豪持女亵衣去。女求死,姑操巨棰挞之,女引剪自刭,未殊。邻人戒其姑,毋急女。女与邻女款曲如平时,晡啜粥尽一瓯,邻女谓不死矣。夜漏二刻,自溺门外溪水死。时乾隆三十七年七月丁未。

顾氏,泰州人。夫张世英,日诲顾淫,顾不可。或贷世英钱,世英阴欲顾与私,沽酒饮贷钱者,嗾其母呼顾出,不应;与之酒,覆杯,恸。贷钱者亟去,其母扼顾吭,几绝。邻里咸愤,诉于州,世英乞悔过,以顾归。与其母益日夜迫之,顾饮卤,不得死。乾隆十六年十月戊戌,世英语顾:"冬无衣,盍如吾言?即得钱衣汝。"顾曰:"我宁死不辱。"世英恚,夜扼杀之,年十七。

张氏,丹阳人。夫陈彭年,嫁十年矣。彭年贫,欲嫁张,张涕泣不应。绐使出,而密使媒从,张觉之,号恸求死。逻卒以告官,官笞彭年,令张还母家。张曰:"我适陈矣,死生以之。"彭年益迫张,张度终不免，从容言曰："我无如何，今当听尔!"起随彭年走出村。塘水方盛，张跃入水死。死之日，为乾隆十九年六月戊辰。

许会妻张，颍州人。姑姣而虐，恶张端谨不类，日诟且挞，张事姑益恭。姑病，刲股以疗，姑虐如故。姑与邻寺僧通，欲乱张。姑匿僧室，召张入，而出键其户，张大号，僧遁去。翌日，自沉于井。有司捕得僧，论如律。乡人裂僧尸以祭张。

赵海玉妻任，名环，汝州人。姑故与邻人通，夜半，挟刃入任室，诟而免。亦井死，年十九。

殷氏，天津人，为同县邢文贵妻。文贵故无行，其母赵，姣。文贵初娶于，以贞慎不相入，出之。复娶殷，殷贞慎尤逾于，赵恶之，与文贵日捶楚，沃以沸汤，施燔灼焉，体尽溃。有司闻，使吏就视，殷拒不可。旋卒。有司收赵及文贵，论如法。

嘉兴女，失其氏，嫁卖酒家王氏子。姑当垆，习与酒人姣，甚女不应，乃裁抑不使饱。县中李氏母，故大家女，闻卖花媪言女事，愍女有志，辄令媪市胡饼畀女。一日见女饿，惫甚，而几上置糇果，媪怪女何弃不食，女曰："李夫人饱我，哀我志也!此物西家以饵我，我有饿死耳，岂可食乎?"李母病，且死，遗钱十余缗周女。女感泣，语媪："我终不负李夫人望!"恶少艳女久，嗾姑将胁以威。女渐闻之，乃请于姑，代当垆，姑喜，授女户钥。数日，女夜启后户投水死。乾隆二十年六月事也。

王某妻李，字黑姑，天津人。姑不贞，与盐运使隶有私，计欲并污李。隶与姑饮，役李，李耻之，恒不如姑指。姑以他故詈且挞，待隶为之解，复示意李，终不可，而隶意未已。李枕侧置刀以自卫，姑逐其子出，夜持被就李共寝，夜半，启户纳隶，隶迫李，李呼，姑掩其口。取刀自刭，未殊，母来视之，复苏，语其故。并言："方自刭，血溢，不知人。渐闻隶语姑，当言夫妇相争诉自戕，宜无知者。"越三日乃死，其兄告官，笞隶，不竟其狱，道光六年七月事也。

何先祐妻孙，桂阳人。先佑父在时，为先佑求塾师，授之读。未几丧父，其母以家政属塾师，因私焉。孙既归，尝晨谒姑，塾师在其室，孙趋而避。塾师与姑谋并乱之。塾师出，孙入，谏姑曰："家虽贫，粗有门阀，翁勤苦终身，不得意，所属望者先佑。姑念翁与先佑，勿复近塾师。"姑惭，戒毋泄。孙曰："妇所言为门户耳，虽先佑不敢告，第愿姑终念妇言。"塾师既与姑谋，遂屡挑孙，孙以告姑，又谏，姑终毋纳。塾师入孙室，孙大诟，塾师阳避。孙欲还告其祖，忍未发。姑阳出，塾师复入孙室，潜抱持之。孙号，奋击。先佑入，塾师乃走。孙伤于胁，遂自经死。时乾隆二十九年三月，明年，狱上，斩塾师，徙其姑新疆。

邢氏，字福，浚县人。农家女也，而有容色。嫁袁显旺，姑姣，群奸聚其室，惊邢美，挑之，不从。其姑诱且诋，邢若为勿喻也者。谋益急，夜出，将赴水，风失道，遇同村人送还父家。父愿，与复至袁氏。群奸迫其父使具状，曰："女再逃，杖死。"夜二鼓，群奸缚邢裸挞数百，邢有娠，不胜楚，求灭灯，死不恨。群奸缢邢于梁，而挞之益毒。五鼓灯尽，邢死。使兴旺劙其颈，若自戕。官捕群奸，论如法。

迁安妇，不知其姓。夫行贾，翁耄，姑私于佣。佣计并污妇，稍近妇，妇色甚厉。乃与其姑谋，嗾翁污妇，妇不可，遂嗾翁杀妇。絮塞口，杙椓下体死。

白镕妻尹，亦迁安人。镕出为优，姑有外遇，迫妇，绝饮食，日啜米沈。逾月，姑缚尹，以炽铁烙下体。尹号，击其首，发皆燃，一目裂，遂死。

林氏，平湖人。嫁顾大，家乍浦汤山麓。顾大母故娼也，恶少往来其室,强林具茗,不可。母慧林,与诸恶少谋,必欲并污之,林窃出赴海。未至,值邻女,送之还。母益仇林,与大日共笞之,靳其食,不令饱。居年余,为嘉庆九年正月,方改岁,恶少至,群饮,林复窃出赴海。既日受笞,且久饥,行不前。大追至,执以归,母遂欲杀林。撞以重器,腰胁俱折,复炮烙其下体。是月丙戌晦,林死。事发,论大如律。

洪某妻徐,金溪农家女也。姑儿兄公有盗行,徐至未逾月,察得之,大戚。脱簪珥畀洪,嘱远行贾以避,屡谏姑,姑不纳,乃自经。

敦氏,凉州人,嫁驻防凉州旗人四十九。四十九有友相狎,丐与敦通,四十九许之,假以衣,夜入室,敦闻语,辨非夫也,夺户出,友遁。敦詈四十九,俟其出,自溺水瓮中死。

涂氏,梁山人,嫁甘克桂。克桂游荡,破其家,涂以女红供日食,克桂负蹉贾钱,将以涂偿。一日,克桂从涂取故衣易钱以饮,醉归。涂泣,克桂搉其颊,曰:“行且鬻尔!”涂曰:“吾矢死不往。”克桂挞之,两昼夜不已,涂自经死。

吴氏,彰化人,嫁康氏子。姑不贞,欲并乱之,吴不从,乃效治囚法,榜掠之无算,卒不为屈,剚刃其腹死。道光七年事也。

杨氏,江都木工女,嫁曹氏子。姑迫使为污行,杨不从,乃绝其食,鞭之至累千。造诸酷刑,榜掠无完肤,创重死。邻以告县吏,笞其舅及夫,葬诸梅花岭下。

赵氏,桐城人,夫同县孙某。洪秀全兵将至,其夫降,受署置。咸丰十一年,秀全兵破桐城,其夫戴黄巾,被黄袍,乘马迎赵。赵望见,大恸曰:“汝非我夫也!父母遣我嫁乃诸生孙某,非作贼孙某也!且汝既读书为士人,岂不知孙氏望族,文武仕宦不绝,而失身降贼,意气扬扬自得,我不忍见也!"起,投塘死。子数岁,从之下。

同时又有王氏,合肥人。夫缪锡畴,将降秀全,王力谏不听。自经死。

许氏,名领姑,歙人,夫亦县诸生。咸丰十年,贼至,其舅将降,许泣谏,勿纳,亦自经死。其舅后忤贼,举家皆为戮。

梅氏,名兰如,不知何县人。嫁夫不肖,欲携以为豪家奴,梅不可;又使出乳人子为佣,亦不可。夫引僧入其室,梅力拒,邻以告官,官笞僧及其夫。夫怒梅甚,窘辱捶楚无不至;又徙居木工家,夜,诸恶少入室,将强污之。邻复以告官,官未即听其狱,梅自经死。

张氏,武进人,字沈盘德。父母卒,大母老,待年于沈。盘德父故无赖,屡挑女,女谨避之,又不令归省。张之戚有与沈邻者,女大母偶过之,女闻,得间问安否,因密诉其事。呜咽曰:"儿命苦,惟有死耳!"又呜咽久之。属大母曰:"勿扬于人也!"未几,里中为优,举家往观,女独在,盘德父骤逼之,力拒得脱。度终不免,自经死。

秦某妻崔,阳高人。夫恶,崔谏勿听,挞辱之。逾年,坐罪流徙,惧见侮,先杀其子而自杀。

李某妻管,南平人。夫不肖,管数谏,累被挞辱,逼之嫁,奔还母氏。卒鬻于富家,乃自杀。

王某妻徐,东乡人。姑夏,早寡,而子无藉,夏戒勿听,徐规之,辄鞭挞死。夏谓徐:"夫无恩,可嫁。"徐不去。

陈潜聘妻崔,名秋,宣德人。秋大父与潜父希孔同官于肇庆,秋大父卒官,因迎秋至官廨,而潜在里,阻乱,未婚。顺治十年,希孔罢官,还道高明,遇仇家,燔焉。萦秋及希孔二妾,将污之。秋骂甚厉。仇生瘗秋,以蜜傅其面,引蚁喋之,秋至死。骂不绝。二妾亦生瘗死。

朱承宇妻曹，承宇，无锡人；曹，武进人；皆农家也。生二子、一女，而承宇死。承宇弟迫之嫁，曹以死拒。遍告邻里戚族，乞言于叔，得毋嫁，承宇弟不许；请终丧，不许；请及大祥，不许；乃请得见其姊，许之。曹夜挈儿女诣姊家，曰："我初不欲嫁，今已矣！特不能累累然抱儿女作新妇，暂累姊，三日后，当相取，慎勿告吾叔！"姊谩许之，儿啼索乳，曹泣曰："痴儿！母岂能长乳尔耶！"辞姊出，复还视儿女，再三嘱姊。姊曰："三日耳，何言之数。"乃去，哭于承宇墓，还遂缢。姊往哭之，目犹视，许育其儿女以长，乃瞑。及敛，左臂创未合，盖承宇病时尝割臂也。父为讼于县，罪迫嫁者。

陈有量妻海，铜山人。有量，儒家子。贫无食，转徙常州。居逆旅，资尽，恶少瞰海年少，与有量游，且周之；时其亡，挑海，海詈之，走。是时漕粟至京师，其舟谓之粮船，主者皆豪猾，恶少绳海于主者，亦引与有量游，招使佐会计。且谓："舟行当经徐州，盍以孥归？"有量以告海，海问孰为引致，则恶少尝为所挑詈而走者也，谢毋往。恶少使其曹讼有量逃人，有量惧，乃以海入其舟。海入舟，日独处，主者使有量有事于近县，而夜就海，强抱持之。海号，挝其面，犹不释，大呼杀人。舟人尽惊起，始得免。即夕，自经。主者藏其尸积粟中，贿舟人。有篙师蓝九廷者，愍海死，却主者贿，告官，乃按诛主者及恶少。常州人葬海于南郊，会者殆千人。

樊廷柱妻张，襄城人。廷柱早卒，张奉姑抚二子。县中有无赖子二，倚兵籍为暴，艳张欲污之。康熙五十五年四月戊申，日方午，姑与其幼子出郭获麦，二子就塾，二无赖调张独居，共入室，张走避。一直前持之，一扼其吭，吓以死，张不为屈。取菜刀搽其面，为所夺。入室就床侧解佩刀，刀长操其室，方出，又为无赖夺，遂共曳张使伏，张辄跃而起，屡仆屡立。摔其发，缕缕脱，呼益急。二无赖度终不可犯，一拾所解刀研张额，张仆，一取菜刀断其喉，遂死。邻见二无赖出自张室,衣渍血,告官。县吏惮兵家子,欲坐廷柱弟宣,民大哗,乃以疑狱上。后四年,河道周铨元署按察使,察狱辞,诧曰:"此何名疑狱?城中杀人,非荒野;日午,非昏夜。且杀人者有主名,此何名疑狱!"下县逮二无赖,一前数月发狂死,将死,自承杀张,一戮于市。

李有恒聘妻杨,偃师人。少丧母,十七未嫁。父为隶,岁暮,犹行役。一夕大雪,同村有屠者,持刀入女室,女坚拒,被杀。质明,其父归,见女死,咽断,左右手数创。右手持衣带不释。出户外,逐雪上血迹至屠者家,得刀于床下。屠者死狱中。

陈某妻,不知其姓,吴人。夫圬者,出就佣。邻有酒人过,调妇,妇语夫,夫漫授以刃曰:"彼来,汝杀之!"复出就佣。酒人夜排户入,妇掷刃,酒人拾刃刃妇,洞胸死。儿号,邻妇入视,一村皆集,独酒人者不至,求之。方避入邻村。告于官,诛之。里有老塾师曹叔素,尽出所蓄金为建祠,图像以祭。

刘塈妻李,太康人。姑令采菽,邻村子持镰过,调妇,妇力拒,举镰剚胸死。越数日,邻村子疾作,持镰趋采菽所,自言杀妇状,乃执以告官。两家故有连,贿罢讼。逾年,疾复作,持镰趋采菽所,抉胸断喉死。

曲氏女,字登,永宁人。年十三,父守瓜,母呼女饁之,父令女代守。邻园叟五十余,望见女独坐柿树下,前调之。女怒骂,叟执其臂,女跃上树,叟攀树,曳以下,女号益厉,乃走。女归诉父母曰:"儿臂为人执,不为急湔洗,何能立天地间乎?"明日,持刀奔至邻园叟门外,自刭死,目瞠视,立不仆,血涌出不止。叟出户见之,反走,提厨刀至女门外,踞,亦自刭死。

宋氏五烈女,肃宁农家女也。父佃于势家,为庄头,其主视若奴仆。生女四、女孙一,长,并有容色。其主将迫使为媵,五女一夕自经死。以白县,县惮势家,不敢上闻,葬而为之碣,曰:"宋氏五烈女之墓"康熙三十四年事也。

东安陶子明妻张,解万有妻刘,清苑戴国妻郑,为营兵所挑,不从,见杀。

通州刑德重妻王,为营兵所挑,入井死。

龚行妻谢,兴化人。县被水,行挈妻女至镇江,屑豆为腐以活。镇江故屯军,有江宁无赖子入军籍,窥谢及女有容。一日行出,挟群少过之,遂挑谢。谢仓皇号呼,无赖击谢仆,女奔救,又犯女,急走避。无赖伪为行券索偿,因殴行。行诉县官,官笞行,且逮谢。谢持女泣曰:"以吾故,陷汝父,吾死不足恤,独怜汝耳!"女亦泣曰:"母死,女何能生?即生,且蒙不洁。愿相从,得仍为母子。"相持而恸,鸡初鸣,投水死。女名巧。

杨文龙聘妻孙,字秀,钱塘人。秀年十五,待年于夫氏。文龙从父行贩,秀依姑共处,邻家子无赖入室,牵其衣,秀啮其指,乃去。方暑,秀晚浴,邻家子穴壁,持其足。秀惊起白姑,姑告诸邻。或引无赖谢,秀提以茶碗,中他人,其人亦无赖,相与噪于门,言终当致之。

秀虑不免,密纫上下衣,出视姑膳,膳毕,复瀹茗进,乃入室,饮卤死。巡抚闻,按诛无赖,为文以祭。

梁至良妻郑,至良,海阳人;郑,澄海人。至良卒,其兄为诸生,迫郑嫁。郑遗腹生子,家有田八亩,郑悉推与至良兄,自分圃亩许。力种溉,佣于群从娣姒间,缝纫舂磨,得米奉姑食子女。岁大无,至良兄憾其不嫁,夫妇众挞辱之。郑念不可留,夜检故衣,付其女曰:"明晨母当去,若善视幼弟!"明晨,跪姑前泣告当还母家,遍辞群从诸娣姒,遂行。至广济桥,仰天呼夫名三,投韩江死。雍正六年六月庚辰朔也。

郭进昌妻李,永宁人。进昌卒,矢不嫁,与女若婿居。进昌弟贪而狡,计嫂年三十许,尚艾,嫁可得钱,乃诣李,微讽之。李怒,叱使去，进昌弟与族子谋，鬻女为富家妾，约以骑迎。至日，进昌弟入李室，将强扶李出，婿与女诟斗。李忽改容，戒勿哗，入室作妆，以小刀剃鬓，遂上马去。至王范镇，李大呼，袖中出剃鬓小刀刺喉，喉断，血喷十余丈，坠马死。镇人大惊，共执进昌弟，问状，呼婿与女诉官，论如律。

龚良翰妻陈，叶县人。良翰卒，孤女才三岁，后母欲嫁之。陈依叔父居，叔母有弟窥陈美，夜持刀入自牖，陈与邻女宿，盗至，推邻女床下，徒手捍盗，指断目伤，身数创，卒不得乱。叔父闻，撞扉，盗牖出，陈息仅属，邻女出床下，血淋漓被体，叔父心知盗其妇弟也，告官，置诸狱，陈遂不食。叔母勖以育女，乃复食。既女殇，而县吏鞫盗狱未定，若有疑于陈，召庭质，雍正七年五月辛亥，陈自经死。后五年，县吏坐罪去，事乃白。

王均妻汤，均，吴人；汤，宝山人。汤故富，均赘于汤，汤父母遇之薄。均客授，汤治针黹以养父母。稍久，有田十二亩。雍正十年秋七月，海潮大至，均夫妇仓卒缘树，均攀枯枝折，溺焉，汤父母愁不问。汤使僮午求均尸，三日始得之，被发徒跣赴尸所，哭几绝。既敛，汤父母欲火之，汤不许，瘗均田中。汤遗腹生女，名之曰潮音。汤父母迫使嫁，舆至，汤麻衣腰绖，抱潮音绕场号。众劫纳舆中，汤父母夺潮音，将抵诸石，午自旁篡得之，归诸王氏。众卒舁汤去，汤哭数夕不绝声。守者稍息，自经死。汤父母以疫死讣于王，弃汤枢所死家。居数年，虑事泄，恚其人焚枢。午自诡汤氏使往视，既焚骨入罂，午易以空罂，得汤骨瘗均侧。潮音亦前殇，祔焉。

李氏女，名兰香，长安李氏婢也。李氏有仆，私欲妻兰香，未敢言。会有客至，治具，主母命兰香取具楼上，仆从登，扃门，就拥之。兰香号，持之坚，卒不从。仆虑事败，以麻秸剚其腹，深数寸，遂死。

翠金，不知其氏，平湖施氏婢也。主客授于外，翠金侍主妇，不苟言笑。邻有无赖夜持刃逾垣入,翠金呼,无赖慑以刀,翠金曰:"我不畏死!"骂愈厉,遂见杀。

张元尹妻李,永宁人。生女而元尹卒,李以己有色,自晦,不逾阈,居十余年,其家仆夜持刀逾墙,拔户枢,入其室,李闻其声,仆也骂?"万逆!"仆出刀曰:"不从,截汝胭!"李奋颈呼曰:"截,截!"声未断,已殊。手足击床震,女惊呼,家人缚仆送官,自言杀李状,论如律。所居村曰太原村。

张检妻颜,其同县人。幼闻人言太原村张烈妇,辄呜咽流涕。长有色,归检,出应试。客作伺颜夜省姑,怀刀潜入室,匿桁下。人定,出,登床,颜惊。胁以刀,骂。起夺刀劗掌,骂益急。迭刺胸臂胁腋十余创,死。客作夜走,还其家,捕得,坐诛。

万某妻曾,南城人。万愚甚,有父不能养。曾力女红食其舅,且自食。万尝忤其父,告官,县隶至,见妇美,乃为计出万,且引使为隶,假以钱,招共居。曾谓夫曰:"汝与彼不相识,何以能得此?此其意,盖在我也!"辞毋往,隶怒,索钱。曾有女才四五岁,隶曰:"汝无钱,当鬻此女以偿。"万乃鬻女,曾至所鬻家抱以归,且骂隶。隶益怒,告官谓曾忤其姑。官令逮至,挞其面数十。是夜曾抱其女赴水死,曾嫁时,姑死久矣。

李继先妻侯,忻州人。奸民谋污之,不遂,诬以不洁,讼之官。官不能白,侯自裁讼庭。

田氏女,巴县人。幼丧父母,依兄嫂以居年十五,美,有无行生欲挑之。邻有优人妻与谋,要女过其家,强以酒,欲污之。怒詈,脱归告兄,兄讼于县。生丐县中有力者语县吏,诬女有污行,县吏挞其兄而释生,女忿自杀。

马某聘妻苗,宁肃人,早丧母,将嫁,谒外祖母,止宿。邻仆眮其美，夜持刃排闼入，女惊呼。佣妇起沮，仆杀之。外祖母奔救，又杀之。客作闻声持械入，与斗，刃顿，取莝刀支解之。因持女，女呼益急，莝刀击之，创遍体死。时乾隆三年六月己亥。

高日勇妻杨，镇番人。日勇佣于冯氏，与杨俱。冯挑焉，杨不从，因辞去。冯从子尤艳杨，乾隆十六年七月甲申，冯氏子诇杨独处，逾垣入。杨方炊，力拒，冯氏子掷块中杨，杨仆，遽死。冯氏子悬其尸，若自罄然，扃户走。日勇诉县，穷治冯氏子，伏法。

罗季儿妻秋蝉，不知其氏。武昌人。为佽人佣，欲逼污之，不胜辱，季儿、秋蝉皆自杀。

刘氏女，小字惠，舞阳人。年十六，美而端。父母出力田，女独居治臬。邻子入其室，女诟，邻子出，复还掩其口，女怒，啮邻子，伤手，稍解，女搏膺号。邻媪入视，邻子乃去。晡，父母还，女言其事，大恸，谓为无赖辱，当死。父母慰谕之百端，卒自缢。告官，邻子诡言故与女有私。按女尸，处子，乃论杀邻子。

钟某妻蔡，嘉定人。生农家，年二十一而嫁，嫁三月夫死。力作，日断布三疋，易粟养姑。姑怜之，劝使更嫁，蔡泣誓以死。有女妹嫁无赖子，欲得蔡，语姑伪为其弟娶者。姑察蔡志坚，弗许，因构蜚语蔑蔡。姑审其诬，将率蔡诉诸县，无赖子阳使其妻归谢，而阴告母，将结恶少夜劫之。姑惶遽无所出，缢焉。蔡觉，趋救得苏，姑哽咽语曰：“吾女遇不淑，重为新妇累，吾不忍见新妇之受其累也！”蔡曰：“母无虑！妇留，母不得安；妇去，母不得食。虽然，叔幼，非母焉依？请得卒哭焉以往。”乃奠夫，恸，入户，解经自经死。

段举妻卢，延津人。卢有色，一夕，与其子女为贼缢杀室中。知县诣视，卢帛系颈，爪股血，子女缢床上。知县求贼，村人集视，一人手屈匿袖中。令出手，絮裹指端，发视有齿迹，视胸及股皆爪伤。问之，乃自言："艳卢色，夜穴墙入，卢惊呼，掩其口，啮我指，捽而逼之，屡仆屡起，爪伤我身，乃出腰间帛缢杀之。子女号，因并缢焉。"狱上，卢得旌。乾隆十八年事也。

王某妻刘，怀仁人。岁大无，豪族结奸侩货没饥人子女。刘度不免，从容语其夫曰："姑老子幼，不耐饥，日暮俱死，无益，计不若鬻我。诚得多金，姑与子可无死。汝第送我于郊，我得以身完！"夫忍而许之。侩至，遂鬻妇，夫送之行。四日，侩屏其夫，夫未去。刘语侩曰："我夫不能庇我，以至此，恋恋何为者？是非痛詈之，弗肯去也。"侩以为诚然，纵饮且醉。刘出，呼其夫，拔簪刺喉死。侩皆惊，散去。

张良善妻王，巩县双槐村人。事舅姑孝。父为佣，母呼王还。家故贫，穴土为室，母出，与幼弟二礼居。有族子故无赖，夜以刀劚户侧土，土落，王惊问，族子已入室。王怒叱曰："我而姑也，而禽兽，速出！"族子出刀，曰："刀何为者？任尔杀不惧。"族子刺王中左肋，血溢自襦溅数步，益怒詈，复刺左右肋及乳。王夺刀，刃裂掌仆。二礼亦呼，族子斫其臂，亦仆。王复自地上跃起，疾出户，呼杀人，族子从之。王创甚，踬于石颠树下，族子劚其口。王口啮刀齿有声。族子抽刀，破其颐，王不能言，声犹厉，身霍霍不已。断其喉，乃死。乾隆三十五年十月事也。质明，里见王死，呼其父归，二礼言姊死状。众闻王死烈。吊者日千余，上于官，诛族子。

李青照妻张，兴国人。乡人赴官云南，青照将妻、子以从，乡人艳张，屡挑之，张以语青照。过长沙，青照与妻、子夜脱走，青照复还取行橐，张抱子以待。长沙县役与相值，诘得其情，引以行。稍远，乃逆青照胁以逃人，诈得金，并解所佩象齿蝦蟆去，至张所示之，诡言青照招使往。张从登舟，役迫之，抱子入江死。青照闻告官，论役如律。乃自经死。

姚际春女，浮梁人。际春方远行，女侍母居。有母之族为佣者，佻而犷，女恶之。告母，母谓彼于汝尊行也，宜无他。居稍久，佣益恣，女复告母："不遂佣，且杀儿。"母遣佣，佣不行，挟刃入女室。女跃且呼，佣刲其腹，肠出。母入视，佣自刭。女目未瞑，移时苏，犹语其母曰："儿惜此身以报父母，独憾父出不一诀也！"语竟，血飞溅，承尘尽赤，乃绝。

王敦义妻张，新阳人。敦义早卒，而家富，其弟觊得之。有无赖为之计，夜使年少仆匿张床下，而伪为捕贼者。仆自承与张私，因呼里长缚仆并及张。天初明，伪为县役持牒逮张，又伪为居间者，使张予金缓其事。张归，心知为叔卖，有女字俞氏，遂出橐中装为一囊，携女之俞氏，以女托翁、媪，归自经死。

陈维章妻陆，名赵凤，诸暨人。父效忠。初有黠者闻陆美，欲娶之，以齿非偶，伪为其弟聘，而阴为弟别娶于李。效忠闻，绝黠者，归女于维章。黠者易婚书，贿媒妁，以讼于县，县判归黠者。黠者以舆俟，得判则劫持陆置舆中，疾异去。陆方持祖姑服，黠者迫更衣，不可，手裂其衰。陆诣县，袖剪以往，计不直，则自殊。仓卒被劫持行，不得出。及拒黠者，裂衰，剡触手，乃不敢迫使，使弟妇李守之。李怜陆，又自念处乱家，时时与陆屏语，或相持泣，数日乃共缢，绳不足，续以带。时道光四年二月，陆与李皆十七。

何氏女，山阴人，居通州。邻有黠者聘为其弄儿妇，冀并乱之，女截发自誓。邻里以告官，官判归父母家别嫁。女减食六阅月，垂死，告父母曰："儿失身于匪人，重见逼迫，不幸告官，又不幸判别嫁，此子诚不肖，儿则夫也。儿欲为之死，又不敢伤父母意，乃减食以求死，初减十五，逾二月减七，又二月减九，今不食已三日，儿死非病，愿父母勿悲。"遂卒。

刘宏芳聘妻周，霍州人。未行而宏芳卒，周亦减食，数月乃死。

谢亚焕妻王，名杏芳，东莞宝潭村人。年二十一，归亚焕，未期而寡，从姑居。有诸生奸暴为县豪，瞷李美，使告其姑，欲为从子娶。姑辞焉，则宣言将毁其居。一日，将数十人至，大噪升屋，撤椽发瓦，姑走匿。王出语众曰："若曹欲何为？我在也，勿惊我姑！"豪呼众篡之归。王故慈豪，采毒草自备，舆中食之尽。至豪家，登堂，毒发死。豪夜还其尸，瘗于亚焕侧。姑与其母家诉县，狱成，豪瘐死，道光十一年事也。

张树功妻吴，常熟人。树功卒，吴遗腹生男，矢不嫁，事姑抚孤子。树功有弟共居，姒贤，与吴相得。死，而再娶得悍妇，奴婢视吴母子，吴安之。岁饥，悍妇凌吴，树功弟用妇言欲嫁之。吴痛哭告其子曰："汝今九岁，饥寒可自知，我将舍汝从汝父去矣！"其子鲁，不知母将死也，吴遂自经。

郭某妻李，仁和人。早寡。杭州初定，防军守诸门，势张甚。车过，男子下，妇人必卷幔。李从家人避兵郊外，归入钱塘门，方小病，门卒遥见之，为嫚语，李坐车中微闻之。至家，恸曰："我不幸为门卒语所辱，我不可以生！"晨夕涕泣，不食二十余日，卒。

赵谦妻王，威县人。当暑，谦出，王独寝，风入牖帘，若有窥者，王忿不欲生。舅姑及谦曲喻之，终不释曰："与其疑而生，不若疑而死。"遂自经。

郭氏女，凤阳人。顺治十一年，女年十四。楼居，邻火，女披衣下楼，见救火者众，不欲前，跃入火中死。

何氏女，汜水人。侍祖母同寝，夜火，其兄援祖母出，复入救女，女以衣履不具，终不出，与妹二、表妹一同死。

沈鼎猷妻严，浙江山阴人。寡，遇火，仓卒不得衣。救者至，出其子门外，复闭门焚死。

铁山妇，德化人。火至傍舍，铁山堙高，迫不得上，或援以手，妇不肯上，及于火死。

江氏女，与贺氏女，皆歙人，家县之东门，相邻也。父母俱没，各居小楼中，汪长贺一岁，贺时从刺绣，相亲若姊妹。县大火，初发，汪未寝，惊走出，呼家人救贺。往叩门，贺自楼上问曰："姊出乎？"曰："已出，故使来相迎。"少顷，贺复曰："吾求外襦不得，不可以出，幸谢姊！"既而火及，汪氏之人欲排户入救之，贺怒詈，乃不敢前，竟焚死。还报汪，汪曰："妹死，吾何忍独生？"趋贺死所，跃入火，亦死。

冯光琦女，郭君甫妻吴，皆盱眙人。光琦恒为客，女母死，属吴为侣。遇火，女扶母棺号，火益烈，救不至，吴引女出，女坚不肯起，俱焚死。

黄声谐妻王，婺源人。寇至，扶姑行避寇，道失姑，迹之至渡口。水方盛，行度桥，桥欲圮，有男子援以手，却之。桥圮，坠水，据木浮中流。男子以雨盖授，复却之。遂溺。

徐惟原妻许，南陵人。康熙间盗起，许行当涉水，从者请负以行，许曰："仆焉可负我？"寇大至，入水死。

柯叔明妻巩，贵池人，大水，叔明及其子已出，使仆负巩，巩以仆裸，不肯出，死于水。

胡某妻裴，新城人。大水，比户皆乘屋。邻有裸而登者，裴耻之，不上，溺死。

陈儒先妻李，不知何许人。夜半水至，邻人呼升屋避，李衣逐水去，死不出。

白洋女，不知何许人。康熙四十七年，大水，从流至白洋。有拯之者，女以无衣，不就拯，死。

高氏妇，六安人。避水邻楼，恶男女杂处，挈幼女下，立旷地。水大至,其夫垂绠使援以上,终不上,竟死。

段吴考女,稷山人。雍正七年六月,山水夜发,坏庐舍,女从水浮沈苇间。邻人赴援,女以无衣,不肯出,入水死,年十五。

曹氏女,无为人。州有寺僧与妇人私,邻童入寺见之,僧杀而埋焉。童父讼于州,僧辞服。僧念罪当死,不如多所连染,得稽刑。乃妄言良家子女与通者三十余人,女家故近寺,亦在诬中。州吏尽逮诸妇,女白父,当诣庭自列,父不可,且入城,谋诸吏。忽女自至,意色自如,诣庭,州吏出僧质,僧曰:“汝非曹氏女耶?”女曰:“然”。僧曰:“吾所交惟汝最久且密。”女曰:“果尔,吾身有异人处,汝当知。”僧辞遁。女固请入室使妇验,则下体有疣赘,州吏始知僧言妄,慰遣女归。女既归,叹曰:“吾所以蒙耻诣庭者,非为自表暴,盖欲全此三十余人而救其死耳。今事既白,吾废人也,安用生为?且可使昏暴之吏,有所愧惧也。”遂自经死。

刘廷斌女,四川温江人。廷斌道光七年官台湾镇总兵,八年,卒官。丧还,渡海,遇盗。盗杀其家十七人尽,女以美独不杀。有客附舟哀,盗掷岸上,盗以女还。居十余年,生四子。一日,女入寺礼佛,见僧似若相识,既归,省僧即附舟客也。乃为牒具遇盗始末,复入寺,密以畀僧。僧告官,官取盗及其徒悉诛之。縶四子,以问女,女曰:“我所以受污不即死者,仇未报耳!仇报矣,此曹岂我子哉?”手刃四子,自缢死。

张氏女,山东人。贫为婢,其主明鲁王近属也。明亡,张挈朱氏子流离旁郡,行佣不给,得巨室子,朱氏子稍长,为诸生。圣祖即位,诏先朝诸宗人得以本姓归田庐,张乃为朱氏子泣言其故。朱氏子复姓,召诸长老,愿为张加冠,事之如母。张艴曰:“吾朱氏不成妾也,今主君主妇何在?吾何敢窃位!吾以姐始,亦以姐终,愿勿复言!”俗谓婢曰“姐”,故张言如是。

崇德五年，师伐明，下河间，河间知府曲阜颜胤明自焚，有孙妪者，佣于颜，挟其幼孙光敏，从师出关，间道徒步还曲阜，归颜氏。孙与张同以义行称。

陈氏婢金莲，梁县人。县诸生陈其珍家婢也。流贼被县，金莲负其珍幼子以逃。贼追及，令弃陈氏子，与俱去，金莲不可。贼斫陈氏子，金莲身覆翼之，被数创，终不舍。贼去，金莲死，陈氏子得全。

邱氏婢新喜，泸江人。邱氏富，寇至，举室走匿。执新喜，问其主安在，榜之垂毙，终不言。寇退，创重死，邱氏世祠焉。

董氏，江都人，佣于韩氏。顺治二年，师下扬州，韩氏夫妇及其长子皆死难。主妇萧将死，以其幼子魏托于董，方三岁。即夕，董怀幼子匍匐乱军中，出自窦，匿江滨，拾麦穗唉之，得不死。乱定，魏育于故人家，将婚，迎董。董疾甚，舆以来，语新妇曰："媪病且死，不复见尔夫妇！尔夫昔抱持从万死中活，有今日。其人贤，虽贫勿忧，后且大，毋效世俗儿女子，易尔夫也！"

任氏，西充人，夫曰杨汝学。佣县中庞可还家，为其子憨乳母。流寇乱四川，可还且死，以憨属任。俄而寇万骑猝至，任负憨走，间道得脱。岁大饥，从汝学流转陕西，尝弃兄弟之子而全庞氏子。四川定，任曰："庞故儒也，子今且九岁，弗使就学，吾何以对庞君？"携以归，使就学，夫妇力耕以给。憨中康熙二年举人，任曰："吾乃今无愧于庞君！"寻卒。

同时又有袁氏，明侍郎李兆家婢。李氏，兆子映庚乳母也。流寇乱，兆兄完谋举义兵，不克，其族燔焉。袁以计脱映庚，李行求映庚，得之僧寺，藏其家复壁。范士龙者，兆仆也。自兆所至，因送映庚还兆。士龙归西充，岁饥，妻子五人皆饿死，盖亦义者云。

卢尚义妻梁，文安人。织席以养姑，得遗金，告于姑，求主者还之。主者馈以布，告于姑，坚辞不受。世宗时，命御史鄂昌等巡察直隶，以其事闻，特敕嘉奖，赐米十石、布十疋，并命有司扁其门，以旌良淑。

白氏，秦安人，为张翠侍女。翠妻先卒，而病且死。目其子女泣，白曰："君逝矣，此呱呱者，婢责也！"翠颔之，而泣不止，白挽鬓拜床下，曰："婢今为君妇，岂以死生异其志也！"翠乃瞑，白抚其子女至老。

王氏，名秋波，为晋江蔡氏婢。主将以为妾，而卒，无子。秋波长，家人遣之，秋波泣曰："郎君将以为妾，郎君死，不可以贰。有为郎君后者，婢请得抚之。不然当殉。"族人义焉，以从子六韬为其主后。娶于吴，生子，而六韬又卒。秋波与吴同处抚孤。

秦士楚妻洪，晋江人。早寡，事姑抚子，不惮艰苦。父家覆于仇，中危法当收孥，侄走匿秦氏。收者至，秦氏之人皆走避，洪独不走。收者诘之，对曰："无也。"斫以刃，被数创，终不言洪氏孤匿处。

张氏婢，海宁人。主母寡而贫，其兄割屋与其婢居，纺绩以食。婢事主母谨，主母病将殂，无收恤之者，婢度事亟，招媒氏，愿自鬻，以其值治丧曰："无多求，得七十缗，以为主母敛。事毕，吾来为之妇。"以告主母，主母感其义。主母死，婢以七十缗为之敛。事毕，要夫家以舆迎，婢抚棺痛几绝，既苏，再拜乘舆去。

杨氏婢，不知何许人，亦不详其氏与名，主江西清江杨氏。杨氏之妾寡，将嫁，前一夕，呼婢，不应。怒曰："汝，我婢也，何敢尔！"婢曰："我杨氏婢耳，汝今谁家妇者？曰我婢我婢！"妾方持剪，坠，起环走至曙。呼其婢曰："我复为尔主，汝当何如？"婢叩头泣，妾亦泣，遂谢媒妁不行。后将嫁其婢，婢曰："人以我一言故，忍死至今，我亦终不去杨氏门。”

　　江贵寿妻王，名保姑，歙人。贵寿樵也，年倍王，王事之无怨语。既嫠，入县曹氏为其女保母。曹氏女嫁，从之往。咸丰十一年，出避贼，曹氏女方娠，不能行，乃匿诸深草中，而立以护之。贼至，创喉，犹求糠核和水食曹氏女，冻馁数日死。曹氏女卒得免。

　　张禄妻徐，深州人。同治七年，张总愚之徒破州，贼掠二女至其家，叱禄使饲马，而令徐监二女炊。徐诘二女皆世族，炊竟，贼皆据案食，徐导二女潜出巷，指归路。二女请徐偕，徐曰：“我去，贼且杀我夫。”归就禄，谋偕走，贼见，问二女，徐忿骂贼，贼杀之。

　　任氏婢祥，不知何许人，亦不知其氏。任氏子，仆也，故家京师东郭门外，徙保定。嘱其母于祥曰：“余将之广平，余妻不足恃，而善事余母。”祥与其母居三年，母病，促任氏子归，归则母已死。任氏子恸绝而苏，夜半，犹哽咽，翌晨视之，则亦死。既敛，其妻将挟幼女嫁，祥争之，乃留女。女方四岁，乞食以为养，邻里义焉，共赒之。持二棺还葬，祥终不嫁。
　　又有通州郑氏女，婢于马氏。马氏中落，他奴仆皆去，而郑独留，侍疾，育幼主，以浣衣得值赡其主，历七十余年，终不去，以处子终。

　　王氏婢，不知其氏，石屏人。王氏夫妇皆死，其子元勋生七月，婢已嫁生子，乃抚而乳之。稍长卖饔饵，供馕粥，令入塾，使其子事之甚谨。元勋卒举于乡。
　　徐氏女，平湖人，为曹氏婢，名曰春梅。其主死，遗子女各一。春梅年二十余，不嫁，抚其子女。其子女有过，涕泣劝导，勤苦，毕婚嫁。其主有兄迫欲嫁之，终不行。

丁香，不知其氏，云南南宁人。为程氏婢，程氏女嫁于吴，丁香从。吴中落，程氏女以女红自给，丁香执役不稍息。程氏女谓曰："有富家以数十金聘汝，我受金，汝亦得所，盍行乎？"丁香跪，誓死相从，程氏女知其意坚，乃不复言。后益贫，丁香出为佣，得资以养，数十年卒不嫁。

江金姑，金溪人，为朱氏婢。朱氏女归江，媵焉。江夫妇皆卒，金姑矢不嫁，育其孤，娶妇，未有子，其孤又夭。金姑告于江氏之族为立后，佐妇抚所后子，至成立。

罗氏，荔浦壮妇也。夫死，不更嫁。壮俗善歌，或以歌诱妇，必正色不为动。以节显于壮。

陇联嵩妻禄，镇雄人也。镇雄故土司，联嵩世领其地为土知府。卒，子庆侯嗣。雍正五年，坐事夺职，收其地，设流官。所部欲为变，禄喻之曰："我家以忠著，今日宜安义命，毋妄动。"所部乃解。八年，乌蒙土民叛，禄亲至旧所部各寨，申喻利害，至欲自杀，所部佥詟服。禄躬率众卫官廨，佐军食，城恃以全。总督鄂尔泰建坊表其忠，请于朝，封安人，予田二十亩，使供陇氏祀。

者架聘妻直额，贵州大定仲民，既许嫁，者架贫，不能娶。直额父母欲女别嫁，不可，强之，自杀。

罗廷胜妻马，名阿透，宁各司羊海寨仲民女也。廷胜死，阿透年二十六，父欲为别嫁，阿透哭于廷胜墓，自经死。

罗潮彦妻刘，名阿全。朝彦，仲民，刘，瓮安人。朝彦死，其弟欲妻嫂，引强暴迫刘，自杀。

安于磐妻朱、后妻田，于磐，贵州蛮夷司长官。初娶朱，事姑孝，姑病，刲股，卒。复娶田，于磐病，刲股。于磐卒，抚诸子成立。

田养民妻杨，养民，朗溪司长官；杨，邑梅司人也。年十二，母病,刲股。

　　李任妻矣,嶍峨人,夷罗厄女也。罗厄为李氏佃,李氏欲污之,不从。缚置积薪上,曰:"不从,将焚!"矣大骂,遂焚死。事闻,罪李氏。

　　鄂对妻热依木,鄂对,库车回头人,与其酋霍集占有隙。霍集占以叶尔羌叛,鄂对与其子鄂斯满弃家走,迎师于伊犁。霍集占破库车,憾鄂对不附,执热依木欲纳之,不可。杀其女子三,而囚之,热依木脱走。师克霍集占,授鄂对贝勒、叶尔羌阿奇木伯克,鄂斯满二等台吉、库车阿奇木伯克。居数年,乌什回叛,热依木在库车,请于办事大臣曰:"回性喜效尤,今乌什叛,叶尔羌户众,伯克、阿浑辈不知顺逆,鄂对懦无断,请得往助之。"热依木行五日至叶尔羌,伯克、阿浑辈入见,言乌什,热依木漫应之,期明日会饮。明日,众集,热依木曰:"汝等皆无藉,蒙大皇帝恩为太平民,今乌什叛,即日夷灭,乃欲效尤,为不忠不义鬼耶? 吾力尚能杀尔曹,尔曹今日毋思出此门!"众愕顾,门守甚严,皆跪白无反状。热依木仍具筵,晓以利害,众皆泣。则出歌姬劝饮尽醉,阴使人遍收诸家战具,驱其马,令远牧。鄂对日率诸伯克集办事大臣庭,夜分散,众大定。及乌什破,多所诛戮,叶尔羌独全。

　　瓦寺土司索诺木荣宗母麦麦吉,早寡,抚索诺木荣宗成立。绥辑番落,有功于边,被诏旌表。
　　明正土司坚参达结妻喇章,无子,次妻夭夭生二子。坚参达结死,喇章、夭夭同护土司印,抚二子成立。乾隆间,从征金川有功,亦被诏旌表。

　　沙氏女,会理州人。父为土千户,所属土百户自氏富,妻以女。嫁,弟送之往。将入自氏所辖境,女语其弟曰:"自氏,奴也。汝,主也。我受父命不敢违，汝不当入。"涕泣而别。女至自氏，自氏子求合，女坚拒之，不食七日死。

嘉义番妇，加溜湾社番大治妻也。大治死，愿变故俗，不更嫁，引刀誓曰："妇发可封，妇臂可断，妇节不可移！"力耕育其子，居三十七年乃卒。

施世燿妻苗，世燿，龙溪人；苗，僾辰港夷女。世燿死，苗自经殉焉。

清史稿卷五一二
列传第二九九

土司一

湖广

　　西南诸省,水复山重,草木蒙昧,云雾晦冥,人生其间,丛丛虮虱,言语饮食,迥殊华风,曰苗、曰蛮,史册屡纪,顾略有区别。无君长不相统属之谓苗,各长其部割据一方之谓据蛮。若粤之壮、之黎,黔、楚之瑶、四川之猓猡、之生番,云南之野人,皆苗之类。若《汉书》:“南夷君长以十数,夜郎最大。其西,靡莫之属以十数,滇最大。自滇以北,君长以十数,邛都最大。”在宋为羁縻州。在元为宣慰、宣抚、招讨、安抚、长官等土司。湖广之田、彭,四川之谢、向、冉,广西之岑、韦,贵州之安、杨,云南之刀,思,远者自汉、唐,近亦自宋、元,各君其君,各子其子,根柢深固,族姻互结。假我爵禄,宠之名号,乃易为统摄,故奔走惟命,皆蛮之类。明代播州、蔺州、水西、麓川,皆勤大军数十万,殚天下力而后铲平之。故云、贵、川、广恒视土司为治乱。

　　清初因明制,属平西、定南诸藩镇抚之。康熙三年,吴三桂督云、贵兵两路讨水西宣慰安坤之叛,平其地,设黔西、平远、大定、威宁四府。三藩之乱,重啖土司兵为助。及叛藩戡定,余威震于殊俗。

　　至雍正初,而有改土归流之议。四年春,以鄂尔泰巡抚云南兼总督事,奏言:“云贵大患,无如苗蛮。欲安民必先制夷,欲制夷必改土归流。而苗疆多与邻省犬牙相错。又必归并事权，始可一劳永逸。即如东川、乌蒙、镇雄，皆四川土府。东川与滇一岭之隔，至滇省城四百余里，而距四川成都千有八百里。去冬，乌蒙土府攻掠东川，滇兵击退，而川省令箭方至。乌蒙至滇省城亦仅六百余里。自康熙五十三年土官禄鼎乾不法，钦差、督、抚会审毕节，以流官交质始出，益无忌惮。其钱粮不过三百余两，而取于下者百倍。一年四小派，三年一大派。小派计钱，大派计两。土司一取子妇，则土民三载不敢婚。土民有罪被杀，其亲族尚出垫刀数十金，终身无见天日之期。东川已改流三十载，仍为土目盘踞，文武长寓省城，膏腴四百里，无人敢垦。若东川、乌蒙、镇雄改隶云南，俾臣得相机改流，可设三府一镇，永靖边氛。此事连四川者也。广西土府州县峒寨等司五十余员，分隶南宁、太平、思恩、庆远四府，多狄青征侬智高、王守仁征田州时所留设。其边患，除泗城土府外，余皆土目，横于土司。且黔、粤向以牂牁江为界，而粤之西隆州与黔之普安州逾江互相斗入，苗寨寥阔，文武动辄推诿。应以江北归黔，江南归粤，增州设营，形格势禁。此事连广西者也。滇边西南界以澜沧江，江外为车里、缅甸、老挝诸土司。其江内之滇沅、威远、元江、新平、普洱、茶山诸夷，巢穴深邃，出没鲁魁、哀牢间，无事近患腹心，有事远通外国，自元迨明，代为边害。论者谓江外宜土不宜流，江内宜流不宜土。此云南宜治之边夷也。贵州土司向无钳束群苗之责，苗患甚于土司。而苗疆四周几三千余里，千有三百余寨，古州距其中，群砦环其外。左有清江可北达楚，右有都江可南通粤，皆为顽苗蟠据，梗隔三省，遂成化外。如欲开江路以通黔、粤，非勒兵深入，遍加剿抚不可。此贵州宜治之边夷也。臣思前明流土之分，原因烟瘴新疆，未习风土，故因地制宜，使之向导弹压。今历数百载，相沿以夷治夷，遂至以盗治盗，苗、猓无追赃抵命之忧，土司无革职削地之罚，直至事大上闻，行贿详结，上司亦不深求，以为镇静边民无所控诉。若不铲蔓塞源，纵兵刑财赋事事整饬，皆治标而非治本。其改流之法，计擒为上，兵剿次之。令其自首为上，勒献次之。惟制夷必先练兵，练兵必先选将。诚能赏罚严明，将士用命，先治内，后攘外，必能所向奏效，实云贵边防百世之利。"世宗知鄂尔泰才，必能办寇，即诏以东川、乌蒙、镇雄三土府改隶云南。六年，复铸三省总督印，令鄂尔泰兼制广西。

于是自四年至九年，蛮悉改流，苗亦归化，间有叛逆，旋即平定。其间如雍正朝古州苗疆之荡平，乾隆朝四川大小金川之诛锄，光绪朝西藏瞻对之征伐，皆事之巨者，分见于篇。

其土官衔号，曰宣慰司，曰宣抚司，曰招讨司，曰安抚司，曰长官司。以劳绩之多寡，分尊卑之等差，而府、州、县之名亦往往有之。

今土司之未改流者，四川宣抚使二：曰邛部，曰沙马。宣慰司五：曰木坪，曰明正，曰巴底，曰巴旺，曰德尔格忒。安抚使二十有一：曰长宁，曰沃日，曰瓦寺，曰梭磨，曰瓜别，曰木里，曰革布什札，曰巴底，曰绰斯甲布，曰喇衮，曰瓦述余科，曰霍耳竹窝，曰霍耳章谷，曰霍耳孔撒，曰霍耳咱，曰林葱，曰霍耳甘孜麻书，曰霍耳东科，曰春科，曰下瞻对，曰上纳夺。长官司二十有九：曰静州，曰陇木，曰岳希，曰松冈，曰卓克基，曰威龙州，曰阳地隘口，曰党坝，曰河东，曰阿都正，曰普济州，曰昌州，曰沈边，曰冷边，曰瓦述咽陇，曰瓦述毛丫，曰瓦述曲登，曰瓦述色他，曰瓦述更平，曰霍耳纳林冲，曰霍耳白利，曰春科高日，曰上瞻对，曰蒙葛结，曰泥溪，曰平夷，曰蛮夷，曰沐川，曰九姓。

云南宣慰使一：曰车里。宣抚使五：曰耿马，曰陇川，曰干崖，曰南甸，曰孟连。副宣抚使二：曰遮放，曰盏达。安抚使三：曰路江，曰芒市，曰猛卯。副长官司三：曰纳楼，曰亏容甸，曰十二关。土府四：曰蒙化，曰景东，曰孟定，曰永宁。土州四：曰富州，曰湾甸，曰镇康，曰北胜。

贵州长官司六十有二：曰中曹，曰白纳，曰养龙，曰虎坠，曰程番，曰上马，曰小程，曰卢番，曰方番，曰卢番，曰罗番，曰卧龙，曰小龙，曰大龙，曰金石，曰大平，曰小平，曰大谷龙，曰小谷龙，曰木瓜，曰麻向，曰新添，曰平伐，曰羊场，曰慕役，曰顶营，曰沙营，曰杨义，曰都匀，曰邦水，曰思南，曰丰宁上，曰丰宁下，曰烂土，曰平定，曰乐平，曰邛水，曰偏桥，曰蛮夷，曰沿河，曰郎溪，曰都坪，曰黄道，曰都素，曰施溪，曰潭溪，曰新化，曰欧阳，曰亮寨，曰湖耳，曰中林，曰八舟，曰龙里，曰古州，曰洪州，曰省溪，曰提溪，曰鸟罗，曰平头，曰垂西，曰抵寨，曰岩门。副长官司三：曰西堡，曰康庄，曰石门。

广西土州二十有六：曰忠州，曰归德，曰果化，曰下雷，曰下石西，曰思陵，曰凭祥，曰江州，曰思州，曰万承，曰太平，曰安平，曰龙英，曰都结，曰结安，曰上下冻，曰佶伦，曰茗州，曰茗盈，曰镇远，曰那地，曰南舟，曰田州，曰向武，曰都康，曰上映。土县四：曰罗阳，曰上林，曰罗白，曰忻城。长官司三：曰迁隆峒，曰永定，曰永顺。

凡宣慰、宣抚、安抚、长官等司之承袭隶兵部，土府、土州之承袭隶吏部。凡土司贡赋，或比年一贡，或三年一贡，各因其土产，谷米、牛马、皮、布，皆折以银，而会计于户部。

雍正七年，川陕总督岳钟琪奏四川巴塘、里塘等处请授宣抚司三员、安抚司九员、长官司十二员，给与印结号纸，副土官四员、千户三员、百户二十四员，给以职衔，以分职守。内巴塘、里塘、正副土官原无世代头目承袭，请照流官例。如有事故，开缺题补，与他土司不同。

湖广之西南隅，战国时巫郡、黔中地。湖北之施南、容美，湖南之永顺、保靖、桑植，境地毗连，介于岳、辰、常德、宜昌之间，与川东巴、夔相接壤，南通黔，西通蜀。元时所置宣慰、安抚、长官司之属，明时因之。向推永、保诸宣慰，世席富强，兵亦果敢，每遇征伐，荷戈前驱，国家倚之为重。清有天下，仅施南、散毛、容美三宣抚使，永顺、保靖两宣慰使而已。雍正年间，施南、容美、永顺、保靖先后纳土，特设施南一府，隶北布政使，永顺一府，隶南布政使。两府既设，合境无土司名目。后有苗寇，分见各传，不入此篇。

施南：古巴地。秦、汉南郡蛮。唐施州。元置施南宣抚司、忠孝安抚司。明玉珍时，复置忠路宣抚司。明宣德三年，复置剑南长官司,立施州卫,领所一、宣抚司四、安抚司九、长官司十三、蛮夷官司五。清康熙三年,施州始归顺。四年,改沙溪宣慰司为宣抚司,改剑南长官司为建南长官司,而施南宣抚司、忠孝安抚司、忠路安抚司如故。雍正六年,从湖广总督迈柱之请,裁施州卫,设恩施县,改归州直隶州,原管之十五土司并隶恩施县。十二年,忠孝安抚司田璋纳土,其地入于恩施县。十三年,施南宣抚司覃禹鼎以罪改流,于是忠峒土司田光祖等并请归流,乃以十五土司并原设恩施县,特设施南府,领六县。容美改鹤峰州,别隶宜昌府,领于巡荆道。

明制,施州卫,辖三里、五所、三十一土司,市郭里、都亭里、崇宁里,附郭左、右、中三所,大田军民千户所,支罗镇守百户所。

大田所,元为散毛峒。明洪武五年定其地,二十三年属千户所,仍名散毛。寻改为大田军民千户所,领百户所一、土官百户所十、剌惹等三峒。

支罗所,旧隶龙潭司。明嘉靖四十四年,因峒长黄中叛,讨平之,遂割半置所立屯,以百户二员世镇之,而今峒司属焉。

施南宣抚司,元施南道宣慰使。明洪武四年,覃大富入朝,七年,升宣抚司。清因之。雍正时,覃禹鼎袭。禹鼎,容美土司田明如婿也,有罪辄匿容美。当事以明如之先从征红苗有功,置勿问。十三年,明如被逮,自经死。禹鼎以淫恶抗提,拟罪改流,以其地置利川县。

东乡安抚司,明玉珍置东乡五路宣抚司。明洪武六年改安抚司,命覃起喇为之。清初归附。雍正十年,覃寿椿以长子得罪正法,改流,以其地入恩施县。

忠建宣抚司,明洪武四年,以田恩俊为之。六年,改宣抚司。清初归附。雍正十一年,田兴爵以横暴不法拟流,以其地为恩施县。

金峒安抚司,明洪武四年,以覃耳毛为之。清初归附。康熙四十三年,覃世英袭。子邦舜呈请改流,以其地为咸丰县。

忠峒安抚司,元置湖南镇边宣慰司。明洪武四年,命田玺玉为宣抚司。永乐四年,改安抚司。清初田楚珍归附,调征播州有功,仍准袭职。雍正十二年,田光祖纠十五土司呈请纳土归流,以其地入宣恩县。

散毛宣抚司,元为散毛府。至正六年,改宣抚司。明洪武四年,命覃野旺为宣抚司,割其半为大田所,清初覃勋麟归附,仍准袭职。雍正十三年,覃煊纳土,以其地入来凤县。

忠路安抚司,明洪武四年,命覃英为安抚司。清康熙元年,覃承国归附,以征谭逆功袭前职。雍正十三年,覃楚梓纳土,以其地改利川县。

忠孝安抚司,元至正十一年,改军民府。明洪武四年,以田墨施为安抚司。清因之。康熙八年,田京袭,累授总兵。十九年,告休。雍正十三年,田璋纳土,以其地为恩施县。

高罗安抚司,元高罗寨长官司。明洪武六年,改安抚司,以田大名为之。清顺治初,田飞龙归附,仍准世袭。雍正十三年,田昭纳土,以其地入宣恩县。

木册长官司,元置安抚司。明永乐六年,改长官司,以田谷佐为长官司。清初,田经国归附,仍与世袭。雍正十三年,田应鼎纳土,以其地入宣恩县。

大旺安抚司,元至正置。明洪武四年以田驴蹄为安抚司。清康熙初,田永封归附,仍准袭职。雍正十三年,田正元纳土,以其地入来凤县。

临壁长官司,原附大旺。清康熙元年,颁给田琦印信,仍与世袭。雍正十三年,田封疆纳土,以其地入来凤县。东流安抚司,原附大旺。

唐崖长官司,元置千户所。明洪武七年,改长官司。清初,覃宗禹归附,仍与世袭。雍正十三年,覃梓桂纳土,以其地入咸丰县。

龙潭安抚司,明洪武四年,以田应虎为安抚司。清初归附,仍准世袭。雍正十三年,田贵龙纳土,以其地入咸丰县。

沙溪安抚司,明置。清初归附。康熙四年,黄天奇袭安抚司。天奇子楚昌,初,楚昌入施州卫学为诸生。时诸司争并,民鲜知礼,楚昌折节力学,有时名。及袭职,设官学,公余与多士讲肄,多所成就。楚昌死,子正爵袭。雍正十三年,改流,其地入于利川县。

卯峒长官司,清雍正十三年,长官司向舜纳土,以其地入来凤县。

漫水宣抚司,清初,宣抚司向国泰归附,仍准世袭。雍正十三年,向庭官纳土,其地入于来凤县。

西萍长官司。雍正十三年,裁其地入于咸丰县。

建南长官司,明宣德五年置。清雍正十三年裁,其地入于利川县。

容美土司,唐元和元年,田行皋从高崇文讨平刘辟,授施溱溶万招讨把截使,仍知四州事。宋有田思政。元有田乾亨。明洪武三年,田光宝以元所授诰敕诣行在请换,乃命光宝仍为宣慰使。传至田既霖,清顺治间归附,仍授宣慰使。子甘霖袭。甘霖字特云,著《合浦集》。甘霖子舜年,字九峰,受吴逆伪承恩伯敕,后缴。奉檄从征有劳绩,颇招名流习文史,刻有《廿一史纂》。日自课,某日读某经、阅某史至某处,刻于书之空处,用小印志之。有《白鹿堂集》、《容阳世述录》。子明如袭职。以放肆为赵申乔劾奏,奉旨原宥。雍正十一年,再为迈柱严参,明如移驻平山寨儴抗拒,为石梁长官司张彤砫催迫,明如自尽。改土归流,改司为鹤峰州,隶宜昌府。

永顺:汉武陵,隋辰州,唐溪州地。宋时为永顺州。元时,彭万潜自改为永顺等处军民安抚司。明洪武五年,改宣慰使。清顺治四年,恭顺王孔有德至辰州,宣慰使彭宏澎率三知州、六长官、三百八十峒苗蛮归附。十四年,颁给宣慰使印,并设流官经历一员。康熙十年,吴三桂叛踞辰龙关,授永顺宣慰使彭廷椿伪印,廷椿缴之。奉旨赏其子宏海总兵衔,令率土兵协剿,有功,授宣慰司印。雍正六年,宣慰使彭肇槐纳土,请归江西祖籍,有旨嘉奖,授参将,并世袭拖沙喇哈番之职,赐银一万两,听其在江西祖籍立产安插,改永顺司为府,附郭为永顺县,分永顺白崖峒地为龙山县。

南渭州土知州。属永顺司。元至元中,置安抚司。明洪武二年,以彭万金为土知州,传至彭应麟,清顺治四年,归附。雍正五年,彭宗国纳土,以其地入永顺县。施溶州土知州,在永顺司东南。元会溪、施溶等处长官司。明洪武二年,改州,以田建霸为土知州。传至田茂年,清顺治四年,归附。雍正五年,田永丰纳土。

上溪州土知州,属永顺司。明洪武二年,以张义保为土知州。传至张汉卿,清顺治四年,归附。雍正五年,张汉儒纳土。

腊惹峒长官司,元属思州,以向孛烁为总管。明洪武五年,改属永顺司,以田世贵为长官司。传至田仕朝,清顺治四年,归附。雍正五年,田中和纳土。

麦著黄峒长官司,元曰麦著土村,属思州。明洪武五年,改属永顺司,以黄谷踵为长官司。传至黄甲,清顺治四年,归附。雍正五年,黄正乾纳土。

驴迟峒长官司,元属思州。明洪武五年,改属永顺司,以向迪踵为长官司。传至向光胄,清顺治四年,归附。雍正五年,向锡爵纳土。

施溶溪长官司,元属思州。明初,改属永顺司,以汪良为长官司。传至汪世忠,清顺治四年,归附。雍正五年,汪文珂纳土。

白岩峒长官司,元属葛蛮安抚司。明初,改属永顺司,以张那律为长官司。传至张四教,清顺治四年,归附。雍正五年,张宗略纳土。

田家峒长官司,明洪武三年,以田胜祖为长官司。传至田兴禄,清顺治四年,归附。雍正五年,田荩臣纳土。

保靖宣慰司,亦唐溪州地。宋曰保静州。元为保靖州安抚司。明仍为安抚使。清顺治四年,明宣慰司彭象乾之子彭朝柱归附。象乾曾孙泽虹病废,其妻彭氏用事。汉奸高伦、张为任二人结连其舍把长官彭泽蛟、彭祖裕等,相与树党,以劫杀为事。雍正元年,泽虹死,子御彬幼,泽蛟欲夺其职,为御彬所遏。迨御彬袭职,肆为淫凶,泽蛟与其弟泽虮合谋,互相劫杀。二年,御彬以追缉泽蛟为名,潜结容美土司田旻如、桑植土司向国栋,率土兵抢虏保靖民财。七年,御彬安置辽阳,以其地为保靖县。

大喇司,在龙山县,属保靖司。明正德十五年,以土舍彭惠协理巡检事。传至彭御佶,雍正十三年,纳土。

桑植宣慰司,本慈利县地。元有上桑植、下桑植宣慰司。明置安抚司。清顺治四年,宣慰司向鼎归附,授原职。鼎子长庚调镇古州八万。长庚子向国栋残虐,与容美、永顺、茅冈各土司相仇杀,民不堪命。雍正四年,土经历唐宗圣与国栋弟国柄等相率赴诉,总督传敏入奏,乃缴追印篆,国栋安置河南,以其地为桑植县。

上下峒长官司,明置宣抚司,复改为长官司,而分其地为二。清康熙二年,向九鸾、向日葵归附。二十一年,给九鸾上峒长官司印,日葵下峒长官司印。雍正十三年,上峒司向玉衡、下峒司向良佐纳土,以其地属桑植县。

茅冈长官司,明改天平千户所。清顺治四年,石门天平所千户覃祚昌、茅冈长官覃荫祚等相继归附,给与印信。雍正十二年,茅冈土司覃纯一纳土,石门天平所、慈利麻寮所相继请设流官,分其地属石门、慈利、安福三县。

清史稿卷五一三
列传第三〇〇

土司二

四 川

　　四川边境寥廓，历代多设土司以相控制。明末，张献忠屠蜀，石砫、酉阳、松潘、建昌等土司距险御贼，其地独全。清初，戡定川境，各土司次第效顺。川之南有金川者，本明金川寺演化禅师哈伊拉木之后，分为大小金川。顺治七年，小金川卜儿吉细归诚，授原职。吴三桂乱后，康熙五年，其酋嘉纳巴复来归，给演化禅师印。其庶孙莎罗奔，以土舍将兵从将军岳钟琪征西藏羊峒番，雍正元年，奏授安抚司，居大金川。而旧土司泽旺居小金川，莎罗奔以女阿扣妻泽旺。泽旺懦，为妻所制。乾隆十一年，莎罗奔劫泽旺去，夺其印。十二年，又攻革布什札及明正两土司。

　　朝廷调张广泗总督四川，进驻泽旺所居美诺官寨，而以其弟良尔吉从征。时莎罗奔居勒乌围，其兄子郎卡居噶尔崖，地在大金川河东，而河东亦有地数百里。广泗调兵三万，一路出川西攻河东，一路出川南攻河西。而河东一路又分为四，以两路攻勒乌围，以两路攻噶尔崖，河西亦分两路，攻庚特额诸山，刻期蒇事。阻险不前，上命大学士公讷亲往视师，起岳钟琪于废籍。钟琪与广泗议定，自任由党坝取勒乌围，而广泗由昔岭取噶尔崖。会讷亲至，下令限三日克噶尔崖，总兵任举、参将贾国良战死。广泗轻讷亲不知兵，而恶其

凌己,故饰推让,实以困之。军中解体。良尔吉夙与阿扣通,莎罗奔
因使成配,倚作间谍,官军动息辄为所备。师久无功,上怒甚,会讷
亲劾广泗,于是逮广泗入京,而命大学士傅恒为经略,代讷亲。冬,
杀广泗,赐讷亲死。十二月,傅恒至军,斩良尔吉、王秋、阿扣以断内
应。

十四年春正月,奏言:"金川之事,臣到军以来,始知本末。当纪
山进讨之始,惟马良柱转战直前,逾沃日,收小金川,直抵丹噶,其
锋甚锐。其时张广泗若速济师策应,乘贼守备未周,殄灭尚易。乃
坐失机会,宋宗璋逗留于杂谷,许应虎失机于的郊,致贼得尽据险
要,增碉备御。七路、十路之兵无一路得进。及讷亲至军,严切催战,
任举败衄,锐挫气索,晏起偷安,一以军务委张广泗。广泗又听奸人
所愚,惟恃以卡逼卡、以碉逼碉之法,枪炮惟及坚壁,于贼无伤,而
贼不过数人,从暗击明,枪不虚发,是我惟攻石,而贼实攻人。且于
碉外开壕,兵不能越,而贼得伏其中自下击上。又战碉锐立,高于中
土之塔,建造甚巧,数日可成,随缺随补,顷刻立就。且人心坚固,至
死不移,碉尽碎而不去,炮方过而人起,主客劳佚,形势迥殊,攻一
碉难于克一城。即臣所驻卡撤山顶,已有三百余碉,计半月旬日得
一碉,非数年不能尽。且得一碉辄伤数十百人,较唐人之攻石峰堡,
尤为得不偿失。惟有使贼失其所恃,而我兵乃得展其所长。臣拟俟
大兵齐集,别选锐师,旁探间道,裹粮直入,逾碉勿攻,绕出其后,即
以围碉之兵作为护饷之兵。番众无多,外备既密,内守必虚。我兵
即从捷径捣入,则守碉之番各怀内顾,人无固志,均可不攻自溃。至
于奋勇固仗满兵,而向导必用土兵,土兵中小金川尤骁勇。今良尔
吉之奸谍已诛,泽旺与贼仇甚切,驱策用之,自可得力。至沃日、瓦
寺兵强而少,杂稜、绰斯甲等兵众而懦。明正、木坪忠顺有余,强悍
不足。革什乍兵锐,可当一路。是各土司环攻分地之说虽不可恃,
而未尝不可资其兵力。臣决计深入,不与争碉,惟竢四面布置,出其
不意,直捣巢穴,取其渠魁,定于四月间报捷。"上屡奉皇太后息武
宁边之谕,命傅恒班师。时傅恒及钟琪两路连克碉卡,军声大振,莎

罗奔乞降于钟琪,钟琪轻骑径赴其巢,贼大感动,顶佛经立誓听约
束。次日,钟琪率莎罗奔父子坐皮船出洞诣大军,莎罗奔等叩颡,誓
遵六事,归各土司侵地,献凶酋,纳军械,归兵民,供徭役。乃宣诏赦
其死。诸番焚香作乐。献金佛谢。二月,捷闻,诏赏傅恒、钟琪等。

　　既而莎罗奔兄子郎卡主土司事,渐桀骜。二十三年,逐泽旺及
革布什札土司。三十一年,诏四川总督阿尔泰檄九土司环攻之。九
土司者,巴旺、丹坝、沃日、瓦寺、绰斯甲、明正、木坪、革什咱及小金
川也。巴旺、丹坝皆弹丸,非金川敌。明正、瓦寺形势阻隔,其力足
制金川。而地相逼者,莫如绰斯甲与小金川。阿尔泰不知离其党与,
反听两金川释仇缔约,自是狼狈为奸,诸小土司咸不敢抗。时泽旺
老病不问事,郎卡亦旋死,其子索木诺与僧格桑侵鄂克什土司地。

　　三十六年,索诺木诱杀革布什札土官,而僧格桑再攻鄂克什及
明正土司,与官军战。上以前此出师,本以救小金川。今小金川反
悖逆,罪不赦。赐阿尔泰死,命大学士温福自云南赴四川,以尚书桂
林为四川总督,共讨贼。温福由汶川出西路,桂林由打箭炉出南路。
僧格桑求援于索诺木,索诺木潜兵助之。三十七年春,桂林克复革
布什札土司故地,温福克资里及阿喀。朝廷以阿桂为参赞大臣,代
桂林赴南路。十一月,阿桂以皮船宵济,连夺险隘,直捣贼巢。十二
月,军抵美诺,进至底木达,俘泽旺,檄索诺木缚献僧格桑,不应。

　　上命温福为定边将军,阿桂、丰伸额为副将军。温福、阿桂奏六
路进兵之策。温福由功噶入,阿桂由当噶入,丰伸额由绰斯甲入。三
十八年春,温福以贼扼险不得进,别取道攻昔岭,驻营木果木,令提
督董天弼分屯底木达,守小金川之地。温福为人刚愎,不广咨方略,
惟袭广泗故智,以碉卡逼碉卡,建筑千计。初,索诺木欲并小金川
地,故留僧格桑挟以号召。六月,阴遣小金川头目等,由美诺沟出煽
故降番使复叛。诸番见大军久顿,蜂起应之,攻陷天弼营,遂劫粮
台,潜兵袭木果木,夺炮局,断汲道,贼四面蹂入大营,温福死之,将
士随员死者数十人,各卡兵望风溃。海兰察闻警赴援,殿众由间道
退出,收集溃卒,尚万数千人,其战殁者三千余,小金川地复陷,惟

阿桂一军屹然不动,乃整队出屯翁古尔垒。

上在热河闻报,召大学士刘统勋诣行在咨之。统勋前言金川不必劳师,至是亦主用兵。乃授阿桂定西将军,丰伸额、明亮为副将军。十月,阿桂改赴西路,明亮赴南路。丰伸额仍由绰斯甲进取宜喜,阿桂入自额克什,转战五昼夜,直抵美诺,克之。明亮入自玛尔里,所向皆捷,遂尽复小金川地。

惟大金川自十二三年以来,全力抗守,增垒设险,严密十倍小金川。七月,令诸军分攻各碉寨,数十道并进。海兰察率死士六百削壁猱引而上,趾顶相接,比明及其碉,一涌入,尽歼守贼。数十里贼寨闻之皆夺气,悉破之,乘胜临逊克宗垒。索诺木烧杀僧格桑而献其尸,及其妻妾头目,至军乞赦己罪。阿桂槛送京师。四十年四月,阿桂先使福康安、海兰察赴河西助明亮攻宜喜,遂分兵六路,尽灭河西二十里内之贼。五月,阿桂河东之军破朗噶寨,距勒乌围仅数里,环营进逼其巢。七月,抵勒乌围。八月十五夜,进捣贼巢,四面炮轰官寨,破之。黎明,克转经楼,逸贼皆溺水死。莎罗奔兄弟及各头目已先期遁往噶尔崖。十一月,官军攻克科布曲山。十二月,遂据玛尔古山,噶尔崖即在其下。索诺木之母姑姊妹亦降,官军三路合围噶尔崖,断其水道。索诺木使其兄诣营乞哀,不允。围攻益急,索诺木从莎罗奔及其妻子挈番众二千余出寨,奉印献军门降,金川平。四十一年正月,献俘庙社,封赏阿桂等,勒碑太学,并及两金川。旋于大金川设阿尔古厅,小金川设美诺厅。四十四年,并阿尔古入美诺,改为懋功厅。

同治二年,粤匪石达开窜宁远,假道邛部土司。土司先受官军约束,引贼至紫打地。四面阻绝,达开粮罄路穷,射书千户王承元买路,复使人说土司岭承恩求缓兵,皆不应,日杀马煮桑叶为食。四月,承恩、承元等侦贼力竭,率夷众蹙攻,擒达开并贼官五人付官军,槛送成都,四川总督骆秉章诛之。奏加承恩、承元二品衔。贼军锱重悉为两土司所得。

初,瞻对土司恃强不法,雍正八年,四川提督黄廷桂剿降之。乾隆十年,四川提督李质粹等率兵五千,取道东俄落,至襄塘进兵,连破番寨,获贼首噶笼笼丹坪。十一年,质粹会钦差大臣班第,统兵进克泥日寨,烧毙番酋姜错太,抚定丫鲁、下密等处番夷。嘉庆十九年,中瞻对土司洛布七力劫掠邻番,抗捕伤兵。二十年,四川总督常明、提督多隆武领兵剿之,恃险死拒。重庆镇总兵罗思举力战破其巢,洛布七力焚死,分其地入上下瞻对。

洎咸丰中,土司工布朗结为人沈骛,兼并上下瞻对之地,欲拥康部全境以抗川拒藏,邻近各土司割地求免,贡赋唯命。至是藏人怒,求四川出兵,秉章派道员史致康率师会藏进讨。致康怯,顿打箭炉久,藏番需茶,急驰兵克之,杀工布朗结父子,致康始逡巡至。藏人索兵费银十六万两,秉章未允,藏人因据其地,设官兵驻守。

光绪初,丁宝桢为四川总督,以瞻对藏官虐民,往往激变,每岁派员带兵出关弹压。刘秉璋继之,稍宽纵,藏官益骄横。各土司多被威胁,唯明正土司地大,不之服,频年争斗。十五年,瞻对内讧,逐藏官,乞内附,秉璋不许,唯治番官及乱民数人罪,由藏易官,且添驻堪布一人,兵八百名助守。二十年,朱窝、章谷土司争袭滋事,瞻对番官率兵越境干预,开枪伤我官兵。四川总督鹿传霖奏瞻对为蜀门户,宜设法收回内属,派提督周万顺、知县张继率兵出关,击败番兵,不三月,克瞻对并德尔格忒即叠盖,旧名保盖。全境,擒德格土司夫妇,解至成都,让并改设流官。成都将军恭寿愤传霖不先会商,结驻藏大臣文海,密奏劾传霖,翻原案,复德格土司职,仍以瞻对属藏。

三十一年春,驻藏大臣凤全被戕于巴塘,四川总督锡良奏请以四川提督马维骐、建昌道赵尔丰进讨。维骐率师先发。先是泰凝寺产沙金,锡良准商人采办,并派兵弹压。寺中喇嘛反抗,杀都司卢鸣扬,瞻对潜助其乱,维骐出关讨平之。六月,攻克巴塘,擒正土司罗进宝、副土司郭宗隆保,诛之,移其妻子于成都安置。八月,尔丰至,杀堪布喇嘛及首恶数人祭凤全。维骐班师回,尔丰接办善后,派兵剿倡乱之七村沟,并搜捕余匪,因移师讨乡城。次年闰四月,克之,并攻克稻坝、贡噶岭，一律肃清。于是尔丰建筹边议，锡良以闻。朝廷特设督办川滇边务大臣，授尔丰。边地在川、滇、甘、藏、青海间，纵横各四五千里，土司居十之五，余地归呼图克图者十之一，清代赏藏者十之一，流为野番者十之三。尔丰改巴塘、里塘地设治，以所部防军五营分驻之。回川会商，锡良派道员赵渊出关坐镇。

三十三年，尔丰护理四川总督，奏准部拨开边费银一百万两。三十四年，授尔丰驻藏办事大臣，仍兼边务大臣，募西军三营，率之出关。时德格土司争袭，构乱久，尔丰奏请往办，经泰凝、道坞、章谷、倬倭、麻书、孔撒、白利、绒坝、擦玉龙、濯拉、扩洛垛以至更庆。十二月，攻逆酋昂翁降白仁青等于赠科，匪窜杂渠卡。宣统元年四月，攻杂渠卡。五月，战于麻木。六月，追匪十日程至卡纳，一战肃清，改流其地，并改春科、高日两土司地及灵葱土司之郎吉岭村归流。十月，四川兵入藏，藏番扼察木多以西地阻之，劫粮掳官。尔丰率边军渡金沙江，逾雪山，抵察木多，送川兵行，于是三十九族、波密、八宿均请附边辖。三十九族者：曰夥尔，曰图嘛鲁，曰吉宁塔克，曰尼牙木查，曰松嘛巴，曰勒达克，曰多嘛巴，曰达尔羊巴，曰他玛，曰夥儿，曰拉寒，他玛、夥儿、拉寒、三族共一土司。曰夥耳，曰琼布噶，曰琼布色尔查，曰琼布纳克鲁，曰扎玛尔，曰上阿扎，曰下阿扎，曰上夺尔树，曰下夺尔树，曰上刚噶尔，曰下刚噶尔，曰他玛尔，曰提玛尔，曰枳多，曰哇拉，枳多、哇拉二族共一土司。曰麻弄，曰布川目桑，曰书达格鲁克，曰奔盆，曰策令毕鲁，曰色尔查，曰纳布贡巴，曰结拉克汁，曰拉巴，曰三渣，曰朴朴，皆自为部落。设土总百户或土百户、土百长等以治之，归驻藏大臣管辖。尔丰以其族素恭顺，悉加慰遣。因派兵剿类伍齐、硕搬多、洛隆宗，边坝等阻路之番人，又分兵取江卡、贡觉、桑昂、杂瑜，咸收服之。

二年，边军直抵江达，尔丰奏请以江达为边藏分界。五月，边军返察木多。六月，尔丰率兵略乍丫地。八月，巡阿足返，设乍丫委员。闻定乡兵变，派统领凤山追剿。九月，三岩野番投书索战，尔丰率兵赴贡觉。十月，派傅嵩炑攻三岩，一旬而克。十一月，设三岩委员。

十二月,设贡觉委员。尔丰旋返巴塘。三年二月,尔丰以巴塘所属之得荣浪藏寺数年不服,派兵攻克之,设得荣委员,并收服冷卡石。三月,尔丰调任四川总督,四川布政使王人文继之为边务大臣。尔丰奏请人文未到任前,以嵩烋代理。四月,同发巴塘,至孔撒、麻书,设甘孜委员,檄灵葱、白利、倬倭、东科、单东、鱼科、明正、鱼通各土司缴印,改土归流。色达及上罗科野番来归。适驻藏大臣联豫电请边军攻波密,因奏派副都统凤山率兵二千往应。六月,尔丰至瞻对,藏官逃,收其地,设瞻对委员。旋经道坞、打箭炉,檄鱼通、卓斯各土司缴印改流。尔丰入川,沿途收咱里、冷边、沈边三土司印,嵩烋复出关改流泰凝,而鱼科土司结下罗科抗命。嵩烋令上罗科扼其险,击平之,毙鱼科土司,于是嵩烋奏请设西康省,而沃日、崇喜、纳夺、革伯咱、巴底、巴旺、灵葱、上纳夺各土司,暨乍丫、察木多两呼图克图,相继缴印。惟毛丫、曲登乞缓,许之。

　　凉山夷保倮者,居宁远、越巂、峨边、雷波、马边间,浅山部落头目属于土司。深入则凉山,数百里皆夷地。生夷黑骨头为贵种,白骨头者曰熟夷,执贱役。夷族分数百支,不相统属。叛则出掠,掳汉民作奴,遇兵散匿。清兴,雍正五年、七年,嘉庆十三年、十六年,迭经川吏剿抚,加以部勒。

　　同治末,越巂夷叛,成都将军崇实兼摄四川总督,奏调贵州提督周达武率军由陕回剿,前锋罗应旒出清溪,抚大树堡、左右王岭各土司,进驻保安,攻降洽马里、阿波落、跑马坪、燕麦厂,遂克普雄石城,夷地四百里间咸受约束。官军至靖远,刷兹、林加、布约、尼钱、交脚等支亦降,更设靖远新老两营,土千百户出汉奴数万。迨尔丰经营关外,朝廷以其兄尔巽督川,尔巽欲悉平凉山夷以利边务,光绪三十四年八月,派建昌镇总兵凤山、建昌道马汝骥等,率兵暨民团剿宁远吉狄、马加、拉斯等支猓夷。进至裹足山梁,旋值国丧,罢兵。

　　宣统元年正月,令建昌镇总兵田镇邦、宁远府知府陈廷绪再举,征服浅山白母子、吗哒、拉施、三合等支,并收抚哼咱鸡租、五支、别牛、租租等支,于是加拉及吉狄、马加等支先后降。官军进驻交脚,收抚八切、阿什并阿落、马家、上三支、下三支,野夷悉请内附,不隶土司。先是马边夷阿侯苏噶支戕英教士,拒捕,与马边协副将杨景昌军相持。尔巽调总兵董南斌往剿,与宁远军夹击,阿侯苏噶降。两军于十月二十五日贯通凉山夷巢,会于呼呼坝。于是尔巽议禁黑夷蓄奴。先就交脚设县治,余地择要屯守。而西南由美姑河至雷波,辟雷宁通道四百余里,驻兵守护,以通商旅。是役也,得地几及千里,夷众凡十余万人。二年,振邦、廷绪等师还讨会理土司,披砂、会理村、苦竹、者保、通安舟等悉改流,至是川境土司多非旧观矣。今采传世较永者著于篇。其国初归附未久旋即绝灭者,尚不胜记云。

　　成绵龙茂道松潘镇辖:

　　拈佐阿革寨土百户,系西番种类。其先个个柘,康熙四十二年,归附,授职。

　　热雾寨土百户,系西番种类。其先甲桢他,康熙四十二年,归附,授职。

　　峨眉喜寨土千户,系猓夷种类。其先官布笑,雍正四年,归附,授职。

　　毛革阿按寨土千户,系猓夷种类。其先王乍,雍正四年,归附,授职。

　　包子寺寨土千户,系西番种类。其先噶竹,康熙四十二年,归附,授职。以上松潘厅中营属。

　　阿思峒寨土千户,系西番种类。其先立架,顺治十五年,归附,授职。

　　羊峒寨土百户,系西番种类。其先甲利,雍正二年,归附,授职,由四川总督给以土百户委牌一张。以上松潘厅左营属。

　　下泥巴寨土百户,系西番种类。其先林青,康熙四十二年,归附,授职,由四川总督给以土百户委牌一张。松潘厅右营属。

　　寒盼寨土千户,系西番种类。其先占巴笑,康熙四十二年,归附,授职。

　　商巴寨土千户,系西番种类。其先刚让笑,康熙四十二年,归附,授职。

　　祈命寨土千户,系西番种类。其先龙盼架,康熙四十二年,归附,授职。

　　羊峒踏藏寨土目,系西番种类。其先甲六笑,康熙四十二年,归附,授土目。

　　阿按寨土目,系西番种类。其先六笑他,康熙四十二年,归附,授土目。挖药寨土目,系西番种类。其先旦折笑,康熙四十二年,归附,授土目。

　　押顿寨土目,系西番种类。其先拈争笑,康熙四十二年,归附,授土目。

　　中岔寨土目,系西番种类。其先捏盼目,康熙四十二年,归附,授土目。

　　郎寨土目,系西番种类。其先郎那亚,康熙四十二年,归附,授土目。

　　竹自寨土目,系西番种类。其先札布吉,康熙四十二年,归附,授土目。

　　臧咱寨土目,系西番种类。其先出亚,康熙四十二年,归附,授土目。

　　东拜王亚寨土目,系西番种类。其先点进笑,康熙四十二年,归附,授土目。

　　达弄恶坝寨土目,系西番种类。其先达喇笑,康熙四十二年,归附,授土目。

　　香咱寨土目,系西番种类。其先辖六,康熙四十二年,归附,授土目。

　　咨马寨土目,系西番种类。其先由仲笑,康熙四十二年,归附,授土目。

八顿寨土目,系西番种类。其先革甲,康熙四十二年,归附,授土目。

上包坐余湾寨土千户,系西番种类。其先札卜盼,康熙四十二年,归附,授职。

下包坐竹当寨土千户,系西番种类。其先本布笑,康熙四十二年,归附,授职。

川柘寨土千户,系西番种类。其先桑仲,康熙四十二年,归附,授职。

谷尔坝那浪寨土千户,系西番种类。其先郎借,康熙四十二年,归附,授职。

双则红凹寨土千户,系西番种类。其先郎那笑,康熙四十二年,归附,授职。

以上各土司,皆颁有号纸。

上撒路木路恶寨土百户,系西番种类。其先学赖,雍正二年,归附,授职。

中撒路木路恶寨土百户,系西番种类。其先隆笑,雍正二年,归附,授职。

下撒路竹弄寨土百户,系西番种类。其先迫带,雍正二年,归附,授职。

崇路谷谟寨土百户,系西番种类。其先札务革柱,雍正二年,归附,授职。

作路生纳寨土百户,系西番种类。其先郎刀,雍正二年,归附,授职。

上勒凹贡按寨土百户,系西番种类。其先借勒,雍正二年,归附,授职。

下勒凹卜顿寨土百户,系西番种类。其先林革秀,雍正二年,归附,授职。

以上各土司,皆颁有印信号纸。

班佑寨土千户,系西番种类。其先独足笑,雍正元年,归附,授职。

巴细蛇住坝寨土百户,系西番种类。其先连柱笑,雍正元年,归附,授职。

阿细柘弄寨土百户,系西番种类。其先哈惰,雍正元年,归附,授职。

上作尔革寨土百户,系西番种类。其先辖顿,雍正元年,归附,授职。

合坝夺杂寨土百户,系西番种类。其先谷六笑,雍正元年,归附,授职。

辖漫寨土百户,系西番种类。其先额旺,雍正元年,归附,授职。

下作革寨土百户,系西番种类。其先郎纳他,雍正元年,归附,授职。

物藏寨土百户,系西番种类。其先郎加蚌札,雍正元年,归附,授职。

热当寨土百户,系西番种类。其先拆戎架,雍正元年,归附,授职。

磨下寨土百户,系西番种类。其先的那,雍正元年,归附,授职。

甲凹寨土百户,系西番种类。其先革柯,雍正元年,归附,授职。

阿革寨土百户,系西番种类。其先甲亚,雍正元年,归附,授职。

鹊个寨土百户,系西番种类。其先罗六,雍正元年,归附,授职。

郎惰寨土百户,系西番种类。其先阿出,雍正元年,归附,授职,

上阿坝甲多寨土千户,系西番种类。其先拆达架,雍正元年,归附,授职。

中阿坝墨仓寨土千户,系西番种类。其先革杜亚,雍正元年,归附,授职。

下阿坝阿强寨土千户,系西番种类。其先顿坝,雍正元年,归附,授职。

上郭罗克车木塘寨土百户,系西番种类。其先噶顿,康熙六十年,归附,授职。

中郭罗克插落寨土千户,系西番种类。其先丹增,康熙六十年,归附,授职。

下郭罗克纳卡寨土百户,系西番种类。其先彭错,康熙六十年,归附,授职。

上阿树银达寨土百户,系西番种类。其先卜架亚,康熙六十年,归附,授职。

中阿树宗个寨土千户,系西番种类。其先卜他,康熙六十年,归附,授职。

下阿树郎达寨土百户,系西番种类。其先郎加札舍,康熙六十年,归附,授职。

小阿树寨土百户,系西番种类。其先达尔吉,康熙六十年,归附,授职。以上松潘厅漳腊营属。

丢骨寨土千户,系西番种类。其先沙乍谟,康熙四十二年,归附,授职。

云昌寺寨土千户,系西番种类。其先革都判,康熙四十二年,归附,授职。

呷竹寺土千户,系猓夷种类。其先七谷,康熙四十二年,归附,授职。以上松潘厅平番营属。

以上各土司,皆颁有号纸。

中羊峒隆康寨首,系西番种类,其先林柱,雍正二年,归附,委以寨首。咸丰十一年,欧利娃作乱,陷南坪营。同治四年,周达武率武字、果毅各军讨平之。

下羊峒黑角郎寨首,系西番种类。其先六孝,雍正二年,归附,委以寨首。

以上各土司,皆无印信号纸。以上松潘厅南坪营属。

大姓寨土百户,其先郁氏,于唐时颁给左都督职衔印信,管束番众。顺治六年,郁孟贤将唐时印信呈缴。

小姓寨土百户,其先郁从文,于明末归附,授长官司职衔印信,管束番众。顺治年间,将明时印信号纸呈缴。

　　大定沙坝土千户,其先苏忠,于明万历年间归附,授土千户职衔印信,管束番众。顺治年间,将明时印信号纸呈缴。

　　以上各土司,皆颁号纸。

　　大黑水寨土百户,其先郁孟贤,于明末归附,授土百户职衔,管束各番。顺治年间,将明时号纸呈缴。

　　小黑水寨土百户,其先于唐时归附,授土百户职衔印信,管束各番。顺治年间,郁从学将唐时印信呈缴。

　　以上各土司,皆给委牌。

　　松坪寨土百户,其先韩腾,于明末归附,授土百户职衔印信,管束番众。顺治年间,将明末印信号纸呈缴,仍颁给号纸。以上茂州叠溪营属。

　　静州长官司,其先董正伯,自唐时归附,授职。顺治年间,贼屠茂州,土司董怀德率土兵捍御,地方宁谧。九年,董应诏归附。

　　陇木长官司,其先何文贵,于宋时剿罗打鼓生番有功,授职与印。顺治九年,归附。

　　岳希长官司,其先坤蒲,自唐时有功授职。康熙九年,归附。

　　沙坝安抚司,其先蟒答儿,自明时剿黑水三溪生番有功授职。顺治九年,归附。

　　水草坪巡检土司,其先蟒答儿次子住水草坪,授巡检职。顺治九年,归附。

　　竹木坎副巡检土司,其先坤儿布,自明时授职。顺治九年,归附。

　　牟托巡检土司,其先灿沙,自唐时授职。顺治九年,归附。

　　以上各土司,皆颁印信号纸。

　　实大关副长官司,其先官之保,自明时授职。康熙十年,归附,颁给号纸。以上茂州茂州营属。

　　阳地隘口土长官司,始祖王行俭,由宋宁宗朝授龙州判官,世袭。传三世,改守御千户。元至正间,授宣御副使。明洪武七年,开龙州,改长官司。顺治六年,王燧一归附,仍授原职,颁给印信号纸。

土通判,明洪武七年授王思恭为长官司,以王思民袭判官,旋授宣抚佥事。嘉靖间,改土通判。顺治六年,王启睿归附,仍授原职,颁给号纸,无印信。

龙溪堡土知事,宋景定间,授薛严龙州知州,世袭。明隆庆间,改土知事。顺治六年,薛兆选归附,仍授原职,颁给号纸。以上龙安府龙安营属。

瓦寺宣慰司,先世雍中罗洛思,与兄桑郎纳思坝,前明纳贡土物。正统六年,威茂、孟董、九子、黑虎等寨诸番跳梁,雍中罗洛思、桑郎纳思坝奉调出藏,带兵出力,即留住汶川县涂禹山,给宣慰司印信号纸,顺治九年,土司曲翊伸归附,授安抚司。康熙五十九年,征西藏,土司桑郎温恺随征,有功加宣慰司衔。乾隆二年,加指挥使职衔。乾隆十七年及三十六年,征剿杂谷土司苍旺并金川等处,土司桑郎雍中随征出力,赏戴花翎。嘉庆元年,随征达州教匪,经四川总督勒保奏升宣慰司,换给印信号纸。以上理番厅维州协左营属。

梭磨宣慰使司,始祖囊素沙甲布,原系杂谷土目,自唐时归附。雍正元年,征剿郭克贼番有功,颁给副长官司印信号纸。乾隆十五年,换给安抚司印。三十六年,进剿大小金川,土司随征,经将军阿桂奏赏宣慰司职衔并花翎,换给印信号纸。

卓克基长官司,其祖良尔吉,系杂谷土舍。乾隆十三年,随征大金川有功。十五年,颁给长官司印信号纸,寻以通匪伏诛。

松冈长官司,其祖系杂谷土目,自唐时安设。康熙二十二年,颁给安抚司印信号纸。乾隆十七年,土司苍旺不法,伏诛。

党坝长官司,其曾祖阿丕,系杂谷土舍。乾隆十三年,土舍泽旺随征大金川有功,颁给长官司印信号纸。嘉庆元年,土司更噶斯丹增姜初随征苗匪,赏花翎。以上理番厅维州协右营属。

成绵龙茂道提标辖:

沃日安抚司,始祖巴碧太,顺治十五年,归附,颁发沃日贯顶净慈妙智国师印信号纸。乾隆二十年,颁给土司色达拉安抚司印信号纸,随将旧印呈缴。二十九年,随征金川有功,赏二品顶戴花翎。沃日地名更为鄂克什,原系维州协所辖。乾隆五十年,改隶懋功协管辖。宣统三年,改流。

绰斯甲布宣抚司,绰斯甲布印文曰"卓斯甲布"。卓斯,地名。甲者,家之误。番人称谓如德格则曰"德格家",孔撒则曰"孔撒家"。布者,番人男子之称。印以"绰斯甲布"为名,误矣。始祖资立,康熙三十九年,归附。四十一年,颁给安抚司印信号纸。乾隆三十七年,出师金川,赏二品顶戴花翎。四十一年,颁给宣抚司印信号纸。随将旧印呈缴。原系阜和协所辖。乾隆五十一年,改隶懋功协管辖。宣统三年,改流。以上懋功厅懋功协属。

建昌道建昌镇辖。

河东长官司,其先自元迄明,世袭建昌宣慰司。顺治十六年,安泰宁归附,呈缴明印。雍正六年,改授长官司。管有大石头、长村、继事田三土百户,利扼、上芍果、阿史、纽姑、上沈渣、下芍果、上热水、小凉山、慕西、又利呃、阿史、者加十二土目。

阿都正长官司,其先结固,顺治六年,归附,授职。康熙四十九年,土司慕枝为招抚案内,授阿都宣抚司,颁给印信号纸。雍正六年,改土归流。是年,凉山野夷不法,土司聚姑擒献凶首,复授阿都正长官司。管有歪歪溪、咱古、乔山南、大河西四土目。

副长官司,雍正六年,剿抚凉山夷众,归附有功,授阿都副长官司。管有小凉山马希、大梁山拖觉、阿乃、又阿史、结呃、派乃、者腻、那科、那俄、哈乃过、又阿驴十一土目。

沙骂宣抚司,其先安韦威,康熙四十九年,归附,授职。管有那多、扼乌、咱烈山、撒凹沟、结觉五土目。以上西昌县中营属。

昌州长官司,其先卢尼古,明洪武九年,调守德昌、昌州,康熙四十九年,归附,承袭。

普济州长官司,其先吉三嘉,明洪武七年,授普济州土知州。康熙四十九年,归附,承袭,改长官司。

威龙州长官司,其先张起朝,明洪武七年,授职。顺治十六年,归附,世袭。以上西昌县左营属。

河西宣慰司,其先安吉茂,康熙五十一年,归附。五十七年,吉茂殁。无子,岭氏抚伊兄越巂土司岭安泰之子为子,更名安祥茂。雍正六年,改土归流,换给土千总职衔,世袭。管有啰幕、芍果、咱堡、沙沟四土目。以上西昌县右营属。

以上各土司,皆颁印信号纸。

邛部宣抚司,其先岭安盘,康熙四十三年,归附,授职。同治二年,土司岭承恩助官军擒石达开有功,赏二品衔。管有腻乃、阿谷、苏呷、咱户、慕虐、阿苏、滥田坝、普雄、黑保、大疏山十土目。以上越巂厅越巂营属。

暖带密土千户,其先岭安泰,康熙四十九年,归附,授职。管有上官、六革、瓜猓、纠米、布布、阿多六磨、磨卡为呷、西纠七乡总。

暖带田坝土千户,其先部则,康熙四十四年,归附,授职。

松林地土千户,其先王德洽。康熙四十九年,归附,授职。管有老鸦漩、白石村、六翁、野猪塘、前后山、料林坪六土百户。以上越巂厅宁越营属。

以上各土司,皆颁印信号纸。

木里安抚司,其先六藏涂都,雍正七年,归附。

瓜别安抚司,系麽麽夷人。其先玉珠迫,康熙四十九年,归附。

马喇副长官司,系僬夷人。其先阿世忠,康熙十九年,归附。颁给号纸。

古柏树土千户,系麽麽夷人。其先郎俊位,康熙四十九年,归附。管有阿撒、禄马六槽两土目。

中所土千户,系麽麽夷人。其先喇瑞麟,康熙四十九年,归附。

左所土千户,系麽麽夷人。其先喇世英,康熙四十九年,归附。管有苹苴芦土目。

右所土千户,系麽麽夷人。其先八玺,康熙四十九年,归附。

前所土百户,系麽麽夷人。其先阿成福,康熙四十九年,归附。

后所土百户,系麼麽夷人。其先白马塔,康熙四十九年,归附。以上盐源县会盐营属。

以上各土司,皆颁印信号纸。

酥州土千户,其先姜喳。康熙四十九年,归附,授职。

架州土百户,其先里五,康熙四十九年,归附,授职。

苗出土百户,其先热即巴,康熙四十九年,归附,授职。

大村土百户,其先也四噶,康熙四十九年,归附,授职。

糯白瓦土百户,其先纽吽,康熙四十九年,归附,授职。

大盐井土百户,其先前布汪喳,康熙四十九年,归附,授职。

热即哇土百户,其先牙卓撒,康熙四十九年,归附,授职。

中村土百户,其先歪即噶,康熙四十九年,归附,授职。

三大枝土百户,其先甲噶,康熙四十九年,归附,授职。

河西土百户,其先那姑,康熙四十九年,归附,授职。以上冕宁县冕山营属。

窝卜土百户,其先蓝布甲噶,康熙四十九年,归附,授职。

虚郎土百户,其先济布,康熙四十九年,归附,授职。

白路土百户,其先倪姑,康熙四十九年,归附,授职。

阿得轿土百户,其先募庚,康熙四十九年,归附,授职。

瓦都土目,其先安承裔,康熙四十九年,归附,授职。

木术凹土目,其先那咱,康熙四十九年,归附,授职。

瓦尾土目,其先沪沽,康熙四十九年,归附,授职。

瓦都木、术凹、瓦尾三土司,皆于雍正五年,因征三渡水僰俊违误运粮参革,其部落户口仍设土目管束。以上冕宁县靖远营属。

七儿堡土目,原设土司,康熙四十九年,归附,授职。雍正五年,降土目,管有耳挖沟土目。冕宁县沪宁营属。

以上各土司,皆颁印信号纸。

黎溪舟土千户,其先自必仁,康熙四十九年,归附,授职。

迷易土千户,其先安文,康熙四十九年,归附,授职。

以上各土司,皆颁有印信号纸。

会理村土千户,其先禄沙克,康熙三十二年,归附,爰职,颁给号纸。

者保土百户,其先禄阿格,康熙四年,归附,无印信号纸。

普隆土百户,其先汪玉,康熙四十九年,归附,承袭。

红卜苴土百户,其先刁氏,康熙四十九年,归附,承袭。

以上各土司,皆颁有印信号纸。

苦竹坝土百户,其先禄姐,康熙三十七年,归附,承袭,颁给印信号纸。其通安舟土百户另给钤记。以上会理州会川营属。

披砂土千户,其先禄应麟,康熙四十九年,归附,颁给号纸。会理州永定营属。

禄氏五土司,传二百余年。宣统初,禄绍武死,无后,妻自氏据其遗产,禄、自两姓群起争袭,作乱。二年,赵尔巽派兵剿捕,先后擒逆首禄祯祥、严如松等,因移师讨炉铁梁子侯夷,悉平之。披砂、会理村、苦竹、者保、通安舟五土司地一律收回,改流设治。

建昌道提标辖:

天全六番招讨司高跻泰,顺治九年,归附。副司杨先柱同。均于雍正六年追缴印信号纸,以其地为天全州。

穆坪董卜韩瑚宣慰使司,其先于明世袭土职。至康熙元年,坚参喃喀归附,仍授原职,请领宣慰司印信。乾隆十年,颁给号纸。天全州黎雅营属。

黎州土百户,汉马岱后,其先马芍德,于明洪武八年世袭安抚司。万历十九年,马祥无子,妻瞿氏掌司事,与祥侄构衅,降千户。顺治九年,马高归附,仍授原职。乾隆十七年,改百户。

大田副土百户,乾隆十七年,因防曲曲鸟,奏请添设副土百户一员,世袭。

松坪土千户,其先马比必,康熙四十三年,归附,授职。以上清溪县黎雅营属。

以上各土司,皆颁有印信号纸。

　　沈边长官司,原籍江西吉水县。其先余锡伯,前明从征来川,授土千户。顺治九年,余期拔归附,改名永忠。宣统三年,改流。

　　冷边长官司,西番瓦布人。其先阿撒乩,顺治元年,归附。传至盎屋德,于康熙六十年授职。宣统三年,改流。以上打箭炉泰宁营属。

　　明正宣慰使司,其先系木坪分支。明洪武初,始祖阿克旺嘉尔参随征明玉珍有功。永乐五年,授四川长河西宁鱼通宣慰使。康熙五年,丹怎札克巴归附。乾隆三十六年,甲木参德侵随征金川有功,赏赐"佳穆伯屯巴"名号,并二品顶戴、花翎。五十六年,甲木参诺尔布随征廓尔喀,赏花翎。嘉庆十四年,甲木参沙加领班进京恭祝万寿,赏花翎,世袭,住牧打箭炉城。光绪三十四年七月,赵尔丰奏改打箭炉为康定府,设河口县。宣统三年,土司甲木参琼珀缴印,其地悉归流。原管有咱哩木千户,木噶、瓦七、俄洛、白桑、恶热、下八义、少误石、作苏策、八哩笼、上渡噶喇住索、中渡哑出卡、他咳、索窝笼、恶拉、乐壤、扒桑、木铲、格洼卡、呷那工弄、吉增卡桑阿笼、沙卡、上八义、拉里、八乌笼、姆朱、上渣坝恶叠、上渣坝卓泥、中渣坝热错、中渣坝沱、下渣坝业洼石、下渣坝莫藏石,鲁密东谷、鲁密普工碟、鲁密郭宗、鲁密结藏、鲁密祖卜柏哈、鲁密初把、鲁密昌拉、鲁密坚正、鲁密达妈、鲁密格桑、鲁密本滚、长结杵尖、长结松归、鲁密白隅、鲁密梭布、鲁密达则,鲁密卓笼四十八土百户。

　　革伯咱安抚司,其先魏珠布策凌,康熙三十九年,归附,授职。颁给印信号纸。宣统三年,改流。

　　巴底宣慰司,其先绰布木凌,康熙四十一年,归附,授巴底安抚司。宣统三年,改流。

　　巴旺宣慰司,与巴底土司同世系,分驻巴旺,共管地方土民。宣统三年,改流。

　　喇嚓安抚司,其先阿倭塔尔,康熙四十年,归附,授职。

　　霍耳竹窝安抚司,即倬倭。其先索诺木衮卜,雍正六年,归附,授职。宣统三年,改流。原管有瓦述写达、瓦述更平东撒两土百户。

　　霍耳章谷安抚司,其先罗卜策旺,雍正六年,归附,授职。光绪二十年,瞻对欲夺其地,鹿传霖派兵灭瞻对,同倬倭一并改流。后发还,而章谷无人承领,改为炉霍屯。宣统三年,改流。

纳林冲长官司,其先诺尔布,雍正六年,归附,授职,与章谷土司一家。

瓦述色他长官司,雍正六年,归附,授职。

瓦述更平长官司,雍正六年,归附,授职。

瓦述余科长官司,其先沙克嘉诺尔布,雍正六年,归附,授职。

霍耳孔撒安抚司,其先麻苏尔特亲,雍正六年,归附,授职。宣统三年,改流。管有科则、图根满碟两土百户。

霍耳甘孜麻书安抚司,其先那木卡索诺木,雍正六年,归附,授职。宣统三年,改流。原管有革赍、束暑、又束暑三土百户。

德尔格忒宣慰司,其先丹巴策凌,雍正六年,归附,授德尔格忒安抚司。十一年,改宣慰司。诸土司部落,以德格为最大,东连瞻对,西连察木多,南连巴塘,北连西宁。番人以其地大,有“天德格、地德格”之称。鹿传霖派兵攻瞻对时,访得德格土司罗追彭错妻玉米者登仁甲生子名多吉僧格,又与头人通,生子名降白仁青,以是与夫反目。玉米者登仁甲本藏女,于瞻对藏官有姻谊,藏官助之抗其夫,故各携其子分居焉。光绪二十年,官军计诱罗追彭错,言为之逐其妇及降白仁青,因入德格。洎传霖被劾,罢改流议。土司夫妇旋病故,传霖奏遣其二子回籍。多吉僧格暂管地方。降白仁青已为僧,继而招致多人争职。多吉僧格奔藏。德格头人百姓以降白仁青非土司子,且残暴,迎多吉僧格归。降白仁青避位数年,头人正巴阿登等嗾其再起争职,并诱占多吉僧格之妾。多吉僧格夫妇复奔藏,控于驻藏大臣有泰、张荫棠。既而德格百姓复迎之归,锢降白仁青。降白仁青脱出,聚党作乱,人民多被杀戮,多吉僧格遣人至打箭炉告急。宣统元年四月,赵尔丰率兵讨之,降白仁青败逃入藏。多吉僧格夫妇请改流,尔丰不欲利其危乱,许以复职。多吉僧格泣曰:“德格地广人稀,窥伺者众,终恐不自保,愿招汉人开垦,使地辟民聚,乃可图存。”意极坚决。尔丰奏分其地为五区:中区德化州,南区白玉州,北区登科府,极北一区即石渠县,西区则同普县,而边北道驻登科焉。多吉僧格纳其财产于官,徙家巴塘,复以奏给养赡银及其妻如郎错莫首饰捐助巴塘学费。尔丰奏赏头品顶戴,并予其妻建坊。原管有四上革赉、杂竹吗竹卡、笼坝六土百户。

霍耳白利长官司,其先隆溥特查什,雍正六年,归附,授职。宣统三年,改流。

霍耳咱安抚司,其先阿克旺错尔耻木,雍正六年,归附,授职。管有两下革赉土百户。

霍耳东科长官司,其先达罕格努,雍正六年,归附,授职。宣统三年,改流。

春科安抚司,其先兖卜旺札尔,雍正六年,归附,授职。副土司与安抚司一家,同时归附授职。宣统元年,改流。

高日长官司,其先自印布,雍正六年,归附,授职。宣统元年,改流。

蒙葛结长官司,其先达木兖布,雍正六年,归附,授职。

林葱安抚司,其先兖卜林亲,雍正六年,归附,授职。宣统三年,改流。

上纳夺安抚司,其先索诺木旺札尔,雍正六年,归附,授职。宣统三年,改流。原管有上纳夺土千户,上纳夺黎窝、上纳夺、纳夺黎窝三土百户。

瞻对有上、中、下三名。上瞻对茹长官司、下瞻对安抚司,均雍正六年归附授职。中瞻对长官司,乾隆十年授职。距打箭炉七日程。东连明正,南接里塘,西北与德格土司毗连。纵横数百里,为鸦龙江之上游。同治初,川、藏会攻瞻对,川军未至,藏兵先克瞻对,派民官一、僧官一,率兵驻守,由达赖喇嘛及商上选任咨请驻藏大臣奏明,每三年替换。藏官恣行暴政,诛求无厌,瞻对民不堪命,屡起抗官,疆吏率加压服,仍令属藏。光绪二十年,鹿传霖讨平瞻对,议改流,卒为恭寿、文海劾罢。三十四年,赵尔丰由川赴关外德格,土司百姓沿途控告瞻对藏官侵夺土地,四出虐民,并历诉中朝两次将瞻对归藏时,藏官追究内附者一一孥戮之惨。藏官不自安,阴欲添兵攻尔丰,尔丰令傅嵩炑率兵赴昌泰扼之。宣统元年春,尔丰建议收瞻对,枢府令驻藏大臣联豫、温宗尧与藏人议赎未成,枢臣恐牵动外交,持不断。于是尔丰与嵩炑议,决以计取之。三年夏,尔丰调任入川,偕嵩炑整兵经瞻对。藏官惮军势之盛,潜遁去,瞻人欢舞出迎。因收回设治。寻尔丰至川奏闻。以上打箭炉厅阜和协属。

以上各土司,均颁有印信号纸。

里塘宣抚司,其先番目江摆,康熙五十七年,归附,授职。传至索诺木根登,因不能约束帐下头人云甸等,致滋事端,革去土职,以土都司希洛工布拔补。里塘、巴塘两土司例于头人内巴塘拣补,与他土司不同。嘉庆十二年,希洛工布为竹马策登等所害,以头人阿策拔补,颁给印信号纸。

副土司,其先番目康却江错,与正土司同时归附。雍正七年,授职。嘉庆八年,土司罗藏策登为正土司头人云甸等戕害,以头人阿彩登舟拔补,颁给印信号纸。向设守备一、把总一。光绪三十一年,川军讨巴塘乱,里塘头人不支乌拉,粮饷不能转运,赵尔丰诛头人,正土司逃往稻坝贡噶岭,啸聚土人为乱。尔丰移师攻乡城,分兵先剿稻坝。正土司败逃入藏,稻坝平。先是乡城喇嘛普中札娃强悍知兵,诱杀里塘守备李朝富父子。鹿传霖派游击施文明讨之,为所擒,剥皮实草,悬以为号。三十二年正月,尔丰率兵督攻,大小数十战,匪退喇嘛寺死守。尔丰围之数月,断其水道,普中札娃自缢,诸番皆降,改里塘为顺化县。三十四年秋,复改里化同知,以乡城为定乡县,稻坝为稻城县,贡噶岭设县丞。

瓦述毛丫长官司,其先番目索郎罗布,康熙六十一年,归附。雍正七年,授职。

崇喜长官司,其先番目杜纳台吉,康熙六十一年,归附。雍正七年,授职。

瓦述曲登长官司,其先番目康珠,康熙六十一年,归附。雍正七年,授职。

瓦述咽陇长官司,嘉庆十二年,归附,授职。

以上各土司,皆颁有印信号纸。

瓦述茂丫土百户,其先番目侧冷工,康熙六十一年,归附。雍正七年,授职。

瓦述麻里土百户,嘉庆十二年,归附,授职。

以上各土司,皆颁有号纸。以上里塘粮务属。

巴塘宣抚司,其先罗布阿旺,康熙五十八年,归附,授职,颁给印信号纸。副土司同。由四川设粮员一、都司一、千总一,三年更替。其喇嘛寺设堪布一、铁棒一,为僧官,亦三年另换。堪布掌管教务经典,铁棒管理僧人条规。番人犯罪,土司治之。番人之喇嘛犯罪,铁棒治之。土饷以赋相抵,不足由官补给,年约银千余两。光绪三十年,驻藏帮办大臣凤全赴任,道经巴塘,见地土膏腴,即招汉人往垦,筑垦场于茨梨陇,委巴塘粮员吴锡珍、都司吴以忠兼理。番人惊沮,土司堪布劝凤全速入藏,不听。三十一年春,七村沟番民聚众劫杀垦夫,吴以忠阵亡,凤全避入正土司寨,与乱民议和。乱民迫凤全回川,许息事,凤全信之。东行数里,至鹦哥嘴,被杀。夏,马维骐、赵尔丰往讨,六月十八日,克巴塘,诛两土司并堪布喇嘛及首恶数人。尔丰搜剿余匪,因移师定乡城。三十二年秋,尔丰会锡良暨云贵总督丁振铎具奏改流,设巴安县。三十四年,改巴安府,分设盐井县三坝通判,并设康安道,驻巴塘。原管有上临卡石、下临卡石、冈里、桑隆、上阿苏、下阿苏、郭布等七土百户。巴塘粮务属。

岭夷十二地夷人头目,嘉庆十三年,归附,给有头目牌。十六年,改流,更姓住牧。豹岭冈姓高,赶山坪姓泽,阿叶坪姓惠,牛跌蛮姓周,芭蕉沟姓华,龙竹山姓夏,雪都都姓万,小板屋姓年,牛心山姓海,月落山姓宇,盐井溪姓成,桃子沟姓平。

赤夷十三支,嘉庆十三年,归附,选拔土弁,给有委牌住牧。胆巴家土千总一、土把总一,管有夅鸡疏、卑溪疏、夅哈疏、白魁四家。哈纳家土千总一、土把总一,管有胃扭、雅札、哈什三三家。蛮瓜家土千总一、土把总二,管有妈、呆得二家。魁西家土千总一、土把总一。

凡各地支所部猓夷稍曰"娃子""以上峨边厅峨边营冷碛汛属。

川东道重庆镇辖。

石砫宣慰使，其先马定虎，汉马援后。南宋时，封安抚使。其后克用，明洪武初加封宣抚使。崇祯时，土司千乘及妇秦良玉，以功加太子太保，封忠贞侯。子祥麟，亦加封宣慰使。顺治十六年，祥麟子万年归附，仍授宣慰使职。乾隆二十一年，以夔州府分驻云安厂同知驻石砫。二十五年，设石砫直隶厅，改土宣慰使为土通判世职，不理民事。夔州府夔州协属。

酉阳宣慰使司，其先受明封。传至奇镖，于顺治十五年归附，仍授原职，颁给印信号纸。雍正十二年，土司元龄因事革职，以其地改设酉阳直隶州。原管有邑梅峒、平茶峒、石耶峒、地坝四长官司，均于乾隆元年改流。重庆府绥宁营属。

永宁道提标辖。

九姓土长官司，其先任福，江南溧阳人。明洪武初，从傅友德入蜀，招抚拗羿蛮，受封。传至孟麒，以功擢安抚使。天启元年，土司任世藩夫妇死难，子祈禄复以功授泸卫守备。传至长春，顺治四年，归附，更给知府札副。吴三桂叛，长春来奔。十六年，复永宁，长春子功臣复率土民归附，颁发札副。康熙二年，江安县贼吴天成等作乱，功臣以擒贼功议叙。子宗顼袭职，随颁土长官司印信号纸，以武职属泸州州判及泸州营管辖。嘉庆元年，移驻泸卫。光绪三十四年，赵尔丰奏改泸卫为古宋县，存土司名。泸州泸州营属。

千万贯土千总，其先自元时受封。明洪武四年，赐姓杨。康熙四十三年，土司杨喇哇归附，颁给印信号纸。其后杨明义，于雍正六年因云南米贴夷滋事案参革。子明忠立功赎罪，赏土千总职衔，未经请颁印信号纸。管有头目六十五名。

千万贯土千户，其先杨继武，为土千总杨成胞叔。嘉庆七年，夷人滋事，继武同成出力，赏给土千户执照。

千万贯土巡检，其先安济，明时授马湖土知府。其后失职，复授土巡检。雍正六年，土舍安保归附，无印信号纸。管有头目二十四名。以上雷波厅普安营属。

黄螂土舍，其先为明时酋长。雍正五年，土舍国保归附，无印信号纸。

凡千万贯、黄螂四土司，所管黑、白骨头二种猓夷，椎髻衣毡，耕种打牲为业。以上雷波厅安阜营属。

平彝长官司，其先王元寿，原籍江南人，于明时受封。顺治九年，土司王长才归附。

蛮彝司长官司，其先文的保，原籍湖广人，于明时受封。顺治九年，土司文凤鸣归附。

泥溪长官司，其先王麒，自明时世袭。顺治九年，土司王嗣传归附。

沐川长官司，其先于明时受封，赐姓悦。顺治九年，土司悦嶢瞻归附。

以上各土司，皆颁有印信号纸。以上屏山县屏山汛属。

明州乐土百户，其先盎甲，凉山生夷。其后骆哥，康熙四十二年，归附，授职。

油石洞土百户，其先普祚，凉山生夷。子咀姑，康熙四十二年，归附，授职。

旁阿姑土百户，其先脚谟伯，凉山生夷。子骆束，康熙四十二年，归附，授职。

大羊肠土百户，其先六盎，凉山生夷。子纽车，康熙四十二年，归附，授职。

腻乃巢土百户，其先必祚，凉山生夷。子脚骨，康熙四十二年，归附，授职。以上马边厅马边营烟峰汛属。

挖黑土百户，其先亦赤，凉山生夷。子三儿，康熙四十二年，归附，授职。

阿招土百户,其先阿直,凉山生夷。子秧哥,康熙四十二年,归附,授职。

干田坝土百户,其先赊的,凉山生夷。子路引,康熙四十二年,归附,授职。

蘇柳坝土百户,其先鄂车,凉山生夷。子六贯,康熙四十二年,归附,授职。

以上各土司,皆领有号纸。

樕栗坪土千户,其先卜佐,凉山生夷。其后阿二,嘉庆十三年,归附,赏给职衔,领有委牌。

冷纪土外委,其先普祚,凉山生夷。子未铁,雍正元年,归附,授职。以上马边厅马边营三河口汛属。

以上各土司外,有理番厅之杂谷脑屯、乾堡寨屯、上孟董屯、下董孟屯、九子寨屯,懋功厅之懋功屯、崇化屯、抚边屯、章谷屯、绥靖屯等土弁,各设屯守备,暨所属屯千总、屯把总、屯外委,均世及接顶,与《地志》、《兵志》互见。

清史稿卷五一四
列传第三〇一

土司三

云　南

云南,古滇国。自越巂蛮夷任贵自领太守,光武即授以印绶,不以内地官守例之。若爨、若蒙,皆以本土大姓,就官累世,为一方长。元封梁王于滇,与大理之段分治。明破梁王,灭大理,就土官而统驭之,分宣慰使、宣抚使、安抚使、正副长官司、土府、土州以治之。

清顺治十七年,平西王吴三桂定云南,明永明王走缅甸,以沐府旧地封三桂,永镇云南。康熙十四年,撤藩,三桂遂叛。三桂死,其孙世璠袭。二十一年,克之,世璠自杀,云南大定。

雍正初,改土归流之议起。四年夏,先革东川土目,即进图乌蒙。时乌蒙土府禄万钟、镇雄土府陇庆侯皆年少,兵权皆握于其叔禄鼎坤、陇联星。鄂尔泰令总兵刘起元屯东川,招降禄鼎坤。惟禄万钟制于汉奸,约镇雄兵三千攻鼎坤于鲁甸,鄂尔泰遣游击哈元生败之。又檄其相仇之阿底土兵共捣乌蒙,连破关隘,贼遂败走镇雄。鄂尔泰复招降陇联星,而鼎坤亦以兵三千攻镇雄之胁,两酋皆遁四川,于是两土府旬日平。以乌蒙设府,镇雄设州,又设镇于乌蒙,控制三属,由四川改隶云南,以一事权。其东川法戛土目禄天祐、乌蒙米贴土目禄永孝,尚各据巢患边。六年春,遣兵破擒法戛,又遣副将郭寿域以兵三百捕米贴贼,逃渡小金沙江,纠四川沙马司及建昌、

凉山各夷猓数千潜回。袭陷官兵。鄂尔泰遣总兵张耀祖、参将哈元
生三路搜讨。诏四川建昌、永宁官兵听鄂尔泰节制。于是自小金沙
江外，沙马、雷波、吞都、黄螂诸土司地，直抵建昌，袤千余里，皆置
营汛，形联势控，并擒雷波土司杨明义。而哈元生回军复败阿卢土
司之众数千，屯田东川，岁收二万余石，课矿岁万金，资兵饷。事甫
定，禄鼎坤以功擢河南参将，怏怏失望。其子禄万福乞回鲁甸治产，
见总兵刘起元军律不肃，阴会其旧部谋变。时乌蒙商民万计，有险
可扼，且贼止标弩，无大炮，而刘起元惟偷馁贿和，贼遂陷镇城，尽
戕兵民，遍煽东川、镇雄及四川凉山蛮数万叛。鄂尔泰奏言："臣用
人偾事，请别简大臣总督两省，暂假臣提督，将兵讨贼雪愤。"世宗
慰留之。鄂尔泰调官兵万余，土兵半之，三路进攻。先令总兵魏翥
国率兵二千，七日驰抵东川，得不陷。而魏翥国旋为禄鼎明刺伤，乃
以官禄代翥国。乌蒙委总兵哈元生、副将徐成贵，镇雄委参将韩勋。
勋以兵四百扼奎乡，败贼四千，连破四寨。哈元生以千余兵讨乌蒙，
先至得胜坡，遇贼二万，其黑寡、暮末二渠皆万人敌。黑寡持长枪，
直犯元生，元生左格枪，右拔矢，应手殪之，又射殪暮末，即竿揭二
首以进，贼夺气。再战再捷，进至倚那冈。贼数万，连营十余里。我
兵三千、土兵千，夜设伏贼营左右，而严阵以待。黎明，贼数路来犯，
不动。将逼阵，炮起，大呼奋击，山后伏兵左右夹攻，贼大溃，尽破其
八十余营，获甲械辎重山积。即日，抵乌蒙，贼见元生旗，即反走，克
三关，禄万福兄弟、禄鼎坤均伏诛。

　　六年，鄂尔泰总督三省，其土州安于蕃、镇沅土府刁浣，及赭乐
长官土司、威远州、广南府各土目，先后劾黜。惟刁氏之族舍土目煽
纠威远黑倮复反，戕知府刘洪度。于是尽徙已革土司土目他省安
置，并搜剿党逆之威远、新平诸猓，冒瘴突入，擒斩千计，而我将士
亦患瘴死二百余。又进剿澜沧江内孟养、茶山土夷，即明王骥兵十
二万，大举再征，诸蛮惊谓"自古汉兵所未至者"也。鄂尔泰先檄车
里土兵截诸江外，官兵各持斧锹开路，焚栅湮沟，连破险隘，直抵孟
养，据蛮坡通饷道。其六茶山巢穴四十余寨，乃用降夷向导，以贼攻

贼,于是深入数千里,无险不搜。惟江外归车里土司,江内地全改流,升普洱为府,移沅江协副将驻之。于思茅、橄榄坝各设官戍兵,以扼蒙缅、老挝门户。于是广南府土同知、富州土知州,各愿增岁粮二三千石,并捐建府州城垣。孟连土司献银厂,怒江野夷输皮币,而老挝、景迈二国皆来贡象,缅甸震焉。乾隆三十四年,迁孟拱土司于关外。缅甸事详见《缅甸传》。

云南府：

罗次县

炼象关土巡检,居炼象关大街。清顺治十六年,土巡检李文秀归附,仍授旧职。传至李东祚,乾隆五十年,改为从九品土官,世袭。

禄丰县

南平关土巡检,居土官村。清顺治十六年,土巡检李楚南归附,仍授旧职。传至李东来,乾隆五十年,改为从九品土官,世袭。

大理府：

赵州

定西岭土巡检,居定西岭。清顺治十六年,土巡检李齐斗归附,仍授旧职。

云南县土县丞,在县城。清顺治十六年,土知县杨玉蕴子岳归附,仍授土知县世职。康熙六年,云南县改设流官知县,其知县改县丞,世袭。

云南县土主簿,居土官村,离城十里。清顺治十六年,土主簿张维归附,仍授世职。

邓川州

青索鼻土巡检,在青索鼻。清顺治十六年,土巡检杨应鹏归附,仍授旧职。传至杨荣昌,乾隆五十年,改为从九品土官,世袭。

浪穹县

浪穹县土典使,在县城。清顺治十六年,土典史王凤州归附,仍授世职。

蒲陀崆土巡检,在蒲陀崆,距县城十五里。清顺治十六年,土巡检杨争先归附,仍授世袭。

凤羽乡土巡检,在凤羽乡,距县城三十里,清顺治十六年,土巡检尹德明归附,仍授世职。

上江嘴土巡检,在上江嘴,距县一百二十里。清顺治十六年,土巡检杨康国归附,仍授世职。

下江嘴土巡检,在下江嘴,距县九十里。清顺治十六年,土巡检何应福归附,仍授世职。

云龙州

箭杆场土巡检,居箭杆场。清顺治十六年,土巡检字题凤归附,仍授世职。旧属邓川州,康熙二年,改隶云龙州。

十二关长官司,在府东三百里。清顺治十六年,长官司李恬森归附,仍授世职。

老窝土千总,居老窝。清顺治十六年,土知州段德寿归附,后裁。乾隆十二年,德寿孙维精剿秤戛夷贼有功,十七年,授土千总世职。道光元年,永北军务,段克勋带练擒贼,给五品顶戴。

六库土千总,居六库。其先段复健,明土知州段保十七世孙。清乾隆十二年,征秤戛夷贼有功,十七年,授土千总世职。道光元年,永北军务,段履仁带练擒贼,给五品顶戴。

漕涧土把总,居漕涧。清顺治十八年,左文灿以堵御功授土官长官司,子停袭。乾隆十二年,文灿曾孙左世英随征秤戛夷贼有功,授土把总,世袭。

邓川州土知州,清顺治十六年,土知州阿尚夔归附,仍授世职。曾孙夐远,因纵贼殃民,雍正四年改流,安插江西。

临安府:

纳楼茶甸长官司,在府西南一百八十里。清顺治十六年,长官司普率归附,仍授世职。康熙四年,率附王禄叛,官兵讨之,乞降,赦之,以子向化袭。

纳更山土巡检,距府东南二百八十里。清顺治十六年,土巡检龙天正归附,仍授世职。

亏容甸长官司,在府西南一百四十里。清顺治十六年,长官司孙大昌归附,仍授副长官世职。

思陀乡土舍,在府西南二百五十里。清顺治十六年,长官司李秉忠归附,仍授长官司、副长官世职。后绝,改土舍。康熙二十年,以李世元继袭。

溪处长官司副长官,在府西南三百一十五里。清顺治十六年,长官司恩忠归附,仍授副长官世职。康熙四年,附禄昌贤叛,伏诛,改土舍。

瓦渣乡长官司,在府西南二百四十里。清顺治十六年,钱觉耀归附,仍授副长官世职。康熙四年,通王禄叛,官兵擒斩之,职除,改土舍。

左能寨长官司。在府西南二百三十里。清顺治十六年,吴应科归附,以非《滇志》所载,下临安府查核,稽其谱系,盖应科为明蚌颇十一世孙,因改土舍,准袭。

落恐甸长官司,在府西南二百里。清顺治十六年,明授副长官司陈玉归附,因号纸无存,给便委土舍,仍准世袭。

阿邦乡土舍,在府东南二百一十里。明授土守备。清顺治十六年,土守备陶顺祖归附,守职如故。旋议土司不宜加武职,改土舍。

慢车乡土舍,在府西南一百四十里。清顺治间,元江土夷乱,漫车土目刀冈随官军协剿,授土舍世职。

稿吾卡土把总,在府东南二百八十里。清雍正间,纳更土目龙在渭随征元普逆夷有功,给土把总职衔。嘉庆二十二年,江外夷匪滋事,龙定国父子阵亡,奏准世袭土把总。

十五猛,纵横四百余里。明初为沐氏勋庄。清顺治十七年,吴三桂请并云南荒田给与藩下壮丁耕种。康熙七年,奏旨圈拨。叛后,变价归建水征收。猛各设一掌寨,督办钱粮。管有猛喇、猛丁、猛梭、猛赖、猛蚌、茨桶坝、五亩、五邦、者米、猛弄、马龙、瓦遮、斗岩、阿土、水塘十五寨。

教化三部长官司副长官。清顺治十六年，副长官龙升归附，仍以张长寿为名，许之，授世职。康熙四年，附王禄叛，诛之，以其地为开化府，设流官。

王弄山长官司副长官。清顺治十六年，副长官王朔归附，授世职。康熙四年，朔与禄昌贤叛，官兵讨之，朔自焚死，以其地属开化府。

阿迷州土知州，旧有土目李阿侧。清康熙四年，从讨王朔有功，授土知州世职。传至李纯，滥派横征，为群夷所控。雍正四年，籍其产，安置江西，改流。

宁州土知州，清顺治十六年，禄昌贤归附，仍授世职。十七年，降州同。明年，以举首梅道人等谋逆，复原官。康熙四年，以叛伏诛。

宁州土州判。清康熙十九年，滇有李者禄归附，准世袭州判。后绝，停袭。

嶍峨县土知县。清顺治十六年，禄益归附，仍授世职。康熙四年，与禄昌贤等叛，改流。

嶍峨县土主簿。清顺治十六年，王扬祖归附，仍授世职。康熙四年，与禄昌贤等叛，伏诛，职除。

蒙自县土县丞。土知县陆氏被黜，其土舍宁州禄重据土官村，溺于酒色，不能驭下。其目把李辅舜等叛归沙源，源以兵乘之，遂破有土官村。沙定州踞会城，令李辅舜子日芳窃据蒙自。定洲败，日芳遂家于蒙。清康熙四年，日芳弟日森子世藩、世屏附宁州禄昌贤叛，总兵阎镇破之。世藩遁，追斩之；世屏出降，免死，充大理军。后吴三桂反，给世屏伪总兵札，大师复滇，世屏持札归附，授蒙自县土县丞职，不准世袭。

楚雄府：

楚雄县土县丞。清顺治十六年，土县丞杨春盛归附，仍授旧职。

乾隆五十年,改为正八品土官,世职。

镇南州土州同,居本城。清顺治十六年,土州同段光赞归附,仍授世袭。

镇南州土州判,居镇南州城东北。清顺治十六年,土州判陈昌虞归附,仍授世职。

阿雄关土巡检,居镇南州属。清顺治十六年,土州检者光祖归附,仍授世职。

镇南关土巡检。清顺治十六年,土巡检杨继祖归附,仍授旧职,传至杨文辉,乾隆五十年,改为从九品土官,世袭。

姚州土州同,居姚州西界弥兴官庄。清顺治十六年,土州同高显锡归附,仍授旧职。传至高配忝,乾隆五十年,改为从六品土官,世袭。

广通县

回磴关土巡检,居回磴关。清顺治十六年,土巡检杨忠尽归附,仍授旧职。传至杨怡,乾隆五十年,改为从九品土官,世袭。

沙矣旧土巡检。清顺治十六年,土巡检苏鉴归附,仍授旧职。传至苏敬,乾隆五十年,改为从九品土官,世袭。

定远县土主簿,居本城。清顺治十六年,土主簿李世卿归附,仍授旧职。传至李毓英,乾隆五十年,改为正九品土官,世袭。

姚安府土同知。清顺治十六年,土同知高矞映归附,仍授世职。传至李厚德,雍正三年,以不法革职,安置江南。

澄江府:

新兴州土州判,居州南研和邑。清康熙十九年,复滇,土人王凤授伪游击,迎至广西路投诚。随征石门坎、马别河、黄草坝皆有功,授土州判世职。

河阳县安插土官。清顺治初,土官刀韬归附,止给札,仍准世袭。沿至刀廷俊,裁革。

新兴州

铁炉关土巡检。清顺治十六年，土巡检王先荣归附，授世职。康熙四年，同王耀祖叛，削除。

广南府：

广南府土同知。清顺治十六年，侬鹏归附，授同知世职。传至侬毓荣，乾隆三十一年，从征普洱、缅甸。三十七年，颁给土同知关防。子世昌，嘉庆二年从征贵州仲苗，加衔一等，赏戴花翎，世袭。

富州土知州，在府东二百六十五里。清顺治十六年，土知州沈崑瑺归附，仍授世职。康熙九年，颁给州印。后以罪黜，传至沈肇乾。雍正八年，肇乾复以罪黜。

顺宁府：

云州

大猛麻土巡检。清顺治十六年，土巡检俸新命归附，仍授世职。

缅宁厅

猛猛土巡检，明末奔窜，失其印信号纸，未能请袭。传子紫芝，清康熙五十四年归附，贡象，仍授世职，颁给钤记。乾隆二十九年，改属顺宁府。

直隶耿马宣抚司，在永昌府南七百二十里，隶孟定府。清平滇，罕闷括归附，仍授宣抚司，承袭。乾隆二十九年，改隶顺宁府，世袭。

孟连宣抚司，在顺宁府边外南境，旧隶于永昌府。清康熙四十八年，刁派鼎贡象，归附，授宣抚司世职。派鼎死，子刁派春年幼，叔祖刁派烈抚孤。有刁派猷谋杀派烈，夺印争职，安插省城，另给宣抚司钤记便委。传至刁派新，因地处极边，界连外域，定为经制宣抚司，颁给印信号纸。乾隆二十九年，改隶顺宁府。

猛缅长官司。清乾隆十一年，归流，改其地为缅宁，设流官通判驻其地。

曲靖府：

　　平彝县土县丞,居平彝县竹园村。清顺治初,土县丞龙阔归附,仍旧世袭。

清史稿卷五一五

列传第三〇二

土司四

贵　州

　　贵州,古罗施鬼国,汉夜郎国,并牂牁、武陵郡地。唐亦置播州、思州。元置八番、顺元诸军民宣慰使司以羁縻之。明霭翠、奢香最为效忠。后则播州之杨、永宁之奢、水西之安,为西南巨患。杨氏灭,为遵义、平越二府;奢氏灭,为永宁县。清初,黔省安氏犹强。经孙可望之乱,未颁正朔,苗蛮蠢动,诸擅兵相攻者,蹂躏地方,无有宁日。

　　顺治十五年,经略洪承畴定贵州。十七年四月,马乃营土目龙吉兆等反。云、贵既平,各土司俱奉贡赋,遵约束,龙吉兆收养亡命,私造军器,奸民文元、胡世昌、况荣还等俱党附之。遥结李定国为声援,纠合鼠场营龙吉佐、楼下营龙吉祥歃血盟,掠广西泗城州之土寨,安南卫之阿计、屯水桥、麻衣冲、下三阿、白屯等处,所过劫戮。总督赵廷臣、巡抚卞三元招谕不服,乃合疏请讨。十一月十九日,廷臣破果母寨,杀贼数千,擒吉兆子、吉佐妻,歼逆党文元、胡世昌于阵,遂乘胜破咔呷寨。吉兆闭寨拒守,官兵围之。十八年二月,廷臣令官兵人持一炬,纵火焚其寨,破之。吉兆及逆党况荣还等皆伏诛,马乃平。

　　九月,刘鼎叛,康熙二年正月,丹平土官莫之廉以隐匿刘鼎伏诛。金筑土官王应兆与鼎通，总督杨茂勋讨平之，鼎败逃水西。七月，被获伏诛。

三年正月，逆贼常金印称谋反，伏诛。金印，上元人，自稍常遇春之后，从粤走黔，与水西安坤、皮熊等同谋反。金印称"荡虏大将军湘平伯，"伪造印敕旗纛，聚党陈凤麟、高岑、吉士英、米应贵等，煽诱诸土司为乱，为同党陈大出首，俱就擒。二月，水西宣慰司安坤叛。初，经略洪承畴至沅，师不能进，承畴招安坤，许以如元阿尽、明霭翠故事，坤大喜，缴印归诚，引大兵由小路进入贵阳。滇、黔底定，叙坤功，许世袭，兼赐袍帽靴服采币。明总兵皮熊合谋，蠢蠢思动，踪迹颇露。总督杨葆勋曰："水西地方沃野千里，地广兵强，在滇为咽喉，在蜀为门户，若于黔则腹心之蛊毒也。失今不讨，养痈必大。"乃请剿。命总管吴三桂督云、贵各镇兵分东西两路讨之。三月，三桂统十镇兵由毕节七星关入，令总兵刘之复驻兵大方，遏其冲逸，令提督李本深统贵州四镇兵由大方之六归河会剿，屯粮于三岔河。而檄黔省兵书误书"六归"为"陆广"，于是本深兵及黔、蜀二省所运之粮尽屯陆广，三路气息隔绝不相通。三桂受困两月，食将绝，外援不至。永顺总兵刘安邦战死，受围益迫。适水西土目安如鼎遣人侦黔营虚实，为本深所获，始知三桂被围已久，乃使为引导，整兵入援。副将白世彦手斩骁贼以徇于阵，贼遂败走。总兵李如碧亦率精兵入重围，运粮接济，兵合为一，败贼阿作峒，复败之得初峒，九月，又败之红崖峒。坤率其妻禄氏逃于木弄箐，复逃至乌蒙，乌蒙不纳，坤遣汉把曾经赍印投降，不许，生擒坤于大方之朳箐，并擒皮熊、安重圣等。熊不食十五日而死，坤与重圣俱伏诛。

四年十二月，郎岱土司陇安藩反，命吴三桂发兵讨之。藩乃安坤亲党。坤灭后，招纳坤余孽陇胜等，及安重圣妻陇氏，杀安顺府经历袁绩，攻破关岭，直犯永宁。陇胜等亦攻犯大定、威宁，杀毕节经历秦文。五年六月，陇安藩伏诛，郎岱平。

二十四年七月，黎平贼何新瑞反。新瑞本李姓，初在靖州为僧，后至平茶所犯罪，逃至新化，乃冒姓何，称故明总督何腾蛟子，煽惑苗民作乱，黎平官兵击败之。二十五年二月，新瑞伏诛，徙土司韦有能等，以其地入永从县。

广顺州之长寨，寨据各苗之腹。前总督高其倬诱擒阿近，议设营汛，以控前后左右各寨。雍正四年夏，官兵焚其七寨，未获首逆，副将刘业浚即退营宗角，且言三不可剿。鄂尔泰驳以三不可不剿，令总兵石礼哈搜讨，尽歼首从，勒缴军器，建参将营，分扼险要，易服剃发，立保甲，稽田户。于是乘威招服黔边东西南三面广顺、定番、镇宁生苗六百八十寨，镇宁、永宁、永丰、安顺生苗千三百九十八寨，地方千余里，直抵粤界。

镇远清水江者，沅水上游也，下通湖广，上达黔、粤，而生苗据其上游，曰九股河，曰大小丹江，沿岸数百里，皆其巢窟。古州者，有里有外。里古州距黎平府百八十里，即元置古州八万洞军民长官司所也。地周八十余里，户四五千，口二万余。都江、溶江界其左右，合为古州江。由此东西南北各二三百里为外古州，约周千二三百里，户数千，口十余万，可敌两三州县。环黔、粤万山间，而诸葛营踞其中，倚山面川，尤据形势。张广泗守黎平，轻骑深入周勘，倡议置镇诸葛营，扼吭控制，而其外户为都匀、八寨，内户为丹江、清江。乃于六年夏，先创八寨以通运道，分兵进攻大小丹江，出奇设伏，尽焚负固之鸡讲五寨。苗赴军乞降，饮血刻木，埋石为誓。九年，乘胜沿九股河下抵清水江。时九股苗为汉奸曾文登所煽，言改流升科，额将岁倍，且江深崖险，兵不能入。及官军至，以农忙佯乞抚，广泗亦佯许之，而潜舟宵济，扼其援窜。苏大有、张禹谟突捣其巢，又败其夜劫营之贼，填濠拔栅，冒险深入，苗四山号泣，缚曾文登以献。于是清水江、丹江皆奏设重营，以控江路，令兵役雇苗船百余，赴湖南市盐布粮货，往返不绝，民、夷大忭，估客云集。

古州自昔奥朴，自清初吴三桂伪将马宝兵由楚窜滇，取道古州，诸苗遮获其大炮重甲火药，由是日强，而上下江尤甚。上江为来牛、定旦，下江为溶峒。当广泗初至，苗皆谓官兵不能久，依违从抚，及闻诸葛营建城堡，遂群起拒命。八年秋，广泗督官兵夜半集苗船为浮桥,攻其不备,进攻上江之来牛、定旦,擒斩四千,获炮械无算。其下江溶洞之深远大箐,危峰障日,皆伐山通道,穷搜窟宅。乃遍勘上下江,浚滩险,置斥堠,通饷运。其都江、清水江之间,有丹江横贯,惟隔陆路五十余里,为之开通,于是楚、粤商艘直抵镇城外,古州大定。

初,世宗以广泗招抚古州,不烦兵力,由知府逾年擢至巡抚,遣侍读春山、牧可登至军察之,并颁犒师银十万两。鄂尔泰约广西巡抚金铁赴贵阳会筹边事,乃议黎平府设古州镇,而都匀府之八寨、丹江,镇远府之清水江,设协营,增兵数千,为古州外卫。后复改清江协为镇,与古州分辖。世宗嘉鄂尔泰之劳,锡封襄勤伯,世袭罔替。九年冬,入为武英殿大学士,以高其倬代之,以元展成巡抚贵州。

十二年,哈元生进《新辟苗疆图志》,以尹继善督云、贵,而复有黔苗之变。初,苗疆辟地二三千里,几当贵州全省之半,增营设汛,凡腹内郡县防兵大半移戍新疆。又鄂尔泰用兵招抚,止及古州、清江,未及台拱之九股苗。有司辄称台拱愿内属,巡抚元展成易视苗疆,遽于十年设营驻兵。时秋稼未获,苗佯听版筑,而刈获甫毕,即传集上下九股数百寨,叛围大营,并扼排略大关之险,以阻饷道。营中樵汲皆断,死守弥月,援至始解。提督哈元生入觐回黔,十一年春,进军台拱,攻贼于番招之莲花堡,破之,设戍其上。

十三年春,苗疆吏以征粮不善,远近各寨蜂起,遍传木刻。总兵韩勋破贼古州之王家岭,贼复聚集清江、台拱间,番招屯复围于贼。巡抚元展成与哈元生不合,仓卒调兵五千,尽付副将宋朝相领之赴援,半途亦困于贼。贼探知内地防兵半戍苗疆,各城守备空虚,于是乘间大入,陷凯里,陷重安江驿,陷黄平州,陷岩门司,陷清平县、余庆县,焚掠及镇远、思州。而镇远府治无城,人心汹惧,台拱、清江各营汛亦多为贼诱陷。逆氛四起,省城戒严。四月,哈元生乃以亲兵三百自出督师,扼清平之杨老驿。六月,诏发滇、蜀、楚、粤六省兵会剿,特授哈元生扬威将军,湖广提督董芳副之。七月,又命刑部尚书张照为抚定苗疆大臣,副都御史德希寿副之。时尹继善已遣云南兵二千星夜赴援,湖、粤兵亦继至。生苗见各路援兵渐集,各掳掠回巢,弃城弗守。元生进军凯里,檄各镇克复诸城,又合攻重安江贼,以开滇师之路。生苗既回巢穴,则纠众攻围新疆各营汛,于是台拱、清江、丹江、八寨诸营复同时告急。时广西兵八千已至古州,广东兵饷亦昼夜溯流而上,湖广兵先后集镇边界。元生遣古州镇韩勋攻毁首逆各巢,又分兵三路:一由藁贡以通台拱,一由八弓援柳罗以通清江,一走都匀援八寨。而八寨协副将冯茂复诱杀降苗六百余及头目三十余冒功,于是苗逃归者,播告徒党,诅盟益坚,多手刃妻女而后出抗官兵。陷青溪县城,而清江之柳罗、都匀之丹江,自春夏被围半载,粮尽援绝,九阅月围始解。

张照奉命赴苗疆,且令察其利害。照至沅州、镇远,则密奏改流非策,致书诸将,首倡弃地之议,且袒董芳,专主招抚,与哈元生龃龉。楚、粤官兵皆隶芳麾下。旋议分地分兵,施秉以上用滇、黔兵,隶元生;施秉以下用楚、粤兵,隶董芳。于是已进之兵,纷纭改调互换,而哈元生、董芳遂欲将村寨道路尽划上下界,文移辨论,致大兵云集数月,旷久无功,贼乘间复出焚掠,清平、黄平、施秉间纷纷告警。当是时,中外畏事者,争咎前此苗疆之不当辟,目前苗疆之不可守,全局几大变。

八月,召张照、德希寿还。十月,授张广泗七省经略,哈元生以下咸受节制。旋逮张照、董芳、哈元生及元展成治罪。广泗奏言:"张照等所以无功者,由分战兵守兵为二,而合生苗、熟苗为一也。兵本少而复分之使单,贼本众而复殴之使合。且各路首逆,自古州败退,咸聚于上下九股、清江、丹江、高坡诸处,皆以一大寨领数十百寨,雄长号召,声势犄角,我兵攻一方,则各方援应,彼众我寡,故贼日张,兵日挫。为今日计,若不直捣巢穴,歼渠魁,溃心腹,断不能涣其党羽,惟有暂抚熟苗,责令缴凶献械,以分生苗之势。而大兵三路同捣生苗逆巢,使彼此不能相救,则我力专而彼力分,以整击散,一举可灭,而后再惩从逆各熟苗,以期一劳永逸。"广泗乃调全黔兵集镇远,以通云、贵往来大路。以精兵四千余攻上九股,四千余攻下九股,而自统五千余攻清江下流各寨,是冬,刻期并举。

乾隆元年春,复增兵分八路排剿抗拒逆寨,遗孽尽窜牛皮大箐。箐圈苗巢之中,盘亘数百里,北丹江,南古州,西都匀、八寨,东清江、台拱,危岩切云,老樾蔽天,雾雨冥冥,蛇虺所国,虽近地苗蛮,亦无能悉其幽邃,故首逆诸苗咸薮伏其中,恃官兵所万不能至,俟军退复图出没。广泗檄诸军分扼箐口以坐困之,又旁布奇兵箐外以截通逸,如陆兽网鱼,重重合围,以渐进逼。自四月至五月,将士犯瘴疠,冒榛莽,靡奥不搜,靡险不剔,并许其党自相斩捕除罪。由是憝魁罔漏,俘馘万计,其饥饿颠陨死崖谷间者,不可计数。六月,复乘兵威搜剿附逆熟苗,分首恶、次恶、胁从三等,涉秋徂暑,先后埽荡,共毁除千有二百二十四寨,赦免三百八十有八寨,阵斩万有七千六百有奇,俘二万五千有奇,获铳炮四万六千五百有奇,刀矛弓弩标甲十有四万八千有奇。宥其半俘,收其叛产,设九卫,屯田养兵戍之。诏尽豁新疆钱粮,永不征收,以杜官胥之扰。其苗讼仍从苗俗处分,不拘律例。以广泗总督贵州兼管巡抚事,世袭轻车都尉。自是南夷遂不反。

乾隆五年夏,湖南靖州、武冈瑶,城步横岭苗,与广西瑶同叛。总督班第使镇箪总兵刘策名以兵五千进剿,以五千应援,诏广泗复以钦差大臣节制军务。先后斩馘五千余,俘五千余,于十二月班师。

鄂尔泰卒于乾隆十年,以开辟西南夷功,配享太庙。

后乾隆六十年,松桃苗变,及咸丰二年,教匪变,煽及苗疆,同治十二年方定。然非土司肇事,故不录。

贵阳府:

中曹长官司,在府南十五里。明洪武三年,以谢石宝为长官司。传至谢正伦,清顺治十五年,归附,仍准世袭。

副司,刘氏,清雍正七年,于土权叠害案内改流官。

养龙长官司,在府北二百二十里。明洪武五年,以蔡普为长官司。传至蔡瑛,清康熙八年,归附,准世袭。

白纳长官司,在府南七十里。元为白纳县,寻改。明初,以周可敬为长官司。传至周尔龄,清顺治十年,归附,仍准世袭。

副官。赵启贤同。

虎坠长官司,在府东六十里。明洪武三年,以宋瑠为长官司。传至宋继荣,清顺治十六年,归附,仍准世袭。

定番州

程番长官司,唐末,程元龙平定溪洞,世守程番。元改给安抚司印。明洪武四年,改授程番长官司。传至程民新,清顺治十五年,归附,仍准世袭。

上马桥长官司,在州北二十里。自唐末方定远开疆,明洪武四年,改授长官司。传至方维新,清顺治十五年,归附,仍准世袭。

小程番长官司,在州北五里。始自唐末程鸾。明洪武四年,改授小程番长官司。传至程登云,清顺治十五年,归附,仍准世袭。

卢番长官司,在州北五里。始自唐末卢君聘。元置罗番静海军安抚司。明洪武四年,改授卢番长官司。传至卢大用,清顺治十五年,归附,仍准世袭。

方番长官司,在州南十里。始唐末方德。明洪武四年,改授方番长官司。传至方正纲,清顺治十五年,归附,仍准世袭。

韦番长官司,在州南五里。唐韦四海守此土。明洪武四年,改授韦番长官司。传至韦璋,清顺治十五年,归附,仍准世袭。

卧龙番长官司,在州南十五里。唐时,龙德寿据此。明洪武四年,改授卧龙番长官司。传至龙国瑞,清顺治十五年,归附,仍准世袭。

小龙番长官司,在州东南二十里。唐时,龙方灵据此。明洪武四年,改授小龙番长官司。传至龙象贤,清顺治十五年,归附,仍准世袭。

金石番长官司,在州东二十五里。唐时,石宝据此。明洪武四年,改授金石番长官司。传至龙如玉,清顺治十五年,归附,仍准世袭。

罗番长官司,在州南三十里。始自唐时龙应召。明洪武四年,改授罗番长官司。传至龙从云,清顺治十五年,归附,仍准世袭。

大龙番长官司,在州东三十里。始于唐时龙昌宗。明洪武四年,改授大龙番长官司。传至龙登云,清顺治十五年,归附,仍准世袭。

木瓜长官司,在州西七十里。始于元时石期玺。明洪武八年,改授木瓜长官司。传至石玉林,清顺治十五年,归附,仍准世袭。

副长官,始于元时顾德。明洪武八年,改授木瓜副长官。传至顾大维,清顺治十五年,归附,仍准世袭。

麻向长官司,在州西七十五里。明洪武十年,以得玉思为麻向长官司。传至得志,清顺治十五年,归附,仍准世袭。

开州

乖西长官司,在州东六十里。始于唐时杨立信。明洪武四年,改授乖西长官司。传至杨瑜,清顺治十五年,归附,仍准世袭。

副长官,始于唐时刘起昌。传至刘国柱,清顺治十五年,归附,仍准世袭。

龙里县

大谷龙长官司,在县西北。始于元时宋国。明洪武十三年,授大谷龙长官司。传至宋之尹,清顺治十五年,归附,仍准世袭。

小谷龙长官司,在县东北。元时,宋幕授小谷龙安抚司。明嘉靖十一年,改授长官司。传至宋景运,清顺治十五年,归附,仍准世袭。

贵定县

平伐长官司,在县南。唐时,李保郎以征南功授安抚司。明洪武十五年,改授平伐长官司。传至李世荫,清顺治十五年,归附,仍准世袭。大平伐长官司,在县南三十里。后汉昭烈时,宋隆豆征南有功,世守兹土。明洪武四年,改授宋臣为大平伐长官司。传至宋世昌,清顺治十五年,归附,仍准世袭。

小平伐长官司,在县南三十里。唐时,宋忠宣以功授招讨司。明洪武四年,改授小平伐长官司。传至宋天培,清顺治十五年,归附,仍准世袭。

新添长官司,在县东北。唐时,宋景阳据此。明洪武四年,改授新添长官司,属新添卫。传至宋鸿基,清顺治十五年,归附,仍准世袭。康熙十年,改隶贵定县。

羊场长官司,在县东北。明洪武三十二年,以郭九龄为羊场长官司。传至郭天章,清顺治十五年,归附,仍准世袭。

修文县

底寨长官司,唐时,蔡兴隆调征黑羊,授护国将军,留守兹土。明洪武四年,改授底寨长官司。传至蔡启瑝,清顺治十五年,归附,仍准世袭。

副长官,始自唐时梅天禄。明洪武四年,准世袭。传至梅朝聘,清顺治十五年,归附,仍袭旧职。

安顺府:

普定县

西堡副长官。明洪武十二年,温伯寿以平苗功,授西堡副长官。传至温捷桂,清顺治十五年,归附,仍准袭职。

镇宁州

康佐副长官。明永乐六年,于成以功授康佐副长官。传至于应鹏,清顺治十五年,归附,仍准袭职。

永宁州

顶营长官司,在州南一百里。明洪武十六年,罗录以功授顶营长官司。传至罗洪勋,清顺治十五年,归附,仍准袭职。

募役长官司,在州西一百七十里。明洪武十九年,阿辞以功授募役长官司。传至阿更,永乐元年,赐姓礼,更名山。传至阿廷试,清顺治十五年,归附,仍准袭职。

沙营长官司。明洪武十四年,沙先以功授沙营长官司。传至沙裕先,清顺治十五年,归附,仍准袭职。

盘江土巡检。明洪武八年,李当以功授盘江巡检。传至李桂芳,清顺治十五年,归附,仍准袭职。

平越州

杨义长官司,在州东八十里。始于唐时金密定。明洪武二十一年,改授杨义长官司。传至金榜,清顺治十五年,归附,仍准袭职。

黄平州

岩门长官司,在州东北。明成化六年,何清以征苗有功,授凯里安抚司左副长官。万历四十二年,改属黄平州。传至何仕洪,清顺治十五年,归附,改授岩门长官司,世袭。

重安司土吏目,在州西三十里。明洪武八年,以张佛宝、冯铎为正、副长官司。万历二十七年,改土吏目。传至张威镇,清顺治十五年,归附,仍准袭职。

瓮安县

草塘司土县丞。明洪武二十五年,以宋邦佐为草塘安抚司。传至世宁,万历二十九年,改授土县丞。传至宋运鸿,清顺治十五年,归附,仍准袭职。

瓮水司土县丞,在县西北。明洪武十七年,以犹恭为安抚司。万历中,改授土县丞。传至犹登第,清顺治十五年,归际,仍准袭职。

余庆县

土县丞。唐毛巴有功,授余庆土知府。明洪武二年,改长官司。万历二十九年,改为土县丞。传至毛鹏程,清顺治十五年,归附,准袭前职。

土主簿。元杨正宝有功,授白泥司副长官。明万历二十四年,改为土主簿。传至杨璟,清顺治十五年,归附,仍袭前职。

都匀府:

都匀长官司,在府南七里。明洪武十六年,以吴赖为都匀长官司。传至吴玉。清顺治十五年,归附,准袭前职。

副长官。王应祖,同。

邦水长官司,在府西二十里。明永乐六年,以吴珊为邦水长官司。传至吴昌祚,清顺治十五年,归附,仍准袭职。

麻哈州

乐平长官司,在州北四十里。明洪武年间,授宋仁德为乐平司正长官。传至宋治政,清顺治十五年,归附,仍袭前职。

平定长官司,在州北一百里。明洪武十年,授吴忠平定长官司。传至吴士爵,清顺治十五年,归附,仍袭前职。

独山州

土同知。明洪武十六年,以蒙闻为九姓独山长官司,以境有九姓蛮为名。弘治八年,改土同知。传至蒙一龙,清顺治十五年,归附,仍袭前职。

丰宁上长官司,在州南一百二十里。明洪武二十三年,以杨万八为丰宁上长官司。传至杨懋功,清顺治十五年,归附,仍准世袭。

丰宁下长官司,在州东南二百四十里。明洪武二十三年,以杨万全为丰宁下长官司。传至杨威远,清顺治十五年,归附,仍准世袭。

烂土长官司,在州东一百十里。明洪武二十四年,以张钧为烂土长官司。传至张威远,清顺治十五年,归附,仍准世袭。

凯里司。杨氏,清康熙四十五年,以土酋大恶案内改土归流,入清平县。

镇远府

土同知。宋时,何永寿以功授高丹峒正长官司。明洪武三年,授何济承为镇远州土同知。传至何大昆,清顺治十五年,归附,仍准世袭。

土通判。宋时,杨从礼。明正统四年,改授杨瑄镇远州土通判。传至杨龙图,清顺治十五年,归附,仍准世袭。

土推官。宋时,杨载华。明正统十一年,改授杨忠镇远州土推官。传至杨秀玮,清顺治十五年,归附,仍准世袭。

偏桥长官司，在府城西六十里。宋时，安崇诚。明洪武三年，改授安德可为偏桥长官司。传至安显祖，清顺治十五年，归附，仍准世袭。

左副长官，杨通圣；右副长官，杨毓秀。均同。

镇远县

邛水长官司，在县东八十里。明洪武元年，授杨昌盛为邛水长官司。传至杨胜梅，清顺治十六年，归附，仍准世袭。

副官。袁洪远，同。

思南府：

随府办事长官司。宋时，田二凤。明洪武五年，改思南宣慰司。永乐十一年，改授随府办事长官司。传至田仁溥，清顺治十七年，归附，仍准世袭。

蛮夷长官司，在府城西。宋明，安仲用。明洪武二十九年，改授蛮夷长官司。传至安于磐，清顺治十七年，归附，仍准世袭。

副长官。李际明，清顺治十七年，归附，仍准世袭。雍正八年，李彗缘事革职。

沿河祐溪长官司，在府北二百十里。元时，张仲武以功授长官司。传至张承禄，清顺治十五年，归附，仍准世袭。

副长官。冉鼎臣，同。

朗溪长官司，在府东八十里。元时，田谷明。洪武元年，授朗溪长官司。传至田养民，清顺治十五年，归附，仍准世袭。

副长官。任进道，同。

安化县

土县丞。元时，张坤元。明万历三十三年，改授土县丞。传至张试，清顺治十八年，归附，仍准世袭。

土巡检。明洪武七年，以陆公阅为土巡检。传至陆阳春，清顺治十五年，归附，仍准世袭，土百户。久改流。

印江县

土县丞。元时,张恢留此。明嘉靖七年,改授土县丞。传至张应璧,清顺治十五年,归附,仍准世袭。

婺川县

土百户,改流。

石阡府:

石阡正长官司。清雍正八年,改土归流。

副长官,在府城西北。元时,杨九龙以功授石阡副长官。明洪武五年,仍之。传至杨敬胜,清顺治十五年,归附,亦准世袭。

苗民长官司,在府城西北。明洪武十年,立。清康熙四十三年,改土归流。

思州府:

都坪长官司,在府城内。元何清授定云路总管。明洪武七年,改授都坪长官司。传至何学政,清顺治十五年,归附,仍准世袭。

副长官。周如,同。

都素长官司,在府西九十里。明永乐十一年,置长官司于马口寨。传至何起图,清顺治十五年,归附,仍准世袭。

副长官。周之龙,同。

黄道长官司,在府东北一百二十里。明洪武五年,以黄文听为长官司。传至黄金印,清顺治十五年,归附,仍准世袭。

副长官。黄士元,同。

施溪长官司,在府北一百四十里。明洪武五年,以刘贵为施溪长官司。传至刘师光,清顺治十五年,归附,仍准世袭。

铜仁府:

省溪长官司,在府西一百里。明洪武五年,以杨政为省溪长官司。传至杨秀铭,清顺治十五年,归附,仍准世袭。

副长官。戴子美,同。

提溪长官司,在府西一百四十里。明洪武五年,以杨秀纂为提溪长官司。传至杨通正,清顺治十五年,归附,仍准世袭。

副长官。张体泰,同。

乌萝长官司,在府西二百里。始自唐时杨通孙。明洪武五年,改授乌萝长官司。传至杨洪基,清顺治十五年,归附,仍准世袭。

副长官。冉天奇,同。

平头长官司,在府北一百二十里。明洪武二十九年,改授杨正德为平头长官司。传至杨昌续,清顺治十五年,归附,仍准世袭。

副长官。田茂功,同。

黎平府:

潭溪长官司,在府西南三十里。明洪武四年,以石平禾为潭溪长官司。传至石玉柱,清顺治十五年,归附,仍准世袭。

副长官。石岩,同。

八舟长官司,在府北八十里。汉吴昌祚以功授八舟长官司。明洪武四年,仍令吴氏世袭。传至吴遇主,清顺治十五年,归附,亦准袭职。

龙里长官司,在府西北九十里。明洪武四年,以杨光福为龙里长官司。传至杨胜梯,清顺治十五年,归附,仍准袭职。

中林长官司,在府西北一百里。明洪武五年,以杨盛贤为中林长官司。传至杨应诏,清顺治十五年,归附,仍准袭职。

古州长官司,在府西北八十里。元置古州八万洞长官司,属思州宣抚司。明洪武五年,以杨秀茂为古州长官司。永乐十年,属府。传至杨云龙,清顺治十五年,归附,仍准袭职。

新化长官司,在府北六十里。元时,欧阳明万以功授军民长官司。明洪武五年,仍袭前职。传至欧阳瑾,清顺治十五年,归附,仍准世袭。

欧阳长官司,在府北九十里。明洪武四年,以阳都统为欧阳长官司。传至阳运洪,清顺治十五年,归附,仍准世袭。

副长官。吴登科,同。

亮寨长官司,在府北一百里。元置。明洪武四年,以龙政忠为本司长官司。传至龙文炳,清顺治十五年,归附,仍准袭职。

湖耳长官司,在府东北一百二十里。明洪武四年,以杨再禄为本司长官司。传至杨通乾,清顺治十五年,归附,仍准袭职。

副长官。杨大勋,同。

洪州长官司,在府东一百五十里。元置洪州泊里等洞军民长官司。明洪武五年,以李氏为洪州长官司。传至李煦,清顺治十五年,归附,仍准袭职。

副长官。林起鹏,同。

分管三郎司,在府南三十里。杨世勋袭。清康熙二十三年,改土归流。

赤溪湳洞司,在府东北二百六十里。杨鸣鸢袭。清康熙二十三年,改土归流。

水西宣慰司:康熙三年,吴三桂灭安坤,改设四府。二十一年十二月,谕大学士曰:“吴三桂未叛时,征讨水西,曾灭土司安坤,其妻禄氏奔于乌蒙,后生子安世宗。朕观平越、黔西、威宁、大定四府原属苗蛮,以土司专辖,方为至便。大兵进取云南,禄氏曾前接济,著有勤劳,仍复设宣慰使,令世宗承袭。”四十年,总督王继文以土司安世宗为吏民之害,仍请停袭,地方归流官管辖。

清史稿卷五一六

列传第三〇三

土司五

广　西

广西为西南边地。秦,桂林郡。汉,始安。唐,桂管。宋,静江府。元,静江路。明,建广西省。瑶、壮多于汉人十倍,盘万山之中,踞三江之险。明时,因元之旧,多设土司,以资镇压。叛服不常,韩雍之定藤峡,王守仁之抚田州,沈希仪、俞大猷之战功,殷正茂、翁万达之成绩,仅得勘定。清朝,广西莠民四起,土司独安靖无事。鄂尔泰经略三省,革泗城土府岑映宸职,割江北地隶贵州。雍正六年八月,首讨思陵州之八达寨,扼其饷道,屯兵二三里外,量大炮所能及,渐轰逼进。贼窘急,斩土目颜光色兄弟以献,尚闭寨不出,遂为官兵所毁。八年,复檄讨思明土府所属之邓横寨,三路进攻,一鼓而克。于是远近土目争缴军器二万余。巡边所至,迎扈千里,三省边防皆定。

庆远府:秦,象郡。汉,交址、日南二郡界。唐置粤州,天宝初,改龙水部;乾元中,更宜州。宋升庆远军节度,咸淳初,改庆远府。元为庆远路。明仍改庆远府。清因之。

东兰土州,在府西南。宋置兰州,以韦氏世袭。元改东兰州。明因之。传至韦光柞,清顺治初,归附,予旧职。雍正七年,改设流官知州。

忻城土县，在府南。宋庆历间，隶宜州。元以莫保为八仙屯千户。明洪武初，设流官。后仍任土官，以莫氏世袭。传至莫猛，清顺治九年，归附，仍准袭职。

南丹土州，在府西北。宋开宝初，土官莫洪曹内附。元丰三年，置州，管辖诸蛮。明洪武初，莫金纳土。金叛被诛，以金子禄袭。传至莫自乾，清顺治九年，归附，仍准袭职。

那地土州，在府西。宋熙宁初，土人罗世念来降。崇宁间，遂置地、那二州，以罗氏世知地州。元仍之。明洪武元年，土官罗黄貌附，诏并那、地为一州，予印授，黄貌世袭，以流官吏目佐之。传至罗德寿，清顺治九年，归附，仍准世袭。

永顺正土司，在府西南。明设土司，弘治间，以邓文茂为之。传至邓世广，清顺治九年，归附，仍准世袭。

副土司。彭希圣，同。

永定土司，在府西南。明成化十二年，设土司，以韦万秀为之。传至韦盛春，清顺治九年，归附，仍准世袭。

思恩府：古百粤。汉属交址。唐天宝元年，改为横山郡。元置田州路军民总管府。明正统五年，升为思恩府。弘治末，改流官。清因之。

上林土县，在府西南二百七里。宋置，隶横山寨。元属田州。明洪武二年，以黄嵩为土知县，仍属田州。嘉靖初，改隶思恩军民府，佐以流官典史。传至黄国安，清初，归附，仍袭旧职。

白山土司，在府东北。宋皇祐间，随狄青有功，世袭土舍。明嘉靖七年，以王受明为白山土巡检。传至王如纶，清初，归附，仍袭旧职。

兴隆土司，在府东北八十里。明嘉靖七年，以韦贵为土巡检。传至韦万安，清顺治十七年，归附，仍准世袭。

那马土司，在府西北九十里。明嘉靖七年，以黄理为土巡检。传至黄天伦,清初,归附,仍准世袭。

定罗土司,在府西一百四十里。明嘉靖七年,以徐伍为土巡检。传至徐朝佐,清初,归附,仍准世袭。

旧城土司,在府西北一百二十里。明嘉靖七年,以黄集为土巡检。传至黄世勋,清初,归附,仍准世袭。

下旺土司,在府西二百十里。明嘉靖七年,以韦良保为土巡检。传至韦际弦,清初,归附,仍准世袭。

安定土司,在府北。明嘉靖七年,以潘良为土巡检。传至潘应璧,清初,归附,仍准世袭。

都阳土司,在府西北六百里。明嘉靖七年,以黄留为土巡检。传至黄宏会,清初,归附,仍准世袭。

古零土司,在府东。明嘉靖七年,以覃益为土巡检。子文显,征大藤峡有功,加千总。传至覃恩锡,清初,归附,仍准世袭。

田州土州,在府西四百五十里。唐天宝元年,横山郡。乾元元年,改为田州。宋属横山寨。元置田州路军民总管府。明改田州府,寻复为州。嘉靖九年,以岑芝主田州。传至岑汉贵,清顺治初,归附,仍准世袭。近改百色直隶厅,置流官。

归顺州,旧为峒。元隶镇安路。明因之。弘治年间,升为州,以岑瑛为知州,世袭,改隶思恩府。传至岑继纲,清顺治初,归附,仍予旧职。雍正七年,改隶镇安府。八年,巡抚金𫓧以土司岑佐不法状题参,革职改流。

泗城府:古百粤地。宋置泗城州。元属田州路。明隶思恩府。洪武初,以岑善忠为知府,世袭。传至岑继禄,清顺治十五年,归附,随征滇、黔有功,改为泗城军民府。继禄死,子齐岱袭。齐岱传子映宸。雍正五年,映宸以罪参革,改设流官。

下雷州,元属镇安路。明初,降为峒。万历三十二年,许应圭以军功复职。传至许文明,清顺治初,归附,仍袭旧职。

向武州。宋置,隶横山寨。元隶田州路。明初,以黄世威为知州。传至黄嘉正,清顺治初,归附,仍袭旧职。

都康州。宋置,隶横山寨。元属田州路。明隶思恩府,以冯斌为知州。传至冯太乙,清顺治九年,归附,仍袭旧职。

南宁府:唐邕州也。元,邕州路泰定中,改南宁路。明置南宁卫,后改府。清因之。

果化土州。宋置。元属田州路。明洪武二年,授土官赵荣为知州。弘治中,改隶南宁。传至赵国鼎,清初,率众归附,仍袭旧职。

归德土州,在府西。其先黄氏。宋征交址有功,建归德州。明洪武二年,以黄隍城为知州。传至黄道,清初,归附,仍袭世职。

忠州土州,在府西南一百九十里。宋置。明洪武二年,以黄威庆为土知州,传至黄光圣,清顺治初,归附,仍予世职。

迁隆峒,在府西南二百四十里。明洪武元年,以黄威瑬为土官。以失印废为峒,降巡检。传至黄元吉,清初,归附,仍予世职。

太平府:汉属交址。唐为羁縻州。宋平岭南,置五寨,一曰太平,领州县。元置太平路。明洪武二年,改为太平府。清因之。

太平州,在府西北。明洪武二年,以李以忠为知州。传至李开锦,清顺治十六年,归附,仍予世职。

镇远州,在府东北,旧名古陇。宋置州。元隶太平路。明亦属太平路。明初,以赵昂升为知州。传至赵秉义,清顺治十六年,归附,仍予世职。

茗盈州,在府北。宋置,元属太平路。明初,以李铁钉为知州。传至李应芳,清顺治十六年,归附,仍予世职。

安平州,旧名安山,在府西北。唐置波州。宋设安平州。元隶太平路。明洪武初,以李郭祐为知州,使守交址各隘。传至李长亨,清顺治十六年,归附,仍准世袭。

万承州,在府东北,旧名万阳。唐置万承、万形二州。宋省万形隶太平寨。元属太平路。明洪武初,以许郭安为知州。传至许嘉镇,清顺治十六年,归附,仍予世职。

全茗州,在府北,旧名连冈。宋置,隶邕州。元属太平路。明洪武初,以许添庆为知州,给印。传至许家麟,清顺治十六年,归附,仍予世职。

结安州,在府东北,旧名营周。宋置结安峒。元改州,属太平路。明洪武元年,以张仕荣为知州。传至张邦兴,清顺治十六年,归附,仍予世职。

龙英州,在府北,旧名英山。宋为峒。元改州,属太平路。明洪武二十二年,以赵世贤为知州,给印。传至赵荫昌,为族人继祖所杀。清顺治十六年,归附,诛继祖。荫昌无子,以邦显子廷耀袭。

佶伦州,在府东北,旧名邦兜。宋置安峒,隶太平寨。元改州,属太平路。明洪武二年,以冯万杰为知州。传至冯嘉猷,清顺治十六年,归附,仍予世袭。

都结州,在府东北。元属太平路。明洪武三年,以农武高为知州。传至农廷封,清顺治十六年,归附,仍予世职。

上下冻州,在府西。宋置冻州,元分冻州为上冻、下冻二州。明隶太平府。洪武元年,以赵帖从为知州。传至赵长亨,清顺治十六年,归附,仍予世袭。

恩城州,在府西北。唐置。宋分上下恩城二州。元属太平路。至正间并为一。明洪武元年,以赵雄杰为知州。传至赵贵炫,清顺治十六年,归附,仍予世袭。

罗阳土县,在府东,旧名福利。宋置,隶迁隆寨。元属太平路,明隶太平府,明初,以黄宣为知县。传至黄启祥,清顺治十六年,归附,仍予世袭。

思陵州,宋置州,隶永平寨。元属思明路。明初,省入思明府,后复建,仍隶太平府。洪武二十一年,以韦延寿为知州。传至韦懋选,清顺治十六年,归附,仍予世袭。

思明州。唐置,属邕州。宋隶太平寨。元改思明路。明为府。洪武元年,以黄忽都为知府。传至黄戴乾,清顺治十六年,归附,仍

予旧职。黄观珠袭。以安马、洞郎等五十村改流，隶南宁。明降府
为州，移治伯江哨。雍正十年，五十村目怨观珠，杀观珠嬖人，欲因
以谋不靖。太平知府屠嘉正、新太协副将崔善元安定之。观珠以罪
参革，改流。又思明州与思明府本两地，土官亦黄姓，于康熙五十八
年改流。

下石西州，在府西二百十里。宋闭鸿为知州。明初，仍给世袭。
传至闭承恩，清初，归附，仍袭旧职。

上石西州，明崇祯间，并入本府。清雍正十二年，改隶明江同
知。

上龙司。汉属交址。唐置龙州。宋隶邕州。元大德中改为万
户府。明初，属太平。洪武八年，改直隶州，寻改隶太平。以土官赵
帖坚袭知州，以流官吏目佐之。其后事具《明史》。传至赵有泾，为
庶兄有涛所杀。泾子国梁诉父冤，有涛逃入交址。清平广西，更名
赵禄奇，自交址逃回归附，仍予旧职。死，传子廷楠。时国梁父冤既
白，应袭，而廷楠拒之。国梁复出奔，适云南煽动，遂率贼兵破州城，
杀廷楠。未几扑灭。而廷楠无子，乃以庶支赵元基孙国桓袭。传子
殿灯，雍正三年，以贪残参革，析其地为上龙司、下龙司；改设两巡
检。以赵升为上龙司巡检，赵塘为下龙司巡检，七年，赵塘以贪劣为
巡抚金铁题参，以地归太平通判兼摄。后改龙州厅。

凭祥州。宋为凭祥峒，属永平寨。元隶思明路。明洪武初，李
升内附，置凭祥镇。永乐二年，置县。成化八年，升州，以升孙李广
宁为知州。时又属安南，仍归明，属太平府。传至李维藩，清顺治十
六年，归附，仍予世袭。

江州。宋置，属古万寨。元隶思明路。明因之。洪武初，以黄
威庆为知州。传至黄廷杰，清顺治十六年，归附，仍袭旧职。

镇安府：在省西。宋时于镇安峒建右江军民宣抚司。元改镇安
路。明洪武元年，改府，授土官岑天保为知府。清顺治间，土官故绝，
沈文崇叛据其地。十八年，发兵扑灭之。康熙二年，改置流官通判。

雍正十年,改知府。

都康州。宋置,隶横山寨。元属田州路。明洪武三十二年,复置州。永乐初,以冯斌为知州,隶思恩府。传至冯太一,清顺治九年,归附,袭旧职。雍正七年,镇安设府,改隶镇安。

上映峒。宋置州。明初,废为峒,以许尚爵袭。传至许国泰,清顺治初,归附,仍予旧职。

湖润寨。宋时置州。明初,废州为寨,降巡检司。传至宗熙,清顺治九年,归附,仍给巡检司印,世袭。

清史稿卷五一七
列传第三〇四

土司六

甘　肃

　　甘肃,明时属于陕西。西番诸卫、河州、洮州、岷州、番族土官,《明史》归《西域传》,不入《土司传》。实则指挥同知、宣慰司、土千户、土百户,皆予世袭,均土司也。清改甘肃为省,各土司仍其旧,有捍卫之劳,无悖叛之事。杨应琚曰:"按西宁土司计十六家,皆自明洪武时授以世职,安置于西、碾二属。是时地广人稀,城池左近水地,给民树艺,边远旱地,赐各土司,各领所部耕牧。内惟土司陈子明系南人,元淮南右丞归附,余俱系蒙古及西域缠头,或以元时旧职投诚,或率领所部归命。李氏、祁氏、冶氏皆膺显爵而建忠勋。迨至我朝,俱就招抚,孟总督乔芳请仍锡以原职世袭。今以百年,输粮供役,与民无异。惟是生息蕃庶,所分田土多鬻民间,与民错杂而居,联姻而社,并有习土语者。故土官易制,绝不类蜀、黔诸土司桀骛难驯也。"今宁郡外亦有土弁,合纪其始末为一卷。

　　狄道州:

　　脱铁木儿,蒙古人。明初,授陕西平章宣慰使司都元帅,随大将军徐达招抚十八铁城、岷山等处,赐姓赵,更名安,授临洮卫土官指挥同知。正统十年,卒,子英袭。传至赵师范,清顺治二年,底定陇右,师范率子枢勤归附,仍令管理临洮卫指挥使土司事务。同治元年,河回猖乱,赵坛领土兵防守州城。二年,坛赴洮州卓泥调拨铁布番兵。适州城失守,敕书号纸均毁。四年,回匪围巩昌,坛赴陕甘大营请援,行至董家堡遇害。以兄子元铭为继。光绪二十年,袭职,领兵部号纸。二十一年,河回复叛,渡河攻城,元铭率土兵五百由抹邦河进剿。至城南川,适统领威定军何建威拔狄道,亦至,遂会军抵河州。何以元铭勇,委带威定前营,驻城南黄家滩。于边家湾、三家集、罗神庙等处屡捷,解河州围,加二品衔勇号。赵氏世居桧柏庄。

河州:

何贞南,河州人。元授陕西平章宣慰使司都元师。明初,投诚,赐姓何,授河州卫土官指挥。传至何永吉,清顺治二年,归附。五年,回变,其子扬威带兵有功,请给号纸世袭。至乾隆年,赵武袭。撒回叛乱,武同子大臣在老鸦、南岔等关防御。四十九年,石峰堡之变,父子防御尽职。嘉庆四年,教匪由川入甘,时武患病,委子大臣在南界景古城瞎歌滩防堵。同治二年,武元孙何柄继。兵火倏起,守城有劳,复获渠魁李法正,赏戴花翎。光绪四年,袭职。

韩哈麻,元、明时,授河州卫土司。清初,归附。乾隆十四年,河州发给土千户委牌子,霆袭。四十六年,撒回猖獗,统兵固守。旋因修盖佛寺,违禁斥革。继盐茶回变,防御有功,总督福康安给土司外委札付。霆曾孙钧,同治初,与贼接仗阵亡。子廷俊。同治十年,御贼入岘山口,身先士卒,刀石弗避,左宗棠赏给养伤银两。又有韩完卜者,世袭指挥使。清初,归附。其后韩千贯以札印遗失,授为外委土司。雍正间,韩世公因逆夷跳梁,把隘无失,仍授指挥使。雯卒,子成璘袭。乾隆四十六年,阵亡。咸丰十一年,韩廷佐袭。韩氏世居韩家集。

岷州:

马纪,自云伏波将军后裔。元至正间,因防守哈达川九族,授指挥使职，家岷州卫。子珍，明洪武间，以功授世袭土官百户。清顺治二年，马国栋归附，授原职。马氏世居宕昌城。

后成，明镇守指挥使能之季子，景泰间，守御洮州。成子璋，成化间，征乌斯藏有功，授世袭土官百户。清初，后承庆内附，为外委百户。康熙三十年，札委任事。乾隆九年，永庆孙发葵始实授土百户。后氏世居攒都沟。

赵党只管卜，岷州卫人。明洪武间，授世袭土官百户。清初，赵应臣内附，为外委土官。康熙二十一年，授其子之鼎原职。赵氏世居麻竜里。

以上三土司，所辖虽号土民，与汉民无殊，钱粮命盗重案，俱归州治，土司不过理寻常词讼而已。

后祥古子，岷州卫人。明洪武二十八年，以功授世袭土官百户。清顺治间，后希魁归附，授外委百户。希魁曾孙荣昌，实授土百户。光绪初，后振兴改袭土把总。后氏世居闾井东。

绰思觉，革那族生番也。明宣德间，授土官副千户。传至宏基，顺治十六年，归附，因事革配。康熙十四年，其堂弟宏元于吴逆之变，恢复洮、岷有功，靖逆侯张勇题叙，仍授世袭副千户。二十九年，宏元子廷贤，雍正初，与黄番煽乱，改土归流。

洮州厅：

歹的，洮州卫卓泥族番人。明永乐二年，率叠番达拉等族投诚。十六年，授土官指挥佥事。正德间，玄孙旺秀调京引见，赐姓名杨洪。传至杨朝梁，于顺治十八年归附，仍给札管理土务，为外委土司。康熙十四年，吴三桂乱，助饷，授拜他喇布勒哈番，准袭二次。二十年，朝梁子威袭。四十五年，威子汝松袭。汝松子冲霄，仍袭指挥佥事。五十一年，黑番为乱，助剿有功。前山十八族，后山十九族黑番，俱给令管辖。曾孙宗业袭职。撒拉回变，以功赏三品顶戴花翎。四十九年，盐茶回变，两剿石峰堡，赏大缎二匹。嘉庆十九年，宗业弟宗基袭，兼摄禅定寺僧纲。宗基子元，道光二十四年袭。同治中，奉总督左宗棠檄,剿循属撒匪,收复洮州新旧二城,历奖至头品顶戴、志勇巴图鲁。光绪六年,子作霖袭职,亦以军功得头品顶戴,领兵部号纸,兼摄护国禅师。日益诪大,小弱者割地以鬻,遂并有众土司地。作霖曾孙积庆,光绪二十八年袭。杨氏世居卓泥堡,地最大,南至阶文,西至四川松潘界,土司中最强者,自以为杨业之裔。明正德赐姓之事,则已茫如矣。

昝南秀节,洮州卫底古族西番头目。明洪武十一年,率部落投诚。十二年,督修洮州边濠城池。十九年,随指挥马煜征叠州,以功授本卫世袭中千户所百户。子卜尔结,于洪武二十年袭。二十五年,同指挥李凯等招抚番、夷等,认纳茶马。永乐三年,赐姓昝。宣德五年,以护送侯显功,升本卫实授百户。传至昝承福,清顺治十年,归附。奉洮州卫军民指挥使司札付,昝天锡于光绪二十年承袭。昝氏居资卜族。

永鲁札剌肖,洮州卫著逊族番人,明永乐间,以功授土官百户。传至永子新,清顺治间,归附,袭职。永隆于光绪二十五年承袭。永氏居著逊隘口。

西宁县:

祁贡哥星吉,元裔。初封金紫万户侯,世守西土。洪武元年,归附。五年,招抚西番,授副千户。以追剿西番亦林真卉阵亡,子锁南袭。永乐十年,从西宁侯宋琥追捕番酋老的罕等于讨来川,予正千户。传至祁廷谏,袭职。崇祯十六年,闯寇贺锦扰西宁,廷谏率子兴周与战,斩锦。已而贼党愈炽,并被俘送西安。清顺治二年,英亲王阿济格至西安,破走逆闯,得廷谏,赏衣帽、鞍马、彩缎、银两,令回西宁安抚番族,仍授本卫指挥使,世袭。十年,病休。兴周先以战功授大靖营参将,至是袭职。会吴逆叛,与周子荆璞随总兵王进宝克复兰州、临巩诸城。同治元年,撒回复乱,祁叙古防堵有功。十一年,为土番拉莫丹所控,革职。母李氏代理指挥使印。光绪十五年,以巡防功复职。祁氏世居寄彦才沟。

陈义，江苏山阳人。父子明，元淮安右丞。至正二十三年，明常遇春兵至淮南，率众投诚。洪武七年，随李文忠北伐有功，授随征指挥佥事。十六年，从征阵亡。义袭父职，调任燕山右护卫。靖难兵起，从燕王转战，升山西潞州卫指挥同知。永乐元年，随新城侯张辅征甘、凉。旋扈成祖征木雅失里，逐北至红山口，迁指挥使。又从耿炳文驻防甘肃，授西宁卫世袭指挥使。崇祯初，陈师尧随洪承畴守松山，阵亡。清顺治二年，陕西总督孟乔芳收甘肃，师尧弟师文归附。五年，甘州回米剌印、丁国栋反，随镇羌参将鲁典战贼乌稍岭，仍袭西宁卫指挥使。同治元年，撒回作乱，总督沈兆霖率师进剿，檄陈兴恩守虬思观。光绪四年，子迎春袭。陈氏世居陈家台。

李文，西番人。父赏哥，元都督指挥同知。明洪武初，投诚。传至李洪远，袭指挥同知职。崇祯十六年，李自成党陷甘州，独西宁不下。贼将辛恩贵攻破之，洪远与其妻祁氏暨家丁一百二十人死于难。清顺治七年，洪远子珍品归附，仍与原官。咸丰八年，李尔昌袭。同治元年，撒拉回作乱，随大军进剿，赏蓝翎。李氏世居乞塔城。

纳沙密，西番人。明洪武四年，投诚，授总旗。清顺治二年，纳元标归附，仍袭指挥佥事。同治元年，总督沈兆霖督军进讨撒回，纳朝珍奉檄守南川什张加。光绪四年，朝珍子延年袭。纳氏世居纳家庄。

南木哥，姓汪氏，西宁州土人。明洪武四年，投诚。累除金吾左卫中卫所副千户，加指挥佥事。传至汪升龙，清顺治二年，归附，仍袭指挥佥事。同治元年，撒回反，南进善随大军前赴巴燕戎格所属曲林庄防剿。二年，西宁逆回悉叛，奉檄守府城。十一年，回乱平，招集流亡土民复业。光绪十九年，子祖述袭。汪氏世居海子沟。

吉保，西番人。洪武四年，设诚，授百户。二十三年，调锦衣卫前所镇抚。子朵尔只袭。清顺治二年，吉天锡归附。十二年，仍袭指挥佥事，吉氏世居虬迭沟。

循化厅：

　　韩宝元,撒拉尔回人。明洪武三年,投诚,授世袭昭信校尉管军百户职衔。传至韩愈昌,清康熙间,归附,蒙靖宁将军张札委都司职衔。子炳,抚番有功,于雍正间奉兵部号纸,袭土千户,管西乡上四工韩姓撒拉。

　　韩沙班,明时,抚番有功,授世袭撒拉族土百户。清顺治间,归附,管东乡下四工马姓撒拉。乩藏土百户王国柱,清顺治二年,归附,授原职,管番民。明时防戍小土司也。

大通县:

　　曹通温布,大通川人。乾隆元年,以功补大通川土千户,世袭。每年应纳贡马二十四匹,共折银一百七十三两。后因回乱,番民逃亡,总督左宗棠咨部。暂以半价交纳。由大通县管理。

碾伯县:朵尔只失结,蒙古人。元甘肃行省右丞。洪武四年,投诚。六年,授西宁卫指挥佥事。子端竹袭。旋调守西宁卫。建文元年,从南军征北平,阵亡。子祁震袭,始以祁为氏。祁秉忠,《明史》有传。秉忠侄国屏,袭都指挥同知。崇祯十六年,流寇蹂西宁,力抗之,清顺治二年,归附。五年,甘州回陷甘、凉、肃诸州,国屏随总督孟乔芳进剿,复甘州。九年,授西宁卫世袭指挥同知。子伯豸袭。吴三桂反,平凉提督王辅臣叛应之。逆党陷巩昌、临洮、兰州,伯豸统各土司随西宁镇总兵王进宝东征,平兰州,累官至銮舆使。圣祖亲征噶尔丹、仲豸扈从,擢署温州镇总兵,回籍以原官署理指挥同知印务。雍正元年,青海酋罗卜藏丹津叛,大将军年羹尧檄祁在璂守大峡口。撒拉陷河州,璂侄调元率土兵守碾伯城。盐茶回田五作乱,调元守鲁班峡。同治元年,撒回作乱,调元曾孙承诰协同防御。以劳疾卒,承诰妻刘氏护理印务。光绪十一年,子贵玉袭。祁氏世居胜番沟。

　　李南哥,西番人。自云李克用裔。元西宁州同知。明洪武初,投诚,授指挥佥事世袭。招抚流散,收捕黑章砸等处番贼。永乐五年,卒,子英袭。获番酋老的罕,进都指挥佥事。二十二年,中官邓成等使西域,道安定、曲先,遇贼见杀,掠所赍金币。仁宗初立,谕赤斤、罕东及安定、曲先诘贼主名,而敕英与指挥康寿等进讨。英言知安定指挥哈三孙散哥、曲先指挥散即思实杀使者,遂率兵西入。贼惊走,追击,逾昆仑山,深入数百里。至雅令阔,与安定贼遇,大败之,俘斩千一百余人,获马牛杂畜十四万。曲先贼闻风远遁,安定王桑尔加失夹等惧,诣阙谢罪。宣宗嘉英功,遣使褒谕宴劳之,令驰驿入朝。既至,擢右府左都督。宣德二年,封会宁伯,禄千一百石,并赠南哥子爵。英恃功骄,所为多不法。宁夏总兵史昭奏英有异志,英上章辩,赐敕慰谕之。英家西宁,招通逃七百余户,置庄垦田,豪夺人产,复为兵部及言官所劾,追逃者入官。传至李天俞,闯寇余党蹂湟中,天俞被执送西安,其家殉难者三百余人。清顺治二年,英亲王阿济格至关中,流寇溃散,天俞谒王,王赐衣冠、鞍马、银两、彩缎,令回西宁招抚番族。五年,甘州回米剌印反。十年,授西宁卫指挥同知,世袭。吴三桂党陷兰州,总兵王进宝檄其子澍从征。澍与弟洽预调水夫五百余名,各造木筏五十余只,由新城河口宵济官军,并率土兵千余骑继进,遂复兰州、临巩诸城,擢游击。传至李长年,光绪四年,袭职。李氏世居上川口。

赵朵尔,岷州人。元招藏万户。明洪武三年,投诚。传至赵瑜,清顺治二年,归附。十八年,仍袭指挥同知。同治初,撒回不靖,总督沈兆霖进剿,檄赵永龄率土兵随官军搜剿山后巴燕戎格等处逆党。光绪七年,永龄袭职。赵氏世居赵家湾。

失剌,蒙古人。元甘肃省郎中。明洪武初,投诚,选充小旗。子阿吉袭小旗,始以阿为氏。扈成祖北征阿鲁台,战魁列儿河有功,迁总旗。传至阿镇,清顺治二年,归附,依旧世袭。同治四年,逆回陷老鸦堡,阿文选率土兵御贼于隘,众寡不敌,死之,部下熸焉。光绪九年,文选子保衡袭。二十年,保衡子成栋袭。阿氏世居老鸦白崖子。

帖木录,西宁卫土人。元,百户。洪武四年,投诚,授原职。子大都,从都督宋晟讨西番叛贼,获捷,迁千户。永乐七年,卒,子甘肃袭职,始以甘为氏。崇祯十六年,流寇扰西宁,甘继祖家被掠,失承袭号纸。清顺治二年,归附。吴三桂逆党延及陇右,继祖子廷建率士兵三百守黄河渡口,复随王进宝征讨,陇右以安。叙功,袭指挥金事原职。甘钟英,光绪四年袭。甘氏世居美都川。

　　虮铁木,西宁州土人。明洪武四年,投诚,充小旗。子金刚保,从成祖北征,追木雅失里不及,移征阿鲁台,连战于玄冥河、于静虑镇、于广汉戎,皆有功。复从指挥李英讨番酋老的罕于沙金城,大破之。二十年,再扈成祖北征,败贼于魁列儿河,擢千户。子朱荣袭职。始以朱为氏。从都指挥李英追安定贼,与战,深入,没于阵。数传至朱秉权,值明末流寇贺锦之乱,失官诰号纸。顺治二年,秉权偕子廷璋归附。康熙四十年,仍授指挥金事,世袭。数传至朱协,同治四年,湟中群回肆逆,协殉难。光绪十一年,协子廷佐袭。朱氏世居朱家堡。

　　薛都尔丁,西域缠头回人。元,甘肃省金事。明洪武四年,投诚,授小旗。子也里只补役,洪熙元年,从征安定贼有功,擢所镇抚。子也陕舍袭。陕舍孙祥,更姓冶氏。顺治二年,冶鼎归附,仍予世袭。冶氏世居米拉沟。

　　李化鳌,明世袭西宁卫指挥同知化龙之弟,锦衣卫指挥使光先之次子。清顺治二年,归附,授职百户。光绪十五年,李长庚袭。李氏世居九家巷。

　　朵力虮,西宁州土人。明洪武四年,投充小旗。子七十狗补役。孙辛庄奴,始以辛为氏。清顺治二年,辛伟鼎归附,仍授试百户职。同治四年,回乱湟中,堡塞俱毁,辛德成挈其子裕后避贼居藏地。光绪十二年,归里。裕后袭。辛氏世居王家堡。

　　哈喇反,西宁州土人。明洪武四年,投充小旗。子薛帖里加替役,以功授百户。子喇苦袭,以功升副千户,遂以喇为氏。清顺治二年,喇光耀归附,给与指挥金事札付。喇氏世居喇家庄。

平番县：

巩卜失加，元裔。父脱欢，封武定王，兼平章政事。明洪武四年，率诸子部落投诚，太祖授巩卜失加为百夫长，俾统所部居庄浪，以功升百户。永乐初，殉阿鲁台之难，传子失加，累署庄浪卫指挥同知，赐姓鲁氏。子鉴，鉴子麟，麟子经，三世名将，《明史》有传。崇祯十年，以经曾孙印昌任西宁副总兵。及闯寇犯河西，印昌散家财享士卒，提兵至西大通，遇贼党贺锦，挥兵奋战，部卒殆尽，遂没于阵。清顺治十六年，印昌子宏归附，袭指挥使，锡之敕印。宏卒，嫡子帝臣幼，以族人鲁大诰代理土务。会吴逆叛，宏妻汪氏捐军粮四百石。宏曾孙璠，乾隆四十六年，撒拉回攻围兰州，率土番兵三百人赴援，战于乱古堆坪。贼悍甚，兵无后继，璠负重伤，裹创力战，竟突围归营。事闻，加一等职衔、花翎。盐茶回复反，璠领土番兵防守兰州城。道光六年，逆回张格尔犯边，扬威将军长龄进讨，璠子纪勋奉檄购办驼只、运军粮。九年，官兵进剿安集延，仍承办驼只。纪勋娶额驸阿拉善亲王女，缘此习尚奢豪，盛极而衰。嫡孙如皋袭。咸丰初，如皋助军饷。七年，省城修建钱局，捐本管山场木植数万株，加二品顶戴、花翎。同治初，回乱，以功加副将衔。十三年，西宁肃清，加提督衔、誉勇巴图鲁。光绪十九年，如皋卒，子焘幼，母和硕特氏护土务。二十一年四月，焘嗣职。鲁氏自焘以上，世袭掌印土司指挥使，驻扎庄浪，分守连城。

把只罕，元武定王平章政事长男。明洪武四年，随父来降，授指挥佥事，后赐姓鲁氏。数传至鲁典，清顺治二年，归附。陕西总督孟乔芳嘉其功，委署镇海营参将，随大军征剿。数传至鲁绪周。同治三年，回变，绪周率所部御贼，阵亡，子焘袭职。光绪十一年，子服西袭职。自服西以上，世袭掌印土司指挥佥事。

鲁镛，元裔，与鲁鉴同族。明时，以官舍随征，授总旗。清顺治二年，鲁大诰随鲁希圣等归附，仍授前职。光绪十九年，鲁瞻泰袭。自泰以上，世居古城，袭土指挥使。

鲁之鼎，与鲁典同族。明时，世袭土指挥副使。清顺治二年，随典归附。光绪十八年，鲁维礼袭职。自维礼以上，世居大营湾，袭土指挥副使。

鲁福，鲁鉴次子。从鉴征讨，屡立战功。清顺治二年，鲁培祚随鲁典归附。光绪十七年，鲁应选袭职。世居西大通峡口，袭土指挥同知。

鲁国英，元裔。明正千户。清顺治二年，鲁大诚投诚，随鲁典剿甘、凉回逆，力战阵亡。子景成，仍袭正千户世职。光绪五年，鲁福山袭。世居古城。

鲁三奇，元裔。明世袭副千户。清顺治二年，三奇随同族鲁典归附。光绪十六年，鲁政袭职。世居马军堡。

西坪土官杨茂才，明正百户。清顺治二年，随鲁典投诚。数传至杨得荣。同治中，逆回叛，得荣避难，不知所终。

西六渠土官何伦，明时，充小旗。清顺治二年，何进功随鲁典归附。数传至何万全。同治四年，捍御逆回，创重而卒。子臣福袭。

杨国栋，明指挥同知。清顺治二年，归附。九年，复袭指挥同知。后无考。

鲁察伯，明实授百户。清初，归附。康熙十六年，子鲁襄，仍袭实授百户。后无考。

海世臣，明指挥佥事。世臣子龙袭前职。清顺治二年，海洪舟归附。九年，仍袭指挥佥事。后无考。

清史稿卷五一八
列传第三〇五

藩部一

科尔沁　札赉特　杜尔伯特
郭尔罗斯　喀喇沁　土默特

　　清起东夏，始定内盟。康熙、乾隆两戡准部。自松花、黑龙诸江，迤逦而西，绝大漠，亘金山，疆丁零、鲜卑之域，南尽昆仑、析支、渠搜，三危既宅，至于黑水，皆为藩部。抚驭宾贡，复越汉、唐。屏翰之重，所以宠之；甥舅之联，所以戚之；锐刘之卫，所以怀之；教政之修，所以宣之。世更十二，载越廿纪，虔奉约束，聿共盟会，奥矣昌矣。若夫元之戚垣，自为风气；明之蕃卫，虚有名字，盖未可以同年而语。带砺之盛，具见世表。兹综事实，列之为传，揆文奋，武悦近来远，疏附御侮，可得大凡。末造颠顶，乃彰畔涣，盛衰得失，斯可鉴已。

　　科尔沁部，在喜峰口外，至京师千二百八十里。东西距八百七十里，南北距二千有百里。东扎赉特，西扎噜特，南盛京边墙，北黑龙江。

　　元太祖削平西北诸国，建王、驸马等世守之，为今内外扎萨克蒙古所自出。

　　科尔沁始祖曰哈布图哈萨尔，元太祖弟，今科尔沁六扎萨克，及扎赉特、杜尔伯特、郭尔罗斯、阿噜科尔沁、四子部落、茂明安、乌喇特、阿拉善、青海和硕特，皆其裔。哈布图哈萨尔十四传至奎蒙克塔斯哈喇，有子二：长博第达喇，号卓尔郭勒诺颜；次诺扪达喇，号噶勒济库诺颜。

博第达喇子九：长齐齐克，号巴图尔诺颜，为土谢图汗奥巴、扎萨克图郡王布达齐二旗祖；次纳穆赛，号都喇勒诺颜，为达尔汉亲王满珠习礼、冰图郡王洪果尔、贝勒栋尔尔三旗祖；次乌巴什，号鄂特欢诺颜，见《郭尔罗斯传》；次乌延岱科托果尔；次托多巴图尔喀喇；次拜新；次额勒济格卓哩克图，裔不著；次爱纳噶，号车臣诺颜，见《杜尔伯特传》；次阿敏，号巴噶诺颜，见《扎赉特传》。诺扪达喇子一，曰哲格尔德，为扎萨克镇国公喇嘛什希一旗祖。

蒙古强部有三：曰察哈尔；曰喀尔喀；曰卫拉特，即厄鲁特。明洪熙间，科尔沁为卫拉特所破，避居嫩江，以同族有阿噜科尔沁，号嫩江科尔沁以自别。扎赉特、杜尔伯特、郭尔罗斯三部与同牧，服属于察哈尔。

太祖癸巳年，科尔沁台吉齐齐克子翁果岱，纳穆赛子莽古斯、明安等，随叶赫部台吉布齐，纠哈达、乌拉、辉发、锡伯、卦尔察、珠舍里、纳殷诸部来侵，攻赫济格城不下，陈兵古呼山。上亲御之，至扎喀路，谕诸将曰："彼虽众，皆乌合。我以逸待劳，伤其一二台吉，众自溃。"命巴图鲁额亦都率百骑挑战，叶赫诸部兵罢攻城来御，逆击之。明安马踬，裸而遁，追至哈达部柴河寨南，俘获甚众。戊申，征乌拉部，围宜罕阿林城，翁果岱复助乌拉台吉布占泰，我师击败之。于是莽古斯、明安、翁果岱先后遣使乞好。

天命九年，翁果岱子奥巴率族来归。寻为察哈尔所侵，我援之，解围去。天聪二年，会大军征察哈尔。三年，从征明，克遵化州，围北京。五年，围大凌河，降其将祖大寿。六年，从略大同、宣府边。八年，复从征明。

十年春，大军平察哈尔，获元传国玉玺。奥巴子土谢图济农巴达礼偕台吉乌克善、满珠习礼、布达齐、洪果尔、喇嘛什希、栋果尔，及扎赉特、杜尔伯特、郭尔罗斯、喀喇沁、土默特、敖汉、奈曼、巴林、扎噜特、阿噜科尔沁、翁牛特诸部长来贺捷。以上功德隆，宜正位号，遗朝鲜国王书，示推戴意。四月，合疏上尊号，改元崇德。礼成，叙功，诏科尔沁部设札萨克五：曰巴达礼，曰满珠习礼，曰布达齐，曰洪果尔，曰喇嘛什希，分领其众，赐亲王、郡王、镇国公爵有差。十月，命大学士希福等赴其部，鞫罪犯，颁法律，禁奸盗，编佐领。二年，从征喀木尼堪部及朝鲜。三年，征喀尔喀。四年春，征索伦。秋，围明杏山、高桥。八年，随饶余贝勒阿巴泰、护军统领阿尔津征明及黑龙江诸部。

顺治元年，偕札赉特、杜尔伯特、郭尔罗斯兵随睿亲王多尔衮入山海关，走流贼李自成，追至望都。二年，随豫亲王多铎定江南。三年，复随剿苏尼特叛人腾机思，败喀尔喀土谢图汗、车臣汗援兵。七年，科尔沁复设札萨克一，以栋果尔子彰吉伦领之，由贝勒晋郡王爵。十三年，上以科尔沁及札赉特、杜尔伯特、郭尔罗斯、喀喇沁、土默特、敖汉、奈曼、巴林、札噜特、阿噜科尔沁、翁牛特、乌珠穆沁、浩齐特、苏尼特、阿巴噶、四子部落、乌喇特、喀尔喀左翼、鄂尔多斯诸札萨克归诚久，赐敕曰："尔等秉资忠直，当太祖、太宗开创之初，诚心归附，职效屏藩。太祖、太宗嘉尔勋劳，崇封爵号，尝赍有加，朝觐贡献，时令陛见，饮食教诲，为数甚多。凡有怀欲吐，俱得陈奏，心意和谐，如同父子。朕荷祖宗鸿庥，统一寰宇，恐于懿行有违，成宪未洽，互用忧惕。亲政以来，六年于兹，未得与尔等一见，虽因万几少暇，而怀尔之忱，时切朕念。每思尔等效力有年，功绩卓著，虽在瘖痗，未之有怿。诚以尔等相见既疏，恐有壅蔽，不能上通，故特遣官赍敕赐币，以谕朕意，嗣后有所欲请，随时奏闻，朕无不体恤而行。朕方思致天下于太平，尔等心怀忠荩，毋忘两朝恩宠。朕世世为天子，尔等亦世为王，享富贵于无穷，垂芳名于不朽，不亦休乎！"

康熙十三年，征所部兵讨逆藩吴三桂。十四年，剿察哈尔叛人布尔尼。先是科尔沁内附，莽古斯以女归太宗文皇帝，是为孝端文皇后。孙乌克善等复以女弟来归，是为孝庄文皇后。曾孙绰尔济复

以女归世祖章皇帝,是为孝惠章皇后。科尔沁以列朝外戚,荷国恩
独厚,列内札萨克二十四部首。有大征伐,必以兵从,如亲征噶尔
丹,及剿策妄阿喇布坦、罗卜藏丹津、噶尔丹策凌、达瓦齐诸役,札
萨克等效力戎行,莫不懋著勤劳。土谢图亲王、达尔汉亲王、卓哩克
图亲王、扎萨克图郡王四爵俸币视他部独增,非惟礼崇姻戚,抑以
其功冠焉。所部六旗,分左右翼。土谢图亲王掌右翼,附扎赉特部
一旗、杜尔伯特部一旗;达尔汉亲王掌左翼,附郭尔罗斯部二旗,统
盟于哲里木。右翼中旗驻巴颜和翔,左翼中旗驻伊克唐噶哩克坡,
右翼前旗驻席喇布尔哈苏,右翼后旗驻额木图坡,左翼前旗驻伊岳
克里泊,左翼后旗驻双和尔山。爵十有七:扎萨克和硕土谢图亲王
一;附多罗贝勒一;扎萨克和硕达尔汉亲王一;附卓哩克图亲王一;
多罗郡王二,一由亲王降袭;多罗贝勒一;固山贝子一;辅国公四,
一由贝子降袭;扎萨克多罗扎萨克图郡王一;扎萨克多罗冰图郡王
一;扎萨克多罗郡王一,由贝勒晋袭;附辅国公一,由贝子降袭;扎
萨克镇国公一。左翼中旗扎萨克达尔汉亲王满珠习礼之玄孙色布
腾巴勒珠尔,乾隆十一年三月尚固伦和敬公主。二十年,准噶尔之
平,以功加双俸,寻以阿睦尔撒纳叛事,夺爵。二十三年,复封和硕
亲王。三十七年,与征金川,又以附富德劾阿桂,夺爵。四十年,复
之。

　四传至棍楚克林沁,袭镇国公,官至御前大臣,卒。其后左翼中
旗辅国公二,左翼后旗辅国公一,均停袭。左翼后旗扎萨克多罗郡
王僧格林沁,以军功晋博多勒噶台和硕亲王。同治二年,予世袭罔
替。四年,以剿捻匪阵亡,自有传。其旗增多罗贝勒一,辅国公二,
皆以僧格林沁功。

　僧格林沁子伯彦讷谟祜,初封辅国公。同治三年,晋贝勒。四
年七月,袭博多勒噶台亲王,为御前大臣。十一月,命与左翼中旗扎
萨克达尔汉亲王索特那木朋苏克等选马队剿奉天马贼。五年二月,
大破马贼于郑家屯。三月,命捕吉林余匪。六月,条陈奉天善后事
宜,诏如所请行。匪平,回京。光绪初,德宗典学,命在毓庆宫行走,

授兼镶黄旗领侍卫内大臣。十七年,卒。

自道光季年海防事起,洎咸丰三年粤逆北犯,八年海防又急,皆调东三盟兵协同防剿,科尔沁部为之冠,予爵职、给荫袭者,皆甲诸部。僧格林沁之亡,始撤哲里木盟兵旋所部。

初,科尔沁诸旗以距奉天近,皆招佃内地民人开垦。乾隆四十九年,盛京将军永玮等奏:"宾图王旗界内所留民人近铁岭者,达尔汉王旗所留民人近开原者,即交铁岭县、开原县治之。"嘉庆十一年十月,盛京将军富俊等以左翼后旗昌图额勒克地方招垦闲荒,经历四载,人民四万有奇,请增置理事通判治之。达尔汉王旗界内所留人民,亦交通判就近并治,时诸旗扎萨克、王、公等多招民人垦荒,积欠抗租,则又请驱逐。廷议非之,严定招垦之禁,已佃者不得逐,未垦者不得招。道光元年,左翼中旗扎萨克达尔汉亲王布彦温都尔瑚竟以垦事延不就鞫,夺扎萨克。然私放私垦者仍日有所增,流民游匪于焉麇集。同治中,以昌图匪乱,通判秩轻,升为理事同知,光绪二年,署盛京将军崇厚奏设官抚治,以清盗源。遂升昌图同知为府,以原垦达尔汉王旗之梨树城、八面城地置奉化、怀德二县隶之。七年,又设康平县于康家屯,隶之。二十八年,盛京将军增祺奏设辽原州于苏家屯,隶之。皆治左翼三旗垦民。

是年,右翼前旗札萨克图郡王乌泰以放荒事屡被劾,命礼部尚书裕德会增勘治。四月,覆奏言:"乌泰已放荒界南北长三百余里,东西宽一百余里,外来客民有一千二百六十余户。乌泰不谙放荒章程,以致嗜利之徒,任意垦占,转相私售,实已暗增数千余户,新开荒地又增长三百余里,宽一百余里。梅楞齐莫特、色楞等复袒护荒户,阴台吉壮丁在新放荒地游牧。协理台吉巴图济尔噶勒遂以敛财聚众,不恤旗艰,控之理藩院。经传集乌泰等亲自宣导,均各悔悟。愿涤洗前愆,驱除逸慝,和同办理旗务。请将乌泰、巴图济尔噶勒暂革,仍准留任,勒限三年,限满经理得宜,由阖旗呈请开复,否则永远革任;齐莫特、色楞等均分别屏黜,不准干预旗务。并为定领荒招垦章程,荒价则一半报效国家,一半归之蒙旗。升科则每晌以中钱二百四十为筹饷设官等经费，以四百二十作蒙古生计，自王府至台吉、壮丁、喇嘛，各有得数。仍酌留余荒，讲求牧养。"均报可。十月，增祺又奏勘明是旗洮尔河南北已垦未垦之地，约有一千余万亩，派员设局丈放。三十年，以其地置洮南府，并置靖安、开通二县隶之。三十一年，盛京将军赵尔巽以右翼后镇国公旗垦地置安广县，而法库门旧为左翼中达尔汉王诸旗招垦地，亦置同知治之。三十四年，东三省总督徐世昌以右翼中旗和硕土谢图亲王垦地置醴泉等县。于是科尔沁六旗垦地几遍，郡县亦闻多，诸札萨克王公等得租丰溢，而化沙砾为膏沃，地方亦日臻富庶。

诸札萨克王公等世次皆见表，惟右翼和硕土谢图亲王色旺诺尔布桑宝以庚子之变，中外多故，殒于非命。裕德等勘奏，谓为属员逼勒而死，因请治逼勒者如律。寻增祺奏以族子业喜海顺承袭，传爵如故。

凡蒙旗，札萨克为一旗之长，制如一品，与都统等。其辅曰协理吉台，属曰管旗章京，副章京参领，佐领。蒙语管旗章京曰梅楞，参领曰札兰，佐领曰苏木。苏木实分治土地人民。其佐领之额，右翼中旗二十二，左翼中旗四十六，右翼前旗、后旗均十六，左翼前旗、后旗均三。凡哲里木盟重大事件，科尔沁六旗以近奉天，故由盛京将军专奏。郭尔罗斯前旗一旗以近吉林，郭尔罗斯后旗、札赉特、杜尔伯特三旗以近黑龙江，故各由其省将军专奏。

札赉特部，元太祖弟哈布图哈萨尔十五传至博第达喇，有子九，阿敏其季也。与兄齐齐克、纳穆赛等牧邻，所部曰扎赉特。天命九年，阿敏子蒙衮偕科尔沁台吉奥巴遣使乞好，优诏答之，遂率属来归。顺治五年，授蒙衮子色棱扎萨克，以与科尔沁同祖，附之，隶哲里木盟，旗一，驻图卜绅察罕坡。其爵为扎萨克多罗贝勒，由固山贝子晋袭。

光绪二十五年，黑龙江将军恩泽等奏："以户部咨，黑龙江副都统寿山条奏，请放蒙古各旗荒地，派员赴扎赉特旗剀切劝商，原将属界南接郭尔罗斯前旗,东滨嫩江之四家子、二龙梭口等处,指出开放,南北约长三百余里,东西宽百余里或三四十里,设局勘办。并谓若大东以至大西,使沿边各蒙旗均能招民垦荒,则强富可期,即可无北鄙之惊。"下所司议行。先是哲里木盟诸旗皆以禁垦甲令过严,无敢明言招垦者,至是始接踵开放云。三十一年,以垦地置大赉厅治之。是部有佐领十六。

杜尔伯特部,在喜峰口外,至京师二千五十里。东西距百七十里,南北距二百四十里。东及北皆黑龙江,西扎赉特,南郭尔罗斯,北界索伦藩部。蒙古称杜尔伯特部者二,同名异族。一姓鲜啰斯,为卫拉特台吉孛罕裔,旗十有四,驻牧乌兰古木,称外扎萨克,别有传。一姓博尔济吉特,为元太祖弟哈布图哈萨尔裔,即今驻牧喜峰口外之内札萨克也。

哈布图哈萨尔十六传至爱纳噶,始以名其部。天命九年,爱纳噶子阿都齐偕科尔沁台吉奥巴遣使乞好,优诏答之,遂率属来归。顺治五年,授阿都齐子色棱扎萨克,以与科尔沁同祖,附之,隶哲里木盟。旗一,驻多克多尔坡。其爵为扎萨克固山贝子。

同治二年,杜尔伯特贝子贡噶绰克坦咨黑龙江将军,请将交界重立封堆。寻勘明:"巴勒该冈以北黑龙江界内,有杜尔伯特蒙人等居屯四处,牌莫多以南杜尔伯特界内,有黑龙省属人等居屯八处,旧界所占均系旷地,应准各就其所,以安生计。蒙古越占巴勒该冈地,应将南榆树改为新界,有属人等占牌莫多地,应将四六山改为新界,共立界堆十七。"奏入,诏如议。四年,贡克绰克坦复咨以所立界堆将蒙古旧地草厂归入省界,有碍蒙古生计。诏派副都统克蒙额与哲里木盟长及杜尔伯特会勘,划还塔尔欢屯以东第十、第十一封堆之西蒙古坟茔房基,平毁二十颗树封堆之南蒙界旗屯房屋,又增立界堆十有九,并以牌莫多以南官屯旧占蒙屯较巴勒该冈以北蒙屯旧占省屯多地十三里,拨二十颗树封堆之南省属空闲地如数补之。七年六月奏结,请饬贝子贡噶绰克坦严约属人照界永远遵守,报可。十年,以是旗私招民人垦荒,严申禁令,革其协理台吉。光绪二十五年,将军恩泽以招垦蒙地,关边圉富强大计,复奏派员商劝放垦。时东三省铁路之约既成,是部当铁路之冲,交涉烦多,商民萃集。三十二年,因以所部垦地置安达厅治之,隶黑龙江。是部一旗,有佐领二十五。

郭尔罗斯部,在喜峰口外,至京师千八百九十七里。东西距四百五十里,南北距六百六十里。南盛京边墙,东吉林府,西及北科尔沁。

元太祖遣弟哈布图哈萨尔征郭尔罗斯部,十六传至乌巴什,即以为所部号。子莽果仍之。

天命九年,莽果子布木巴偕科尔沁台吉奥巴遣使乞好,优诏答之,遂率属来归。会察哈尔林丹汗掠科尔沁,遣军由郭尔罗斯境往援,至农安塔。林丹汗遁,不敢复犯科尔沁及郭尔罗斯诸部。嗣设札萨克二:曰布木巴,爵镇国公;曰固穆,为布木巴从弟,爵辅国公。以与科尔沁同祖,附之,隶哲里木盟。旗二:前旗驻固尔班察罕,后旗驻榛子岭。爵三:扎萨克辅国公一,札萨克台吉一,附镇国公一。

是部布木巴一旗为前旗,近吉林。嘉庆五年,吉林将军秀林奏以郭尔罗斯垦地置长春理事通判,并请分征其租,上以非体斥之。十传至喀尔玛什迪,于光绪九年削札萨克,公爵如故。以其族等台吉巴雅斯呼朗代为札萨克。光绪十三年,复升长春厅为府。于是旗界内辽黄龙府旧地置农安县,隶之。光绪三十四年,又以垦地增广,分置长岭县。宣统二年,分长春府地置德惠县。旋又定国家与蒙古分收民租例。是旗置郡县凡四,皆隶吉林。

固穆一旗为后旗,近黑龙江,亦当东三省铁路之冲。光绪三年,以垦地置肇州厅,隶黑龙江。后又分置肇东经历。是部二旗,垦地分隶吉林、黑龙江二省。前旗有佐领二十三,后旗有佐领三十四。

喀喇沁部,在喜峰口外,至京师七百六十里。东西距五百里,南北距四百五十里。东土默特及敖汉,西察哈尔正蓝旗牧厂,南盛京边墙,北翁牛特。

元时有札尔楚泰者,生济拉玛,佐元太祖有功。七传至和通,有众六千户,游牧额沁河,号所部曰喀喇沁。子格呼博罗特继之。

生子二:长格呼勒泰宰桑,为札萨克杜棱贝勒固噜思奇布及札萨克一等塔布囊格呼尔二旗祖;次图噜巴图尔,为札萨克镇国公色棱一旗祖。格呼勒泰宰桑子四:长恩克,次准图,次鄂穆克图,均居喀喇沁。天聪二年二月,恩克曾孙苏布地以察哈尔林丹汗虐其部,偕弟万丹伟征等乞内附,表奏:"察哈尔汗不道,喀喇沁被虐,因偕土默特、鄂尔多斯、阿巴噶、喀尔喀诸部兵,赴土默特之赵城,击察哈尔兵四万。还,值赴明请赏兵三千,复殪之。察哈尔根本动摇,事机可乘。皇帝倘兴师进剿,喀喇沁当先诸部至。"谕遣使面议。七月,遣喇嘛偕五百三十八人来朝,命贝勒阿济格、硕托迎宴,刑白马乌牛誓。九月,上亲征察哈尔,苏布地等迎会于绰洛郭勒,赐赉甚厚。三年正月,敕所部遵国宪。六月。苏布地及图噜巴图尔孙色棱等率属来归,诏还旧牧。十月,上征明,以塔布囊布尔哈图为导,入遵化,驻兵罗文峪。四年,布尔哈图为明兵所围,击败之,擒副将丁启明及游击一、都司二。诏嘉其功,赐庄田仆从及金币。六月,由都尔弼从征察哈尔,林丹汗遁,以所收察哈尔粮贮辽河守之。复分兵随贝勒阿济格略明大同、宣府边。八年正月,偕巴林、阿噜科尔沁、阿巴噶诸部兵收抚察哈尔流民。五月,从征明大同,至朔州。九年正月,诏编所部佐领,以苏布地子固噜思奇布掌右翼,色棱掌左翼。五月,选兵从征明,败之于辽河源。

崇德元年,诏授布尔哈图一等子。赐号岱达尔汉塔布囊。二年,遣大臣阿什达尔汉等赴其部理庶狱。三年九月,随大军自密云入明边,败其兵六千。十月,从征前屯卫及宁远。七年,从围蓟州,过北京,下山东。

顺治元年,从入山海关,击流贼李自成。六年,从征喀尔喀。康熙十三年,大军剿逆藩耿精忠等,所部塔布囊霍济格尔偕土默特塔布囊善达等，以兵赴兖州。十七年，上谕曰："塔布囊霍济格尔等自兖州赴浙江，听康亲王杰书调度。各统所属官兵征剿逆贼，深入闽省，同大兵平定逆藩耿精忠。行间效力，身先士卒，冲锋陷阵。奋勇用命，深为可嘉。宜降恩纶，即行议叙，以励后效。"二十年，上驻跸和尔和，谕曰："塔布囊霍济格尔出征时最著勤劳，今已溘逝。朕至此地，遣散秩大臣鄂齐等携茶酒往奠。"二十五年，叙平浙江、福建功，赐参领巴雅尔等十人世职。

二十九年，从征噶尔丹，败之于乌兰布通。四十四年，诏增设一旗，以塔布囊格呼尔领之。五十四年，征所部兵千赴推河防御策妄阿喇布坦，寻命侍郎觉和托等携帑万两赐之，雍正九年，从征噶尔丹策凌。所部初设二旗，右翼驻锡伯河北，左翼驻巴颜珠尔克；后增一旗驻左右翼界内。爵六：亲王品级札萨克多罗杜棱郡王一，由贝勒晋袭；附镇国公一，由贝子降袭；辅国公一，札萨克多罗贝勒一，由贝子晋袭；扎萨克固山贝子一，由镇国公晋袭；札萨克公品级一等塔布囊一。

乾隆四十一年，以所部垦地设平泉州。嘉庆八年，降爵。贝子丹巴多尔济以获逆犯陈德功，予贝勒，官至领侍卫内大臣、御前大臣，卒。光绪二十三年，扎萨克一等台吉塔布囊巴特玛鄂特萨尔以事革，复以贝勒熙凌阿袭。存爵五。

是部招民垦地最在先。乾隆十四年，始定不许容留民人多垦地亩之禁。道光十九年，复定喀喇沁、土默特种地民人不得以所种地亩折算蒙古赊贷银钱例。光绪十七年，敖汉部金丹道匪之变，是部同时被扰。事平，特颁帑赈恤之。二十九年，热河都统锡良以左翼旗招华商承办全旗五金各矿，中旗同道胜银行立有合同，开八里罕等地金矿，与定章应声明华、洋股本若干，及只准指定一处不准兼指数处者不符，请饬外务部妥议办法。下所司议申定章约束之。

是部右翼旗有佐领四十四，中旗有佐领三十八，左翼旗有佐领四十，与土默特二旗统盟于卓索图。嘉庆中，设热河都统后，是盟与昭乌达盟重大事件，皆由都统专奏。道光末，筹直隶海防，咸丰初，

剿粤匪,皆征是盟之兵,与哲里木、昭乌达号东三盟兵,颇著功绩
云。

　　土默特部,在喜峰口外,至京师千里。东西距四百六十里,南北
距三百有十里。东养息牧牧厂,西喀喇沁,南盛京边墙,北喀尔喀左
翼及敖汉。土默特分左右翼,异姓同牧。主左翼者为元臣济拉玛裔。
自济拉玛十三传至善巴,与喀喇沁为近族。主右翼者为元太祖裔。
自太祖十九传至鄂木布楚琥尔,生子固穆,与归化城土默特为近
族。

　　天聪三年,善巴、鄂木布楚琥尔各率属来归。八年六月,选兵从
征明,颁示军律。七月,由独石口入明边,会大军于保安州,分兵隶
都统武讷格,略察哈尔边。九年,诏编所部佐领,设扎萨克三:曰善
巴,曰赓格尔,曰鄂木布楚琥尔。赓格尔者,善巴族也。崇德二年,
以罪削扎萨克,善巴领其众。自是土默特分左右翼,命善巴及鄂木
楚琥尔掌之。是年,遣大臣阿什达尔汉等真赴其部理庶狱。六年,
从围明锦州,败总督洪承畴援兵。八年,随饶余贝勒阿巴泰征明。

　　顺治元年,从入山海关,击流贼李自成。三年,随剿苏尼特部叛
人腾机思。康熙元年,喀尔喀台吉巴尔布冰图来归,诏附土默特牧。
十三年,大军剿逆藩耿精忠等,诏所部塔布囊善达偕喀喇沁塔布囊
霍济格尔以兵赴兖州听调。十七年,调赴浙江,随康亲王杰书进剿。
闽地悉定,谕优叙。五十五年,诏选兵千随公傅尔丹屯鄂尔坤。五
十九年,以旱歉收,赐帑赈之。雍正三年,塔布囊沙津达赉随大军防
御准噶尔。七年,封镇国公。九年,大将军傅尔丹击准噶尔于和通
呼尔哈诺尔,沙津达赉阵逃,削爵。而土默特部将之随参赞内大臣
马兰泰者,败贼西尔哈昭,斩获甚众,稍雪耻焉。

　　所部二旗,左翼驻海他哈山,右翼驻巴颜和朔,隶卓索图盟。爵
三:扎萨克多罗达尔汉贝勒一,由镇国公晋袭;附喀尔喀贝勒一;扎
萨克固山贝子一。

　　乾隆四十一年,以所部垦地置朝阳县。同治九年,以右翼旗箭

丁等屡控扎萨克贝子索特那木色登科派太重，于是管旗章京阿阿尚等以因公派钱不能体恤，均革。热河都统库克吉泰因奏变通土默特比丁章程，申明交纳丁钱旧章，箭丁子女不许妄行役使及随侍陪嫁，八枝箭丁仍归土默特管束。光绪十七年，敖汉部金丹道匪之变，是部同时被扰。事平，赈恤之。左翼有佐领八十，右翼有佐领九十，于诸旗为特多焉。

清史稿卷五一九
列传第三〇六

藩部二

敖汉　　奈曼　　巴林　　札噜特
阿噜科尔沁　　翁牛特　　克什克腾
喀尔喀左翼　　乌珠穆沁　　浩齐特
苏尼特　　阿巴噶　　阿巴哈纳尔

敖汉部，在喜峰口外，至京师千有十里。东西距百六十里，南北距二百八十里。东奈曼，西喀喇沁，南土默特，北翁牛特。

内扎萨克二十四部，自科尔沁、扎赉特、杜尔伯特、郭尔罗斯、喀喇沁、土默特左翼、阿噜科尔沁、翁牛特、阿巴噶、阿巴哈纳尔、四子部落、茂明安、乌喇特外，皆元太祖十五世孙达延车臣汗之裔。达延车臣汗子十一：长图噜博罗特，其嗣为敖汉、奈曼、乌珠穆沁、浩齐特、苏尼特五部；第三子巴尔苏博罗特，其嗣为土默特右翼一旗及鄂尔多斯部；第五子阿尔楚博罗特，其嗣为巴林、扎噜特二部；第六子鄂齐尔博罗特，其嗣为克什克腾部；第十一子格哷森扎扎赉尔珲台吉，其嗣为喀尔喀左翼、喀尔喀右翼二部；余皆不著。图噜博罗特子二：长博第阿喇克，详《乌珠穆沁传》；次纳密克，生贝玛土谢图。子二：长岱青杜楞，号所部曰敖汉；次额森伟征诺颜，详《奈曼传》。

岱青杜楞子索诺木杜棱及塞臣卓哩克图,初皆服属于察哈尔。以林丹汗不道,天聪元年,偕奈曼部长衮楚克率属来归,诏索诺木杜棱居开原,塞臣卓哩克图汗旧牧。二年,偕奈曼、巴林、扎噜特诸台吉剿察哈尔,谕勿妄杀降,严汛哨。后索诺木杜棱以私猎哈达、叶赫山罪,议夺开原地。塞臣卓哩克图卒,子旺第继为部长。八年冬,遣大臣赴硕翁科尔定诸藩牧,以扎哈苏台、襄嘉台为敖汉界。崇德元年,诏编所部佐领,设扎萨克,以旺第领之,爵多罗郡王。

顺治元年,从入山海关,击流贼李自成。康熙十三年,请选兵随剿逆藩吴三桂,诏还牧听调。十四年,随大军剿察哈尔叛人布尔尼。十五年,征兵赴河南,寻调荆州。越三年,凯旋。二十八年秋,诏发喜峰口仓粟赈所属贫户。三十七年冬,遣官往教之耕,谕曰:"朕巡幸所经,见敖汉及奈曼诸部田土甚嘉,百谷可种。如种谷多获,则兴安岭左右无地可耕之人,就近贸籴,不须入边市米矣。其向因种谷之地不可牧马,未曾垦耕者,今酌留草茂之处为牧地,自两不相妨。且敖汉、奈曼蒙古以捕鱼为业者众,教之以引水灌田,彼亦易从。凡有利益于蒙古者,与王、台吉等相商而行。"雍正五年,以所部灾,赐帑赈之。九年,随大军剿噶尔丹策凌。

所部一旗,驻固尔班图尔噶山,与奈曼、翁牛特、巴林、扎噜特、喀尔喀左翼、阿噜科尔沁诸部统盟于昭乌达。爵五:扎萨克多罗郡王一;附多罗郡王一;附固山贝子二,一由贝勒降袭;镇国公一,由贝子降袭。

是旗垦事最在先。嘉庆以后,屡申严禁。光绪十七年,金丹道匪杨悦春等纠众为乱。十月,攻贝子德克沁府踞之,戕德克沁,四出纷扰,喀喇沁、土默特、翁牛特、奈曼诸部皆被兵。胁汉人为匪,遇蒙人则杀,占官署,毁教堂,蹂躏甚惨。命直隶提督叶志超等剿之,至十二月始平。诏赈恤之,凡敖汉等五部八旗,为银十七万两有奇,全济民、蒙三十万口有奇。李鸿章会都统奎斌奏:"蒙古、客民结怨已深,一在佃种之交租,一在商贾之积欠。应更定新章,佃种蒙地者,由地方官征收,蒙古王公派员领取;商民领取蒙古资本贸易,或彼此赊欠致有亏折,亦应送地方官持平论断,毋稍偏倚。"此敕汉诸部蒙古、客民结隙根本所在,故鸿章等欲更张救之。二十四年,札萨克郡王达木林达尔达克以充昭乌达盟长扰累属下,违例科派,夺盟长及札萨克。三十一年,札萨克郡王勒恩扎勒诺尔赞复被护卫刺死。三十三年,都统廷杰以置嗣未定,请理藩院慎择亲贤,速为承袭。宣统元年,以族人棍布札布袭。二年,分置左、右二旗,以原有札萨克者为左旗,别授郡王色凌端噜布为右旗札萨克。左旗有佐领三十五,右旗有佐领二十。

　　奈曼部,在喜峰口外,至京师千有百一十里。东西距九十五里,南北距二百二十里。东喀尔喀左翼,西敖汉,南土默特,北翁牛特。

　　元太祖尝偕弟哈布图哈萨尔平奈曼部,三传至额森伟征诺颜,即以为所部号。子衮楚克嗣,称巴图鲁台吉,服属于察哈尔。以林丹汗不道,天聪元年,偕从子鄂齐尔等率属来归,诏还旧牧。鄂齐尔以卒巡徼,斩察哈尔兵百,获牲畜百余献,赐号和硕齐,赉甲一。八年,遣大臣赴硕翁科尔定诸藩牧,以巴克阿尔和硕、巴噶什鲁苏台为奈曼界。崇德元年,授扎萨克,爵多罗达尔汉郡王。先是,所部阿邦和硕齐从大军剿茂明安部逃贼有功,至是以宣谕朝鲜,衮楚克遣属偿都齐赍书从。遇明皮岛兵,阴击之,斩贼二,被创还,悉蒙奖赉。五年,遣属扎丹随大军征索伦,凯旋,得优赐。七年,复遣属善丹、萨尔图随征明,由黄崖口入边,下蓟州,趋山东,攻克兖州。八年,善丹来献俘,赐宴。

　　顺治元年,从入山海关击流贼李自成。康熙十四年,察哈尔布尔尼叛,扎萨克郡王扎木三应之,徙察罕郭勒,与布尔尼贼垒联声援,且遣党煽诸扎萨克。诏抚远大将军信郡王鄂扎率师讨,至达禄,布尔尼败遁,为科尔沁额驸沙津阵斩。扎木三蹙缚乞罪,特旨贷死。更优奖不附逆诸台吉,鄂齐尔由一等台吉袭扎萨克郡王爵,乌勒木济由二等台吉晋贝子,格呼尔由二等台吉晋辅国公,乌尔图纳素图由三等台吉晋一等台吉,鄂齐尔长子额尔德尼授三等台吉。二十年,诏发喜峰口仓粟赈所属贫户。雍正五年,所部歉收,赐帑赈之。九年,随大军剿噶尔丹策凌。初,奈曼与敖汉逢国家典礼及征伐事,先后偕来,位秩如一。独扎木三怀贰,遂不齿于敖汉。迨鄂齐尔重膺锡封,奉职惟谨,而荷恩亦如故焉。

所部一旗,驻彰武台,其爵为扎萨克多罗达尔汉郡王。道光二十七年,以寿安固伦公主指配奈曼扎萨克郡王阿完都洼第扎布之子德木楚克扎布,授固伦额驸。旋袭爵职。同治四年,卒,追赐亲王衔。光绪十七年,金丹道匪之变,是部亦被扰。事平,赈恤之。有佐领五十。

巴林部,在古北口外,至京师九百六十里。东西距二百五十一里,南北距二百三十三里。东阿噜科尔沁,西克什克腾,南翁牛特,北乌珠穆沁。

元太祖十六世孙阿尔楚博罗特生和尔朔齐哈萨尔。子苏巴海,称达尔汉诺颜,号所部曰巴林。子巴噶巴图尔嗣。有子三:长额布格岱洪巴图鲁,次和托果尔昂哈,次色特尔。初皆服属于喀尔喀。

天命四年,额布格岱洪巴图鲁偕喀尔喀部长遣使乞盟,允之。十一年春,以背盟私与明和,大军往讨,阵斩台吉囊努克。冬,讨扎噜特,诏分军入部境以张兵势,焚原驱哨而还。会察哈尔林丹汗掠其诸部,台吉皆奔依科尔沁。天聪二年,色特尔率子色布腾及额布格岱洪巴图鲁子色棱、和托果尔昂哈子满珠习礼等,自科尔沁来归,优赉抚辑之。三年,从征明,由养息穆河入大安口,克遵化。四年,攻昌黎,与扎噜特兵围城北。六年,从略大同、宣府边。八年五月,会兵扎木哈克征察哈尔,赐宰桑布兑山津雕鞍良马,遂由独石口征明朔州,克堡八。十月,遣大臣赴硕翁科尔定诸藩收,以扈拉琥瑚、呼布里都、克哩叶哈达、瑚济尔阿达克为巴林界。崇德元年,选兵从征明。三年,自墙子岭入明边,树云梯攻城,台吉阿玉什属索尔古先登,克之。四年,围锦州。六年,围松山。七年,献俘,赉将弁币。

顺治元年,从入山海关,击流贼李自成。五年,诏编所部佐领,以满珠习礼掌左翼,爵固山贝子;色布腾掌右翼,爵多罗郡王,各授扎萨克,康熙二十三年,上幸塞外,驻跸乌拉岱,两翼扎萨克率诸台吉来朝,赐冠服、弓矢、银币有差。二十八年,诏发古北口仓粟赈所属贫户。二十九年,命额驸阿喇布坦率两翼兵四百,赴葫芦郭勒侦噶勒丹。是役也,色布腾子格哷尔图、纳木扎,孙纳木达克、桑哩达、乌尔衮,暨族台吉沙克塔尔等皆从。格哷尔图尤冲锋奋击,师旋,得优赉。三十四年,以噶勒丹掠喀尔喀至巴颜乌兰,诏檄敖汉、柰曼兵赴阿喇布坦军,并命柄木达克、乌尔衮等防乌珠穆沁汛。是年,所部歉收,诏发坡赖屯米赈之。三十八年,命护军统领鄂克济哈、学士苏赫纳往会扎萨克等,将现贮巴林米千石散赈。若人众寡,再运坡赖米赈给。雍正九年,随大军剿噶勒丹策凌。二等台吉璘瞻追贼察巴罕河,护驼马。又击之于塔尔勒图、固尔班什勒诸处。叙功,晋授一等台吉。

所部二旗:右翼驻托钵山。左翼驻阿察图拖罗海。爵四:亲王品级札萨克多罗郡王一,札萨克固山贝子一,附固山贝子二。光绪十七年,金丹道匪之变,贼渠李国珍扰至是部那林沟地,叶志超遣军击平之。三十三年,以是部垦地置林西县,隶赤峰直隶州。左翼有佐领十六,右翼有佐领二十六。

札噜特部,在喜峰口外。至京师千五百一十里。东西距百二十五里,南北距四百六十里,东科尔沁、西界阿噜科尔沁,南喀尔喀左翼,北乌珠穆沁。

元太祖十八世孙乌巴什称伟征诺颜,号所部曰札噜特。二子:长巴颜达尔伊勒登,次都喇勒诺颜。巴颜达尔伊勒登子五:长忠图,传子内齐,相继称汗;次赓根;次忠嫩;次果弼尔图;次昂安。都喇勒诺颜子二:长色本,次玛尼。初皆服属于喀尔喀。

太祖高皇帝甲寅年,内齐以其妹归我贝勒莽古尔泰,忠嫩及从弟额尔济格亦来缔姻。天命四年秋,大军征明铁岭,从。色本偕从兄巴克等随喀尔喀台吉宰赛以兵万余助明,为我军阵擒。冬,内齐、额尔济格、额腾、鄂尔斋图、多尔济桑、阿尔斋弼登图偕喀尔卓哩克图洪巴图鲁等遣使乞盟，许之，遣大臣往莅盟。其宰桑扣肯属有来奔者，上以盟不可渝，拒弗纳。旋释色本、巴克归。八年，巴克来朝，命释其质子鄂齐尔桑与俱归。而忠喇、昂安等屡以兵掠我使赍往科尔沁之服物及马牛。上遣军征之，斩昂安，俘其众。忠嫩子桑图以孥被擒，来朝乞哀，诏归令完聚。未几，所部诸台吉复背盟，袭我使固什于汉察喇及辽河畔，掠财物。十一年，命大贝勒代善率帅往讨，斩鄂尔斋图，擒巴克等凡十四台吉。师还，仍诏释归，寻为察哈尔林丹汗所掠，往依科尔沁。

天聪二年，内齐、色本等先后率属来归。台吉喀巴海杀察哈尔台吉噶尔图，以俘七百献，赐号伟征。三年，奉敕定随征军令。以越界驻牧自议罪。内齐、色本、玛尼及果弼尔图、巴雅尔图、岱青，请各罚驼十、马百，诏宽之。各罚马一。是年冬，随征明，入龙井关，克遵化，围其都。明兵屯城东，蒙古诸部不俟整队，骤进失利，惟色本及玛尼败敌，得优赉。五年春，诏议台吉岱青罪。先是大贝勒代善阵擒岱青子善都，往奔科尔沁。越二年归，诏留赡养。嗣从大军征明，贝勒莽古尔泰与明兵战都城东，岱青、善都遁走。又诬讦贝勒阿济格纵属杀人。至是，论罪应斩，上特宥之，夺所属人户分给莽古尔泰、阿济格。六年，内齐、色本、玛尼、喀巴海等从征察哈尔，谕奖其实心效力。寻随贝勒阿济格略明大同、宣府边。八年，由独石口进攻朔州。是年冬，遣大臣赴硕翁科尔定诸藩牧，以诺绰多尔多布图乌鲁木为札噜特界。崇德二年，由朝鲜进征瓦尔喀。三年，随征喀尔喀札萨克图汗。五年春，从征索伦，赐台吉桑古尔及阿玉什、琥赖、阿尔苏瑚、岳博果等蟒服、貂裘、甲胄、弓矢。冬，以台吉肯哲赫追擒茂明安逃人功，赐号达尔汉。

顺治元年，从入山海关，击流贼李自成。五年，诏编所部佐领。时内齐、色本卒，以内齐子尚嘉布掌左翼，色本子桑噶尔掌右翼，各授扎萨克贝勒。康熙十四年，察哈尔布尔尼叛，且阴煽诸部。二等台吉根翼什希布以不附逆，封镇国公。后停袭。二十九年，随大军征噶尔丹，二等台吉科克晋、四等台吉衮楚克色尔济额尔德尼阵殁，俱赠一等台吉，赐号达尔汉。雍正元年，所部歉收，诏发帑赈之。十一年，选兵随剿噶尔丹策凌，隶敖汉台吉罗卜藏军。

所部二旗，左翼驻齐齐灵花拖罗海山北，右翼驻图尔山南。爵四：扎萨克多罗贝勒一、扎萨克多罗达尔汉贝勒一，附镇国公一，辅国公一。是部产碱，初禁开取。光绪二十一年，都统松寿以部议主开，奏定纳课章程，由各旗选派公正蒙员试办。三十三年，都统廷杰奏，以是部及阿噜科尔沁垦地置开鲁县，隶赤峰直隶州。是部左右翼旗各有佐领十六。

阿噜科尔沁部，在古北口外，至京师千三百四十里。东西距百三十里，南北距四百二十里。东扎噜特、西巴林，南喀尔喀左翼，北乌珠穆沁。

元太祖弟哈巴图哈萨尔十三传至图美尼雅哈齐。子三：长奎蒙克塔斯哈喇，游牧嫩江，号嫩科尔沁；次巴衮诺颜；次布尔海，游牧呼伦贝尔。巴衮诺颜子三：长昆都伦岱青，号所部曰阿噜科尔沁，以别于嫩科尔沁。子达赉，称楚琥尔，嗣为部长；次哈贝，子图尔，裔不著；次诺颜泰，子四，号四子部落。布尔海裔号乌喇特，详各部传。

阿噜科尔沁与四子部落、乌喇特、茂明安、翁牛特、阿巴噶、阿巴哈纳尔及喀尔喀内外扎萨克统号阿噜蒙古，初皆服属于察哈尔。以林丹汗不道，天聪四年，达赉暨子穆彰率属来归，命诸贝勒效迎五里，赐宴。八年，遣大臣赴硕翁科尔定诸藩牧，以两白旗外塔拉布拉克逊岛为其部界。崇德元年，宣谕朝鲜，其部德赫拜达尔赍书从。遇明皮岛兵，阻击败之。还，得优赍。先是阿噜科尔沁设两旗，达赉、穆彰各领一。至是始并两旗为一，以穆彰领之。嗣从征朝鲜、瓦尔喀、索伦、喀尔喀，及明济南、锦州、松山、蓟州。

顺治元年，从入山海关，击流贼李自成。叙功，授扎萨克，爵固山贝子。康熙二十七年，噶尔丹侵喀尔喀，谕所部兵防苏尼特汛。二十八年,部众乏食,赐粟赈之。二十九年,二等台吉栋纽特从征噶尔丹,见贼势炽,慷慨谓众曰:"我等受恩深,若稍退,何面目见圣颜乎?"率兵三百趋前战,皆殁。三十年,赠一等台吉,世袭达尔汉号。是冬,理藩院议给所部贫户米谷。谕曰:"赏给米谷,应调蒙古驼马运送。时值隆冬,输挽殊艰,恐领米之人不能运到,必致沿边私粜,不如量米给银,到彼甚易,贫人得沾实惠。"三十五年,上亲征噶尔丹,侦贼沿克鲁伦河至额哲特图哈布齐尔地,谕岩防汛界。

四十三年,遣大臣往讯盗案,宣谕札萨克戢所部,务令无盗。四十八年,固山额驸巴特玛妻县君以属人不遵令,请献户口,谕暂遣官理,后不为例。雍正五年,赐所部贫户银。九年,从大军剿噶尔丹策凌。十三年,遣官赍银赈饥。

所部一旗,驻牧珲图山东,隶昭乌达盟。其爵为扎萨克多罗贝勒,由固山贝子晋袭。是部亦产盐。光绪三十一年,定蒙员自办纳课章程。是部一旗,有佐领五十。

翁牛特部,在古北口外,至京师七百六十里。东西距三百里,南北距百六十里。东阿噜科尔沁,西承德府,南喀喇沁及敖汉,北巴林及克什克腾。

元太祖弟谔楚因,称乌真诺颜。其裔蒙克察罕诺颜。有子二:长巴颜岱洪果尔诺颜,号所部曰翁牛特,次巴泰车臣诺颜,别号喀喇齐哩克部,皆称阿噜蒙古。巴颜岱洪果尔诺颜再传至图兰,号杜棱汗。子七:长逊杜棱,次阿巴噶图珲台吉,次栋岱请,次班第伟征,次达拉海诺木齐,次萨扬墨尔根,次本巴楚琥尔巴泰车臣诺颜。三传至努绥,子二:长噶尔玛,次诺密泰岱青。皆初服属于察哈尔。以林丹汗不道,天聪六年,逊杜棱、栋岱青暨喀喇齐哩克台吉噶尔玛率属来归。是年,上亲征察哈尔,各选兵从。林丹汗遁;复从贝勒阿济格赴大同、宣府,收察哈尔部众之窜入明边者。师旋,优赍遣归。自是其部称翁牛特,以喀喇齐哩克附之,不复冠阿噜旧称。

七年春,栋岱青、噶尔玛来朝,班第伟征等相继献驼马。冬,逊杜棱复率众来朝。八年，遣大臣赴硕翁科尔定诸藩牧，以扈拉瑚、琥呼布哩都为翁牛特部界。是冬，班第伟征、达拉海诺木齐以越界游牧罪，议罚驼百、马千。诏从宽，罚十之一。复以罚柰曼部驼马命分给逊杜棱、栋岱青。崇德元年，诏编新部佐领，以逊杜棱掌右翼，爵多罗杜棱郡王。栋岱青掌左翼，子多罗达尔汉岱青，各授扎萨克。三年，喀尔喀扎萨克图汗拥众逼归化城，上亲征之，栋岱青、班第伟征、达拉海诺木齐等以兵会侦，扎萨克图汗遁，乃还。四年，栋岱青率宰桑乌巴什、和尼齐等从大军征明。六年，围锦州、松山，设伏高墙大路及桑阿尔齐堡，遇杏山逃卒，追击之，斩获甚众。七年，叙功，赐栋岱青、噶尔玛、和尼齐等布币有差。复追议松山掘壕时，宰桑乌巴什以诵经故不亲督兵，及暮又失守望罪，论死，诏宥之。达拉海诺木齐及绰克图巴木布等复从贝勒阿巴泰征明。八年，来献俘，赐宴。

顺治元年，从入山海关，击流贼李自成，复追叙部将噶勒嘛从征明功，赐号达尔汉。康熙十五年，以剿逆藩吴三桂，诏选兵赴河南驻防。十六年，调荆州。十八年，撤还。二十二年，以其部多盗，谕抚众及弭盗法。二十六年，上阅兵芦沟桥，命其部来朝人从觐。二十七年，选兵赴苏尼特汛防御噶尔丹。三十四年，所部乏食，遣官往赈。三十五年，上亲征噶尔丹，诏征兵五百，运中路军糈给器精。三十六年，朔漠平，赉运粮兵银。五十六年，理藩院奏翁牛特及克什克腾诸扎萨克请令公勘地址有越界伐木者论罪，从之。雍正五年，赐银赈所属贫户。九年，随大军剿噶尔丹策凌。乾隆二十年，从征达瓦齐。

所部二旗，右翼驻英什尔哈齐特呼朗，左翼驻扎喇峰西。爵四，扎萨克多罗杜棱郡王一，附固山贝子、镇国公一，扎萨克多罗达尔汉岱青贝勒一。光绪十七年，金丹道匪之变，贼渠李国珍等扰是部，焚王府，踞乌丹城。即元全宁路治，实热河北路门户。叶志超遣副将潘万才等率军先克之，余遂迎刃而解。是部二旗，蹂躏均重。事平，赈恤之。左翼有领二十，右翼有佐领三十八。

克什克腾部,在古北口外,至京师八百有十里。东西距三百三十四里,南北距三百五十七里。东翁牛特及巴林,西浩齐特及察哈尔正蓝旗牧厂,南翁牛特,北乌珠穆沁。

元太祖十六世孙鄂齐尔博罗特,再传至沙喇勒达,称墨尔根诺颜,号所部曰克什克腾。子达尔玛,有子三:长索诺木、次巴本、次图垒。服属于察哈尔。天聪八年,索诺木率属来归。崇德六年,台吉沙哩、博罗和、云敦等奉命赴董家、喜峰诸口侦明兵,俘斩甚众。顺治九年,诏编所部佐领,以索诺木领之,授札萨克。康熙二十六年,上阅兵芦沟桥,命其部来朝人从觐。二十七年,噶尔丹侵喀尔喀,诏选兵防苏尼特汛。二十九年,四等台吉穆伦噶尔弼以侦击噶尔丹功,晋一等台吉。三十五年,上亲征噶尔丹。凯旋,以其部设站兵无误驿务,赉银币。雍正五年,赐银赈其属贫户。

所部一旗,驻牧吉拉巴斯峰,隶昭乌达盟。其爵为扎萨克一等台吉。是部垦事最早。嘉庆中,设白岔巡检治之。同治中,回匪东窜热河,设戍其地。

又经棚当直隶多伦诺尔厅东北,商民萃处,号称蕃盛。光绪十七年,金丹道匪之变,是部曾以兵协剿乌丹城等处之匪,得捷。有佐领十。

喀尔喀左翼部,在喜峰口外,至京师千二百有十里。东西距百二十五里,南北距二百三十里。东科尔沁,西奈曼,南土默特,北扎噜特及翁牛特。

元太祖十六世孙格哷森札扎赉尔珲台吉居杭爱山,始号喀尔喀。有子七,部族繁衍,分东、西、中三路,以三汗掌之。其长子阿什海达尔汉诺颜。生子二:长巴颜达喇,为西路扎萨克图汗祖;次图扪达喇岱青,子硕垒乌巴什珲台吉。生子三:长俄木布额尔德尼,次杭图岱,次衮布伊勒登,皆为喀尔喀西路台吉,隶扎萨克图汗。

康熙三年,衮布伊勒登以其汗旺舒克为同族罗卜藏台吉额璘沁所戕,部众溃,穷无依,乃越瀚海来归。先是喀尔喀中路土谢图汗下台吉本塔尔携众内附,封扎萨克亲王爵,驻牧张家口外。至是诏衮布伊勒登扎萨克多罗贝勒赐牧喜峰口外察罕和硕图,以所居地分东西,故本塔尔称喀尔喀右翼,衮布伊勒登称喀尔喀左翼。盖自国初以来,喀尔喀相继归诚,名凡三:曰旧喀尔喀,归诚最早,后编入蒙古八旗;曰内喀尔喀,即今隶内札萨克之喀尔喀左右翼二部;曰外喀尔喀,其归诚较后,即今隶外扎萨克之喀尔喀土谢图汗、车臣汗、扎萨克图汗、赛因诺颜四部。二十九年,以额鲁特台吉噶尔丹侵喀尔喀土谢图汗、车臣图汗、扎萨克图汗,所居皆被掠,先后乞降。诏衮布伊勒登备兵要汛,侦御噶尔丹。三十五年,上由克噜伦河亲,征谕其部选兵赴乌勒辉听调。噶尔丹败遁,撤兵还。雍正元年,所属欺收,赐帑赈之。九年,大军剿噶尔丹策凌,选兵赴归化城驻防,寻以护外扎萨克游牧,移驻克噜伦河。乾隆初撤之。

　　所部一旗,驻察罕和硕图。其爵为扎萨克多罗贝勒。有佐领一。是部与敖汉、奈曼、巴林、翁牛特、扎噜特、喀尔喀左翼、阿噜阿尔沁七部十一旗,统盟于卓索图。道光末筹海防,咸丰中剿粤匪,皆征其兵。至同治初,科尔沁亲王僧格林沁阵亡,乃撤归。清代蒙古留京王公,以是盟与哲里木、卓索图为多,大都额驸子孙。锡林郭勒、乌察布、伊克昭三盟则鲜见焉。

　　乌珠穆沁部,在古北口外,至京师千一百六十三里。东西距三百六十里,南北距四百二十五里。东索伦,西浩齐特,南巴林,北瀚海。

　　元太祖十六世孙图噜博罗特由杭爱山徙牧瀚海南,子博第阿喇克继之。有子三,分牧而处。长库登汗,详《浩齐特部传》。次库克齐图墨尔根台吉,详《苏尼特部传》。次翁衮都喇尔,号其部曰乌珠穆沁。子五:长绰克图,号巴图尔诺颜;次巴雅,号赛音冰图诺颜;次纳延泰,号伊勒登诺颜;次彰锦,号达尔汉诺颜。皆早卒。次多尔济,号车臣济农,与察哈尔同族,为所属。以林丹汗不道,多尔济偕绰克图子色棱徙牧瀚海北,依喀尔喀。

、天聪九年,大军收服察哈尔,多尔济偕喀尔喀部车臣汗硕垒、浩齐特部策棱伊勒登土谢图、苏尼特部曳塞巴图鲁济农、阿巴噶部都思噶尔扎萨克图巴图济农等表贡方物。崇德元年,命旧自察哈尔来归之伟宰桑等赍敕往谕,遂偕其使纳木浑津等至。自是贡物不绝。二年八月,台吉伊什喀布、乌喇垓增格、阿津、铿特克等来贡,赍冠服、甲胄、弓矢、布币。十一月,多尔济、色棱各率属由克噜伦来归。三年,喀尔喀扎萨克图汗拥众逼归化城,上统师亲征,多尔济、色棱以兵会侦,扎萨克图汗遁,乃还。赐贡马台吉巴甘冠服、鞓带。五年,赐来朝台吉固穆、塔布囊阿哈图等蟒服、采币。六年,诏授多尔济扎萨克和硕车臣亲王。顺治三年,诏授色棱扎萨克多罗额尔德尼贝勒。以多尔济掌左翼,色棱掌右翼。是年大军剿苏尼特部腾机思,至喀尔喀,以多尔济属达喇海向导功,赐号达尔汉。

康熙二十年,以所部牧邻喀尔喀,因互窃驼马,王大臣等遵旨议边汛形胜处各屯兵百许,按旗设哨,嗣后扎萨克能抚众戢盗者予叙,否则论罪。二十七年,噶尔丹侵喀尔喀,遣大臣赴乌珠穆沁宣谕扎萨克等防汛。三十年,阿巴噶台吉奔塔尔首乌珠穆沁台吉车根等叛附噶尔丹,语涉扎萨克王素达尼妻。命大臣往勘,得车根等私给噶尔丹驼马,又令部校阿尔塔等往通信状,罪应死。素达尼妻预知,应削封号、夺所属人户。素达尼已故,应除爵。议上,诏治车根等罪,免夺人户。素达尼未预谋,免除爵,袭如初。三十一年,素达尼弟协理台吉乌达喇希妻以乌达喇希证车根等从逆状,乞予叙。理藩院议乌达喇希故,应赠辅国公,令子衮布扎侦袭,从之。后停袭。三十四年,噶尔丹复侵喀尔喀,诏所部选兵驻汛。三十五年,侦噶尔丹至额哲特图,哈卜济尔赴乌尔辉听调。是年,上亲征噶尔丹还,赐坐塘诸弁兵银。五十五年,选兵随大军防御策妄阿喇布坦。雍正九年,议剿噶尔丹策凌,诏征乌珠穆沁西各扎萨克兵三千驻乌喇特汛防四十九旗游牧,复论乌珠穆沁别以兵驻克噜伦河。十年,移驻达哩刚爱。十三年,撤还。乾隆十二年,诏嘉两翼扎萨克,值所属灾,赡贫户二万余,王贝勒以下各赐俸半年,无俸台吉俱赐币有差。

　　所部二旗：右翼驻巴克苏尔哈台山，左翼驻魁苏陀罗海，与浩齐特、苏尼特、阿巴噶、阿巴哈纳尔诸部统盟于锡林郭勒。爵四：扎萨克和硕车臣亲王一，附镇国公一，辅国公一，扎萨克多罗额尔德尼贝勒一。左旗扎萨克贝勒色楞传至达克丹都克雅扎布。咸丰十年，以报效军需驼马，予郡王衔。是部左翼有固尔班泊，产盐。由巴林桥乌丹城运售内地，西出围场，分销承德、丰、滦各属；东出建平，分销建昌、朝阳各属；远者更可销至奉天突泉诸县，西南可由多伦至山西丰镇、宁远诸厅。光绪三十二年，都统廷杰奏定《试办蒙盐章程》。宣统二年，度支部尚书载泽奏定《山西蒙盐办法》，谓东路以乌珠穆沁蒙盐为主，以苏尼特部盐附之。左翼有佐领二十一，右翼有佐领九。

　　浩齐特部，在独石口外，至京师千八百一十五里。东西距百七十里，南北距三百七十五里。东及北乌珠穆沁，西阿巴噶，南克什克腾。

　　元太祖十六世孙图噜博罗特，再传至库登汗，号部曰浩齐特。库登汗孙德格类，号额尔德尼珲台吉。子五：长奇塔特扎干杜棱土谢图，次巴斯瑲土谢图，次策凌伊勒登土谢图，次奇塔特昆杜棱额尔德尼车臣楚琥尔，次茂海墨尔根。与察哈尔同族，为所属以林丹汗不道，徙牧瀚海北，依喀尔喀。

　　天聪八年，所部台吉额琳臣及塔布囊巴特玛班第图噜齐、宰桑僧格布延彻臣乌巴什等，携户口驼马自喀尔喀内附，遣使迎宴，赉甲胄、雕鞍、蟒服、银币。额琳臣属有先附者五十三户，仍命辖之。九年，大军收服察哈尔，策凌伊勒登土谢图偕乌珠穆沁诸部长表贡方物。崇德元年，巴斯瑲土谢图偕苏尼特来贡。二年，奇塔特昆杜棱额尔德尼车臣楚琥尔子博罗特率属来归。顺治三年，诏授扎萨克多罗额尔德尼贝勒，后晋封郡王。八年，奇塔特扎干杜棱土谢图子噶尔玛色旺携众至。十年，诏授扎萨克多罗郡王，以博罗特掌左翼，噶尔玛色旺掌右翼。

康熙二十七年,诏发拜察储粟赈其部贫户,复命给银。三十四年,噶尔丹侵喀尔喀,诏两翼扎萨克选兵驻界侦御之。三十五年,上亲征噶尔丹,牧马郭和苏台,谕偕苏尼特、阿巴哈纳尔部长董牧务。凯旋,两翼扎萨克率台吉等欢迎道左,谕奖饲秣得宜,并优赉监牧及修道凿井诸弁兵。五十四年,所部歉收,以唐三营储粟赈之,并遣官往教之渔。雍正九年,大军剿噶尔丹策凌,诏选兵分驻克鲁伦河。十年,移驻达哩刚爱。十三年,撤还。

所部二旗:左翼驻特古哩克呼都克瑚钦,右翼驻乌默赫塞哩,隶锡林郭勒盟。爵二:扎萨克多罗额尔德尼郡王一,扎萨克多罗郡王一。是部左右翼有佐领各五。

苏尼特部,在张家口外,至京师九百六十里。东西距四百六里,南北距五百八十里。东阿巴噶,西四子部落,南察哈尔正蓝旗牧厂,北瀚海。

元太祖十六世孙图噜博罗特,再传至库克齐图墨尔根台吉,号其部曰苏尼特。库克齐图墨尔根台吉子四:长布延珲台吉,子绰尔衮,居苏尼特西路;次布尔海楚琥尔,子塔巴海达尔汉和硕齐,居苏尼特东路。初皆服属于察哈尔。以林丹汗不道,徙牧瀚海北,依喀尔喀。

天聪九年,绰尔衮子叟塞偕喀尔喀车臣汗硕垒遣使贡方物。崇德二年,塔巴海达尔汉和硕齐子腾机思、腾机特、莽古岱、哈尔呼喇偕台吉、伟征等,各遣使来朝,赐朝鲜贡物。三年,台吉务善伊勒登、多尔济喀喇巴图鲁、色棱、达尔玛等从征喀尔喀扎萨克图汗,侦遁,仍还。四年春,台吉超察海、噶尔楚、瑚古特、卓特巴、什达喇、莽古思、鄂尔斋、巴图赖、额思赫尔、僧格等来朝,赉冠服、甲胄、弓矢。冬,腾机思、叟塞各率属自喀尔喀来归,入觐,献驼马,五年正月,赐叟塞、腾机思、腾机特、莽古岱、哈尔呼喇及台吉布达什希布、阿玉什、噶尔玛色棱、额尔克、辰宝、茂海、伊勒毕斯等甲胄、银币。十月,台吉乌班岱、栋果尔、鄂尔齐、博希、沙律等来贡马。赉冠服、鞍辔。

六年，授腾机思扎萨克多罗郡王。七年，授叟塞扎萨克多罗杜棱郡王。以腾机思掌左翼，叟塞掌右翼。

顺治三年，腾机思以车臣汗硕垒诱叛，率第腾机特及台吉乌班岱、多尔济斯喀等逃喀尔喀。上遣师偕外藩军由克噜伦追剿至谔特克山及图拉河，腾机思、腾机特遁，获其孥。乌班岱、多尔济斯喀为四子部落军阵斩，师旋，以乌班岱从子托济弗从叛，且随剿，赐所俘。五年，腾机思及腾机特悔罪乞降，诏宥死，仍袭爵如初。康熙十年，所部歉收，诏发宣化府及归化城赈粟储之，复酌给马牛羊。二十年，遣官察给两翼灾户银米。

二十七年，噶尔丹侵喀尔喀，诏选兵二千防汛。二十九年，噶尔丹袭喀尔喀昆都伦博硕克图衮布，诏新部王以下愿效力者，赴军听用。寻噶尔丹入乌珠穆沁界，谕还驻本旗要汛。三十五年，上亲征噶尔丹，诏选兵赴乌勒辉听调，以牧马郭和苏台，偕浩齐特、阿巴噶、阿巴哈纳尔部长董牧务。凯旋，谕奖饲牧得宜，并优赉监牧及修道凿井诸弁兵。以右翼扎萨克属旺舒克、左翼扎萨克属博罗扎布向导功，赐号达尔汉。复诏郡王萨穆扎之第三子多尔济思喀布贝勒、博木布之长子素岱会师图拉河，缉噶尔丹。寻分右翼兵赴珠勒辉克尔阿济尔罕、左翼兵赴伊察扎罕，以不见贼踪，撤还。五十四年，灾，诏发张家口储粟并帑十万，自台吉下六万四千九百余丁遍赡之。

雍正元年，右翼二等台吉进达克以追捕叛贼遇害，晋赠一等台吉，命视公爵致祭。子三：长噶尔玛逊多布，封辅国公；次噶尔玛策布腾；次恭格垂穆丕勒。以随捕贼功，各晋台吉秩有差。噶尔玛逊多布爵后停袭。二年，所部灾，赐银赈之。九年，调兵屯克噜伦河，防御噶尔丹策凌。十年，有奏商都达布逊诺尔牧厂应移苏尼特汛者，上饬止之，令各居其牧。十二年，所部兵驻防达哩刚爱。十三年，撤还。乾隆十二年，以灾告饥，遣官往赈。

所部二旗：左翼驻和林图察伯台冈，右翼驻萨敏西勒山，隶锡林郭勒盟。爵四：札萨克多罗郡王一；附多罗贝勒一；札萨克多罗杜棱郡王一；附辅国公一，由贝勒降袭。洎五十六年，以是部连年被旱，又特赈之。道光十三年，右翼郡王与喀尔喀亲王争界，诏察哈尔都统凯音布往勘。寻以喀尔喀灾，缓之。其地当漠南北之冲，历代由漠南用兵漠北者，多出其途。光绪末，于苏尼特右翼王府东北七十里置电报局，曰滂江，以通乌得叻林之电。是部亦产盐，西南行销山西丰宁诸厅。左翼有佐领二十，右翼有佐领十三。

阿巴噶部，在张家口外，至京师千里，东西距二百里，南北距二百有十里。东阿巴哈纳尔，西苏尼特，南察哈尔正蓝旗牧厂，北瀚海。

元太祖弟布格博勒格图，十七传至巴雅思瑚布尔古特。子二，长塔尔尼库同，号所部曰阿巴噶。塔尔尼库同子二：长素僧克伟征，子额尔德尼图扪，号扎萨克图诺颜；次扬古岱卓哩克图，子多尔济，号额齐格诺颜。初称阿噜蒙古，服属于察哈尔。以林丹汗不道，徙牧瀚海北克噜伦河界，依喀尔喀车臣汗硕垒。

天聪二年，偕喀喇沁、土默特、鄂尔多斯诸部长击察哈尔众四万于土默特之赵城，复约喀尔喀偕喀喇沁乞师问察哈尔罪。六年，台吉奇塔特楚琥尔携众五百内附。九年，大军收服察哈尔，额尔德尼图扪孙都思噶尔等附车臣汗硕垒表贡方物。崇德四年，额齐格诺颜多尔济自喀尔喀来归。时有同名多尔济者，号达尔汉诺颜，率众皆至。六年，诏授额齐格诺颜多尔济为扎萨克多罗卓哩克图郡王。顺治八年，都思噶尔自喀尔喀来归，诏授扎萨克多罗郡王。以多尔济掌左翼，都思噶尔掌右翼，遣官定牧地。康熙六年，阿巴哈纳尔部乞降，以阿巴噶牧地赐之。遣官视浩齐特、苏尼特界外水草丰美地，指给阿巴噶移牧。二十九年，噶尔丹侵喀尔喀，诏所部王以下愿效力者，赴军听用。复谕偕阿巴哈纳尔供军糈，兼防新降喀尔喀掠诸内扎萨克牧产。三十一年，以台吉班第额尔德尼岱青、根敦、巴雅尔、纳木塔尔、扎木素、齐达什等导乌梁海众内附，均授二等台吉。三十五年，上亲征噶尔丹，牧马郭和苏台，谕偕浩齐特、苏尼特、阿巴哈纳尔诸部长董牧务。凯旋，谕奖饲牧得宜，并优赉监牧及修道凿井诸弁兵。复以所部达济桑阿向导功,赐号达尔汉。三十六年,王、贝子、台吉等朝正,请备马从军,慰令各归所部。时有二等台吉图把扎布色臣楚琥尔者,年八十八,谕嘉其奋志报效,优赉之。五十四年,以灾歉收,诏发唐三营储粟赈之,复赐无产台吉牧牲。雍正二年,遣官赍银赈所部贫户。九年,大军剿噶尔丹策凌,征兵驻达哩刚爱。十三年,撤还。乾隆十一年,旱灾,赈之。五十四年,札萨克卓里克图郡王喇特纳什第以事夺札萨克,予其弟巴勒丹僧格一等台吉札萨克。

所部二旗,左翼驻科布尔塞哩,右翼驻巴颜额伦,爵五:扎萨克多罗郡王一;扎萨克一等台吉一;附多罗卓里克图郡王一;固山达尔汉贝子一;辅国达尔汉公一;由贝子降袭。右翼扎萨克巴勒丹僧格三传至杜噶尔布木。咸丰七年,以报效军需,予镇国公衔。是部左右翼有佐领各十一。

阿巴哈纳尔部,在张家口外,至京师千五十里。东西距百八十里,南北距四百三十六里。东浩齐特,西阿巴噶,南察哈尔正蓝旗牧厂,北瀚海。

元太祖弟布格博勒格图,十八传至诺密特默克图,号所部曰阿巴哈纳尔。再传至多尔济伊勒登。子二:长色棱墨尔根,次栋伊思喇布。初称阿噜蒙古,依喀尔喀车臣汗硕垒,驻牧克噜伦河界,其地在瀚海北。

崇德七年,有和硕泰者,台吉达喇务巴三察属也,携孥内附。嗣托克托伊达噜噶、达赖等至,皆优养之。康熙元年,台吉阿喇纳、噶尔玛,宰桑固英等越瀚海南牧绰诺陀罗海近内汛。三年,色棱墨尔根复如之。守臣以闻,上知为喀尔喀所胁,宥罪遣归。因谕喀尔喀以噶尔拜、瀚海为牧界,继此有越者留勿遣。四年,喀尔喀复违谕,令阿巴哈纳尔诸台吉牧瀚海南。栋伊思喇布弗之从。寻偕台吉阿喇纳、噶尔玛等率众来归,诏授札萨克固山贝子。阿喇纳、噶尔玛以各携丁七百余,均授一等台吉。五年,色棱墨尔根亦来归。六年,诏授札萨克多罗贝勒,遣官指示阿巴噶部移牧他所,以旧牧地给阿巴哈纳尔。色棱墨尔根掌左翼,栋伊思喇布掌右翼。二十七年,噶尔丹侵喀尔喀,哲卜尊丹巴呼图克图奔赴内汛,所部班第岱青、车凌岱青奉诏督兵二百往护,复选兵千三百由瀚海侦噶尔丹。先是色棱墨尔根、栋伊思喇布来归,阿巴哈纳尔诸台吉有留居喀尔喀者,至是随哲卜尊丹巴呼图克图、额尔德尼台吉纳木扎勒等至,曰根敦额尔克,曰阿海乌巴什,曰伊克岱青、曰额尔克乌巴什,挈属户千余,诏纳之。二十九年,噶尔丹复侵喀尔喀,至乌勒札河,所部选兵四千,从大军迎击。复以所部索诺木伊噜尔图向导功。赐号达尔汉。五十四年,以灾歉收,诏发唐三营储粟赈之,复赐无产台吉牲牧。雍正二年,遣官赍银赈所部贫户。九年,大军剿噶尔丹策凌,檄兵驻达哩刚爱。十三年,撤还。

　　所部二旗:右翼驻昌图山,左翼驻乌勒扈陀罗海。爵二:札萨克多罗贝勒一,扎萨克固山贝子一。札萨克贝子栋伊思喇布十传至车林多尔济。宣统元年,以报效军需,赐郡王衔,世袭贝勒。左翼有佐领九,右翼有佐领七。

　　是部与乌珠穆沁、浩齐特、苏尼特、阿巴噶四部合为十旗,统盟于锡林郭勒,于内札萨克东四盟中距京稍远,风气独守旧,迄清季无招垦之事。察哈尔都统行文令办新政,其盟覆文颇不逊。咸丰中,尝征其兵备防,旋以不得力,撤之。同治中,以回匪东窜,征其盟驼只济军。

清史稿卷五二〇
列传第三〇七

藩部三

四子部落　　茂明安　　喀尔喀右翼
乌拉特　　鄂尔多斯　　阿拉善
额济讷

　　四子部落,在张家口外,至京师九百六十里。东西距二百三十五里,南北距二百四十里。东及北苏尼特,西归化城土默特,南察哈尔镶红旗牧厂。

　　元太祖弟哈布图哈萨尔十五世孙诺延泰与其兄昆都伦岱青游牧呼伦贝尔,均称阿噜蒙古,昆都伦岱青裔详《阿噜科尔沁部传》。诺延泰子四:长僧格,号墨尔根和硕齐;次索诺木,号达尔汉台吉;次鄂木布,号布库台吉;次伊尔扎木,号墨尔根台吉。四子分牧而处,后遂为其部称。

　　天聪四年,阿噜诸部长内附,伊尔扎木来献驼马貂皮,赐宴,命坐大贝勒代善右以优异之。五年,僧格从征明大凌河,败锦州援兵,献俘百余,赐酒劳饮,给阵获甲仗。六年,僧格从征察哈尔。七年,索诺木、鄂木布、伊尔扎木相继献驼马,赉甲胄、雕鞍、鞓带及币。八年,鄂木布、伊尔扎木复献驼马,命诸贝勒以次宴之。寻遣大臣赴硕翁科尔定诸藩牧,以都木达都腾格里克、鄂多尔台为其部牧界。九年夏,伊尔扎木随大军收察哈尔汗子额哲,尽降其众。冬,献驼马、貂皮。崇德元年,宣谕朝鲜,其部伊尔逊德赍书从,遇明皮岛兵,击斩二人,还,得优赉。是年,授鄂木布扎萨克,俾统四子部落。三年,伊尔扎木从征明山东。四年,从征松山。师旋,以前遣兵不及额,又弗朝正,议夺所属人户。诏从宽罚牲畜。五年,来朝,赉甲胄、弓矢、彩币。六年,上亲征明,围松山,其部将都尔拜随大军设伏高桥及桑阿尔斋堡,追杏山逃卒,获之。

顺治元年,从入山海关,击流贼李自成。六年四月,追叙所属昂安导鄂木布等来归功,予世职。康熙十年,所部歉收,诏以宣府及归化城储粟赈之。十三年,调兵协剿陕西叛贼王辅臣,谕嘉其闻命即赴。十四年,由宁夏进剿,寻分防太原、大同。十五年,调赴河南,听江西大军檄剿逆藩吴三桂。十七年,以厄鲁特额尔德尼和硕齐等掠乌喇特牧,谕严防汛。二十一年,诏发大同、宣府储粟赈所属贫户,复以察哈尔牧产赡之。二十九年,选兵赴图拉河侦噶尔丹。会噶尔丹由喀尔喀河追袭昆都伦博硕克图衮布,诏移兵驻归化城,寻撤还。二十四年,谕备兵听西路军调。三十五年,随大将军费扬古败噶尔丹于昭莫多,复简兵百与茂明安兵百防喀尔喀亲王善巴汛。三十六年,朔漠平,赐从征及坐塘监牧诸弁兵银。

雍正九年,从剿噶尔丹策凌。乾隆十一年,赈是部灾。十八年,议剿达瓦齐,诏购驼马送军。

所部一旗,驻乌兰额尔济坡。其爵为扎萨克多罗达尔汉卓哩克图郡王。同治中,以回匪东窜,命副都统杜嘎尔军择驻其地,以当漠南北之冲。征驼马备防戍襄台差,皆较他部为亟。光绪十一年,察哈尔都统绍祺以勘土默特、达拉特争界事经其部,奏:"四子王旗邦台驼马,自同治年间藉词西北军兴,差役繁重,潜自回旗,至今十余年之久,屡催罔应。所属部落,闻私垦者十已七八。请下理藩院严催。"诏从之。二十六年,拳、教相仇,是部酿祸颇巨。事定,议给教堂赔款银十一万两。二十九年置山西武川厅同知,以是部及茂明安、喀尔喀右翼寄居人民村落隶之。自回匪平,山西大同镇练军驻其地,设防卡。其后绥远城将军督办垦务,贻谷屡奏请饬认垦。三十一年,是部呈因债作抵之忽济尔图地一段,请由官局放垦。三十二年,呈所部之察罕依噜格勒图地段认垦。有佐领二十。是部与茂明安、喀尔喀右翼、乌拉特同盟于乌兰察布。绥远城将军节制乌兰察布、伊克昭二盟,故重大事件皆由将军专奏焉。

茂明安部,在张家口外,至京师千二百四十里。东西距百里,南北距百九十里。东喀尔喀右翼,西乌喇特,南归化城土默特,北瀚海。

元太祖第哈布图哈萨尔十三世孙鄂尔图鼐布延图子锡喇奇塔特,号土谢图汗。有子三:长多尔济,次固穆巴图鲁,次桑阿尔济洪果尔,游牧呼伦贝尔,均称阿噜蒙古。多尔济号布颜图汗。子车根,嗣为茂明安部长。天聪七年,偕固伦巴图鲁暨台吉达尔玛岱衮、乌巴什等携户千余来归,献驼马。八年,台吉扬固海杜凌、乌巴海、达尔汉巴图鲁、瑚棱、都喇勒、巴玛、额尔忻岱青、阿布泰继至,均赐宴,赉甲胄、雕鞍、银币。九年,乌巴海、达尔汉巴图鲁、都喇勒叛逃喀尔喀,遣兵由鄂诺河往剿,至阿古库克特勒,斩叛属千余;追至喀木尼哈,尽俘以还。崇德三年,巴特玛、瑚棱等从征喀尔喀扎萨克图汗,侦遁,乃还。嗣征明山东,及苏尼特、喀尔喀,皆以兵从。

康熙三年,授车根长子僧格扎萨克,俾统其众。十三年,调兵剿陕西叛镇王辅臣。十四年,驻防大同。十五年,调赴河南,听江西大军橄剿逆藩吴三桂。十九年,以厄鲁特罗卜藏丹台吉等掠其部牧产,遣官谕厄鲁特察归所掠。二十七年,噶尔丹侵喀尔喀,谕严防汛。二十九年,噶尔丹袭喀尔喀昆都伦博硕克图衮布,逾乌勒扎河,诏选兵驻归化城。三十五年,从西路大军击噶尔丹。三十六年,朔漠平,赐从征弁兵银。五十四年,所部歉收,以呼坦和储粟赈之。雍正九年,从剿噶尔丹策凌,分兵赴固尔班赛堪驻防。十年,移驻伯格尔。十三年,撤还。

所部一旗,驻牧彻特塞哩,隶乌兰察布盟。爵二:札萨克一等台吉一,附多罗贝勒一。道光十二年,与土默特争界,命松筠往勘。八月,覆奏茂明安及达尔汉贝勒等所争土默特游牧,有乾隆年间原案、原图,并所设封堆鄂博,向该台吉等逐加指示,心俱输服。令按旧定界址各守游牧,毋相侵越。同治中,回匪东窜,是部被扰。九年十二月,绥远城将军定安奏获茂明安等旗肆掠马贼巴噶安尔等,诛之。十年,茂明安扎萨克绰克巴达尔琥等,以违误台站议处。是年,肃州回匪东窜乌拉特境,定安遣侍卫成山统吉林马队驻是部。光绪末,绥远城将军贻谷督垦,劝谕报地。三十三年,呈交水壕、帐房塔两处地段认垦。实则是部租给商民垦地颇多,境内汉民村落亦众。有佐领四。

喀尔喀右翼部,在张家口外,至京师千一百三十里。东西距百二十里,南北距百三十里。东四子部落,西茂明安,南归化城土默特,北瀚海。

元太祖十六世孙格呼森扎扎赉尔珲台吉,有子七,号喀尔喀七旗,分东、西、中三路,以三汗掌之。其第三子诺诺和伟征诺颜,有子二:长阿巴泰,号鄂齐赖赛因汗,为中路土谢图汗祖;次阿布琥,号墨尔根诺颜。子三:长昂噶海,袭父墨尔根号;次喇琥里,号达赖诺颜,生本塔尔、巴什希、色尔济、扎木素、额璘沁;次图豪肯,号昆都伦诺楞,子车颜都朗,生衮布,皆为喀尔喀中路台吉,隶土谢图汗。

顺治十年二月,本塔尔以与土谢图汗衮布隙,偕弟本巴什希、扎木素、额璘沁及衮布,率户千余来归。色尔济独留喀尔喀,其孙礼塔尔后来归,授扎萨克台吉。见《土谢图汗部传》。三月,诏封本塔尔为扎萨克和硕达尔汉亲王,统其众,赐牧塔噜浑河,与内扎萨克诸部列,是为喀尔喀右翼。其称左翼者,为贝勒衮布伊勒登,亦自喀尔喀来归,受封在本塔尔后,互见其传。

康熙二十五年,喀尔喀扎萨克图汗沙喇与土谢图汗察珲多尔济构衅,遣大臣莅盟于库伦伯勒齐尔,由归化城赍粮往,诏所部扎萨克选驼助运。二十七年,选兵驻边侦噶尔丹。二十九年,调赴图拉河,酌留兵之半驻归化城。三十一年,诏发杀虎口仓粟赈其属贫户。三十五年五月,从大将军费扬古由西路败噶尔丹于昭莫多,凯旋,诏留军营余米给部众。十月,发军前马瘠者留其地饲牧。三十六年,费扬古檄所部兵会大军于喀尔喀郡王善巴界。师旋,赉从征兵银。五十四年三月,因久雪伤牧产,诏发呼坦和朔储粟赈之。雍正九年,大军剿噶尔丹策凌,诏简兵驻归化城。十年,复随鄂尔多斯郡王扎木扬驻乌喇特西界。十三年,撤还。乾隆四年,遣大臣察阅备调兵,颁偿有差。

所部一旗,驻牧塔噜浑河。爵四:扎萨克多罗达尔汉贝勒一,由亲王降袭;附固山卓哩克图贝子一,由郡王降袭;固山贝子一;镇国公一。道光十二年,与土默特争界,松筠往勘,仍如旧界定之。同治十一年,肃州回匪东窜乌拉特,杜嘎尔遣侍卫永德率兵进驻是部之和林果尔一带堵截之。四月,杜嘎尔进军剿窜窜赛盟阿尔必特公等旗之匪,饬是部与四子部落委员雇觅民驼趣应军需。光绪末,议兴西盟垦务。是部报卓克苏拉塔一带地段认垦。有佐领四。

乌喇特部,在归化城西,至京师千五百二十里。东西距二百十五里,南北距三百里。东茂明安及归化城土默特,西及南鄂尔多斯,北喀尔喀右翼。

元太祖弟哈布图哈萨尔十五世孙布尔海,游牧呼伦贝尔,号所部曰乌喇特。子五:长赖噶,次布扬武,次阿尔萨瑚,次布噜图,次巴尔赛。后分乌喇特为三,赖噶孙鄂木布,巴尔赛次子哈尼斯青台吉之孙色棱,及第五子哈尼泰冰图台吉之子图巴,分领其众,统号阿噜蒙古。

天聪七年,率属来归,贡驼马。八年,从大军征明,由喀喇鄂博入得胜堡,略大同。克堡三、台一。师旋,以奈曼、翁牛特部违令罪各罚驼马,诏分给所部。嗣征朝鲜、喀尔喀及明锦州,松山,蓟州,皆以兵从。顺治五年,叙功,时鄂木布、色棱已卒,以图巴掌中旗,鄂木布子谞班掌前旗,色棱子巴克巴海掌后旗,各授扎萨克,封镇国公、辅国公爵有差。康熙二十六年，上阅兵芦沟桥，命其部来朝人从觐。二十七年，噶尔丹侵喀尔喀，谕严防汛。二十九年，噶尔丹袭喀尔喀昆都伦博硕克图衮布，逾乌勒扎河，命选兵驻归化城。三十年，以自厄鲁特来归之巴图尔额尔克济农和罗理叛逃，诏备兵五百侦剿。三十一年，和罗理降，撤所备兵归。十五年，从西路大军败噶尔丹于昭莫多。三十六年，朔漠平，上由宁夏凯旋。四等台吉南春迎觐贺捷，称旨，晋授一等台吉，并优赉从征及坐塘、监牧、凿井诸弁兵。三十八年，以其属有贫为盗者，谕诸扎萨克教养之。五十四年，所部歉收，以呼坦和朔储粟赈之。雍正九年，大军剿噶尔丹策凌，谕选兵防游牧。乾隆十九年，议剿达瓦齐，诏购驼马送军。

所部三旗，驻牧哈达玛尔。爵三：扎萨克镇国公二，辅国公一。是部垦事最先。乾隆三十年，即将沿河牧地私租民人耕种。五十七年，以积欠商人二万两，允佃种五年之限。道光十二年，扎萨克镇国公巴图鄂齐尔充乌兰察布盟盟长，以茂明安等旗争地不报归化城副都统。辄向理藩院越诉，夺盟长。咸丰三年，绥远城将军盛堉奏："乌拉特三公旗生齿日繁，渐形穷苦。赊欠民人债物，及备办军台差使借贷银钱，无力偿还，陆续私租地亩数十处，每处宽长百十里或数十里。酌拟变通，分别应禁应开。"下所司议行。

同治七年，回匪东窜，扰后套，山西大同镇总兵马升督兵往昆都仑、沟台梁一带防剿。九年，将军定安奏："乌拉特河北后套夙称产粮之区，而粮所由产，皆出于内地民人私种蒙古游牧之地。现金顺、张曜、老湘、卓胜各营军粮无不购买于此。拟请将三公旗游牧垦出地亩，无论应开应禁，均暂准种耕，责令按亩收租，留备各项差使之用。所产粮石供各路军糈。"时回匪陷磴口，扰及是部后套一带。二月，谕宜安遣宋庆一军赴舍太一带剿除北路窜匪。寻鄂尔多斯贝子乌尔那逊督队击退。六月，谕定安等劝乌拉特居民赶兴耕作，以裕足食之源。十二月，谕金顺防范乌拉特三旗地方游弋回匪。十年三月，回匪复自赛音诺颜之阿米尔毕特公旗扰是部中公旗洪库勒塔拉地方。六月，匪又扰中公旗之什巴克台。杜嘎尔奏："吉额、洪额等军大败之于布特地方,金运昌遣提督王凤鸣剿前窜洪库勒塔拉之匪于奔巴庙、察洪噶尔庙,皆殄之。其后肃州回匪平,乌拉特始息警。自征回军兴,西路文报及军需驼马。皆由是部设台分段接替,至阿拉善而止。西陲肃清,始复旧制。"

二十三年,山西巡抚胡聘之请开乌拉特三湖湾地方屯垦。既得俞旨,理藩院以蒙盟呈有碍游牧,格其议。二十九年,护山西巡抚赵尔巽、吴廷斌先后奏置五原厅同知,以是暨鄂尔多斯之达拉特、杭锦两旗寄居民人村落隶之。时兵部侍郎贻谷督垦,派员劝报地。三十三年,奏乌拉特前旗以达拉特旗东之什拉胡鲁素、红门兔等地段,后旗以黄河西岸之红洞湾地段,中旗以黄河西岸熟地莫多、噶鲁泰两段报垦,并修坝工,扩渠道,防冲突,畅引灌。乃以民多官少,防范难周,蒙人时有争渠阻垦情事入告。是部中旗有佐领十六,前旗十二,后旗六。

鄂尔多斯部,在河套内,至京师千一百里。东归化城土默特,西阿拉善,南陕西长城,北乌喇特。东西北三面皆距河,袤延二千余里。

元太祖十六世孙巴尔苏博罗特始居河套,为鄂尔多斯济农。子衮弼哩克图墨尔根继之。有子九,分牧而处,今鄂尔多斯七札萨克皆其裔。长诺颜达喇袭济农号,为扎萨克郡王额璘臣一旗祖;次巴雅斯呼朗诺颜,为扎萨克贝勒善丹一旗祖;次伟达尔玛诺颜;为扎萨克贝子沙克扎、镇国公小扎木素二旗祖;次诺扪塔喇尼华台吉,为扎萨克贝子额琳沁一旗祖;次玻扬呼哩都噶尔岱青,为扎萨克台吉定咱喇什一旗祖次巴雅喇伟征诺颜。为扎萨克贝子色棱一旗祖;次巴特玛萨木巴斡;次纳穆达喇达尔汉诺颜;次翁拉罕伊勒登台吉,皆为济农,属察哈尔。

林丹汗虐,其部济农额琳臣与喀剌沁、阿巴噶诸部长败察哈尔兵四万于土默特之赵城。天聪九年,大军收林丹汗子额哲于黄河西托里图地,未至,额琳臣私要额哲盟,分其众以行。我军追及之,索所获，额琳臣惧，献察哈尔户千余，自是所部内附，颁授条约。

　　顺治元年，选兵随英亲王阿济格赴陕西剿流贼李自成。二年，师旋，得优赉。六年，台吉大扎木素及多尔济叛劫我使图噜锡，敕曰："闻尔等背叛，即欲加兵。但念受朕恩有年，且生灵堪惜，故不忍遽用干戈。尔能悔过来朝，即宥罪恩养，倘恃险不即归顺，当发兵穷尔踪迹，必不容尔偷生。"时额琳臣偕同族固噜岱青善丹、小扎木素、沙克扎、额琳沁、色棱等，携自额济内阿喇克鄂拉徙牧博罗陀海。上嘉其不助逆，诏封郡王、贝勒、贝子、镇国公有差。各授扎萨克，凡六旗。七年，大扎木素降，诏宥其罪。谕多尔济降，不从。九年，遣兵擒斩多尔济于阿拉善。

　　康熙十三年冬，调所部兵三千五百会剿陕西叛镇王辅臣。十四年，复神木、定边、花马池各城堡，叙功，晋扎萨克等爵，台吉各加一级。二十七年，噶尔丹侵喀尔喀，奉诏简兵二千防汛。三十五年，上亲征噶尔丹，至所部界，扎萨克等率属渡河朝御营，献马。上手谕皇太子曰："朕至鄂尔多斯地方，见其人皆有礼貌，不失旧时蒙古规模。各旗俱和睦如一体，无盗贼，驼马牛羊不必防守。生计周全，牲畜蕃盛，较他蒙古殷富。围猎娴熟，雉兔复多。所献马皆极驯，取马不用套竿，随手执之。水土食物皆甚相宜。"三十六年，允扎萨克等请设站阿都海，军奏及粮运俱由其地行。时扎萨克等率兵扈跸，颁赉白金。是年冬，理藩院劾运米迟误罪，诏宽免，五十一年，谕曰："鄂尔多斯饥馑洊臻，户口流散，可速遣官察核，务令各逐生业。"五十二年，诏定其部牧界，先是郡王松喇布请暂牧察罕托辉，尚书穆和伦等往勘，议于柳墩、刚柳墩、房墩、西墩四台外，暂令驻牧。至是宁夏总兵范时捷奏："察罕托辉系版图内地，蒙古游牧与民樵采混杂，不便。请令仍以黄河为界，"遣官勘，议从时捷所请。五十四年，诏简兵二千从大军防御策妄阿喇布坦。五十五所，所部歉收，遣官往赈，凡七千九百余户，三万一千余丁。雍正元年，复命赈恤。十年，以调赴固尔班赛堪兵三千，不堪用者五百，又中途逃归四百余，为将军达尔所济劾，论王、贝勒、贝子等罪，各降爵。寻以次予复。

乾降元年，诏增设一旗，以一等台吉定咱喇什领之，授扎萨克。是年，允陕西榆林、神木等处边民种鄂尔多斯余闲套地完租。四十九年，陕甘总督福康安奏：“黄河改向西流，原在河西民人反在河东。鄂尔多斯蒙古贪利，滥以现行黄河为界，谓民人占据所部游牧地方。”命侍郎赛音博尔克图往勘。仍如前黄河旧流之地为界，钉桩立碑。

所部七旗，自为一盟，曰伊克昭。与哲哩木、卓索图、昭乌达、锡林郭勒、乌兰察布五盟同列内札萨克。左翼前旗，一名准噶尔旗，驻扎勒谷，左翼中旗，一名郡王旗，驻敖西喜峰。左翼后旗，一名达拉特旗，驻巴尔哈逊湖。右翼前旗，一名乌审旗，驻巴哈池。右翼中旗，一名鄂拓克旗，驻西喇布哩都池。右翼后旗，一名杭锦旗，驻鄂尔吉虎泊。后增一旗，曰左翼前末旗，一名札萨克旗。爵八：扎萨克多罗郡王一；附辅国公一；扎萨克多罗贝勒一；扎萨克固山贝子四，一由镇国公晋袭；扎萨克一等台吉一。

是部垦事最早。乾隆以后，是部招垦民人近陕西者，分隶陕西神木、定边两理事同知，及神木、府谷、怀远、靖边、定边等县。近山西，者分隶萨拉齐、托克托城、清水河三厅，偏关、河曲等县。而因地滋争之案亦时有。道光八年，达拉特旗之才吉、波罗塔拉地方，以抵还债项，奏准租给商种五年。十四年，绥远城将军彦德奏：“达拉特旗台吉人等招民私垦驿站草地，致越界侵种，其旗游牧地方贝子亲往驱逐。民人恃众，砍伤二等台吉萨音吉雅等。”诏山西巡抚鄂顺安派员捕治之。其后相沿奉部文而承种者有之，由台吉私放者有之，由各庙喇嘛公放者有之。开垦颇多，产粮亦盛。

同治初元，回匪役兴，办团练，购粮储，皆取济于此。是年，调鄂尔多斯兵赴甘协剿。六年，回匪屡入境，皆为贝子扎那格尔第兵所败。七年正月，陕西宁条梁之陷，匪遂大入游牧，南自依克沙巴尔、北至固尔根柴达木，焚掠殆遍。要地如古城、答拉寨、十里长滩诸处皆不守。蒙兵不能战，屡请撤退。四月，绥远城将军德勒克多尔济奏饬扎那格尔第简精壮蒙兵五百，合准噶尔旗壮丁及察哈尔马队各五百,均归统带,择驻神木要隘,相机迎剿。别以达拉特旗兵五百驻适中草地。朝旨饬宁夏副都统金顺一军援之。六月,金顺深入蒙地,遇匪于野狐井、门家梁、王家沟,皆捷。嵩武军统领提督张曜一军京赴援,屡挫之,古城十里长滩之匪皆遁。张曜又败匪于达拉特旗,进驻古城。而窜杭锦、乌审、郡王等旗之匪,亦为绥远城将军所遣达尔济一军所败。是为鄂部七旗初次肃清,绥远城将军定安遂奏撤伊克昭盟兵一千九百回本游牧防守,仍留前挑兵五百,令那格尔第统带探贼进剿。十二月,阿拉善之磴口不守,回匪又大入,盐海子、缠金一带皆被扰。时匪自磴口水路进扑,副都统杜嘎尔派参领成山等合乌尔图那逊兵分往缠金及阿拉善旗乌兰木头地方剿之,匪皆败遁。六月,张曜自古城进剿,屡败匪于察罕诺尔、沙托海,追至贺兰山,达尔济、扎那格尔第两军击殄杭锦、达尔特、郡王诸旗之匪。朝旨又增遣宋庆一军西援。八月,败扰郡王旗之匪于东岭,击退扰乌审、鄂拓克等旗之匪,进至哈拉寨。金顺军磴口,张曜军宁夏。沿途自舍太至三道河、石嘴山皆驻官军。宋庆是冬追剿逆于准噶尔、昭盐海子诸处,悉殄之。九年,金积回匪以官军攻急,自石觜北犯,冀梗我运道。于是沙金托海以西匪骑出没,而准噶尔、杭锦、鄂托克诸旗复扰。宋庆、达尔济诸军复进剿。迭捷。七月,乌审旗管带官赤楼多尔济以剿匪阵亡于霍里木庙,然各旗亦屡挫来扰之匪。梅楞章京扎栋巴等以剿挫陕西怀远边外之匪,予优奖。是部再告奠。至金积荡平,而警报始息。历次阵亡蒙旗官兵及出力者,均时予恤奖。其缠金诸地。则山西仍置防戍。

光绪二年。边外马贼肆扰,是部达拉特、杭锦等旗地户商人蹂躏特重。渠废田芜,迄不可复。十五,伊克昭盟长贝子扎那济尔迪呈:"准噶尔旗以频年荒歉,请开垦空闲牧场一段,东西八十里,南北十五里,收租散赈,接济穷蒙。"下理藩院议行。以招种民人分隶山西河曲、陕西府谷。时归化城土默特与达拉特旗以黄河改道争界,署山西巡抚奎斌、大理寺少卿郭勒敏布以绥远城将军断分之案偏袒土默特,奏劾。命察哈尔都统绍祺往勘。援乾隆五十一年黄河旧漕为断之谕，以南之地四成归达拉特，以北之地六成归土默特。
寻经勘定，北自乌拉特界，南至准噶尔界，达拉特应分地周六百四
十八里。十二年，伊犁领队大臣长庚奏缠金等处宜开屯田。山西巡
抚刚毅覆奏："缠金即才吉地，在河北外套伊克昭盟之达拉特、杭锦
两旗牧界。河自改行南道，蒙古始招商租种分佃，修成渠道。西则
缠金，计共五渠，东则后套，计共三渠，纡回约二百里，中间支渠曲
折蜿蜒，不可枚数。后遭马贼之扰，不特缠金、牛坝商号不过数家，
即后套左右亦只二百余家。达拉特旗昔岁收租银十万，近所收租钱
不及三千串。阅伍至萨齐之包头，面与伊克昭盟长贝子扎那吉尔迪
筹商，谓当明示各旗，断不使该旗牧界日久归于民人。"因上议屯三
端：曰分段，曰修渠，曰设官。下所司议，格。二十六年拳匪之案，鄂
尔多斯七旗，如达拉特、鄂拓克、乌审、准噶尔各旗，酿祸均重。事
定，议有赔款。达拉特一旗至三十七万两。教堂欲得银，蒙旗欲抵
地，久未结。

二十八年，命兵部侍郎贻谷办晋边垦务，咨调乌、伊两盟长诣
归化商订，迄未至，而于理藩院请免开办。廷旨下院严饬盟长迅与
贻谷等会商，不得推诿。于是贻谷等先以赎还达拉特旗教案熟地二
千顷给银十七万两者，为垦务入手之策。二十九年，达拉特、杭锦两
旗始派员就议报垦，郡王、鄂克、乌审、准噶尔、扎萨克五旗亦相继
报地，而杭锦旗贝子阿尔宾巴雅尔时充盟长，仍请缓办，坚拒出具
交地印文。三十年，贻谷以抗不遵办，掣动全局劾之。以副盟长乌
审旗贝子察克都尔色楞代署。三月，套匪滋事，山西练军平之。九
月，察克都尔色楞等以乌审、扎萨克两旗公中之地，北起阿拜素、南
至巴盖补拉克一段，归官报垦，祝皇太后七旬万寿。予察克都尔色
楞郡王衔，沙克都尔扎布镇国公衔。三十一年二月，阿尔宾巴雅尔
复呈悔过情形，报出杭锦旗中巴噶地一段。贻谷奏乌、伊两盟地皆
封建，与察哈尔之比于郡县者不同，定押荒岁租皆一半归官，一半
归蒙，别提修渠费。旨下所司知之。七月，贻谷奏："杭锦、达拉特两
旗地户将原有各渠报效归公。因改长胜渠名长济，缠金渠名永济，

挑浚深通,老郭等渠以次及之,计可溉田万顷。后套地必附渠,渠日加多,即地日广。就现在应收之款,悉归工作,因环挹注,务竟其功。请各旗押荒地租各款应归公者,均暂缓提拨,备渠工大修之费。”九月,准噶尔旗协理台吉丹丕尔不悦于垦,纠众抗阻,攻劫局所,贻谷遣兵捕治之。三十二年,贻谷奏定郡王等五旗旱地押荒岁租。陕西巡抚恩寿曾奏以郡王、扎萨克两旗垦地置东胜厅。隶山西归绥道。三十三年,贻谷蒙谴,复阿尔宾巴雅尔盟长。信勤、瑞良等相继为垦务大臣。

是部垦事进行未废。佐领即左翼中旗十七,右翼中旗八十四,左右翼前旗各四十二,左翼后旗四十,右翼后旗三十六,右翼前未旗十三。

阿拉善厄鲁特部,至京师五千里。东鄂尔多斯,西济纳,南宁夏、凉州,北逾瀚海接赛音诺颜、扎萨克尔盟。袤延七百余里,即贺兰山地驻牧蒙古。

系出元太祖弟哈布图哈萨尔,与和硕特同族。和硕特旧为四额特鲁之一,故称额鲁特部。哈布图哈萨尔十九传至图鲁拜琥,号顾实汗,有子巴延阿布该阿玉什,兄拜巴噶斯初育以为子。后自生子二:长鄂齐尔图,次阿巴赖。游牧河西套,称西套厄鲁特。巴延阿布该阿玉什号达赖乌巴什。子十六,居西套者,曰和啰理,曰墨尔根,曰额尔克,曰都喇勒,曰哈什哈,曰陀音,曰土谢图罗卜藏,曰博第,曰多尔济扎布,曰诺尔布扎木素,曰爱博果特,曰鄂木布。和啰理号巴图尔额尔克济农,以来归授扎萨克,赐牧阿拉善。诸昆弟子姓隶之。其居青海者,曰扎布,曰阿南达,曰伊特格勒,曰巴特巴。扎布授扎萨克,领其族。见《青海厄鲁特部传》。鄂齐尔图号车臣拉,子三:长额尔德尼,子噶勒丹多尔济;次噶尔第巴,子罗卜藏衮布阿拉喇布坦;次伊拉古克三班第达呼图克图。后皆绝嗣。阿巴赖裔为准噶尔所掠,故不著。

顺治四年,鄂齐尔图遣使贡驼马。六年,阿巴赖继至。七年,鄂

齐尔图使至，以喀尔喀煽苏尼特部长腾机思叛，奏称："力能锄逆，
当相机为之。否则亦必修贡如初，不敢稍萌异志。"谕绝喀尔喀，勿
私通好。嗣因额尔德尼、噶尔第巴、伊拉古克三班第达呼图克图及
所部台吉、宰桑等朝贡。至者相接。

准噶尔台吉噶尔丹游牧阿尔台，号博硕克图汗，觊为厄鲁特
长。鄂齐尔图妻以孙女阿努，寻与隙。康熙十六年，噶尔丹以兵袭
西套，戕鄂齐尔图，破其部。鄂齐尔图妻曰多尔济喇布坦，与喀尔喀
墨尔根汗额列克妻，皆土尔扈特汗阿玉奇女兄也。额列克孙察珲多
尔济号土谢图济汗，侦噶尔丹侵鄂齐尔图兵援之不及，多尔济喇布
坦左土尔扈特。噶尔丹遣使献俘，谕曰："鄂尔齐图汗与鄂尔丹向俱
纳贡。今噶尔丹侵杀鄂齐尔图，献所获弓矢等物，朕不忍纳也。其
却之！"西套厄鲁特既溃，或奔依达赖喇嘛，或被噶尔丹掠去。和啰
理率族属避居大草滩，庐幔万余，守汛者遣之去，仍逐水草，徒恋处
边外。

有楚琥尔乌巴什者，噶尔丹叔父也。子五：长巴哈班第，次阿南
达，次罗卜藏呼图克图，次莘章，次罗卜藏额琳沁。噶尔丹以私憾袭
杀巴哈班第。执楚琥尔乌巴什及罗卜藏额琳沁等禁之。巴哈班第
子罕都为和啰理甥。时年十有三。其属额尔德尼和硕齐携之逃，以
兵四百掠乌拉喇特户畜，窜就和啰理，居额济内河，喀尔喀台吉毕
玛里吉哩谛侦以告。曾青海墨尔根台吉等察献额尔德尼和硕齐掠，
遣使诘知为准噶尔属，谕噶尔丹捕额尔德尼和硕齐治罪，并收和啰
理归牧，或非所属当以告。二十二年，噶尔丹奏和啰理等归，达赖喇
嘛已遣使召请。以丑年四月为限。是年盖岁在亥。二十三年，罕都
偕额尔德尼和硕齐遣使贡，请宥掠乌喇特罪，而和啰理戚属尝掠茂
明安诸部牧产，前以服罪故宥之。至是谕曰："和啰理既免罪，额尔
德尼和硕齐等著一体赦。所贡准上纳。"

先是罗卜藏衮布阿喇布坦避噶尔丹，走唐古特。以达赖喇嘛
言，表请赐居龙头山，辖西套遗众。命兵部督捕理事官拉都琥往勘。
奏言："龙头山，蒙古谓之阿拉克鄂拉，乃甘州城北东大山，山脉绵

延边境。山口即边关,建夏口城,距潢川堡五里。山尽为宁远堡,距龙头山里许,有昌宁湖界之。内地兵民耕牧已久,不宜令新附蒙古居。"上可其奏。

罗卜藏衮布阿喇布实徒牧布隆吉尔,土谢图汗珲多尔济以女妻之。事闻谕廷臣曰:"前鄂齐尔图汗为噶尔丹所戕,其孙罗卜藏衮布阿喇布坦往求达赖喇嘛指授所居之地,达赖喇嘛令驻牧阿拉克鄂拉,因以为请。鄂齐尔图汗从子和啰理前沿边驻牧瞽曾,檄噶尔丹牧取之,令罗卜藏衮布阿喇布坦与喀尔喀互为犄角。噶尔丹欲以兵向和啰理等,则恐喀尔喀蹑之;欲以兵向喀尔喀,则恐和啰理等袭之。此必非噶尔丹所能牧取也。"二十四年,和啰理请赐敕印钤部众。廷臣以游牧未定,议不允。谕曰:"和啰理等以避乱,故离其旧牧,来至边境,劫掠茂明安、乌喇特诸部,本应即行殄灭。朕俯念鄂齐尔图汗世奉职贡,恪恭奔走,兼之彼亦行之迫于饥困,是以宥其罪戾。又罗布藏衮布阿喇布坦系鄂尔齐图汗孙,为和啰理从子,应令聚合一处。其遣官往谕朕旨,度可居地归并安置,封授名号,给赐金印玺书,以示朕兴灭继绝至意。"理藩院尚书阿喇尼遵旨入谕。和啰理奏:"皇上令臣等聚处。乃殊恩。达赖喇嘛亦谓罗卜藏衮布阿喇布坦居布隆吉尔,地隘草恶,不若与臣同处。臣等欲环居阿喇克山阴,遏寇盗,靖边疆。令部众从此地而北,当喀尔喀台吉毕玛里吉哩谛牧地,由噶尔拜瀚海、额济内河、姑喇柰河、雅布赖山、巴颜努鲁、喀尔占、布尔古特、洪果尔鄂隆以内,东倚喀尔喀丹津喇嘛牧,西极高河居之。"

奏至,遣使谕达赖喇嘛曰:"噶尔丹灭鄂齐尔图汗时,和啰理及罗卜藏衮布阿喇布坦等纷纭离散,来至边境,又以生计窘迫,妄行劫掠。朕宥其罪,不即发兵剿灭,和啰理等亦戴朕恩。屡请敕印,依朕为命,朕前谕噶尔丹收取,彼约以丑年四月为期,今逾期已数月矣。伊等骨肉分离,散处失所,朕心殊为恻然! 鄂尔齐图汗于尔喇嘛为护法久矣,何忍漠视其子孙宗族至于穷困?今朕欲将伊等归并安置,尔喇嘛其遣使与朕使偕往定议!"

二十五年,达赖喇嘛奏已遣使,上遣拉都琥往会勘。拉都琥偕达赖喇嘛使约和啰理至东大山北,语之曰:"尔所谓噶尔拜瀚海地,听尔游牧。外自宁夏所属玉泉营西罗萨喀喇山嘴,后至贺兰山阴一带布尔哈苏台口,又自宁夏所属倭波岭塞口北努浑努鲁山后甘州所属镇番塞口,北沿陶兰泰、萨喇、椿济、雷珲、希理等地,西南至额济内河,俱以距边六十里为界,画地识之。"定议:蒙古杀边民论死;盗牲畜、夺食物者鞭之;私人边游牧者,台吉、宰桑各罚牲畜有差;所属犯科一次,罚济农牲畜以五九。时罕都及额尔德尼和硕齐请与和啰理同牧。罗卜藏衮布阿喇布坦侦其女兄阿努携兵千赴藏,道嘉峪关外。惧袭已。备之,以故未即徙。拉都琥奏至,诏以所定地域及罚例檄甘肃守臣知之。盖自是和啰理属始定牧阿拉善。

二十七年,噶尔丹侵喀尔喀,和啰理欲往援,察珲多尔济乞师于朝。时谕噶尔丹罢兵。使已就道,诏不允和啰理请。而罗卜藏衮布阿喇布坦自率兵援喀尔喀,遇我使于道,宣谕之,亦撤归布隆吉尔。察珲多尔济寻为噶尔丹所败,上复遣使谕噶尔丹,将行,命之曰:"噶尔丹若问和啰理事,尔等宜述丑年之约,并言达赖喇嘛向虽遣使定议,令和啰理与罗卜藏衮布坦归并安置,迄今尚未同居。和啰理虽居游牧边地,亦未编设旗队。前喀尔喀与额鲁特交恶,和啰理曾请兵讨尔。朕仍谕遣之曰:'朕欲使尔等安处游牧而已,岂肯给尔兵耶?'其以是告之,令罢兵。"噶尔丹不从。

二十八年,以罗卜藏衮布阿喇布坦卒,赐祭。其妻及宰桑等请召噶尔丹多尔济辖部众,允之。时噶尔丹多尔济游牧准噶尔界,谕曰:"罗卜藏衮布阿喇布坦属内附,所遗部众恐致流亡。噶尔丹多尔济尚幼,召之恐未即至。著和啰理前往布隆吉尔。暂为约束人民。俟噶尔丹多尔济至,仍归本地。务期共相扶掖,勿侵据所部,噶尔丹多尔济以所部饥,告不克即徙。诏授诺颜号,遣侍读学士达琥谕恤所部贫民。其母扎木苏携噶尔丹多尔济至,诏辖罗卜藏衮布阿喇布坦众,附阿拉善牧。

有拜达者,罕都属也。偕额尔德尼和硕齐诱其主弃和啰理,私以厄鲁特兵千掠边番。守汛者责之,为所戕,且抗官军。甘肃提督孙思克以兵屯边,将剿之。罕都惧,乃降诏宥罪,仍驻牧阿拉善。其叔父罗卜藏额琳沁寻自准噶尔至,奏为噶尔丹所禁十余年,以准噶尔与喀尔喀战,乘间脱,挈孥属千余至,乞与兄子罕都同居,允之。

三十年,和啰理以不遵旨徙牧归化城,惧大兵讨,叛遁。噶尔丹多尔济、罗卜藏额琳沁、罕都等从之,分道窜,将军尼雅汉等招降噶勒丹多尔济属纳木喀班尔等五十余户、和啰理女弟之夫克奇及从者二十一人以闻,诏安置归化城。时和啰理弟博第游牧中卫边外,距阿拉善三百余里,闻其兄叛遁,欲往会侦。副将军陈祚昌等屯昌宁湖,遣子索诺木至军,诡称假道诣南山,否则请牧马昌宁湖。祚昌知为缓军计,令挈属至归化城,不从,击之,斩五百余级,博第仅以身免,走伊巴赖,遇和啰理属台吉齐奇克假粮马,窜额济内河。三十一年,和啰理悔罪,降,命仍牧阿拉善。罗卜藏额琳沁、罕都、齐奇克等从和啰理降。寻复叛走。提督孙思克以兵追至库勒图,斩四十余级,齐奇克就擒,诏宥死,附和啰理牧。罗卜藏额琳沁、罕都逸,遇自青海来归之喀尔喀台吉阿海岱青班第,掠其资,复窜哈密。罗卜藏衮布阿喇布坦有女弟曰阿海,始与策妄阿喇布坦议婚,噶尔丹夺之。策妄阿喇布坦怒,噶尔丹徙额琳哈毕尔噶。上闻之,遣员外郎马迪赍敕谕令绝噶尔丹。道哈密,罗卜藏额琳沁、罕都等偕噶尔丹属图克齐哈什哈、哈尔海达颜额尔克以兵劫之,由大草滩毁边垣遁,为青海台吉额尔德尼纳木扎勒所击,走死。三十三年,和啰理弟博第率属百余降,乞仍与兄同牧,许之,命辑所属溃散者,未几,齐奇克复叛遁。和啰理遣所部莽奈哈什哈等以兵追诸耨尔格山,谕之降,不从,击斩之。

三十五年,所部兵随西路大军败噶尔丹于昭莫多,副都统阿南达奉命设哨,以和啰理属布尔噶齐达尔汉宰桑玛赖额尔克哈什哈、齐劳墨尔根萨里呼纳沁齐伦珲塔汉占哈什哈、布达哩杜喇勒和硕齐等,分屯额布格特、阿木格特、昆都伦。额济内及布隆吉尔之博罗椿济敖齐、喀喇莽奈诸地。时噶尔丹多尔济窜徙嘉峪关外,有哨卒拜格者,其属也。阿南达召至,遣归说噶尔丹多尔济曰:"上待汝恩甚厚,将抚育之,顾叛逃可乎?和啰理弃牧时,汝不能辑属,故从往。上灼知汝情,念汝祖鄂齐尔图汗,将玉成汝,汝其思之!"噶尔丹多尔济遣告曰:"上念臣祖兄,令臣与和啰理接壤居。臣无知,从和啰理叛遁,今悔罪欲死。臣幼,臣母一妇人,未能达。乞以情代奏。"阿南达欲坚内附志,遣使归,约如期曾肃州,谕设哨援哈密,复檄哈密伯克额贝都拉曰:"噶尔丹至汝地,汝即召噶尔丹多尔丹援,勿复疑。"噶尔丹多尔济遣宰桑阿约等赍降表,表至肃州。会上视师宁夏,阿南达驰疏至,诏优恤所部众。未几,唐古特部第巴煽青海诸台吉盟察罕托罗海。缮军械助之。檄噶尔丹多尔济以兵往,辞不赴,遣使俄济通问策妄阿喇布坦,自携兵百会阿南达于布隆台吉尔。阿南达侦噶尔丹死。其从子丹济拉窜瀚海。遣噶尔丹多尔济属辉特台吉罗卜藏等驰赴噶斯,而自偕噶尔丹多尔济以兵继之。至色尔滕,值俄济归,以丹济拉将自郭蛮喇嘛所往附策妄阿喇布坦告。因撤噶斯兵,遣噶尔丹多尔济仍赴布隆设哨,其属阿勒达尔哈什哈、恭格等煽之叛,至西欣驿劫驼马,奉母札木苏由吉尔喀喇乌苏遁。阿南达遣兵四百追之,不及,招降其属茂海、乌纳恩巴图尔、阿喇木札木巴、阿喇木把及辉特台吉罗卜藏等,遣归阿拉善。罗卜藏后徙牧喀尔喀,即附札萨克图汗部之厄鲁特札萨克也。是年,和啰理以所部数叛,请视四十九旗例编佐领。廷臣议徙乌喇特界,谕曰:"若将和啰理移牧近地,则沿边别部蒙古甚多。岂可尽徙?且治蒙古贵得其道,不系地之远近。著停徙,仍游牧阿拉善地。"诏和啰理为多罗贝勒,给扎萨克印。复以噶尔丹多尔济窜赴准噶尔,敕策妄阿喇布坦曰:"噶尔丹多尔济率属来降,安置耕种。今忽留其属人,弃众私遁,其中必有不得已之情,务即察明具奏。朕于噶尔丹多尔济略无责备之意,且降旨收集其遗众。倘往汝地,汝可善为抚恤。如欲内徙,即行遣归。"时噶尔丹多尔济阳附策妄阿喇布坦,阴贰之。策妄阿剌布坦将侵哈萨克,噶尔丹多尔济诡以兵从,中道遁库车,为回众所杀。母札木苏携属九百余奔青海部,青海诸台吉以献。诏安置什巴尔台,隶察哈尔。

康熙四十三年,和啰理子阿宝尚郡主,授和硕额驸,赐第京师。四十八年,袭贝勒。五十四年,以参赞往会西安将军广柱等,驻巴理坤。袭击准噶尔于伊勒布尔布和硕、阿克塔斯、乌鲁木齐诸地。皆捷。五十九年,参赞平逆将军延信军败准噶尔,有克河、齐诺郭勒、绰玛喇诸捷,护达赖喇嘛入藏。年羹尧奉遣归游牧。未几,来朝,上悯其劳,诏封多罗郡王。

雍正二年,大军定青海,王大臣等议阿拉善为宁夏边外要地,青海顾实汗诸子裔旧皆游牧山后,今或徙山前,请敕阿喇善扎萨克郡王阿宝饬青海众归牧山后,允之。阿宝奏:“臣祖顾实汗归诚内附,百年于兹,受天朝恩甚厚。前青海昆弟阻兵构乱,上干天讨,臣当束身受诛。重荷恩宥,令安游牧,感激莫报。乞赐青海旷地。今臣钤诸部,不复萌异志。”诏以青海贝子丹忠所遗博罗充克克牧地给之,并谕抚远大将军年羹尧遣员赍饷助徙牧。博罗充克克者,即《汉书·地理志》所称湟水也。七年,阿宝以博罗充克克牧地隘,擅请徙乌兰穆伦及额济内河界,议罪削爵。寻命复之。诏仍归阿拉善牧。不复居青海。阿宝子衮布,八年,以所部兵赴巴里坤防准噶尔授樊廷,贼遁。九年,录其劳,封辅国公,十年,晋贝子。

乾隆六年,降袭爵之索诺木多尔济为镇国公。二十一年,二等台吉达瓦车凌从大军剿厄鲁特窜党,遇伏于博啰齐,奋击之,阵殁。诏议恤,入祀昭忠祠。先是阿宝属达玛琳从靖边大将军傅尔丹击准噶尔于和通呼尔哈诺尔,为所掠。至是携孥及属布库勒等四十户诣都统雅尔哈善军,请归阿拉善旧牧。诏如所请,徙众仍置伊犁。

所部旗一。爵三:曰扎萨克和硕亲王,由贝勒晋袭;附镇国公二,一由贝子降袭,一由辅国公晋袭。阿宝次子罗卜藏多尔济初袭贝勒。乾隆二十一年,诏以兵赴北路。二十二年,以俘逆贼巴雅尔功,普郡王,授参赞大臣。二十三年,以剿俘已叛宰桑恩克图功,予双眼花翎。二十四年,以台吉达瓦、佐领布岱等剿玛哈沁及逆回布拉呢敦功,优赍之。三十年,晋罗卜藏多尔济亲王。三十七年十一月，以甘肃民人私挖阿拉善旗哈布塔哈拉山金沙，命勒尔谨捕治之。四十六年，大军剿萨拉尔逆回于华林寺，四十九年，又剿逆回于石峰堡邸店。是部皆以兵从，均有功，五十一年，允阿拉善盐由水路运至山西临县碛口。五十六年，是部盐入银八千两。罗卜藏多尔济子旺沁班巴尔袭亲王。后尝一为宁夏将军，以祖庇属人争勘地界，罢之。

　　嘉庆四年，陕甘总督长麟奏征是部征教匪兵归其部。五年，甘肃按察使姜开阳疏言："中卫边外有大小盐池，今为阿拉善王所辖，其盐洁白坚好，内地之民皆喜食之。大约甘肃全省食阿拉善盐者十分之六，陕西一省亦居其三。闻阿拉善王但于两池置官收税，不论蒙古、汉人，听其转运，故于民甚便，私贩甚多。骆驼牛骡什百成群，持梃格斗，吏役不敢呵止。今拟令沿边各州县于各隘口盐所从入之处，设局收税，亦计所驮多少为税之轻重。彼所收者池税，我所收者过税，既无碍于阿拉善王，又易私贩为官贩，两便之道。"十一年，阿拉善王因回民私贩丽法，献其池归官办，置运判于碛口。每年予阿拉善王银八千两，池属宁夏道专管。十七年，改归商办，酌定口岸，示以限制，改碛口大使为皇甫川大使，专司稽察。吉盐水贩止准运至皇甫川，以盐池敕阿拉善王，停其偿岁，而以吉盐八万七千余引配于潞引，由潞商包纳吉课。咸丰四年七月，亲王呈捐输开采哈勒津库察地方银矿。定甘肃收阿拉善盐商税济军饷。同治初年，回匪滋事，屡征是部兵协剿。三年，阿拉善亲王贡桑珠尔默特以匪扰宁夏，呈理藩院乞援。时西路多警，是部设台递送，南自甘、凉，西自额济讷土尔扈特，军报至乌拉特以达归化。四年四月，都兴阿军大破回匪于平罗、宝丰，是旗协理台吉阿布哩亦败扑入磨石口之匪。谕嘉奖贡桑珠尔默特，仍饬严防各口，兼办驼运。七年，贡桑珠尔默特采买米麦济穆图善中铺之军，解耕牛一百余只酌借贫民，俾时耕种。四月奏入，上复嘉奖之。十二月，回匪由平罗窜是部，大肆劫掠，至碛口踞之，攻围王府，杀伤官兵。贡尔桑珠默特复咨穆图善乞援。八年，定安派蒙员乌尔罔那逊往是部乌兰木头地方剿陆路回匪。四月，屡败回匪于下永和姜、上永和姜。磴口踞匪还窜陕境。是月董马原回匪窜是部境，转定远营城，毁冢茔、府第、寺庙。鄂尔多斯与额济讷河土尔扈特文报路断，贡桑珠尔默特督蒙古官兵婴城固守。七月九日，提督张曜遣部将杨春祥等率兵解定远城之围，匪退广宗寺，又败之，越山遁。次日，杨春祥等进军贺兰山。八月，金顺进军磴口，遂次平罗。九月，张曜抵宁夏，沿途之沙金托海、三道河、磴口、石嘴山等处皆驻官军。九年十一月，回匪复窜阿拉善南界之红井一带，贡桑珠尔默特派副佐领鄂肯会军副将郝永刚等败之。匪窜永磴口，掠阿拉善，复设台站十一处。十年五月，金顺奏：“宁夏山后阿拉善旗有西来窜贼劫掠。现筹于南北要冲磴口、横城等处派队扼札。”十一年，赛盟阿尔米毕特旗窜来回匪至沙尔杂一带，张曜以阿拉善王请兵剿办，令孙金彪分札柳林湖一带，兼顾蒙地。是年八月，陕甘总督左宗棠奏准蒙盐仍只从一条山、五卡寺至皋兰、靖远、条城，经安定、会宁、陇西、秦州，转运汉南一带销售，每百斤收税银、厘银各八分。十三年四月，袁保恒奏：“宁夏采运，须取道阿拉善额济讷蒙古草地，以达巴里坤。而额济讷牧地近年被匪蹂躏最深，无可藉资，必以阿拉善驼只为主。当饬阿拉善协理台吉派员来宁商办。臣与管旗章京玛呢阿尔得那筹拟，按程设立三十四台，专司带领道路。另雇蒙驼一千五百，民驼五百，各以五百任运一段，班转递运，每次可运官斛八百石，限四十月运至巴里坤，间二十日由宁夏发运一次。”谕左宗棠酌度情形，派员赴宁夏接办。光绪四年七月，以关内外肃清，裁阿拉善所设台站。

二十六年，拳匪滋事，阿拉善亦出教案。二十七年三月，予各省官员上年保教不力惩处，阿拉善亲王贡桑珠尔默特传旨申饬。其后是部三道河一带教堂租种地亩益多，引河为渠，开田万顷，日以富饶。宣统二年，督办盐政大臣载泽奏：“山西行销蒙盐，西路以阿拉善为主，以鄂尔多斯辅之。有矿，有林木，幅员广阔。其北毗连赛盟南境各旗，南邻甘肃镇番等九县，为漠南蒙古大部落。自为一部，不设盟，受宁夏将军节制，”有佐领八。

额济讷，旧土尔扈特部，在阿拉善旗之西。东古尔鼐，南甘肃毛目县丞地，北阿济山，东南合黎山，南与东北、西北皆大戈壁。当甘肃省甘州府及肃州边外。

系出翁罕六世孙，曰玛哈齐蒙古。有子二：长曰贝果鄂尔勒克，有曾孙曰书库尔岱青。第四子曰纳木第凌，生纳扎尔玛穆特，为土尔扈特阿王奇汗族弟。阿王奇汗游牧额勒济河。康熙四年，诏封纳扎尔玛木特之子阿喇布珠尔为固山贝子，赐牧色尔腾。先是阿喇布珠尔尝假道准噶尔谒达赖喇嘛，既而阿王奇与准噶尔丹策妄阿喇修怨，阿喇布珠尔自唐古特还，以准噶尔道梗留嘉峪关外，遣使至京师。上悯其无归，故有是命。五十五年，阿喇布珠尔奏请从军效力，诏率兵五百驻噶斯，旋卒，子丹衷袭。

雍正七年，来朝，晋贝勒。九年，以色尔腾牧通噶斯之察罕齐老图，惧准噶尔掠，乞内徙。陕甘总督查郎阿令携戚属游牧阿拉克山、阿勒坦特卜什等处。寻定牧额济纳河。乾隆四十八年，予世袭罔替。

同治中，回匪滋事，陷肃州。是部与连境，蹂躏特重。时西路文报梗，是部设台站，递至阿拉善以达归化。九年以后，肃州回匪累出扰是部境以北，审赛、扎两盟，犯乌里雅苏台、科布多。福济、定安、张廷岳先后奏："贼匪皆来自土尔扈特贝勒游牧，请饬左宗棠拨军防剿。"十二年，是部贝勒达什车凌以防堵回匪阵亡。光绪五年，大学士陕甘总督左宗棠为请恤。十二月，赠郡王衔，予恤银一千一百两。三十年，延祉等迎护达赖喇嘛往西宁，经是部。地杂戈壁，较诸部为瘠苦，北接扎盟南境。各旗有佐领一，不设盟长，受陕甘总督节制。

清史稿卷五二一
列传第三〇八

藩部四

喀尔喀土谢图汗部
喀尔喀车臣汗部
喀尔喀赛因诺颜部
喀尔喀扎萨克图汗部

土谢图汗部，称喀尔喀后路，至京师二千八百余里。东界肯特山，西界翁吉河，南界瀚海，北界楚库河。

元太祖十一世孙达延车臣汗，游牧瀚海北杭爱山界。子十一，格呼森扎扎赉尔珲台吉其季也。兄图噜博罗特、巴尔苏博罗特、阿尔楚博罗特、鄂齐尔博罗特等，由瀚海南徙近边，为内扎萨克敖汉、奈曼、巴林、扎噜特、克什克腾、乌珠穆沁、浩齐特、苏尼特、鄂尔多斯九部祖，详各传。独所部号喀尔喀，留故土。析众万余为七旗，授子七人领之，分左、右翼。其掌左翼者，为第三子诺诺和及第五子阿敏都喇勒诺。诺诺和号伟征诺颜，子五：长阿巴岱，号干齐赉赛因汗；次阿布瑚，号墨尔根诺颜，徙牧图拉河界，今土谢图汗部二十扎萨克皆其裔。阿巴岱子二：长锡布固泰，号鄂尔斋图珲台吉，为扎萨克贝子锡布推哈坦巴图尔、辅国公巴海、台吉车凌扎布、青多尔济四旗祖；次额列克，号墨尔根汗，为土谢图汗察珲多尔济、扎萨克郡王噶勒丹多尔济、贝勒西第什哩、车木楚克纳木扎勒、辅国公车凌巴勒、三达克多尔济、台吉巴朗、班珠尔多尔济、辰丕勒多尔济、朋素克喇布坦十旗祖；阿布瑚子三：长昂噶海，继墨尔根诺颜号，为扎萨克部郡王固噜什喜，台吉车凌、开木楚克、成衮扎布、逊笃布五旗祖；次喇瑚里，号达赖诺颜，为扎萨克台吉礼塔尔一旗祖；次图蒙肯，号昆都伦诺颜。初喀尔无汗号，自阿巴岱赴唐古特谒达赖喇嘛迎经典归，为众所服，以汗称。子额列克继之，号墨尔根汗。额列克子三：长衮布，始号土谢图汗，与其族车臣汗硕垒、扎萨克图汗素巴第同时称"三汗"。崇德二年，衮布偕硕垒上书通好。二年遣使贡驼、马、貂皮、雕翎及俄罗斯鸟枪，命喀尔喀三汗岁献白驼一、白马八，谓之"九白"之贡，以为常。

顺治三年，苏尼特部长腾机思叛逃，豫亲王多铎率师追剿，至扎济布喇克，衮布遣喇瑚里等以兵二万援腾机思，为大军所败，弃驼马千余窜额尔克。楚琥尔者衮布族也，复私掠巴林部人畜，诏使责之。会所部额尔德尼陀音贡马至，敕归谕其汗等擒献腾机思，并以所掠归巴林。五年，腾机思降，衮布等表乞罪，诏各遣子弟来朝，不从。八年，以其部不归巴林人畜，仅献驼十、马百入谢，严谕诘责。十年，命侍郎华里克图往察巴林被掠人畜，衮布等匿不尽给。会喇瑚里之子台吉木塔尔携众来归，封扎萨克亲王，驻牧张家口外塔噜浑河，因诡言巴林人畜木塔尔尽携往，应就彼取，并乞遣木塔尔等还。谕曰："尔等不遵旨遣子弟来朝，不进本年九白常贡，不尽偿巴林人畜。冒此三罪，反请遣还来归之人，是何理耶？今即各遣子弟来朝，尽偿巴林人畜，朕亦弗使木塔尔等还，尔自择之！"是年秋，遣使补贡九白，至张家口，诏勿纳。十二年夏，土谢图汗察珲多尔济继其父衮布为左翼长，约同族墨尔根诺颜、达尔汉诺颜、丹津喇嘛等，表遣子弟来朝。谕曰："尔等遵旨服罪，朕不咎既往，其应归巴林人畜缺少之数，悉从宽免，嗣后逃人至此，当即遣还。"冬，复遣使乞盟，许之，赐盟于宗人府。是年，设喀尔喀八扎萨克，仍分左、右翼，命土谢图汗及墨尔根诺颜各领左翼扎萨克之一，十五年，遣大臣赍服物赉之。

康熙二十三年，以其部与右翼扎萨克图汗成衮构衅，命阿齐图格隆偕达赖喇嘛使谕解之。二十六年，察珲多尔济偕车臣汗诺尔布等疏上尊号，谕曰："尔等恪恭敬顺，具见悃忱，但宜仰体朕一视同仁，无分中外至意。自今以后，亲睦雍和，毋相侵扰，永亨安乐，庶慰朕怀，胜于受尊号也。"

二十七年，厄鲁特噶尔丹掠喀尔喀，察珲多尔济拒弗胜，偕族弟固噜什喜等携属来归，诏附牧苏尼特诸部界，发归化城仓米赡之。二十八年，从遣内大臣费扬古往赈，谕廷臣曰："朕闻土谢图汗属众有乏食致毙者，深为轸念。费扬古采买牲畜尚须时日，著速发张家口仓米运往散给，计支一月，牲畜继之，则众命可活矣。二十九年，诏察所属贫户，遣就食张家口。

三十年春，上以察珲多尔济来归后，车臣汗乌默客、扎萨克图汗成衮子策旺扎布踵至，喀尔喀全部内附，封爵官制宜更，且降众数十万错处，应示法制俾遵守，将幸多伦诺尔行会阅礼，诏理藩院檄察珲多尔济等随四十九旗扎萨克先集以俟。尚书马齐奉命往议礼，定赏格九等，坐次七行，以察珲多尔济为之首。夏四月，驾至，喀尔喀汗、济农、诺颜、台吉等三十五人以次朝见，谕曰："尔等以克弟之亲，自相侵夺，启衅召侮，至全部溃散。其时若令四十九旗扎萨克将尔人众收取，尔部早已散亡。朕好生之心出于天性不忍视尔灭亡，给地安置，复屡予牲畜、糗粮以资赡养，用是亲临教诲，普加赏赉。会同之时，见尔等倾心感戴，特沛恩施，俾与四十九旗同列，以示一体抚育，罔分中外，尔等其知朕意。"寻命改所部济农、诺颜旧号，封王、贝勒、台吉有差，各授扎萨克，编佐领，仍留察珲多尔济汗号统其众，自是始称土谢图汗部。三十一年，改喀尔喀左右翼为三路，土谢图汗称北路。

三十五年四月，上亲征噶尔丹，所部诸扎萨克奏："臣等被噶尔丹掠，全部溃，赖圣主天威正其罪，请从征效力。"谕毋庸尽行随往。五月，大军既破噶尔丹于昭莫多，凯旋，大赉之。明年，噶尔丹窜死，朔漠平，诏所部归图拉河游牧。四十年，赐牧产赡给。五十四年，以准噶尔策妄阿喇布坦煽众喀尔喀，命散秩大臣祁德里率大军赴推河侦御。廷议屯田鄂尔坤、图拉裕军食，诏询土谢图汗旺扎勒多尔济勘奏所部可耕地，因言附近鄂尔坤、图拉之苏呼图喀喇乌苏、明爱察罕格尔、库尔奇呼、打布堪河、察罕廆尔、布拉罕口、乌兰固木及额尔德尼昭十余处俱可耕，命公傅尔丹选善耕人往屯种。是年，诏简所部兵驻防阿尔泰。六十年，命土谢图汗旺扎勒多尔济督理俄罗斯边境事。

雍正二年，北路军营移驻察罕廆尔及是扎克拜达哩克。三年，以增设赛因诺颜部，定所部为喀尔喀后路。四年，旺扎勒多尔济等因额尔德尼昭乏相宜谷种，遣人购之俄罗斯，并请助屯田兵粮。谕廷臣曰："前议屯田时，曾有奏言喀尔喀未必踊跃从事者。朕思此举正为伊等计及久远，岂有反不乐从之理？今果咸恩抒诚，与朕意相符，殊可嘉尚，交理藩院议叙。"寻各予纪录，并赍币有差，诏如议。五年，以库伦及恰克图为所部与俄罗斯互市地，诏非市朝毋许俄罗斯逾楚库河界。是年，赛音诺颜亲王额附与俄罗斯定界。九年，选兵随大军剿勒丹策凌。十三年，撤大军还，诏所部兵留驻鄂尔坤及乌里雅苏台。

乾隆元年，复选兵赴鄂尔坤防秋。六年，命参赞大臣都统塔尔玛善察阅防秋兵于乌克图尔济尔哈朗。以哲布尊丹巴呼图克图移居库伦，命土谢图汗延丕多尔济驻守其地护视之。十三年，选驼五百运归化城米赴塔密尔军营，命土谢图汗延丕勒多尔济督理俄罗斯边境事。十七年，增防鄂尔坤兵。十九年，移驻鄂尔海喀喇乌苏。是部扎萨克亲王额琳沁多尔济授西路参赞大臣。二十年，进剿达瓦齐于伊犁。时降酋阿睦尔撒纳谋据伊犁，上烛其奸，诏入觐。定北将军班第由尼楚衮军营遣额琳沁多尔济护之行，到乌隆古河，阿睦尔撒纳以北路定边左副将军印授之，诡称归治装，由额尔齐斯河驰遁。翌日，额琳沁多尔济追之弗及，论罪削爵拟斩，诏赐自尽。多罗贝勒车布登亦以驻防库克岭，不力追叛遁之巴朗，降贝子。而扎萨克辅国公车登三丕勒以俘青衮杂卜功,扎萨克一等台吉达什旺勒以擒叛遁之和硕特讷默库功,扎萨克一等台吉班珠尔多济以获阿睦尔撒纳旗纛甲胄功,扎萨克一等台吉三都布多尔济以赴扎布堪获阿睦纳撒纳之孥及班珠尔等,并诛叛贼固尔班和卓辈功,均进爵赉赏有差。

先是,土谢图汗部编佐领,积三十七旗。以分置赛因诺颜部,析二十一旗,留十六旗,仍隶土谢图汗部。寻增四旗。扎萨克凡二十,盟于汗阿林,设正副盟长及副将军,参赞各一。爵二十有一:土谢图汗一;扎萨克和硕亲王一,由贝勒晋袭;附公品级一等台吉一;扎萨克多罗郡王二,一由贝勒晋袭;扎萨克固山贝子二,一由郡王降袭,一由扎萨克台吉晋袭;扎萨克辅国公六,三由扎萨克台吉晋袭;扎萨克一等台吉八,一由贝子降袭。

是部本为喀尔喀四部之首,内则哲布尊丹巴,住锡库伦,外则邻接俄罗斯,有恰克图互市,形势特重,号称雄剧。乾隆二十七年,于是部中旗汗山北之库伦置办事大臣,以满洲大员任之。别选蒙古汗、王、公、扎萨克一人为办事大臣,同厘其务。和硕亲王多罗额驸桑斋多尔济以乾隆二十三年赴库伦协理俄罗斯边境事。二十七年,停互市。二十九年,桑斋多尔济请增库伦卡坐,派兵屯田依瑈、布尔噶勒台等处,不许。三十年六月,命阿里衮索琳查办恰克图潜通贸易一案,以桑斋多尔济私听蒙人仍与俄商贸易,论罪削爵。办事大臣丑达以私市得贿正法。十月,以是盟扎萨克贝子伊达木什布管俄罗斯卡坐。三十三年,库伦办事大臣庆桂等奏俄罗斯遣使乞开关交易,允之。仍申内地商人图增价值之禁。寻命桑斋多尔济复任。

四十二年,定库伦办事大臣兼辖办事章京,民、蒙交涉事件均具报办理例。四十三年,桑斋多尔济奏俄罗斯人私越边口卖马,俄员玛玉尔不肯前来,暂停贸易,即咨示俄固毕纳托尔,上是之。七月,谕桑斋多尔济会同办事大臣博清额,商办内地商人给还俄罗斯欠货。十一月,桑斋多尔济卒,命土谢图汗车登多尔济往库伦协同博清额办事。四十五年,复开市。四十八年,以车登多尔济私给乘骑乌拉黄缎照票，罢库伦办事大臣，命赛因诺颜亲王拉旺多尔济代之，仍命桑斋多尔济之子郡王蕴端多尔济随同办事，定喀尔喀四部乌拉章程。十二月，命蕴端多尔济列名在办事大臣勒保之前。四十九年，以俄罗斯属布里雅特人劫内地往乌梁海贸商民，赔货而不交犯，屡檄其国。五十年春，以俄罗斯覆文支吾推宕，复停恰克图互市。办事大臣松筠因定沿边蒙古需用烟茶布匹章程。

五十一年九月，定土、车两部及赛、扎两部每年各带一部人入围场，土、车两盟部落人交库伦办事王大臣带领习围，赛、扎两盟部落人仍交乌里雅苏台将军大臣带领习围，并令部落每年自汗、王至公各拣派一人，台吉内各拣派四人，领职衔较大者二名，微末台吉二名，仍作十名善射赴木兰围场例。五十四年，俄属布里雅特人伤我出卡巡兵，松筠檄俄固毕纳托尔捕送置之法。适有自俄归之土尔扈特喇嘛萨麻林言俄将兴兵构衅。廷旨命松筠檄询。五十五年，是部戈壁数旗灾，扎萨克台吉乌尔湛扎布报以应收赋及自畜牛差别赈给，并令有力台吉官兵周恤贫者。事闻，上嘉之。五十六年，松筠奏俄守边目力辨其诬，诏诛萨马林，许俄复市。松筠与接任办事大臣普福、协办贝子逊都布多尔济恰克图，晓谕俄固毕纳托尔，嗣后如遇会办事件，应如例迅速完结，命盗案犯，应送恰克图鞫实正法，彼此约束商贩，毋有积欠，因与立约，永为遵守。

嘉庆七年三月，土谢图汗车登多尔济等备行围进哨马匹，上嘉之。八月，定土谢图汗、车臣汗二部事务在库伦会集，与办事大臣一同办理例。自是土、车二部重大事件，皆由库伦办事大臣专奏。允蕴端多尔济请，每逾十年巡察俄罗斯交界卡论一次。八年八月，允蕴端多尔济请，土谢图汗部扎萨克齐旺多尔济、齐巴克扎布等旗，及哲布尊丹巴呼图克图徒众所属地方，免驱逐种地民人禁。嗣后另垦地亩，添建房屋，侵占游牧，并令从前租种者，按地纳租。娶蒙女为妻者，身故之后，妻子给该处扎萨克为奴隶。呼图克图徒众地方即为其所属。并定该处居民按人给照，每年由蕴端多尔济派员检查，造册报院。及再有无照之民任意栖止，盟长、扎萨克等治罪列。

二十三年，库伦遣蒙员同俄员勘明疆界。

　　道光四年三月，以库伦章京尚安泰查验伊璊等处种地民人不能核事，致民人等盘踞游牧，署车凌多尔济扎萨克印务之台吉贡苏伦呈报驱逐，又误毁领照人民房屋，命夺职，蕴端多尔济等议处。仍申各旗容留无票民人之禁。七年，蕴端多尔济卒，以纶布多尔济代为库伦办事大臣。十二年，多尔济拉布坦代之。十五年，多尔济拉布坦奏喀尔喀招民垦复抛荒地亩章程，谕不许。十二月，命德勒克多尔济为库伦学习帮办大臣。十八年，多尔济拉布坦奏管卡伦扎萨克那木济勒多尔济擅以奇尔浑卡伦兵丁与明济卡伦兵丁互相移驻，撤差，仍议处。十九年，允哲布尊丹巴往库伦之北伊鲁格河温泉坐汤，命办事大臣福英护视。四月，多尔济拉布坦卒，以德勒克多尔济代为库伦办事大臣。二十一年六月，俄罗斯萨特纳衙门咨理藩院，闻中国严禁鸦片入界，已谆饬所属不得在交界之处互相贩带偷运。谕库伦办事大臣严禁内地贸易人等在交界处所私行贩运烟土，以缓外藩、除积弊。二十二年九月，德勒克多尔济以库伦地方商民盘踞一案，下部议处。

　　咸丰四年，土谢图汗、车臣汗两部汗、王、公、台吉等请捐助军需，温旨却之。八年，允俄罗斯使人由库伦至张家口入京。十一年，德勒克多尔济迁，以多尔济那木凯代为库伦办事大臣，寻令车臣汗阿尔塔什达代之。以办事大臣色克通额带操演鸟枪兵丁赴恰克图，命多尔济那木凯妥办库伦事件。四月，色克通额奏俄商欲于库伦贸易，行文阻止。六月，总理各国事务王大臣奏准俄人在库伦修理公馆。十一月，色克通额奏俄商擅往蒙古各旗贸易。谕守约开导，并交总理各国事务衙门照会俄使禁阻。十二月，撤恰克图习枪官兵。

　　同治元年，定俄国陆路通商章程条款。三年，以新疆回乱，调土谢图汗、车臣汗两部蒙兵赴乌鲁木齐等处助剿。四年三月，以土、车两盟蒙兵溃散回旗，谕文盛等不必再令赴营。以图盟援古城蒙兵逗留，扎萨克达尔玛僧格严议。五年，合办喀尔喀四盟捐输。六年，调土、车两盟兵一千五百名驻防卡伦。八年，改订中俄《陆路通商章程》，两国边界贸易在百里内均不纳税；俄商许往中国所属设官之蒙古各处，亦不纳税；其不设官之蒙古地方，该商欲前往贸易，亦不拦阻，惟该商应有边界官执照。

九年二月，回匪东窜，自三音诺颜左翼右旗扎萨克阿巴尔米特游牧扰是部左翼后旗镇国公巴勒达尔多尔济游牧。办事大臣张廷岳等奏："蒙古地方幅员辽阔，蒙众皆择水草旺处游牧，相距数十里始有毡庐。且百余年安享太平，久不知兵。贼知蒙古易欺，是以百数成群，纵横肆扰。拟调驻卡伦蒙兵，檄两部落盟长等带往西南一带，与各旗官兵协剿。库伦地方塔庙甲于各旗，商贾辐辏，人烟稠密。现派桑卓特巴等调集喇嘛、鄂拓克防护庙宇。又令商民办理保甲，以资守御。"六月，张廷岳等奏以土盟兵九百名交扎萨克公奈当等防守额尔德尼昭。七月，俄调马队在库伦操演，谕张廷岳等查察。寻以乌里雅苏台危急，张廷岳等奏调土、车两盟兵会剿。十二月，请以赛、扎两盟协防库伦官兵二百名归并赛、扎两盟，派兵分防要隘。

十年二月，回匪复窜额哲呢河一带，图犯库伦。张廷岳等奏迅檄达尔济等军赴哈尔尼敦西北地方防剿，十年，张廷岳奏："前调土、库两盟官饷糈，上年由两盟捐输支给。乌城被陷，复奏调内地官兵来库防剿，檄土、库两盟及沙毕捐备马三千匹，资汉兵骑乘又借雇驼马数千只，分赴各台。两盟官兵自上年遣散，改征作防，应需驼马三年余只，亦系各旗摊派。"四月，回匪窜是部左翼中旗郡王拉苏伦巴咱尔游牧，焚掠府庙，东犯莫霍尔、嘎顺等台。张廷岳遣蒙员札齐鲁克齐、伯克瓦齐尔等追败之于乌拉特中旗沙巴克乌苏地方。六月，副都统社嘎尔奏回匪于四月由图盟公巴勒达尔多尔济游牧窜出顺新地方。五月，窜郡王拉苏伦巴咱尔游牧之巴尔图曳吉地方。派吉尔洪额带队改道蹑贼。时回匪复西窜左翼中左旗扎萨克达尔玛僧格游牧，至乌拉特中公旗之布特拉地方，吉尔洪额会伯克瓦齐尔进击，大胜之。

八月，回匪复窜是部左翼后旗公巴勒达尔多尔济游牧，直趋翁吉河一带。别股窜哲林等台，赛尔乌苏西北台路断。张廷岳等奏察哈尔所派达尔济一军抵翁吉河之乌勒干呼秀地方,与是部左翼中左旗公齐莫特多尔济及伯克瓦齐尔二营相犄角。是月二十一日,伯克瓦齐尔败贼于察布察尔台之察罕吉哩玛地方。二十六日卯刻,伯克瓦齐尔星夜间道穷追,绕出东犯库伦匪前,败之于阿达哈楚克山额里音华地方。午申刻连再捷,获驼千余、马四百,围贼于毕留庙,相持六昼夜。九月二日,达尔济军至毕留庙西北驻营,匪以投诚诳之,达尔济遽阻伯克瓦齐尔军巡逻,匪于是夜轻骑西遁。十二月,张廷岳等奏前窜乌、库两城回匪,现均返肃州老巢。宣化、古北口二军于本年到库,择要设防,足资捍卫。土、车两盟官兵拟裁半留半,每届半年,轮换防护官署昭庙,撤沙毕兵。

十二年二月,回匪复扰左翼后旗公巴勒达尔多尔济游牧,寻遁。三月,张廷岳等奏:库伦事务较繁,请土、车两盟之协理将军,饬令每年轮班在库听候差委,勿赴乌城。"下金顺等会商覆奏。谕催山东于五月前解清库伦饷银十万两,赉库伦商民团勇。定变通办理库伦军需章程。十三年九月,库伦办事大臣阿尔塔什达卒,以那木济勒端多布代之。

光绪元年,以库伦解严,撤回直隶古北口练军。四年十一月,以库伦、哈拉河等处游匪尚多,仍拨直隶宣化练军二百五十名驻之。五年二月,以穆图善奏,谕饬土谢图汗迅将撤回托里布拉克、图固里克二台帮台官兵驼马,催令仍回本台。五月,予捐输银两之土谢图汗那逊绰克图等奖。六年正月,以改议俄国归还伊犁条约,筹备边防,派土、车二盟兵二千蒙兵驻库伦,拨军火及备蒙古包银。十二月,给库伦防兵月饷。七年二月,撤驻库伦蒙兵。四月,以库伦为俄人来往冲途,调喜昌为库伦办事大臣,统新军千人赴之。是年,中俄订续改陆路通商章程,俄国商民往蒙古贸易者,只能由章程险清单内。卡伦过界,应有本国官所发中、俄两国文字,并译出蒙文执照,注明姓名、货色、包件、牲畜数目,于入中国边界时,在卡伦呈验。其无执照商民过界,任凭中国官扣留。

八年四月,喜昌奏考察库伦时势边防情形,量议变通。一、库伦与恰克图屯军分驻。一、恰克图改设道员镇守边塞。一、库伦选练土著学试屯垦。一、库伦属境暨接连邻省地方酌量屯兵。下所司议,格。寻以喜昌奏劾土盟盟长车林多尔济,罢之,并下理藩院,议注销土、车两盟王公等驻班乌里雅苏台会盟之案。八月,喜昌等奏库伦近与俄邻,为漠北第一咽喉。现驻兵设防,馈运转输,旧站绕远,函宜变通,改设捷径。谕饬乌里雅苏台将军、察哈尔都统迅速妥筹覆奏。

九年二月,喜昌奏台站迟滞,拟饬运草养驼,以资供应,并陈报灾不实等情。谕绥远城将军丰绅等按照原奏斟酌妥办。三月,察哈尔都统吉和等奏霍穆尔、噶顺等九台之官兵潜逃,诏喜昌等饬各旗竭力供差,不准推卸,仍严禁兵丁骚扰台站。八月,察哈尔都统吉和等奏抚恤灾荒,安设台部。喜昌又劾车林多尔济权势大重,把持公事,串通各旗虚报灾荒,遣撤官兵需用驼只,复为掣肘,各旗派拨帮台,延不到差。谕亲任办事大臣桂祥密查具覆。时俄势日盛,诸部王公渐生携贰。喜昌所议置官驻军、屯田、改台诸大端,皆以消患未萌。中朝重更张,致所请无一行者,卒以病去,并撤其军。辛亥之变,实酿于此,识者惜之。九月,喜昌奏饬图什业图汗部未被灾各旗暂行帮台。寻库伦办事大那木济勒端多布免,以土谢图汗那逊绰克图代之。

十年正月,以土谢图汗部左翼中郡王阿木噶巴扎尔等四旗被灾特重,谕桂祥等妥筹减缓差徭,予劝捐赈灾之哲布尊丹巴呼图克图扁额。十二年,桂祥劾哲布尊丹巴之商卓特巴索讷木多尔济居心巧诈,意构边畔,革之。十六年八月,库伦办事大臣安德等奏库伦所属恰克图等处开办金矿,华商既无可招,洋商则断不可招集,陈窒碍难行情形,下所司知之。十二月,御史联阪奏库伦商卓特巴喇嘛达什多尔济欺朦把持,擅权科敛,下理藩院。十八年七月,定联接中俄陆路电线。哲布尊丹巴所住之庙被火,佛像经卷胥毁。土盟等四盟王公捐助重建,而商卓特巴以此假贷商人,摊派沙毕者遂重。二十年九月,安德奏日本变动,民情惶惑,请仍调官兵驻库伦,谕李鸿章酌度。

二十二年六月，库伦办事大臣桂斌奏："哲布尊丹巴呼图克图属沙毕一项困苦特甚，流亡过多。呼图克图忠厚存心，用人失当，一任喇嘛等勾通内地商民以及在官人等百方诈取，若罔闻知。迨用度过窘，不得不加倍苛派，所由欠负累累，上下交困。体访其属堪布喇嘛诺们汗巴勒党吹木巴勒为僧俗所仰慕，应责成清理已檄署商卓特巴巴特多尔济等，凡一切商上应办事宜，悉心咨商，妥为筹画。先将沙毕等应派光绪二十二年分摊款，查照十年以前，各按牲畜多寡，秉公匀摊，不准加派，核实酌裁。近年增添浮费，务量所摊撙节动用，俾纾民力。并请将东营台市甲首各商，每遇两大臣节寿酬款项不减不增，按年代哲布尊丹巴归商欠。"下所司知之。寻又奏定恰克图规费，化私为公，提满、蒙大臣经费。七月，奏请定库伦大臣与哲布尊丹巴呼图克图往还体制是否平行，有曰："公事之间，备极融洽；相见之际，多似参商。实则哲布尊丹巴已骄蹇跋扈，与办事大臣积不相能。"十一月，桂斌奏："土盟所属西北旗界哈喇河一带，向有开垦地亩，播种杂粮，曾经奏明不准续垦。每届台市章京更换实任，由库伦大臣扎委会同扎萨克等前往清查有无续垦。兹届应查之期，照章派委台市章京理藩院员外郎奎显往查，将所得陋规呈请核办，约计二千数百两。当将两大臣此次款费全发商人收还，其余各项，暂照成案分赉各员，俾资津贴。"

二十三年六月，办事大臣连顺奏哲布尊丹巴呼图克图与蒙古办事大臣图什业图汗那逊绰克图两不相能，请革办事大臣之任。谕从之，以饬嗣后遇有此等事件，务妥为斟酌，勿听呼图克图一面之词。以土盟中旗贝子朋楚克车林为库伦办事大臣。连顺以："桂斌所奏归还哲布尊丹巴商欠办法，四成实银，分年带销，虽恤蒙情，未恤商情，致该商等亏累太多，不敢与沙毕内外两仓及鄂拓克交易。而两仓鄂拓克虽有牲畜，无处易换，市井萧条，诸货不能畅销。现呼图克图之庙工久竣，应照桂斌所奏，不得苛派，休息蒙众。两仓所用货物银茶及鄂拓克息借之款，应循旧日章程，设法算拨。"又奏："据

土盟盟长密什克多尔济转据各旗呈报,现查各旗呈报,并无未领限
票民人种地之事。其由库伦台市章京衙门请领限票来旗贸易者,均
随来随往,或搭盖土房存货收赈,牛羊并不孳生。垦荒民人建房养
畜,每年交地租茶数十箱或百箱不等。复据商民元顺明等七家呈,
认种荒地,每年有地租茶,牲畜存厂,每年有草厂茶。请将认交前大
臣桂斌罚款原茶交还。"旨均如所请。并将查地陋规化私为公,裁台
市章查地之差。

二十四年,劝办昭信股票。连顺奏图什业图汗、车臣汗两部落
王公及哲布尊丹巴呼图克图等,情愿报效市平银共二十万两。五
月,土、车两盟王公及哲布尊丹巴沙毕、喇嘛等陈请不愿领昭信股
票,温谕嘉之,仍饬一并给奖。以设库伦、恰克图电线,理藩院奏采
伐土盟各旗官山木植。先是,库伦西北各旗至恰克图一带内地人
民,率以租地垦荒为名,偷挖金砂,俄人亦多越界潜采,查禁驱逐,
具文而已。至是连顺奏:"土、车两盟各旗界内库伦东北六台地,约
合三百四十余里,西自鄂尔河、哈拉河至额能河,共有金矿三处。又
西北九台地,约合五百三十余里,北自色垎河至伊鲁河,共有金矿
二处,周围二百余里,金苗甚旺,以伊鲁河所产为最佳。惟产自河
内,水势颇深,人力掏取,所得有限。必用西法以机器汲水,雇工开
挖,其利方厚。拟招集巨款,延聘矿师,购运机器,相地开采。宜同
时举办,于居中扼要之处,设一总厂,综计成本约银三百万两。复据
天津税务司俄人柯乐德利库西称蒙古金矿,中国集款兴办时,俄人
亦愿附股,仍可代为招集,严遵中国章程。如用俄人,应听中国官员
约束,通盘筹画。鄂尔河等五处金矿,拟请招商集款,合力开采,由
中国自行举办,并准附招俄股,请简大员专司督率。下总理各国事
务衙门会同矿务大臣议行。寻命连顺督办蒙古鄂尔河等矿。

是年,李鸿章等奏中俄会订条约。俄国准在中国蒙古地方贸
易,其蒙古各处及各盟设官与未设官之处,均准贸易,照旧不纳税。
其买卖货物,或用现钱,或以货易货均可。并准俄民以各种货物抵
账。在库伦设领事,科布多、乌里雅苏台俟商务兴旺添设。

二十五年十月，奏集股开采，以土、车两盟同时共举为宜，即集土、车两盟长切实劝谕，俾知开矿之举，不特保卫边疆，且开蒙古生计，报闻。土盟盟长密什克多尔济以连顺等劝阻挠开矿，罢之。十一月，洛布桑达什面谩哲布尊丹巴，以玩亵黄教议处。理藩院奏蒙古王公等请停办矿务，命昆冈、裕德往查办，并谕连顺缓办库伦矿务。十二月，库伦、恰克图电线工竣。二十六年，昆冈等奏停办矿务，连顺下部议处。拳匪事起，命办事大臣丰升阿等备边。

二十七年三月，丰升阿、朋楚克东林奏图什业图汗部落盟长贝子栋多布等呈，驾幸西安，请捐本年应得俸银缎匹，并量力捐马备用，哲布尊丹巴呼图克图等亦呈捐马千匹，均允纳之。六月，丰升阿等奏："上年内地拳匪肇祸，猝启兵端，库伦、恰克图等处中外各商，纷纷迁徙，互相疑惧。当与驻库俄领事官施什玛勒福等再三晤商，均能奉约惟谨，力顾邦交。彼时虽有俄兵防守，尤能实力保护中外商民、蒙众等性命资财，两不相扰，请予宝星。"允之。

二十九年二月，以防守边疆异常出力，予土盟盟长扎萨克敦都布多尔济双眼花翎，土盟参赞郡王阿囊达瓦齐尔紫缰，土副盟长扎萨克镇国公察克都尔扎布、土盟副将军亲王杭达多尔济、总管西卡伦额鲁特扎萨克贝子达克丹多尔济乾清门行走，余给奖有差。闰五月，土盟王公及哲布尊丹巴等报效修正阳门工程银，允核给奖叙。丰升阿等奏覆改设行省，以外蒙地方与内地边疆情形不同，一例办理，多有窒碍。得旨："是。"下所司知之。九月，乌里雅苏台将军连顺等奏土、车二盟金矿续议开办，参酌外蒙等情形，详订章程，妥筹布置。请准税务司洋员柯乐德为总办，并简派大员专司督率，下部议。十一月，以蒙古办事大臣朋楚克车林自庚子以来，慎固边圉，辑睦外人，恤商抚蒙，勤劳足录，予紫缰。

三十年，办事大臣德麟奏库伦后地蒙民租佃，拟设清垦局，以杜与外人私垦，下户部议。三月，德麟等奏办库伦统捐。达赖喇嘛以印藏启衅，避之库伦，诏延祉迎，令赴西宁。九月，予驻库伦直隶练军官弁奖，以保卫蒙商，防护外人。十月，德麟奏结图盟左翼中旗扎萨克郡王阿囊塔瓦齐尔债案。

三十一年，办事大臣朴寿奏创办厘金，委差官贾得胜等分往头台暨恰克图等处带兵稽查偷漏，分段弹压。七月，以理藩院奏，予哲布尊丹巴呼图克图女徒寮汗达拉额尔德尼车臣名号。十二月，设库伦巡警兵丁，由蒙人拣选。三十二年六月，以土盟王公等承购练兵战马，依限选齐，予盟长公衔扎萨克一等台吉敦都布多尔济等奖有差。

三十三年四月，允开库伦金矿，定权限章程。以库伦蒙古办事大臣朋楚克车林会同延祉督办矿务。三十四年二月，办事大臣延祉以派员勘丈各旗垦地，亲王杭达多尔济旗台吉巴图巴鲁抗不备台，请严加议处，允之。五月，增开依拉裕格伦南之克勒司。八月，试办库伦土药统税。设蒙养学堂，就选土、车两盟及沙毕幼童，专习满、蒙、汉语言文字，以兴办新政，蒙古通晓汉文汉语少，易致隔阂。

宣统元年闰二月，延祉等奏准设库伦理刑司员。时哲布尊丹巴呼图克图之商卓特巴巴特玛多尔济捐学堂经费八千两，延祉为请赏带膝貂褂。得旨，下理藩院核给奖叙。十一月，以库伦各厂所出金砂较往年畅旺，给监办官等花红。

二年五月，办事大臣三多以土、车两盟沙毕等三处屡报灾祲，供亿过繁，历年息借华、俄债款，迭经报官索欠者，约计不下百余万两，竟有佔一旗之牲畜不足抵债者。而自供哲布尊丹巴外，光绪二十九年至宣统元年，库伦大臣等修理衙署及器具铺垫等项，已合银十万余两，支应马匹、食羊、柴炭等项尚不在内。因奏核定土、车两盟沙毕供库伦大小衙门柴炭、羊数目，及限制各官调任修署添物章程。其余差使，统由各员自为筹备，并以物价昂贵，费用竭蹶，请加各员公费银一万二千两。先尽库伦外销公款项下开支，倘有不敷，由库伦金矿税款暂拨，仍言金矿逐年渐有起色，蒙困一苏，商务亦可兴旺，税额自必加增，解部之款，不至较往年为绌，下度支部议行。清中叶后，诸边将军、大臣以下俸给过薄，皆倚藩部供应为生计，三多此疏，可以例之。十月，三多奏喇嘛登曾夺犯拒捕一案，商卓特巴巴特玛多尔济迄不交出首要,历次呈文,无理取闹,要挟具奏,恐国家法令,官长政权,将难行于蒙地,请予斥革;哲布尊丹巴自二月奉严加约束电旨后,库属喇嘛安分守法,为近年所未有,请传旨嘉奖,均允之。二年四月,是部亲王朋楚克车林为资政院钦选议员。

三年,设库伦审判各厅,军咨府亦于库伦设陆军兵备处,派员统兵驻之。是年正月,三多请宣统二年金矿应缴官税计金砂易银十九万三千两有奇,全数作为库伦办军事之款。是月,开图盟扎萨克那木萨赖旗奎腾河金矿。四月,开雅勒弼克金矿。闰六月,已革商卓特巴巴特玛多尔济报效办理新政银二万两,三多请赏还原衔,饬回库伦署商卓特篆务,以是款作为修汽车路之需。八月,奏:"近来边事日急,今沿途台站,于来库伦官员,则多方留难,于递库要件,则任意玩忽。请饬该管台站认真整顿。"允之。九月,三多等以额尔德尼车臣报效银一万两,奏准用杏黄围车。时哲布尊丹巴与三多不协,是部亲王杭达多尔济等以债务素密结俄人,不悦新政。于是俄照会外务部,有不驻兵、不派官、不殖民之要求。

洎武昌事起,各省鼎沸,杭达多尔济等遂于十月初九日拥哲布尊丹巴称尊号,建元立国,置内阁。以喀尔喀八十六扎萨克名义通牒中外,指斥清廷,兴复元业,驱逐在外蒙之满清官兵。三多被迫去职,赛尔乌苏管站站员亦于十二月去职。于是喀尔喀四部举非清有。

是部地兼耕牧,矿产林木,均称饶富。佐领共有四十九。

车臣汗部,称喀尔喀东路,至京师三千五百里。东界额尔德尼陀罗海,西界察罕齐老图,南界塔尔衮、柴达木、北界温都尔罕。

元太祖十七世孙阿敏都喇勒有子谟啰贝玛,驻牧克鲁伦河,生子硕垒,始号车臣汗。与其族土谢图汗衮布、扎萨克图汗素巴第同时称三汗。子十一,今车臣汗部二十三扎萨克皆其裔。长嘛察哩,号伊勒登土谢图,为扎萨克贝子达哩、台吉旺扎勒扎布二旗祖;次察布哩，号额尔德尼台吉，为扎萨克台吉吹音珠尔一旗祖；次拉布哩，号额尔克台吉，为扎萨克台吉色棱达什一旗祖；次本巴，号巴图尔达尔汉珲台吉，为扎萨克镇国公车布登一旗祖；次巴布，袭父汗号，为车臣汗乌默克，扎萨克郡纳木扎勒、朋素克，台吉韬赉、罗卜藏、垂扎木素、额尔德尼、根敦八旗祖；次绰斯嘉布，号额尔尼珲台吉，为扎萨克辅国公车凌达什，台吉多尔济达什、固噜扎布三旗祖；次巴特玛达什，号达赉珲台吉，为扎萨克贝勒车布登、辅国公车凌旺布、台吉车凌多岳特三旗祖；次车布登，号车臣济农；次阿南达，号达赉济农；次布达扎布，号额尔德尼济农。均封扎萨克贝子。阿南达子贡楚克，授扎萨克台吉，又自为一旗。

初，喀尔喀服属于察哈尔。天聪九年，大军平察哈尔，车臣汗硕垒偕乌珠穆沁、苏尼特诸部长上书通好，贡驼马。崇德元年春，以其部私与明市马，谕责之曰："明，朕仇也。前者察哈尔林丹汗贪明岁币，沮朕伐明，且欲助之，朕故移师往征。天以察哈尔为非，故以其国予朕。今尔与明市马，是助明也。尔当以察哈尔为戒，其改之！"硕垒遣伟征喇嘛等来朝，请与明绝市，上嘉之，命察罕喇嘛往赉貂服、朝珠、弓、刀、金币。二年，献所产兽曰獭喜。三年，献马及甲胄、貂皮、雕翎、俄罗斯鸟枪，回部弓服、鞍辔，阿尔玛斯斧、白鼠裘，唐古特元狐皮。诏岁页九白，他物毋入献。顺治三年，硕垒诱苏尼特部长腾机思叛，遣子本巴等以兵三万援，大军败之。师旋，诏责硕垒曰："苏尼特本察哈尔属部，向化来归，尔诱之使叛。朕遣兵追剿时，尤诫勿加兵于尔。讵意尔反称兵抗拒，以致上苍降谴，立见败衄。倘非朕饬令班师，大兵既压尔境，何难长驱直入耶？今尔若知自悔，欲赎前愆，其速擒腾机思来献！"五年，腾机思乞降，硕垒使献驼百、马千入谢，诏遣子弟来朝。九年，以妄争岁贡赏，谕责勿贡。十二年，巴布继其父硕垒为车臣汗，遣子穆彰墨尔根楚琥尔来朝，诏宥前罪，贡九白如初。是年，喀尔喀左右翼设八扎萨克，命车臣汗领左翼扎萨克之一。十五年，遣大臣赉服物谕责之。

康熙二十一年，以所属巴尔呼人私掠乌珠穆沁部界，议增汛兵，严防御。会贡使至，谕曰："朕闻尔属众与界内蒙古互相窃夺，彼此效尤，恐乖生计。朕已饬界内人毋许出境滋扰，尔亦当约束所属，守分安居。违者即拘治之，毋稍姑息。"二十二年，诏毋越噶尔拜瀚海游牧。巴布卒，子诺尔布嗣车臣汗。二十六年，偕土谢图汗察珲多尔济表上尊号，谕却之。

二十七年，葛尔丹掠喀尔喀至克噜伦河。时诺尔布及长子伊勒登阿喇布坦相继卒，孙乌默客幼，台吉纳木扎勒等携之来归，从众凡十万余户，诏附牧乌珠穆沁诸部界，乌默客袭汗号如故。寻理藩院奏降众日多，请授纳木扎勒等为扎萨克辖之，报可。命科尔沁亲王沙津等往示内地法度，谕曰："朕因尔等为厄鲁特所掠，怜尔纳之。今观尔等并无法制约束部曲，恐劫夺不已，离析愈多。爰命增置扎萨克，分掌旗队，禁止盗贼，各谋生业。尔等果能遵而行之，寇盗不兴，祸乱不作，庶副朕抚育归降、爱养群生之至意。"二十九年，选所部兵赴图拉河，随尚书阿喇尼侦御噶尔丹。三十年，驾幸多伦诺尔会阅诏封王、贝勒、贝子、台吉有差，各授扎萨克，编所部佐领，而以车臣汗乌默客统其众。自是始车臣汗部。

三十一年，定所部为喀尔喀东路。三十四年，遣官往购驼马。三十五年，上亲征噶尔丹，师次克噜伦河，乌默客等以兵从。凯旋，所部沿途庆献，日亿万计。明年，诏归克噜伦河游牧。五十五年，谕所部选驼六千，以兵五千领之。由郭多里巴勒噶逊运军粮赴推河。六十年，调兵防护乌梁海降众于巴颜珠尔克。

雍正九年，选兵三千赴察罕廋尔军营从剿噶尔丹策凌。十一年，复诏以年部兵千屯游牧西界，训练防守，并追缉巴尔呼逃众。十三年，撤还。

乾隆元年，选兵赴鄂尔坤防秋。六年，命参赞大臣都统塔尔玛善察阅防秋兵于塞勒壁口。十三年，选驼五百运归化城米赴塔密尔军营。十七年，选兵四千驻防巴颜乌兰。二十年，随大军剿达瓦齐于伊犁。二十一年，以所属齐木齐格特人肆窃，命参赞大臣纳穆扎尔等往缉，置之法。谕扎萨克等曰："朕因尔等不善经理游牧，以政盗贼肆行，特命大臣前往督缉。念皆起于饥寒，复令发帑赈给贫户，以赡生业。尔等游牧，始皆宁谧。尔等习于玩愒，徒知盗贼已除，不复为贫者筹画生计。又或目前尚知约束，日久渐至废弛。当各统率所属，详察贫困之由，俾谋生有策，不至为非。即有顽悍不悛之徒，亦当严加约束，有犯必惩，务令上下安全，共享升平之福。”

荡平准部之役，是部扎萨克郡王巴雅尔什第、扎萨克辅国公达尔济雅均以俘叛贼包沁副总管阿克珠勒等功，巴雅尔什第晋亲王，达尔济雅晋贝子，扎萨克一等台吉成衮扎布多尔济以察逆贼青衮咱卜造伪符撤汛兵之诈，督兵严守各汛，予公品级，尔具勒旺沁扎布以死事伊犁，予优恤。

先是车臣汗部编佐领，置十一旗，后增十二旗。扎萨克二十有三，盟于克噜伦巴尔河屯，设正副盟长各一，副将军参赞各一。爵二十有六：车臣汗一，附辅国公一；扎萨克和硕亲王一，由郡王晋袭；扎萨克多罗郡王一，附多罗贝勒一；扎萨克多罗贝勒一；扎萨克固山贝子二，一由贝勒降袭；扎萨克镇国公一；扎萨克辅国公二，一由贝子降袭；公品级扎萨克一等台吉一；扎萨克一等台吉十三，一由贝子降袭，二由辅国公降袭；附镇国公一，由贝子降袭。

二十五年八月，命车臣汗部落一体与土谢图汗等三部落充派兵诸差。三十年，以是部扎萨克贝子旺沁扎布能约束属下，捕获私贸俄罗斯民人、蒙古等，上嘉之。四十七年，是部郡王桑斋多尔济旗与黑龙江属之呼伦贝尔巴尔虎争界，谓呼伦贝尔总管将音陈、阿鲁布拉克等卡伦私自挪移。四十八年，呼伦贝尔总管三保会桑斋多尔济及贝勒车凌多尔济带同耆老斟酌地图，由界内挖出旧设卡伦所埋记木，贝勒车凌多尔济将所属人等全行收回，桑斋多尔济仍称阿鲁布拉克一卡往外展占五十里。五十年，黑龙江将军恒秀等查办是部队等报称阿鲁布拉克卡并未外展占越，桑齐多尔济坐罚俸。咸丰四年正月，是部车臣汗阿尔罕什达捐银助军，受之，却王公等捐军需之请。

同治二年，是部郡王等旗又与黑龙江巴尔虎争界，寻命吉林将军皂保勘之。三年,调是部兵援古城,溃归。四年,札萨克车林敦多布以逗留严议。六年,调车盟兵戍卡伦。九年,回匪东扰图盟,是部供军需,增戍役,应捐输,劳费与图盟等。九年十月,库伦办事大臣张廷岳以回匪东扰乌里雅苏台境,奏派是部贝勒干丹准车林赴额尔德尼昭会剿。寻撤回。十年六月,以回匪踞图盟左翼中旗郡王拉苏伦巴咱尔游牧,图犯库伦,又派干丹准车林统驻库蒙兵赴噶尔沁图里克、托里布拉克二台协剿。十二月,以窜乌、库两城回匪均回肃州老巢,撤车盟官兵一半。二月,张廷岳以乌里雅苏台将军金顺西征,库伦筹备驼只,张廷岳派员赴图、车二盟劝谕各王公等竭力捐助。

光绪七年,以改议俄约,调车盟兵驻库伦。寻以约定撤之。二十二年,将军崇欢以乌里雅苏台参赞大臣摊车盟规费特重,请禁之。库伦办事大臣桂斌以车臣汗阿尔塔什达任参赞大臣作俑,请追款,谕免之。是年,桂斌奏车盟报应袭台吉已报未袭者有六百余员,积压未题者有三次之久。谕理藩院迅速核办,不准积压。二十五年九月,乌里雅苏台将军连顺奏车臣汗德木楚克多尔济阻挠矿务,与俄人交密,形状可疑,谕撤去差使。十一月,是部王公等又呈理藩院请停办矿务,命昆冈等往勘缓之。二十六年,拳匪事起,库伦办事大臣丰升阿等调是部各旗官兵自备饷项,巡防边卡。洎呼伦贝尔为俄兵所据,巴尔虎诸处避难官民均至是部界内,盟长等防守抚辑,均协所宜。二十八年,丰升阿以是部王公异常出力,请予奖励。于是车盟盟长郡王多尔济帕拉木加亲王衔,副盟长扎萨克镇国公车林尼玛挑御前行走,参赞扎萨克辅国公那尔莽达琥赏双眼花翎,余给奖有差。

宣统二年二月,内盟蒙匪托克托等窜扰是部贝子桑萨赖多尔济旗,三多遣驻库宣化练军营官郑春田等迎击失利。电谕周树模饬呼伦道汛派兵往接应,而蒙匪窜俄境。是年,是部郡王多尔济帕拉穆为资政院钦选议员。三年闰六月,是部扎萨克贝子多尔济车林等报效办理新政银两,奖之。十一月,哲布尊丹巴称尊号于库伦,胁是部王、公、扎萨克等附之。

是部车臣汗阿尔塔什达、车林多尔济父子皆为乌里雅苏台参赞大臣。有矿，有盐池，有成吉思汗陵。佐领共有四十。

赛因诺颜部，称喀尔喀中路，至京师三千余里。东界博罗布尔哈苏多欢，西界库勒萨雅索郭图额金岭，南界齐齐尔里克，北界齐老图河。

元太祖十七世孙伟征诺颜诺诺和有子五：长阿巴和，为土谢图汗部祖；次塔尔呢，无嗣；次图蒙肯；次巴赉。今赛因诺颜部二十四扎萨克，自厄鲁特二旗外，皆其裔。图蒙肯子十三：长卓特巴，号车臣诺颜，为扎萨克辅国公托多额尔德尼、诺尔布扎、布台吉图巴三旗祖；次丹津喇嘛，号诺扪汗，为扎萨克亲王善巴、辅国公旺舒克、车凌达什、台吉齐旺多而济、素达尼多尔济六旗祖；次车凌，次罗雅克，皆无嗣；次济雅克，号伟征诺颜，为扎萨克辅国公阿玉什一旗祖；次扎木本，其番不列扎萨克；次察斯喜布，号昆都棱，为扎萨克台吉伊达木、纳木扎勒二旗祖；次丹津，号班珠尔，为扎萨克超勇亲王策棱子亲王成衮扎布、郡王车登扎布二旗祖；次毕玛里吉哩谛，号巴图尔额尔德尼诺颜，为扎萨克台吉丹津额尔尼德祖；次锡细剌克萨特，号珲台吉，为扎萨克台吉阿哩雅、萨木济特二旗祖，次桑噶尔扎，号伊勒登和硕齐，为扎萨克台吉沙噜伊尔都齐一旗祖；次扣肯，号巴扎尔，为扎萨克吉济纳弥达一旗祖；次衮布，号昆都伦博硕克图，授扎萨克郡王，今袭贝勒，其曾孙额墨根，授扎萨克台吉，又自为一旗。，巴赉子一，曰噶尔玛，为扎萨克镇国公素泰伊勒登一旗祖。

初，喀尔喀有所谓红教者，与黄教争，图蒙肯尊黄教，为之护持。唐古特达赖喇嘛贤之，授赛因诺颜号，令所部奉之视三汗。图蒙肯卒，次子丹津喇嘛复受诺扪汗号于达赖喇嘛。

崇德三年，遣使通贡，优赉遣归。五年，赐敕奖谕。顺治四年，以偕其旗土谢图汗衮布等合兵援苏尼特部叛人腾机思，诘责之。七年,遣子额尔德尼诺木齐上书乞好,诏偕衮布约誓定议。十一年,额德尼诺木齐复奉表,谕曰:"尔奏言喀尔喀左翼四旗皆尔统摄,凡有敕谕,罔弗遵行。今即如所请,可速敕尔部长遣子来归。有不遵者,即行奏闻。"十二年,偕衮布等各遣子弟来朝,诏宥前罪。寻设八扎萨克,命丹津喇嘛领左翼扎萨克之一,岁贡九白如三汗例。十八年,赐"遵文顺义"号,给之印。

康熙三年,诏所属毋越界游牧。丹津喇嘛卒,子塔斯希布袭。塔斯希布卒,子善巴袭,赐信顺额尔克岱青号。二十七年,噶尔丹掠喀尔喀,善巴率属来归。诏附牧乌喇特诺部界。三十年,驾幸多伦诺尔会阅,诏封善巴等王、台吉有差,各授扎萨克,编所属佐领,隶土谢图汗部。三十一年,善巴从弟策棱来归。策棱者,图蒙肯第八子丹津之孙,台吉纳木扎勒之子,后授固伦额驸和硕超勇亲王、定边左副将军兼称喀尔喀大扎萨克者也。三十六年,诏善巴等各归旧牧。五十六年,选兵赴阿尔台军侦御策妄阿喇布坦。

雍正三年,上所部系出赛因诺颜,较三汗裔繁衍,而额驸策棱自简任副将军,劳绩懋著,命率近族亲王达什敦多布,贝勒纳木扎勒,齐素哓,贝子策旺诺尔布,辅国公阿努哩敦多布、额琳沁、扎木禅旺扎勒,台吉格木丕勒、齐旺,锡喇札布、达尔济雅、根敦、车布登、巴朗、延达博第、呢玛特、克什、诺尔布扎布,凡十九扎萨克,别为一部,以其祖赛因诺颜号冠之,称喀尔喀中路,不复隶土谢图汗部。喀尔喀有四部自此始。

九年,所部兵随大军剿噶尔丹策棱,击其众克尔森齐老及额尔德尼昭,大败之。十三年,撤还。乾隆元年,选兵赴鄂尔坤防秋。六年,参赞大臣副都统庆泰察阅防秋兵于桑锦托罗海。十三年,选驼五百运归化城米赴塔密尔军营。寻调所部兵二千驻防锡喇乌苏。十九年,移塔密尔军营于是部中前旗之乌里雅苏台,以是部兵分驻扎布堪。二十五年,随大军剿达瓦齐,平之。二十六年,设乌里雅苏台至乌鲁木齐台站,留侍卫四员,余撤之。

先是喀尔喀分设中路时,但以赛因诺颜名其部,以示别于三汗未议袭号。三十一年，亲王成衮扎布奏所部来归。初，亲王善巴为同族长，又世掌丹津喇嘛所遣印，请视三汗例，以善巴曾孙亲王诺尔布扎布袭赛因诺颜号。诏允其请，俾与土谢图汗、车臣汗、扎萨克图汗均世袭罔替。荡平准部之役，成衮扎布长子额尔克沙喇以剿叛贼巴雅尔功，封辅国公。策凌次子辅国公车布登扎布积俘准部宰桑库克辛等、平达瓦齐、诛贼固尔班和卓、征哈萨克功，历晋贝子、贝勒、郡王至亲王品级。贝子车木楚克扎布积捕获乌梁海宰桑、复设台站及招降阿尔泰淖尔乌梁海功，历晋封至郡王。扎萨克等台吉三都克扎布以协济军需，复予袭辅国公。扎萨克一等台吉达什额以得叛贼布库察罕功，予公品级。而贝子罗布藏车邻以死事乌鲁木齐，晋其子贝勒。

初，所部十九旗，后增三旗，附额鲁特二旗。扎萨克二十有四，盟于齐齐尔里克，设正副盟长各一，副将军、参赞各一。爵三十有三：扎萨克和硕亲王二；附固山贝子一，由贝勒降袭；镇国公一，由贝子降袭；辅国公二；公品级一等台吉一；公品级三等台吉一；扎萨克多罗郡王二，一由镇国公晋封；扎萨克多罗贝勒二，一由郡王降袭，一由镇国公晋袭；扎萨克镇国公一，由扎萨克台吉晋袭；附辅国公一；扎萨克辅国公五；一由扎萨克台吉晋袭；公品级扎萨克一等台吉一；扎萨克一等台吉九；附辅国公一；公品级三等台吉一；厄鲁特扎萨克固山贝子二，一由郡王降袭，一由辅国公晋袭。

三十八年九月，以赛盟郡王车登扎布为乌里雅苏台赞参大臣。四十二年十月，赛盟郡王车布登扎布率本部王、公、扎萨克台吉等进大行皇斋醮马驼，温谕却之。四十五年六月，以赛音诺颜部占据土谢图汗牧，谕博清额查明，毋使侵占。十月，定赛音诺额、土谢图汗两部界址。

嘉庆四年，是部亲王御前大臣拉旺多尔济等请调集本盟兵马助剿教匪，温旨止之，并命理藩院传知蒙古各盟，停其预备。七年八月，定喀尔喀赛因诺颜、扎萨克图汗二部事务在乌里雅苏台会集，与定边左副将军一同办理。八年，以是部齐巴克扎布旗容留种地民

人,命交乌里雅苏台参赞大臣永保办理。十二年五月,乌里雅苏台
参赞大臣萨木丕勒多尔济卒,以纶布多尔济代之。

道光三年七月,以赛音诺颜盟长德木楚克扎布等于大路抢劫
官人财物不能捕缉,诏严议。十月,乌里雅苏台将军果勒丰阿奏:
"乌里雅苏台地方,请准令商民等每年驮运茶七千余箱赴古城兑换
米面。如不敷,令凑买杂货,仍照例给发印票,不准另往他处。"六年
十一月,回疆军兴,赛音诺颜、扎萨克图汗两盟王、公、扎萨克等输
驼只助军。七年十月,纶布多尔济调库伦办事大臣。十二月,以车
林多尔济为乌里雅苏台参赞大臣。十八年,以哈萨克阑入卡伦,命
车轮多尔济统赛、扎两盟,杜尔伯特等蒙兵逐之。十九年正月,给驱
逐哈萨克之赛、扎两盟蒙古官兵俸赏行装银。四月,命车林多尔济
调兵驱逐复入乌梁海之哈萨克。八月,以驱逐哈萨克妥速,赉车林
多尔济亲王俸一年。二十五年二月,赛盟郡王图克济扎布以不赴军
营,革副将军,阿尔萨什达代之。

咸丰三年,赛、扎两盟王、公、扎萨克等请捐助军需,温旨却之。
十一年,阿尔塔什达调库伦,以车林敦多布代之。

同治三年,回匪陷乌鲁木齐各城,调是部兵援古城,竟无功。五
年七月,李云麟奏:"与明谊等会商,拟将扎萨克图汗部、赛诺颜两
部额兵全行派出,共一千八百名。其本爱曼操防之兵,徐为布置。旋
因察汉乌苏卡伦闻警,当与麟兴等熟商。北路既有警报,拟每爱曼
仍留五百兵备防本境。复商之车林敦多布,转传各盟长,将西两盟
额兵以外之壮丁,每盟再挑五百名,于八月派齐,随后继发。"并谓
北路寇至不能御,差务不暇给,保贝勒晋丕勒多尔济遇事勇敢,其
才为喀尔喀四部王公之冠。适车林敦多布乞病,诏即以晋丕勒多尔
济代之。李云麟寻率赛、扎两盟兵西进。十一月,至呼图古兰台,扎
盟兵变,赛盟兵亦溃,李云麟自奏回乌城,诏严责之。七年,晋丕勒
多尔济倡捐布伦托海新城经费,偕郡王桑噶西哩等捐银二万五千
两有奇。予晋丕勒多尔济王衔,余给奖有差。

九年二月,肃州回匪东窜,扰是部推河以西额尔德尼班第达呼

图克图游牧，蒙兵溃于哈尔呢敦。闰十月已巳，库伦办事大臣张廷
岳等奏："回匪窜逼乌城，福济、荣全督蒙兵二百在城防守，参赞大
臣晋丕勒多尔济督索伦、满、汉兵五百迎击，驻头台。窜匪三千现已
抵二台。"辛未，乌里雅苏台将军福济等奏："回匪踞博克多山、推河
口、额尔德呢等处。十月九日，窜至第十一乌特台，文报不通，南台
蒙兵闻警先遁。"十一月戊申，福济及参赞大臣荣全奏："十月九日，
贼千余人由东南至西南山沟来扑东西南三门，东沟又来贼数千。初
更，贼四面放火，毁栅而登，城池失陷。二十三日，贼由西南窜去。福
济遇救尚存，荣全奔向西北，于闰十月四日折回，定边将军印信遗
失，荣全亲兵护出伊犁将军印信，暂时借用。"命福济，荣全革职留
任，谕杜嘎尔统察哈尔马队及已调吉林、黑龙江官兵赴乌城进剿。
寻回匪西窜金山卡伦，晋丕勒多尔济回乌里雅苏台。谕整饬台站，
疏通道路。十二月，谕晋丕勒多尔济将张廷岳撤回官兵分布防守推
河等处，福济妥设霍呢齐及推河粮台。癸酉，晋丕勒多尔济奏饬赛、
扎两部落拣兵分扎乌城台站，并防各旗游牧。乙酉，允福济等请，设
乌城驻班台站扎萨克二员、管台二员，谕福济迅将哈尔呢敦等台赶
紧预备，催绥远城所遣达尔济一军前进。是月，喇嘛棍噶扎拉参一
军自科布多援乌城。

　　十年正月，谕严催晋丕勒多尔济设复乌城以南台站。晋丕勒多
尔济劾福济谬妄贻误，自愿身命，将仓库存项酬谢贼匪，眷属皆系
自尽，非为贼所害。福济亦劾蒙古官员规避差使，请捏病告假规避，
或饬传故意迟行及始终不到者，均革职任，无职任者销爵，仍令来
营，从之。设霍呢齐台转运总局，福济饬贡果尔带察哈尔马队驻守
之。荣全奏："亲往催办乌城以南二十台，行抵推河，见水台毡房驼
马渐集。推河到哈尔呢敦五台照旧布置，略有规模。请给自备驼马
帮台之蒙古台吉丁户一半钱粮。"从之。以回匪复图再扰乌城，谕福
济等整顿台站，杜嘎尔军毋得逗留。二月，谕福济等妥为布置哈尔
呢敦、额尔德尼昭、推河三处防守，并以达尔济一军行抵哈尔呢敦
阻滞，饬督令各台站妥为供支，毋误戎机。三月，以乌属各台尚未备

齐,致滞师行,谕切责福济,并令传知蒙古王公等率属守御,予乌城殉难蒙兵恤。杜嘎尔奏派苏彰阿带黑龙江兵五百赴乌城,并调贡果尔一军赴前敌各路。谕杜嘎尔赴察尔呢敦等处防剿。

四月,予赛盟台吉车登丕勒吉雅捐银面奖。杜嘎尔进驻贡鄂博地方。谕福济等饬蒙古台站应付驼马等项。晋丕勒多尔济以请归游牧,罢乌里雅苏台参赞大臣,下院严议,以扎盟中左翼左旗贝勒多木沁扎木楚代之。福济亦革任,以金顺为乌里雅苏台将军,奎昌署之。回匪复扰是部阿米尔密特游牧,焚掠固尔班赛汗等处。谕杜嘎尔会奎昌等迅速追剿。五月,回匪窜萨哈尔呢敦附近之萨巴尔图河、推河一带,杜嘎尔遣纳鲁肯一军驻翁吉驿防之。六月,回匪窜扰霍尔哈顺、霍呢齐二台。谕庆春饬达尔济于推河等处防守,杜嘎尔拨队扼要驻扎,保护粮路。福济等奏乌城调到吉林、里龙江、察哈尔马队三千二百五十名,发图、车、赛、扎四盟采买驼马等银各一万两。八月,回匪复窜入阿毕尔密特旗,至巴彦罕山,逼近翁吉河。福济等饬赛盟速派蒙兵五百名赴南扎哈尔呢敦堵截。九月,达尔济一军剿窜翁吉河之匪,殄之。杜嘎尔遣福珠哩率兵剿匪于阿米尔密特旗之那林浑第等处,殄之。是旗附近肃清。达尔济亦败贼于喀雅喀拉乌苏地方。十一年正月,肃州回匪复窜扰是部阿米尔密特旗游牧西南之济尔朗图地方。谕金顺、奎昌等各设法保护所属台站。杜嘎尔奏派富珠哩一军扼扎哈尔呢敦一带。四月,回匪窜扰白托罗盖及金山卡伦游牧,奎昌等遣马队追剿。九月,连败之于沙尔鲁尔顿及库尔库噜地方,匪自阿育尔公旗窜扎哈沁。

十二年二月,乌里雅苏台将军长顺等以回匪屡扰赛、扎两盟牧,暂令扎盟公车德恩敦多布多尔济旗移于边界相当之赛音诺颜部落右翼右后旗副将军王格里克扎木楚、扎萨克玛尼巴拉等旗游牧,赛盟扎萨克阿毕尔密特旗移于本部赛音诺颜旗亲王车林端多布等旗游牧,两盟南界金山卡伦,亦令暂撤,俾作清野之计。奏入,得旨,下所司知之。十三年正月,乌城解严,长顺等拨察哈尔新兵五百,令佐领依楞额统赴科布多,裁乌城赛、扎两盟防兵五百,侍卫丰升阿统察哈尔马队仍驻扎巴罕河。

　　光绪六年,以改议俄约,调赛、扎两盟蒙兵二千名驻乌里雅苏
台。七月,以将军春福等奏克辅国公额尔奇博尔豁地方作为官屯。
九月,予赛盟扎萨木济尔哈朗报效屯地奖。七年六月,以俄约成,撤
驻乌城之赛盟蒙兵。将军杜嘎尔奏暂停办博尔豁屯田。十一年九
月,复设金山卡伦。十三年,署乌里雅苏台将军祥麟等奏:“管理推
河、扎克等台吉巴扎尔等报所属都特库图勒等三台鼠灾,请将都特
库图勒台暂移在诺们汗沙毕游牧内拜达里克河边之敖尔楚克哈克
图地方,扎克、和博勒库根两台向前移在赛盟右翼右后旗郡王吹苏
伦扎布旗属之扎绥额奇叟吉、哈拉布拉克等地方。体察鼠灾定息,
青草畅茂,再饬各归原台当差。”允之。十九年,乌里雅苏台参赞大
臣车林多尔济病免,以那木济勒端多布代之。二十一年十二月,修
乌里雅苏台。二十三年,修乌里雅苏台河桥及河堤。二十二年九月,
将军崇欢奏查阅边卡供给,每台有加至百五十两之事,此次免去。
查阅南二十台驼马两厂,专查五十五座台卡供给应付,概从删减。
二十六年,崇欢奏以古城一带蝗灾,改采购戍守官兵日需米面于归
化城。是年以拳匪肇衅,边防戒严,将军连顺等调赛、扎两盟及乌梁
海兵择要防守,各王、公、扎萨克等挑选壮丁,筹帮军食,均能严约
属下,勿欺凌俄商,保全大局。二十八年,请将奏入予赛盟盟长扎萨
克郡王沙苏伦多布、亲王那木囊苏伦、副将军扎萨克镇国公刚珠尔
扎布、副盟长扎萨克郡王固噜固木扎布等奖有差,特予参赞大臣那
木济勒端多布黄马褂。

　　二十九年,设乌城中、俄商事务局。三十年八月,连顺等以赛、
扎两盟呈报去冬今春雪灾,牲畜倒毙。三十一年,是部中左末旗亲
王那彦图请裁佐领所遗差户。护将军奎焕饬由本盟各旗分派,按旗
接充。入夏亢旱,驼马疲瘦,请缓查阅台站,允之。三十二年,赛盟
盟长吹苏伦扎布卒,将军奎焕等请于参赞大臣贝勒车登索诺木、亲
王那木囊苏伦二员内简一人为盟长。得旨,授那木囊苏伦盟长。定
例,盟长由理藩院请简,此出将军保奏,非恒格也。那木济勒端多布

之后,是部中左旗贝勒车登索诺木、中右旗郡王库鲁固木扎布相继为乌里雅苏台参赞大臣。三十四年六月,御史常徽劾车登索诺木“捏报灾情。本盟应派差使,不遵奏章赴边。防守之差,以贿为定,蒙情不服,咸有戒心。如牧厂未报地界,任令开荒。驼马捏报倒毙,孳生以多报少,弊混不可枚举。”宣统元年,将军塈岫查覆,多为宽解,惟谓车登索诺木于本旗充当各差,或有互调他旗,以远易近,避重就轻,管理旗务之扎齐克齐阿莫朦混自专,请革之,而为车登索诺木请免议。

二年,是部亲王那木囊苏伦、那彦图为资政院钦选议员。三年,库伦独立,是部王公附之,将军奎芳被迫去职。

是部额驸策凌之后,亲王拉旺多尔济、车登巴咱尔、达尔玛、那彦图多至御前大臣、领侍卫内大臣,为外扎萨克诸部所莫及。是部地兼耕牧,有矿,有盐池,向称饶富。共有佐领三十一。

扎萨克图汗部,称喀尔喀西路,至京师四千余里。东界翁锦、西尔哈勒珠特,西界喀喇乌苏、额垳克诺尔,南界阿尔察喀喇托辉,北界推河。

元太祖十六世孙格垳森扎扎赉尔珲台吉有子七,分掌喀尔喀左、右翼。左翼牧图拉河界,右翼仍留居杭爱山。其长子阿什海达尔汗珲台吉、次子诺颜泰哈坦巴图尔、第四子德勒登昆都伦、第七子鄂特欢诺颜同掌之。今扎萨克图汗部十九扎萨克,自厄鲁特一旗外,皆其裔。阿什海达尔汉珲台吉子二:长巴延达喇,子赉瑚尔汗,为原封扎萨克图汗策旺扎布及扎萨克贝勒卓特巴,台吉喇布坦、额尔德尼衮布三旗祖;次图扪达剌岱青,子硕垒乌巴什,号珲台吉,为扎萨克贝勒根敦,辅国公沙克扎、齐巴克扎布,台吉纳玛琳藏布、达什朋素克五旗祖。诺颜泰哈坦巴图尔生土伯特哈坦巴图尔,子二:长崆奎,号车臣济农,为扎萨克郡王朋素克喇布坦、贝子博贝、辅国公索诺木伊斯札布、台吉乌尔占、哈玛尔岱青五旗祖;次赛因巴特玛,号哈坦巴图尔,为扎萨克辅国公衮占、台吉伊达木扎布二旗祖;

德勒登昆都伦生钟图岱,号巴图尔,为扎萨克台吉诺尔布一旗祖。鄂特欢诺颜生青达玛尼默济克,号车臣诺颜,为扎萨克辅国公通谟克、台吉普尔普车凌二旗祖。

初,赉瑚尔为喀尔喀右翼长,所部以汗称,传子素巴第,始号扎萨克图汗,与其族土谢图汗衮布、车臣汗硕垒同时称三汗。硕垒通好最先,衮布次之,素巴第最后。崇德三年,以其部谋掠归化城,上统师征,所部遁,素巴第遣使谢罪,并贡马及独峰驼、无尾羊。谕曰:"朕以兵讨有罪,以德抚无罪,惟行正义,故上天垂佑,蒙古、察哈尔诸部以畀朕。尔等皆其所属,当即相率归诚,不则亦惟谨守尔界。乃反兴兵构怨,谋肆侵掠,岂以远处西北,即为征讨不及之区耶?今与尔约,嗣后慎勿复入归化城界,重贻犯戾。"五年,复赐敕诚谕。

顺治四年,素巴第闻诏责硕垒、衮布等纳苏尼特叛人腾机思及掠巴林罪,欲代为解,偕同族俄木布额尔德尼上书乞好。上因其书不称名,词近悖慢,切责之。七年,俄木布额尔德尼等诡称行猎,私入归化城界掠牧产,遣官饬归所掠。会素巴第卒,子诺尔布嗣,称毕锡呼勒图汗,遣使入贡。谕曰:"朕本欲许尔等和好,故命察归所掠以赎前罪。今尔等反以朕留尔逃人为词,是何心耶?朕统一四海,尔等弹丸小国,勿恃荒远,勿听奸词,致陨尔绪。"十二年,诺尔布偕木布额尔德尼各遣子来朝谢罪。十四年,复偕同族车臣济农昆都伦陀音奉表乞好。诏宥前罪。十六年,遣大臣赍服物谕赉之。

先是喀尔喀左右翼设八扎萨克,诺尔布及俄木布额尔德尼、车臣济农昆都伦陀音各领右翼扎萨克之一。诺尔布卒,子旺舒克袭,仍号扎萨克图汗。俄木布额尔德尼卒,子额琳沁袭,号罗卜藏台吉。康熙元年,额琳沁以私憾袭杀旺舒克,奔就厄鲁特。其叔父衮布伊勒登避难来归,封扎萨克贝勒,驻牧喜峰口外察罕和朔图。详《喀尔喀左翼部总传》。九年,命旺舒克弟成衮袭扎萨克图汗号,辑其众。二十三年,成衮以额琳沁之乱,属众溃,多往依左翼土谢图汗察珲多尔济,屡索不获,与构衅。命阿齐图格隆等谕解之。会成衮卒,厄鲁特噶尔丹谋掠喀尔喀,诱成衮子沙喇攻察珲多尔济。沙喇因会噶

尔丹于固尔班赫格尔，台吉德克德赫等从往。察珲多尔济恶之，追
杀沙喇及德克德赫。二十七年，噶尔丹以兵三万掠喀尔喀，至杭爱
山，所部大溃。沙喇弟策旺札布偕同族色凌阿海等相继来归，诏附
牧乌喇特诸部。三十年，驾幸多伦诺尔会阅，以所部屡经变乱被芟
夷，诏封色凌阿海等王、贝子、台吉有差，各授扎萨克，令集所属编
佐领抚辑之。而以成衮子策旺扎布为扎萨克图汗，特封和硕亲王，
统其众。自是始称扎萨克图汗部。三十一年，定所部为喀尔喀西路。
三十六年，诏归杭爱山游牧。四十年，赐牧产赡之。寻命策旺扎布
仍袭扎萨克图汗号。

雍正四年，遣额驸策凌等赴阿尔台勘所部与准噶尔界。九年，
大军剿噶尔丹策凌，诏所部扎萨克等内徙游牧。十年，以准噶尔败
遁，谕曰："去岁朕降旨令尔等徙居内地，并不感悦遵行。屡次催促，
始勉强迁移。今幸大军于苏克阿勒达呼及额尔德尼昭两败贼众，尔
等始得安居，否则岂能保护牲畜乎？朕思尔等本属一体，岂有甘居
庸懦受人庇荫之理。嗣后各宜激烈奋发，不惟永享升平，亦且垂光
史册矣。"是扎萨克图汗策旺扎布以从征退缩罪削爵，诏郡王朋素
克喇布坦子格哷克延丕勒袭汗号。十二年，调兵驻防察罕廋尔。

乾隆元年，选兵赴鄂尔坤防秋。二年，定边大将军平郡王福彭
奏："喀尔喀四部防秋兵皆驻鄂尔坤，扎萨克图汗部驻牧扎克拜达
哩克西南，距鄂百坤尤迩。请即令在彼驻防，征调无难即至。"诏如
所请。五年，谕曰："前以军务方兴，恐尔部游牧被贼侵扰，悉令内
徙。今噶尔丹策凌谨遵朕旨，奏称不敢越河尔台游牧，其属恭顺。朕
亦降旨令尔部游牧毋逾扎布堪、齐克慎、哈萨克图、库克岭等处。尔
等当遍谕所属，永远遵行。倘有违令生事者，严行治罪。况今虽许
准噶尔和好，罢息干戈，尔平日不可不训习武备，尔等其留意，毋
忽！"六年，命参赞大臣副都统庆泰察阅防秋兵于哈里勒迈。十三
年，选驼五百运归化城米赴塔密尔军营。十六年，敕禁所部越境与
准噶尔及回众私市。十七年，选兵千驻防锡喇乌苏。二十年，随大
军进剿达瓦齐。二十二年，以其部和托辉特郡王青衮咱卜叛，诛之。

寻谕扎萨克图汗部曰："前因青衮咱卜负恩背叛，散布流言，众喀尔喀间有煽动，经朕训谕，尔等旋知悔悟，各奉职守。今逆贼就诛，党附人等应分别治罪，以彰国宪。但尔等为国家臣仆百余年，误听浮言，致干罪戾，并非有心附贼，免其查究。嗣后益宜仰体朕恩，洗涤前愆，约束所属，各安本业，绥静边隅，长享太平之福。"

先是扎萨克图汗部编佐领，荡平准、回之役，是部扎萨克郡王品级贝勒青衮咱卜、贝勒连登扎布皆以叛诛，而辅国公旺布多尔济积俘青衮咱卜及准部叛贼呢玛功，晋袭贝勒，予郡王品级。一等台吉扎萨克朗衮扎布积取库车援贼及克库车功，晋至镇国公。二等台吉诺尔布以不从叛贼策登扎布，授扎萨克一等台吉。死事于阿里固特之二等台吉齐巴克扎布，追封辅国公，并授其子巴图济尔噶勒扎萨克。其扎萨克一等台吉噶尔丹达尔扎，以率其属户口自准部特穆尔图诺尔游牧复归，授一等台吉，其后授其子拉克沁噶喇扎萨克，编佐领隶是部。

先是扎萨克图汗部编佐领，分十旗，后增八旗，附厄鲁特一旗。扎萨克十有九，盟于扎克毕赖色钦毕都哩雅诺尔，设正副盟长各一，副将军、参赞各一。爵二十有二：扎萨克图汗兼多罗郡王一；附公品级三等台吉一，由辅国公降袭；郡王品级扎萨克多罗贝勒一；扎萨克镇国公，二一由贝勒降袭，一由扎萨克台吉晋袭；扎萨克辅国公六，一由贝子降袭；附辅国公一；扎萨克一等台吉八，附辅国公一；厄鲁特扎萨克一等台吉一。

乾隆四十五年，以是部扎萨克巴哈图尔侵占杜尔伯特游牧，严饬查办，促令交还。嘉庆七年十月，收扎萨克图汗布尼喇特纳等进马五百匹。道光六年，回疆军兴，是部捐驼马助军需。二十五年，定扎萨克图汗盟支差章程，王、公、台吉等将所属喀木齐罕阿拉巴图等牲畜分作二分，一分牲畜津贴佐领等出差；扎萨克台吉喀木齐罕阿拉巴图等所有牲畜，依佐领等一律按户扣除大牲畜一双，余次牲畜，均与应派佐领下人等正项差务一律出派，其贫苦台吉佐领下喀木齐罕阿拉巴图等各均相监之。咸丰三年，是部汗、王、公、扎萨克等以军兴捐助军需,温旨却之。

同治三年,回匪陷乌鲁木齐等城,古城诸城被围,调是部蒙兵援之。五年十一月,李云麟奏扎盟蒙兵抵呼图古兰台,劫掠变乱。寻溃归。九年六月,肃州回匪扰是部境。十月,窜聚博提哈拉乌苏、库努克等处杀掠。十一月,匪于陷乌城后,窜金山卡伦察罕博克多地方。十一年十月,奎昌等奏移鞥克巴雅尔所部察哈尔马队驻扎盟察罕淖尔地方,防回匪犯乌城。九月,回匪窜是部辅国公车德恩敦多布多尔济游牧。车德恩敦多布多尔济自备军装军火粮饷,督台吉官兵,于十六、十七日再挫匪于景色图及巴彦察汗地方,匪向西遁。事闻,予贝子衔。十二月,扰科城之回匪窜聚于扎部南境,奎昌派达尔济带队攻剿。

十二年正月,奎昌等奏回匪于十一月窜札盟所属之那玛勒吉干昭地方,官军于是月十一日进攻败之,匪即北窜。追剿至十二日,匪又向察罕布尔噶奔窜,山势险隘,负固相持。达尔济赶带马队前进,匪又越山遁聚巴里坤、扎盟交界地方。二月,乌里雅苏台将军长顺等以扎盟牧南各旗毗连肃州,屡被回匪扰害,奏暂移公棍楚克扎布、右翼前扎萨克桑青齐苏隆、右翼后末玛呢达拉等旗于本部扎萨克图汗及右翼中参赞公密帕散布、中右翼末旗达什拉布坦、扎萨克车德恩多尔济等旗游牧,扎萨克图汗旗移本部落右翼左公衔扎萨克班扎班咱尔扎布、右翼末次扎萨克达散巴拉等旗游牧。俟贼匪肃清,即令各归旧牧。下所司知之。十月,回匪窜扰图谢公游牧,旋扰察干河及莫尔根地方。长顺等遣卓凌阿剿匪于图谢公游牧之库布奇尔果罗地方,胜之,救出蒙古男妇子女一百九十余名。科布多所遣防御喜莫得等率兵败匪于阿育尔公旗库伦喇嘛地方,救出被胁蒙民男妇三四百名。会棟呢特多尔济军败之于乌兰坝,匪向鞥克扎萨克旗以南逾山逃遁。十三年三月,予扎萨克图汗等捐助乌里雅苏台城奖。

光绪初,乌鲁木齐诸城克复,是部始解严。七年,征是盟兵戍科布多。俄约成,撤去。二十一年,是部以甘肃回匪滋扰,文报改由台路,撤回边界游牧牲畜,为坚壁清野之计。二十三年,乌里雅苏台将军崇欢等劾盟长扎萨克镇国公阿育尔色德丹占扎木楚假公摊派,请革职。允之。二十四年,是部与赛音诺颜部王、公、扎萨克等输昭信股票银,并请报效,仍予奖。二十五年,是部扎萨克蕴多尔济旗与科布多之扎哈沁争界,志锐等奏所争一为巴尔噜克鄂博,一为靺吉尔图鄂博,一为田德克库与喀拉占和硕界线,请饬理藩院秉公剖断。允之。二十六年,拳匪肇衅,边防戒严,是盟王、公、扎萨克等于征兵筹饷均得出力。二十八年,予扎萨克图汗索特那木拉布坦、副将军扎萨克辅国公洛布桑端多布奖有差。宣统二年,索特木拉布坦为资政院钦选议员。三年,库伦独立,胁是部汗、王等附之。

　　是部有矿,有盐。佐领有二十一。

清史稿卷五二二
列传第三〇九

藩部五

青海额鲁特

青海额鲁特部，在西宁边外，到京师五千七十里。东及北界甘肃，西界西藏，南界四川，袤延二千余里，即古西海郡地。分左右二境，左境：东自栋科尔庙，西至洮贲河界，八百余里；南自博罗充克克河北岸，北至西喇塔拉界，四百余里；东南自喇拉山，西北至额济内河界，四百余里；东北自永昌县界，西南至布隆吉尔河界，三千余里。右境：东自栋科尔庙，西至噶斯池界，二千五百余里；南自漳腊岭，北至博罗充克克河南岸，千五百余里；东南自达尔济岭，西北至塞尔腾、西尔噶拉金界，二千余里；东北自克腾库特尔，西南至穆噜乌苏河界，千五百余里。

厄鲁特旧分四部：曰和硕特，姓博尔济吉特；曰准噶尔；曰杜尔伯特，姓绰罗斯；曰土尔扈特，姓不著。部自为长，号四卫拉特。金称厄鲁特，即明时所谓阿鲁台也。有辉特者最微，初隶杜尔伯特。后土尔扈特徙俄罗斯境，辉特遂为四卫拉特之一云。青海蒙古分牧而处，有和硕特，有土尔扈特，有准噶尔，有辉特，统以厄鲁特称之。

和硕特设扎萨克二十有一，其始祖为元太祖弟哈布图哈萨尔，七传至阿克萨噶勒泰。子二：长阿鲁克特穆尔，今内扎萨克科尔沁、扎赉特、杜尔伯特、郭尔罗斯、阿噜科尔沁、四子部落、茂明安、乌喇特八部,其裔也。次乌噜克特穆尔,九传至博贝密尔咱,称卫拉特汗,子哈尼诺颜洪果尔继之。有子六:长哈纳克土谢图,次拜布噶斯,次昆都伦乌巴什,次图鲁拜琥,次色棱哈坦巴图尔,次布雅鄂特欢。哈纳克土谢图为公中扎萨克台吉车凌纳木扎勒一旗祖。拜布噶斯子鄂齐尔图汗及阿巴赖诺颜,牧西套,后准噶尔灭其部。昆都伦乌巴什号都尔格齐诺颜,今驻牧珠都斯之和硕硕特部四旗,其裔也。图鲁拜琥号顾实汗,分青海部众为二翼,子十人领之。居左翼者,曰达延,曰鄂木布,曰达兰泰,曰巴延阿布该阿玉什。居右翼者,曰伊勒都齐,曰多尔济,曰瑚噜木什,曰桑噶尔扎,曰衮布察珲,曰达什巴图尔。达延号鄂齐尔汗,为扎萨克镇国公噶勒丹达什,辅国公诺尔布朋素克、车凌三旗祖。别有附察哈尔之和硕特,亦其裔也。鄂木布号车臣岱青,为扎萨克台吉罗卜藏察罕、济克济扎布、达玛琳色布腾、阿喇布坦四旗祖。达兰泰为扎萨克郡王额尔德尼额尔克托克托鼐、台吉车凌多尔济二旗祖。巴延阿布该阿玉什号达赖乌巴什,为扎萨克台吉扎布一旗祖。别有阿拉善厄鲁特一旗,亦其裔也。伊勒都齐为扎萨克亲王察罕丹津、辅国公阿喇布坦扎木素、台吉察罕喇布坦三旗祖。多尔济号达赖巴图尔,为扎萨克贝勒朋素克旺扎勒、达什车凌、台吉伊什多勒扎布三旗祖。瑚噜木什号额尔德尼岱青,为扎萨克贝子丹巴、台吉色布腾博硕克图二旗祖。桑噶尔扎号伊勒登,为扎萨克贝子索诺布达什一旗祖。衮布察珲无嗣。达什巴图尔子罗卜藏丹津,叛逃准噶尔,后就擒,宥之。隶内蒙古正黄旗。顾实汗弟色棱哈坦巴图尔,号扎萨克陀音,为扎萨克台吉哈尔噶斯一旗祖。布延鄂特欢三传至阿布,子二:长达瓦,次鄂尔奇达逊,隶准噶尔,号扈鲁玛台吉,后来归。封达瓦公品级,寻卒。鄂尔奇达逊授伯爵,隶内蒙古正黄旗。

土尔扈特设扎萨克四,其始祖曰翁罕,七传至贝果鄂尔勒克,为扎萨克台吉索罗布喇布坦多尔济、色特尔布木二旗祖。别有土尔扈特部十二旗,亦其裔也。贝果鄂尔勒克弟翁贵,为扎萨克台吉达尔扎、丹忠二旗祖。

准噶尔设扎萨克二旗,始祖曰孛罕,六传至额森。子二:长博罗纳哈勒,为杜尔伯特所自始,今驻牧为乌兰固木之杜尔伯特部十六旗,自辉特二旗外,皆其裔也。次额斯墨特达尔汉诺颜,为准噶尔所自始,七传至和多和沁,号巴图尔珲台吉,驻牧阿尔台。子十一,曰车臣,为其弟噶尔丹所杀;曰卓特巴巴图尔,徙牧青海,为扎萨克郡王色布腾扎勒一旗祖,色布腾扎勒再传,嗣绝;曰班达哩,孙车木伯勒,袭色布腾扎勒所遗扎萨克;曰卓哩克图和硕齐,为扎萨克辅国公阿喇布坦一旗祖;曰温春,子丹济拉,以来归,封扎萨克辅国公,附喀尔喀赛因诺颜部;曰僧格,子策妄阿喇布坦,号珲台吉,再传,为其本旗达瓦齐所纂,嗣绝;曰噶勒丹,以掠喀尔喀,为大军所败,窜死;曰布木,号额尔德尼台吉,其曾孙即达瓦齐,大军平其部,俘至京,寻释之,封亲王,不列藩部;曰多尔济札布,为喀尔喀土谢图汗察珲多尔济所戕;曰朋素克达什,孙噶勒藏多尔济,以来归,封绰啰斯汗。寻叛,为从子扎纳噶尔布所杀;曰噶尔玛,三传至三济札布,以来归,授侍卫,隶内蒙古正黄旗。

和多和沁弟曰墨尔根岱青,子二:长丹津,号噶尔玛岱青和硕齐,孙阿喇布坦,以来归,封扎萨克郡王,附喀尔喀赛因诺颜部;次阿海,三人至达什达瓦,嗣绝,妻车臣哈屯携众来归,编佐领,置直隶承德府境,不设扎萨克。

辉特设札萨克一,其始祖曰纳木占,再传至卓哩克图和硕齐,为扎萨克辅国公贡格一旗祖。

厄鲁特诸扎萨克外,设喀尔喀公中札萨克一。别有察罕诺扪汗,授扎萨克喇嘛,辖四佐领,自为一旗,不列诸扎萨克盟。

天聪初,蒙古诸部内附,厄鲁特犹私与明市,上以远,弗之禁。崇德二年,顾实汗遣使通贡,阅岁乃到。七年,偕达赖喇嘛等奉表贡。八年,遣使存问达赖喇嘛。以顾实汗击败唐古特藏巴汗,敕曰:"有败道违法而行者,闻尔已惩治之。自古帝王致治,法教未尝断绝。今遣使敦礼高贤,尔其知之!"并赐甲胄。使未至,顾实汗请发币使延达赖喇嘛,允之。顺治二年,顾实汗子达赖巴图尔贡马至,奏:"闻天使召圣僧,臣等自当遵奉。"三年,以厄鲁特台吉等入甘肃境要粮赏,诏所司议剿。抚会顾实汗奉表贡,赐甲胄、弓矢,命辖诸厄鲁特。嗣间岁辄遣使至,厄鲁特台吉等附名以达。

和硕特。族曰都尔格齐诺颜,曰色棱哈坦巴图尔,曰鄂齐尔汗,曰鄂齐尔图汗,曰阿巴赖诺颜,曰达赖乌巴什诺颜,曰伊拉古克三班第达呼图克图,曰额尔德尼珲台吉,曰阿哩禄克三陀音,曰噶尔第巴台吉,曰玛赖台吉,曰诺木齐台吉,曰绰克图台吉。土尔扈特族曰罗卜藏诺颜,曰楚琥尔岱青,曰博第苏克。准噶尔族曰巴图尔珲台吉,曰墨尔根岱青,曰杜喇勒和硕齐,曰楚琥尔乌巴什,曰罗卜藏呼图克图。以顾实汗为之首。

五年,甘肃巡抚王世功奏青海蒙古驻西宁,需索供应,请定贡使入关额,余驻关外给口粮,许之。九年,顾实汗导达赖喇嘛入觐,先奉表闻并贡驼马方物。十年,诏封遵行文义敏慧顾实汗,赐金册印。十三年,顾实汗卒。上念其忠勤修贡,遣官致祭。会青海属复为边患,谕顾实汗子车臣岱青及达赖巴图尔等曰:"分疆别界,向有定例。迩来尔等率番众掠内地,抗官兵,守臣奏报二十余次,屡谕不悛。今特遣官赴甘肃、西宁等处勘状。或尔等亲至,或遣宰桑来质,诬妄之罪,各有攸归。番众等旧纳贡蒙古者听尔辖,倘系前明所属,应仍归中国。至汉人蒙古交界,与市易隘口,务宜详加察核,分定耕牧,毋得越境妄行。"十五年,复谕车臣岱青曰:"前因尔等频犯内地,遣官往勘。据奏尔等入边,向番取贡,辄肆攘夺。咎自难辞,朕悉宥尔前愆。但中外本无异视,疆圉自有大防。尔等向属番取贡,酌定人数,路由正口,遣头目禀告守臣,方准入边。至市易定所,应从西宪镇海堡、川北、洪水等口出入,毋得任意取道。如或不悛,国宪具在,朕不尔贷也。"

康熙四年,甘肃提督张勇奏蒙古番众游牧庄浪诸境,情形叵测,请增甘肃、西宁驻防兵。先是青海蒙古恋西喇塔拉水草饶,乞驻牧。张勇以其地为甘肃要隘,不容逼处,往责之,谢罪去。因设永固营,联筑八寨。至是蒙古等复相继徙近边。上以渐不可启,诏如张勇请。五年，勇复奏："青海虽通西藏，不过荒徼绝塞，朝廷曲示招徕，准开市，自应钤束部落，各安边境。乃迩来蜂屯祁连山，纵牧内地大草滩。曾遣谕徙，复抗拒定羌庙，官军败之，犹不悛，声言纠众分人河洲、临洮、巩昌、西宁、凉洲诸地。请设兵备。"诏严防御，仍善抚以柔其心。勇等乃自扁都口、西水关至嘉峪关，固筑边墙。六年，川陕总督卢崇峻奏青海诸头目侦于八月将入寇，因赴庄浪所备之，遣总兵孙思克屯南山隘，相形势固守。达赖喇嘛寻檄厄鲁特诸台吉毋扰内地，遣驻牧黄城儿、火草之难。蒙古悉徙去，献驼马羊等服罪，请撤驻防兵，允之。

十四年西宁诸镇兵屯河东剿叛贼王辅臣，青海蒙古乘隙犯河西。永固营副将陈达御之，阵殁。孙思克屯凉州，宣示朝廷恩威，各引罪出塞。会达赖喇嘛使至，命传谕达赖巴图尔等戢部众，勿为边患。

十六年，准噶尔台吉噶尔丹袭杀驻牧西套之鄂齐尔图汗。青海和硕特诸台吉惧，挈庐幕数千避居大草滩，抚远大将军图海等饬归故巢。十七年，西套诸台吉侦噶尔丹将侵青海，遣使告和硕特台吉达赖巴图尔等为防御计。上闻之，谕张勇曰："噶尔丹侵青海，如远从达布素图瀚海尔往，则听之。若欲经大草滩，则令坚立信约，勿扰内地。"寻噶尔丹以从者异志，且距青海远，行十一日撤兵归。遗书张勇，诡称其祖多克辛诺颜偕顾实汗取青海，和硕特族独据之，欲往索，以将军所辖地，故不果。既尔惧和硕特诸台吉袭己，密遣使议婚，以女布木妻博硕克图济农子根特尔。张勇谍得状，奏噶尔丹仇青海蒙古，议婚后，恐复往侵，甘肃当往来冲，请增防，上报可，有巴图尔额尔克济农和啰理者，巴延阿布该阿玉什子也，驻牧西套，以避噶尔丹侵，乞假内地赴青海，许之。会噶尔丹属额尔德尼和硕齐潜掠乌喇特户畜，青海墨尔根台吉闻之，遣使诘归所掠。喀尔喀台吉毕玛里吉哩谛亦以厄鲁特掠所部，阴侦之，告额尔德尼和硕齐、和啰理及青海台吉茂济喇克等。游牧额济内河，则未知其为何厄鲁特也。十八年，遣使谕达赖巴图尔等曰："尔墨尔根台吉将被盗劫掠人察护解送，朕甚嘉之。夫劝善惩恶者，国之法也。迩闻厄鲁特众栖处额济内河，尔达赖巴图尔及墨尔根台吉，其照汝例，严加治罪。"使至，称茂济喇克、和啰理皆无掠乌喇特事。额尔德尼和硕齐为准噶尔属，已徙牧去。诏檄噶尔丹收补之，不从。

二十九年，大军败噶尔丹于乌兰布通，青海诸台吉附达赖喇嘛表上尊号，诏不允。三十年，甘肃提督孙思克奏："噶尔丹巢距边月余，从子策妄阿喇布坦虽交恶，恐复合，有分侵青海举，道必经嘉峪关外，肃州密迩青海，请设兵三千为备。"上报可。三十二年，昭武将军郎坦奏称青海诸台吉私与噶尔丹通问，请屯兵哈密，绝往来踪。上以噶尔丹自乌兰布通败遁后，乏边警，且青海诸台吉素恭顺，寝议。噶尔丹寻屯牧巴颜乌兰，逼内汛，诏西宁设戍兵。唐古特部第巴阴比噶尔丹，诡为达赖喇嘛奏称青海诸台吉无异志，请撤戍。谕曰："此为征剿噶尔丹计，非防青海诸台吉也。"会议剿噶尔丹，诏檄青海众勿惊惧。三十五年，上亲征噶尔丹，败之，获青海通噶尔丹使。以博硕克图济农及萨楚墨尔根台吉为所部长，遣使赍敕谕曰："尔青海厄鲁特尊崇达赖喇嘛法教，敬事本朝，聘问贡献，恭顺有年，朕亦频加恩赉。乃噶尔丹违达赖喇嘛法教，不遵朕旨，朕统军至图拉，剿而灭之。博硕克图济农等遭往噶尔丹使，为朕所擒，俱言达赖喇嘛脱缁已久，第巴匿之，且噶尔丹诡言青海诸台吉谋与彼同犯中国。今噶尔丹亡命西走，青海诸台吉如欲仍前修睦，其各防守边界，遇噶尔丹即行擒解。若知尔故纵，此后永仇绝之。"我使至察罕托罗海宣谕善巴陵堪布，盖达赖喇嘛遣理青海蒙古务者也，善巴陵堪布召青海诸台吉集盟坛言曰："噶尔丹杀鄂齐尔图汗，我等与仇。但素奉达赖喇嘛言，应遣议。"时达赖喇嘛示寂久，唐古特达赖汗寻约和硕特八台吉遣使庆捷。达赖汗即鄂尔齐汗子也，世长唐古特。鄂齐尔汗弟自衮布察珲无嗣外，余八人皆居青海，故其裔称和硕特八台吉。

三十六年二月，上视师宁夏，诏额驸阿喇布坦、都统都思噶尔、巴林台吉德木楚克、西宁喇嘛商南多尔济等携青海诸台吉使及赏物往招抚之。复以哈密达尔汉伯克额贝都拉内附，诏青海厄鲁特勿拢哈密境。三月，阿喇布坦等至察罕托罗海，察罕诺扪汗迎告曰："皇上令青海众得享安乐，永受恩泽，何幸如之！"时顾实汗子惟达什巴图尔存，阿喇布坦等宣谕之。达什巴图尔议遣博硕克图济农及额尔德尼台吉代入觐。阿喇布坦等语曰："皇上驾临宁夏，尔当率众往朝，毋自误！"达什巴图尔偕察罕诺扪汗、善巴陵堪布及唐古特达赖汗子拉藏等檄诸台吉议，欲四月起行。达尔寺垂臧呼图克图、温都逊寺达赖绰尔济喇嘛及囊素通事等咸请从，私向使问狮象状，且相谓曰："我等往朝，殆必以所未见文物相示。"闰三月，阿喇布坦德木楚克自青海归。议诸台吉至，若露处，未协朝典，应令秋后入觐京师。诏如议，命都思噶尔、商南多尔济留驻镇海堡俟之。扈跸诸臣奏："青海厄鲁特与准噶尔同部，闻噶尔丹败窜，咸惊惧。皇上定策安集所部，身至如归，诚非常举。请行庆驾礼。"谕曰："青海职贡有年，来朝亦常事耳。可勿贺。"诸臣固请，因奉表贺曰："青海向虽修贡，未隶臣属。今举部归诚，噶尔丹益无窜路。皇上安内攘外之心，自此充惬矣。"四月，谕留粮骑及羊九千余于达希图海，俟青海众至给之。十一月，达什巴图尔偕诸台吉入觐，谕曰："朕非威慑尔等前来，不过欲令天下生灵各得其所。朕何物不备，朕之尊不在尔等来否，所望尔等各遂安全，副朕好生至意耳。"诏所从诸宰桑咸列坐预宴，以御用冠服、朝珠赐达什巴图尔，赏诸台吉鞍马银币有差。复传谕曰："尔等自祖父来，岁修职贡，故特优银，以宠尔归。"十二月，上大阅玉泉山，达什巴图尔等扈驾往觐，战栗失色，奏："天朝兵威若此，何敌不克？"三十七年正月，诏封达什巴图尔为和硕亲王，诸台吉授贝勒、贝子、公等爵有差。

先是噶尔丹诡与青海姻，实谋往侵，惧大军讨，乃寝。第巴以策妄阿喇布坦不附噶尔丹，阴间之，伪为达赖喇嘛疏，奏策妄阿喇布坦将侵青海及唐古特，上斥其妄。会噶尔丹使至，谕曰："青海诸台吉奉贡久，倘噶尔丹属犯青海，朕必往讨之。"至是噶尔丹就灭，策妄阿勒布坦憾达什马图尔等内附，诡请大军征青海，讨前助噶尔丹罪。谕曰："青海诸台吉闻朕出师宁夏,远徙游牧。嗣噶尔丹平定,亲来称庆。伊等并无过端,岂肯据为加兵?朕统驭天下,惟愿宇内群生咸获安堵,岂有使尔等构衅之理?"二月,上幸五台山,诏达什巴图尔等从。将旋跸,召觐行幄,温谕遣归,给驼马。三十九年,策妄阿喇布坦声言兵击第巴,遣使赴青海阴觇强弱。上以策妄阿喇布坦将不靖,诏廷臣留意汉赵充国所议五事,为防御计。四十二年,上幸西安府,达什巴图尔等来朝,扈驾阅驻防兵,奏:"禁卒精练,天下无敌。外省军容复如是,亿万年可永享升平。"赐宴遣归。

五十四年,策妄阿喇布坦遣兵掠哈密。上以邻青海左翼牧,诏兵备之,准噶尔败遁。初,达赖汗子拉藏偕青海诸台吉定议内附,寻袭唐古特汗,以第巴私立伪达赖喇嘛,袭杀之,尔自立博克达之伊什扎穆苏为达赖喇嘛瑚毕勒罕。青海贝勒察罕丹津等讦其伪,奏里塘之罗卜藏噶勒藏嘉穆错为真达赖喇嘛瑚毕勒罕,诏内阁学士拉都琥往验。寻遣侍卫阿齐图召青海两翼议徙里塘达赖喇嘛瑚毕勒罕以弭争端。贝勒色布腾扎勒、阿喇布坦鄂木布、朋素克旺扎勒,台吉达颜、苏尔扎等金请徙。察罕丹津不从,将偕达什巴图尔子罗卜藏丹津盟,率兵攻异已者。阿齐图疏至,王大臣等奏察丹津若先攻诸部,色布腾扎勒等来奔,应置边内。察罕丹津牧距松潘仅四五日程,请备兵待。诏西宁、四川松潘诸路设兵备之。

五十五年,察罕丹津畏罪,徙里塘达赖喇嘛瑚毕勒罕至西宁宗喀巴寺。阿齐图奏请集诸台吉定盟,以罗布藏丹津、察罕丹津、达颜等领右翼,额尔德尼额尔克托克托鼎、阿喇布坦鄂木布等领左翼,令永睦,允之。会噶尔丹由沙拉袭青海,掠台吉罗卜藏丹济卜等牧畜,复谋盗噶斯口官军驼马。谕曰:"准噶尔侦噶斯口兵势稍弱,潜来侵扰青海,不可不严筹之。著西安口会青海左翼,四川督标兵会青海右翼,协力防御。"

五十六年,遣使赴青海测分野。未几,靖逆将军富宁安谍策妄阿喇布坦遣兵赴唐古特,驰疏闻。上以里塘达赖喇嘛瑚毕勒罕事初定,拉藏汗或阴导准噶尔侵青海,诏理藩院尚书赫寿谕拉藏汗勿得与察汗丹津、罗布藏丹津等构兵。复谕遣侍卫色楞等赴青海，曰"准噶尔若侵拉藏汗，尔即与青海诸台吉等定议协剿，务令绝无猜忌，不至滋变方善。或拉藏汗导准噶尔侵青海，尔即谕察罕丹津等曰：'策妄阿喇布坦屡抗大军，今拉藏汗与同谋，是显为仇敌也。国家始终仁爱，保护顾实汗子孙，尔等正当奋志报效而行。'"寻察罕丹津等以准噶尔侵拉藏汗告，谕内大臣策旺诺尔布、西安将军额伦特等分屯青海要地。

五十七年，拉藏汗乞援疏至，诏色楞贝等会青海王、台吉议进兵。察罕丹津谍拉藏汗被戕，谋诱准噶尔至青海迎击之。准噶尔惧，不至。先是哈密伯克额贝都拉献西喇吉木、达里图、西郭喇勒地，诏设赤金、靖逆二卫及柳沟所，听兵民耕牧。五十八年，以其地错青海左翼牧，遣官偕贝子阿喇布坦、台吉阿尔萨兰等勘定界。阿喇布坦等曰："青海众荷厚恩，何惜隙地？可耕者听给兵民，留我等牧地足矣！"因集所属宰桑等画地标识，议勿私越。时抚远大将军固山贝子允禵统兵驻西宁，请自索诺木至柴达木路设站五，站置青海兵十，别令左、右翼兵各三百屯近军地，防准噶尔贼，从之。允禵复遵旨集两翼王、台吉，以上意宣谕曰："唐古特部达赖喇嘛、班禅喇嘛法教，原系尔祖顾实汗所设。今准噶尔戕拉藏汗，闻散番众。尔等前称里塘罗卜藏噶勒藏嘉穆错为真达赖喇嘛瑚毕勒罕，愿置禅榻，施法教，今唐古特民人及阿木岛喇嘛如尔言。皇上为安藏计，遣大兵送往唐古特，尔等宜率所属兵或万或五六千从往，其定议具奏。"两翼王、台吉等佥称愿听命。五十九年，所部兵从大军败准葛尔于卜克河、齐诺郭勒、绰玛喇等处，因护达赖喇嘛人藏。捷闻，诏留兵二千屯青海侦防准噶尔。

雍正元年，谕曰："自西陲用兵，青海王以下、台吉以上各著劳绩。皇考曾降旨俟凯旋日计功，今青海王、台吉等历年效绩，应各酌加封赏。其率兵进藏，至驻防噶斯、柴达木等众，应令各将将军往分别加赏。"是年，罗卜藏丹津叛，命大军讨，越岁而定。罗卜藏丹津初袭其父达什巴图尔亲王爵，从大军入藏，归，觊为唐古特长，阴约策旺阿喇布坦援已,复诱青海台吉等盟察罕托罗海,令如所部故号,不得复称王、贝勒、贝子、公等爵,而自号达赖珲台吉以统之。郡王额尔德尼额尔克托克托鼐不从,偕镇国公噶尔丹达什来奔。上以和硕特族自相残,不忍遽如兵,诏抚远大将军贝子延信善谓额尔德尼额尔克托克托鼐。时兵部左侍郎常寿驻西宁理青海务,命传谕罗卜藏丹津罢兵,不从则惩治之。罗卜藏诡言亲王察罕丹津、郡王额尔德尼额尔克托克托鼐谋据唐古特,诸台吉不服,将率兵与决胜负。盖以察罕丹津、额尔德尼额尔克托克托鼐首不附已,欲诬罪,因胁诸台吉奉己,如鄂齐尔汗驻唐古特以遥制青海也。

　　察罕丹津为罗卜藏丹津所逼,继额尔德尼额尔克托克托鼐挈众至。敕川陕总督年羹尧曰:"罗卜藏丹津自其祖顾实汗敬谨恭顺,达什巴图尔慕化来归,晋封亲王,复令其子罗卜藏丹津袭封,自宜仰体宠眷,敬奉法纪。乃妄逞强梁,骨肉相仇,欺陵亲王察汗丹津、郡王额尔德尼额尔克托克托鼐等,恣行倡乱。朕甫闻其事,遣使往谕,令伊讲和修睦,式好无尤。乃肆意称兵,侵袭察罕丹津、额尔德尼额尔克托克托鼐,以致投人内境。是其深负朕恩,悖逆天常,扰害生灵,诛戮不可少缓。朕欲大张天威,特命尔为抚远大将军,统领大兵,往声罗卜藏丹津罪。如敢抗拒,即行剿灭。其党有惧罗卜藏丹津势,暂为胁从者,果悔罪来归,即行宽宥。有能擒斩罗布藏丹津者,分别具奏。有情急来归者,加意抚恤。其不抗拒者,毋加杀戮。"罗卜藏丹津诡罢兵,诱常寿至察罕托罗海,留之,遣叛党分掠西宁诸路,煽贼番等为应。副将军阿喇纳自吐鲁番驰赴噶斯,断由穆鲁乌苏往藏路,副将王嵩、参将孙继宗等击贼党于布隆吉尔及镇海堡、申中堡、北川、新城等处。四川提督岳钟琪以杂谷土司等兵剿归德堡外上寺东策卜、下寺东策卜及现川口外郭密诸番,复徵前锋统领苏丹等协剿,所至告捷。罗卜藏丹津惧,送常寿归,请罪。谕年羹尧曰:"伊乃深负国恩、与大军封敌之叛贼,国法断不可宥。不得因伊曾封王爵,稍存疑虑。其与罗卜藏丹津同谋之王、贝勒、贝子、公等,既经背叛,即宜削爵。伊等或来归顺,或被擒获,不必更论封爵,但视行事轻重,可宽宥者从宽,应治罪者治罪。"

二年,诏以岳钟琪为奋威将军,参赞军务。钟琪奉命进剿,侦从贼之巴尔珠尔阿喇布坦自乌兰博尔克遁,尾击之,到伊克喀尔吉,擒其党阿喇布坦鄂木布。遣西宁总兵黄喜林由西尔哈罗色赴柴达木,断噶斯路。侦罗卜藏丹津走乌兰木和尔,钟琪复分兵驰击,擒其母阿尔泰,俘户畜无算。罗卜藏丹津偕贼党分道窜。侍卫达鼐等擒丹津珲克吉于华海子,阿布济车臣台吉于布哈色布苏,吹喇克诺木齐、扎什敦多卜等于乌拉克,罗布藏丹津走准噶尔。逆党悉槛送京师,诏行献俘礼。是役也,以兵拒罗卜藏丹津者,亲王察汗丹津、郡王额尔德尼额尔克托克托鼐也。不从罗卜藏丹津逆者,郡王色布腾扎勒,台吉阿喇布坦、噶勒丹岱青诺尔布、巴勒珠尔、察罕喇布坦、旺舒克喇布坦也。为罗卜藏丹津胁从者,贝勒朋素克旺扎勒、辅国公车凌、台吉诺尔布也。始附罗卜藏丹津、寻以悔罪宥者,贝勒罗卜藏察罕、车凌敦多布,贝子济克济扎布、台吉衮布、色布腾罕伊什也。其附罗卜藏丹津者,首恶曰吹喇克诺木齐、阿喇布坦鄂木布、藏巴扎木,从党曰巴勒珠尔阿喇布坦、扎什敦多布、格勒克阿喇布坦、巴苏泰及察罕丹津从子塔尔寺喇嘛堪布诺扪汗也。有中甸者,隶云南丽江府,罗卜藏丹津给伪札令附己。大军至,率户三千余请降。洮、岷界外诸番旧为青海属,悉就抚,其不顺者剿诛之。阿冈、多卜藏玛嘉、铁布纳珠公寺、朝天堂、卓子山、棋子山、先密寺、兴马寺、阿罗西脱巴、上笃尔素华藏、上扎尔的诸番众以次底定,青海患始靖。御制平定青海文,立石太学。

王大臣等遵旨议善后事宜,奏青海王、台吉等应论功罪定赏罚,游牧地令各分界,如内地扎萨克例。百户置佐领一,不及百户者为半佐领,以扎萨克领之。设协理台吉及协领、副协领、参领各一,每参领设佐领、骁骑校各一。岁会盟,令奏选盟长,勿私推。贡期自明年始分三班,九年一周,自备驼马,由边入京。市易以四仲月集西宁四川边外纳喇萨喇地,官兵督视,有擅入边墙者治罪。又罗卜藏丹津之吹宰桑及察罕丹津从子丹衷之宰桑色布腾达什等率众降,请各授千、百户等官。又喀尔喀青海者，勿复隶和硕特族，令别设扎萨克，土尔扈特及准噶尔、辉特如之。至西番部众，凡陕西所属甘州、凉州、庄浪、西宁、河州、四川所属松潘、打箭炉、里塘，云南所属中甸等处，或为喇嘛耕地，或纳租青海，但知有蒙古，不知有厅卫营伍诸官。今番众悉归化，应择给土司千百户、巡检等职，令附近道厅及卫所辖。又青海及巴尔喀木、藏、卫旧称唐古特四大部，顾实汗侵据之。以青海地广可牧畜，巴尔喀木粮富，令子孙游牧青海，而巴尔喀木纳其赋。藏、卫二地，旧给达赖喇嘛、班禅喇嘛，今以青海叛，取其地，应令四川、云南诸官管理。又达赖喇嘛遣人赴市打箭炉，驮装经察木多、乍雅、里塘、巴塘，向喇嘛等索银有差，名曰鞍租，至打箭炉纳税。请饬达赖喇嘛勿收鞍租，打箭炉免取税，岁给达赖喇嘛茶五千斤，班禅喇嘛半之。又西宁各寺喇嘛多者数千，少者以五六百，易藏奸。前罗卜藏丹津叛，喇嘛率番众抗大兵。请于塔尔寺喇嘛选老成者三百给印照，嗣后岁察二次，庙舍不得过二百，喇嘛多者百余，少者十余。番民粮赋，令地方官管理，度各寺岁用给之。又陕西边外河州、西宁、兰州、中卫、宁夏、榆林、庄浪、甘州等处，水草丰美，林麓茂密，蒙古诸部恋牧大草滩及昌宁湖。请于西宁北川边外上下白塔等处，自巴尔托海至扁都口筑城堡，令蒙古等勿妄据。又肃州西洮赉河、常玛尔、鄂敦塔拉等处，应募民垦膏腴地，庶渐致富饶。至宁夏险要，无过阿拉善。顾实汗裔旧游牧山后，今或徙至山前。请令阿拉善扎萨克郡王额驸阿宝饬所属归阿拉善后，其山前营盘水长、流水等处，悉为内地。又甘州、西宁界各设营汛，令蒙古等不敢觊觎。又巴尔喀木等部众，自鲁隆宗东察木多、乍雅外，诸番目悉给印照，视内地土司例。又青海属左格诸番，请徙内地。阿巴土司头目墨丹桂等从剿有功，请给安抚司衔，不隶青海辖。又西宁边内可耕地，请发直隶、山西、山东、河南、陕西五省遣犯，能种地者，官给牛具籽种，三年后起科如例。又甘州喀黄番，应招抚为青海藩篱。青海诸部，令各守牧地，不得强据，妄掠商贾。察汗诺扪汗喇嘛庙毋得私聚议事。遣官赍敕往，不论秩崇卑，王公以下跪迎，有背贰者必惩。上从其议。

三年，诏以博罗充克克地给阿宝拉善郡王阿宝居之，钤青海族属，越七载始撤归。是年，青海和硕特、土尔扈特、准噶尔、辉特、喀尔喀及察罕诺扣汗各授扎萨克，铸"总理青海蒙古番子事务"关防，遣大臣赍镇其地，辖所部扎萨克。岳钟琪复奏："亲王察罕丹津、镇国公拉扎布等游牧河东，地近河州、松潘各路。前议市纳喇萨喇地，地狭，恐不给蒙古需。请改市河州及松潘。河州定于土门关附近双城堡，松潘定于黄胜关之西河口，二地并有城屋，水草美，互市可久。又郡王额尔德尼额尔克托克托鼐、色布腾扎勒等游牧河西，地近西宁，请改市西宁口外丹噶尔寺。至蒙古岁资牲畜，请每年六月后听不时当易，庶蒙古商众获利益。"允之。

六年，唐古特部噶卜伦阿尔布巴、隆布鼐、扎尔鼐等叛，扰唐古特，谋通准噶尔，大军诛之。七年，上以准噶尔不靖，必扰青海及唐古特，因决策遣讨。王大臣等议噶斯为准噶尔通青海及唐古特要隘，请选青海扎萨克兵千五百分屯噶斯及柴达木、得卜特尔、察罕乌苏诸咱，允之。会噶勒丹策凌遣使告将献罗卜藏丹津，闻大军就道，惧，仍携归。八年，诏暂缓进兵，谕噶勒丹策凌速献罗卜藏丹津，当宥罪。复命青海扎萨克备兵游牧听调。准噶尔寻袭科舍图汛，谕青海兵速赴噶斯，准噶尔遁。

九年，遣二等侍卫殷扎纳传谕左右翼扎萨克选兵万屯青海适中地，官兵皆赏装。复命所部采买牲畜，勿滋扰。扎萨克公诺尔布、拉扎布等寻徙牧，叛。诏曰："朕因准噶尔贼乘西路军不备，盗驼马，因念青海各扎萨克人众恐招逆贼侵害，谕令派兵防护。其采买马羊者原欲使伊等所有牧畜得变价值，可获利益，并非需此区区助也。朕曾谕殷扎纳，一切派兵采买，听蒙古便，不可丝毫勉强。并虑王、台吉等科派所属，谕令严行禁约，岂肯令遣往人逼迫蒙古从事乎？令拉扎布等无故他徙，或殷扎纳不能宣扬朕谕，使众心共晓，尔采买马羊又听从其便，以致拉扎布等心怀疑畏，渐避差徭。特颁旨谕拉扎布等，令其速归本处，准噶尔贼或由喀喇沙尔前赴噶斯，潜行骚扰，或增人众窥伺青海。所部蒙古兵丁尚未齐集，器械亦未周备，难望捍御贼锋，亦令官兵善为保护。"会拉扎布等不奉命，诸扎萨克擒献。复集兵七千为备，军械及马不给。上悯之，谕廷臣曰："朕所以聚此兵者，特为保全伊等家口及游牧计，非为征伐调遣用也。今闻其生计情形，朕心深为恻然。俟从容料理，必有加恩之处。所聚七千，著选派三千，照前所降恩旨，官员赏给本年俸银，兵丁赏银五两。戍卒驻防日久，资斧维艰，著给茶币等项，及每月所食青稞。遣归兵四千名，官员等著给三月俸银，兵丁等著赏银三两，令各回游牧，准噶尔贼或潜扰青海，朕意欲将伊等预行从容迁徙，令贼由远路来一无所得，不待战而力尽。我官兵与贼交战时，青海三千兵但追袭贼后，量力驱贼马匹，所得即赏之，仍计马匹多寡，加恩议叙。"

十年，以喀尔喀败准噶尔于克尔森齐老及额尔德尼昭，谕青海扎萨克等曰："喀尔喀奋勇剿贼，尔等何独不能？各宜鼓舞振兴，踊跃效命。贼众侵扰青海，止有噶斯一路，尔等须防隘口，倘准噶尔前来，务期协力追杀，悉行剿除。"十三年，诏撤驻防大军，所部仍选兵二千屯得卜特尔、伊克柴达木等汛，以台吉达玛琳色布腾、色特尔布木领之。

乾隆十一年，办理青海事务副都统众佛保遵旨宣谕诸扎萨克岁防汛，议以郡王额尔德尼额尔克托克托鼐之长子索诺木丹津及扎萨克台吉衮布喇布坦、色特尔布木、多尔济色布腾、萨喇等防得卜特尔汛，以郡王衮楚克达什、车凌喇布坦，贝子丹巴，辅国公纳木扎勒车凌，扎萨克台吉达玛琳色布腾等防伊克柴达木汛。十人分为五班，三年一察军械。十二年，以准噶尔使赴藏煎茶，道噶斯，复议自伊克柴达木、得卜特尔外，设汛哈济尔、察汗乌苏。

二十年，大军征达瓦齐，抵伊犁，罗卜藏丹津就擒。谕曰："罗卜藏丹津负恩背叛，逃往准噶尔偷生三十余载。今两路大军至，伊无路奔窜，仍就擒获，实足以彰国宪而快人心。"罗卜藏丹津俘至，告祭太庙社稷，行献俘礼，上御午门楼受之。以世宗宁皇后有罗卜藏丹津至仍宥罪之旨，诏免死。子巴朗及察罕额布根授蓝翎侍卫，其戚属处伊犁者,诏勿内徙。

二十三年,大军剿玛哈沁,侦沙拉斯玛呼斯贼窜呼尔塔克罗卜诺尔。以地近噶斯,通青海,诏副都统济福赴西宁宣谕所部集兵千为备,复遣识噶斯道者侦贼踪。既尔所部兵集扎噶苏台,诏归牧听调,勿遽就道。济福遵旨谕之。请遣近牧者归,仍量留远道兵屯乌图,备不虞。上鉴其诚,诏酌赏遣归兵。久之,噶斯无贼踪,乃撤乌图兵还。二十四年,陕甘总督杨应琚奏:“青海得卜特尔、伊克柴达木等处设汛屯兵,为防准噶尔计。今准噶尔及回部悉底定,请撤青海驻防兵。”从之。先是阿睦尔撒纳叛,大军分道进剿,所部购马二千、驼四百,送巴里坤军。诏予值,毙者半。至是复输马七百余、驼三百二十余,请偿毙数,诏仍如值给。

二十七年,以所部翁扎萨克请给罗卜藏丹津旧牧地,杨应琚遵旨往勘,奏:“洮贲河等处系西宁、肃州镇标马厂及番族牧地,不便拨给。西喇郭勒及西尔噶拉金东西五百余里,南北三十余里,地旷,且距扎萨克等游牧近,请给。其西尔噶拉金逾河即产矿山场,久封禁,请饬扎萨克等就近守视。”诏以西喇郭勒给之,西尔噶拉金河东听驻牧,河西铅矿,勿得越界私采。是年,复设西宁办事大臣,辖蒙古、番子事务。

所部扎萨克,自察罕诺们汗外,旗二十有九。爵三十:扎萨克多罗郡王三,一由亲王降袭,一由贝勒晋袭;扎萨克多罗贝勒二,一由郡王降袭;扎萨克固山贝子二,一由辅国公晋袭;扎萨克辅国公四,一由镇国公降袭;扎萨克一等台吉十六,一由贝勒降袭,二由贝子降袭,一由辅国公降袭;附固山贝子一;公中扎萨克一等台吉二。

二十九年十一月,命青海各扎萨克每年输派兵丁设卡,防果洛克。三十年九月,以果洛克肆行劫杀,谕青海各扎萨克协力剿之。三十二年六月,青海王、贝子、扎萨克等请留办事大臣七十五,不许。七月,谕四川禁果洛克土司番人越境掠窃青海蒙古牲畜。九月,移青海附近果洛克之各扎萨克驻牧地方,添设卡兵。十月,以青海扎萨克罗布藏巴布腾等游牧为果洛克番贼劫掠,革之。四十年九月,青海扎萨克公礼塔尔以出猎被番贼戕害,谕青海办事大臣福德查办。

五十一年九月,禁青海喇嘛不领路引私自赴藏。分青海纳罕达尔济等三旗兵,罗布藏丹津、衮楚克二旗兵驻奎屯、西哩克等处,设果洛克卡防卡。五十六年九月,以青海郡王纳汉达尔济属人勾引番子戕扎萨克沙喇布提,严饬之,并谕各于境内游牧,勿容匿番族。十二月,以大军进藏征廓尔喀,予亲往巡查青海新设台站之贝子罗布藏色布腾贝勒衔、镇国公达玛林贝子衔,仍赉预备驼马之王、公、扎萨克等有差。五十八年,循化等处番族占居蒙古地界,命办事大臣特克慎以兵驱逐之。

嘉庆四年九月,青海郡王那罕多尔济等呈番子抢掳六千余户,伤害男女二千余人。诏责办事大臣奎舒讳匿,革逮,以台斐荫代之,命广厚赴西宁查办。十月,以松筠奏命青海蒙古王公抚绥所属,毋致勾引番子抢劫。五年六月,青海贝勒克莫特伊什等番子交出牲畜较少,谕台斐荫下部严议。九月,台斐荫以不准青海蒙古报被番子抢劫免,以台布为西宁办事大臣。六年十月,以勘定青海卡伦,禁蒙古擅出,番子擅入,十二月,台布奏循化番子渡河抢劫。谕饬拨兵防护。

七年二月,台布令西宁镇总兵,保青署河州镇总兵,福宁阿拨兵驻守黄河冰桥,防护蒙旗果尔的等,番族均敛迹。谕台布责成蒙古设法自卫。八月,台布奏番子格尔吉族缚献犯事贼番,撤坐卡官兵。四月,以循化、贵德番子扰青海蒙古各旗,劫执贝子齐默特丹巴,谕办事大臣都尔嘉严行查治。五月,谕都尔嘉抚恤青海被扰蒙古,命贡楚克扎布会同都尔嘉查办番案。六月,都尔嘉奏捕获劫杀青海贝子夫人凶番齐克他勒,诛之。命陕甘总督惠龄赴西宁查办野番,抚恤青海被扰蒙古,每口加给官茶一分。七月,命惠宁等妥酌防番卡伦章程。贡楚克扎布等渡河驱逐野番。八月,贡楚克扎布奏野番退出占住蒙古地方,移回番境。命晓谕番目尖木赞交还赃畜,缚献贼目,并饬定善后章程。九年九月,办事大臣玉宁复以青海蒙古被番子抢劫之案甚多入告。

十年六月，以青海郡王纳干多尔济呈蒙古穷困，谕玉宁遇水旱之灾，酌量赈济。七月，谕玉宁饬郡王纳罕多尔济等勿令商人私挖木植、大黄。九月，玉宁奏青海番子尖木赞等占据诺们汗等旗。命贡楚克扎布赴西宁会同驱逐之。十一年二月，办事大臣贡楚克扎布奏："贵德、循化番子头目带至暗门内，与宁西镇总兵九十、西宁道庆炆传见晓谕，番目尖木赞、策合洛等请每年各出羊只，租住蒙古空闲地力，今年三四月间，划定界限，设立鄂博，每年春季，再添会哨一次。"六月，贡楚克扎布奏番帐驱逐净尽，请以青海尚那克空地安插野番，允之。二十二年十月，以青海扎萨克台吉恩凯巴雅尔捕获劫夺蒙古果洛克番贼，予花翎。二十四年十二月，护陕甘总督朱勋。奏边外番目缚献番贼，交出原抢蒙古人口牲畜，予番目尖木赞四品顶戴。

道光二年正月，以朱勋奏河北插帐之循化等处九族野番及盐池一带挖盐番户抗不回巢，又蕴依，双匆两族，勾结循化、贵德及四川野番，盘踞原为贝勒特里巴勒珠尔六旗游牧之克勒盖、克克乌苏地方，抢掠蒙旗，请增卡防官兵，允之。命长龄回陕甘总督，会松廷相机办理，设法驱逐。三月，长龄奏调官兵八千余名，分途并进，迫令迁移。五月，长龄以剿捕蕴依等二十三族野番全数肃清奏闻。谕饬妥筹善后事宜，并晓谕蒙古王公等勉思振励，自相保卫。六月，长龄以贝勒特里巴勒等移居青海已久，惮回原牧，请以克勒盖一带令察罕诺们汗移居，克克乌苏一带令阿里克阿百户住牧，停向年会哨之兵，免究治诺们汗失察属下勾结野番抢掠之咎，允之。寻野番复出劫掠贝子喇特纳希第游牧。八月，长龄以野番一千数百人过河杀掠闻，命那彦成驰往查办，署陕甘总督，责长龄办理不善，撤双眼花翎。十月，那彦成奏酌设卡隘，严捕汉奸。并谓："野番冥顽成性，蒙古虐其属下，反投野番谋生，导引抢掠其主。内地歇家奸贩，潜住贸易，无事则教引野番渐扰边境，有兵则潜过报信。近年番势日张，弊实在此。"十一月，增设西宁镇镇海协副将、都司、守备各一，大通营游击一，哈拉库图尔营都司一，哈玛尔托亥营都司一，双俄卜营守备一，千、把以下弁兵有差。以那彦成请，以保卫蒙旗，防御番贼。十二月，那彦成奏："察罕诺们汗所部伙同野番，勾结汉奸，作贼已久。此次将粮茶断绝，立见穷蹙，愿归河南游牧，现押令过河。"上以"不劳办、不延岁月、办理认真"嘉之。定清厘河南、循化、贵德番族，安插河北番族及易换粮茶章程，设千户、百户、百总、十总管束之，封闭野牛沟、八宝山等处偷挖金砂窑洞。

三年，赉青海被扰郡王车凌敦多布等，二十四旗青稞三万石。十月，允理藩院议覆那彦成奏，分青海河北二十四旗为左、右翼，每翼设正副盟长各一，每六旗设扎齐克齐一，每三旗设梅楞一，每旗设扎兰一，承办巡防事件。每旗出二十五人，以五人为一班，每季更换，随同官兵巡防。十八年，玉树熟番内雍希叶布、蒙古尔津尼、牙木错、卜爱尔四族，以避果洛克番劫掠，奔赴青海，右翼盟长郡王恭木楚克集克默特愿让游牧内空间地段住牧。西宁办事大臣苏勒芳阿派员勘明其地，东至和达素沟，西至奎田口，北到乌兰麦尔河沿，南到哈利盖边界，于西至高阜处设立鄂博，分定界址。雍希叶布等四族计人户二百有九，男妇大小一千一百有八十名口。议立交纳马贡易换粮茶各章程，盟长等镇百户番目谒见苏勒芳阿，议定应行事宜，额外苛派。九月，奏入，得旨依议。十二月，青海两翼正副盟长郡主车凌端多布等呈苏勒芳阿："河南察罕诺们汗一旗各番贼劫掠，人户失散，现仅存三百余户，日不聊生，不及原来人户四分之一。请将该旗照旧移过河北，与察罕洛亥驻防官兵协同把守渡口，实与蒙古有益。"苏勒芳阿奏："即饬贵德文武将该旗安分守法之人移过河北，交车凌敦多布代为管理。仍饬留心稽查，如有滋事作贼之人，不准混淆移过，以昭慎重。"从之。

二十二年，果洛克番贼审青海，掠蒙古及番族。盟长郡王恭木楚克集克默特率兵剿捕，俘番贼多名，得所掠牲畜，赉缎匹奖之。二十三年七月，以陕甘总督富呢扬阿等奏河北近边及河南番族畏法，酌撤各路官兵，予出力左翼盟长郡王贝子索诺木雅尔吉奖，分给在事蒙、番牛羊一万四千六百有奇。二十四年三月，录斩擒偷渡河北番贼功，予左翼副盟长贝勒罗布藏济木巴双眼花翎。五月，番族喀布藏与蒙古挟仇报复，蒙兵败之。六月，富呢扬阿权奏派防兵并蒙古、番兵，按季于出巡前赴青海南适中之贡额尔盖地方会哨。是年，侨居郡王恭木楚克集克默特旗之雍希叶布等四番族仍回原牧。六平番贼复出劫掠，命甘肃提督胡超赴水固剿之，饬西宁办事大臣德兴驻丹噶尔。六月，陕甘总督，布彦泰等奏剿黑错寺，番族窜遁，酌量撤兵

咸丰二年，以陕甘总督舒兴阿奏饬暂驻永安城之蒙古郡王等回牧，裁察罕洛亥等处蒙古兵一半。四年，陕甘总督易棠奏于野牛沟三处招募猎户各一千名开采金砂，堵御番匪。同治三年，饬山西筹解青海蒙古王公等岁俸。以青海剿贼出力，予扎萨克王乌尔珲扎布等奖叙。

光绪元年九月，西宁办事大臣豫师奏捕获柴达木抢杀番目之蒙古人犯。谕免扎萨克达什多布吉议处，仍饬认真约束。四年十一月，予青海历年剿匪出力之副盟长贝勒拉旺多布吉等奖。

二十三年二月，甘肃回匪刘四伏等率溃贼数万人由南山水峡口窜青海格德地方，贝子纳木希哩率蒙兵，右翼副盟长贝勒拉旺多布吉、贝子吹木丕勒尔布、察罕诺们汗旗及刚咱族总千户均派兵会合堵剿。纳木希哩等阵亡，寻赠纳木希哩郡王衔，恤之。是月十四、十五等日，匪窜左翼郡王辍克济尔噶勒游牧都蓝果立地方，辍克济尔噶勒派兵进击，匪遂窜柴达木，势张甚。陕西巡抚魏光焘派道员严金清率马队由水峡口尾追，甘肃提督董福祥派马队从丹噶尔日月山出口，会兵海南一带，齐至都兰果力地方前进。刘四伏等窜踞遐力哈净并腮什唐等地，负隅死拒。柴达木住牧之左翼长贝子恭布车布坦、贝勒车琳端多布、台吉索木端多布等亲率蒙兵迎击。时口外盛雪严寒，回匪无所得食，饥冻毙者大半。刘四伏等见势不支，遂向西分窜安西、敦煌各境。陕甘肃总督陶模派道员潘效苏分兵由扁都口进战，西宁办事大臣奎顺饬大通住牧之右翼正盟长郡王棍布

拉布坦、公齐克什扎布、台吉丹把、台吉齐莫特林增,阿里克族百户
格拉哈官布等亲督蒙、番兵丁,会合官军,分途兜剿。公齐克什扎布
手带枪伤,裹创力战。刘四伏率匪西遁,余贼降,于贝子恭布车布坦
旗安插管束,青海肃清。陶模请奖奏入,于郡王鞥克济尔噶勒等奖
有差。陶模等于丹噶尔厅设局,以银布粮茶赈被难各旗。

宣统二年四月,郡王巴勒珠尔拉布坦为资政院钦选议员。三年
四月,青海左翼正盟长扎萨克贝勒车林端多布卒,广恕奏以本翼郡
王鞥克济尔噶勒暂代之。

其地有矿,有盐,林木亦富。佐领共一百有三。

清史稿卷五二三
列传第三一〇

藩部六

杜尔伯特　旧土尔扈特　新土尔扈特和硕特

杜尔伯特部,游牧金山之东乌兰固木地。东萨拉陀罗海、纳林苏穆河,接唐努乌梁海;南哈喇诺尔、齐尔噶图山,接科布多牧场及明阿特;西索果克河,接阿尔泰乌梁海;北阿斯哈图河,接乌里雅苏台卡伦。本额鲁特绰罗斯种,与内扎萨克之隶科尔沁右翼一旗同名异族。

厄鲁特旧设四卫拉特,杜尔伯特其一也,辉特隶之,后并称卫拉特。详《青海厄鲁特部传》。准噶尔台吉噶尔丹虐诸昆弟子姓,兄子策妄阿喇布坦弃之,徙博罗塔拉,杜尔伯特诸台吉从往,分牧额尔齐斯。迄准噶尔族乱,杜尔伯特内附,设扎萨克十有四,附辉特扎萨克二,统稍赛因济雅哈图杜尔伯特部。

杜尔伯特祖曰博罗纳哈勒,与准噶尔祖额斯墨特达尔汉诺颜为昆弟。博罗纳哈勒子额什格泰什,三传至达赖泰什。子七:长敏珠,裔不著;次垂因;次陀音,其裔皆隶察哈尔;次鄂木布岱青和硕齐,为扎萨克汗车凌、亲王车凌乌巴什、贝勒刚多尔济三旗祖;次衮布;次达延泰什;次塔尔珲泰什,其裔隶各扎萨克。达赖泰什弟曰保伊尔登,子四:长鄂尔罗斯,为扎萨克台吉恭锡拉、达什敦多克二旗祖；次巴特玛多尔济，为扎萨克贝勒色布腾、贝子班珠尔，辅国公刚、巴图蒙克、台吉额布根五旗祖；次额琳沁巴图尔，为扎萨克贝子根敦、玛什巴图，台吉巴尔三旗祖；次伯布什，为扎萨克郡王车凌蒙克一旗祖。和硕特台吉鄂齐尔图，为卫拉特首汗，绰罗斯诸台吉隶之。

顺治十四年，杜尔伯特台吉陀音遣使哈什哈等自鄂齐尔图所，以贡马至。十五年，鄂木布岱青和硕齐子伊斯扎布复遣使额尔克贡马。

康熙十四年，台吉额勒敦噶木布从齐尔图使入贡，自称为阿勒达尔泰什族。阿勒达尔泰什者，垂因子也，时盖为所部长。十六年，噶尔丹戕鄂齐尔图，遣使告，自称博硕克图汗，因胁诸卫拉特奉己令。谕给诸贡使符验，不从，诡称杜尔伯特及和硕特、土尔扈特虽隶准噶尔，以牧地远，不及给。二十四年，定四卫拉特贡例，噶尔丹使入关额二百人，余市张家口及归化城，其绰罗斯自贡之噶尔玛岱青和硕齐、杜尔伯特台吉阿勒达尔泰什及和硕特、土尔扈特长如之。

三十三年，台吉巴拜来归。巴拜者，陀音子也，噶尔丹以附牧，强取其戚属。巴拜索之不获，畏弗敢争。嗣从噶尔丹侵喀尔喀，至乌兰布通，欲弃之降，为伊拉古克三呼图克图所阴阻。至是偕从子齐克宗至。上以其习边外，不便驻内地，诏隶喀喇沁牧。

三十六年，台吉车凌复来归。车凌为阿勒达尔泰什孙，其父乌尔衮从噶尔丹侵喀尔喀，为大军所败，携属三百余窜图拉河境。上闻之，谕遣护军统领玛喇曰："尔等驰赴图拉，遣人问故。伊等或欲内附，惧为喀尔喀阻；或力不能至而在彼，可收之至。如欲往阿勒台则听之。既不内附，又不前往，则当相机行事。"玛喇至，侦不获踪。噶尔丹再侵喀尔喀，乌尔衮复从至，和托辉特台吉根敦阵斩之。车凌从噶尔丹窜牧巴颜乌兰，根敦以告。诏使谕车凌降，不至。噶尔丹寻败遁，车凌将乞降，我师不知而击之，乃逸。其属绰克图巴图尔、宰桑莽奈哈什哈、都喇图巴图尔、班丹哈什哈、宰桑扎尔瑚齐什贲达尔汉、宰桑苏穆齐扎尔瑚齐、阿哈雅扎尔瑚齐、毕哩克扎尔瑚等率众百余内附。时巴拜属从至，诏置张家口外。巴拜遣宰桑博克请赐所属，遣官察给之。巴拜寻来朝，请效力禁廷，谕曰："尔先众来降，朕自有加恩之处。其仍率所属驻喀喇沁牧。"

车凌败，知噶尔丹不足恃，遣使奏："杜尔伯特部自始贡中国，至阿勒达尔泰什，往来朝请已五世。前蒙恩遣巴扎尔传谕臣属功格额尔克，今臣归诚，许恩待。臣遵旨降，反为将军所击，臣复惧而逃，乞赐恩纶。"谕曰："车凌来归时，我绿营、蒙古兵不知而击之。今复遣使奏请，理藩院其檄令速降，朕将优恤之。"会遣使招噶尔丹，诏以其使从。至则车凌他徙，其使赍檄往谕。车凌遣功格额尔克奉表降，自诣大将军费扬古所告曰："乌兰布通战后，臣父乌尔衮降志诚，不获达。臣前为大军击，心甚惧，率残卒十余奔达玛尔，遇噶尔丹，偕赴萨克萨克图固哩克。未浃旬，弃之走额克阿喇勒。臣知噶尔丹罪，与彼伍，徒就死。闻上抚厄鲁特降人咸得所，集臣属二百五十余户内徙，道逾汗阿林翁吉，阅四月始至。乞以此情代奏。"费扬古驰疏闻，留其孥属于张家口外，遣车凌觐行营。诏授散秩大臣，巴拜如之。

明年，诏以巴拜、车凌属隶察哈尔正白旗，编佐领二；车凌属六品官班丹毕哩克及壮丁百余，以功格额尔克为骁骑校领之；巴拜属五品官戴和硕齐、纳木喀琳沁、额尔德尼达木巴，六品官达尔扎巴图蒙克、色棱泰墨尔根伊什德克及壮丁百余，以达木巴领之。后巴拜卒，无嗣。车凌卒，子策旺达尔济嗣。

五十四年，诏招降台吉丹津于阿勒台。丹津者鄂木布岱青和硕齐孙也，与车凌为昆弟，游牧阿勒台，户千余。和托辉特台吉博贝请赴阿勒台招丹津降，抗即以兵取之。谕车凌遣使赍书从。比至，丹津徙策旺阿喇布坦牧。

五十九年，靖逆将军富宁安擒台吉垂木伯尔于伊勒布尔知硕。盖是时策旺阿喇布坦假兵力据四卫拉特，令诸台吉环牧乌鲁木齐、额尔齐斯为负隅计。我大兵因屯巴里坤、阿勒台两路遏之，侦准噶尔袭唐古特，诏大军往讨罪，复以兵分击准噶尔境。垂木伯尔者，丹津族台吉也，率属驻乌鲁木齐，设哨伊勒布尔和硕、阿克塔斯路。富宁安以兵至阿克塔斯设哨，贼遁，尾至伊勒布尔和硕击之，擒垂木伯尔归，乌噜木齐众闻之咸詟。

乾隆十八年冬，台吉三车凌来归。三车凌者：曰车凌，曰车凌乌巴什，曰车凌蒙克，统称杜尔伯特台吉，巴约特其属部也。杜尔伯特以车凌为长，车凌乌巴什次之。巴约特以车凌蒙克为长，聚族额尔齐斯。准噶尔台吉旧有策凌敦多布二，大策凌敦多卜善谋，小策凌敦多卜以勇闻，策妄阿喇布坦及子噶勒丹策凌倚任之。大策凌敦多卜孙达瓦齐袭杀噶勒丹策凌嗣而自。立小策凌敦多卜孙讷默库济尔噶勒与构兵，各令杜尔伯特族助。车凌等欲拒之，不敌，欲事之，莫知所从，集族言曰："依准噶尔，非计也，不如归天朝为永聚计。"有喀尔喀卒额淋沁达什者，为准噶尔所掠，闻其谋，脱归以告。诏定边左副将军喀尔喀亲王成衮扎布俟车凌等至，察其诚可纳之。既而三车凌弃额尔齐斯牧，由准噶尔东乌兰岭乌英齐而行，越旬有九日至博东齐，遣使巴颜克什克、都图尔噶等驰赴巴颜珠尔克，以降故告，而留其众于额克阿喇勒以待。成衮扎布遣守汛者视，虑诈，檄喀尔喀兵备之，以闻。谕曰："车凌等降，非叵测也。达瓦齐与讷默库济尔噶勒构兵，车凌等助之，胜负难预定，幸而从者胜，卒为人役，不若归降之为得计也。既遣使以情告，若仍令处汛外，恐遣兵至或有失，可即徙入内汛，暂给牧畜，徐议安置事宜。先以车凌、车凌乌巴什及从至者酌遣数人，令其瞻仰朕躬，朕自优加恩赉。"遣侍郎玉保赍赏物往谕。甫就道，上念所部习边外，以未出痘者生身，若即令至内地，虽伤一仆从不忍，诏俟明岁受朝塞外，勿遽来京师，以负矜恤意。而三车凌惧准噶尔兵袭，请急徙入汛，且献马为贽。成衮扎布纳之，令暂驻乌里雅苏台。达瓦齐遣宰桑桑祃木特以兵袭，不及乃逸。玉保至，三车凌忭迎十里外，宣谕之。诡奏："噶勒丹策凌时，思内附，以众志未变，且法严，故不获间。今避乱归，思觐天颜，蒙恩轸念避痘，令缓入觐期，请先以宰桑等朝京师。"车凌使曰和通、巴颜克什克，车凌乌巴什使曰哈锡塔，车凌蒙克使曰巴图。明年正月，使至，诏与朝正诸藩臣宴。上以所部间道至，驼马疲甚，且乏畜产，不忍遽远徙，诏视推河、扎克拜达里克、库尔奇勒可耕地置之，谷种取诸归化城。复赐车凌、车凌乌巴什羊各五千，车凌蒙克羊三千赡之。寻定牧扎克拜达里克。

车凌乌巴什属巴启、齐伦等叛逸。喀尔喀卒盗车凌属伊尔都齐马，索不给，且射杀之。诏喀尔喀扎萨克以鄂尔坤防秋兵百视牧，复檄诸扎萨克邻汛者弋叛贼务获。后巴启等就擒论罪。四月，谕曰："内扎萨克及喀尔喀咸设正副蒙长，董理牧务。今新降台吉车凌等携至户口，悉编旗分佐领，其设正副盟长如内扎萨克及喀尔喀例，赐赛因济雅哈图盟名。"

五月，驾幸热河，驻跸避暑山庄。三车凌率诸台吉至，赐宴万树园，命观火戏。谕曰："杜尔伯特台吉等皆准噶尔渠酋，向慕仁化，率万余众倾心来归，宜敷渥泽，锡予封爵，以示怀柔至意。其各钤所属，令安分谋业，勿负朕恩。"时所部设扎萨克十有三，自三车凌外，曰色布腾，曰蒙克特穆尔，曰根敦，曰班珠尔，曰刚，巴图蒙克，曰玛什巴图，曰达什敦多克，曰恭锡喇，曰巴尔。封亲、郡王、贝勒、贝子、公、一等台吉有差。后蒙克特穆尔以从车凌蒙克子巴朗叛逃，别授其弟额布根为扎萨克，余仍爵，详列传。秋七月，将军策楞请徙三车凌牧于归化城青东山。时议备兵征达瓦齐，谕曰："巴朗等甫叛窜，若徙之，将滋新降疑惧，且非办理准噶尔本意，其令安处旧牧，勿他徙。"

三车凌之至也，告族台吉讷默库留准噶尔户千余，刚多尔济、额尔德尼、巴图博罗特如之，将乘间内徙。至是果偕辉特台吉阿睦尔撒纳、和硕特台吉班珠尔至，诏赐牧畜，置塔楚，邻三车凌牧。十月，驾由盛京旋，驻跸避暑山庄，讷默库等入觐，复赐宴，锡之爵。曰讷默库，封郡王；曰刚多尔济，曰巴图博罗特，封贝勒；曰布图克森，曰额尔德尼，曰罗累云端，封贝子；曰布颜特古斯，曰蒙克博罗特，封辅国公；曰乌巴什，曰伯勒克，封一等台吉。凡设扎萨克十，诏编旗分佐领，如三车凌例，分左、右翼，设正副盟长各一。讷默库者，车凌乌巴什兄子。刚多尔济、布图克森、额尔德尼、罗累云端、乌巴什、伯勒克，皆车凌乌巴什曾祖察衮裔。布颜特古斯、巴图博罗特、蒙克博罗特亦戚族也。后讷默库晋亲王，子喇嘛扎卜授贝勒，以叛除爵。布图克森、罗累云端、乌巴什，皆无嗣停袭。伯勒克卒，子多第巴袭。多第巴卒，子尼尔瓦齐袭。尼尔瓦齐卒，无嗣，以多第巴弟布颜德勒格尔袭。布颜德勒格尔卒，无嗣停袭。布颜特古斯卒，子舍棱袭，以叛除爵。刚多尔济无嗣，以从子达瓦不勒袭。额尔德尼卒，无嗣停袭。巴图博罗特、蒙克博罗特皆以叛除爵。故自刚多尔济外，皆不立传。

二十年，乌梁海降臣察达克招服包沁，察获杜尔伯特属以献，诏给所部。寻从大军征达瓦齐，三车凌既入觐归，诏选兵二千，以车凌领其一，隶北路；车凌蒙克、色布腾从之，以车凌乌巴什领其一，隶西路：各授参赞大臣。讷默库等继至，请从军，诏隶西路。以车凌乌巴什、讷默库皆幼不更事，诏调车凌蒙克赴西路军，从车凌乌巴什、讷默库等行。而是时阿睦尔撒纳为北路副将军，讷默库其妻弟也，固请隶北路军，允之。以故偕三车凌至者隶西路副将军萨拉勒队，偕讷默库至者隶北路副将军阿睦尔撒纳队，赐车凌整装银二千，车凌乌巴什、讷默库各减十分之二，给从军者羊及粮有差。复诏使车凌及车凌蒙克遣宰桑以善耕卒百赴额尔齐斯，盖杜尔伯特众兼耕牧业，视喀尔喀专以牧为业者异。将遣绿旗及喀尔喀兵屯耕额尔齐斯，以所部识水泉道，且善耕，命简卒往导，俟大功成，遣牧众归额尔齐斯。会北路军奏至，以讷默库参赞列名，诏西路军奏知之，列三车凌及色布腾名，次参赞大臣鄂容安后。复谕定北将军班弟，俟伊犁定，遣车凌、车凌乌巴什等率新降诸台吉入觐。

初，议征达瓦齐，上以卫拉特诸台吉后先附，凡数万众，错处内牧，非得地众建之不可。诏俟准噶尔定，将复设四卫拉特，以车凌为杜尔伯特汗，别以班珠尔为和硕特汗，以阿睦尔撒纳为辉特汗，以噶尔丹策凌子姓为绰罗斯汗。车凌等赴军时辄闻命。大兵抵伊犁，达瓦齐就擒。班第以车凌乌巴什、讷默库及新降之绰罗斯台吉噶勒藏多尔济、和硕特台吉沙克都尔曼济、辉特台吉巴雅尔等列入觐初班。驾幸木兰，车凌等至，召觐行幄慰谕之。旋跸避暑山庄，御淡泊敬诚殿受朝，诏以车凌为杜尔伯特汗，诸扎萨克隶之。扎萨克而下，设管旗章京、副管旗章京、参领、佐领、骁骑校等职。时阿睦尔撒纳觊辖四卫拉特，知不可得，叛窜。班珠尔以附逆，械至，噶勒藏多尔济、沙克都尔曼济、巴雅尔仍各赐汗爵，统所部众。谕曰："准噶尔互相残杀，群遭涂炭，不获安生。朕统一寰区，不忍坐视，特发两路大兵进讨。诸台吉、宰桑等畏威怀德，率属来归，从军自效。今已平定伊犁，擒获达瓦齐，是用广沛仁恩，酬庸效绩。准噶尔旧有四卫拉特汗，令即仍其部落，树之君长，其各董率所属，务勤养教，共图生聚，受朕无疆之福。"其后绰罗斯汗噶勒藏多尔济叛，从子扎纳噶尔布戮之，所部就灭。辉特汗巴雅尔以叛为大军所擒诛。和硕特汗沙克都尔曼济怀贰志，副都统雅尔哈善歼其众于巴里坤。惟杜尔伯特部恪守臣节，世受封爵罔替。

是年十二月，车凌等以乏牧产，请徙额克阿喇勒。谕曰："前议平定伊犁后遣归旧牧额尔齐斯，若额克阿喇勒，距额尔齐斯较扎克、拜达里克路更迩，且附内汛外，调所部兵亦易。俟擒获阿逆后，仍当遣归旧牧。所部生计既艰，其给籽种六百石，务令及时耕种，毋误农期。至从军所给驼马，自应交纳。但念往返道远，牲畜不无疲瘠，可姑缓期二载。"

讷默库之将从征达瓦齐也，请徙牧拜达里克北扎布堪河源博罗喀博齐尔至鄂尔海、喀喇乌苏界，允之，谕努力成功，勿念游牧众。至是以车凌等将徙牧，诏往会。而讷库默隐有叛志，谋窜就阿睦尔撒纳。刚多尔济、巴图博罗特布颜特、古斯等阻之，卒不缉，率众复乘间劫驿骑，戕守汛弁，夺运粮商民驼物及资。二十一年春，驻防乌里雅苏台办事大臣阿兰泰偕车凌、车凌乌巴什等以兵擒讷默库及其孥，械至，论如律。诏不附逆诸扎萨克各安游牧，勿疑惧。复谕曰："刚多尔济等属妄行劫掠，应交部议扎萨克罪，但念伊等新降，未谙内地禁例，姑从宽免。"夏，以所部邻扎哈沁，盗不缉，谕曰：

"伊等生计全赖牧畜,若复盗窃相仍,不获蓄孳,生计焉能充裕?其各钤束部众,务期守分安生,副朕休养群生至意。"

有伯什阿噶什者,伊什扎布之曾孙也,祖扎勒,父车凌多尔济。伯什阿噶什兄曰布达扎卜、曰达瓦克什克,弟曰达瓦济特、曰格咱巴克,聚牧伊犁河西沙拉伯勒,境邻哈萨克牧。达瓦齐虐其众,伯什阿噶什将弃之,惧袭而寝。大军征达瓦齐,抵伊犁,班第遣使招,因献籍三千余户降。将遣从车凌等入觐,告哈萨克数掠所部,请归视。比抵牧,侦哈萨克集兵,遣告,且请大军援,谕嘉其恭顺。

会阿睦尔撒纳叛,逆党扰伊犁,遣和硕特辅国公纳噶察赉敕往谕曰:"准噶尔内乱频仍,各部人众咸失生业。朕为一统天下之君,怀保群生,无分中外,特发大军往定伊犁。方欲施恩立制,永安反侧,乃逆贼潜怀叛志,妄思并吞诸部,肆其荼虐,罪状已著,畏诛潜遁。朕已命将穷迫,务期弋获。逆贼一日不获,诸部一日不安。尔台吉输诚归命,果能仰体朕旨,去逆效顺,或以兵协剿阿逆,或俟至尔牧擒献之,朕必大沛殊恩。尔其奋勉自效!"达瓦齐复奏伯什阿噶什及库木诺颜、台吉诺尔布必无异志,命遣之书,未达,而伯什阿噶什徙牧。初传偕诺尔布内附,久之不至,或以居博罗塔拉告。诏将军策楞等侦之,无其踪。时阿睦尔撒纳败窜,谕参赞大臣侍郎玉保等侦阿逆赴伯什阿噶什牧,即谕擒献,或故纵,以兵剿之。伯什阿噶什养子博东齐寻偕宰桑诺斯海挈众至,以哈萨克侵牧告。宰桑赛音伯勒克,得木齐恩克、济尔哈尔等踵至,告哈萨克追掠,间走乃免。诏博东齐以兵迎其父,暂置从众于额尔齐斯,诺斯海护视之。赛音伯勒克或从博东齐往,或留牧额尔齐斯,惟其便。博东齐将行,伯什阿噶什携户八百余抵额尔齐斯,请内附。乌巴什其族台吉也,从至。诏封伯什阿噶什为扎萨克和硕亲王,乌巴什为扎萨克固山贝子,赐谕曰:"尔诚心感戴,率众投诚。前大军抵伊犁,即谒将军大臣,甫欲加恩封赏,旋遇阿逆背叛,未护举行。尔为哈萨克所掠,辗转迁徙,始克内附。尔众甫至,不必简兵往从大军,亦无须徙内地,即游牧额尔齐斯所。尔族台吉车凌等将归旧牧,尔等聚族而处,实为允协,不必远离故土，徒劳往返也。"命甫下，伯什阿噶什等携众抵哈达青吉勒，诏暂留，俟明岁归额尔齐斯牧。

七月，车凌、车凌乌巴什、刚多尔济等以徙牧额尔齐斯，请定入觐年班。谕嘉其诚悃，诏自来年始，定三班，前给从军驼马，姑缓期纳，示恤。九月，伯什阿噶什来朝，弟达瓦济特及兄子丹巴、都噶尔、布鲁牧扣肯以视牧故，各遣宰桑代至。赐宴，赉马七百、牛百五十、羊三千，诏编旗分佐领，如三车凌及刚多尔济等来归例。别为一盟，以伯什阿噶什为盟长，乌巴什副之，丹巴都噶尔授协理台吉。

伯什阿噶什甫归牧，其妻卒，遣侍卫佛保往酹。伯什阿噶什寻卒，无子，诏副都统唐喀禄赙祭，宣谕以丹巴都噶尔为扎萨克固山贝子，以达瓦济特为扎萨克公，辖伯什阿噶什众，听归车凌特及内徙。而丹巴都噶尔与佐领色布腾互攘畜产，佛保将至牧，驼马为所掠。诏撤恩命还，复谕乌巴什勿惊惧，俟事定归车凌牧。后乌巴什卒，停袭。

二十二年，车凌以哈萨克不擒献阿逆，诸厄鲁特叛扰边，请由额尔齐斯徙牧乌兰固木避之。时喀尔喀贝子车布登扎布遵旨遣兵剿掠佛保贼，牧伯什阿噶什属户给喀尔喀，将遣博东齐归车凌牧，族台吉布图库、班珠尔、布林等挈属至，稍与车凌等析处久，请异牧，允之。布图库等抵汛，闻佛保自哈达青吉勒归，和硕牧台吉桑济复掠诸道，遣从卒驰马迎。上闻之，谕曰："车凌等自归诚以来，感激朕恩，约束属众，甚为宁谧。迩因叛贼纷起，亟请内徙游牧，其归附之心益坚，可允所请，并给谷种，令为谋生资，博东齐虽与杜尔伯特同族，若往归之，反仰赖车凌等养赡，著遣往乌里雅苏台，交车布登扎布，酌徙呼伦贝尔、通肯呼裕尔等处。布图库、班珠尔等迎接侍卫佛保，俟至乌里雅苏台军所，各给币赏之。"后博东齐及布图库等咸置呼伦贝尔。布图车、班珠尔以内附诚，各授二等台吉。而贝勒巴图博罗特、辅国公舍棱不从车凌等徙牧，叛应阿睦尔撒纳，副都统瑚尔起以兵擒诸辉巴朗山，妻孥悉论诛。

先是杜尔伯特及乌梁海未内属，错牧额尔齐斯。后杜尔伯特诸

台吉至，游牧扎克拜达里，初徙牧额克阿喇勒，再徙额尔齐斯。乌梁
海就抚，以乌兰固木地给之。车凌等复请由额尔齐斯往徙，遣都统
纳穆扎尔勘杜尔伯特及乌梁海牧界。车凌复请以乌兰固木为屯耕
地，而游牧于科布多、额克阿喇勒，允之，诏严禁所属勿攘窃。寻以
错牧不便，定乌兰固木为杜尔伯特牧，别以科布多为乌梁海牧。

二十四年，乌梁海以科布多产貂不给捕，请徙就阿勒台阳额尔
齐斯。谕车凌乌巴什等曰："额尔齐斯为尔旧牧，今尔移处乌兰固
木，乌梁海察达克请游牧额尔齐斯地，向曾降旨，尔等若愿归旧牧，
听尔便。今哈萨克已全部内附，伊犁厄鲁特贼众复歼无孑遗。若尔
果愿归旧牧，可即徙往额尔齐斯，所遗乌兰固木，自可给乌梁海处
之。但哈萨克新附，非尔等久为内属者比，务宜严饬所属安静无事。
若尔部众既遵钤束，而哈萨克反来肆扰，可即擒诛之。尔等或安土
重迁，则额尔齐斯地与其为哈萨克、俄罗斯所窃据，不若令乌梁海
往徙之也。"车凌乌巴什等奏："察达克所请也，系乌梁海旧牧，距臣
等牧远。且乌兰固木地肥不硗，臣等游牧久，请勿徙，以额尔齐斯地
给乌梁海。"诏如所请。是年十月，以大军定回部蒇功，谕车凌乌巴
什等知之。十二月，侦哈萨克袭乌梁海，以兵三百余击走，得旨奖
赉。

二十五年四月，以所部有温图呼尔者，贫不给。闻其弟居察哈
尔牧，告诸扎萨克往就之。谕曰："杜尔伯特自归诚以来，编设旗分
佐领，原欲伊等各安生业。若不善恤之，渐至析处，殊为可悯。其各
加意抚绥，令守分谋生，勿至流离失所，副朕痌瘝一体之怀。"七月，
车凌乌巴什等扈跸行围，奏所部蒙恩安置，牧产渐饶，嗣请自备驼。
上嘉其诚悃，不忍骤劳之，诏仍官给驼马。

二十七年，诏左、右翼各设副将军一，右翼用正黄旗纛，左翼用
正白旗纛，以敕印军符给之。所部旗十有六，爵如之：扎萨克特古斯
库鲁克达赖汗一；扎萨克和硕亲王一；扎萨克多罗郡王一；扎萨克
多罗贝勒二；扎萨克固山贝子二；扎萨克镇国公一，由贝子降袭；扎
萨克辅国国公二；扎萨克一等台吉四；辉特扎萨克一等台吉二。乾

隆四十五年，命乌里雅苏台将军巴图查办喀尔喀侵占杜尔伯特、扎哈沁等部界址。

道光二年，修科布多众安庙。三月，科布多参赞大臣那彦宝奏定蒙民、商民贸易章程。杜尔伯特、扎哈沁、明阿特、额鲁特均准给票与商民贸易。六年，回疆军兴，杜尔伯特汗、王、公、扎萨克等献驼马助军。十二月，以杜尔伯特汗齐旺巴勒楚克等复输驼助军，上嘉赉之。九年，杜尔伯特贝子奇默特多尔济呈控科布多参赞大臣额勒锦需索马匹，扰累各部。鞫实，罢之。十八年，是部以兵从乌里雅苏台参赞大臣车林多尔齐驱逐阑入乌梁海之哈萨克。十八年十二月，以乌里雅苏台参赞大臣车林多尔济奏科布多参赞大臣管理乌梁海八部落，地方辽阔，多兴讼端，允增置帮办大臣。十九年，给是部官兵俸赏行装银。咸丰三年二月，是部汗、王、公等捐助军需，温旨却之。

同治三年，乌鲁木齐等城回匪滋事，调是部兵援之。寻以不得力，撤归。八年，以杜尔伯特汗嗣绝，将军麟兴等奏："左翼汗旗下旧管十佐领户一千五百有奇，右翼亲王旗下旧管十一佐领户一千二百上下，右翼贝勒旗下旧管二佐领仅一百六十余户。以爵而论，贝勒较轻，以户口而论，不过抵汗三十分之一。拟亲王棍布扎布令折回承袭汗爵，以贝勒巴杂尔扎那承袭亲王，贝勒一缺如无可承袭之人，俟汗王袭爵定后，即将贝勒暂行停袭。"下所司。九年，命以故汗密什多尔济族弟噶章那木济勒袭汗，棍布扎布等袭亲王、贝勒如故。回匪东窜，陷乌里雅苏台。十一月，科布多参赞大臣奎昌等奏："匪扑乌里雅苏台地方，各台溃散，科城街市商民惶惑，调附近之杜尔伯特、扎哈沁、明阿特、额鲁特盟长、总管等，即发兵来城厅候调遣。"寻奏杜尔伯特左翼兵四百名、右翼及明阿特、额鲁特各二百名、扎哈沁公兵及总管兵各五十名，均到科城收伍，命拨科布多饷银十万两。十一年十一月，予办差无误之杜尔伯特右翼盟长棍布扎布等奖。是月，科布多参赞大臣长顺等奏："十月十七、十八等日，匪径扑本城，参将英华督弁兵登壁迎击，匪始败退，守备贺遐龄等阵

亡。十九日，匪复攻扑南关，不得逞。二十日，由东南山路仍向扎哈
沁部落奔窜。"自后，回匪出没于扎哈沁、土尔扈特诸部之地，是部
警备益严。至西路肃清，始息警撤戍。

光绪七年，以改议俄约，增城科布多之戍，事定，撤之。光绪二
十六年，拳匪事起，北路戒严。科布多参赞大臣瑞洵议举办蒙古团
练，令杜尔伯特每旗挑选兵丁二百名，一半马队，一半步队，驻防本
旗。十月，事定，裁撤。二十八年四月，瑞洵以杜尔伯特正副盟长等
保全俄商遗弃货物，毫无损失，请准奖叙，允之。七月，赈杜尔伯特
右翼公多诺鲁布旗灾，并给籽种大小麦一百石，引渠溉旧垦波什
图、那米拉、察罕哈克三处之地。二十九年闰五月，予杜尔伯特左翼
正盟长副将军特固斯库鲁克达赖汗噶勒章那木济勒紫缰，副盟长
贝勒纳逊布彦、左翼扎萨克郡王图柯莫勒、右翼长盟长副将军扎萨
克亲王索特纳木扎木柴三眼花翎，左翼扎萨克贝勒纳逊布彦等双
眼花翎，余给奖有差。是年，办布伦托海屯田渠工，以杜尔纳特左、
右翼助借驼只，均给帮价银，其后参赞大臣连魁等议开乌兰固木等
屯田。

宣统二年四月，索特纳木纳木柴为资政院钦选议员。三年，库
伦独立，喀尔喀四部无梗抗者。是部汗噶勒章那木济勒独不附，听
参赞大臣溥铜节制如故。

其地杂耕牧，有矿，有盐。共有佐领三十五。

杜尔伯特附近之部同隶科布多参赞大臣者，曰扎哈沁，东扎萨
克图汗部，南新疆镇西，西阿尔泰乌梁海，北科布多屯田官厂。

初，祸木特，额鲁特人，号库克辛，为准噶尔之扎哈沁宰桑。扎
哈沁者，译言"汛卒"，以宰桑领之。玛木特守阿尔泰汛，游牧布拉罕
察罕扎辉。其东为喀尔喀，有乌梁海界之。其西为准噶尔，有包沁
尔杂准及噶拉杂特、塔本集赛界之。包沁为回族，准噶尔呼炮曰
"包"，以回人司炮，故名。噶拉杂特、塔本集赛，皆准噶尔鄂拓克。鄂
拓克如各旗佐领。

乾隆十一年，准噶尔台吉策妄多尔济遣祸木特赴藏熬茶。十八

年，杜尔伯特台吉车凌弃准噶尔来降，台吉达瓦遣裸木特追之，由博尔济河入喀尔喀汛，复逸出。谕责驻防乌里雅苏台达青阿罪。明年春，达青阿诱擒之，诏宥罪遣归。有准噶尔宰桑，别号通裸木特，游牧诰海克卜特尔，近索勒毕岭，为布拉军罕察辉托罕下游。裸木特将掠通裸木特，为请降计，通裸木特觉，诱执之。内大臣萨拉喇勒特得状，由乌兰山阴以兵骤至，通裸木特就擒，索得裸木特，责负恩罪。裸木特请徙牧内属，遣扎哈沁得木齐招所百余户降。萨喇勒槛裸木特至军，诏仍释之。入觐京师，上鉴归附志诚，授内大臣，赐冠服。二十年，诏与朝正会宴。以通裸木特卒，谕裸木特善视其戚属。时议征达瓦齐，诏阿睦尔撒纳为定边左副将军，以裸木特参赞，遣赴军。裸木特密奏："阿睦尔撒纳，豺狼也，虽降，不可往，往必为殃。"上以"不逆诈"谕之，诏授裸木特总管号。

　　初，准噶尔定扎哈沁、包沁纳赋例，比年献脯，间年供牲赡喇嘛，遇军事令助。诏如旧例，恤免期年赋。裸木特与阿睦尔撒纳会军于额德里克，寻抵伊犁。诏晋裸木特三等公爵，赐信勇号，赏双眼孔雀翎、四团龙服，命常服之。先是谕班第俟伊犁定，偕裸木特议准噶尔善后事。至是班第以裸木特兼管扎哈沁、包沁牧，请仍至阿尔泰，增喀尔喀藩篱，允之。寻撤大军还，扎哈沁兵三百遣归牧，裸木特以疾留伊犁。闻阿睦尔撒纳骤叛，将脱归牧之兵卫，为逆党哈丹等所遮，胁之降，不从，擒赴阿睦尔撒纳所。阿睦尔撒纳慰之，裸木特唾而詈之，为阿睦尔撒纳缢杀。明年二月，定西将军策楞谍阿睦尔撒纳戕裸木特，以闻。谕曰："裸木特年就迈，效力行间，甚为奋勉。今逆贼戕之，深为悯恻！其孙扎木禅，令仍袭公爵。"大军定伊犁，械逆党至，讯得裸木特就死状，上制诗悯之。扎木禅乾隆二十一年袭三等信勇公。

　　三月，以阿睦尔撒纳煽乌梁海梗赴哈萨克，诏从北路将军哈达哈剿乌梁海叛贼。九月，赐牧哲尔格西喇呼乌苏。谕曰："扎哈沁既与喀尔喀邻牧，即设哨附近卡伦，视喀尔喀例支领钱粮，以资养赡。"二十四年，从参赞大臣齐努浑追剿玛哈沁，至阿尔齐图。以兵先遇贼哈喇呼山,奋击之,屡就擒,奖赍币。二十五年,扎木禅子门图什虚蹕行围,乞喀尔喀亲王成衮札布代请驼马勿官给。上以札哈沁甫定牧畜之生计,谕仍官给。二十六年,理藩院议祃木特归诚后,扎哈沁属相继附,置佐领九,得二千余口,虽补总管,未给印,请以总管扎哈沁一旗总管印给扎木禅辖其众,允之。四十年,扎木禅卒,以扎哈沁原非祃木特之阿尔巴图,撤出佐领,设一旗属科布多参赞大臣。其扎木禅族丁及其阿尔巴图三十余户,亦附近科布多之乌裕克齐、博多克齐游牧。至四十五年五月,谕将军巴图等不可令扎萨图汗部侵占扎哈沁之乌英济等处隙地。

嘉庆五年,以扎木禅之孙托克托巴图之属已足百五十丁,复编一佐领,即以托克托巴图为总管。十一年,以前科布多参赞大臣恒博招民人开采是部煤窑,议处。道光二年,定是部准给票与商民贸易。六年,回疆军兴,是部捐助驼马。

同治三年,以乌鲁木齐失陷,调杜尔伯特诸部兵援古城。旋仍令撤归。四年,以古城陷,撤是部南境察罕通古等通古城三台,归沙扎盖以北五台支应西路各差。九年十月,回匪陷乌里雅苏台而复窜去,科布多告警,参赞大臣奎昌等调是部二旗兵各五十名赴城收伍。是部东南通扎萨克图部,南接新疆,为用兵要冲。十一年十月,回匪由是部犯科布多,不得逞,仍窜是部。聚扎盟南境。十二年九月,匪扰察罕通古台站,掠景廉军营军装饷银,窜新土尔扈特贝子游牧布拉噶河一带,科城西南两路台站纷纷逃散。匪又由巴里坤红柳峡一带窜踞扎哈沁之博东齐。十月,科布多帮办大臣保英率兵败之于博东齐以西,匪窜扎盟阿育尔公旗。光绪二年四月,回匪由布伦托海窜沙扎盖地方,额勒和布等派官兵剿之。金顺以索伦各队扼紥乌鲁木湖,堵截分窜。其后乌鲁木齐诸城克复,是部始息警。

十二年,甘肃新疆巡抚刘锦棠以古城属汉三塘驿,来往商贾,时有劫案,咨科布多大臣饬属缉匪沙克都林扎布。因奏:“汉三塘驿与科城所属土尔扈特、扎哈沁等旗地界毗连,万里沙漠,四通八达,更兼白塔山商贾由此经过,屡被劫掠,又北八站一带台抢劫站之案,亦层见迭出。请将扎哈沁旗内拣派驻察罕淖尔官兵移驻鄂隆布拉克台,保安商民,搜捕盗匪。"允之。

二十六年,拳匪事起,边成戒严,参赞大臣瑞洵檄是部信勇公策林多尔济、总管三保、额鲁特总管喇嘛札布、明阿特总管达什哲克博举办团防,保护俄商货物,用弭边衅。二十九年闰五月,一再请奖。奏入,予策林多尔济贝子衔,三保等均二品顶戴。三十一年五月,瑞洵奏:"科布多所辖扎哈沁应用之五台,尤为大雪封坝,复赴阿尔泰必由之路,若使络绎,地当其冲。扎哈沁共二旗,最为瘠苦,公一旗户口甚稀。帮办大臣英秀由哈巴河回科布多,臣赴新疆督办收抚,信勇公策林多尔济调集乌拉,奔走恐后,保其子台吉棍布瓦齐尔,请赏二品顶戴。"允之。宣统三年,参赞大臣溥铜奏赈扎哈沁灾,公旗贫民三百五十六丁口,总管旗贫民一千有一十一丁口,将赏银五千两分别重轻散放,下所司。

额鲁特、明阿特亦与是部同隶科布多。额鲁特本台吉达木拜属。达拜有罪削爵,以其众属科布多,游牧在新和硕特之西。明阿特本出乌梁海,复为扎萨克图汉部中左翼左左旗之属。乾隆三十年,撤出。设一旗属科布多,游牧在阿尔泰乌梁海之西。乾隆五十七年,设额鲁特、明阿特总管各一,参领以下有差。同治十年,以防守科城及供大兵西进劳,额鲁特、明阿特总管与扎哈沁信勇公及总管均予奖。两旗皆无扎萨克,论者谓此蒙部之同于郡县者也。

旧土尔扈特,始祖元臣翁罕,姓不著。七传至贝果鄂尔勒克,子四,长珠勒扎干鄂尔勒克,生子一,曰和鄂尔勒克,居于雅尔之额什尔努拉地。初卫拉特诸酋以伊犁为会宗地,各统所部不相属。准噶尔部酋巴图尔珲台吉者,游牧阿尔台,恃其强,欲役属诸卫拉特。和鄂尔勒克恶之,挈族走俄罗斯,牧额济勒河,俄罗斯因称为己属。

顺治十二、三、四年,和鄂尔勒克子书库尔岱青、伊勒登诺颜、罗卜藏诺颜相继遣使奉表贡。书库尔岱青子朋苏克,朋苏克子阿玉奇,世为土尔扈特部长,至阿玉奇始自称汗。康熙中,表贡不绝。五十一年,复遣使假道俄罗斯贡方物。上嘉其诚,且欲悉所部疆域,遣内阁侍读图理琛等赍敕往,历三载乃还,附表奏谢。自是时因俄罗斯请于中朝,遣所部人赴藏熬茶。乾隆二十一年,所部使吹扎布等入觐,稍奉其汗惇罗布喇什令,假道俄罗斯,三载方至,请赴唐古忒谒达赖喇嘛,遣官护往。二十二年,自唐古芯还,颁惇罗布喇什币物。

二十三年,伊犁平,有附牧伊犁之土尔扈特族台吉舍棱等奔额济勒河。既而惇罗布喇什卒,子渥巴锡嗣为汗。三十五年,舍棱诱渥巴锡携所部之土尔扈特、和硕特、辉特、杜尔伯特等人众于十月越俄罗斯之坑格图喇纳卡伦而南,俄罗斯遣兵追之不及。渥巴锡既入国境,由巴尔噶什淖尔而进,至克齐克玉子地方,与哈萨克台吉额勒里纳拉里之众相持。伊犁将军令哈萨克毋许土尔扈特越游牧而行,渥巴锡遂向沙喇伯可而进,布鲁特群起劫之。渥巴锡走沙喇伯可之北戈壁,无水草,人皆取马牛之血而饮,瘟疫大作,死者三十万,牲畜十存三四。三十六年,至他木哈地方,近内地卡伦,布鲁特始敛兵退。将军伊勒因遣侍卫普济问来意。渥巴锡与其台吉、喇嘛计议数日始定,以投诚为词,献其祖所受明永乐八年汉篆敕封玉印及玉器、宣窑磁器等物。先是上闻渥巴锡之来,命乌什参赞大臣舒赫德往伊犁经纪其事。至是因受其降,存七万余众,赈以米、麦、牛、羊、茶、布、棉裘之属,用帑二十万两。三十六年九月,渥巴锡等入觐热河,封渥巴锡旧土尔扈特卓里克图汗,渥巴锡从子额墨根乌巴什固山巴雅尔图贝子,拜济瑚辅国公,从弟伯尔哈什哈一等台吉,均授扎萨克,各编一旗。四十七年,均予世袭罔替。

初分所部为四路,南路凡四旗,曰扎萨克卓理克图汗旗,曰中旗,曰右旗,曰左旗。三十七年,赐牧斋尔。三十八年,徙牧珠勒都斯,隶喀喇沙尔办事大臣,与北路三旗、东路二旗、西路一旗统受节制于伊犁将军。

嘉庆四年,高宗大行,旧土尔扈特汗霍绍齐之母请纳俸讽经,不许。道光六年,回匪张格尔扰喀什噶尔等城,征是路土尔扈特及和硕特蒙兵赴阿克苏一带助剿。十月，击退犯浑巴什河之贼，赉贝子巴尔达拉什、台吉乌图那逊等及兵丁等缎疋、翎顶、银两有差。自是回疆有事，皆征其兵。十年十一月，以贝子巴尔丹拉什率兵援喀、英等城，卒于军，命其子蒙库那逊晋袭贝勒。十八年六月，以是部南路盟长福晋喇什丕勒指修喀喇沙尔城垣，予奖。二十一年六月，又献伊拉里克水源，却之。二十七年，布鲁特扰喀什噶尔等城，亦征是路蒙兵防剿，事定撤回。

同治三年，回匪变乱，库车失陷，征是路兵剿之，不利，退守游牧。是年，喀喇沙尔等城均失陷，是路部落屡与回匪接战，被蹂躏离散。六年十二月，盟长布雅库勒哲图依请赴京，允之，命乌里雅苏台将军麟兴等设法安插其部落游牧。七年三月，布雅库哲勒依图请率属剿回逆，上嘉之，命赴布伦托海候李云麟酌办，并饬户部筹拨历年俸银俸缎，李云麟接济所属游牧人众。六月，以旧土尔扈特蒙兵接仗失利，移至大小珠勒都斯，催布雅库勒哲依图赴布伦托海，命明瑶等接济照料。十一月，麟兴奏布雅库勒哲依图困苦形情，下所司议。八年三月，赉旧土尔扈特汗布雅库勒哲依图、贝勒固噜扎布、辅国公曼吉多尔济等旗银二万两。六月，命乌里雅苏台将军福济安插旧土尔扈特汗布雅哲库勒依图及随带官兵。

光绪元年，布雅库勒哲依图卒，以福晋恩克巴图署盟长。二年八月，拨部库银予恩克巴图抚绥人众，择地安插。三年，刘锦棠等军复喀喇沙尔。四年十二月，伊犁将军金顺奏土尔扈特南部落人众，自逆回构乱以来，逃散伊犁空吉斯及西湖等处，署盟长派员前往收集，约计一万余人，现已移回珠尔都斯游牧。谕以其部人众困苦，赏银四万恤之，由左宗棠给发。光绪八年，是部难民由伊犁续归三百三十余丁口，旧有府第，兵燹之后，尚未修复，大小水渠，年久污垫。钦差大臣刘锦棠奏："恩克巴图请赈恤，并筹借银两，权为筹拨银一百两，作为渠工宅第经费。喀喇沙尔善后局员照章给赈，通融接济牛种，待赈丁口种，俾资耕作。请分别核销及作正开销。"允之。九年，设新疆喀喇沙尔直隶厅抚民同知兼理事衔，兼管土尔扈特游牧事宜。十三年,新疆巡抚刘锦棠奏:"土尔扈特等蒙众向隶办事领队管辖者,应改归地方官管辖。恐各蒙民未能户晓,请饬理藩院申明新设定制,转行各蒙部。"下所司知之。

二十二年三月,甘肃回匪西窜出关,伊犁将军长庚电奏贼窥珠勒都斯,檄南部落盟长福晋色里特博勒噶丹等拣选有枪马之蒙兵五百名,由贝勒恭噶那木扎勒统之,分派参领奔津等各带官兵驻哈布齐沿山口及哈哈尔巴达罕、达兰达巴罕等处,扼珠勒都斯之东,逼喀喇沙尔、库尔勒要隘。八月,事定,撤归。

新疆置省后,旧土尔扈特诸部仍隶伊犁将军,俸银俸缎均由伊犁发给。蒙古惟旧土尔扈特等部之在新疆者,汗、王、公、扎萨克等卒,袭子不及岁,以前皆由已殁汗、王、公等之妻或母署印。有盐,有矿,地兼耕牧。佐领共五十四。

北路凡三旗,盟曰乌讷恩素珠克图,在塔尔巴哈台城东,当金山之西南霍博克萨里,东噶扎尔巴什诺尔,南戈壁,西察汉鄂博,北额尔齐斯河。渥巴锡族子策伯克多尔济等,乾隆三十六年,从渥巴锡来归,献金削刀及色尔克斯马。三十七年,入觐,封策伯克多尔济扎萨克和硕布延图亲王,授其弟奇哩布扎萨克一等台吉,辖右翼,赐牧霍博克萨里,为旧土尔扈特北路,以策伯克多尔济领之,授盟长。四十年,授奇哩布弟阿克萨哈勒扎萨克一等台吉,辖左翼。四十三年,策伯克多尔济卒,奇哩布袭,销右翼印。五十年,授策伯克多尔济之子公品级一等台吉恭格车棱扎萨克,诏辖其父属众,别铸右翼扎萨克印赐之。五十七年,封辅国公。道光二年,卒。子多尔济那木扎勒降袭公品级扎萨克一等台吉。

同治四年,塔城回变,亲王策林拉布坦以调兵迟延,为参赞大臣锡霖劾革其爵,以捐输复之。九年,奎昌等立塔尔巴哈台新界鄂博,奏饬亲王策林拉布坦、图普伸克什克、扎萨克喇扎尔巴达尔随时留意侦察,旧界亦有割弃。十二年十月,回匪窜扰是部萨巴尔山地方,劫掠牲畜衣物,乌素图等三台逃散。十二月,参赞大臣英廉奏匪已远窜,饬策林拉布坦等妥为安插被难蒙民,一面将原设七台照旧安设，寻论设台站之劳，予黄缰。

宣统元年，以阿尔泰乌梁海复在是部萨里山阴度冬，提每年租马十成之一给是部三旗作水草之租。是部金矿颇著名，地杂耕牧。有佐领十四。

东路凡二旗，跨济尔哈朗河。东奎屯河，接甘肃绥来，南南山，西库尔喀喇乌苏，北戈壁。渥巴锡族弟巴木巴尔等从渥巴锡来归。乾隆三十七年，入觐热河，封扎萨克多罗毕锡埒勒图郡王，弟奇布腾固山依特勒贝子，盟名亦曰乌讷恩素珠克图。初隶库尔喀喇乌苏大臣，统受伊犁将军节制。同治末，俄人以北路旧土尔扈特取所属哈萨克马驼，执是部贝子普尔普噶丹为质，寻释之。光绪初，给抚恤银一万两。十一年，设库尔喀喇乌苏同知兼理事衔，厘是部民、蒙交涉事件。清末，袭郡王者帕勒塔尝请出洋，又入贵胄学堂，以本旗事为伊犁将军广福劾，议处。是部共有左领七。

西路一旗，当天山之北精河东岸。东精河屯田，南哈什山阴，西托霍木图台，北喀喇塔拉额西柯淖尔。渥巴锡族叔父默们图从渥巴锡来归。乾隆三十七年，入觐热河，封扎萨克济尔噶朗贝勒，赐牧精河，受伊犁将军节制。咸丰十年，贝勒鄂齐尔以捐饷予双眼花翎。光绪初，以被扰，予抚恤银一万两。十三年，设精河同知兼理事衔，厘是部民、蒙交涉事。有佐领四。

新土尔扈，在科布多西南，当金山南乌隆古河之东。东新和硕特，南胡图斯山，西与北均阿尔泰乌梁海，东南扎哈沁。

土尔扈特翁罕十四世孙舍棱率诸昆弟附牧伊犁，为准噶尔属台吉。大军征准噶尔，获达瓦齐，阿睦尔撒纳等以叛相次诛灭，舍棱独抗不降，窜匿库库乌苏、喀喇塔拉境。乾隆二十三年，诏定边将军成衮扎布等剿之。舍棱奔俄罗斯，我军追及之于勒布什河源，舍棱乃诡约降，计戕我副都统唐喀禄，驰逾喀喇玛岭，归额济勒土尔扈特游牧。三十六年，复诱其汗渥巴锡来踞伊犁，抵他木哈，知内备固，计无所出，不得已，随渥巴锡归顺。诏宥舍棱罪。三十七年，与从子沙喇扣肯入觐热河,封舍棱多罗弼里克图郡王,沙喇扣肯乌察喇勒图贝子,均授扎萨克。舍棱所部曰左翼旗,沙喇扣肯曰右翼旗,定盟名曰青色特启勒图,舍棱充盟长,沙喇扣肯副之。四十八年,诏世袭罔替,隶科布多参赞大臣。

道光六年,回疆军兴,是部输马驼助军。咸丰三年,是部王、贝子等请捐助军需,温旨却之。

同治三年,征是部兵援古城等城,以散溃,撤之。六年,于是部之布伦托海地方设办事大臣,以李云麟为之。七年五月,布伦托海兵民溃变,李云麟走青格里河。谕福济、锡纶前往查办明瑶、棍噶扎拉参,晓谕解散。七月,布伦托海变民窜乌龙古河。九月,以棍噶扎拉参挑噶尔为喇嘛成军,谕福济等督率进剿布伦托海变民,拨部库银十万两解科布多,为布伦托海剿匪及赈济难民之用。调福济为布伦托海办事大臣。十月,以守科布多城出力,予是部郡王凌扎栋鲁布亲王衔。十二月,以是部仍属科布多管辖。八年二月,以哈萨克围杀布伦托海变民,命是部郡王凌扎栋鲁布进剿。四月,福济迁乌里雅苏台将军,文硕代之。七月,布伦扎海变民伤俄国卡兵,棍噶扎拉参营于克林河,谕福济等疾筹进剿,饬知遵行。是月,棍噶扎拉参剿变民于和博克托里,胜之。八月,棍噶扎拉参复布伦托海,变民降,收抚之,贼首张愚等伏诛。谕福济等筹给布伦托海难民口食。九月,命塔城额鲁特暂安旧居,阿尔泰山俗众居青格里河。十月,徙布伦托海人众于阿尔泰山,予布伦托海在防之索伦及绿营官兵银两。十一月,裁新设布伦托海办事大臣,撤回旗、绿官兵,命索伦、额鲁特领队大臣及棍噶扎拉参应办事宜统归科布多参赞大臣经理,改派奎昌办布伦托海与俄分界事宜。

十二年九月,肃州回匪窜是部贝子旗布拉噶河一带,科布多参赞大臣托伦布等调回驻察罕淖尔之黑龙江马队暨蒙古马队,分赴布拉噶河防剿。十一月,乌鲁木齐领队大臣锡纶奏:"七月十六日,率所募民勇自阿尔泰山南移营乌龙古河南岸,闻东路布尔根河一带有警,科布多属之扎哈沁及和硕特、土尔扈特边界皆被扰,阿尔泰附近之乌梁海台站逃散，匪由和硕特、土尔扈特等喇嘛营子西窜至青格里河。"十二月，锡纶奏："回匪扰及乌梁海部落，臣带民勇民团追匪至噶扎尔巴尔淖尔，匪已由萨勒布尔山南窜沙山子，即由山北取道布凌河，疾驰至霍博克河上游之库克辛仓，探得匪在河下游之科科墨顿林木中扎营五座，于夜分潜师进薄贼垒，击溃贼三营，又取后一营，匪众败遁，寻由阿雅尔淖尔窜绥来县之大小拐，回玛那斯。"科布多帮办大臣保英奏："十月十九，亲率马队由吉庆淖尔西行，二十七抵土尔扈特之青格里河。贼窜布伦托海，经锡纶进剿，斩获甚多。匪已西窜，臣将官兵驻青格里河，檄饬乌梁海、土尔扈特、和硕特、扎哈沁速将军台移回原处安设。"其后乌鲁木齐、玛纳斯诸城克复，是部始息警。

光绪九年，划科城中、俄界帮办大臣额尔庆额安插归中国之哈萨克，以奎峒山左右暨哈巴河源诸山为夏季游牧，以阿拉别克河东暨果里子克河、哈巴河、阿拉克台为冬季游牧。实皆是部地。二十九年，瑞洵奏创修托伦布海渠工，开办屯田，给土尔扈王旗、贝子旗借用驼只帮价银，饬扎哈沁、土尔扈特、乌梁海左右翼择水草较好地，从扎哈沁沙扎盖台起，至布伦托海止，安设十三台。二十九年闰五月，录科布多所属各旗保护俄商遗弃物有裨大局之劳，予土尔扈特正盟长扎萨克郡王密锡克栋古鲁布紫缰，副盟长扎萨克贝子玛克苏尔扎布双眼花翎。三十二年二月，划科布多、阿尔泰分辖之界，以部是二旗及新和硕特一旗、阿尔泰乌梁海七旗均隶阿尔泰。

是部地兼耕牧，有金矿。布尔津河通轮船。共有佐领三。

近是部者，有哈弼察克新和硕特。乾隆三十六年，和硕特台吉巴雅尔拉瑚之族蒙衮率属来归，愿附新土尔扈特贝子沙喇扣肯之旗。诏予一等台吉，给半佐领，令其附居。五十七年，移杜尔伯特近处哈密察克游牧。嘉庆元年，科布多参赞大臣奏蒙衮妻察彦率子布产克什克诣言生齿日繁，求给扎萨克印，不食俸。道光六年，回疆军兴，后至咸丰初，是部皆偕杜尔伯特诸部捐马驼、捐饷助军。同治末，回匪北窜，是部与新土尔扈特同被扰。署伊犁将军荣全以商论伊犁事，自科布多西行，是部设台供支。光绪二十九年，录庚子举办防团保护俄货之劳，予扎萨克台吉布彦克什克镇国公衔。三十三年正月，卒，以子达木鼎第得恩袭。初，有出缺请旨之例，实亦世袭。牧地东扎哈沁，南与西皆新土尔扈特，北阿尔泰乌梁海。有佐领一。

和硕特部，在新疆焉耆府北。东乌沙克塔尔，南开都河，西小珠勒都斯，北察罕通格山。旧为四卫拉特之一，系出元太祖弟哈巴图哈萨尔。有博贝密尔咱者，始称汗。子哈尼诺颜洪果尔嗣之，有子六，牧青海、西套、伊犁诸境。详《青海厄鲁特部传》。其第三子昆都伦乌巴什，第四子图鲁拜琥，裔蕃衍。图鲁拜琥号顾实汗，其裔或称青海厄鲁特，设扎萨克二十有一；或称阿拉善厄鲁特，设扎萨克一；或隶察哈尔旗，设爵三，皆不著。和硕特部都伦乌巴什，号都尔格齐诺颜，子十六：长迈玛达赖乌巴什，次乌巴什珲台吉，次多尔济，次额尔克岱青鄂克绰特布，次第巴卓哩克图，次噶布楚诺颜，次蒙固，次青巴图尔，次伊纳克巴图尔，次伊勒察克，次赛巴克，次哈喇库济，次罗卜藏达什，次塔尔巴，次色棱，次朋素克。今和硕特设扎萨克四，皆多尔济及额尔克岱青鄂克绰特布裔。

崇德七年，昆都伦乌巴什遣索诺木从达赖喇嘛使贡驼马，赐布币及朝鲜贡物。顺治八年，贡所产马及黑狐皮。九年，复贡驼马。嗣数遣使至。康熙十六年，迈玛达赖乌巴什子丹津珲台吉遣达尔汉宰桑入贡。二十一年，复遣杭勒岱等至，诸昆弟遣使从，凡百余人。二十四年，定四卫拉特贡例，使入关以二百人为额，谕所部知之。详《杜尔伯特部传》。

时准噶尔稍强，和硕特族惧其威，咸奉令。后噶尔丹乱定，顾实汗诸子姓游牧青海者咸内附。噶尔丹从子策妄阿喇布坦逼和硕特族与同处，表请青海复旧业如噶尔丹时，将阴谋为己属。上烛其奸，谕责之，令遣和硕特归旧牧，勿私据，不从。有罗卜藏车凌者，多尔济曾孙也，策妄阿喇布坦以女妻之。雍正八年，靖边大将军傅尔丹屯科布多，将击准噶尔。或告曰："噶尔丹策凌以兵万授罗卜藏车凌,遣御哈萨克,设汛阿里马图沙拉伯勒境。罗卜藏车凌弃之,率户三千余由噶斯走青海,将内附。噶尔丹策凌遣宰桑乌喇特巴哈曼集等追之,为所败。复遣喀喇沁宰桑都噶尔往袭,不之及也。”傅尔丹以闻,诏副都统达鼐:“侦防噶斯路。俟罗卜藏车凌降,遣入觐,以兵监从众,置内汛,勿堕诡降计。”久之,罗卜藏车凌不至。

乾隆二十年,大军征达瓦齐,抵伊犁。有善披岭集赛之得木齐苏克都尔格齐霍什哈及古里特鄂拓克之得木齐和通喀喇博罗莽鼐、伊什克特咱玛博勒等,告旧为罗卜藏车凌属,献籍六百余户。罗卜藏车凌子曰诺尔布敦多克,游牧额琳哈毕尔噶,遣长子鄂齐尔驰降。定北将军班第遣招其族,台吉三济特闻之,献籍三百户。

丹津珲台吉子曰阿喇布坦,有子二:长噶尔丹敦多布,生沙克都尔曼济;次敦多布车凌,生明噶特。达瓦齐善沙克都尔曼济,倚任之。小策凌敦多卜孙讷默库济尔噶尔与达瓦齐构兵,沙克都尔曼济击之,歼其孥。班第等至,达瓦齐窜格登,沙克都曼尔济乃降。有班珠尔者,顾实汗裔也,与辉特阿睦尔撒纳异父同母,阴比之。前避达瓦齐乱来归,授多罗郡王,诏俟厄鲁特定,将以为和硕特汗。时从大军抵伊犁,私夺诺尔布敦多克、沙克都尔曼济诸台吉属产。班第禁之,乃稍戢。寻定入觐次,以沙克都尔曼济及班珠尔列初班,三济特、鄂齐尔次之。阿睦尔撒纳阻其行,诡称沙克都尔曼济将叛迎达瓦齐,请以班珠尔屯特穆尔图诺尔护降众,班第斥词妄。班珠尔诡入觐,赴塔密尔牧,取阿睦尔撒纳孥,谋偕遁,参赞大臣阿兰泰擒之。沙克都尔曼济入觐避暑山庄,上御澹泊敬诚殿受朝,诏封和硕特汗,授盟长,谕董所属勤养教,图生聚。三济特、鄂齐尔继至,诏授三济特扎萨克一等台吉,鄂齐尔闲散一等台吉,遣归牧。

定西将军策楞将以大兵剿阿睦尔撒纳,诏沙克都尔曼济往会,甫就道,谍者以阿睦尔撒纳据伊犁告。谕遣亲信宰桑驰谕所部备兵,勿为逆煽,而以身从大军击贼。班珠尔械至禁狱所,请遣三济特、鄂齐尔书,令和硕特众分剿阿逆。三济特既得书,言诺尔布敦多克、沙克都尔曼济皆邻牧,且族台吉玛尼巴图、巴苏泰、玛赉乌巴什、弩库特图鲁孟克、阿穆尔弩斯海、萨望等皆无异志，当以书遗之。鄂齐尔称愿归告父共剿逆，而我副将军萨拉尔集伊犁宰桑等定议，约尔布敦多克及沙克都尔曼济子图扪以兵至博罗塔拉、布尔哈苏台、闶勒奇岭剿阿睦尔撒纳。诺尔布敦多克、图扪各遣使至巴里坤告故，诺尔布敦多克表曰："臣父罗卜藏车凌，前噶尔丹策凌时谋内附，不获间。大军征达瓦齐，臣族班珠尔倚阿睦尔撒纳夺臣属，臣愿奋志剿贼。"上嘉其诚，诏封公爵，以班珠尔所夺给之。班珠尔寻伏诛。

二十一年，诺尔布敦多克来归。萨拉尔等既定谋，阿睦尔撒纳侦知之，先备。诺尔布敦多克以兵击诸伊犁之诺罗斯哈济拜牲，不胜，偕萨拉尔间道行，由珠勒都斯至巴里坤。时沙克都尔曼济抵策楞军，诏令遗书其子图扪，以兵护牧。书未达，明噶特附阿睦尔撒纳叛，胁所部众。图扪不之从，挈戚属抵珠勒都斯，请内徙，上悯之，诏封多罗贝勒，赐银千两，赏双眼孔雀翎，谕由额琳哈毕尔噶往会沙克都尔曼济。有图什墨勒厄尔哲者，从大军剿阿睦尔撒纳，中道强取诺尔布敦多克属，诏责之，察所取以归。

诺尔布敦多克及子鄂齐尔寻相继卒，诏以鄂齐尔弟博尔和津袭公爵，谕曰："诺尔布敦多克旧收哈萨克接壤，恐或掠之。若欲徙归额琳哈毕尔噶，惟其便。"沙克都尔曼济携子图扪及博尔和津等由珠勒都斯至巴里坤，乞屯牧近地，副都统雅尔哈善以闻，谕曰："沙克都尔曼齐以旧牧乏生计，跋涉远至，殊堪悯恻。准噶尔频年不靖，诸部生计维艰。然使台吉等各收其属，安处游牧，以耕畜为业，善自谋生，不数年间，可复旧业。今沙克都尔曼济等虽暂处巴里坤，究非故土，难以久远。又喀尔喀附近之和硕特、杜尔伯特、辉特等，俱将遣归旧牧，且谕令各安生业，严戢盗贼。沙克都尔曼济等自宜仍归旧牧，但甫从远道至，遽令之归，不免困顿，可令暂处巴里坤附近地，赏给粮米如户口数。"复遣使谕沙克都尔曼济及绰罗斯汗噶尔藏多尔济、辉特汗巴雅尔曰："尔等自入觐归牧后，遵朕谕旨，约束所属，守分安居，已逾一载，甚劳远念。今特遣官存问，并令赍赐食物佩饰,以示优眷。逆贼阿睦尔撒纳现窜匿哈萨克,苟延残喘。朕遣官兵征剿经年,时届寒冬,暂行撤还。第逆贼狡诈百出,倘遣人赴尔等游牧,诡计煽惑,尔等即行擒献。至沙克都尔曼济奏请游牧巴里坤附近地,已谕酌赐口粮,俟明春复赏给籽种,耕耨庚集额卜齐布拉克地,秋收后遣归旧牧。尔等其善自谋生,永享升平之福。"沙克都尔曼济寻献所部盗马者请论罪,谕曰:"厄鲁特劫夺成风,不可不严加惩创。尔等擒获窃贼,解送内地,甚属恭顺。嗣后可自治之。"复以博尔和津幼不更事,谕沙克都尔曼济留心护视,并令其族摩罗及宰桑新登等暂理牧务。

　　既而诸卫拉特复不靖,巴雅尔诡称沙克都尔曼济掠所部牧,将以兵袭巴里坤。噶尔藏多尔济及兄子扎纳噶尔布叛扰边境,有普尔普者,以其主沙克都尔曼济私通扎纳噶尔布告,诏雅尔哈善察之。时沙克都尔曼济设汛哨内防御,遣谍赴巴里坤侦大军状,子图扪死,不以告。雅尔哈善召之,称病不至,疑果叛,宵抵其营歼之,斩众四千余,察获博尔和津。奏请安置地,诏徙京师,停袭公爵。沙克都尔曼济弟桑济窜徙额尔齐斯境,掠奉使杜尔伯特之侍卫佛保驼马,佛保奋击之,乃逸。杜尔伯特汗车凌遣亲王车凌乌巴什等追剿,桑济走死,和硕特叛党始靖。

　　而其族多尔济之裔恭格等,有偕土尔扈特部游牧俄罗斯之额济勒河境者,三十六年,从土尔扈特汗渥巴锡自俄罗斯来归。寻入觐,诏封恭格为土谢图贝勒,族叔父雅兰阿穆尔聆贵为贝子,授族弟诺海及巴雅尔拉瑚一等台吉,均为扎萨克,各编一旗,赐盟名曰巴图色特启勒图,余悉如土尔扈特例。三十七年,赐牧珠勒都斯。四十年,设正副盟长各一。嘉庆二年,恭格从子博腾特克卒,无嗣。十一月,以所管佐领分给贝子鄂齐尔二,扎萨克台吉齐业齐三,乌尔图那逊一,除其爵。

　　道光六年,回疆军兴,征是部兵协剿。败回匪于阿克苏之浑巴什河,予缎疋、银两及翎顶各有差。自是回疆有事,皆偕土尔扈特兵应征调,统隶于伊犁将军。

同治三年，回乱，是部被蹂躏，户口散失大半，中路左旗扎萨克台吉喇什德勒克率余众避居博尔图山中，竭力保守。光绪三年，刘锦棠收复托克逊，喇什德勒克谒刘锦棠。八月，进兵，以后随同官军驰驱，于地势险夷，贼情虚实，水道深浅，具陈实状。师逾开都河，遂迁其部于河东。钦差大臣左宗棠请奖，疏入，予花翎。先是中旗贝子多尔那齐那木札勒、右旗扎萨克洞鲁布旺扎勒皆避出，至是始归所牧。是部佐领尚呈左宗棠，请以其两旗人众隶喇什德勒克。事寻寝。光绪八年，设喀喇沙尔直隶同知兼理事衔，厘是部蒙、民交涉事。二十二年，甘肃回匪窜出关，伊犁将军长庚檄是部贝子棍布扎普派扎萨克台吉贡噶那木扎勒统兵驻都木达塔什哈地方，扼博斯腾淖尔通罗布淖尔之径，事定，撤归。

其地出产同旧土尔扈特南部落。佐领共十一。

清史稿卷五二四
列传第三一一

藩部七

唐努乌梁海　阿尔泰乌梁海
阿尔泰淖尔乌梁海

　　唐努乌梁海,在乌里雅苏台之北,东南土谢图汗部,南赛音诺颜部,西阿尔泰乌梁海,西南扎萨克图汗部,北俄罗斯。有总管五:曰唐努,曰萨拉吉克,曰托锦,曰库布苏库勒诺尔,曰奇木奇克河。

　　康熙五十四年,扎萨克图汗部和托辉特辅国公博贝随大军赴推河防准噶尔策妄阿拉布坦,言:"准噶尔不靖,恃乌梁海障之。乞往招,若抗即以兵取。扎萨克台吉济纳弥达阿里雅及根敦罗卜藏克兵俱习战,请与同往。"上题其议,从之。九月,乌梁海头目和罗尔迈率属降。先是和罗尔迈居吹河,尝以越界射猎为博贝缚献。上宥其罪,谕还巢。至是将遣子瑚洛处纳请降。博贝至,因迁其游牧赴特斯。冬,和罗尔迈遁,博贝追至呼尔罕什巴尔,执之。五十九年,博贝擒乌梁海逃众,晋贝勒。时从征西将军祁里德军。六十年六月,议政王大臣议覆祁里德,新收乌梁海二千五百三十名,应送至巴颜诺尔克地方居住,令车臣汗等旗分派兵三百名,并派台吉协同驻扎防守。雍正二年,谕曰:"朕询贝勒博贝,管辖乌梁海何以资生。据奏在将军祁里德处借饷一万八千余两,买牲分给,各得产业,今胜于昔。所有借项,自以贝勒俸逐年扣抵。朕思乌梁海俱朕之百姓,岂有朕之百姓而借饷于朕之理？所借银两，不必扣还。谕祁德里知之。"三年，乌梁海和罗尔迈复遁，由阿哩克窜准噶尔界，博贝遣子额琳沁由托济邀擒，而自赴克木克木齐克缉叛党，诛之。

初额鲁特与喀尔喀构兵时，错处科布多、乌兰固木。噶尔丹既灭，喀尔喀西境直抵阿尔泰，自唐努山阴之克木克木齐克至博木等处，皆博贝及来归之额鲁特贝凌旺布所属乌梁海游牧。雍正四年，策旺阿拉布坦言克木克木齐克旧隶准噶尔，乞还，上不许。虑伺间略乌梁海，诏博贝率所部兵千，随前锋统领定寿驻唐努山阳特斯地方防护之。寻谕理藩院曰："朕详思克木克木齐克乌梁海皆博贝所属，和罗尔迈既已就擒，交博贝抚恤，居之公所。但念此等人向在喀尔喀边外林木中射猎为生，与准噶尔所属乌梁海接壤，又与俄罗斯连界。宜令博贝等同大臣前往晓谕，令自为预备，以防不虞。"三月，命大臣一员带布帛茶叶赏克木克木齐克地方乌梁海，并令拣老成服众之人作为首领。

雍正五年，额驸策凌等与俄罗斯订约，自恰克图、鄂尔辉图两间为界，所立之鄂博，迤西至肯哲冯达霍呢音岭、克木克木齐克之博木、沙弼纳岭。循此山梁，由正中分中划界，其两边各取五貂之乌梁海，仍令照旧各归其主，彼此各征一貂之乌梁海。自定界之日，将各取一貂之处停止。

乾隆十六年，以和托辉特扎萨克贝勒青衮咱卜纵所属人私出汛界与准噶尔回众贸易，致潜居乌梁海，夺贝勒，诏额琳沁袭其爵，定乌梁海出入汛界例。二十一年，青衮咱卜胁乌梁海叛，大兵至，皆弃去。二十五年，铸唐努乌梁海总管印给之。嘉庆二年，乌里雅苏台参赞大臣额乐春以需索乌梁海夺职治罪。道光三年，定禁乌梁海与商民贸易例，以山西民人私向乌梁海买取羊只涉讼。二十四年六月，乌里雅苏台将军桂轮劾总管垂敦扎布需索无厌，夺职。咸丰年，奏唐努乌梁海界址。

十年，与俄国定界约，是部之沙宾达巴哈实为西疆划界之第一地段。同治三年十一月，乌里雅苏台将军明谊等奏："唐努乌梁海游牧内，俄使前开议单，载唐努鄂拉达巴哈即系唐努山岭，自沙宾达巴哈界牌起，先往西，后往南。亦据该使呈绘图志，有顺萨彦山岭至奎屯鄂博所有界限地名。我国旧存图内虽无其地名，然据该使所指方向，续经库伦办事大臣文盛送雍正五年已定交界图志，名目虽殊，界限大致相似。唐努乌梁海游牧虽有被俄人包去之嫌，与西二盟游牧无碍。明年立界时，俟与麟兴、车林敦多布等妥商办理。”四年八月，麟兴等奏：“据委员岳嵩武禀报，与唐努乌梁海总管凡齐尔驰赴博果素克大坝屡勘起，沿站按图详查，行至唐努鄂拉达巴哈，核与俄国所画唐努鄂拉达巴哈边界相符。除萨彦山因无路径不能履勘，其唐努鄂拉达巴哈及边境应分之珠噜淖尔、塔斯启勒山、哈喇塔苏尔山、德布色克哈山数处，择拟立界处所，绘会勘图志呈阅。”时俄立界使臣以事不能至。九月，明谊等以军务紧急，请缓约俄使立界。

　　六年，俄人遂越界至总管迈达尔游牧内乌克果勒地方建屋种地。总理各国事务衙门照会俄使，始由库伦俄官行文令送之回国。是年，廷旨促麟兴等建立西疆毗连俄界境牌鄂博。六月，专命荣全迅与俄官会立乌里雅苏台边卡界牌鄂博。八年五月，荣全与俄使穆鲁木策夫至是部西南之赛留格木山岭会立牌博，于是月二十六日起行，顺赛留格木岭至是部西南边境尽处之博果苏克坝，立第一界牌鄂博，科城立牌博于南，俄国立牌博于西。由此向东北约十里，名塔斯启勒山，于山顶立第二牌博。又向东北约九十里，至珠噜淖尔，俄使言只就珠噜淖尔迤北数十里唐努山之察布齐雅坝止，建立鄂博，由此直向西北，统至沙宾达巴哈，路既便捷，尤易行走。荣全以俄使所指之路俱系是部游牧内地，若照俄使所议，不惟与原图大不相符，且将是部游牧包去大半，向俄使反复开导，仍如原图，于珠噜淖尔东南之哈尔根山立第三牌博。顺淖尔北岸约二十余里，至唐努山南察布齐雅坝，立第四牌博。沿唐努山南，向西过莫多图河、扎勒都伦河、乌尔图河、察罕扎克苏图河，顺喇塔苏尔海山，至沙克鲁河，转向东北约二百五十余里，至库色尔坝，系是部西方边界，立第五牌博。向西北九十余里，至唐努鄂拉达巴哈末处，过哈喇河偏西山下楚拉察水流之处，立第六牌博。向北又东，顺萨彦山过玛纳瑚河、蒙纳克河、浩拉什河，由喀喇淖尔至苏尔大坝，约一百五十里，立第七牌博。向北又东约三百六十余里，山脉连贯，直至沙宾达巴哈，于旧牌博之东山顶上立第八牌博。照原图至赛留格木山博果苏克坝上，红线以左为中国地，红线以右为俄国地。至六月二十二日竣事，而是部阿尔泰河、阿穆哈河区域皆入于俄。

光绪五年，乌里雅苏台将军以奇木齐克河总管报俄商在唐努乌梁海属建盖行栈数处，及春季以来，有俄人或三五十人或八九十人不等，在奇木齐克河北一带中唐努山内刨挖金砂，例应禁止，咨总理各国事务衙门照会俄署使凯阳德转饬边官查禁。七年五月，乌里雅苏台将军以俄人在萨尔鲁克地方居住，扎立木棚十处，附近挖过金砂大小凡一百余处，照会俄驻库领事迅饬边界官严禁。

十四年四月，乌里雅苏台将军杜嘎尔奏稍："所辖唐努乌梁海属地边外自柏郭苏克西北至沙宾达巴罕，中国设立界牌，每年夏季派员会同查阅。其岭一东一南，至乌里雅苏台，即岭之左，归中国属，载在条约。乃俄人竟于沙宾达巴罕以东，霍呢章达巴罕以西，唐努所属尔里党、萨布塔尔、都不达果勒、毕尔里克、荆格等河岸地方，前经查验过俄人挖金共四十五处，至今仍在萨布塔尔、车尔里克两处附近河岸开挖甚多。乌克、多伦两河地方，俄人明固赖等任意开垦地亩，长一千三百余广尺，宽八百二十余广尺。俄人雅固尔等于萨拉塔木、博木、额奇布拉克、多伦、乌克、车尔里克、托勒博、萨斯多克、密岗噜勒、扎库勒、哈达努额奇依斯克、木阿玛、阿克河口、吉尔噶琥河口、吉尔扎拉克等十五处建盖坚屋，南入我境至数百之多。本年派佐领荣昌等往乌梁海吉尔拉里克地方会俄官辨论挖金、盖房、种地各案，俄官一味支吾，执意不办，应由总理各国事务衙门逐件查复。"旋由总理事务衙门覆奏："请饬将军等详勘界限，研究根由，援据约章，与俄酋竭力辨论。倘彼坚执，或应知照驻俄使臣，严请外部妥筹办法，或即估给盖房之费，令从速迁徙，由将军等就近相机筹定,奏明办理。"十月,祥麟等奏覆派吉玉等由乌梁海印务处于六月自荫木噶拉泰起程,履勘车尔里克等处,往返两月有余,已将俄人在境内挖金、盖房、种地三事详细查明,缮单入告。命总理各国事务衙门照会俄使,将越界在唐努乌梁海挖金、盖房、种地之背约俄人迁回本国。

二十五年八月,乌里雅苏台参赞大臣志锐以奇木齐克河总管请给印奏入,命连顺察看情形,奏明办理。寻覆奏,以"奇木奇克河与唐努总管相隔实在千里之外,中间横亘赛音诺颜部之额鲁特扎萨克贝子达克丹多尔济所属乌梁海,遇有龃龉,文报不通,凡事转报总管,未能直达乌城。奇木奇克河实有二千一十三户,丁口已几万人。唐努总管每年勒派各情,亦所恒有。其他毗连俄界,交涉事多。既,十苏木连结恳求,是与唐努总管其心已离,两不相下,倘有事故,亦难收拾。若将数十年仰希朝廷之恩,一旦下颁,必能自固藩篱,为我屏蔽。况有东乌梁海请印在前,似难以不符体制为解,请仍赏给印信。"得旨,如所请。

二十六年,诏连顺等备边。时拳匪事起,中外人心惶惑。连顺檄唐努乌梁海总管棍布多尔济、萨拉吉克乌梁海总管巴勒锦呢玛、托锦乌梁海总管凌魁、库布苏库勒诺尔乌梁海总管克什克济尔噶勒、奇木奇克河乌梁海总管海都布调兵练团,严密举办。棍布多尔济等均能刻日成军。复筹帮军食,择要加兵防守,善待俄商,毋生边衅。二十八年十二月,连顺等再请奖叙,疏入,予克什克济尔噶勒二品顶戴,海都布二品花翎。是年连顺以"乌梁海向风沐化几二百年,直与喀尔喀蒙古无异。我国商民仍守旧规,不敢违禁潜往贸易。至俄商之在乌梁海贸易者,不计其数,建盖房屋,常年居住,每年收买鹿茸、狐、狼、水獭、猞猁、貂皮、灰鼠,为款甚巨,致乌梁海来乌城呈交贡皮时,竟至无货可以贸易。惟有变通办理,如在乌城贸易商民愿赴乌梁海贸易者,准即报官前往,仍由将军衙门照章酌给六个月限票,并严饬守卡官兵认真稽查,不准挟带违禁之物。"允之。

宣统元年,乌里雅苏台将军坤岫等以奇木奇克河总管海都布率奏本旗十苏木公拣海都布长子达鲁噶布音巴达尔琥办事勤能，众心倾服，请补总管，允之。

是部天和土腴，有灌溉之利，宜麦。有金、铜、石棉诸矿，林木亦富。达布逊山产石盐，是部全境及科布多北部皆资之。唐努、萨拉吉克、托锦三总管各有佐领四，库布苏库诺淖尔总管佐领二，奇木奇克河总管佐领十。萨拉吉克别名萨尔吉格，托锦别名陶吉，总管皆无印。库布苏库勒诺尔别名库苏古淖尔，奇木奇克河别名肯木次克，有印。此外扎萨克图汗部右翼右旗有五佐领：一在库苏古尔泊北，一在华克穆河东北，一在格德勒尔河西，一在谟什克河西，一在扎库尔河源。赛音诺颜部额鲁特贝子旗佐领十三，皆南依鄂尔噶汗山，西接阿尔泰淖尔乌梁海。哲布尊丹巴呼图克图徒众所属佐领三，西临华克穆河。

阿尔泰乌梁海，在科布多之西，东额鲁特，东南扎哈沁及布勒罕河新土尔扈特、哈弼察克新和硕特，南和博克萨里旧土尔扈特，东北杜尔伯特，北阿尔泰淖尔乌梁海。分左右翼，左翼旗四，右翼旗三。

初属准噶尔。乾隆十八年，喀尔喀扎萨克图汗等台吉达什朋素克随北路军营参赞大臣萨喇尔擒私入科布多汛之乌梁海人扎木图等。十九年正月，命萨喇尔等统兵征入卡之准噶尔属乌梁海，释北路军营诱捕之乌梁海祃木特等，令回部落。二月，准噶尔乌梁海库木来降。三月，命舒赫德赴卓克索地方会萨喇勒招抚乌梁海。寻以乌梁海徙牧额尔齐斯等地，令暂撤兵。是月，以牧抚乌梁海，移北路军营于乌里雅苏台。七月，赛音诺颜贝子车木楚克扎布暨班第、萨喇勒等击乌梁海宰桑于察罕乌苏，降之。十月，班第、萨喇勒进兵降阿尔泰居住之准噶尔乌梁海宰桑祃木特及通祃木特，收户口千余。复由阿尔泰赴索尔毕岭，进至布尔汉之察汉托辉额贝和硕地方，获宰桑库克新等。十一月，以收抚乌梁海，加和硕辉特贝勒青衮咱卜郡王衔，编设乌梁海人户旗分佐领，设授宰桑车根、赤伦、察克达总管,命库克新于额尔齐斯屯田。

二十年正月,察克达等兵至华额尔齐斯河收获包沁宰桑等。授察达克副都统,予乌梁海总管赤伦副都统衔,命招抚汗哈屯之乌梁海人众。免乌梁海等贡赋一年。二月,编察克达赤伦所属乌梁海为佐领七。三月,乌梁海宰桑都塔齐以指示投顺之人逃窜正法,命扎萨克图汗部扎萨克台吉根敦等驻防海喇图、科布多等处,管乌梁海游牧,接收降人。四月,汗哈屯地方乌梁海归顺。五月,授归顺之乌梁海宰桑图布新为总管。十月,以乌梁海出牲畜接济哈达哈西进之军,嘉赏之。二十一年三月,以阿逆煽动乌梁海,哈萨克道梗。诏哈达哈剿乌梁海叛贼。有固尔班和卓者,奇尔吉斯宰桑,携千余户潜赴乌梁海,赛音诺颜郡王车布登扎布及车登三丕勒邀擒之。六月,青衮咱卜叛,诱新旧乌梁海附已。大兵至,皆来效顺。十月,以新旧乌梁海等备兵请讨青衮咱卜,嘉赏之,授察克达内大臣。

二十二年二月,命察克达等防范准部叛贼达什车凌等逃入乌梁海。四月,以额鲁特叛贼车布登多尔济属人分给察克达等。论察克达等俘辉特贼人功,予其子侍卫赉图布慎、赤伦、洪郭尔等缎茶各有差。九月,命车布登扎布等防范阿逆等扰乌梁海。十月,以阿尔泰淖尔乌梁海内附,谕授官加赏,定察达克所属乌梁海每户岁纳二貂,给俸如内地官吏之半。十一月,克乌梁海、扎哈沁人等归还马驼。乌梁海博和勒复降,仍授总管。二十三年二月,归并乌梁海管辖人户编入之,允新旧乌梁海均于乌兰固木种地,于吹河、勒和硕等处游牧。寻命移科布多乌梁海徙就阿尔泰山阳。二十四年三月,仍命郡王车布登扎布总理乌梁海事。八月,乌梁海副都统莫尼扎布等招降鄂尔楚克人户,附入乌梁海大臣管辖,授官有差。是年,定阿尔泰山之南额尔齐斯为是部牧地。十二月,以哈萨克人掠乌梁海,谕察达克等防剿。二十五年四月,以收抚乌梁海原任总管阿喇逃散属人交察克达等兼管。乌梁海总管扎布罕疏脱贼犯,上以年幼宥之,命察达克派员协同办事。

二十六年七月,禁乌梁海私向哈萨克贸易。二十七年三月,允展乌梁海卡坐。九月，严禁阿尔泰乌梁海窃取哈萨克马匹。十月，以前经内附续逃入俄罗斯之乌梁海库克新假我乌梁海名劫掠哈萨克，命察克达等领兵捕治之。十二月，铸乌梁海左、右翼总管印，分给察达克、图克慎，销原领阿尔泰乌梁海总管印。二十八年正月，库克新就擒，戮之，以招抚人户给察克达等分辖。三十八年十二月，以新土尔扈郡王舍楞与是部散秩大臣乌尔图那逊为婚，谕乌梁海紧接俄罗斯，瑚图灵阿等嗣后详为留意。四十九年六月，给阿尔泰台站内大臣察达克辖乌梁海官兵协济银两。

　　道光十八年，以哈萨克潜阑入阿尔泰乌梁海，命乌里雅苏台参赞大臣车林多尔济领蒙兵逐之。科布多参赞大臣毓书遣科布多主事职衔哈楚曰进领兵逐入乌梁海之哈萨克依满等于乌里雅苏台。八月，追败之于沙拉布拉克。九月，又逐再入乌梁海之哈萨克，使过于库克伸阿林，予奖。十一月，车林多尔济奏前入乌梁海土尔扈特之哈萨克驱逐已净，获十余人，释之。十二月，予乌梁海副都统车伯克达什等花翎，以论驱逐潜入游牧哈萨克劳。十九年四月，哈萨克复入乌梁海，命车林多尔济复调兵逐之。八月，以阿尔泰乌梁海右翼散秩大臣达什济克巴调营未到，严议。予驱逐哈萨克妥速之阿尔泰左翼散秩大臣达尔玛阿扎拉头品顶戴，仍下部优叙。二十二年，科布多参赞大臣固庆奏："达尔玛阿扎喇时常称疾偷安，不善抚驭。所任散秩大臣管乌梁海四旗事务烦，游牧辽阔，且与俄罗斯接壤，责任綦重，请令离任，以参领唐嘎禄署之。"

　　咸丰十年，与俄罗斯定西疆界约。同治三年八月，科布多参赞大臣广凤等奏："卡伦以内阿尔泰乌梁海境内奇林河等地方十七处，有哈萨克公阿吉属下之哈济克居住。当分界未终之际，未便一旦驱逐。倘分界后，万不得已必须内迁，宜由塔尔巴哈台参赞大臣酌择地方安置。"十一月，俄人阑入是部库什业莫多及塔布图地方滋扰。明谊照会俄悉毕尔总督，先为查办来我边卡滋事官兵，俟明年两国立界大臣会同建立牌博后，再派兵驻守。四年，以伊、塔诸城回变，命设乌梁海台站，递送科城至塔城文报军饷。十二月，塔尔巴

哈台参赞大臣锡霖劾广凤裁撤乌梁海台站,致文报军饷阻滞。谕广
凤等议处,仍令复设。五年五月,塔尔巴哈台失守,领队大臣图库尔
领额鲁特兵移至是部。

七年三月,命奎昌会同俄官建立科布多毗连俄境界牌鄂博。九
月,奎昌等以俄使未到,奏俟明年会办立界。八年,奎昌与俄立界使
臣巴布阔福勘明自科布多东北边界赛留格木山适中之布果素克达
巴哈起,向西南顺赛留格木山至奎屯鄂拉,往西沿大阿尔泰山至海
留图两河之山;转往南,顺是山直至察奇勒莫斯鄂拉;转往东南,沿
宰桑淖尔之边,循喀喇额尔齐斯河岸,至玛尼图噶图勒干卡勒伦,
分为两国交。建牌博凡二十:首曰布果素克达巴哈,次曰杜尔伯特
达巴哈,曰塔布图达巴哈,曰博勒齐尔,曰察干布尔哈苏,曰乌兰达
巴哈,曰巴哈那斯达巴哈,曰萨尔那开,曰巴尔哈斯达巴哈,曰拜巴
尔塔达巴哈,曰库尔楚木,曰特勒克梯,曰固洛木拜,曰萨拉陶,曰
萨勒钦车库,曰特斯爱哩克,曰鄂里雅布拉克,曰奇音克里什,曰察
奇勒莫斯,末曰玛呢图噶图勒干。自五月二十五至七月三日竣事。
十月,命棍噶扎拉参赴阿尔泰山收集徒众,妥办安插事宜,并免是
部本年例贡貂皮。其后伊犁索伦营兵移至阿尔泰山,与塔城额鲁特
兵皆由棍噶扎拉参暂统之。十年,署伊犁将军荣全奏,以由科布多
属扎哈沁五台以西至霍博克萨里一、二千里,非就地设台,后路必
断,令乌梁海章盖等于西翼设察罕通格、托克鄂博、德格图阿满三
台,于东翼设多鲁图阿满、额尔奇赛罕、乌里雅斯三台。自是为科、
塔两城孔道。十一年,调棍噶扎拉参所部索伦额鲁特兵赴塔城。

十二年十一月,回匪窜新土尔扈特之布尔根河,扰是部境,台
站官兵纷纷逃散。乌鲁木齐领队大臣锡纶率所部民勇自阿尔泰山
南移营乌龙古河南岸,追至霍博克河下游,击破之。匪窜绥来县北
境,科布多参赞大臣保英等伤乌梁海速将军台移回原处安设。

光绪七年七月,以棍噶扎拉参在乌梁海达彦地方收抚哈萨克,
擅杀头目柯伯史之子,谕锡纶伤棍噶扎拉参即回籍。八年,俄人议
重划科、塔中俄之界,欲占哈巴河一带。科布多参赞大臣清泰等奏:

"俄人数百名突至哈巴河。查新条约内,奎峒山即阿尔泰山。任其勘改,实有关碍。"八月,阿尔泰左翼散秩大臣等复呈清泰等以"前次界划乌梁海西北境侵占已多,此次若再占哈巴河,蒙民无地自容,誓死不能退让。"谕清安、额尔庆额会商金顺、升泰妥筹。九年,额尔庆额偕参赞大臣升泰先期驰赴塞上,察边塞冲要,辨山川主名。以弃哈巴河、奎峒山二要地乌梁海、哈萨克之众均无所依,与俄官抗争,相持兼旬,改以哈巴河以西阿拉喀别河为界,得展地百三十余里,分道安设新界牌博。既峻事,额尔庆额又绕北山道大彦淖尔安插乌梁海两翼部落,以和里木图河、雅玛图、哟洛图、西里布拉克为夏季游牧,以罕达盖图河、塔里雅图、青格里河、乌龙古河为冬季游牧,而哈巴河仍由塔城置戍。以金顺奏,谕阿尔泰山乌梁海属一带游牧地方,请饬棍噶扎拉参交回安插蒙民。十二年七月,以沙克都尔扎布等奏,复催棍噶扎拉参将徒众仍回塔城。十三年,谕刘锦棠等于新疆择安插棍噶扎拉参之地。十五年二月,刘锦棠奏移棍噶扎拉参徒众于库尔喀喇乌苏属之八英沟,让还科布多借地。承化寺就近所招徒众,听留居其寺哈巴河一带。塔城自借地以来,即已派兵驻守,未便委去,俾俄人得乘便南下,从之。十八年六月,沙克都林扎布、额尔庆额、魁福会勘,奏哈巴河借地暂难归还,以塔城两次分界后,蒙、哈不敷分住,请将借地展缓三年交割。乌梁海困苦,拟令塔城哈萨克酌给牲畜,并筹安插逃户,派兵驻守,允之。其后科城屡请收回哈巴河,塔城争之,迄未决。

二十六年,边防戒严,参赞大臣瑞洵檄乌梁海每旗挑兵二百名,半马牛步,驻防本旗。事定,撤之。以乌梁海各旗保护俄商货物,安全游牧,一再请奖。二十九年闰五月,予乌梁海左右翼散秩大臣额尔克、舒诺三音博勒克均头品顶戴,左翼副都统察罕博勒克亦予奖。二十九年,塔城以哈巴城地交还科城。三十年五月,改设科布多办事大臣驻阿尔泰山,以锡恒为之,仍驻承化寺。三十二年七月,定阿尔泰练陆军马队一、标炮队一营,设哈巴河防营委员,及沙扎盖台至承化寺马拨十六处,每处设蒙古马兵五名,马十匹。开办承化寺、库克、呼布克木、哈巴河四处屯牧，建城署房屋，拨常经年费十三万两，开办经费三十一万两有奇。十二月，是部七旗划隶阿尔泰。三十四年四月，锡恒奏停办布伦托海上渠，下渠距水较近，拟再试种一年，奇克官木官屯暂拨民办。宣统三年二月，署办事大臣延年奏开距承化寺七十里之红墩渠，安插农民，下部知之。

地兼耕牧，有矿，有盐。是部有佐领七，副都统暨左右翼散秩大臣均兼一旗总管。卡伦自再划界后，南起右翼散秩大臣旗之阿拉克别克，而北曰阿克塔斯，又东北曰克杂那阿斯，曰萨斯，曰呼吉尔图布拉克，曰乌松呼吉尔图，转东曰胡布苏，讫罗盖布，东北至左翼散秩大臣旗之霍洞淖尔止，凡八卡伦。山之著者：西吉克图山、亥拉图山、霍穆达山、哈喇温尔常山。水之著者：察罕西鲁河、萨格赛河、萨克布多河、青格里河、额尔齐斯河。

阿尔泰淖尔乌梁海，在科布多之西北，东唐努乌梁海，南阿尔泰乌梁海，西与北均俄罗斯。

初属准噶尔。乾隆二十二年九月，赛音诺颜扎萨克贝勒车布楚克札布招抚阿尔泰山乌梁海。有特勒伯克扎尔纳克者，阿尔泰淖尔之乌梁海宰桑，携属至。诏车木楚克扎布定贡赏例，宣示德意。十二月，授阿尔泰淖尔乌梁海宰桑特勒伯克等为总管。二十三年秋，乌梁海总管阿拉善、恩克等叛，车木楚克扎布剿阿拉善等，就擒。恩克窜哈屯河，冬，擒之。寻定是部为二旗，各设总管一，岁贡貂皮如例，隶科布多参赞大臣。道光中，查边之政渐弛，俄人始筑城于是部之吹河，我查边界鄂博者往往不至其地。

咸丰十年，定西疆界约，俄国划界清单遂将是部包去。同治六年七月，科布多参赞大臣广凤等奏俄雅什达喇城衙门给阿尔泰淖尔两旗总管文，言阿尔泰绰尔、绰罗什拜、巴什库斯、吹河均系俄罗斯游牧。如有人言系中国游牧，拏送俄城。又俄人来绰罗什拜地方伐木，已饬总管察罕等善言开导，静候两国分界大臣将疆界议定换约，立界后，再按照所分界限遵行，此时不可伐木盖房，致滋事端。

时俄国官兵执去我查阅哈屯河扎萨克扎那扎布及台吉差官、蒙古员兵等,阻我查边道路,称是部游牧为俄国地面,不许中国人往来。十月,阿尔泰淖尔总管莽泰等报俄官取莽泰旗下一百四十余人及总管察罕旗下二百四十余人手印。九月,明谊、锡霖、博勒果索与俄分界大臣照议单勘分西界,是部地遂非清有。初议迁是部诚心内附者于卡内,而总管莽泰等言两旗人丁祈全入卡内住牧。广凤等谕以"所被俄国分去地面旧住人丁,随地归为俄国,务令安居故土,各守旧业,立界后断不致仍前扰害。"随令莽岱等出卡回牧,并内徙之议亦辍。

是部有佐领四。

清史稿卷五二五
列传第三一二

藩部八

西 藏

　　西藏，《禹贡》雍州之域。汉为益州沈黎郡徼外白狼、乐木诸羌地。魏、隋为附国、女国及左封、昔卫、葛延、春桑、迷桑、北利、模徒、那鄂诸羌地。唐为吐蕃，始崇佛法。既而灭吐谷浑，尽臣羊同、党项诸羌，西邻大食。幅员万余里。唐末衰弱，诸部分散。

　　宋时，朝贡不绝。元世祖时，置乌思藏、纳里、速古、鲁孙等三路宣慰司，都元帅府，仍置管民万户诸官抚辑之。以吐蕃僧帕克斯巴为大宝法王、帝师，嗣者数世。弟子号司空、国公，佩金玉印者甚众。

　　明洪武年，以摄帝师纳木嘉勒藏博为炽盛佛宝国师，给玉印。置乌斯藏指挥司及宣慰司、招讨司、万户诸官，多沿元旧，以元国公纳木喀斯丹拜嘉勒藏等领之。寻改乌斯藏为行都指挥司，以班竹儿藏为乌斯藏都指挥使，自下皆令世袭。未几，改乌斯藏俺不罗卫为行都指挥司。永乐中，增置乌斯藏牛儿宋寨行都指挥司及必里、上邛部二卫，复分封番僧为大宝法王、大乘法王、大慈法王、阐教王、阐化王、辅教王、赞善王、护教王，凡八王，比岁或间岁朝贡。宣德、成化间，又累加封号。其地有僧号达赖喇嘛，居拉萨之布达拉庙，号前藏；有班禅喇嘛，居日喀则城之扎什伦布庙，号后藏：番俗崇奉又在诸番王之上。西藏喇嘛旧皆红教，至宗喀巴始创黄教，得道西噶勒丹寺。时红教本印度之习，娶妻生子，世袭法王，专指密咒，流极至以吞刀吐火炫俗，尽失戒定慧宗旨。黄教不得近女色，遗嘱二大弟子，世以呼毕勒罕转生，演大乘教。呼毕勒罕者，华言"化身"。达赖、班禅即所谓二大弟子，达赖译言"无上"，班禅译言"光显"。其俗谓死而不失其真，自知所往，其弟子辄迎而立之，常在轮回，本性不昧，故达赖、班禅易世互相为师。其教皆重见性度生，斥声闻小乘及幻术小乘。当明中叶，已远出红教上。

达赖第一辈曰罗伦嘉穆错，吐蕃赞普之裔，世为番王。二十岁至前藏，宗喀巴以为大弟子。年八十四。第二辈曰根登嘉木错，在后藏札朗转世，登布达拉、色拉、扎什伦布讲经之坐。年六十七。三辈曰锁南嘉木错，为达赖中最著名者。置第巴，代理兵刑赋税。弟子称呼图克图，分掌教化。时黄教尚未行于蒙古。元裔俺答兼并诸部，侵掠中国，用兵土伯特，收阿木多、喀木康等部落。年老厌兵，纳其侄鄂尔多斯部硕克济农谏，往迎达赖，劝之东还。自甘州移书张居正，求通贡馈。万历年，遂纳锁南嘉木错之贡，予封赍。达赖应俺答之迎，至青海，为言三生善缘。诸台吉言："愿自今将涌血之火江，变溢乳之静海。"俺答许立庙，一在归化城，一在西宁，于是黄教普蒙古诸部。而藏中红教之大宝、大乘诸法王，皆俯首称弟子，改从黄教。化行诸部，东西数万里，熬茶膜拜，视若天神，诸番王徒拥虚位，不复能施号令。年四十七。四辈曰荣丹嘉穆错，年二十八。五辈曰阿旺罗布藏嘉木错。

初，西藏其俗称国曰图伯特，亦曰唐古特。自达赖、班禅外有汗，则蒙古部长为之。时藏之藏巴汗与达赖所用第巴不协。额鲁特部和硕汗者，名图鲁拜琥，元太祖弟哈布图哈萨尔十九世孙也。后兼并唐古特四部，改号顾实汗。以青海地广，令子孙游牧，而喀木、康输其赋。卫地则第巴奉达赖居之，藏地则藏巴汗居之，第巴桑结与藏巴汗不相能，谓其虐部众、毁黄教，乞师于顾实汗翦灭之。顾实汗遂以藏地居班禅，留长子鄂齐尔汗辖其众，次子达赍巴图尔台吉佐之，皆崇德年事也。

　　先是天聪年间，大兵取明之东省，天现明星祥瑞，顾实汗曰：
"此星系大力汗之威力星。由是观之，非常人也。"于是遝迻蒙古共
道太宗文皇帝为和尔摩斯达额尔德穆图博克达撒辰汗。迨崇德二
年，奏请发币使延达赖。四年，遣使贻土伯特汗及达赖书，谓"自古
所制经典，不欲其泯灭不传，故遣使敦请"云。嗣以喀尔喀有违言，
不果。顾实汗复致书达赖、班禅、藏巴汗，约共遣使朝贡。达赖、班
禅及藏巴汗、顾实汗遣伊喇固散胡图克图等贡方物，献丹书，先称
太宗为曼殊师利大皇帝。曼殊者，华言"妙吉祥"也。使至盛京，太
宗躬率王大臣迓于怀远门。御座为起，迎于门阈，立受书，握手相
见，升榻，设座于榻右，命坐，赐茶，大宴于崇政殿。间五日一宴，命
王、贝勒以次宴。留八阅月，乃还。八年，报币于达赖曰："大清国宽
温仁圣皇帝致书于金刚大士达赖喇嘛。今承喇嘛有拯济众生之志，
欲兴扶佛法，遣使通书，朕心甚悦，兹恭候安吉。凡所欲言，令察罕
格龙等口授。"复贻书于班禅及红帽喇嘛济东胡图克图等，亦如之。
是为西藏通好之始。于是阐化王及河州弘化、显庆二寺僧，天全六
番，乌斯藏董卜、黎州、长河西、鱼通、宁远、泥溪、蛮彝、沈村、宁戎
等土司，庄浪番僧，先后入贡，献前明敕印，请内附矣。

　　明年，世祖定鼎燕京，混一宇内。顾实汗复奏："达赖功德无量，
宜延至京，令其讽诵经咒，以资福佑。"乃遣使往迎。顺治四年，达
赖、班禅各遣使献金佛、念珠，表颂功德。五年，遣喇嘛席喇布格隆
等赍书存问达赖，并敦请之。达赖覆书，许于辰年朝觐。九年十月，
达赖抵代噶，命和硕承泽王硕塞等往迎。十二月，达赖至，谒于南
苑，宾之于太和殿，建西黄寺居之。达赖寻以水土不宜，告归，赐以
金银、缎币、珠玉、鞍马慰留之。十年二月，归，复御殿赐宴，命亲王
硕塞偕贝子顾尔玛洪、吴达海率八旗兵送至代噶，命礼部尚书觉罗
朗珠、理藩院侍郎达席礼赍金册印，于代噶封达赖为西天大善自在
佛所领天下释教普通瓦赤喇怛喇达赖喇嘛。达赖归，兴黄教，重建
布达拉及前藏各寺院六十二处，又创修喀木、康等处庙，计三千七
十云。

是时顾实汗先卒,达赖又年老,大权旁落于第巴桑结。桑结诡遣内安岛人冒阐化王贡使,实则阐化王久经残破,废为喇嘛,而屡次进贡仍书王名,并请换敕印。廉得其实,斥之。吴三桂王云南,岁遣人至藏熬茶。康熙十三年,三桂反,诏青海蒙古兵由松潘入川。桑结使达赖上书尼之,且代三桂乞降。及大兵围吴世璠于云南,世璠割中甸、维西二地乞援于藏,其书为贝子章泰军所获。朝廷但驻守中甸,未深问也。康熙二十一年,在布达拉寺圆寂,年六十二。

当五世达赖之卒也,第巴桑结以议立新达赖故,与拉藏汗交恶。桑结既以己意立罗布藏仁青策养嘉错为六世达赖,乃秘不发丧,伪言达赖入定,居高阁,不见人,凡事传达赖命行之,自是益横。既祖准噶尔以残喀尔喀蒙古,复唆准噶尔以斗中国。又外构策妄阿拉布坦,内哄拉藏汗,遂招准兵寇藏之祸。凡西北扰攘数十年,皆第巴一人所致。

噶尔丹者,亦四额鲁特之一,曾入藏为喇嘛,与第巴昵。归篡其汗,自言受达赖封为准噶尔博硕克图汗,又喀尔喀蒙古以入藏隔于额鲁特,乃自奉宗喀巴第三弟子哲卜尊丹巴胡图克图之后身为大胡图克图,位与班禅并,凡数十年矣。至喀尔喀车臣汗与土谢图汗构兵,圣祖遣使约达赖和解之。桑结奏使噶尔丹西勒图往。蒙语喇嘛坐床者为“西勒图”,达赖大弟子也。而哲卜尊丹巴胡图克图亦奉诏莅盟坛,与噶尔丹西勒图抗礼。噶尔丹使其族弟随之观衅,因责喀尔喀待达赖无加礼,诟责之,为土谢图汗所杀。噶尔丹遂以报仇为名,袭侵其部落。喀尔喀集众议投俄罗斯与投中国孰利,哲卜尊丹巴曰:“俄罗斯持教不同,必以我为异类,宜投中国兴黄教之地。”遂定计东走。圣祖申命桑赖遣使罢兵。桑结使济隆胡图克图往,反阴嗾之。二十九年,遂入寇漠南,我兵败之乌兰布通。噶尔丹托济隆代乞和,顶威灵佛,立誓而遁。桑结内惭,乃托达赖意,合青海蒙古及额鲁特各台吉上尊号,圣祖不受,诏曰:“朕兴达赖,期于抚育众生,而所遣堪布等故违意旨,以致噶尔喀、额鲁特两伤。如能令其修和,朕方欲加达赖嘉号,此皆任事行人不能仰副朕心及达赖意,致喀尔喀残破，额鲁特丧败，朕心实为隐痛，复何尊号之可受乎！来使贡物其发还！"屡遣京师喇嘛入藏探之。三十四年，达赖入贡，言己年迈，国事决第巴，乞锡封爵。诏封第巴桑结为土伯特国王。

三十五年，圣祖亲征噶尔丹，至克鲁伦河。噶尔丹败窜，慰其部下曰："此行非我意，乃达赖使言南征大吉，是以深入。"上谓达赖存必无是事，乃遣使第巴桑结书曰："朕询之降番，皆言达赖脱缁久矣，尔至今匿不奏闻。且达赖存日，塞外无事者六十余年，尔乃屡唆噶尔丹兴戎乐祸，道法安在？达赖、班禅分主教化，向来相代持世。达赖如果厌世，当告诸护法王，以班禅主宗喀巴之教。尔乃使众不尊班禅而尊己，又阻班禅进京，朕欲和解准噶尔部，尔乃使有亏行之济隆以往。乌兰布通之役，为贼军卜日诵经，张盖山上观战，胜则献哈达，不胜又代为讲款，以误我追师。繄尔祖庇噶尔丹之由，今为殄灭准夷告捷礼，以噶尔丹佩刀一及其妻阿奴之佛像一、佩符一，遣使赍往，可令与达赖相见，令班禅来京，执济隆以畀我。如其不然，朕且檄云南、四川、陕西之师见汝城下。汝其纠合四额鲁特人以待，其毋悔！"

桑结惶恐，明年密奏言："为众生不幸，第五世达赖于壬戌年示寂，转生静体，今十五岁矣。前恐唐古特民人生变，故未发丧。今当以丑年十月二十五日出定坐床，求大皇帝勿宣泄。至班禅，因未出痘，不敢至京。济隆，当竭力致之京师。乞全其身命戒体，并封达赖临终尸盐拌像。"圣祖许为秘之，待十月宣示内外。而第巴使者归，途遇策妄阿拉布坦会擒噶尔丹之兵，复宣言："达赖已厌世，尔部落兵毋得妄行。"策妄阿喇布坦哭而归。圣祖以第巴始终反覆持两端，乃追还其使，传集各蒙古，宣示密封，则像首已堕，第巴使惊仆于地。

桑结忌策妄阿喇布坦尽收准部故地，致噶尔丹无所归，奏防其猖獗，而策妄阿喇布坦亦奏第巴奸谲，及所立新达赖之伪，欲藉词侵藏。圣祖以二人皆叵测，不之许也。四十四年，桑结以拉藏汗终为己害，谋毒之，未遂，欲以兵逐之。拉藏汗集众讨诛桑结，诏封为翊法恭顺拉藏汗,因奏废桑结所立达赖,诏送京师。行至青海,道死,依其俗,行事悖乱者抛弃尸骸。卒年二十五。时康熙四十六年也。论者谓达摩创法震旦,有一花五叶之谶,至六世启衣钵之争,故六祖不复传衣钵,与宗喀巴至第六世达赖之事若一辙。天数所极,佛法不能违,而况第巴诈伪出之,以尊己擅权,卒酿拉藏汗、准噶尔相寻之祸。

七辈罗布藏噶尔桑嘉穆错于康熙四十七年在里塘转世,生有异表,右臂纹如法轮。七岁与众喇嘛谈经,均莫能难,盖有夙慧也。五十三年,蒙古诸台吉等遣兵取道德格,迎至青海坐床。初拉藏汗既奏废罗布藏仁青策养嘉穆错,别立博克达山之呼毕勒罕阿旺伊什嘉穆错为达赖,闻其名忌之,将以兵戕之,其父索诺木达尔扎襁负走,乃免。青海众台吉以不辨真伪争,诏遣官率青海使人往视。拉藏汗奏:“前解伪达赖时,曾奉旨寻真达赖,访得博克达山胡毕勒罕,以班禅言坐床。”廷议以呼毕勒罕尚幼,俟再阅数年给封,又以拉藏汗与青海台吉不睦,遣侍郎赫寿协理藏务。是为西藏设官办事之始,然犹不常置也。四十九年,班禅、拉藏汗会同管理藏务赫寿奏:“阿旺伊什嘉穆错熟谙经典,青海台吉信之,请给册印。”诏依其请。而青海实不之信,与藏中所奏互相是非。圣祖恐其构衅,诏罗布藏噶尔桑嘉穆错徙至京,不果行。复令送红山寺,继请送西宁宗喀巴寺。青海贝勒察罕丹津等复尼之,且以兵胁异己者。诏大兵护送,乃居宗喀巴寺。圣祖以拉藏汗年近六旬,一子青海驻扎,一子策妄阿喇布坦就婚,恐托词爱婿,羁留不归,势颇孤危。况自杀第巴,彼处人难保不生猜忌。额鲁特秉性多疑,又甚疏忽,倘事出不测,相隔万里,救之不及。谕令深谋防范。

五十六年,策旺阿喇布坦遣台吉策零敦多布等率兵六千,徒步绕戈壁,逾和阗南大雪山,涉险冒瘴,昼伏夜行,赴阿里克,扬言送拉藏汗长子噶尔丹忠夫妇归。拉藏汗不知备,贼至达木始觉,偕仲子索尔扎拒,交战两月,不敌,奔守布达拉,始来疏乞援。贼诱噶卜伦沙克都尔扎卜,将小招献降,唐古特台吉纳木扎勒等开布达拉北城入，戕拉藏汗，拘其季子色布腾及宰桑等，搜各庙重器送伊犁，禁阿旺伊什嘉穆错于扎克布里庙。索尔扎率兵三十人溃走，为所擒，其妻间道来奔，诏优养之。

西安将军额伦特率西宁、松潘、打箭炉、噶斯丹，会同青海诸台吉及土司属下赴援，至喀喇河，遇伏，败殁。贼复诱里塘营官喇嘛归藏，于是巴塘、察木多、乍雅、巴尔喀木皆为所摇惑矣。寻诏都统法喇移打箭炉兵屯里塘护呼毕勒罕，复令索诺木达尔扎传谕营官喇嘛，将抗不就抚者诛之，传檄巴塘、察木多、乍雅各籍其土及民数，遂进屯巴塘。策凌敦多卜惧，返所掠。而兵自巴尔喀木归，言唐古忒有瘴疠，浮肿，难久处，青海蒙古皆惮进藏，恐愚达赖奏可随地安禅，兴大兵恐扰众。王大臣惩前败，亦皆言藏地险远，不决进兵议。圣祖以西藏屏蔽青海、川、滇，若准夷盗据，将边无宁日。且贼能冲雪缒险而至，何况我军。策凌敦多卜闻我师至，自必望风远遁。俟定立法教后，或暂留守视，或久镇其地。唐古特众皆为我兵，准夷若再至，以逸待劳，何难剿灭。安藏大兵，决宜前进，诏封罗卜藏噶尔桑嘉穆错为宏法觉众第六辈达赖喇嘛。命皇十四子允禵为抚远大将军，屯青海之木鲁乌苏治军饷，平逆将军延信出青海，定西将军噶尔弼出四川，两路捣藏。藏人亦知青海达赖之真，藏中旧立之赝，合词请于朝，乞拥置禅榻，诏许给金册印。于是蒙古汗、王、贝勒、台吉，各自率所部兵，或数百，或数千，随大兵扈从达赖入蒙。

策零敦多布由中路自拒青海军，分遣其宰桑以兵三千六百拒南路。将军噶尔弼招抚里塘、巴塘番众，进至察木多，夺洛隆宗嘉玉桥之险。旋奉大将军檄，俟期并进。噶尔弼恐期久粮匮，用副将岳钟琪以番攻番计，招土司为前驰，集皮船渡河，直捣拉萨，降番兵七千。宣谕大小第巴及喇嘛，封达赖仓库，分兵寨险，扼贼饷道。而青海亦三败其中途劫营之贼，斩俘千计。额鲁特进退受敌，遂大溃，不敢归藏，由克庇雅北窜，崎岖冻馁，得还伊犁者不及半。

五十九年九月十五日，达赖至布达拉坐床，出阿旺伊什嘉穆错于禁所，发回京师废之，尽诛额鲁特喇嘛之助逆者。留蒙古、川、滇兵四千，命公策旺诺尔布总统戍藏，额驸阿宝、都统武格参赞军务。以藏遗臣空布之第巴阿尔布巴首向效顺，同大兵取藏，阿里之第巴康济鼐截击准噶尔回路，俱封贝子。隆布奈归附，授辅国公，理前藏务，颇罗鼐授扎萨克一等台吉，理后藏务，各授噶卜伦。于是里塘所属之上下牙色，巴塘所属之桑阿、坝林、卡石等番，次第归顺。郭罗克之吉宜卡、纳务、押六等寨先后剿抚矣。

雍正元年，召回允禵等，撤驻藏防兵，设戍于察本多。二年，青海喇嘛助罗卜藏丹津之叛，青海诸寺喇嘛众各数千，群起骚动。章嘉胡图克图之呼毕勒罕拒战于郭隆寺，察汗诺们汗亦党贼助战。石门寺喇嘛阳称投顺，阴肆劫掠，夹木烂堪布将窜藏，年羹尧等讨平之。世宗谓"玷辱宗门，莫斯为甚"。乃收各寺明国师、禅师印，并定庙舍毋逾二百楹，众毋逾三百人。

五年七月，阿尔布巴、隆布奈、扎尔鼐恃与达赖姻，争贝子康济鼐之权，聚兵害之。欲投准噶尔。诏吏部尚书查朗阿率川、陕、滇兵万有五千进讨。未至，而台吉颇罗鼐率后藏及阿里兵九千，自潘玉口至喀巴，先遣兵千余冲破喀木卡伦，与隆布奈兵交绥。夜，西藏斥堠俱归顺，颇罗鼐即率兵直抵拉萨。驻藏大臣马喇、僧格往布达拉护达赖，各寺喇嘛将阿尔布巴等擒献送马喇所。查朗阿至，诛首逆及其孥。诏以颇罗鼐为贝子，总藏事。赐犒兵银三万两。留大臣正副二人，领川、陕兵二千，分驻前后藏镇抚，是为大臣驻藏三年一代之始。收巴塘、里塘隶四川，设宣抚司治之。中甸、维西隶云南，设二厅治之。

是年策妄阿喇布坦死，子噶尔丹策零立，请赴藏熬茶，又声言欲送还所虏拉藏汗二子。诏严兵备之，移达赖于里塘之惠远庙。八年，迁于泰宁，护以兵千。每年夏初，西藏官兵赴防北路腾格里海之隘，以备准夷，冬雪封山，撤兵。盖通准夷之路有三：其极西由叶尔羌至阿里，中隔大山，迂远易备；其东路之喀喇河又有青海蒙古隔之；中路之腾格里海逼近卫地，故防守犹要。并以颇罗鼐子珠尔默特策布登统阿里诸路兵，保唐古特，授为扎萨克一等台吉。追念康济鼐前勋无嗣，以其兄噶锡鼐色布登喇布阵亡阿里，封其子噶锡巴纳木札勒巴布腾为辅国公，寻授噶布伦。达赖之父索诺木达尔扎亦为辅国公。晋颇罗鼐贝勒。十年，拉达克汗德忠纳木札纳奏："臣理国事，尊释教，侦准噶尔情辄以告。"优诏答之。准噶尔请和，诏果亲王偕章嘉胡图克图送达赖由泰宁归藏，减戍藏兵四之三。章嘉胡图克图为达赖请巴塘、里塘还前藏，以其为达赖所降生，诸土司建寺安禅，制最宏丽也。诏以其地商税年银五千两赐之，地仍内属。

乾隆四年，以颇罗鼐勤劳懋著，预保子袭郡王爵。颇罗鼐子二：长珠尔默特策布登，病足；次珠尔默特纳木札勒。兄弟互让，而颇罗鼐爱少子，请以次子为长子，允之。又嘉长子之让，诏封镇国公，仍镇守阿里。颇罗鼐善服众，为诸噶卜伦所敬事。有绥奔喇嘛扎克巴达颜者，书其名瘗诅之。事觉，颇罗鼐欲弭变，轻议其罪。十一年，温谕嘉奖，谓："镇压左道不足患，其偕达赖协辑唐古特众。"准噶尔使再入藏熬茶，驻藏副都统傅清等遣员率喀拉乌苏兵监视。颇罗鼐以暴疾亡，以珠尔默特纳木札勒袭爵兼理噶卜伦，以班第达协理藏务。世宗恐其少不更事，未能服众，或以绥奔喇嘛扎克巴达颜故，与达赖构隙，不肖众起而间之，不无滋事虞，谕传清留意体察，而卒有乾隆十五年珠尔默特纳木札勒之变。

时准噶尔台吉策妄多尔济纳木札纳复遣使赴藏熬茶，入寺诡避痘，以已卒守门，不令官兵从。诏以准噶尔狡甚，饬严防，虽归巢，勿稍忽。而珠尔默特纳木札勒以驻藏大臣不便于己，乘机奏藏地静谧，请撤驻防兵。廷议以不从撤兵请，适足滋疑，不如示之信，诏可。谕达赖勿令准噶尔入藏，虽固请弗允。珠尔默特纳木札勒又诡称准噶尔袭唐古特，至硕翁图库尔，遣兵备喀拉乌苏，徙达木番众。不数旬，扬言准噶尔至阿哈雅克，自率兵往备。驻藏提督索拜遣旺对赴喀拉乌苏备之。比至，无踪。有诏撤喀拉乌苏兵及达木番归牧，勿惑众。初，郡王颇罗鼐以女妻班第达，至是班第达察珠尔默特纳木札勒有逆志，不之附。珠尔默特纳木札勒恶之，夺其孥。驻藏副都统纪山劾珠尔默特纳木札勒妄戾，请檄其兄协理藏务。高宗不允，谕纪山善导之，勿露防范迹。己而珠尔默特纳木扎勒以珠尔默特策布登布发阿里兵扰藏告，盖计陷之也。因谕傅清曰："珠尔默特纳木扎勒年幼躁急，性好滋事。若果无他故，兄欲进兵至藏，是特兄弟互相侵犯耳。若其兄并无此事而造言诬构，则宜相机办理。"

十五年，珠尔默特纳木扎勒以兵戕其兄珠尔默特策布登于阿里，诡以兄暴疾闻，请收葬，并育兄子。时其兄子朋素克旺布及珠尔默特汪扎勒皆居后藏。珠尔默特纳木扎勒以兵往戕朋素克旺布，阳称逃亡。珠尔默特旺扎勒依班禅为喇嘛，乃免。傅清、拉布敦以珠尔默特纳木扎勒携兵离藏告。盖是时珠尔默特纳木扎勒既袭杀其兄，复通书馈物准噶尔，请兵为外应，私携炮至后藏，诬籍噶卜伦班第达及第巴布隆赞等旋达木，距前藏三百余里，拥众二千余不归。奏至，诏俟副都统班第自青海赴藏讨罪，复谕四川总督策楞、提督岳钟琪驰兵往会。而贼势猖獗，驿道梗塞，军书不通者旬日。傅清偕拉布敦计，不急诛，必据唐古特为变，召珠尔默特纳木扎勒至，待诸楼。甫登，起责其罪曰："尔违天子令，且忘尔父！无君无父，罪不可赦！"傅清趋前扼其臂，拉布敦拔佩刀刜之，谕胁从罔治。有罗卜藏扎什者，趋下呼贼，千余突至，聚围楼，集藁焚。达赖遣番僧往护，不得入，傅清、拉布敦死之。上嘉悯傅清等靖逆遇害，均追赠一等伯，特建双忠祠以祀。班第达奔守达赖，集兵拒逆。即命班第达以辅国公摄噶卜伦，分其权，而总其成于达赖。设噶布伦四、戴琫五、第巴三、堪布三，分理藏务，隶驻藏大臣及达赖辖。增驻防兵千有五百戍藏。以达木番归驻藏大臣辖，视内地例，设佐领、骁骑校各职。并于准噶尔通藏隘设汛严防。二十二年，荡平伊犁，始永无准夷患。是年，达赖在布达拉圆寂，时年五十。

八辈罗布藏降白嘉穆错摆桑布，于乾隆二十三年在后藏拖结热拉冈出世。二十七年，迎至布达拉坐床。三十年，由班禅垫伊喜传授小戒。三十三年，亲至前藏攒招，随登色拉、布赍绷、噶勒丹三大寺讲经之座。四十二年，由班禅传授格隆大戒。四十六年，颁给敕书、金册、金印，赏达赖之兄索诺木达什辅国公。四十八年，颁玉册、玉印,凡遇国家庆典准其钤用,其寻常奏书文移仍用原印。

五十三年,廓尔喀侵犯藏境。初,第六辈班禅之殁,及京归舍利于藏也,凡朝廷所赐赉,在京各王公及内外各蒙边地诸番所供养,无虑数十万金,而宝冠、璎珞、念珠、晶玉之钵、镂金之袈裟,珍宝不可胜计。其兄仲巴呼图克图悉踞为己有,既不布施各寺,番兵、喇嘛等亦一无所与。其弟玛尔巴垂涎不遂,愤唆廓尔喀籍商税增额、食盐糌土为词,兴兵扰边。唐古特私和廓尔喀,朝廷所遣之侍卫巴忠、成都将军鄂辉、总兵成德等实阴主其议,令堪布等许岁币万五千金,于是廓尔喀饱扬而去。巴忠等以贼降饰奏,讽廓尔喀噶箕入贡,受封国王。五十四年七月,廓尔喀遣人至藏表贡,并致驻藏大臣书,请如前约。鄂辉恐发觉私许之款,屏不奏。次年,藏中币复爽约。

五十六年七月,廓尔喀复大入寇,占据聂拉木,诱执噶布伦丹津班珠尔以归。八月,复占据济咙。保泰等迁班禅于前藏。廓匪进扰萨加沟,遂至扎什伦布,仲巴呼图克图遁。九月,都司徐南腾坚守官寨,廓匪大掠扎什伦布财物以归。巴忠扈从热河,闻变,沉水死。鄂辉、成德奉命赴藏剿御,皆逗留不进。

十月,保泰等请移达赖、班禅于泰宁,上严斥之,而嘉达赖之拒其议。命嘉勇公福康安为将军、超勇公海兰察为参赞大臣,率索伦、达呼尔兵及屯练土兵进讨。其军饷则藏以东,四川总督孙士毅主之;藏以西,驻藏大臣和琳主之;济咙边外,则前督惠龄主之。五十七年正月,鄂辉等始复聂拉木。二月,帕克哩营官率番兵收复哲孟雄、宗本地方。是月,陷寇之第巴博尔东自阳布回藏。唐古特私许岁币事觉,诏以保泰、雅满泰隐匿不奏,革责枷号。三月,授福康安为大将军,逮仲巴呼图克图于京。四月,添调川兵三千赴藏。闰四月,福康安自定安日进兵趋宗喀。五月,克擦木,复济咙。是月十五,克热索桥,遂入廓境。二十四,克胁布鲁碉卡。六月,福康安、海兰察等进攻东觉,并雅尔赛拉、博尔东拉诸处,皆克之,成德等亦攻克扎本铁索桥。六月,廓酋拉特纳巴都尔迭遣大头人乞降,送出丹津班珠尔及前俘之兵。七月,福康安攻克噶勒拉、堆补木,夺桥渡河,深入廓境七百余里,将迫其都阳布。都统衔斐英阿等阵亡。成德亦进克利底大山贼卡。廓酋复呈缴唐、廓前立合同,献所掠扎什伦布财物及沙玛尔之尸。八月,廓尔喀遣使进贡。福康安以廓尔喀屡请投诚奏入,奉旨受降。时以廓境益险,八月后即雪大封山,因允所请。于是福康安率大兵凯旋,撤回藏。议定善后章程:驻藏大臣与达赖、班禅平等;噶布伦以下由驻藏大臣选授;前后藏番归我设之游击、都司节制训练;自行设炉鼓铸银币;设粮务一员监督之。至是,我国在藏始具完全之主权。

初,达赖、班禅及各大呼图克图之呼毕勒罕出世,均由垂仲降神指示,往往徇私不公,为世诟病。甚至哲卜尊丹胡图克图示寂,适土谢图汗之福晋有妊,众即指为呼毕勒罕。及弥月,竟生一女,尤贻口实。而达赖、班禅亲族亦多营为大呼图克图,以专财利,致有仲巴兄弟争利、唆廓夷入寇之祸。而达赖兄弟孜仲、绥绷等充商卓特巴,肆行舞弊,占人地亩,转奉不敬黄教之红帽喇嘛,令与第穆呼图克图、济咙呼图克图同坐;且与众喇嘛敛取银两,并将商上物件暗中亏缺,来藏熬茶人应得路费皆减半发给,有伤达赖体制,因之特来参见者日减,殊失人心。高宗乘用兵后,特运神断,创颁金奔巴瓶,一供于藏之大招,遇有呼毕勒罕出世,互报差异者,各书名于牙签,封固纳诸瓶中,诵经三日,大臣会同达赖、班禅,于宗喀巴佛前启封制之。至扎萨克蒙古所奉之呼图克图,其呼毕勒罕亦报名理蕃院与驻京之章嘉呼图克图,或喇嘛印务处掌印制定,瓶供雍和宫,而定东科尔入官之限。

嘉庆九年十月,达赖有疾,命成都副都统文弼带医驰往看视。未抵藏,达赖已于是月在布达拉圆寂,年四十有七。八辈阿旺隆安嘉穆错摆桑布,于嘉庆十年在康巴垫曲科转世。年二岁,异常聪慧,早悟前身,奉特旨即定为呼毕勒罕,毋庸入瓶签制。十三年九月,迎至布达拉坐床,赏达赖之叔洛桑捻扎朗结头品顶戴。十八年,由班禅传授小戒。时达赖幼稚,噶卜伦乘机舞弊,将达赖庄屋侵占,并将办事人随事更换,豢贼自肥,公肆劫掠。命成都副都统文弼、西宁办事大臣玉宁驰藏查办，并究噶卜伦策拔克与成林互讦。经讯噶卜伦策拔克率意更定章程四条，以内地治理民人之法概行禁止，致邀众怨，成林挪移库款，分别斥革，发伊犁、乌鲁木齐效力赎罪。此藏事之内溃也。至外事之分乱，则廓尔喀噶箕乃尔兴戕其王，被诛。逆党热纳毕各咙窜逃至唐古特，又与披楞开战，求达赖、班祥助款。布鲁克部长曲扎曲勒请赏王爵，文弼匿不奏闻。帕克哩营官勒索其进关货物，逞凶肇衅。哲孟雄部请赏唐古特庄田，并定边界。缅甸国男妇私与藏中胡图克图文件往来。藏事已岌岌可危矣。二十年二月，在布达拉圆寂，年十一岁。

十辈阿旺罗布藏降摆丹增楚称嘉穆错摆桑布，于道光二年三月晦，奏明在大招金奔巴瓶内制定。八月，迎至布达拉坐床。遗章嘉胡图克图由京驰藏照料。奏定噶勒丹锡埒图萨玛第巴克什为正师傅，噶勒丹旧池巴阿旺念扎及荣增班第达甲木巴勒伊喜丹贝嘉木磋为副师傅。寻以传授达赖经典三年有余，其未得诺们汗之荣增班第达亦赏给诺们汗，赏达赖之父罗布藏捻扎头品顶戴。十四年，由班禅传授格隆大戒。十五年，博窝滋事生番降，设曲木多寺四品番目营官一，宿四宗、聂伊沃、有茹寺三处六品番目各一，宿木宗、普龙寺、汤堆批批三处七品番目各一。

藏西南徼外有哲孟雄者，唐古特之屏藩也。自五辈达赖以来，因其崇信黄教，归达赖管辖。乾隆五十六年驻藏大臣奏哲卜雄、作木郎二部落每与达赖、班禅通书讯，惟不听藏中调遣，归顺，复思藉天朝威势，断还六辈达赖所定旧界。经福康安等驳斥，划分边界，不能自由入藏，而夏秋之间，该部落因地方炎热，仍准其来卓木曲批避暑。于七辈达赖时，曾将唐古特界内卓木曲批迤西夺扎之庄田赏给作为养赡。历年自行征收钱粮、青稞。卓木之民常至哲孟雄往来贸易。其部长之妻亦唐古特人，常遣人赴廓部长住所。距藏仅十一站，至卓木曲批避暑处，在帕克哩以外，与藏仅隔一山，不三站，设有鄂博，并无要隘，相安无事者有年。自不准赴藏，而始有请求给地之奏，及请赏卓木雅纳绰之民，不得已有请赏给帕克哩营官之缺。

前藏商上向与后藏商卓特巴龃龉。时噶勒丹锡勒图荫玛第巴克什
尤为贪奸，不公不法，凡后藏代其陈请者，辄责其贪鄙无知。文干等
饬噶卜伦严斥，谓无妄求管理藏地所属职官民人之理，并定八年来
藏一次之限。廷臣不知详情，允之。文干等仅行文藏内文武严查，
而不敢译旨钦遵，盖恐一经宣布，部长必有理申明也。而其部长每
岁渎请赴藏熬茶及入藏避暑如故。迨道光四年，松廷等始将前奉谕
旨专札明示，并随时严行驳饬。五年，班禅据报详情，谓："哲孟雄部
长楚普郎结诉称自不准赴界，上年人民病毙者一千有余。再达赖坐
床已逾数年，各部落俱得赴藏朝见，而旧所属之人独抱向隅，实无
面目见其部民。"于是始准其暂居避暑，仍令帕克哩营官防范稽查。
在当时文干误听前藏一面之词，不查实情，率行具奏。文干等既知
困难，有失字小之道，而犹迁就其词，准其来藏熬茶一次，盖以准噶
尔视哲孟雄。而哲孟雄离心离德，甘为印度属地，至有捻都纳之败，
而西藏之门户洞开矣。十七年，在布达拉圆寂，年二十二。

第十一辈阿旺改桑丹贝卓密凯珠嘉穆错，于道光十八年九月
朔在噶达转世。二十一年五月，奏明在金奔巴瓶内制定，由班禅披
剃授戒，赏其父策旺顿柱公爵。十月，拉达克部落勾结生番占踞藏
境一千七百余里，夺据达坝、噶尔及杂仁三处营寨。经驻藏大臣派
戴琫等率兵攻剿，并将矛手番兵改挑枪兵，收复补仁营寨。又噶尔
布伦等带兵四百夹攻，珍毙森巴及拉达克大小头目四十余、贼匪二
百余，拉达克头人八底部长乞降，公禀投归唐古特商上，愿缴所占
凡、汤及达坝、噶尔四处营寨，并准堆噶尔本挖金番民酌定五百名，
由前后藏番民内择精壮派往充当金夫，派戴琫一、如琫二、甲琫二，
定驻守，教习技艺。二十二年四月，由前藏迤东日申寺迎至布达拉
坐床。二十四年，以济咙呼图克图阿旺罗布藏丹贞嘉木错为正师
傅，以降孜曲结喇嘛罗布藏冷竹布为副师傅。

驻藏大臣琦善奏参噶勒丹锡埒图萨玛第巴克什诺们汗阿旺扎
木巴勒楚勒齐木巴什擅作威福，贪黩营私，所有被控各款，讯拟结
奏闻。经理蕃院议得："已革诺们汗阿旺扎木巴勒楚勒齐木巴什，洮

州夷僧,本系入册档一微末喇嘛,自其前辈历受三朝重恩,在雍和宫传经,旋命赴藏坐宗喀巴床,派充达赖师傅,敕封诺们汗萨玛第巴克什名号,递加衔宗翊教靖远懋功禅师,又加赏达尔汗,屡颁御书匾额以荣之,宜如何清洁潜修,公正自矢。乃竟不知守分,胆敢需索番属财物,侵占百姓田庐,私拆达赖所建房屋,擅用未蒙恩赏轿伞。更强据商产,隐匿逃人,钤用印信不在公所,进呈贡物不出己资,滥支滥取,任性听断,恣意侵凌。甚至达赖起居不能加意照料,房内服侍无人,以致达赖颈上带伤,流血不止,始则忽而不防,继且知而不问。盖当达赖受伤时,随侍只森琫一人,此森琫即为该诺们汗之随侍。近两辈之达赖,每届接办印务以前,辄即圆寂,不得安享退龄,其中情节,殆有不可问者。即放一扎萨克喇嘛,勒取财物,盈千累万,尤属骇人听闻。"诏令将历得赐衔名号全行褫革,追敕剥黄名下徒众全行撤出,庙内查封,发往黑龙江安置。所有财产,查抄变价,赔修藏属各庙宇。旋命释回,交地方严加管束。复捐输银两请回前藏,又因廓尔喀军事,请求开复回藏,均严旨不允。迨同治初元,病殁土尔扈特旗,准其留葬,不准转世。门徒二十三人,留于该旗游牧。至光绪初年,土尔扈特王复请捐输巨款,代求转世,始曲允其转世之呼毕勒罕得令为僧。

琦善寻奏改章程二十八条,又奏罢稽查商上出入及训练番兵成例。故事,商上出入所有一切布施金银,均按季奏报。自琦善奏定后,而中国御藏之财权失。又驻藏大臣及兵丁俸饷,向由福康安在廓尔喀经费内拨交商上生息,以资公用。及琦善议改章程,将生息收销,一切由商务供给。迨后中国驻藏一切开支,藏人渐吝供给。而不知当日实有资本发商生息,并非向商上分肥。总之,乾隆所定制度,荡然无存矣。

是年十二月,敕谕第十一辈达赖喇嘛曰:"咨尔达赖喇嘛。朕抚绥寰宇,敷锡兆民,期一道以同风,冀九垓之遍德。亦赖洪宣梵义,普结善缘,导引群生,同参胜果。其有能通上乘,继阐正宗,使诸部愚蒙悉资开悟者,宜加多懋奖,元沛宠封。兹以尔慧性深沉,经文谙习,既著灵踪于韶岁,益坚戒律以壮年。承袭以来,皈依者众。朕甚嘉之,故特依前辈达赖喇嘛例,封尔为大善自在佛所领天下释教普通瓦赤拉呾喇嘛达赖喇嘛,改受金册。尔尚振修黄教,主持乌斯,本利济以佑民,迓麻祥而护国。所有图伯特事务,其悉依例董率噶布伦等,妥协商办,报明驻藏大臣转奏,俾图伯特阖境延厘,众生蒙福,弥勤启迪,用副绥怀。兹随册赍往金银、彩币、玻磁器皿,尔其敬承,以光我国家亿万年无疆之休命。钦哉!"

二十六年十二月,琦善以披楞,即英人,请定界通商闻,诏耆英以守成约拒之。二十七年七月,耆英复以英、德使请于西藏指明旧界派员前往闻。谕驻藏大臣斌良密查,如无流弊,自应照旧奏准允行,倘心怀诡谲,即当据理驳饬。并谕海善派员往查,事寻中辍。

二十八年,赏公爵策旺顿柱宝石顶、双眼花翎。咸丰二年,达赖亲往布赍绷、色拉、噶勒丹及南海、琼科各寺院熬茶讲经,诏帮办大臣额勒亨额妥为照料。寻病殁,由驻藏大臣穆腾额奏驻藏守备童星魁前往护送。三年,达赖以发逆滋扰各省,虔诚念经,祷贼匪速灭,奉旨嘉奖。四年十月,理藩院议覆,淳龄奏达赖年已及岁,应宜任事,得旨:"达赖明年既已成岁,一切事务交伊掌管。所有赏给前辈之玉册、玉印,凡遇吉祥之事准其钤用,如常事仍用金印,以示广兴黄教至意。"五年正月,遵旨掌管政教事务。十二月,在布达拉圆寂,年十八。

十二辈阿旺罗布罗丹贝甲木参称嘉穆错,于咸丰六年在沃卡坝卓转世。八年正月,奏明在金奔巴瓶内制定。九年七月,迎至布达拉坐床。赏达赖之父彭错策旺公爵。先是三年四月,廓尔喀商人与察木多番商索债起衅,聚众械斗,互有杀伤,经驻藏大臣穆腾额照夷例分别罚款完案。嗣因多收税米,阻挡商民。藉端与藏边失和。唐古特屡战不胜,宗喀、济咙、聂拉木等处均陷于贼。驻藏大臣赫特贺驰往后藏督办防剿事宜,命成都将军乐斌统汉土官兵继进。廓番闻大兵将至,惧,遣其噶箕来藏上表乞和。诏许罢兵。唐古特与廓尔喀议定约十条,唐古特每年给廓尔喀税课银二千两,廓尔喀将所占地方交还唐古特商上管理。同治元年,掌办商上事务埒生呼图克图因减放布施,连同色拉寺与布赉绷、噶勒丹两寺哄,不胜,藏中僧俗公斥之,携印潜逃赴京。诏黜其名号,不准转世。命诺们汗汪曲结布协理商上事务。汪曲结布者,原系俗装,曾为噶布伦即俗所谓"沙扎噶隆"是也。因与埒征忤,辞官削发为僧,至是复起用。乃创修拉萨城垣,自西而东,工未竣而殁,遂罢殁。初,驻藏官兵自游击以下,均聚居扎什敦布营房。时驻藏大臣满庆以藏中屡不靖,命迁拉萨市,从此僦屋而居。扎什城之营房遂废。三年噶勒丹池巴罗布藏青饶汪曲为达赖传授小戒。

瞻对逆番久围里塘,梗塞驿路,其酋工布朗结复令期美工布大股逆贼至巴塘、里塘交界之三坝地方,劫去粮员行李,抢夺由藏发出摺报公文。其格吉地方亦有告急夷信。工布朗结曾于道光末,经前任川督琦善带兵往剿,并未荡平。以瞻封归各土司侵地,奏予工布朗结职,罢兵。至是益无畏惧,将附近土司任意蚕食,川、藏商贾不通,兵饷转运难艰,汉、番均困。驻藏大臣满庆派番员征兵借饷,并约三十九族调集各处土兵,防剿瞻对西北,川督骆秉章派员督饬打箭炉及巴、里各文武,同明正土司及大小金川等土司兵进攻其东南。而藏中所派之兵甫至巴塘,旋即抢掠,诏令撤回。至四年,事平。奉旨将上、中、下三瞻地方赏给达赖管理,建庙焚修。赏达赖之兄伊喜罗布汪曲承袭公爵。七年,亲至前藏攒招。八年,捐修扎林噶舒金塔。十年,亲往布赉绷、色拉二寺熬茶讲经。十二年,亲至前藏攒招是年二月遵旨接管政教事务。十三年及光绪元年,均亲至前藏攒招。元年三月,在布达拉圆寂,年二十。

十三世阿旺罗布藏塔布克嘉穆错,于光绪二年五月在达布甲擦营官属下朗赖家转世,至是呼毕勒罕访获,班禅率同有职各僧俗人等出具图记公禀,恳请驻藏大臣松溎代奏。奉旨毋庸入瓶签制,即定为达赖之呼毕勒罕。四年正月,在贡汤德娃夫由班禅披剃授戒,取定法名。六月,迎至布达拉坐床,销去呼毕勒罕名号。赏达赖之父工噶仁青公爵,宝石顶、孔雀翎。八年正月,由正师傅济咙呼图克图传经授戒。

十年,因攒招,各处喇嘛麇集,与巴勒布商人购物起衅,将巴商八十三家全行劫毁。廓尔喀因索偿损失银三十余万两,并集兵挟制。驻藏大臣色楞额奏派汉、番委员前往开导,晓以恩威,始允减为十八万有奇。除唐古特商上捐筹及清出贷物抵价外,尚不敷银六万七千余两,奉旨由四川拨给。十一年,亲至前藏攒招。十四年,工噶仁青故,赏达赖之兄顿柱夺吉公爵。是年亲往布贲绷、色拉寺熬茶讲经。十五年,亲至前藏攒招。

当达赖降生之年,哲孟雄与布鲁克部长因英并印度,与哲、布接壤,渐有窥藏心,吁请筹备。而廷旨不甚注重,谓披楞头人现向布鲁克部长租地修路,意欲来藏通商。惟布鲁克巴与哲孟雄毗连,哲孟雄既已认租修路,难保不暗中勾结引进,诏松渲相机开导,务令各守疆界,劝谕阻回。哲人知中朝不知边情,反疑其勾结滋事,于是渐昵英人,以捻纳为英租界,英竟视为保护地。藏人渐觉英之逼已,讼言哲人私结英约,屡议伐之,哲乃益亲英人矣。

光绪十三年,藏人于隆吐设卡,遂与印度兵战,败焉。朝旨屡谕驻藏大臣文硕,令藏人撤卡。文硕奏,实藏地,卡无可撤。严旨责焉,以升泰代之。总署与英使议边界通商,戒印兵毋进藏。藏番据新图,以隆吐、日纳宗为藏地,坚勿让。文硕据以入告,而中旨谓:"向来西藏图说藏地与哲、布分界处东西一线相齐,藏境中并无隆吐、日纳宗之名。今文硕寄来新图,隆吐、日纳宗在藏南突出一块,插入哲、布两界之内,而布、藏分界之处,恰在捻都纳修路东西一线之北,新图以黄色为藏界,而日纳宗官寨之地,注明数十年前喇嘛给与哲孟雄,现仍划黄色,正与隆吐山相近,难保非藏人多划此一段饰称现界也。并著升泰详细确查,究竟隆吐属哲属藏,据实覆奏,毋得稍有捏饰。"时枢廷以都察院劾文硕,革之。而升泰初到任时,犹知藏人理直,奏称:"隆吐山南北本皆哲孟雄地方。英人虽视为保护境内,其实哲孟雄、布鲁克巴皆西藏藩属。每届年终,两部长必与驻藏大臣呈递贺禀,驻藏大臣厚加赏赉以抚绥之。在唐古忒,则自达赖喇嘛以次，均有额定礼物，商上亦回赏缎疋、银、茶，与两部回信底稿，均呈送驻藏大臣查核，批准照缮，始行回覆。哲、布两部遇有争讼，亦禀由藏酌派汉、番办理。此哲、布为藏地属藩实在情形也。"奏上，置弗理。

藏人知文硕被议，不直中朝所为，遂自动思复仇。谕升泰严止之，金愤。藏人誓众曰："凡我藏众男女，誓不与英人共天地。有渝此誓，众共殛之！"乃大集兵于帕克哩，将痛击印军。升泰搜得乾隆五十三年旧哲孟雄受逼于廓尔喀，达赖乃以日纳宗给哲人；今哲私通英人，地应收回。升泰屡谕不从，印兵攻热勒巴拉山，藏兵伤亡数百。印兵追入征毕岔，印度政府令勿穷追。谕驻藏大臣赴边界与印官会晤。英外部告驻英使刘瑞芬商议和平了结。藏人谓英若据有哲地，则誓不共立。十四年八月，印兵大队收哲孟雄全部，攻藏兵于捻都纳，藏兵败退，咱利、亚东、朗热诸隘并失，藏兵万余尽溃。印兵追噶布伦等于仁进冈，与驻藏大臣所遣止战武员萧占先遇。占先竖汉字阻印兵，印兵止枪，约相见。占先约勿穷追，印兵官欲击仁进冈民居。占先告以此为中国土，藏番违旨用兵，中国当严为处置，请勿进兵，印兵官诺之。要约速办，乃退兵。藏兵既大败失地，仍志在复仇，升泰屡严止之，不听。藏人目汉官为洋党，屡欲暴动，终为所慑而止。印官以天寒不能再缓，升泰即至边界议约，而藏众以噶布伦中一二人主和。有坏黄教，群议投之藏江，力要驻藏大臣代索回哲孟雄、布鲁克巴全境，否则倾众一战。藏兵复集大队备四路。升泰抵藏，力阻之，仍百计谕藏僧戒藏番毋妄动，乃驰赴边界议约。

时沍寒，人马多冻毙。抵帕克哩，隘外藏兵尚有万人驻仁进冈。升泰命撤退，藏官言大臣尚未与印官晤，未敢遽撤，乃退扎数十里。哲孟雄部长命其弟来谒，言来见为印兵所阻。升泰与英官保尔会于纳荡。英官言："哲孟雄与印度互立约已二十七年，应归印度保护。藏与印构兵，藏既屡败，我兵何难长驱卷藏全土！以邦交故，按兵静候。"并索藏赔兵费。升泰言："哲为藏属。从前印、哲立约，并未见印督照会。藏番亦未赴印境滋扰，藏费无名。"英人又在布鲁克巴及后藏干灞修路,藏人又大震。英官要求甚奢,升泰力折之,藏人渐就范。

　　升泰屡要英撤兵,英不可,而藏众已成军之三大寺僧兵,及驻仁进冈之兵万余,皆撤退。噶布伦及领袖僧官十余员,其他番官数十员,随升泰至边,皆驻仁进冈,不敢与英官晤。升泰以哲事未能即竣,大雪封山,运粮无所,亦退驻仁进冈。总署派英人赫政赴藏充通译。哲孟雄部长之母率所属亲族连名上禀,言英官当年立约,不得过日喜曲河。哲孟雄租地与英,岁应纳一万二千圆。英人倚其国势,岁久不给。印、藏构衅,复致殃及。伊母子亲族实不愿归英,乞勿将哲境划出版图之外。英人既掠哲地全境,复押哲部长安置噶伦绷,以重兵驻哲境,招印度及廓尔喀游民辟地垦荒。廷议以哲事无从挽救,虑梗藏议,谕升泰勿许。布鲁克巴地数倍哲孟雄,西人呼为布丹国,光绪间尚入贡。升泰至边,部长遣兵千七百人护卫。升泰虑为英口实,谢去。并乞印绶封号,升泰允代请诸朝。藏、哲旧界本在雅纳、支木两山。其后商人往来之咱利为新辟捷径,西人称热勒巴勒岭。升泰议于咱利山先分藏、哲界以符前案,其印、哲之界在日喜曲河,拟于约中注明。印、哲立约在咸丰十一年,无案可稽,置勿论。哲部长土夅朗思,印度称为西金玉,既被幽于噶伦绷,其母及子尚居春丕,即英人所称征毕也。印营假部长书取其两子赴噶伦绷,部长母坚不可,挈其两孙至升泰营哭诉,丐中朝作主,升泰无以援之也。英人又欲易置其部长,升泰婉止之。赫政阻雪久不达。

　　十五年二月,藏兵尽撤归,升泰请总署告英电印兵速撤。三月,赫政至边,藏兵尽撤。藏人言藏、哲本有旧界,日纳宗既赐哲孟雄,其隆吐山之格压倾仓地实有藏人游牧场,确为藏哲旧界。至咱里山本无鄂博,不过上年实于此限止印人耳。通商极非所愿,然不敢违朝命。惟咱利以内,洋人万不可来。赫政赴营与议,英人谓咱利之界万不可移,至哲孟雄与商上及驻藏大臣旧有礼节,均可仍之。惟西金界内藏番不得有此权,允此方可开议。升泰诺焉。印兵既撤退,英人尚久不订约。升泰奏云:"闻藏人言,与有仇之英议和,孰若与

无仇之俄通好？俄人前次来藏，我等备礼劝阻，俄即退去。今英谋
吾地，偶尔战胜，遂恣欺凌，实所不甘。查去年俄人有由和阗至藏之
请。如英再延宕，则藏更生心。本年蒙古人由草地礼佛，络绎不绝，
随来者颇类俄人。设藏番私与通款，则稽查不易。边事久不定局，
俄或私行勾结藏番，英、俄互相猜忌，则后患方长。乞告使电催印督
速定藏约。"十月，升泰奏："英人拟撤兵之后，悉照向章，不必办理
通商，不必另立新约。通商一事，本英官初次会议即行提出，又屡言
西人欲至藏贸易，答以番情疑诈，万难办理，然后许至江孜。力言再
四，又许退至帕隘。仍复力拒，英官意拂然。彼时首重通商，否则万
难了结。臣力谕藏番，通商万不可免，始据藏番出具遵结。今英人
忽不言通商，亦自有故。当日英人深知藏番于此事力拒数年，意谓
藏番必不遵行，故借以为难。今知出结遵办，恐定约以后，他国援以
为请，则藏地不能入其范围，是以忽议中止。然英人不议通商，藏人
实所深愿，但能不自启衅端，未尝不可暂保无事。俄人亦不能有所
干求，目前亦可免生枝节，惟日后防范宜严，未可再涉疏懈。现藏、
印均已退兵，前怨已释，自应彼此立约以昭信守。彼族恐一经定约，
即不能狃焉思逞，故任意延缓，惟自入夏至今，旷日持久，虚糜时
日，万难再延，请速商英使，迅电印督，速行议结。"哲孟雄部长言愿
弃地居春丕，升泰止之。

十六年二月，以升泰为全权大臣，与印督定约八款：自布、坦交
界之支英挚山起，至廓尔喀边界止，分藏、哲界线；承认哲孟雄归英
保护；藏、印通商、交涉、游牧三款俟议；签约于印度孟加拉城；钤印
后，由大臣薛福成在伦敦互换。五月，给布鲁克巴部长印。十七年
三月，升泰奏移设纳金要隘。八月，升泰奏称改关游历等部，藏番不
遵开导，请仍在亚东立市，下所司知之。

十九年十月，派四川越巂营参将何长荣、税务司赫政与英国政
务司保尔在大吉岭议定《藏印通商交涉游牧条约》九款：开亚东为
商埠，听英商贸易，添设靖西厅同知监督之，印政府派员驻扎，察看
商务；自交界至亚东，任英商随意来往；藏界内英人与中、藏人民诉

讼,由中国边界官与英员商办;印度递驻藏大臣文件,由印度驻哲孟雄之员交中国边务委员驿递;藏人至哲孟雄游牧,遵英国定章,与原约一律奉行。此约既订,藏人以通商事英人独享权利,而游牧事藏人反取限制,于亚东开埠之事不肯实行。

二十一年正月,荣增正师傅普尔觉沙布咙为达赖传授格隆大戒。是年掌办商上事务前荣增师傅第穆呼图克图因病辞退。十一月,遵旨接管政教事务。二十四年,瞻对与川属明正土司构辞,四川总督鹿传霖奏明派兵攻取瞻对,成都将军恭寿、驻藏大臣文海先后奏陈,而达赖亦密遣喇嘛罗桑称勒等赴京呈诉。于是朝廷俯顺番情,命将三瞻地方仍赏还达赖,毋庸改归四川管理。是年,亲赴色拉、布贲绷、噶勒丹三大寺熬茶讲经。二十五年,亲往归前攒招。二十六年,杀其前掌办商上事务荣增正师傅第穆呼图克图阿旺罗布藏称勒饶结及其弟洛策等。第穆所居之阐宗寺财产,全行查抄入已,并咨请驻藏大臣裕钢代奏,将第穆呼图克图名号永远革除。是年,亲赴南海、琼科尔结等处熬茶讲经。

二十九年,藏、英以争界故,英兵进藏。初,达赖误以俄罗斯为同教,亲俄而远英。虽两次与英议定条约,迄未实行。俄员某伪作蒙古喇嘛装束,秘密入藏,为达赖画策,购置火器,意图抗英。英虽侦知之而无如何也。至俄方东困于日本,不暇远略,英遂藉事称兵。诏裕钢往解之。达赖恃俄员为谋主,不欲和,思与英人一战,乃止裕钢行,弗使番民支乌拉夫马,并调集各路番兵。西藏番兵以乍丫为强,然无纪律。甫抵拉萨,即围攻驻藏大臣衙署,死者数十人。后经藏官弹压,开往前敌,未交绥,均溃变,由小路逃去。时藏兵屡败,英兵日迫。诏解裕钢任,寻革职。驻藏大臣有泰至藏,英军犹驻堆补,约赴帕克里议和,照十六年条约办理,愿即休兵。有泰初与达赖商,愿自往阻英兵,达赖尼之,然亦无他策,惟日令箭头寺护法诵经诅咒英兵速死而已。既而有泰藉口商上不肯支应乌拉,不能启程,仅以李福林往,怯不进。英军至江孜,盼有泰赴议,有泰仍不敢行,藏人怨之。未几,英人长驱直入,达赖闻知大惧,先一日以印授噶尔丹寺噶布伦，仓皇北遁至青海。有泰以达赖平日跋扈妄为，临时潜逃无踪，请褫革达赖喇嘛名号。

荣赫鹏既得志，因列条约十款，迫噶尔丹寺噶布伦罗生戛尔等签约于拉萨：一、西藏允遵守光绪十六年中、英条约，并允认该第一款哲、藏边界；二、江孜、噶大克、亚东三处开为商埠；三、四从略；五自印边该江孜、噶大克各通道不得阻碍；六、七从略；八、印边至江孜、拉萨之炮台、山寨一律削平；九、以下五端，非得英国允许，不能举办：（一）西藏土地不准租让与他国，（二）他国不准干涉西藏一切事宜，（三）他国不得派员入藏，（四）路矿电线及别项利权不许他国享受，（五）西藏进款货物钱币等不许给与各外国抵押拨兑。有泰往见荣赫鹏，自言无权，受制商上，不肯支应夫马，荣赫鹏笑颔之。英人即据为中国在藏无主权之证。

其先有泰电外务部，言番众再大败，即有转机。英军进拉萨，图压服藏众。及英军至，与藏定约，诱有泰划押，朝旨切责之。春丕暂住英兵，俟应偿兵费二百五十万卢比缴清即行撤退。朝廷以藏约损失之权太甚，命津海关道唐绍仪以三品卿加副都统衔赴藏全权议约。时议以藏事危急，宜经营四川土司，及时将三瞻收回，谕川督锡良等筹办。锡良拟改土归流，泰宁寺喇嘛以兵抗。朝命驻藏帮办大臣凤全驰往剿办，至巴塘，为番众所戕。锡良奏派四川建昌道赵尔丰会同四川提督马维骐往。三十一年六月，马维骐克复巴塘，赵尔丰继至，接办善后事宜。并搜捕余匪，全境肃清。十一月，以里塘属之乡城桑披岭寺尝戕官弁，稔恶不法，派兵往讨。翌年闰五月，克之，擒其渠魁，并克同恶之稻坝、贡噶岭。诏以赵尔丰为边务大臣。八月，至里塘，将里塘土司改流，以防军五营分驻里、巴改流之地。十二月，盐井河西腊翁寺为乱，讨平之。

三十三年正月，草创学务、农垦、水利、桥梁、采矿、医药诸要政，粗具规模，设里化、定乡、巴安等县，并将应行兴革诸大端次第陈奏，得部拨开办经费一百万两。三十四年七月，会同川督赵尔巽奏设康安道，改打箭炉为康定府，设河口县，里化厅同知，稻成县、贡噶岭县丞,巴安府、三霸厅通判,定乡县、盐井县,并招募西军三营。是秋因德格土司兄弟争继,奏明往办。十二月,至德格,匪党退保维渠卡,赵军进攻,至翌年六月降之。德格肃驱,土司请纳土改流,乃招集百姓议定赋税。九月,春科、高日两土司及灵葱土司之郎吉岭均改流,又渡金沙口巡阅春科地方。十月,三十九族波密内附,八宿请改官,均抚循之,并派兵驱剿类伍齐、硕搬多、洛隆宗、边坝阻路之番人,遂分兵取江卡、贡觉、桑昂、杂瑜,咸收服之。

宣统二年正月,边军越丹达山以西,直抵江达。是时川军正拟入藏,特为声援,并奏请与藏人于江达画界,设边北道、登科府、德化州、白玉州、同普县、石渠县,遂巡阅乍丫、烟贷塘、阿足,设乍丫委员。定乡兵变,派凤山讨平之。三岩野番索战,派傅嵩烑讨平之,设三岩委员。二月,以巴塘属之得荣、浪藏梗命,派兵攻克之,设得荣委员,并收服浪藏寺北之冷石卡。嗣赵尔丰督川,以傅嵩烑代理边务大臣。五月,赵尔丰、傅嵩烑以兵至孔撒、麻书,收其地,设甘孜委员,并檄灵葱、白利、倬倭、单东、鱼科、明正各土司缴印,改土归流。色达及上罗科野番来投。六月,至瞻对,逐藏官,收其地,设瞻对委员。旋返打箭炉,檄鱼通、卓斯各土司缴印改流,又收复咱里、冷边、沈边三土司。鱼科土司抗不缴印,击破之,鱼科降。于是传嵩烑以边地各土司先后改流,已成行省规模,乃建议,以为川边故康地,其他在西,设行省曰西康,建方镇以为川、滇屏蔽。以边务大臣为西康巡抚,改边务支局为度支司,关外学务局为提学司,康安道为提法司,边北道为民政司。自打箭炉以西至丹达山,三千余里,南抵维西、中甸,北至甘肃西宁,四千余里,均为西康辖境。既入奏,于是年七月,崇喜、纳夺土司先后缴印。八月,又傅檄察木多、乍丫两呼图克图改流设理事官,于是西康全局遂以底定。嗣值鼎革,川局又变,建省之议卒不果行。

当唐绍仪之议约也,于光绪三十一年正月至印度,与英议约专使费利夏会议多次。英使讳言废约,允商订修改。绍仪易其七八,费谓无异废约,坚拒焉。费虽名全权,而约事多主于印度总督冠仁,绍仪面揭之，费乃允商。第九款又力办主国、上国之据，狡展不让，乃借辽沈议约事奉命回京，留参赞张荫棠在印接议。英仍坚持初议，卒无结果。会英内阁更易，宗旨稍变，驻京英使萨道义接英政府训，将条约稿稍有更易，命在京外务部商订。政府以西藏与英属印度接壤，历年边界交涉，争端屡起，中国两次与英订约，无非以睦邻之计为固圉之谋，英新政府既有意转圜，仍饬该使臣在京续商。在我自当早图结束，以保主权，因由唐绍仪与英使萨道义订定藏、印续款六款：（一）光绪三十年七月英、藏所立之约暨英文、汉文约本，附入现立之约，作为附约，彼此允认，切实遵守，并将更订批准之文据亦附入此约。如遇有应行设法，彼此随时设法，将该约内各节切实办理。（二）英国国家允不占并藏境及不干涉西藏一切政治，中国家亦应允不认他外国干涉藏境及一切内治。（三）光绪三十年七月英、藏所立之约第九款内之第四节所声明各项权利，除中国独能享受外，不许他国国家及他国人民享受。惟经与中国商定在该约第二款指明之各商埠，英国应得设电线通报印度境内之利益。（四）所有光绪十六、十九年中国与英国所定两次藏、印条约，其所载各款，如与本约及附约无违背者，概应切实施行。（五）、（六）从略。以挽救前约之失，藏应偿兵费一百二十余万两。朝廷允代筹还，英人始无辞，于北京签押。旋有泰被言官弹劾，诏五品京堂张荫棠前往查办。有泰及其随员均获罪，褫革谪戍有差。

荫棠入藏，三十二年，专办开设商埠事。时英军尚驻春丕，照约俟三埠开妥、赔款清交始撤兵，故开埠尤亟亟也。三十四年，政府以光绪三十二年附约第三款内载中、英条约所有更改之处另行酌办等语，特派张荫棠为全权大臣，与英专使韦礼敦议订藏、印通商章程十五款，其要者：（二）划定江孜商埠界线。（四）英、印人民与中、藏人争论，由英商务委员与中、藏官员会同查讯，面议办法。（六）英军撤退后，印边至江孜一路旅舍，由中国赎回，所有电线，俟中国电线接修至江孜后，亦酌量售与中国。（八）已开及将开各埠，英商务委员因往来印边界文件，得用传递夫役。又英国官商雇用中、藏人民作合法事业,不得稍加限制。(九)凡往来各商埠之英官民货物,应确循印、藏边界之商路,不得擅经他处。(十)英国人民可在便以货物或银钱交易,任便将货物出售,或购买土产,不得限制抑勒。此约除中、英签押外,并有西藏噶布伦汪曲结布随同画押。实开三方并列先例,藏局又为一变。厥后英、藏交涉日繁,而政府抚驭藏番,既有英、藏拉萨之约在先,其事益臻艰困。至宣统季年,遂有经略川边及达赖二次出亡之事。

自光绪三十年达赖与英境启衅战败出奔后,卓锡于库伦,意在投俄,而与哲布尊丹巴呼图克图不睦。经库伦办事大臣德麟电奏乞援,诏西宁办事大臣延祉俟过冬后迎护至西宁。而达赖又欲在代臣王旗小住,廷旨以王旗部落甚小,达赖随带人众,恐难供亿,翌年,侨居塔尔寺,又与阿嘉呼图克图同居一处,积不相能。陕甘总督升允奏:“达赖性情贪啬,久驻思归,应否准其回藏?”得旨:“俟藏务大定,再行回藏。”而调阿嘉来京以和解之,旋由西宁往五台山,折而至京,觐见于仁寿殿,如顺治朝,优礼有加。三十四年十月,以万寿节率徒祝嘏,特加封号,以昭优异。懿旨曰:“达赖喇嘛业经循照旧制,封为西天大善自在佛,兹特加封为诚顺赞化西天大善自在佛,并按年赏给廪饩银一万两,由四川藩库分季支发。达赖喇嘛受封后,即令仍回西藏,经过地方,派员妥为照料。到藏以后,当确遵主国之典章,扬中朝之信义,并化导番众,谨守法度,习为善良。所有事务,依例报明驻藏大臣,随时转奏,恭候定夺,期使疆宇永保治安,僧俗悉除畛域,以无负朝廷护持黄教、绥靖边陲至意。”旋以国有大丧,受封未便举行。达赖以不服水土请,诏令先行起程,至塔尔寺受封。又值停止筵宴之时,未便设饯,仍派大臣护送,如来时礼节。至西宁,即请将阿嘉斥革,并以此事为回藏之要挟。达赖聘练兵教习十余人,影射蒙古,实系俄人,多购军火回藏。

初,张荫棠以西藏地当冲要,英俄环伺,自非早筹整顿,难以图存。建议以汉员指挥,另派北洋新军入藏,分驻要塞,以厚声援。驻藏大臣联豫疏陈藏中情形,亦有派遣军队之请。会川边藏番扰乱,

进攻三崖。三崖者,本色塘属地,与德格、多纳两土司接壤,向归川
省管辖。乃藏番察台三大寺无端派番官带兵占据上崖,调渣鸦、江
卡各土司助兵,逼勒崖夷投降,并遍肆煽惑,打箭炉一带均为震动。
同时瞻对番官勾结德格土司之弟为乱,逐其兄。炉城文武据报,派
麻书土千总江文荃查办,均被围困。经川督入奏,廷议以三崖、德格
均系川境,番官竟敢纠众侵逼,再事优容,恐番焰日张,土司解体。
命川督会同赵尔丰相机筹办。尔丰电奏力主用兵,并称此次藏番与
达赖有关系,请饬达赖传谕退兵。乃饬达寿、张荫棠诘问。达赖答
词闪烁,意涉支吾。政府以达赖从肯戒饬番众,而万里遗书,需时甚
久,三崖等处被攻正急,何能久待,遂电尔丰进剿。

　　三十四年冬,番兵调集益众,近逼盐井,并声言索战。虽经川军
击败,番众仍未退却,扬言阻止赵尔丰入藏。政府以藏番举动,显系
有恃不恐,藏地介在强邻之间,意存首鼠,自非设法经营,无以保我
边圉。因思光绪三十三、四年间联豫等条陈有善后办法二十四条,
创财政、督练、路矿、盐茶、学务、巡警、农务、工商、交涉九局,拟即
采择试办。但无兵不敷弹压,多名又恐难相安,拟先设兵三千。其
一千由川督就川兵挑选精锐,厚给饷械,派得力统领率之入藏,归
驻藏大臣节制调遣。余二千由驻藏大臣就近选募,另调川中哨弁官
长,俾任训练统率之事,以期持久。联豫、赵尔巽覆奏赞其议,遂派
知府钟颖统领川兵,于宣统元年六月启程入藏,取道德格,绕过江
卡至察木多。藏番在恩达、类乌齐一带,拟聚兵堵截。十一月,川军
抵类乌齐,藏番不战自退,川军遂由三十九族间道前进。十二月,抵
拉里、江达。番兵闻川军且至,焚其积聚,劫杀汉兵扼守。川军进击,
大破之。

　　达赖自光绪三十四年由西宁入觐,出京回藏,沿途逗留,又绕
道德格等处,迁延不进,其冬,始回拉萨。二年正月,达赖闻川军将
至,乘夜西奔,潜赴印度,川军遂转战入藏。朝廷得联豫奏报,降旨
数达赖罪恶,革去名号。一面责成联豫、赵尔丰会筹防务,安辑军
民;一面降旨另访呼毕勒罕,以噶勒丹池巴罗布藏丹巴代理商上事

宜,其噶布伦以下各藏官供职如故,藏中僧俗亦安堵无事。是年三月,联豫请于曲水、哈拉乌苏、江达、硕般多及三十九族各设委员一。三年二月,联豫奏裁驻藏帮办大臣,改设左右参赞,以罗长绮、钱锡宝为之。会波密事起,联豫遣钟颖攻之,不克,旋遣罗绮会赵尔丰军平之。其秋,川军变,逐联豫,推钟颖代之,达赖始乘机重回拉萨。以此次出奔深赖英人保护,态度一变,于是逐钟颖而独立,中、英之交涉益纷纭矣。

　　班禅第一辈凯珠巴格勒克,为宗喀巴二弟子。出世至第五辈罗布藏伊什,仍号班禅呼图克图。康熙三十四年,命御史钟申保等赍敕召来京,前藏第巴桑结以未出痘辞。五十二年,诏以班禅为人安静,精通经典,勤修贡职,封为班禅额尔德尼,颁发金印、金册。六辈罗布藏巴勒垫伊西,乾隆四十三年,请祝七旬万寿,许之。迎护筵宴诸礼,概从优异,如顺治九年达赖来觐例。四十五年八月,在热河祝嘏,至京居西黄寺。是年颁赐玉印、玉册。以痘圆寂。命理藩院尚书博清额为英藏办事大臣,护送舍利金龛回藏。

　　第七辈罗布藏巴勒垫丹贝宜玛,五十三年,以廓尔喀扰边,命移泰宁,俟平复归后藏。道光十五年,给金册。二十一年,以接济征森巴兵饷,加“宣化绥疆”封号。咸丰元年,赍七旬寿,如六旬所赐。次年,圆寂,年七十三。

　　第八辈罗布藏班垫格曲吉札克丹巴贝汪曲,年二十九。至第九辈罗布藏吐巴丹曲吉宜玛格勒克拉木结,光绪十八年正月,迎至扎什伦布坐床,赏其外祖父期差汪布本身辅国公。三十一年,英人入藏,诏班禅留后藏镇摄。十一月,班禅随英皇子游历印度,有泰劝阻,不从。十二月,由印回藏,谕以情词恭顺,原擅行出境之咎勿治,谆令恪供职守。张荫棠奏班禅受英唆使,屡与达赖抵牾,而全藏实权仍归达赖替身掌握。电告外务部,请以恩泽笼络班禅,并羁縻达赖,勿急旋藏。既而达赖将由西宁起程。班禅请自迎之,而实不行。达赖抵拉萨,班禅即请觐。谕训联豫等,班禅来京,于藏中情形是否相宜。其后达赖独立,班禅亦不克安于藏矣。

统计达赖所辖寺庙三千五百五十余所，喇嘛三十万二千五百有奇，黑人十二万一千四百三十八户。班禅所辖寺庙三百二十七，喇嘛万三千七百有奇，黑人六千七百五十二户。西藏有爵五：辅国公三，一由贝子降袭，一由镇国公降袭，一定世袭；一等台吉扎萨克一；一等台吉一。而达赖、班禅之亲以恩封者不与。凡前后藏官，均由驻藏大臣分别会同达赖、班禅选补。前藏唐古特官，喀布伦四人，三品，为总办藏务之官，其俗称之曰"四相"，议事之所曰噶厦。其次仔琫及商埠特巴各二人，皆四品。业尔仓巴二人，朗仔辖二人，协尔帮二人，硕第巴二人，皆五品。达琫二人，大中译二人，卓尼尔三人，皆六品。仔琫、商特巴为商上办事之官。凡喇嘛谓库藏出纳之所曰商上。业尔仓巴为管粮之官，朗仔辖为管街道之官，协尔帮为管刑名之官，硕第巴为管理布达拉一带齐民之官，达琫为管马厂之官，大中译、卓尼尔等为噶厦办事之官，管兵者曰戴琫，六人，四品。如琫十二人，五品。甲琫二十四人，六品。定琫一百二十人，七品。多东科尔族任之。

其治理地方者曰营官。前藏大营十：曰乃东，曰琼结，曰贡噶尔，曰仑孜，曰桑昂曲宗，曰工布则冈，曰江孜，曰昔孜，曰协噶尔，曰纳仓，营官皆五品。后藏大营三：曰拉孜，曰练营，曰金龙，营官皆五品。前藏中营四十二：曰洛隆宗，曰角木宗，曰打孜，曰桑叶，曰巴浪，曰仁本，曰仁孜，曰朗岭，曰宗喀，曰撒噶，曰作冈，曰达尔宗，曰江达，曰古浪，曰沃卡，曰冷竹宗，曰曲水，曰突宗，曰僧宗，曰杂仁，曰茹挖，曰锁庄子，曰夺，曰结登，曰真谷，曰硕般多，曰拉里，曰朗，曰沃隆，曰墨竹宫，曰卡尔孜，曰丈扎卡，曰辖鲁，曰策堆得，曰达尔玛，曰聂母，曰拉噶孜，曰岭，曰纳布，曰岭噶尔，曰错朗，曰羊八井，曰麻尔江。后藏中营十四：曰昂忍，曰仁侵孜，曰结侵孜，曰帕克仲，曰翁贡，曰干殿热布结，曰扎布甲，曰里卜，曰德庆热布结，曰央，曰绒错，曰葱堆，曰胁，曰干坝，营官皆六品。前官小营二十五：曰雅尔堆，曰金东，曰拉岁，曰撒拉，曰浪荡，曰颇章，曰札溪，曰色，曰堆冲，曰汪垫，曰田错，曰拉康，曰琼科尔结，曰蔡里，曰曲隆，曰扎称，曰扎布岭,曰扎什,曰洛美,曰嘉尔布,曰朗茹,曰乌里,曰降,曰业党,曰工布塘,曰达。后藏小营十五:曰彭错岭,曰伦珠子,曰拉耳塘,曰达尔结,曰甲冲,曰哲宗,曰擦耳,曰晤欲,曰碌洞,曰科朗,曰哲喜孜,曰波多,曰达木牛厂,曰练噶尔,曰札茹,营官皆七品。而前藏边营十四:曰江卡,曰堆噶尔本,曰噶喇乌苏,曰错拉,曰帕克里,曰定结,曰聂拉木,曰济陇,曰官觉,曰补仁,曰博窝,曰工布硕卡,曰绒辖尔,曰达巴克,营官皆五品。每营营官一人或二人,以喇嘛、黑人参任之。

　　喇嘛之有游牧者,东起乍丫达呼图克图,与四川打箭炉所属土司接,其西为察木多吧克巴拉呼图克图,又西为硕般多喇嘛,又西为类乌齐呼图克图,硕般多、类乌齐之北,皆与西藏大臣所属土司接。硕般多之南,为八所喇嘛,又南为工布什卡喇嘛。乌类齐之西,为墨竹宫喇嘛,又西为噶勒丹喇嘛。类乌齐之西北,为赞垫喇嘛,介居西藏大臣所属各土司之间,其西为垛征喇嘛。噶勒丹又西为色拉喇嘛,西与布达拉接。噶勒丹之南,为琼科尔结喇嘛,其西为丈扎卡喇嘛,又西为松热岭喇嘛,又西为那仁曲第喇嘛,又西南为乃东喇嘛,北与布达拉接。乃东之西,为琼结喇嘛。布达拉之西北,为布勒绷喇嘛,又西北为羊八井喇嘛,其西为朗岭喇嘛,西与扎什伦布接。朗岭之南,为仁本喇嘛,其西南为江孜喇嘛,又西南为冈坚喇嘛。冈坚之西,为协噶尔喇嘛。协噶尔之西,为聂拉木喇嘛。朗岭之西,为撒噶喇嘛,又西为杂仁喇嘛。其直属于驻藏大臣者,有达木额鲁特八旗:在喜汤者四旗,在汤宁者二旗,在佛山者一旗,皆北倚布干山,南与前藏接;在格拉者一旗,东北滨喀喇乌苏,西与后藏接。每旗置佐领一。

　　有三十九族土司:曰琼布噶鲁,曰琼布巴尔查,曰琼布纳克鲁,曰勒纳夥尔,曰色里琼扎尼查尔,曰色里琼扎参嘛布玛,曰色里琼扎嘛噜,曰本朱持羊巴,曰布米特勒达克,曰木朱特尼牙木查,曰木朱特利松嘛吧,曰木朱特多嘛巴,曰勒远夥尔,曰依戎夥尔移他玛,曰查楚和尔孙提玛尔,曰巴尔达山木多川目桑,曰嘛拉布什嘛弄,曰窝柱特只多，曰窝柱特娃拉，曰彭楚克夥尔，曰彭楚克彭他玛尔，曰彭楚克拉寨，曰盆索纳克书达格鲁克，曰沁体牙冈纳克书毕鲁，曰盆沙尼牙固纳克书色尔查，曰巴尔达穆纳克喜奔盆，曰纳格沙拉克书拉克什，曰洛克纳克书贡巴，曰三渣，曰三纳拉巴，曰扑旅，曰上阿扎克，曰下阿扎克，曰白猎扎嘛尔，曰上冈噶鲁，曰下冈噶鲁，曰上夺尔树，曰下夺尔树。皆土纳马赋，总之以夷情章京。

山之大者，曰冈底斯山，即昆仑，为东半球众山众水之祖；曰僧格山；曰郎千山；曰玛加布山；曰达木楚克山；曰朗布山；曰巴萨通拉木山；曰诺莫浑乌巴什山，是三山即三危。川之大者，曰鄂穆河，下游为澜沧江；曰喀喇乌苏河，即黑水，下游为潞江；曰薄藏布河；曰雅鲁藏布江，亦曰大金沙江；曰朋楚河；曰冈噶江。泽之大者，曰玛帕本达赖池，曰郎噶池，曰牙母鲁克池，曰腾格里池，曰牙尔佳池。其物产自靖西东之堆朗至萨马达一带，皆有五金煤矿。其金矿最著者，曰尔仓，曰噶大克。出盐最著者，曰勒牙，曰雅干，凡十三。

其疆界西接印度之拉克达部，西南接洛敏汤、作木朗、廓尔喀诸部，南接哲孟雄、布鲁克巴各部及珞揄茄巴之怒江，东接四川巴塘之南墩宁静山，东南接云南维西，东北接西宁所管之邦木称、巴彦诸土司，北至木鲁乌苏，接西宁所属玉树诸土司，西北至噶尔藏骨岔、阿尔坦诺尔一带，接新疆和阗、莎车。

清史稿卷五二六
列传第三一三

属国一

朝鲜　琉球

　　有清龙兴长白,抚有蒙古,列为藩封。当时用兵中原,而朝鲜服属有明,近在肘腋,屡抗王师。崇德二年,再入其都,国王面缚纳质,永为臣仆,自此东顾无忧,专力中夏。

　　顺治绍明,威震殊方。三年,琉球闻声,首先请封。九年,暹罗,十七年,安南,相继归附。雍正四年,苏禄,七年,南掌,先后入贡。盖其时武义璜璜,陆慴水慄,殊国绝域,交臂诎膝,慕义归化,非以力征也。

　　高宗继统,国益富饶,帝喜远略,荡平回疆,兵不血刃,而浩罕、布鲁特、哈萨克、安集延、玛尔噶朗、那木干、塔什干、巴达克山、博罗尔、阿富汗,坎巨提相率款塞,通译四万,举踵来王。乾隆中叶,再征缅甸,三十四年,缅愳乞贡。五十七年,复征服廓尔喀,稽首称藩。于是环列中土诸邦,悉为属国,版图式廓,边备积完,芒芒圣德,盖秦、汉以来未之有也。

　　咸、同之际,内乱频仍,挞伐十余年,巨憝虽平,而国力凋边,未遑图远。日夷琉球,英灭缅甸,中国虽抗辞诘问,莫拯其亡。而越南、朝鲜政纷乱作,国家素守羁縻属国之策,不干内政,兴衰治乱,袖手膜视,以至越南亡于法,朝鲜并于日,浩罕之属蚕食于俄,而属国所廑存者,坎巨提一隅而已。越南、朝鲜之役,中国胥为出兵,而和战无常,国威扫地,藩篱撤而堂室危,外敌逼而内讧起,藩属之系于国也如此。《传》曰:"天子守在四夷。"讵不信哉? 作《属国传》。

　　朝鲜又称韩国。清初,王朝鲜者李珲,事明甚谨。太祖天命四年,珲遣其将姜宏立率师助明来侵,军富察之野,战而大败,姜宏立以兵五千降。帝留宏立,遣其部将张应京等十余人还国,遗珲书曰:"昔尔国遭倭难,明以兵救尔,故尔国亦以兵助明,势不得已,非与我有怨也。今所擒将吏,以王之故,悉释还国。去就之机,王其审所择焉。"先是明万历中,日本丰臣秀吉大举侵朝鲜,覆其八道,明为用兵七年。会秀吉死,兵罢,朝鲜乃复国,故书中及之。朝鲜不报谢,又出境拒征瓦尔喀之师。乌拉贝勒布占泰侵朝鲜,帝与布占泰有连,谕止其兵,朝鲜亦不谢。及帝崩,复不遣使吊问。而明总兵毛文龙招辽民数万守皮岛,与朝鲜犄角,屡出师袭沿海城寨。

　　会朝鲜叛人韩润、郑梅来归,请为向导,构兵端。时太宗天聪元年,朝鲜国王李倧嗣位之三年也。正月,命贝勒阿敏等率师征朝鲜。渡鸭绿江,败文龙兵于铁山,遁还皮岛。遂克义州、定州及汉山城,屠其军民数万,焚粮百余万。长驱而进,渡青泉江,克安州,进师平壤,城中官民悉遁走。乃渡大同江,次中和。倧惶遽甚,遣使求成。阿敏责数其罪。二月,师次黄州,国中震恐,求成之使络绎于道,遂逼王京。倧势蹙,挈妻子遁江华岛,来告曰:"敝邑无所逃罪,惟上国命是从。"乃许其和。江华岛在开州南海中,遣使赴岛谕倧,而驻军平山以待。倧遣族弟原昌君李觉等献马百、虎豹皮百、绵绸苎布四百、布万有五千,于是遣刘兴祚、巴克什库尔缠往江华岛莅盟。三月庚午,刑白马乌牛,誓告天地,和议成,约为兄弟之国。

　　初,朝鲜之求成也,诸贝勒等议以明与蒙古两敌环伺,兵不可久在外,且俘获已多,宜许其成。而阿敏慕朝鲜国都城郭宫殿之壮,不肯旋师。贝勒济尔哈朗及岳讬、硕讬密议,令阿敏军平山,而先与朝鲜盟,事成始告阿敏。阿敏谓己不预盟,纵兵四掠,乃复使李觉与

阿敏盟于平壤城。帝驰谕阿敏："毋复秋毫扰！"分兵三千戍义州，振
旅而还，以李觉归。九月，从倧请，召还义州之兵，并许赎俘虏，定议
春秋输岁币互市。

　　二年二月，开市中江。是年，明经略袁崇焕杀毛文龙于皮岛，诸
岛兵无主。五年，谋乘虚征诸岛，征兵船于朝鲜。使至其国，三日乃
见。宗览书曰："明国犹吾父也。助人攻吾父之国，可乎？船殆不可
藉也。"自是渐渝盟。六年，巴都礼、察哈喇等使朝鲜，颁定贡额。还
言倧于所定贡额止供什一，金银、牛角非国所出，不肯从。七年正
月，赐倧书，责其减岁币额，并窃蔽畜、匿逃人之罪，欲罢遣使，专互
市。二月，遣备御郎格等往会宁城互市，倧拒之。是夏，文龙部将孔
有德、耿仲明等叛明，以舟师二万人渡海来降，帝遣使征粮朝鲜，并
索会宁城瓦尔喀逃人及布占泰之人，倧屡书陈辩，复加筑京畿、黄
海、平安三道白马等十二城。帝历数倧负义州互市之约。八年春，
帝欲价倧与明议和，倧以书告皮岛守将，讫无成议。冬，倧使罗德宪
来，拒索逃人及互市，词甚厉，且欲坐满洲使臣于朝鲜大臣之下。帝
怒，却其币，留德宪不遣，仍以书谕倧。

　　九年，平察哈尔林丹汗，得元传国玺，八和硕贝勒及外藩蒙古
四十九贝勒表请上尊号。帝曰："朝鲜兄弟之国，宜与共议之。"于是
内外诸贝勒各修书遣使约朝鲜共推戴，朝鲜诸臣争言不可，且以兵
守使臣。使臣英俄尔泰率众夺马突门，倧遣人追付报书，又以书谕
其边臣戒严，有"丁卯年误与讲和，今当决绝"之语，英俄尔泰并夺
之以献。十年四月，改元崇德，国号"清"。朝鲜使李廓等来朝贺，不
拜。赐书令送质子，复不报。

　　十一月，帝以朝鲜败盟，将统大军亲征。先遣其使臣李廓等归
国，遗书国王，并驰檄朝鲜官民。十二月辛未朔，命郑亲王济尔哈朗
居守，武英郡王阿济格、多罗饶余贝勒阿巴泰分屯辽河海口，备明
海师援袭之路。睿亲王多尔衮、贝勒豪格分统左翼满洲、蒙古兵，从
宽甸入长山口，遣户部承政马福塔等率兵三百人潜往围朝鲜王京，
豫亲王率护军千人继之。贝勒岳讬等以兵三千济师，帝亲率礼亲王

代善诸军进发。庚辰,渡镇江。壬午,次郭山城。降定州、安州。丁酉,次临津江。江在国都北百余里,与都南汉江夹拱王城者也。时江冰未合,车驾至,冰骤坚,六师毕济。马福塔等以是月甲申潜袭王京,败其精兵数千,倧仓皇遣使迎劳城外款兵,而徙妻子江华岛,自率亲兵逾江保南汉山城。大军入都城,多铎、岳讬亦定平壤,抵王京,合军渡江围南汉山城,连败其诸道援师。帝至,分兵搜剿都城,而亲率大军渡江,益军围南汉。二年正月壬寅,击败全罗道援兵,遣使赍敕往谕朝鲜大臣。甲辰,大军北渡汉江,营王京东二十里江岸。丁未,击败全罗、忠清两道之师。其多尔衮、豪格左翼军由长山口克昌州城,败安州、黄州兵五百,宁边城兵千,截杀援兵一万五千,至是来会师。贝勒杜度送大炮至临津江,冰泮复合如前。

城围益急。癸丑,倧请成,不许。己未,再请成。庚申,降。敕令出城亲觐,并缚献倡议败盟诸臣。是日,倧始奏书称臣,乞免出城。帝命多尔衮以轮挽小船由陆出海,炮沉其大舰三十。小船径渡入岛城,获王妃、王子、宗室七十六人,群臣家口百六十有六,客诸别室。甲子,谕倧速遵前诏出城来见。倧乃献出倡议败盟之宏文馆校理尹集、修撰吴达济及台谏官洪翼汉,诣军前。帝敕令去明年号,纳明所赐诰命册印,质二子,奉大清国正朔;万寿节及中宫皇子千秋、冬至、元旦及诸庆吊事,俱行贡献礼;遣大臣内官奉表、与使臣相见及陪臣谒见、并迎送馈使之礼;毋违明国旧例;有征伐调兵扈从,并献犒师礼物;毋擅筑城垣;毋擅收逃人;每年进贡一次,其方物黄金百两、白金千两,水牛角二百封、貂皮百张、鹿皮百张、茶千包、水獭皮四百张、青黍皮三百张、胡椒十斗、腰刀二十六口、顺刀二十口、苏木二百斤、大纸千卷、小纸千五百卷、五爪龙席四领、花席四十领、白苎布二百匹、绵绸二千匹、细席布四百匹、细布万匹、布万匹、米万包。

倧以孤城穷蹙,妻子被俘,八道兵皆崩溃离散,宗社垂绝,乃顿首受命。庚午,从数十骑朝服出降。二月,筑坛汉江东岸三田渡,设黄幄,帝陈仪卫渡江,登坛作乐,将士擐甲肃列。倧率其群臣离南汉

山五里许步行，令英俄尔岱、马福塔迎于一里外，引至仪仗下立。帝
降坐，率倧及其诸子拜天。礼毕，帝还坐，倧率其属伏地请罪，宣诏
赦之，令坐坛下左侧西向，位诸王上。赐宴毕，还其君臣家属，尽召
回诸道兵，振旅而西。诏以朝鲜新被兵，先免丁丑、戊寅两年贡物，
以己卯年秋为始，如力有不逮，临时定夺。朝鲜臣民树碑颂德于三
田渡坛下。

　　四月，倧质子溰、淏至。五月，以朝鲜兵船助攻皮岛，功赐倧银
币、马匹。十月，遣英俄尔泰、马福塔、达云等赍敕印制诏往封宗为
朝鲜国王。十一月，宗遣陪臣表贺万寿，冬至贡方物。十二月，贺元
旦。嗣凡万寿圣节、元旦、冬至，皆专遣陪臣表贺贡，方物，岁以为
常。是年定贡道，由凤凰城。其互市约：凡凤凰城诸处官员人等往
义州市易者，每年定限二次，春季二月，秋季八月；宁古塔人往会宁
市易者，每年一次；库尔喀人往庆源市易者，每二年一次；由部差朝
鲜通事官二人，宁古塔官骁骑校、笔帖式各一人，前往监视，定限二
十日即回。

　　三年，征朝鲜兵从征明，误军期，降诏切责。四年六月，遣使往
封倧继室赵氏为朝鲜王妃。东方库尔喀叛入东海中熊岛，命朝鲜讨
之。倧遣将由庆兴西水罗前浦进师。七月，执叛首加哈禅来献，赐
倧银二百两。五年十月，谕倧以诞辰，恩减岁贡内米九千包。六年
正月，攻明锦州，调朝鲜舟五千运粮万石。寻倧奏言军船、粮船三十
二艘漂没无存，帝知其饰词，诏切责，刻期督催。复运粮万石，船百
十有五艘，由大小凌河口进至三山岛，途中遭风礁坏船五十余，又
为明水师截击，仅存五十二艘。至盖州，不能前，请从陆运。诏以朝
鲜三艘漂入明境通信，及见明兵船不迎敌，又不由水路进，严斥之。
朝鲜臣林庆业大惧，请冒险出水路，帝仍许其改从陆，止留精炮兵
千，厮卒五百，余兵悉遣还。既而运粮士马久不至，遣使诘责。三月，
始有朝鲜总兵柳琳、副将刁何良等率兵至锦州军。六月，倧遣陪臣
李浣等献新罗瑞金，奏言咸阳郡新溪书院，新罗古寺遗基也，居民
袁年掘地得瓦罈一，盖刻"一千年"三字，中有黄金二十斤，内一斤

镌"宜春大吉"四字。优诏答之,而原金付还。七年,锦州大捷,明遣使议和,帝敕询倧令陈所见,倧以"止杀安民,上符天意"对。已复侦有明兵船二至朝鲜界,帝大怒,并得其阁臣崔鸣吉、兵使林庆业潜通明国书往来诸状,逮讯治罪。八年九月,朝鲜擒获明天津侦探兵船一,解至,赐倧银。

是月,世祖即位,颁诏其国,并赍敕往谕,减岁贡内红绿线绸各五十匹、白线绸五百匹、纻丝二百匹、布二百匹、腰刀六口、龙席二领、花席二十领。十月,宗遣其子溍奉表进香,贡方物。十二月,宗遣陪臣奉表贺登极。顺治元年正月,谕倧停解瓦尔喀人民。五月,以破流贼李自成,底定燕京,宣示朝鲜。七月,倧遣陪臣表贺,贡方物。十一月,遣世子澂归国,敕减岁贡内苏木二百斤、茶十包、线绸千匹、各色细布五千匹、布四百匹、粗布二千匹、顺刀十把、刀十把,其元旦、冬至、万寿庆贺贡物,以道远俱于朝正时附进,著为令。二年三月,遣倧次子淏归国。十一月,世子涅卒,封宗次子淏为世子。三年十月,免贡米。六年正月,以朝鲜年觐,原定阁臣、尚书各一员,书状官一员代觐之,此后或阁臣、尚书一员代,书状官仍旧。

六月,李倧薨。八月,遣礼臣启心郎渥赫等往谕祭,赐谥庄穆。又遣户部启心启郎布丹、侍卫撒尔岱充正副使,赍诰敕往封世子淏为朝鲜国王,妻张氏为王妃。七年正月,淏奏言日本"近以密书示通事,情形可畏,请筑城训练为守御计。"遣使往讯,庆尚道观察使李曼、东莱府卢协并言朝鲜日本素和好,前奏不实,诏切责淏,褫其用事臣李敬舆、李景奭、赵洞等职。九年正月,淏表贺昭圣慈寿皇太后加上徽号。五月,国人赵照元等谋逆伏诛,遣使奏闻。十年三月,以朝鲜国王印有清文无汉篆,命礼部改铸兼清、汉字印赐之。十二月,封淏子棩为世子。十五年二月,以罗刹犯边,谕朝鲜简发鸟枪手二百从征。

十六年五月,李淏薨。九月,遣工部尚书郭科等往谕祭,赐谥忠宣。又遣大学士蒋赫德、吏部侍郎博硕会充正副使,往封世子棩为朝鲜国王,妻金氏为王妃。十八年,圣祖即位,棩遣陪臣进香,贺登极。康熙元年,命朝鲜表冬至、万寿节及进岁贡,与朝正之使偕行。屡年国有大典,俱遣使朝贺。

十三年十二月,李棩薨。谕礼部:"李棩克尽藩职可从优给恤典,于常例外加祭一次。"赐谥庄恪。遣内大臣寿西特、侍卫桑厄恩克往谕祭,兼封嗣子李焞为朝鲜国王,妻金氏为王妃。十五年十一月,焞奏言:"前明《十六朝纪》一书中载本国癸亥年废光海君李珲立庄穆王李倧事,诬以篡逆。今闻纂修《明史》,特陈奏始末,乞删改以昭信史。"礼部议不准行。二十年正月,王妃金氏故,遣官致祭。二十一年五月,遣使封焞继室闵氏为王妃。是年,帝谒祖陵,焞遣陪臣至盛京迎觐,贡方物。二十四年,焞奏言国内牛多疫死,民失耕种,请暂停互市。礼部议焞托言妄奏,帝以外藩宥之,仍令照常贸易。

二十五年,朝鲜民韩得完等二十八人越江采参,枪伤绘画舆图官役。谳上,斩韩得完等为首六人,余免死,减等发落。焞奉表谢罪,附贡方物。帝以朝鲜王因谢罪进贡,宜不收,准作年贡,嗣后谢罪贡物著停止。三十年七月,礼臣奏朝鲜国贡使违禁私买《一统志》书,内通官张灿应革职发边界充军,正使李沈、副使徐文重等失于觉察,应革职。帝命从宽,免革职。三十二年正月,免朝鲜岁贡内黄金百两及蓝青红木棉。

三十六年七月,封焞子昀为世子。十一月,焞疏请于江中贸易米粮,允之。三十七年正月,遣侍郎陶岱运米三万石往朝鲜,以一万石赈济,二万石平粜,有《御制海运赈济朝鲜记》。三十九年,焞表谢发回漂入琉球船只恩,附贡方物。帝谕轸恤漂人,却贡物,嗣后有若此例者停其贡。四十年十二月,王妃闵氏故,遣官致祭,先是渔采船并贸易人至朝鲜,往往侵扰地方。至是谕王令查验船票人数姓名籍贯,开明报部,转行原籍地方官,从重治罪。并谕各抚严饬沿海地方官,有以海上渔采贸易为名,往来外国贩买违禁货物者,严行禁止。四十一年,遣员外郎邓德监收中江税,以四千两为额。四十二年二月,遣使封焞继室金氏为王妃。四十三年十二月,焞遣官资送被风漂失商船,降谕褒之。四十五年十月,谕大学士曰:"朝鲜国王奉事我朝,小心敬慎。其国闻有八道,北道接瓦尔喀地方土门江,东道接倭子国,西道接我凤凰城,南道接海外,尚有数小岛。太宗平定朝鲜,国人树碑于驻军之地,颂德至今。当明之末年,彼始终服事,未尝叛离,实属重礼义之邦,犹为可取。”四十九年五月,朝鲜商人高道弼等被风坏船,漂至海州,获救。江苏巡抚张伯行以闻,谕令高道弼等由部给文,驰驿归国。五十年五月,帝谕大学士曰:“长白山之西,中国与朝鲜既以鸭绿江为界,而土门江自长白山东边流出东南入海,土门江西南属朝鲜,东北属中国,亦以江为界。但鸭绿、土门二江之间地方,知之不悉。”乃派穆克登往查边界。十月,帝谕免朝鲜国王例贡物内白金一千两、红豹皮一百四十二张,治朝鲜国使沿途馆舍。是年,礼臣覆准朝鲜国与奉天府金州、复州、海州、盖州相近地方,令盛京将军、奉天府尹严饬沿海居民,不许往朝鲜近洋渔采,或别地渔采人到朝鲜,并皆捕送。五十一年五月,焞奏谢减例贡恩,附贡方物,帝命谢恩礼物准作冬至、元日礼物。是年,穆克登至长白,会同朝鲜接伴使朴权、观察使李善溥立碑小白山上。五十四年,礼臣奏:“珲春之库尔喀齐等住处,与朝鲜止隔土门江,恐往来生事,将安都立、他木努房屋窝铺悉行折毁。嗣后沿边近处,不得盖屋种地,军民违者重罪之。”五十七年三月,焞表谢赐空青恩,附贡方物,帝命留作下次正贡。自是凡朝鲜奏谢附贡方物均留作正贡,迄于光绪朝不改。

五十九年十月,李焞薨。遣散秩大臣查克宣、礼部右侍郎罗瞻往吊祭,赐谥僖顺。兼封世子昀为朝鲜国王,继妻鱼氏为王妃。六十一年二月,昀疏言:“臣萎弱无嗣,请以弟李昑为世弟,以续宗祧。”帝俞其请。四月,遣使往封昑为朝鲜国王世弟。十二月,山东渔户杨三等十四人遭风漂入朝鲜,审无信票,送回内地。帝命嗣后漂风船只人口,验有票文未滋事者,照旧送回。如无票文,复生事犯法者,令王于审拟后咨部具题。俟命下行文完结,仍报部存案。雍正元年七月,谕礼部减朝鲜贡物内布八百匹、獭皮百张、青黍皮三百张、纸二千卷。朝鲜于九月内进万寿表文,仍照例于十二月与年贡并进。昀遣陪臣进香，贺登极。二年五月，昀遣陪臣上孝恭仁皇后尊谥。

十二月，李昀薨。遣散秩大臣觉罗舒鲁、翰林院学士阿克敦往谕祭，赐谥庄恪。兼封世弟昑为朝鲜国王，妻徐氏为王妃。三年七月，昑疏请封副室所生子李绛为世子，部议与例不符，帝特如所请行。八月，遣官封昑子绛为世子。五年正月，昑疏请更正先世臣倧诬逆事。部议："昑四代祖倧，故明天启三年请封。明《十六朝纪》以篡夺书，实属冤诬，应予更正。俟《明史》告成后，以《朝鲜列传》颁示其国。"从之。商人胡嘉佩亏帑，以朝鲜国民所负银六万两呈抵，令赴中江质明办理。部议昑咨文支饰，请按数追偿。帝命从宽免追。又谕昑追拿内地盗贼潜逃朝鲜者，倘漏网不获，王将其国防汛之员参处，王亦一并议处。六年二月，减朝鲜岁贡稻米、江米各三十石，每年止贡江米四十石，以供祭祀，著为例。十月，昑请朝鲜盗贼潜入内地，谕兵部檄盛京、山东边境官严拿究治。七月正月，世子绛卒，遣官谕祭。十月，谕礼臣："朝鲜国距京三千余里，贡使往来劳费，嗣后凡谢恩章疏，与圣寿、冬至、元旦三大节表同时齐奏，不必特遣使臣，著为令。"八月，昑为嫂妃鱼氏告哀，遣使谕祭。

九年五月，奉天将军那苏图疏言："凤凰城边外陆路防汛之虎耳山诸处，有草河、叆河二水，发源边内，至边外之莽牛哨，汇流入中江。中江之中有洲，名江心沱，沱西属凤凰城，东为朝鲜国界，岁有匪徒乘船出入，请于莽牛哨设水师防汛。"帝以询朝鲜王昑，请仍遵旧例，从之。十年三月，昑以先臣李倧被诬事，蒙令史臣改正，乞早颁发谕，先将《明朝鲜列传》抄录颁示。十三年九月，高宗即位，颁诏朝鲜。谕礼臣曰："大臣官员之差往朝鲜者，向有馈食仪物之便，其照旧例减半，著为令。"

乾隆元年二月，谕礼臣："朝鲜国今年所进万寿表贡，例于十二月偕年贡同进。"由是岁以为常。二年四月，昑奏请仍中江通市旧例，每岁二、八月间，八旗台站官兵赍货赴中江与朝鲜互市。帝以旗人有巡守责，且不谙贸易，改令内地商民往为市。及昑奏入，从之。

十一月,昑请封其副室子愃为世子。时愃甫三岁,部议格于例,特旨允行。三年正月,遣使往封愃为世子。四年五月,昑表谢颁给《朝鲜列传》。

四年十一月,盛京侍郎德福等疏言:"朝鲜渔船被风飘至海宁界,资送渔户金铁等由陆路归国。"嗣后凡朝鲜民人被风漂入内地者,俱给资护送归国。迄至光绪朝,抚恤如例。八年九月,帝诣盛京,昑遣使表贡,特赐御书"式表东藩"扁额,令使臣与诸王大臣宴。十一年九月,减中江税额。十三年五月,盛京刑部侍郎达尔党阿奏言:"十二年十二月,朝鲜贡使过万宝桥,奴人士还以马逸失银,诡称迷路,夜入人家诬执宋二等为盗。讯明,照所诬罪加三等,拟杖徒。"帝谕从宽免罪。又朝鲜国人李云吉诱协女口,越疆转卖,照例拟绞监候。仍照乾隆五年定例,入于秋审册内,核拟具奏。又朝鲜国王咨称,训戎镇越江东边有乌喇民人造屋垦田。礼臣议照康熙五十四年定例行,令宁古塔将军确察禁止,毁其房,其违禁民人及不行察禁之该管官,照例办理。又奏:"朝鲜人入山海关,所带货物,如系彼国土产,与凤凰城总管印文相符,及出关所带货物与本部札付相符,免其输税。此外如别带物件,及不系彼国所产者,即照数按则输税。倘有违买禁物,监督查出,报部治罪。"是年,朝鲜国王咨称,日本关白新立,照例通使,礼臣奏复,允之。

十四年七月,奉天将军阿兰泰奏言:'向例朝鲜贡使到边,凤凰城城守尉带领官兵偕主客迎送通事等官至关门,稽其人马车舆辎重各数,沿途设馆舍,嗣兵部侍郎德沛出使其国,奏言置馆非适中之所,贡使人多,不敷居往,听来使随时赁住民居。臣以贡使人数众多,若听其赁住村庄,恐多滋扰。应请嗣后贡使到关验入后,务令合队行走,照旧例每站设官一员,兵役二十人护送。令地方官先期代备旅舍,以资栖息,昼则护行,夜则巡逻。或贡使人役需置食物,护行官检其出入人数兵役随往。如内地人民与朝鲜人役生事,兵役拿禀护行官,地方官究治。至贡使人役,惟迎送官与之相习,应专责成,倘地方官预备不周,许护行迎送通事官揭官报府尹,照违令律议处。迎送通事官沿途约束不严，致贡使人役滋事，许护行官揭报礼部，照约束不严例议处。护行官看守不严，及兵役不足，许迎送通事官揭报将军，照纵军歇役律议处。迎送通事官瞻徇注明容隐，致扰居民，或护行官纵容兵丁通同旬蔽，许地方旗民官各揭报上司衙门，照私结外藩例议处。"奏入，报可。十五年，礼臣覆准朝鲜贡使入边，其行李及贸易货物，报明查验车马数目，沿途按界委地方官催趱车辆，与贡使同按程行走，并于报单内注明经过日期。如朝鲜员役有托故落后者，责成迎送通事官，如催趱车辆不力，专责其管旗民地方官。

十九年九月，帝谒盛京祖陵，昑遣使表贡，赏赐如例。二十二年六月，昑以其母金氏之丧来告。王妃徐氏旋卒，二十三年，遣官谕祭，四月，大学傅恒奏言："朝鲜久为属国，礼节语言均已娴熟，所设通事官请改为八员。"从之。二十五年正月，遣官封昑继室金氏为王妃。二十八年，朝鲜世子李愃卒，遣官谕祭。七月，封故世子愃之子祘为世孙。二十九年三月，朝鲜民人金凤守、金世柱等杀死内地披甲常德。部议金凤守造意，应斩。金世柱加功，应绞。至朝鲜奸民屡次越境生事，皆王约束不严所致，应交部议处。帝谕金凤守等从宽，改为监候；王免议处，昑以失于钤束，褫平安道观察使郑淳等职。三十年五月，昑以越江行窃人犯金顺丁等俱从缓决，案内疏防各官拟罪从宽，遣使表谢。三十六年八月，昑奏朱璘《明纪辑略》、陈建之《皇明通纪》载其先世之事，因讹袭谬，诬妄含冤，请并行刊去。礼臣议，朱璘《辑略》，浙江巡抚杨廷璋业经销毁，其陈建《通纪》，京城书肆亦无售者。若二书彼国或有流传，应令自行查禁焚销。

四十一年，李昑薨。王妃金氏请以世孙祘为国王，妻金氏为王妃，并请追赐故世子绅爵谥，及世子妇赵氏诰命，谕如所请。遣散秩大臣觉罗万福、内阁学士嵩贵往谕祭，赐昑谥曰庄顺，绅谥曰恪愍，封祘为朝鲜国王，妻金氏王妃。四十三年，帝谒祖陵，以不举筵宴，敕止朝鲜朝贺。祘仍遣官赍表迎驾，御书"东藩绳美"扁额赐之。四十五年，祘遣正使吏曹判书徐有庆、副使礼曹参判申大升奉表贺七

旬万寿,贡方物。四十八年,帝谒祖陵,算遣陪臣至盛京迎觐,所有
朝贡宴赉一切典礼,特加优渥,并赐御制诗章及《古稀说》。四十九
年,算疏称世子晖年三岁,请封为世子。特旨遣使往封,给与诰敕。
五十年正月,举行千叟宴,算遣正使安春君李烍、副使吏曹判书李
致中入贡,预宴比于内臣。帝闻算好学能诗,赏仿宋板《五经》全部,
并笔墨诸物。因谕朝鲜历年留抵贡物,悉行收受,以免辗转积存。嗣
后随表贡物,概行停止。

　　五十一年七月,世子晖病故,遣官谕祭。五十五年,礼臣奏言:
"朝鲜国王先因李晖病故,今副室生男,当即为奏请封,不能拜跪行
礼,请待其稍长,以永方来之福。"特旨允其国所请。七月,算遣正使
黄仁点、副使徐浩修奉表贺八旬万寿,贡方物。五十六年,有法兰西
教士由中国往朝鲜传天主教。五十八年,算请买钱货回国通用,部
议不许。嘉庆元年,算遣使贺太上皇帝归政,贡方物。使臣在宁寿
宫入千叟宴,赐《圣制千叟宴诗》。四年正月,遣副都统张承勋、礼部
侍郎恒杰赴朝鲜,颁大行太上皇帝遗诏。算遣使表贺,上高宗纯皇
帝尊谥,贡方物,留抵正贡。

　　五年,遣使敕封李算子玜为世子。适李算薨,即以册封世子之
正副使往封李玜为朝鲜国王。六年,玜以本国珍除金有山等潜传洋
教颠末,胪章入告,并称余孽未靖,恐其潜入边门,请饬沿疆大吏严
查究办。帝谕已饬沿边大吏一体严查,设经盘获,即发交国王自行
办理。十年,帝诣盛京,遣官接驾,特赐"礼教绥藩"扁额。十二年十
一月,朝鲜义州商人白大贤、李士楫潜运米至獐子岛,与边民朱、张
两姓私市。王将白大贤等监禁,地方官革究,并缴进钱文、铜铁等
物。帝以王恭顺可嘉,颁赏大缎四匹、玻璃器四件、雕漆器四件、茶
叶四瓶,以示恩奖。谕饬盛京将军督饬沿边官弁严缉朱、张二姓,查
明内地疏防官员,严行惩处。十七年三月,朝鲜义州土贼起,派禄成
督兵讨之。遣使敕封李玜之子昊为世子。三十三年九月,帝诣盛京,
玜遣使迎觐表贺,赐御制诗及"福"字。

　　道光元年,玜奏言伊曾祖李昀患痼疾,经议政金昌集、中枢李

颐命、左议政李健命、判中枢赵泰耇采请以李昑为世弟,参决国政,而相臣赵泰耇等诬金昌集四臣谋逆,肆行诛戮,幸蒙圣祖准李昑袭封,赵泰耇等论罪伏诛。金昌集四臣咸获昭雪。而《皇朝文献通考》载"四臣谋逆,事觉伏诛"等语,乞更正。部议《通考》所载,系据李昀奏报,非纂修之误。今既吁恳为祖雪冤,应请删去此条,以昭信史,从之。二年,颁给《文献通考刊正》一编。玜遣使表贺仁宗睿皇帝升配升祔,暨上皇太后尊号徽号,贡方物;又因赏赐缎匹颁诏谢恩,进皇帝、皇太后前各贡物,前三分收受,余九分留抵正贡。又例贡外,并贺册谥孝穆皇后,又为赐祭谢恩,进皇帝、皇太后前各贡物,前二分收受,后三分留抵正贡。八年,玜遣使表贺平定回疆。又为颁给敕书暨加赏缎匹谢恩,贡方物,俱留抵正贡。九年,朝鲜国副使吕东植在检关病故,赐银三百两。十一年,玜奏请封孙李炱为世孙,帝俞所请,遣使赍敕封李炱为朝鲜国王世孙。十二年,玜奏:"英吉利商船驶入朝鲜古代岛,要求通市,严拒之,相持旬余,英船始去。"帝奖其忠,赐缎匹。

十五年,李玜薨,王妃金氏请以世孙李炱袭封,因为故世子具陈请追赐爵谥,及世子妇诰命。二月,遣使谕祭,赐玜谥宣恪;赠故世子旲为国王,谥康穆,妻为王妃;敕封世孙炱为朝鲜国王。炱表贺册立皇后暨上皇太后徽号,贡方物。十六年,炱表贺太后六旬万寿加上徽号,贡方物。礼部议准朝鲜使臣来京,禁从人在馆外贸易。十七年,遣使敕封炱正室为王妃。十九年,炱表进大行皇后前贡物三分,发还。二十二年,谕禁内地人私越边界构舍垦田。二十四年,朝鲜国王妃薨,遣使赐祭。二十五年,遣使敕封炱继室为王妃。向例派往朝鲜使臣带通官五六员,至是减至一员,永为定例。是年,礼部奏:"据朝鲜国王咨称,英船屡泊其境,量山测水,并问答中有交易之词。"帝命耆英详询英使,遵照成约,婉言开导,不得复任兵船游弋,致滋惊扰。

二十九年,李炱薨,谕祭如例。十月,命瑞常、和色本赍敕往封炱子昪为朝鲜国王。咸丰元年,昪以伊祖李裍于嘉庆辛酉年间罗入其国邪党案内，为其戚臣金龟柱等诬陷以死，恐内府编载其事，垦辨其诬。礼部奏称："当日上谕暨《会典》所载，并无李祹之名，昪以先世被诬，陈枉抑，实属为人后者之至情，应如所请，许其昭雪。"从之。升表贺上孝和睿皇后暨宣宗成皇帝尊谥，贡主物。二年，遣使敕封李昪妻为王妃，昪表贺孝德皇后册立礼成，贡方物，均留抵正贡。帝饬盛京将军并沿海督抚严禁内地民船至朝鲜渔采。三年，升表贺宣宗成皇帝升祔升配，并颁给诏书谢恩，贡方物，命留抵正贡，而受其表贺册立皇后礼成贡物。四年，朝鲜国人张添吉私来京，帝命送交其国查办。五年，朝鲜国护送美国难民四名至京，帝命递至江南，并两江总督查讯，令附该国商船回国。六年，昪表贺上孝静康慈皇后尊谥，贡方物，收受。七年，礼臣奏准朝鲜带来红铜四千余斤，听在会同四译馆交易。帝谕越界之朝鲜人金益寿解送盛京，礼部转解凤凰城，交其国查收讯办。十一年二月，帝幸热河，昪遣使奉表诣行在，恭申起居。帝谕使臣到京后无庸前赴行在，礼部仍照例筵宴，并赐昪如意、缎匹、瓷器、漆器。

同治元年，昪遣使表贺登极，呈进两宫皇太后贡物二分，均收受。其贺登极贡物一分，又颁诏赠缎谢恩进皇帝贡物二分，两宫皇太后贡物四分，均留抵正贡。二年，昪表贺上文宗显皇帝尊谥，并上两宫皇太后尊号徽号，暨颁诏赏缎谢恩各贡物五分，收受，其十一分留抵正贡。是年，昪奏称先世被诬，恳将谬妄书籍刊正。帝谕："朝鲜国王先系源流，与李仁任即李仁人者，族姓迥别。我朝纂修《明史》，于其国历次辨雪之言无不备载。今昪因见康熙年间郑元庆所撰《廿一史约编》，记载其国世系多诬，吁请刊正。《约编》所称康献王为李仁人之子，实属舛误。惟系《明史》未修以前，村塾缀缉之士，见闻未确，不免仍沿明初之讹。今其国奉有特颁史传，自当钦遵刊布，使其子孙臣庶知所信从。《约编》一书，在中国久已不行，亦无所用其改削。著各省学政通行各学，查明晓谕，凡朝鲜事实，应以钦定《明史》为正，不得援前项书籍为据，以归画一而昭信守。"三年，礼臣奏准朝鲜国庆源地方官议修两国交易官房，越图们江择偏僻地采取材木。

十月，李昇薨，遣使赍敕往封李熙为朝鲜国王，宗九世孙也。五年，俄罗斯兵舰抵朝鲜元山等处，力请通商。九月，法兰西水师提督鲁月率兵舰入汉江，抵汉城，炮击数船，毁一炮台而去。十月，法舰再抵江华岛，进陷其城，掠银十九万佛郎。朝鲜募猎虎手八百名袭之，乃遁。先是，国王李熙年幼，其生父大院君李昰应执国政，恶西教，下令严禁，虐待天主教徒。至是，法国声其罪，无功而还。熙表贺文宗显皇帝升祔太庙，贡方物，留抵正贡。遣使敕封熙正室闵氏为王妃。

七年二月，侍郎延煦等奏接见朝鲜委员，并查勘凤凰、瑷阳两边门外大概情形。帝谕恭亲王会同大学士等公同商议。恭亲王等奏称："查勘各处私垦地亩，已无大段闲荒，而朝鲜所虑全在民物溷杂。欲除溷杂之弊，在乎边境之严。"复经亲王等会同延煦、奕榕酌商展边一切事宜，并请饬盛京将军会同原勘之延煦等悉心查办。帝即派延煦、奕榕驰驿前往奉天，会同都兴阿出边查办。谕曰："事当创始，必纲举而目始张。且与外藩交涉，尤应禁令修明，方能垂诸久远。前次延煦接见之朝鲜使臣，所设问答，均极明晰，足见国王深明大体。即著礼部传知朝鲜国王，俟报勘定议后，务须严饬其国边界官，一体遵守。"

九年九月，朝鲜国王称其国庆源府农圃社民李东吉逃往珲春，盖屋垦田，啸聚无赖，吁恳查拿。帝谕敏福密饬珲春协领等购线跴缉，尽数拿获，解交其国惩治。是岁，朝鲜大雨雹，国内荒饥，饿莩载道，民人冒犯重禁，渡图们江至珲春诸处，乞食求生，是为朝鲜流民越垦之始。帝谕朝鲜国王，将民人悉数领回约束，并自行设法招徕，严申禁令，不可复蹈前辙。寻有美国商船驶至朝鲜大同江附近搁浅，朝鲜人见之，误为法船，大肆劫掠。十一年，熙遣使表贺大婚，加上两宫皇太后徽号，贡方物。是年，美国水师提督劳直耳司率二铁甲兵舰抵朝鲜江华岛，毁炮台三座，以报劫掠商船之役。十二年，熙遣使表贺亲政，加上两宫皇太后徽号，贡方物。

光绪元年,朝鲜国拨舟济渡凯撤官兵,赐熙缎匹,熙遣使进香贺登极,贡方物,俱留抵正贡。发还朝鲜进穆宗毅皇帝万寿圣节、冬至、元旦、令节各贡物,照例留抵正贡。熙请封世子,贡方物,帝允所请。其进献礼物,准留抵正贡。寻遣使赍敕往封李坧为朝鲜国王世子。又谕:"奉省押解朝鲜进香贡物之佐领恩俸、骁骑校塔隆阿于五月初三日接领,至六月初五日始行起行,擅改由水路行走,两月之久,尚未到京,难保无藉端需索情事。恩俸、塔隆阿均先行革职,并著崇实等查明,从重参办。"二年,熙遣使表贺上穆宗毅皇帝及孝哲毅皇后尊谥,又表贺加上两宫皇太后徽号,贡方物,俱留抵正贡。

是年,朝鲜与日本立约通商。先是同治十一年,日本外务卿副岛种臣来北京议约,乘间诘问总理各国事务衙门:"朝鲜是否属国?当代主其通商事。"答以"朝鲜虽藩属,而内政外交听其自主,我朝向不预闻。"元年,日本乃以兵力协朝鲜,突遣军舰入江华岛,毁炮台、烧永宗城,杀朝鲜兵,劫其军械而去。别以军舰驻釜山要盟,而遣开拓使长官黑田清隆为全权大臣,议官井上馨副之。赴朝鲜议约。至是,定约十二条,大要认朝鲜为独立自主国,礼仪交际皆与日本平等,互派使臣,并开元山、仁川两埠通商,及日舰得测量朝鲜海岸诸事。

三年,朝鲜以天主教事与法国有违言,介驻釜山日本领事调停,书称中国为"上国,"有"上国礼部"并"听上国指挥"等语。日本大诘责,以"交际平等,何独尊中国?如朝鲜为中国属,则大损日本国体。"朝鲜上其事,总理衙门致书日本辨论,略曰:"朝鲜久隶中国,而政令则归其自理。其为中国所属,天下皆知,即其为自主之国。亦天下皆知,日本岂得独拒?"

五年七月,军机大臣寄谕北洋大臣、直隶总督李鸿章,密劝朝鲜与泰西各国通商。谕曰:"总理各国事务衙门奏'泰西各国欲与朝鲜通商,事关大局。'等语、日本,积不相能。将来日本恃其诈力,逞志朝鲜,西洋各国群起而谋其后,皆在意计之中。各国曾欲与朝鲜通商,倘藉此通好修约,庶几可以息事,俾无意外之虞,惟其国政教禁令，亦难强以所不欲。据总理衙门奏，李鸿章与朝鲜使臣李裕元曾经通信，略及交邻之意。自可乘机婉为开导。俾得未雨绸缪，潜弭外患。”六年九月，鸿章遵旨筹议朝鲜武备，许朝鲜派人来天津学习制造操练，命津海关道郑藻如等与朝鲜赍奏官卞元奎拟具来学章程奏闻。

七年二月，鸿章奏言："朝鲜国王委员李容肃随今届贡使来京，于正月二十日赴津禀谒，据称专为武备学习事，并赍呈其国请示节略一本，内载有领议政李昰应奏章，颇悔去年六月坚拒美国来使为非计，末则归重于'及今之务，莫如怀远人而安社稷'等语。又索中国与各国修好立约通商章程税则带回援照。其国军额极虚，饷力极绌，诚虑无以自立。而所据形势，是为东三省屏蔽，关系甚重。现其君相虽幡然变计，有联络外邦之意，国人议论纷歧，尚难遽决，自应乘机开诚晓谕，冀可破其成见，固我藩篱。惟其国于外交情事生疏，即如与日本通商五年，尚未设关收税，并不知税额重轻。设再与西国结约，势必被欺，无益有损。臣因令前在西洋学习交涉之道员马建忠与郑藻如等，参酌目今时势及东西洋通例，代拟朝鲜与各国通商章程底稿，豫为取益防损之计，交李容肃赍回，俾其国遇事有所据依。至其节略所询各例条内，惟答覆日本国书称谓一节，倘稍涉含混，即于属邦体例有碍。臣查西洋各国称帝称王，本非一律，要皆平等相交。朝鲜国王久受我册封，其有报答日本及他国之书，应令仍用封号。国政虽由其自主，庶不失中国属邦之名也。"礼部议准朝鲜学习制器练兵等事，发给空白恁票，径由海道赴津，以期便捷。至贡使来京，仍遵定例办理。

先是光绪初元，吉林鄂多哩开放荒田，朝鲜茂山对岸外六道沟诸处，间有朝鲜人冒禁私垦者，浙次蔓延。至是，吉林将军铭安、督办边防吴大澂奏言："据珲春招垦委员李金镛禀称，土门江北岸，由下嘠牙河至高丽镇约二百里，有闲荒八处，前临江水，后佣群山，向为人迹不到之区，与朝鲜一江之隔。其国边民屡被水灾，连年荒歉，无地耕种，陆续渡江开垦，已熟之地，不下二千晌，其国穷民数千人赖以糊口。有朝鲜咸镜道刺史发给执照、分段注册等语。臣等查吉林与朝鲜毗连之处,向以土门江为界。今朝鲜贫民所垦闲荒在江北岸,其为吉林辖境无疑。边界旷土,岂容外藩任意侵占?惟朝鲜居之户,垦种有年,并有数千余众。若照例严行驱逐出界,恐数千无告穷民同时失所,殊堪怜悯。拟请饬下礼部,咨明朝鲜国王,派员会同吉林委员查工明确,划清界址。所有其国民人,寄居户口,已垦荒地,恳恩准其查照吉林向章,每晌缴押荒钱二千一百文,每年每晌完佃地租钱六百六十文,由臣铭安饬司给领执照,限令每年冬季应交租钱,就近交至珲春,由放荒委员照数收纳。或其国铸钱不能出境,议令以牛抵租,亦可备吉省垦荒之用。其咸镜道刺史所给执照,饬令收回销毁。”从之。

十二月,鸿章奏言:“本年正月,总理衙门因屡接出使日本大臣何如璋函,述朝鲜近日渐知变计,商与美国立约,请由中国代为主持。拟变通旧制,嗣后遇有朝鲜关系洋务要件,由北洋大臣及出使日本大臣与其国通递文函,相机开道,奉旨知照。臣维朝鲜久隶外藩,实为东三省屏蔽,与琉球孤悬海外者形势迥殊。今日本既灭琉球,法国又据越南,沿海六省,中国已有鞭长莫及之势。我藩属之最亲切者,莫如朝鲜。日本协令通商,复不允订税则,非先与美国订一妥善之约,则朝鲜势难孤立,务国要求终无已时。东方安危,大局所系。中朝即不必显为主张,而休戚相关,亦不可不随时维持,多方调护。”

八年三月,朝鲜始与美国议约,请莅盟。鸿章奏派道员马建忠、水师统领提督丁汝昌,率威远、扬威、镇海三艘,会美国全权大臣薛斐尔东渡。四月初六日,约成,美使薛斐尔,朝鲜议约官申棁、金宏集盟于济物浦,汝昌、建忠监之。十四日,陪臣李应浚赍美朝约文并致美国照会呈礼部及北洋大臣代表。未几,英使水师提督韦力士、法驻津领事狄隆、德使巴兰德先后东来,建忠介之,皆如美例成约。是役也,日本亦令兵轮来诇约事,其驻朝公使花房义质屡诘约文,朝鲜不之告;乃叩建忠,建忠秘之。日人滋不悦。

六月，朝鲜大院君李昰应煽乱兵杀执政数人，入王宫，将杀王妃闵氏，胁王及世子不得与朝士通，并焚日本使馆，在朝鲜练兵教师堀本礼造以下七人死焉。日使花房义质走回长崎。时建忠、汝昌俱回国，鸿章以忧去，张树声署北洋大臣，电令建忠会汝昌率威远、超勇、扬威三艘东渡观变。二十七日，抵仁川，泊月尾岛，而日本海军少将仁礼景范已乘金刚舰先至。朝鲜臣民惶惧，望中国援兵亟。建忠上书树声，请济师："速入王京执逆首，缓则乱深而日人得逞。损国威而失藩封。"汝昌亦内渡请师。

七月初三日，日兵舰先后来仁川，陆兵亦登岸，分驻仁川、济物浦，花房义质且率师入王京。初七日，中国兵舰威远、日新、泰西、镇东、拱北至，继以南洋二兵轮，凡七艘。盖树声得朝鲜乱耗即以闻，遂命提督吴长庆所部三千人东援，便宜行事，以兵轮济师，是日登岸。十二日，薄王京。十三日，长庆、汝昌、建忠入城往候李昰应，减骖从示坦率，昰应来报谒，遂执之，致之天津，而乱党尚踞肘腋。十六日黎明，营官张光前、吴兆有、何乘鳌掩至城东枉寻里，擒百五十余人，长庆自至泰利里，捕二十余人。乱党平。

日使花房义质入王京，以焚馆逐使为言，要挟过当，议不行。义质恶声去，示决绝。朝鲜惧，介建忠留之仁川，以李裕元为全权大臣，金宏集副之，往仁川会议，卒许偿金五十万元，开杨华镇市埠，推广元山、釜山、仁川埠行程地，宿兵王京，凡八条，隐忍成约。自是长庆所部遂留镇朝鲜。

方李昰应之执归天津也，帝命俟李鸿章到津，会同张树声向昰应讯明变乱之由及著名乱党具奏。至是，究明李昰应乃国王本生父，秉政十年。及王年长亲政，王妃闵氏崇用亲属，分昰应权，昰应怨望。六月初间，闵谦镐分给军饷，米不满斛，军人与胥役诘问，谦镐囚军卒五人，将置诸法，军人奔诉于昰应，遂变。初九日，杀闵廉镐、金辅弦、李最应等，昰应入阙晓谕诸军，自称"国太公"，总揽国权，亦不捕治乱党。鸿章奏言："此次变乱，虽由军卒索饷，然乱军赴昰应申诉，如果正言开导，何至遽兴大难。朝鲜臣庶皆谓昰应激之使变。即谓此无左证,而乱军围击宫禁,王妃与难,大臣被害,凶焰已不可响尔。李昰应既能定乱于事后,独不能遏乱于方萌?况乘危窃柄,一月有余。《春秋》之义,入不讨贼。片言可折,百喙难逃。偿再释回本国,奸党构煽,怨毒相寻,重植乱萌,必为后患。伏查《朝鲜史略》,元代高丽王累世皆以父子构衅。延祐年间,高丽王源既为上王,传位于其子焘,交构谗隙,元年流源于土蕃,安置王父,俱有前事。又至元年间,焘子忠惠王名祯,亦经元帝流于揭阳县,其时高丽国内晏然,徒以宵小浸润,远窜穷荒。今李昰应无蒙产垂统之尊,有几危社稷之罪,较谞、祯等情节尤重。惟处人家国父子之间,不能不兼筹并顾。偿蒙加恩,敕下臣等将李昰应安置近京之保定省城,永远不准复回本国,优给廪饩,讥其出入,严其防闲,仍准其国王派员省问,以慰其私。既以弭其国祸乱之端,亦即以维其国伦纪之变。"帝俞其言,乃幽昰应保定旧清河道署。

是年,鸿章奏定《朝鲜通商章程》八条:一,由北洋大臣札派商务委员前往驻扎,朝鲜亦派大员驻津照料商务。二,朝鲜商民在中国各口财产罪犯等案,悉由地方官审断,遵《会典》旧例。三,朝鲜平安、黄海道,与山东、奉天等省滨海地方,听两国渔船往来捕鱼,不得私以货物贸易,违者船货入官。四,准两国商民入内地采办土货,照纳沿途厘税。五,订鸭绿江对岸栅门与义州二处,又图门江对岸珲春与会宁二处,听边民往来交易,设卡征税,罢除馆宇饩廪刍粮等费。六,申明严禁之物,红参一项,照例准售,酌定税则。七,派招商局轮船,每月定期往返一次,由朝鲜政府协商船费若干。八,豫计增损之处,随时商办。礼部奏准停止会宁、庆原地方监视交易,惟本年轮届会宁交易之期,恐彼处商民无官约束,别滋事端,应由盛京将军,奉天府尹、吉林将军就近派员会同朝鲜官妥为经理。

熙表贺孝贞显皇后升祔,恭进慈禧皇太后贡物。九年,熙表贺崇上孝贞显皇后尊谥,恭进慈禧皇太后贡物,其因乱党滋事出兵东援并派兵卫护谢恩贡方物,留抵正贡。

十年,朝鲜维新党乱作。初,朝鲜自立约通商后,国中新进轻躁

喜事，号"维新党"，目政府为"守旧党"，相水火。维新党首金玉均、
洪英植、朴泳孝、徐光范、徐载弼谋杀执政代之。五人者常游日本，
昵日人，至是倚为外援。十月十七日，延中国商务总办及各国公使
并朝鲜官饮于邮署，盖英植时总邮政也。是日，驻朝日兵运枪炮弹
药入日使馆。及暮，宾皆集，惟日使竹添进一郎不至。酒数行，火起，
乱党入，伤其国禁卫大将军闵泳翊，杀朝官数人于座，外宾惊散。夜
半，日本兵排门入景佑宫，金玉均、朴泳孝、徐光范直入寝殿，挟其
王，谬言中国兵至，矫令速日本入卫。十八日天明，杀其辅国闵台
镐、赵宁夏、总管海防闵泳穆、左营使李祖渊、前营使韩圭稷、后营
使尹泰骏。而乱党自署官，英植右参政，玉均户曹参判，泳孝前后营
使，光范左右营使，载弼前营正领官，遂议废立。

　　议未决，而勤王兵起。十九日，朝鲜臣民吁长庆平乱。长庆责
日使撤兵，及暮不答。其臣民固请长庆兵赴王宫。及阙，日兵集普
通门发枪。长庆疑国王在正宫，恐伤王，未还击，而日兵连发枪毙华
兵甚多，乃进战于宫门外。王乘间避至后北关庙，华军侦知之，遂以
王归于军。斩洪英植及其徒七人以徇，泳孝、光范、载弼奔日本。日
使自焚使署，走济物浦，朝民仇日人益甚。长庆卫其官商妻孥出王
京。

　　朝鲜具疏告变，帝命吴大澂为朝鲜办事大臣，续昌副之。赴朝
鲜筹善后。日本亦派全权大臣井上馨至朝鲜，有兵舰六艘，并载陆
军登济物浦，以五事要朝鲜：一，修书谢罪；一，恤日本被害人十二
万圆；三，杀太尉林矶之凶手处以极刑；四，建日本新馆，朝鲜出二
万元充费；五日本增置王京戍兵，朝鲜任建兵房。朝鲜皆听命，成
约。

　　十一年正月，日本遣其宫内大臣伊藤博文、农商务大臣西乡从
道来天津，议朝鲜约。帝命李鸿章为全权大臣，副以吴大澂，与议。
谕曰："日本使臣到津，李鸿章熟悉中外交涉情形，必能妥筹因应。
此次朝鲜乱党滋事，提督吴兆有等所办并无不合。前据徐承祖电
称，日人欲我惩在朝武弁，断不能徇曲其请。其余商议各节，务当斟

酌机宜,与之辩论,随时请旨遵行。"三月,约成,鸿章奏言:"日使伊藤博文于二月十日诣行馆会议,当邀同吴大澄、续昌与之接晤。其使臣要求三事:一,撤回华军;二议处统将;三,偿恤难民。臣惟三事之中,惟撤兵一项,尚可酌允。我军隔海远役,本非久计,原拟俟朝乱略定,奏请撤回。而日兵驻扎汉城,名为护卫使馆,今乘其来请,正可机令彼撤兵。但日本久认朝鲜为自主之国,不欲中国干涉,其所注意不在暂时之撤防,而在永远之辍戍。若彼此永不派兵驻朝,无事时固可相安,万一朝人或有内乱,强邻或有侵夺,中国即不复能过问。此又不可不熟思审处者也。伊藤于二十七日自拟五条给臣阅看,第一条声明嗣后两国均不得在朝鲜国内派兵设营,其所注重实在于此。臣于其第二条内添注,若他国与朝鲜或有战争,或朝鲜有叛乱情事,不在前条之列。伊藤于叛乱一语,坚持不允,遂各不怿而散。旋奉三月初一日电旨:'撤兵可允,求不派兵不可允,万不得已,或于第二条内添叙:"有两国遇有朝鲜重大事变,可各派兵,互相知照。"至教练兵事一节,亦须言定两国均不派员为要。'臣复恪遵旨意,与伊藤再四磋商,始将前议五和要改为三条。第一条,议定两国撤兵日期;第二条,中、日均勿派员在朝教练;第三条,朝鲜变乱重大事件,两国或一国要派兵,应先互行文知照,及其事定,仍即撤回,不再留防。字斟句酌,点易数四,乃始定议。夫朝廷眷念东藩,日人潜师袭朝,疾雷不及掩耳,故不惜糜饷劳师,越疆远戍。今既有互相知照之约,若将来日本用兵,我得随时为备,即西国侵夺朝鲜土地,我亦可会商派兵互相援助。此皆无碍中国字小之体,而有益于朝鲜大局者也。至议处统将、偿恤难民二节,一非情理,一无证据,本可置之不理。惟伊藤谓此二节不定办法,既无以复君命,更无以息众忿,亦系实情。然我军保护属藩,名正言顺,诚如圣谕谓'提督所办并无不合,断不以有曲徇其请。'因念驻朝庆军系臣部曲,姑由臣行文戒饬,以明出自己意,与国无干。譬如子弟与人争斗,其父兄出为调停,固是常情。至伊所呈各口供,谓有华兵杀掠日民情事,难保非彼藉词。但既经其国取有口供,正可就此追查。如查明实有某营某兵上街滋事,确有见证,定照法严办,以示无私,绝无赔偿可议也。以上两节,即由臣照会伊藤,俾得转圜完案。遂于初四日申刻,彼此齐集公所,将订立专条逐细校对,公同画押盖印,各执一本为据。谨将约本封送军机处进呈御览,恭候批准。臣等禀承朝谟,反覆辩折,幸免陨越。以后彼此照约撤兵,永息争端,俾朝鲜整军经武,徐为自固之谋,并无伤中、日两国和好之谊,庶于全局有裨也。”由是中国戍朝鲜兵遂罢归。是年,吉林设通商局于和龙峪,设分卡于光霁峪、西步江,专司吉林与朝鲜通商事。又设越垦局,划图们江北沿岸长约七百里、宽约四十五里,为越垦专区。

当光绪己卯间,俄人以伊犁故,将失和,遣兵舰驶辽海,英人亦遣兵舰踞朝鲜之巨文岛,以尼俄人。既而伊犁约成,英人虑扰东方大局,冀中国始终保护朝鲜,屡为总署言之。十二年,出使英法德俄大臣刘瑞芬致书鸿章,言:“朝鲜毗连东三省,关系甚重。其国奸党久怀二心,饮鸩自甘,已成难治之症。中国能收其全土改行省,此上策也。其次则约同英、美、俄诸国共相保护,不准他人侵占寸土,朝鲜亦可幸存。”鸿章韪之。上之总署,不可,议遂寝。是年,释李昰应归国,熙奉表谢恩,贡方物,留抵正贡。

十三年,鸿章遵旨筹议朝鲜通使各国体制,奏言:“电饬驻扎朝鲜办理交涉通商事宜升用道补用知府袁世凯,转商伊国应派驻扎公使,不必用‘全权’字样,旋于九月二十三日接据袁世凯电禀:准朝鲜外署照称‘奉国王传教,前派各使久已束装,如候由咨文往返筹商,恐须时日,请先电达北洋大臣筹覆。’并据其国王咨称:‘近年泰西各国屡请派使修聘,诸国幅员权力十倍朝鲜,不可不派大公使。惟派使之初,未谙体制,未先商请中朝,派定后即饬外署知照各国,以备接待。兹忽改派,深恐见疑。仍请准派全权公使前往,待报聘事竣调回或以参赞等员代理,庶可节省经费;并饬使至西国后,与中国大臣仍恪遵旧制。’等语,辞意甚为逊顺。臣复加筹度,更将有关体制者先为约定三端:一,韩使初至各国,应请由中国大臣挈赴外部;一,遇有宴会交际,应随中国大臣之后;一,交涉大事关系紧要者,先密商中国大臣核示,并声明此皆属邦分内之体制,与各国无干,各国不得过问。当即电饬袁世凯转达国王照办,兹复准王咨称:'于十月杪饬驻美公使朴定阳、驻英德俄意法公使赵臣熙先后前往,所定三端并饬遵行。'臣查朝鲜派使往驻泰西,其国原约有遣使互驻之条,遂未先商请中国,遽以全权公使报闻各国。此时虑以改派失信,自是实情。既称遣使后与中朝使臣往来恪遵旧制,臣所定拟三端又经遵行,于属邦事例并无违碍。"

是年,吉林有朝鲜勘界之案。十六年,总理衙门疏言:"吉林将军奏称:'朝鲜流民占垦吉林边地,光绪七年经将军铭安、督办边防吴大澄奏将流民查明户籍,分归珲春及敦化县管辖,嗣因朝王恳请刷还流民,咨由礼部转奏。经将军覆准,予限一年,由伊国地方官设法收回。复因限满而流民仍未刷还,反纵其过江侵占,经将军希元咨由总理衙门奏准派员会勘。乃其国始误以豆满、图门为两江,继误指内地海兰河为分界之江,终误以松花江发源之黄化松沟子有土堆如门,附会"土门"之义,执意强辩。续经希元派员覆勘石乙水为图门正源,议于长水分界,绘具图说,于十三年十一月奏奉咨照国王遵办在案。乃国王不加详考,遽信勘界使李重夏偏执之词,坚请以红土山水立界,龃龉难合,然未便以勘界之故,遂置越垦为缓图。现在朝鲜茂山府对岸迤东之光霁峪、六道沟、十八崴子等地方,韩民越垦约有数千,地约数万晌。此处既有图们江天然界限,自可毋庸再勘。其国迁延至今,断难将流民刷还,应亟饬令领照纳租,归我版籍,先行派员清丈,编甲升科,以期边民相安'等语。臣等查吉林、朝鲜界务,前经两次会勘,其未能即定者,特茂山以上直接三汲泡地一百余里之图们江源耳。至茂山以下图们江巨流,天然界限。江南岸为朝鲜咸镜道属之茂山、会宁、钟城、庆源、庆兴六府地方,江北岸为吉林之敦化为县及珲春地方,朝鲜勘界使亦无异说。韩民越垦多年,庐墓相望,一旦尽刷还,数千人失业无依,其情实属可矜。若听其以异籍之民日久占住,主客不分,殊非久计。且近年垦民叠以韩官边界征租秀,种种奇扰,赴吉林控诉,经北洋大臣李鸿章咨臣衙门有案。现在江源界址既难克日划清,则无庸勘办处所,似宜及时抚绥。拟请饬下将军,遴派贤员清丈升科,领照纳租,归地方官管辖,一切章程奏明办理。”于是,将军长顺颁发执照。韩民愿去者听其自便,原留者剃发易服,与华人一律编籍为氓,垦地纳租。

是年,熙母妃赵氏薨,遣使奉表来讣曰:“朝鲜国王臣李熙言:臣母赵氏于光绪十六年四月十七日薨逝,谨奉表讣告。臣李熙诚惶诚顿首稽首。伏以小邦无禄,肆切哀惶之忱,内艰是丁,恭申讣告之礼。臣无任望天仰圣激切屏营之至,谨奉表告讣以闻。”告讣正使洪钟永等为恳恩事:“窃以小邦只守藩服,世沐皇恩,壬午、甲申之交,纲常得以扶植,土宇赖以廓清,尤属恩深再造。自经丧乱,洊遭饥馑,民物流离,六七年来,艰难日甚。近又不幸,康穆王妃薨逝,举朝哀戚,无计摒挡。主上念王妃遭兵构悯,八域困穷,向例丧祭之需,出自闾阎者,不得不一概蠲免,以舒民力,故凡丧祭俱从俭约。惟念大皇帝钦差颁敕,自昔异数。时恐星使贲临,礼节偿有未周,负罪滋甚。与其抱疚于将来,熟若陈情于先事?况天恩高厚,有愿必偿,久如赤子之仰慈父母矣。为特敬求训堂俯鉴实情,擎奏天陛。倘有温谕颁发,俾职敬谨赍回,免烦星使之处,出自逾格恩施,不胜急切兢惧之至。”

礼臣奏闻,帝谕曰:“朝鲜告讣使臣具呈恳请免使赐奠一摺,所陈困苦情形,自非虚饰。惟国王世守东藩备叨恩礼,吊祭专使,载在典常,循行勿替,此天朝抚恤属藩之异数,体制攸关,岂容轻改?特念朝鲜近年国用窘乏异常,不得不于率循旧章之中,曲加矜恤。向来遣使其国,皆由东边陆路,计入境后,尚有十余站,沿途供亿实繁。此次派往大员,著改由天津乘坐北洋轮船,径至仁川登岸,礼成,仍由此路回京。如此变通,则道途甚近,支应无多,所有向来陆路供张繁费,悉行节省。至钦使到国以后,应行典礼,凡无关冗费者,均应恪遵旧章,不得稍事简略。将此谕由礼部传谕国王知之。”九月,遣户部左侍郎续昌、启部右侍郎崇礼往谕祭。

十九年,朝鲜偿日本米商金。先是十五年秋,朝鲜饥,其咸镜道观察使赵秉式禁粜,及次年夏弛禁。日人谓其元山埠米商折本银十四万余元,责偿朝鲜,朝鲜为罢秉式官,许偿六万,日人至三易公使以争,至是卒偿十一万,事乃解。

初,中国驻朝道员袁世凯以吴长庆军营务处留朝,充商务总办兼理交涉事宜。时朝鲜倚中国,其执政闵泳骏等共善世凯。泳骏,闵妃族也,素嫉日本,而国中新党厚自结于日人。甲申朝鲜之难,金玉均、朴泳孝等挟资逃日本,而李逸植、洪钟宇分往刺之。钟宇,英植子,痛其父死玉均手,欲得而甘心,佯交欢玉均。二十年二月,自日本偕乘西京丸商轮船游上海,同寓日本东和旅馆。二十二日,钟宇以手枪击杀玉均,中国捕钟宇系之以诘朝鲜。朝人谓玉均叛党,钟宇其官也,请归其狱自瀸,许之。朝鲜超赏钟宇五品官,戮玉均尸而以盐渍其首。日本大哗,乃为玉均发丧假葬,执绋者者数百人。会逸植亦刺泳孝于日本,未中,日人处逸植极刑。日、朝交恶,且怒中国归玉均尸。

四月,朝鲜东学党变作。东学者,创始崔福成,刺取儒家、佛、老诸说,转相衍授,起于庆尚道之慈仁县,蔓延忠清、全罗诸道。当同治四年,朝鲜禁天主教,捕治教徒,并擒东学党首乔姓杀之,其党卒不衰。洎上年径赴王宫讼乔冤,请湔雪,不许。旋擒治其渠数人,乃急而思逞。朝鲜赋重刑苛,民多怨,上党人乘之,遂倡乱于全罗道之古阜县。朝鲜王以其臣洪启勋为招讨使,假中国平远兵舰、苍龙运船,自仁川渡兵八百人至长山浦登岸,赴全州。初,战甚利,党人逃入白山,朝兵蹑之,中伏大败,丧其军大半。贼由全罗犯忠清两道,兵皆溃,遂陷全州、会城,获枪械药弹无算。榜全州城以匡君救民为名,扬言即日进公州、洪州,直捣王京。

朝鲜大震,急电北洋乞援师。鸿章奏派直隶提督叶志超、太原镇总兵聂士成率芦榆防兵东援,屯牙山县屯山,值朝鲜王京西南一百五十里,仁川澳左腋沔江口也。五月,电谕驻日公使汪凤藻,按光绪十一年条约,告日本外部以朝鲜请兵,中国顾念藩服,遣兵代平其乱。日本外务卿陆奥宗光复凤藻文谓:“贵国虽以朝鲜为藩服,而朝鲜从未自称为属于贵国。"乃以兵北渡,命其驻京公使小村寿太郎照约告于中国总署。复文谓:"我朝抚绥藩服,因其请兵,故命将平其内乱,贵国不必特派重兵。且朝鲜并未向贵国请兵,贵国之兵亦不必入其内地。"日使覆文谓:"本国向未认朝鲜为中国藩属。今照日朝济物浦条约及中日两国天津条约,派兵至朝鲜,兵入朝鲜内地,亦无定限。"朝鲜乱党闻中国兵至,气已慑。初九日为朝兵所败,弃全州遁,朝兵收会城。

乱平,而日兵来不已。其公使大鸟圭介率兵四百人先入王京,后队继至,从仁川登岸约八千余人,皆赴王京。朝鲜惊愕,止之不可。中国以朝乱既平,约日本撤兵,而日人要改朝鲜内政。其外部照会驻日使臣,约两国各简大臣至朝,代其更革。凤藻复文谓:"整顿内治,任朝鲜自为之,即我中国不愿干预。且贵国既认朝鲜为自主之国,岂能预其内政?至彼此撤兵,中东和约早已订有专条,今可不必再议。"而日人持之甚坚。时日兵皆据王京要害,中国屯牙山兵甚单。世凯屡电请兵,鸿章始终欲据条约要日撤兵,恐增兵益为藉口。英、俄各国使臣居间调停,皆无成议。鸿章欲以赔款息兵,而日索银三百万两,朝鲜大哗,于是和战无定计,而日本已以兵劫朝鲜。

日使大鸟圭介首责朝鲜独立。六月,圭介要以五事:一,举能员;二,制国用;三,改法律;四,改兵制;五,兴学校。朝鲜为设校正厅,示听命。十四日,朝鲜照会日使,先撤兵,徐议改政,不许。复责其谢绝为中国藩属。朝鲜以久事中国,不欲弃前盟,驻京日使照会总署文略谓:"朝鲜之乱,在内治不修。若中、日两国合力同心,代为酌办,事莫有善于此者。万不料中国悉置不讲,但日请我国退兵。两国若启争端,实惟中国执其咎。"遂偏布水雷汉江口,以兵塞王京诸门。十七日,袁世凯赴仁川登轮回国。二十一日,大鸟圭介率兵入朝鲜王宫,杀卫兵,遂劫国王李熙,令大院君李昰应主国事。矫王令流闵泳骏等于恶岛,凡朝臣不亲附者逐之,事无巨细,皆决于日人。

二十二日,鸿章电令牙山速备战守,乃奏以大同镇总兵卫汝贵率盛军十三营发天津,盛京副都统丰伸阿统盛京军发奉天,提督马玉昆统毅军发旅顺,高州镇总兵左宝贵统奉军发奉天,四大军奉朝命出师,虑海道梗,乃议尽由陆路自辽东行,渡鸭绿江入朝鲜。时牙山兵孤悬,不得四大军消息,而距牙山东北五十里咸欢驿为自王京南来大道,且南通公州。士成请于志超,往扼守,遂率武毅副中营、老前营及练军右营于二十四日移驻成欢。鸿章租英商高升轮载北塘防军两营,辅以操江运船,载械援牙山,兵轮三艘翼之而东。而师期预泄,遂为所截,三轮逃回威海,操江悬白旗任掠去。日舰吉野、浪速以鱼雷击高升,沉之,两营歼焉。是日牙山军闻之,知援绝,而日人大队已逼。士成请援于志超,二十六日,志超驰至,迎战失利。二十七日,日兵踞成欢,以炮击我军,势不支,遂败。志超已弃公州遁,士成追及,之合军北走,绕王京之东,循清镇州、忠州、槐山、兴塘,涉汉江,经堤川、原州、横川、狼川、金化、平康、伊川、遂安、祥源,渡大同江至平壤,与大军合,匝月始达。

七月初一日,谕曰:"朝鲜为我大清藩屏二百余年,岁修职贡,为中外共知。近十年其国时多内乱,朝廷字小为怀,叠次派兵前往勘定,并派员驻扎其国都城,随时保护。本年四月间,朝鲜又有土匪变乱,国王请兵援剿,陈词近切,当即谕令李鸿章拨兵赴援。甫抵牙山,匪徒星散。乃日人无故添兵,突入汉城,嗣又增兵万余,迫令朝鲜更改国政。我朝抚绥藩服,其国内政事向令自理;日本与朝鲜立约,系属与国,更无以重兵强令革政之理。各国公论,皆以日本师出无名,不合情理,劝令撤兵,和平商办。乃竟悍然不顾,迄无成说,反更陆续添兵,朝鲜百姓及中国商民日加惊扰,是以添兵前往保护。讵行至中途,突有敌船多艘,乘我不备,在牙山口外海面开炮轰击,伤我运船,殊非意料所及。日本不遵条约,不守公法,衅开自彼,公论昭然。用特布告天下,俾晓然于朝廷办理此事,实已仁至义尽,势难再与姑容。著李鸿章严饬派出各军,迅速进剿,厚集雄师,陆续进发,以拯韩民于涂炭。"盖中国至是始宣战也。

是时,中国军并屯平壤为固守计。八月初,日兵既逼,诸将分划守界。城北面左宝贵所部奉军、丰伸阿之盛军、江自康之仁字两营守之，城西面叶志超所部芦防军守之，城南面迤西南隅卫汝贵之盛军守之，城东面大同江东岸马玉昆之毅军守之，复以左宝贵部分统聂桂林策应东南两面，志超驻城中调度，宝贵驻城北山顶守元武门，诸将各以守界方位驻城外。十六日，日兵分道来扑，巨炮逼攻，各垒相继溃，城遂陷，宝贵力战中炮死。志超率诸将北走，军储器械，公牍密电尽委之以去。聂士成以安州山川险峻，宜固守。志超不听，奔五百余里，渡鸭绿江入边止焉。自是朝鲜境内无一华兵，朝事不可问矣。

二十一年三月，《马关条约》成，其第一款中国确认朝鲜为完全无缺独立自主之国，凡前此贡献等典礼皆废之。盖自崇德二年李倧归附，朝鲜为清属国者凡二百五十有八年，至是遂为独立自主国云。

琉球，在福建泉州府东海中。先是明季琉球国王尚贤遣使金应元请封，会道阻，留闽中。清顺治三年，福建平，使者与通事谢必振等至江宁，投经略洪承畴，送至京，礼官言前朝敕印未缴，未便受封。四年，赐其使衣帽布帛遣归。是年，尚贤卒，弟尚质自称世子，遣使奉表归诚。

十年，遣使来贡。明年，再遣贡使兼缴前朝敕印，请封，允之。诏曰：“帝王祗德应治，协于上下，灵承于天，薄海通道，罔不率俾，为藩屏臣。朕懋缵鸿绪，奄有中夏，声教所绥，无间遐迩，虽炎方荒略，不忍遗弃。尔琉球国粤在南徼，乃世子尚质达时识势。祗奉明纶，既令王舅马宗毅等献方物，禀正朔，抒诚进表，缴上旧诏敕印。朕甚嘉之，故特遣正使兵科副理官张学礼、副使行人司行人王垓、赍捧诏印，往封为琉球国中山王。尔国官僚及尔氓庶，尚其辅乃王，饬乃侯度，协抒乃忠尽，慎义厥职，以凝休祉，绵于奕世。故兹诏示，咸使闻知。赐王印一、缎币三十匹，妃缎币二十匹，并颁定贡期，二年一贡，进贡人数不得逾一百五十名，许正副使二员，从人十五名入京，余俱留闽待命。”既而学礼等至闽，因海氛未靖，仍制回。

康熙元年，敕曰："琉球国世子尚质慕恩向化，遣使入贡，世祖章皇帝嘉乃抒诚，，致尔使人率多物故。朕念尔国倾心修贡，宜加优恤，乃使臣及地方官逗留迟误，均未将前情奏明，殊失朕怀远之意。今已将正副使、督抚等官分别处治，特颁恩赉，仍遣正使张学礼、副使王垓令其自赎前非，暂还原职，速送使人归国。一应敕封事宜，仍照世祖章皇帝旨奉行。朕恐尔国未悉朕意，故再降敕谕，俾尔闻知。"于是学礼等奉往至其国，成礼而还。

三年，质遣陪臣吴国用、金正春奉表谢封，贡方物。四年，再遣贡使并贺登极。其贡物至梅花港口遭风漂失。帝谕免其补进。五年，质仍遣贡使补进前失贡物。帝谕曰："尚质恭顺可嘉，补进贡物，俱令赉回。至所进玛瑙、乌木、降香、木香、象牙、锡速香、丁香、檀香、黄熟香等皆，非土产，免其入贡。其琉璜留福建督抚收贮。余所贡物，令督扶差解来京。"即给赏遣归。六年，贡使仍赍表入觐。七年，重建柔远会官驿于福建，以待琉球使臣。是年，王尚质薨。

八年，世子尚贞遣陪臣英常春来贡。琉球国凡王嗣位，先请朝命，钦命正副使奉敕往封，赐以驼纽镀金银印，乃称王。未封以前称世子，权国事。十年、十三年，世子贞均遣陪臣来贡。十八年，贞遣陪臣补进十七年正贡。旧例贡物有金银罐、金银粉匣、金缸酒海、泥金彩画围屏、泥金扇、泥银扇、画扇、蕉布、苎布、红花、胡椒、苏木、腰刀、火刀、枪盔甲、马鞍、丝、绵、螺盘，加贡之物无定额。十九年，陪臣来贡，帝俱令免进。嗣后常贡，惟马及熟硫磺，海螺壳、红铜等物。

二十年，贞遣陪臣毛见龙等来贡。帝以遇当耿精忠叛乱之际，屡献方物，恭顺可嘉，赐敕褒谕，兼赐锦币十五。又常贡内免其贡马，著为例。贞疏言："先臣尚质于康熙七年薨逝，贞嫡嗣，应袭爵，具通国臣民结状请封。"礼臣议航海道远，应令贡使领封。见龙等固请，礼臣执不可，帝特允之。

二十一年，命翰林院检讨汪楫、内阁中书舍人林麟焻为正副使，赍诏敕银印往封琉球国世子尚贞为王，赐御书"中山世土"额。

礼成,还京,奏言:"中山王尚贞原令陪臣子弟四人来京受学。部议前明永乐、洪武、宣德、成化间,琉球官生入监读书。今尚贞倾心向学,应如所请。"从之。贞遣陪臣毛国珍、王明佐等谢封,奏言:"前代封使,奉命后每迟至三四年甚有十余年而后临臣国者。今使臣汪楫、林麟焻朝拜命夕就道。且当海疆多故之时,冲风冒险,而臣国又僻在海东,封舟开驾,恃西南风以行,中道无可倚泊,常兼旬经月而后至,甚水米俱尽,事不可言。今在五虎门开洋,仅三昼夜而达小国。臣遣官迎护,亲见舟行之次,万鸟绕篷而飞,两鱼夹舟而进,经过之处,浪静波平,收抵琉球内地,通国臣民以为仅见。仰惟皇上文德功烈,格天感神,且有御笔在船,故征应若此也。乞宣付史馆,以彰嘉瑞。"又疏请饬令使官收受所辞宴金,帝命收受。

二十五年,贞遣官生梁成楫、蔡文溥、阮维新、郑秉钧四人入太学,附贡使船,遭风橃折,伤秉钧,飘至太平山修船。二十七年二月,始至京师。十月,贞遣陪臣来谢子弟入监读书恩,并贡方物。帝令成楫等三人照都通事例,日廪甚优,四时给袍褂、衫裤、鞋帽、被褥咸备,从人皆有赐,又月给纸笔银一两五钱,特设教习一人,令博士一员督课。二十八年,贞疏言:"旧例,外国船定数三艘货物得免收税。今琉球进贡船止二艘,尚有接贡船一艘,示蒙免税,请照例免收,以足三船之数。"又:"人数例带一百五十人,万里汪洋,驾舟人少,不能远涉,乞准加增。"礼臣议免入贡船税,人数不准加增,帝特令加增至二百人。三十二年,贞遣陪臣来贡,请入监读书官生归国。赐宴及文绮,乘传厚给遣归。自是二年一贡如常例。

四十八年,琉球国内多灾,宫殿焚,台飓频作,人畜多死。是年王尚贞薨,世子尚纯先卒。四十九年,尚纯子尚益以嫡孙立。五十一年,卒,未及请封。五十二年,尚益世子尚敬立。比年遣使入贡,称"世曾孙。"五十七年六月,命翰林院检讨海宝、编修徐葆光充正副使,往封琉球国世曾孙尚敬为王。

五十八年,琉球国建明伦堂于文庙南,谓之府学,择久米大夫通事一人为讲解师,月吉读《圣谕衍义》;三六九日,紫金大夫诣讲堂,理中国往来贡典,察诸生勤惰,籍其能者备保举。八岁入学者,择通事中一人为训诂师教之。文庙在久米村泉崎桥北,创始于康熙十二年,庙中制度俎豆礼仪悉遵《会典》。琉球自入清代以来,受中国文化颇深,故慕效华风如此。五十九年,琉球国王尚敬疏请续送官生入监读书,从之。

雍正二年,敬遣陪臣王舅翁国柱及曾信等奉表贺登极,贡方物,兼送官生郑秉哲、郑绳、蔡宏训等入监读书。帝召见国柱等,御书“辑瑞球阳”额赐王,并玉器、缎币等物,交国柱赍回。官生蔡宏训病卒,赐银百两,交礼官择近京地葬之,并以二百两赡恤其家。三年,敬遣使表谢方物,帝命准作二年一次正贡。四年,敬遣使入贡,并进谢表方物,命存留作六年正贡;其六年表文,俟八年贡时并进。是年,贡使归,附官生郑秉哲等归国。六年,敬仍遣使入贡,帝命作八年正贡;若八年贡使已经起程,即准作十年正贡。八年,敬遣使入贡,疏言请遵旧制二年一贡,不敢愆期。帝谕仍遵前旨行;若十年贡物已遣使起程,即准作十二年正贡,十一年不必遣使。

乾隆二年六月,琉球所属之小琉球国有粟米、棉花二船遭风飘至浙江象山,浙闽总督嵇曾筠资给衣粮遣还。事闻,帝谕:“嗣后被风漂泊之船,令督抚等加意矜恤。动用存公银两,资给衣粮,修理舟楫,查还货物,遣归本国。著为令。”三年,敬遣陪臣奉表贺登极,并贡方物。帝命贡使赍回御书“永祚瀛壖”额赐王,并谕不必专使谢恩,俟正贡之年一同奏谢。五年,敬遣使入贡,并进谢恩方物。六年,礼臣议琉球谢恩礼物照雍正四年例,准作二年一次正贡,从之。五月,浙江提督裴铽奏言:“江南商民徐淮华等五十三人遭风飘入琉球之叶壁山,国王资遣都通事阮为标护送归国。”帝命礼臣传旨奖之。十五年,敬遣通事阮超群等送回十四年被风失舟之商民吴永盛等四船九十二人。其林士兴等六船一百三十人,先已拨给椇木廪饩资送回闽。事闻,赐敬缎匹。十六年,福建巡抚潘恩榘奏言:“琉球贡使毛如苞等贡船遇飓飘,还本岛,今修葺补进。又前有闽县遭风船户蒋长兴等、常熟县商民瞿长顺等三十九人,留养两年,今亦随船回闽。"奉旨嘉奖。是年,王尚敬薨。

十九年,世子尚穆遣使入贡,兼请袭封。二十年,命翰林院侍读全魁、编修周煌充正副使,往封琉球国世子尚穆为王。二十四年,穆遣使入贡,并遣官生梁文治等入监读书。帝命所进方物准作二十五年正贡。是年,资送遭风商民金任之,照屋等五十三人回国。以后迄于光绪朝,凡琉球遭风难民,皆抚恤如例。二十九年,遣官生梁文治等归国。四十九年,穆遣陪臣毛廷栋等入觐,行庆贺礼。御书"海邦济美"额赐之,并赐玉、磁、缎匹诸物。五十五年,穆遣使入贡,并进谢恩方物,恳恩免抵正贡。帝命如所请行。五十八年,谕军机大臣:"琉球贡船,现距年节两月有余,即饬伴送员按程从容行走,只须封篆前到京,便与年班各外藩同与宴赉。"五十九年,穆遣使谢赐"福"字、如意恩,贡方物。是年,王尚穆薨。世子尚哲先卒,世孙尚温权署国事。嘉庆三年,世孙尚温遣使入贡,兼请袭封。是年,尚温建国学于王府北,又建乡学三,国中子弟由乡学选入国学。四年,命翰林院修撰赵文楷、编修李鼎元充正副使,往封琉球国世孙尚温为王,赐御书"海表恭藩"额。五年,尚温遣陪臣子弟四人入监读书。七年,琉球那霸官民集资请于王,建乡学四。八年,琉球二号贡船至大武仑洋遭风漂至台湾,冲礁击碎,其正贡船亦同时漂没,福州将军玉德等以闻。帝谕救获官伴、水梢人等,照常例加倍给赏,贡物无庸另备呈进。十二年,王尚温薨,世子尚成署国事,未及受封,病卒。

七月,命翰林院编修齐鲲、工科给事中费赐章往封世孙尚灏为王。是年,琉球贡船复遭风沉没,帝命给银千两作雇船资用,另给银五百两恤淹毙六十三人家属。道光二年,琉球贡船至闽头外洋遭风击碎,溺死贡使十名,帝命给银千两,雇商船回国。免另备贡物。又琉球遭风难夷米喜阜等,每名日给盐菜口粮,俟回国之日另给行粮一月。七年,琉球国王尚灏遣使入贡。并谢赐御书恩,贡方物,呈恳免抵正贡。允之。十七年,王尚灏薨,遣使往封世子尚育为王。

十九年,尚育遣使谢册封及赏御书,贡方物,又疏请饬使臣受宴金。帝不允,令来使赍回。初,琉球旧例,间岁一贡,上年改为四年朝贡一次。二十年十一月,其国王吁请照旧,允之。其陪臣子弟四人,准随同贡使北上入监读书。

琉球国小而贫,逼近日本,惟恃中国为声援。又贡船许鬻贩各货,免征关税,举国恃以为生,其资本多贷诸日本。国中行使皆日本宽永钱,所贩各货,运日本者十常八九。其数数贡中国,非惟恭顺,亦其国势然也。

二十六年,琉球入监官生向克期回国,途中病故,恤银三百两。咸丰元年,琉球国王世子尚泰遣使贺登极,贡方物,恳免留抵,允之。帝谕军机大臣曰:"琉球恪守藩封,前以英人伯德令住居伊国,久未撤回,频来呼吁,当经饬令徐广缙晓谕文安委婉开导,令其撤回。文安设词推诿,该督仍当随时体察情形,加意控驭。"三年,赐琉球御书"同文式化"额。四年,琉球世子遣使庆贺册立大典,贡方物。时贼氛遍东南,邮传多阻,谕令使臣无庸绕道来京,即由闽回国。使臣仍恳入都,帝命王懿德等俟来岁道路疏通,派员护送。八年,琉球入监官生毛启祥途中病故,赐恤银三百两。九年,琉球贡使到闽,帝以贡使远涉输诚,命王懿德等察看情形,如闽省上游及江、浙诸省道路已通,即派员伴送来京。十年,琉球入监官生葛兆庆病故,营葬张家湾,赐恤金如例。

同治三年,琉球国世子遣使贺登极,贡方物。是年,英人与日本构衅,将袭取琉球,驻海军,事寻解。五年,遣使赍敕印往封琉球世子尚泰为王。六年,尚泰遣陪臣子弟四人入监读书。十年,有琉球船遭风漂至台湾,为生番劫杀者五十四人。十一年,复劫杀日本小田县难民四人,日本大哗。既中、日立约天津,要求痛惩生番,,恤琉球、日本死难诸人,且言琉球为日本版图,藉口称兵台湾,语具《邦交志》。

光绪元年,琉球国贡使蔡呈祚回国病没山东,赐葬费银。五年,日本入琉球,灭之。夷为冲绳县,虏其王及世子而还。总理衙门以灭我藩属诘日本,日人拒焉。六年,帝命北洋大臣李鸿章统筹全局,鸿章奏言:"琉球原部三十六岛,北部九岛、中部十一岛、南部十六

岛。而周回不及三百里。北部中有八部早属日本,仅存一岛。去年
日本废灭琉球,中国叠次理论,又有美前总统格兰忒从中排解,始
有割岛分隶之说,此时尚未知南岛之枯瘠也。本年日本人竹添进
一来津谒见,称其政府之意拟经北岛、中岛归日本,南岛归中国。又议
改前约。臣以琉球初废之时,中国体统攸关,不能不极与理论。今
则俄事方殷,势难兼顾。且日人要索多端,允之则大受其损,拒之则
多树一敌,惟有暂从缓议。因传询在京之琉球官尚德宏,始知中岛
物产较多,南岛贫瘠僻隘,不能自立。而琉球王及其世子,日本又不
肯释还。适接出使大臣何如璋来书,复称询访琉球国王,谓'如宫
古、八重山小岛另立三子,不止吾家不愿,阖国臣民亦断断不服。南
岛地瘠产微,向隶中山,政令由土人自立。今欲举以畀琉球,琉球人
反不敢受,我之办法亦穷'等语。臣思中国以存琉球宗社为重,本非
利其土地。今得南岛以封琉球,而琉球不愿,势不能不派员管理。既
蹈义始利终之嫌,且以有用之兵饷,守瓯脱不毛之地,劳费正自无
穷。而道里辽远,实有孤危之虑,若惮其劳费而弃之不守,适坠人狡
谋。且恐西人踞之,经营垦辟,扼我太平洋咽喉,亦非中国之利。是
不议改约,而仅分我以南岛,犹恐进退两难,致贻后悔。今之议改前
约,偿能竟释琉球国王,畀以中、南两岛,复为一国,其利害尚足相
抵,或可勉强允许。不然,彼享其利,我受其害,且并失我内地之利,
窃所不取也。臣愚以为日本议结琉球之案,暂宜缓允。"由是琉球遂
亡。

清史稿卷五二七
列传第三一四

属国二

越 南

越南先称安南。顺治初,安南都统使莫敬耀来归,未及授爵而卒,寻授其子莫元清为安南都统使。

十六年八月,经略大学士洪承畴始奏言,安南国遣目吏玉川伯邓福绥、朝阳伯阮光华,赍启赴信郡王军前抒诚纳款。十七年九月,黎维祺始自称国王,奉表,贡方物,帝嘉之,赐文绮、白金。十八年,敕曰:"朕惟修德来远,盛代之宏谟;纳款归仁,人臣之正谊。既输诚而向化,用锡命以宣恩。褒忠劝良,典至重也。尔安南国王黎维祺,僻处炎方,保有厥众。乃能被服声教,特先遣使来归,循览表文,悃忱可见。古称识时俊杰,王庶几有之。用锡敕奖谕,仍赍尔差官钗仁根银币衣服等事,遣通事序班一员伴送至广西,沿途拨发兵马导之出疆。尔受兹宠命,其益励忠节,永作屏藩,恪守职贡,丕承无斁。钦哉!"未几,维祺卒,子维禔嗣。寻又卒,子维禧嗣。

康熙二年十一月,维禧遣黎学等表谢,附贡方物。三年二月,遣内院编修吴光、礼部司务朱志远,谕祭故王维祺、维禔。五年五月,维禧缴送故明王永历敕、印,遣内国史馆翰林学士程方朝、礼部郎中张易贲册封维禧为安南国王,赐镀金驼钮银印。六年,维禧夺都统使莫元清高平地,元清奔云南,上疏陈诉,帝命安置南宁。维祺亦上疏言兴兵复仇本末。

初，明正德十一年，社堂烧香官陈暠杀其王莫睭自立，睭臣都力士莫登庸讨杀暠，立睭兄子惠。嘉靖元年，登庸逐惠自立，惠子黎平据清华自为一国。后莫氏渐衰，但保高平一郡，势益弱。至是，帝遣内院侍读李仙根、兵部主事杨兆杰，赍敕谕维禧，将高平土地人民归莫元清：“各守其土，尽尔藩职。”初，安南定为三年一贡。七年，维禧疏请六年两贡并进，帝如所请。八年，使臣李仙根等齐回维禧覆疏，言遵旨将高平府石林、广原、上琅、下琅土地人民归莫元清，因奏称黎维禧所归土地，尚有保乐、七源二州，昆仑、金马等十二总社未还，请再敕谕全还，帝不许。

是年，黎维禧薨，弟维禎权理国事。十三年正月，维禎以讣告，遣陪臣胡士扬等进康熙八年、十一年岁贡。疏言：“先王世守安南，为逆臣莫登庸纂弒，赖辅政郑檜之祖剿除恢复。莫逆遗孽簒据高平，乍臣乍叛。至莫元清惧臣讨罪，潜入内地投诚。康熙八年，奉命令还高平，臣维禧钦奉君命，敢不懔遵，但莫元清为臣不共之仇，高平为世守之土，叛逆窃据，祸在萧墙。叩恳天恩，仍令高平属归本国。且莫元清尚有誓辞及祭伊父莫敬耀文，内有‘图逆天朝’之语，今谨敬呈，并贡方物。”事下部议。寻议：“前维禧退还莫元清高平，取有复相和好印结。今维禎虽言收得誓书、祭文，但此文年久，誓辞系莫敬耀名，或得自敬耀存时，或得自元清今日，殊难悬拟，应饬维禎查明具题再议。”从之。

十四年，黎维禎卒，弟维正权理国事。十六年，帝谕维正曰：“逆贼吴三桂，值明季闯贼之变，委身从贼，以父死贼手，穷窘来归，念其投诚，锡之王爵，方且感恩图报，殚竭忠诚，讵意以枭獍之资，怀狙诈之计，阴谋不轨，自启衅端，藉请搬移，辄行叛逆，煽惑奸宄，涂炭生灵。朕连年遣兵征讨，秦、陇底定，闽、粤荡平，惟吴三桂窃据一隅，苟延旦夕。今大兵云集，恐其挺走，潜窜岭南。兹以王累世屏藩，效忠天国，乱臣贼子，谅切同仇。今已遣诸军大张挞伐，平定粤西，进取滇、黔，尔国壤地相属，素谙形势，王其遴选将士，协力歼除，懋赏荣褒,朝有令典。钦哉,无负朕命!"十八年十一月,维正庆贺大捷,疏言:"逆贼吴三桂,变乱数年,阻臣贡路,且再三胁诱,迫令服从。区区愚忠,罔敢易节。乃有逆臣莫元清与三桂密相缔结,潜入高平,图为掩袭。今愿仗天威,追擒逆党,明正其罪,以固屏藩。"许之。

二十一年九月,维正遣陪臣甲全等表贺闽、粤肃清,并进岁贡方物,又为故王维禎请恤,议恤如例。时所贡金银器皿与本内不符,诏免深求,其余贡物酌减白绢、降真香、中黑线香等物。二十二年四月,遣翰林院侍读明图、翰林院编修孙卓册封黎维正为安南国王,御书"忠孝守邦"四字赐之。同时遣翰林院侍读邬黑、礼部郎中周灿谕祭故王维禧、维禎。时莫元清已故,其弟敬光为黎氏所败,率众来奔,帝命发顺安南。寻敬光病殁泗城土府,莫氏遂绝。

二十五年,增赐安南国王表里五十,著为例。三十六年,维正奏言牛马、蝴蝶、浦园三年为邻界土司侵占,请给还。帝问云南巡抚石文晟,知其地属开化府已三十余年,并非安南故地,移文责之。五十七年十月,黎维正薨,嗣子维祹以讣告,请袭封,附贡方物。五十八年二月,遣内阁中书邓廷哲、翰林院编修成文谕祭故王黎维正,兼册封维祹为安南国王。

雍正二年,维祹遣陪臣表贺登极,附贡方物,赐御书"日南世祚"四字。三年,云南总督高其倬奏言:"云南开化府与安南接界,自开化府马伯汛外四十里至铅厂山下小河内有逢春里六寨,册载秋粮十二石零。康熙二十八年,入于安南。又《云南通志》载自开化府文山县南二百四十里至赌咒河与安南为界。今自开化府至现在之马伯汛,止一百二十里,即至铅厂山下小河,亦止一百六十里,是铅厂山小河外尚有八十里内设都龙、南丹两厂,为云南旧境。虽失在前明,但封疆所系,均应一并清查,委堪立界。"帝谕:"都龙、南丹等处明季已入安南,是侵占非始于我朝。安南入我朝以来,累世恭顺,不宜与争尺寸之地。"维祹寻疏辩。

嗣总督鄂尔泰疏请于铅厂山下小河离马伯汛四十里立界,维裯复激词陈诉。五年,谕维裯曰:"朕统驭寰区,凡兹臣庶之邦,莫非吾土,何必较论此区区四十里之地。但分疆定界,政所当先,侯甸要荒,事同一体。今远藩蒙古,奉论谕之下,莫不钦承,岂尔国素称礼义之邦,独违越于德化之外哉?王不必以侵占内地为嫌,拳拳申辩,此乃前人之误,非王之过也。王惟只遵谕旨,朕不深求,傥意或迟回,失前恭顺,则自取咎戾,怀远之仁矣,岂能幸邀?王其只哉,无替朕命!"维裯感悔奏谢。帝因以马伯汛外四十里赐维裯,仍以马伯汛之小赌咒河为界。六年三月,遣副都御史杭奕禄、内阁学士任兰枝往安南宣谕,略云:"王今自悔执迷,情词恭谨,朕特沛殊恩,即将马伯汛外四十里之地,仍赐国王世守之。"寻谕鄂尔泰曰:"朕既加恩外藩,亦当俯从民便。此四十里内人民,若有愿迁内地者,可给资安插滇省,毋使失所。其愿居外藩属安南管辖者,亦听其便。"

十一年十一月,黎维裯薨,王嗣子维祜以讣告,请袭封,附贡方物。十二年二月,遣翰林院侍读春山、兵科给事中李学裕谕祭故王维裯,册封维祜为安南国王。十三年,黎维祜薨,弟维祎权理国事。乾隆二年,维祎以讣告,请袭封。遣翰林院侍读嵩寿、修撰陈俶谕祭故王维祜,册封维祎为安南国王。三年九月,维祎遣使奉表贺登极,并贡方物。

九年九月,两广总督马尔泰奏:"粤西奸民叶蓁私出外夷,诱教为匪,安南饥民流入宁明诸处。"帝命滇、粤界接安南关隘严行稽查,毋酿事端。嗣两广总督马尔泰、广西署抚托庸、提督豆斌奏言:"南宁府属迁隆土峒之板蒙等隘,太平府属恩陵土州之叫荒等隘,镇南府属下雷土州之下首等隘,共三十余口岸,俱逼近安南,宜叠石建栅,添卡拨兵,各土司带领土勇,扼险守巡,并饬地方官每年冬月查修通报。安南驱驴地方为货物聚集之所,最与由隘相近。从由隘入,向设闭禁,开之实便商民。应设客长,稽商民往来,并责地方官慎察查。至平而、水口两关,通太源牧马等地,宜设立铁炼横江拦截,逢五、十日开一面以通商。"从之。初,广西思陵州沿边与安南接壤,巡抚舒辂请栽竹以杜私越。凭祥、思陵土目有乘机侵安南地者,交人不甘,恒与争哄。十六年,总督苏昌奏闻,帝谕舒赫下部察议。

安南瑶匪盘道钳、邓成玉等谋乱,造黄袍、黄旗、木印、勾结内地民夷何圣烈等,散札招匪,谋攻都龙、安北、宜经等处,为安南兵目侦知,获何圣烈等,盘道钳等窜匿山箐间。十九年,安南八宝河沙目黄国珍诱获盘道钳、邓成玉,云贵总督硕色讯得实,奏闻正法。初,广东土匪李文光与顺化土豪阮姓谋踞禄赖、桐尼等处为乱,番官捕获系诸狱。二十一年,械送李文光十六人于福建,闽浙总督喀尔吉善奏言:“安南僻处蛮陬,不敢将李文光擅自加诛,送归请示,足征怀服之忱。应将李文光等照交结外国例,分别处治。”从之。二十二年六月,安南番船失风,飘泊永宁汛。拨兵守护,给资送归,并收贮其军械,归时给还。帝谕:“收械贮库,殊为非体,可颁谕沿海提镇知之。”二十五年,闽浙总督爱必达奏言:“安南边境沙匪与交目苏由为难,阑入漫卓、马鹿二寨,抢掠滋事,已咨其国王擒解矣。”帝以平日巡防不严,临时追捕不力,切责之。

二十六年,黎维祎薨,王嗣子维裪以讣告,请袭封,遣翰林院侍读德保、大理寺少卿顾汝修谕祭故王维祎,册封维裪为安南国王。维裪欲以彼国五拜事天之礼受封,德保等执不可,随如仪,礼成。顾汝修既出境,以安南王送迎仪节未周,遗书责之,广西巡抚熊学鹏以闻,汝修坐革职。二十七年三月,帝谕礼臣曰:“安南世为属国,凡遇朝使册封至其国,自应遵行三跪九叩头礼。乃国王狃于小邦陋见,与册使商论拜跪仪注,德保、顾汝修指示成例,始终恪遵。外藩不谙体制,部臣应预行宣示。嗣后遇安南册封等事,即将应行典礼并前后遵行拜跪仪节告知正副使,令其永远遵循,著为令。”三十四年,安南莫氏后黄公缵居南掌猛天寨,黎氏逼之,率属内投,维裪请索回处治,移檄责之。

四十三年,安南解审匪入关,赐维裪缎匹。四十六年,维裪遣使谢恩,贡方物。帝命收受,下次正贡著减一半,并命嗣后陈谢表奏,毋庸备礼。五月,谕礼部:“本年安南国贡使到京命,堂官一人带往热河瞻觐。”四十九年,帝南巡,安南陪臣黄仲政、黎有容、阮堂等迎觐南城外,赐币帛有差,特赐国王"南交屏翰"扁额。

五十一年,安南阮氏变作。初,明嘉靖中,安南王黎维潭复国,实其臣郑氏、阮氏之力,自是世为左右辅政。后右辅政乘阮死幼孤,兼摄左辅政以专国事,而出阮氏于顺化,号广南王。阮、郑世仇构兵。及黎维禟,权益下移,仅同守府。辅政郑栋遂杀世子,据金印,谋篡国,而忌广南之强,乃诱其土酋阮岳、阮惠,共攻广南王,灭之于富春。阮惠自为泰德王,郑栋自为郑靖王,,两不相下,维禟无如何也。

安南所都曰东京,即古交州,唐安南都护治所。而以广南、顺化二道为西京,即古日南、九真地,黎维潭起兵之所,与东京中隔海口,世为广南阮氏所据,兵强于安南。至是,郑栋死,阮惠以郑姓专国,人心不附,乃藉除郑氏为名,攻破黎城,击灭郑栋之子郑宗,阮氏复专国,维禟犒以两郡,且娶以女。五十二年,维禟卒,嗣孙维祁立,阮惠尽取象载珍宝归广南,使郑氏之臣贡整留镇都城。贡整思扶黎拒阮,乃以王命率兵夺回象五十,而阮亦于广南要夺其辎重。阮惠归,治城池于富春,使其将阮任以兵数万攻贡整于国都。整战死,维祁出亡,阮任遂据东京。四守险要,有自王之志。五十三年夏,阮惠复以兵诛阮任于东京,而请维祁复位。维祁知其叵测,不敢出。惠知民心不附,尽毁王宫,挟子女玉帛舟回富春,留兵三千守东京。

有高平府督阮辉宿者,护维祁母妻宗族二百口由高平登舟远遁至博淰溪河,广西太平府龙州边也,冒死涉水登北岸,其不及渡河者,尽为追兵所杀。两广总督孙士毅、广西巡抚孙永清先后以闻,且言:"推固予夺,惟上所命。"帝以黎氏守藩奉贡百有余年,宜出师问罪,以兴灭继绝。先置其家于南宁,遣其陪臣黎侗、阮廷枚回国。密报嗣孙。时安南疆域,东距海,西接老挝,南与占城隔一海口,北连广西、云南。有二十二府,其二府为土司所居,实止二十府,共十分三道。此时未陷者,清华道四府十五县,宣光道三州一县,兴化道十州二县,又上路未陷、下路已陷者,安邦道四府十二县,山西道五府二十四县,京北道四府二十县,太源道三州八县;其上路已陷、下路未陷者,山南道九府三十六县,海阳道四府十九县。惟广南、顺化二道,本阮酋巢穴,又据高平道一府四州,谅山道一府七县,以捍遏内地。

帝命孙士毅移檄安南诸路,示以顺逆,早反正。时维祁弟维袖、维祗皆外出避难,维袖死宣光城,维祗由京北波篷厂来投。孙士毅以维祗有才气,欲令权摄国事。帝虑其兄弟日后嫌疑,不许。乃令土田州岑宜栋护维祗出口,号召义兵。会阮廷枚等以嗣孙复书至,乞转奏。于是安南国土司及未陷各州官兵争缚伪党献地图,而关外各厂义勇亦皆乞饷团练,请为向导。时阮惠兄弟亦叩关请贡,以其国臣民表至,言黎维祁不知存亡,请立故王维祥之子翁皇司维谨主国事,并迎其母妃回国。帝知阮惠欺维谨愚懦易与,狡计缓师,命孙士毅严斥之。

安南进兵路三:一出广西镇南关为正道;一由广东钦州泛海,过乌雷山至安南海东府,为唐以前舟师之道;一由云南蒙自县莲花滩陆行至安南之洮江,乃明沐晟出师之道。孙士毅及提督许世亨率两广兵一万出关,以八千直捣王京,以二千驻谅山为声援。其云南提督乌大经以兵八千取道开化府之马白关,逾赌咒河,入交趾界千有百里而至宣化镇,较沐晟旧路稍近。云贵总督富纲请行,帝以一军不可二帅,命驻关外都龙督饷运。

十月末,粤师出镇南关。诏以安南乱后,劳瘠不堪供亿,运饷由内地滇、粤两路,设台站七十余所,所过秋毫无犯。孙士毅、许世亨由谅山分路进,总兵尚维升、副将庆成率广西兵,总兵张朝龙、李化龙率广东兵。时土兵义勇皆随行,声言大兵数十万,各守隘,贼望风奔遁,惟扼三江之险以拒。十一月十三日,尚维升、庆成率兵千余,五鼓抵寿昌江。贼退保南岸,我兵乘之。浮桥断,皆超筏直上。时天大雾,贼自相格杀,我兵遂尽渡,大破之。张朝龙亦破贼柱石。十五日,进兵市球江。江阔,且南岸依山,高于北岸,贼据险列炮,我兵不能结筏。诸军以江势缭曲,贼望不及远,乃阳运竹木造浮桥,示必渡,而潜兵二千于上游二十里溜缓处,用小舟宵济。十七日,乘筏薄

岸相持。适上游兵已绕出其背,乘高大呼下击,声震山谷。贼不知
王师何自降,皆惊溃。

十九日,薄富良江,江在国门外,贼尽伐沿江竹木,敛舟对岸。
然遥望贼阵不整,知其众无固志,乃觅远岸小舟,载兵百余,夜至
江,复夺小舟三十余,更番渡兵二千,分捣贼营。贼昏夜不辨多寡,
大溃,焚其十余艘,获总兵、侯、伯数十。黎明,大军毕济。黎氏宗族、
百姓出迎伏道左,孙士毅、许世亨入城宣慰而出。城环土垒,高不数
尺,上植丛竹,内有砖城二,则国王所居,宫室已荡尽矣。而黎维祁
匿民村,是夜二鼓始出诣营见孙士毅,九顿首谢。捷闻。初,王师之
出也,帝虑事成后,册封往返稽时,致王师久暴露于外,先命礼部铸
印,内阁撰册,邮寄军前。孙士毅遂以二十二日宣诏册封黎维祁为
安南国王,并驰报孙永清归其家属。维祁表谢,请于乾隆五十五年
诣京祝八旬万寿。帝命俟安南全定,维祁能自立,许来朝。是役也,
乘思黎旧民与各厂义勇先驱向导,又许世亨、张朝龙等新自台湾立
功,皆善战之将,故得以兵万余长驱深入,不匝月而复其都,时云南
乌大经之兵尚未至也。诏封孙士毅一等谋勇公,许世亨一等子,诸
将士赏赉有差。

时阮惠已遁归富春,孙士毅谋造船追讨。孙永清奏言:"广南距
黎都又二千里,用兵万人,设粮站需运夫十万,与镇南关至黎城
等。"帝以安南残破空虚,且黎氏累世孱弱,其兴废未必非运数也。
既道远饷艰,无旷日老师代其搜捕之理,诏即班师入关。而孙士毅
贪俘阮为功,师不即班,又轻敌,不设备,散遣土军义勇,悬军黎城
月余。阮氏谍知虚实,岁暮倾巢出袭国都,伪为来降者,士毅等信其
诳词,晏然不知也。五十四年正月朔,军中置酒张乐,夜忽报阮兵大
至,始仓皇御敌。贼以象载大炮冲我军,众寡不敌,黑夜中自相蹂
躏。黎维祁挈家先遁,滇师闻炮声亦退走,孙士毅夺渡富良江,即斩
浮桥断后,由是在岸之军,提督许世亨、总兵张朝龙,官兵夫役万
余,皆挤溺死。时士毅走回镇南,尽焚弃关外粮械数十万,士马还者
不及半。其云南之师,以黎臣黄文通向导得全返。黎维祁母子复来

投。奏闻，帝以士毅不早班师，而又漫无筹备，致挫国威、损将士，乃褫职来京待罪，以福康安代之。

阮惠自知贾祸，既惧王师再讨，又方与暹罗构兵，恐暹罗之乘其后也，于是叩关谢罪乞降，改名阮光平，遣其兄子光显赍表入贡，恳赐封号。略言守广南已九世，与安南敌国，非君臣。且蛮触自争，非敢抗中国，请来年亲觐京师，并于国内为死绥将士筑坛建庙，请颁官衔谥号，立主奉祀。又闻暹罗贡使将入京，恐受其媒蘖，乞天朝勿听其言。福康安先后以闻。

帝以维祁再弃其国，并册印不能守，是天厌黎氏，不能自存；而阮光平既请亲觐，非前代莫、黎仅贡代之金人之比。且安南自五季以来，曲、矫、吴、丁、李、陈、黎、莫互相吞噬，前代曾郡县其地，反侧无常，时烦南顾。乃允其请，即封阮光平为安南国王，册曰："朕惟王化遐覃，伐罪因而舍服，侯封恪守，事大所以畏天。鉴诚恫于荒陬，贳其既往，沛恩膏于属国，嘉与维新，贲兹宠命之颁，勖以训行之率。惟安南地居炎徼，开十三道之封疆，而黎民臣事天朝，修百余年之职贡，每趋王会，旧附方舆。自遭难以流离，遂式微而控愬。方谓兴师复国，字小堪与图存，何期弃印委城，积弱仍归失守，殆天心厌其薄德，致世祚讫于终沦。尔阮光平起自西山，界斯南服，向匪君臣之分，浸成婚媾之仇。衅启交讧，情殊负固。抗颜行于仓卒，虽无心而难掩前愆，悔罪咎以湔除，愿革面而自深痛艾。表笺吁请，使先犹子以抒忱，琛献恪来，躬与明年之祝嘏。自非仰邀封爵，荣藉龙光，曷由下茇民泯，妥兹鸠集。况王者无分民，讵在版章其土宇，而生人有司牧，是宜辑宁尔邦家。爰布宠绥，俾凭镇抚，今封尔为安南国王，锡之新印。于戏！有兴有废，天子惟顺天而行，无贰无虞，国王咸举国以听。王其懋将丹款，肃矢冰兢，固圉以长其子孙，勿使逼滋他族，悉心以勤于夙夜，罔令逸欲有邦，益敬奉夫明威，庶永承夫渥典。钦哉，毋替朕命！"其黎维祁赏三品衔，令同属下人户来京，归入汉军旗下，即以维祁为佐领。又令阮光平访问维祁亲属，护送进关。其前安插内地之西南夷人，有系怀故土者，并令阮光平善为抚绥，以示矜全。

五十五年，阮光平来朝祝釐，途次封其长子阮光缵为世子。七月，入觐热河山庄，班次亲王下，郡王上，赐御制诗章，受冠带归。其实光平使其弟冒名来，光平未敢亲到也，其谲诈如此。五十六年，击败黎维祉及万象国之师来献捷，帝优赏之。五十七年，议定安南贡期，旧例三年一贡者，定为两年，六年遣使来朝一次者，定为四年。

九月，阮光平在义安病故，世子阮光缵权国事，以讣告。五十八年正月，遣广西按察使成林谕祭，加谥忠纯，并颁赐御制诗，于墓道勒碑，以表恭顺。封光缵为安南国王。帝以阮邦新造，人心未定，阮光缵尚幼，且阮岳尚在广南，吴文楚久握兵柄，主少国疑，恐有变，特调福康安总督云、贵备边，并令成林密侦其国。成林旋以国事粗定闻，乃止。八月，署两广总督郭世勋奏安南添立花山市。先是安南通市，平而、水口两关商人在其国之高凭镇牧马庯立市，由隘商人在谅山镇之驱驴庯立市，分设太和、丰盛二号，并置廒长、市长各一人，保护、监当各一员。而从平而关出口之商，必由水路先抵花山，计程仅二百余里。且花山附近村庄稠密，至是添设行铺，其市长、监当各员，即于驱驴额内派往。客民中有由陆路前赴牧马者，仍听其便。

嘉庆元年，福州将军魁伦、两广总督吉庆先后奏言，获乌艚船海盗，有安南总兵及封爵敕命、印信等物。初，阮氏据广南，以顺化港为门户，与占城、真腊、暹罗皆接壤，西南濒海。有商舶飘入海者，阮氏辄没入其货，即中国商船，亦倍税没其半，故红毛、占腊、暹罗诸国商船，皆以近广南湾为戒。阮光平父子既以兵篡国，国用虚耗，商船不至，乃遣乌艚船百余、总兵十二人，假采办军饷，多招中国沿海亡命，啖以官爵，资以器械船只使向导入寇闽、粤、江、浙各省。时浙师御海盗，值大风雨，雨中有火蓺入贼舟，悉破损。参将李成隆率兵涉水取贼炮，并搜获安南敕文、总兵铜印各四。敕称"差艚队大统兵进禄侯伦贵利"，而教谕王鸣珂获三贼，一诡为瘖者，一名王贵利，讯，云即伦贵利也。同时闽中获艇贼安南总兵范光喜，供述："阮光平既代黎氏，光平死，传子光缵，时与旧阮构兵，而军费又苦不给，其总督陈宝玉招集粤艇肆掠于洋。继而安南总兵黄文海与贼官伍存七有隙，以二艇投诚于闽，今闽中造船用式也。伦贵利者，广东澄海人，投附安南，与旧阮战有功，封侯。以巡海，私结闽盗来闽、浙劫掠。安南艇七十六艘，分前、中、后支，伦贵利统带后支。其铜印凡四，贵利自佩其一，余三印，三总兵曰耀、曰南、曰金者佩之。耀已擒斩，南、金则均溺毙于海。"巡抚阮元磔贵利，而以供辞入奏。

帝命军机大臣字寄两广总督，照会安南国王。冬十二月，阮光缵呈略曰："小番世蒙天朝恩庇，旷格逾涯，无能酬报，思以慎守疆宇，永作屏翰。只以本国极南沿海农耐地方，有贼渠阮种，窃据其地，啸聚齐桅盗夥，数为海患。本国整饬海防，间收舱客，以擒贼党，且助海面帆柁之役。伦贵利者，前居本国，随同商伴巡防。讵料伊包藏祸心，私瞒小番，竟敢潜约匪船，越赴内洋，肆行劫掠。又擅造印札，转相诳诱，情罪重大，实为法律所不容。小番不能先烛其奸，疏于钤束。仰蒙圣慈普鉴，洞悉肫诚，训诲有加，天日垂照。恭译圣谕，且感且悚。谨当遵奉彝训，靖守藩封，令本国巡海人员，严加警饬，密施钤勒，断不容结归匪夥，越境作非，务期桂海永清，以上副圣天子怀柔之至德，是所自勉也。"帝以国王不知，赦之。二年，两广总督奏称，安南国王阮光缵差委官弁丁公雪等，带领兵船，拿获盗犯黄柱、陈乐等六十余名，解送内地。帝降敕褒赐，并颁赐如意、玉山、蟒锦、纱器，以示优奖。

初，阮光平既攻灭广南王阮某，阮某为黎王婿，妻黎氏有娠，逃于农耐，农耐为水真腊旧都，即嘉定省，今之西贡也。黎氏生子曰阮福映，本名种，潜匿民间。及长，奔暹罗。暹罗王故与阮光平夙仇，乃以女弟妇福映，助之兵，攻克农耐，据之，势渐强，号"旧阮"，而称阮光平父子为"新阮"。亦曰"西阮"。旧阮以复仇为辞，夺其富春旧都，时嘉庆四年也。六年十一月，安南伪总兵陈天保携眷内投，始知安南与农耐兵争事。七年八月，农耐攻升隆城，阮光缵败走被擒。八月，阮福映缚送莫观扶等三名来粤，并献其攻克富春时所获阮光缵封册、金印，奉表投诚。莫观扶等皆中国盗犯，受安南招往投顺，封东海王及总兵伪职者。帝以"从前阮光平款阙内附，恩礼有加，阮光缵嗣服南交，复颁敕命，俾其世守勿替。乃薮奸窝盗，肆毒海洋，负恩反噬，莫此为甚！"且印信名器至重，辄行舍弃潜逃，罪无可逭！其命两广总督吉庆赴镇南边备边，俟阮福映攻复安南全境以闻。"十二月，阮福映灭安南，遣使入贡，备陈构兵始末，为先世黎氏复仇；并言其国本古越裳之地，今兼并安南，不忘世守，乞以"南越"名国。帝谕以"南越"所包甚广，今两广地皆在其内，阮福映全有安南，亦不过交趾故地。不得以"南越"名国。八年，改安南为越南。六月，命广西按察使齐布森往封阮福映为越南国王。盖自阮光平篡黎氏十九年，复灭于阮福映，嗣后修职贡者为旧阮子孙矣。

九年，遣编置佐领及安插江宁、热河、张家口、奉天、黑龙江、伊犁等年安南人回国，赍银有差，并许黎维祁归葬。十一年，越南兴化镇目请以临安府所属六猛地方外附，檄谕王自惩之。阮光缵遗族阮如权避捕投内地，两广总督吴熊光奏请发交阮福映。帝嫌其为属藩擒送逋逃，不许，亦不许其逼留内地。十四年，阮福映遣员至谅山，赍送乾隆六十年锡封南掌国王敕印，帝嘉奖之。阮福映之得国也，藉嘉定、永隆兵力居多，乃取二省为年号，曰嘉隆。在位十七年而薨，子福皎嗣。道光元年，遣广西按察使潘恭辰赍敕印往封阮福皎为越南国王。九年，越南使臣请改道由广东水路，部议驳之。十九年，帝谕向来越南国二年一贡，四年遣使来朝一次，合两贡并进，嗣改为四年遣使来贡一次，其贡物照两贡并进之数减其半。福皎改元明命。在位二十一年。尝以兵夺高蛮国河仙一带地，分通境为三十省：曰富春，国都也；广南、广义二省为右圻；广治、广平二省为左圻；平顺、富安、广和、边和、嘉定、安江、河仙、永隆、定祥九省为南圻；河静、海阳、广安、清化、乂安、南定、广平、兴安、河内、北宁、谅山、高平、太原、山西、宣光、兴化十六省为北圻。后又以广义、广治各省过小，改为道。疆域较历世为大。惟宣光省西北直广西镇安府之南，有地曰保乐州，其酋农姓，系黎氏旧臣，仍念故主，不服新王，越南仅羁縻处之。黎维祁子孙逃居老挝深山中,时思聚众复国,所谓黎王后也。其余黎氏疏族,好滋事,俱安置平顺以南各省。又自鄙其国文教之陋,奏请颁发《康熙字典》。其取士则用元制,以经义、诗赋考试。

道光二十一年,阮福晈薨,遣使告哀,诏停进贡方物,命广西按察使宝清往封其子福暶为越南国王。福暶改元绍治,在位七年。道光二十八年,薨,子福时嗣。凡朝使册封,历世只在河内。河内即东京,其国建都处也。及阮福映得国,以东京屡毁于兵,而其先人世居岭南,遂迁都于富春省,改东京为河内省。封使其国,仍循例驻节于此。阮福时嗣位年幼,奏乞天使至其国都,由是广西按察使劳崇光至富春册封焉。

三十年,郑祖琛奏越南国王阮福时因先后奉到孝和睿皇后、宣宗成皇帝遗诏,拟请遣使恭进香礼,并进香品祭物,又赍递表文、贡物庆贺登极。帝谕孝和睿皇后、宣宗成皇帝梓宫均已奉移陵寝,止其远来进香。其庆贺登极方物,亦无庸呈进。咸丰二年,谕越南明年例贡著于咸丰三年五月内到京。六年,谕越南国王阮福时以丁巳年正贡届期,咨呈劳崇光奏请于何月进关。现在用兵诸省分尚未肃清,越南国此次例贡,著缓至下届两贡并进。

八年,法兰西夺取越南国西贡。先是,明季有法兰西天主教徒布教来安南。康熙五十九年,法兵舰俄罗斯地号泊交趾,士官三人登陆至平顺省,土人缚而献之王。舰长与教师商,以重金赎归。此为法、越交涉之始。乾隆十四年,法王路易十五命皮易甫亚勃尔者为全权大臣,至顺化府谋通商,国王不许。乾隆十八年,越人大戮天主教徒。乾隆五十一年,越内乱,阮岳自称王,光平使其子景叡诣法国乞援。翌年,遂订法越同盟之约,割昆仑岛之茶麟港于法。未几,爽约。嘉庆二十五年,法舰来越南测量海口,国人激王杀法人狄亚氏。道光二十七年,法人以兵舰至茶麟港,大败越军,至是年遂径夺西贡,越南第一都会也。

十年,谕内阁:"刘长佑奏越南国入贡届期,现在广西军务未竣，道路不宁，其丁巳、辛酉两届例贡，暂行展缓。"同治元年，法国拿破仑第三以海军大举伐越南，夺茶麟港，约割下交趾边和、嘉定、定祥三省，开通商三口，赔偿二千万佛郎，许其和。嘉兴省即西贡所在也。二年，越南国王阮福时因奉到文宗显皇帝遗诏，咨请遣使进香、表贺登极、贡方物，却之。三年，越南乙丑例贡及上二届两贡仍命展缓。

六年冬，广西太平、镇安两府土匪蜂起，官军击之，败遁越南。七年，国王咨乞广西巡抚苏凤文代奏请兵援剿，帝命提督冯子材率三十营讨之。八年七月二十一日，华军由镇南关进发。八月，贼酋吴鲲战北宁，伤于铳，饮孔雀血死，诸贼大惧，大兵至，遂乞降。冬，贼酋梁天锡西奔宣光，投归河阳贼首黄崇英。是年，法人割取越南国安江、河曲、永隆三省，自是下交趾六省悉隶法版。九年，兴化省保胜贼首刘永福、太原省苏街贼首邓志雄皆来降。夏四月，黄崇英遁入保乐州白苗界内，提督冯子材班师。

七月师次龙州，而黄崇英复踞河阳，刘永福复踞兴化之保胜，邓志雄复踞太原之苏街。十月，降贼苏国汉乘夜袭陷谅山省城，北圻总统段寿死之。时广西候补道徐廷旭因事至谅山城外驱驴庯，调兵助越攻城，不克。十一月，贼酋阮四、陆之平、张十一等复踞高平省，越王复恳出师，帝命冯子材再督军出关，广西巡抚李福泰请以广东候补道华廷杰襄办军事。十年夏，冯子材次龙州。四月二十一日，总兵刘玉成督诸将出关次北宁。九月，钦州知州陈某诱擒苏国汉，解送两广总督瑞龄，诛之。其子苏亚邓循入海，踞狗头山。道员华廷杰旋回广东。十一年，广西巡抚刘长佑檄道员覃远琎率勇十营办太平、镇安二府边防，冯子材亦调回防边。

十二年，华军将撤，法人突以兵船至河内省。国王咨称华总兵陈得贵派队押令放入。刘长佑据情奏闻，朝命革职提讯。法人遂招中国散勇及云南边境不逞之徒攻越南各省，其守臣多降。至太原省，守臣招刘永福相助，法兵至，永福设伏败之，擒其帅安邺，法人败退河内省，与王和。王遣其臣阮文祥与议，法人遂建馆河内，并于白藤海口设关收税。初，贼首黄崇英为吴鲲中表，刘永福亦吴鲲之党。吴鲲死，其弟吴鲸合家自杀。黄崇英、刘永福素不相能，永福降，越南王授以三省提督之职，黄崇英踞河阳为盗自若。十三年，刘长佑遣刘玉成将左军十营，道员赵沃将右军十营，由镇安府出关讨黄崇英。是年，法人逼令越南王公布天主教及红河通航二事，红河即富良江也。旋又以保商为名，派兵驻守河内、海防诸地，且求开采红河上流矿山。光绪元年，赵沃连克底定县、襄安府各处，保乐州土民及白苗皆约降。崇英率众来拒，旋遁去。赵沃督诸军攻克河阳老巢，贼党陈亚水降。七月，擒黄崇英戮之。二年春，班师。

七年，刘长佑移督云、贵，知法人志在得越南以窥滇、粤，上疏略曰："边省者，中国之门户，外藩者，中国之藩篱。藩篱陷则门户危，门户危则堂室震。越南为滇、粤之唇齿。泰西诸国，自印度及新加坡、槟榔屿设立埠头以来，法国之垂涎越南久矣。开市西贡，据其要害，复通悍贼黄崇英，规取东京，聚兵谋渡洪江以侵谅山诸处，又欲割越南、广西边界地六百里为驻兵之所。臣时任广西巡抚，虽兵疲饷绌，立遣将卒出关往援。法人不悦，讦告通商衙门，谓臣包藏祸心，有意败盟。赖毅皇帝察臣愚忠，乃得出助剿之师，内外夹击。越南招用刘永福，以折法将、沙酋之锋。广西两军，左路则提督刘玉成趋太原、北宁，右路则道员赵沃由兴化、宣光分击贼党，直抵安边、河阳、破崇英巢穴，歼其渠魁。故法人寝谋，不敢遽肆吞并者，将逮一纪。然臣每详询边将，知法人之志在必得越南，以窥滇、粤之郊而通楚、蜀之路，狡焉思启，祸近切肤。乃入秋以来，法国增加越南水师经费，其下议院议借二百五十万佛郎，经理东京海湾水师。其海军卿格罗爱逐日筹画东京兵事，俟突尼斯案一结，即可进行，窃叹法人果蓄志而潜谋，嗜利而背约也。窃闻造此谋者为伯朗手毂，在越南西贡为巡检司，开埠之后，招入土夷、客民众至百万，民情渐洽，物产日增。柬捕寨所招商民，亦逾百万。运米出洋，岁百万石，所征赋税入西贡库藏者，岁计佛郎二百五十万。柬捕本荒薮，开成通衢，车路方轨，沟渠修浚，柬捕人感法恩德，至愿以六百万口献地归附,故伯朗手般以越南情形告其总统。富良江一带,法已驶船开市,议上溯以达澜沧江通中国之货,结方诸夷以窥滇、粤边境,筑西贡至柬埔寨铁路,以避海道之迂绕。越南四境皆有法人之迹,政治不修,兵赋不足,势已危如累卵。今复兴兵吞噬,加以柬埔之叛民,势必摧败不可支拄。同治十三年,法提督仅鸣炮示威,西三省已入于法人之手,而红海通舟,地险复失,所立条约,惟不肯与以东京,国势岌岌,恃此为犄角。若复失其东京,即不穷极兵力图灭富春,已无能自立矣。臣以为法人此举,志吞全境,既得之后,必请立领事于蒙自等处,以攘山矿金锡之利,或取道川蜀以通江海,据列邦通商口岸之上游。况滇南自同治以后,平定逆回,其余党桀黠者,或潜窜越南山谷,或奔洋埠役于法人,军情虚实,边地情形,尽行泄漏,故时有夷人阑入滇以观形势,倘法覆越南,逆党又必导之内寇,逞其反噬之谋。臣受任边防,密迩外寇,不敢闻而不告。”奏入,不报。

时驻英法使臣曾纪泽以越事迭与法廷辨诘,福建巡抚丁日昌亦疏法、越事以闻。帝命与北洋大臣李鸿章筹商办法,并谕沿江沿海督抚,密为筹办。八年二月,,法人以兵舰由西贡驶至海阳,谋取东京,直督张树声以闻,帝谕滇督相机因应。三月,移曾国荃督两广。法攻东京,破之,张树声奏令滇、粤防军严守城外,以剿办土匪为名,藉图进步,并令广东兵舰出洋遥为声援,五月,滇督刘长佑遣道员沈寿榕带兵境,与广西官军连络声势,保护越南。并奏言:“探闻法人破东京后,退驻轮船,日日添兵,增招群盗,悬赏万金购刘永福,十万金取保胜州。又法领事破城后,劫掠商政衙门,传示各商,出入货税另有新章,现仍调取陆军赶造拖船,为西取保胜之计。越王派其兵部侍郎陈廷肃接署河内总督,遣吏部尚书阮正等抵山西与黄佐炎等筹商御敌之策。各省巡抚、布、按大半与黄佐炎、刘永福同愿决一死战。嗣后统领防军提督黄桂兰报称刘永福驰赴山西,道经谅山,来见。比晓以忠义,感激奋发,据称分兵赴北宁助守保胜,万不使法人得逞,但兵力不足,望天朝为援。其河内探报云,法人恐援兵猝至,当释所获之河内巡抚,交还城池仓库。巡抚不受,称法人违约弄兵,以死自誓,乃转交按察使。宗室阮霸复以火药轰毁东京,以免越人复聚,且省兵力分守。其轮船或东下海阳,或分驶广南、西贡,俟添兵既集,从事上游。伏查法人焚掠东京,狡谋叵测,越南诸臣决计主战。山西为上通云南要地,越军能悉力抵御,微特滇、粤边防可保,即越南大局,亦尚有振兴之期。而粤督与总署所议以滇、粤三省兵力合规北圻一策,更可乘势早图,以杜窥伺。然越国受制法人已久,人心惵怯,此次决战山西,期于必胜,稍有挠败,则大局不堪设想。盖山西有失,则法人西入三江口,不独保胜无复障蔽,而滇省自河底江以下,皆须步步设防,益形劳费。以事机而论,中国有万难坐视之处,且不可待山西有失,始为事后之援。"旋召长佑入觐,以岑毓英署滇督。

刘永福者,广西上恩州人。咸丰间广西乱,永福率三百人出镇南关。时粤人何均昌据保胜,永福逐而去之,遂据保胜,所部旗皆黑色,号"黑旗军。"永福既立功,越南授三省提督职,时时自备饷械剿匪,而黄佐炎皆匿不上闻,越臣亦多忌之,永福积怨于佐炎。佐炎为越南驸马,以大学士督师,督抚均受节制。冯子材为广西提督时,佐炎以事来见,子材坐将台,令以三跪九叩见,佐炎衔之次骨。越难已深,国王阮福愤极决战,责令佐炎督永福出师,六调不至。法军忌永福,故越王始终倚任之。

先是,刘长佑命藩司唐炯率旧部屯保胜,曾国荃至粤,命提督黄得胜统兵防钦州,提督吴全美率兵轮八艘防北海,广西防军提督黄桂兰、道员赵沃相继出关,所谓三省合规北圻也。时法人要中国会议越事,谕滇、粤筹画备议。法使宝海至天津,命北洋大臣会商越南通商分界事宜。吏部主事唐景崧自请赴越南招抚刘永福,帝命发云南岑毓英差遣。景崧乃假道越南入滇,先至粤谒曾国荃,韪其议,资之入越。见永福,为陈三策,上策言,"越为法逼,亡在旦夕,诚因保胜传檄而定诸省,请命中国,假以名义,事成则王,此上策也;次则提全师击河内,驱法人,中国必助之饷,此中策也;如坐守保胜,事败而投中国,此下策也。"永福曰:"微力不足当上策,中策勉为之。"

　　三月,法军破南定。帝谕广西布政使徐延旭出关会商,黄桂兰、赵沃筹防。李鸿章丁忧,夺情回北洋大臣任,鸿章恳辞。至是,命鸿章赴广东督办越南事宜,粤、滇、桂三省防军均归节制。鸿章奏拟赴上海统筹全局。法使宝海在天津议约久不协,奉调回国,以参赞谢满禄代理,刘永福与法人战于河内之纸桥,大破法军,阵斩法将李成利。越王封永福一等男。徐延旭奏留唐景崧防营效用,并陈永福战绩。帝促李鸿章回北洋大臣任,并询法使脱利古至沪状,令鸿章定期会议,脱利古询鸿章:"是否助越?"鸿章仍以边界、剿匪为辞,而法兵已转攻顺化国都,迫其议约。鸿章与法新使德理议不就,法兵声言犯粤,广东戒严。总署致法使书,言:"越南久列藩封,历经中国用兵剿匪,力为保护。今法人侵陵无已,岂能蔑视?倘竟侵我军驻扎之地,惟有决战,不能坐视。"帝谕徐延旭饬刘永福相机规复河内,法军如犯北宁,即令接战。命滇督增兵防边,唐炯迅赴前敌备战,并济永福军饷。旋命岑毓英出关督师。

　　法兵破越之山西省,粤势愈急,以彭玉麟为钦差大臣督粤师。彭玉麟奏:"法人逼越南立约,欲中国不预约红河南界之地,及许在云南蒙自县通商,显系图我滇疆,冀专五金之利。不特滇、粤边境不能解严,即广东、天津亦须严备。"时越南王阮福时薨,无子,以堂弟嗣。法人乘越新丧,以兵轮攻顺化海口,入据都城。越南嗣君在位一月,辅政阮说启太妃废之,改立阮福升。至是乞降于法,立约二十七条,其第一条即言中国不得干预越南事,此外政权、利权均归法人,逼王谕诸将退兵,重在逐刘永福也。

　　滇抚唐炯屡促永福退兵,永福欲退驻保胜,黑旗将士皆愤怒,副将黄守忠言:"公可退保胜,请以全军相付,守山西。有功,公居之,罪归末将。"永福遂不复言退。徐延旭奏言:"越人仓卒议和,有谓因故君未葬权顾目前者,有谓因废立之嫌,廷臣植党构祸者。迭接越臣黄佐炎等钞寄和约,越诚无以保社稷,中国又何以固藩篱?越臣辄以俟葬故君即行翻案为词,请无撤兵。刘永福仍驻守山西,嗣王阮福升嗣位，具禀告哀，并恳准其遣使诣阙乞封。越国人心涣散，能否自立，尚未可知。"并将法越和约二十七款及越臣黄佐炎来禀录送军机处。

两江总督左宗棠请饬前藩司王德榜募勇赴桂边扼扎。十一月，法人破兴安省，拘巡抚、布政、按察至河内枪毙之。进攻山西，破之，刘团溃，永福退守兴化城。十二月，嗣王阮福升暴卒或云畏法逼自裁，国人立前王阮福时第三继子为王，辅政阮说之子也。徐延旭奏报山西失守，北宁断无他虞，帝责其夸张。十年唐景崧在保胜上枢府书，言："滇、桂两军偶通文报，为日甚迟，声势实不易连络。越南半载之内，三易嗣君，臣庶皇皇，类于无主。欲培其根本以靖乱源，莫如遣师直入顺化，扶翼其君，以定人心而清匪党，敌焰庶几稍戢，军事亦易于措手。若不为藩服计，北圻沿边各省，我不妨直取，以免坐失外人，否则首鼠两端，未有不归于败者也。"

刘永福谒岑敏英于家喻关，毓英极优礼之，编其军为十二营，法军将攻北宁，毓英遣景崧率永福全赴援。桂军黄桂兰、赵沃方守北宁，山西之围，桂兰等坐视不救，永福憾之深，景崧力解之，乃赴援。景崧劝桂兰离城择隘而守，桂兰不从。二月，法兵攻扶良，总兵陈得贵乞援，北宁师至，扶良已溃，法兵进逼北宁，黄桂兰、赵沃败奔太原，刘永福亦坐视不救。徐延旭老病，与赵沃有旧，偏信之。赵沃庸懦，其将党毓宣奸，欺蔽延旭。敌犯北宁，敏宣先遁。陈得贵为冯子材旧部，骁勇善战。子材曾劾延旭，延旭怨之，并怨得贵。及北宁陷，乃奏戮之，敏宣亦正法。延旭调度失宜，帝命革职留任。三月，命湖南巡抚潘鼎新办广西关外军务，接统徐延旭军，黄桂兰惧罪仰药死。帝谕："徐延旭株守谅山，仅令提督黄桂兰、道员赵沃驻守北宁，遇乱先溃，殊堪痛恨！徐延旭革职命问，黄桂兰、赵沃溃败情形，交潘鼎新查办。"以王德榜署广西提督，德榜辞不拜。唐炯革职拿问，以张凯嵩为云南巡抚。北宁败后，徐延旭以唐景崧护军收集败残，申明约束。时唐仁廉署广西提督。法军由北宁进据兴化，别以兵舰八艘驶入中国海，窥厦门及上海吴淞口，沿海戒严，于是中、法和议起。

四月李鸿章与法总兵福禄诺在天津商订条款，谕滇、桂防军候旨进止。鸿章旋以和约五款入告，大略言："中国南界毗连北圻，法国任保护，不虞侵占。中国应许于毗连北圻之边界，法、越货物听其运销，将来法与越改约，决不插入伤中国体面之语。"朝旨报可，予鸿章全权画押。既而法公使以简明条约法文与汉文不符相诘，帝责鸿章办理含混，舆论均集矢鸿章，指为"通夷"。法使既藉端废约，帝令关外整军严防，若彼竟求犯，即与交绥。命岑毓英招刘永福率所部来归。潘鼎新奏："法兵分路图犯谷松、屯梅二处，桂军械缺粮乏。恐不可恃。"帝以其饰卸，责之。法兵欲巡视谅山，抵观音桥，桂军止之，令勿入。法将语无状，遂互击，胜之。奏入，谕进规北宁，责法使先行开炮，应认偿。令告法外部止法兵，并谕我军："如彼不来犯，不宜前进。"法使续请和议，帝谕桂军回谅山，滇军回保胜，不得轻开衅。

法将孤拔欲以兵舰扰海疆，法使巴德逗留上海，不肯赴津，乃改派曾国荃全权大臣，陈宝琛会办。邵友濂、刘麟祥随同办理。谕言："兵费、恤款万不能允。越南须照旧封贡。刘永福一军，如彼提及，须由我措置。分界应于关外空地作为瓯脱。云南通商应在保胜，不得逾值百抽五。"六月，法将孤拔以兵舰八艘窥闽海，欲踞地为质，挟中国议约，何璟、张佩纶以闻，法舰攻台湾之基隆炮台，台抚刘铭传拒守。曾国荃、陈宝琛与法使议约于上海，国荃许给抚恤费五十万，奉旨申斥。约久不就，乃一意主战。谕岑毓英令刘永福先行进兵，规复北圻，岑毓英、潘鼎新关内各军陆续进发。以法人失和，不告各国。

七月，法公使谢满禄下旗出京，帝乃宣谕曰："越南为我封贡之国，二百余年，载在史册，中、外咸知。法人先据南圻各省，旋又进据河内，戮其人民，利其土地，夺其赋税。越南暗懦，私与立约，并未奏闻，挽回无及。越亦有罪，是以姑与包涵，不加诘问。光绪八年，法使宝海在天津与李鸿章议约三条，当与总理各国事务衙门会商妥筹,法人又撤使翻覆。越之山西、北宁等省,为我军驻扎之地,清查越匪,保护属藩,与法国绝不相涉。本年二月间,法兵竟来扑犯,当经降旨宣示,正拟派员进取,忽据伊国总兵福禄诺先向中国议和。其时法国因埃及之事岌岌可危,中国明知其势处迫逼,本可峻词拒绝,而仍示以大度,许其行成,特命李鸿章与议简明条约五款,互相画押。谅山、保胜等军,应照议于定约三月后调回,迭经谕饬各防军扼扎原处,不准轻动开衅。诸军将士,奉令维谨。乃法国不遵定约,忽于闰五月初一、初二等日,以巡边为名,直扑谅山防营,先行开炮轰击,我军始与之接仗,互有杀伤。法人违背条约,无端开衅,伤我官兵,本应以干戈从事。因念订约通好二十余年,亦不必因此尽弃前盟,仍准各国总理事务衙门与在京法使往返照会,情喻理晓,至再至三。闰五月二十四日,复明降谕旨,照约撤兵,昭示大信,所以保全和局者,实属仁至义尽。法人乃竟始终怙饰,横索兵费,恣意要挟,辄于六月十五日占据台北基隆山炮台,经刘铭传迎剿获胜。本月初三日,何璟等甫接本领事照会开战,而法兵已自马尾先期攻击,伤坏兵商各船。虽经官军焚毁法船,击坏雷艇,并阵毙法国兵官,尚未大加惩创。若再曲予含容,何以伸公论而顺人心?用特揭其无理情节,布告天下。"

八月谕岑毓英督饬刘永福及在防各营规复北圻,并谕潘鼎新饬各军联络声势,分路并进。提督苏元春与法军战于陆岸县,败之。十月,内阁学士周德润奏:"官军进取越南,宜以正兵牵制河内之师,别用奇兵由车里趋老挝,走哀牢,以暗袭顺化,募用滇边土人,必能得力。"得旨交滇督详察筹办。是月,苏元春与法人战于纸作社,阵斩法兵官四人。十一月,王德榜军大败于丰谷,苏元春不往援,唐景崧与刘永福、丁槐军攻宣光,力战大捷,优诏褒之。十二月十九日,法兵攻谷松,王德榜以丰谷之败怨苏军不救,至是亦不往援,苏军败退威坡,谅山戒严。帝命冯子材帮办广西关外军务。二十九日,法军攻谅山,据之,潘鼎新等退驻镇南关,龙州大震。唐景崧、刘永福、丁槐攻宣光,月余不能下。谅山失守,岑毓英虑景崧等军断后援，令勿拼孤注，景崧不可。冯子材与法军战于文渊，互有杀伤。

十一年正月初九日，法兵攻镇南关，轰毁关门而去，提督杨玉科战殁。潘鼎新退驻海村，帝命戴罪立功。元春退驻幕府。王德榜自负湘中宿将，屡催援不至，鼎新劾之，落职，所部归元春辖。法军攻刘永福于宣光，永福军溃。唐景崧退驻牧马，钦、廉防急。彭玉麟请调冯子材军防粤，朝旨令鼎新议，鼎新素不协于子材，乃命子材行。子材以关外防紧，不肯退，玉麟乃令专顾桂防。鼎新师久无功，褫职，以李秉衡护理广西巡抚，苏元春督办广西军务。法兵既毁镇南关，逃军难民蔽江而下，广西全省大震。子材至，乃力为安辑。

子材久驻粤西，素有威惠，桂、越民怀之，人心始定。乃于关内十里之关前隘，跨东西两岭间，筑长墙三里余，外掘深堑，为扼守计，自率所部驻之，而令王孝祺勒军屯其后为犄角。法兵扬言某日犯关，子材逆料其必先期至，乃议先发制敌，鼎新止之，子材力争，径率王孝祺军夜犯敌垒，杀敌甚多。法起谅山之众扑镇南关，子材誓众曰：“法再入关，吾有何面目见粤人？必死拒之！”士气皆愤。法攻长墙，急炮猛烈，子材勒诸统将屹立接战，遇退后者手刃之。战酣，子材自开壁率两子相荣、相华直冲敌军，诸军以子材年七十，奋身陷敌，皆感愤，殊死战。王孝祺、陈嘉率部将潘瀛、张春发等随其后，王德榜军旁至，夹击之，毙法兵无算。鏖战两日，法军子弹尽，大败溃遁。子材率兵攻文渊，法军弃城走。诸军三路攻谅山，孝祺、德榜战尤力，连战皆捷。二月十三日，遂克谅山，法悉众遁。子材进军克拉木，逼攻郎甲，王孝祺进军贵门关，尽复昔年所驻边地。越民立忠义五大团，二万余人，皆建冯军旗帜。西贡亦闻风通款。自海通以来，中国与外国战，惟是役大捷。子材之功也。

法兵六千犯临洮府，复分两队，一北趋珂岭、安平；一南趋缅旺、猛罗。滇督岑毓英命岑毓宝、李应珍等扼北路，王文山扼南路，而自率军当中路，皆有斩获。法军遂合趋临洮府，滇军扼南北路，回军夹攻之，阵斩法将五人，法军大溃。

　　时法兵舰据台湾之澎湖。谅山既大捷,法人力介英人赫德同向李鸿章议和,言法人交还基隆、澎湖,彼此撤兵,不索兵费。鸿章奏言:"澎湖既失,台湾必不可保,当藉谅山一胜之威,与缔和约,则法不至再事要求。"朝廷纳其议,立命停战。临洮之战,乃在停战后电谕未达前也。鸿章遽请签约,令诸将皆退还边界,将士扼腕痛愤,不肯退,彭玉麟、张之洞屡电力争。帝以《津约》断难失信,严谕遵办。法人要求逐刘永福于越南,张之洞乃拟令永福驻思、钦,永福坚不肯行,唐景崧危词胁之,朝旨严切,乃勉归于粤,授总兵。冯子材奉督办廉、钦边防之命。约既成,越南遂归法国保护焉。

清史稿卷五二八
列传第三一五

属国三

缅甸　暹罗　南掌　苏禄

缅甸，在云南永昌府腾越厅边外，而顺宁、普洱诸边皆与缅甸界。顺治十八年，李定国挟明桂王朱由榔入缅，诏公爱星阿偕吴三桂以兵万八千人临之。李定国走孟艮，不食死。缅酋莽应时缚由榔以献，遂班师，缅自是不通中国者六七十年。

雍正九年，缅与景迈交哄，景迈使到普洱求贡，乞视南掌、暹罗，云贵总督鄂尔泰疑而却之。缅密遣人到车里土司，探知景迈贡被却，则大喜，扬言缅来岁亦入贡。旋兴兵二万攻景迈，而贡竟不至。

缅地亘数千里，其酋居阿瓦城。城西濒大金沙江。江发源野人番地，纵贯其国中，南注于海。沿海富鱼盐，缅人载之，溯江上行十余日，抵老官屯、新街、蛮暮粥市，边内外诸夷人皆赖之。而江以东为孟密，有宝井，产宝石。又有波龙者，产银，江西、湖广及云南大理、永昌人出边商贩者甚众，且屯聚波龙以开银矿为生，常不下数万人。自波龙迄东有茂隆厂，亦产银。乾隆十年，葫芦酋长以厂献，遂为内地属，然其地与缅犬牙相错。十八年，厂长吴尚贤思挟缅自重，说缅入贡，缅酋麻哈祖乃以驯象、涂金塔遣使叩关，云南布政司等议却之，而巡抚图而炳阿遽以闻。帝下礼部议，如他属国入贡例。

其冬,缅使还至顺宁,闻白古部酋撒翁起兵攻缅,缅兵败,麻哈祖逃至约提朗,为白古所得,沉之江。撒翁据阿瓦五年,而缅属之木梳头目瓮藉牙复起兵攻赴白古,自据基,令头目播定鲊等以兵胁诸部役属之。既而瓮牙死,子槽洛立。未几,亦死,弟槽驳立。

贵家者,随永明人缅之官族也,其子孙自相署曰“贵家”,据波龙厂采银。其酋宫里雁不附于瓮藉牙,约木邦酋攻之。兵败,逃入孟连,而孟连土司刀派春夺其孚贿,为宫酋妻囊占所袭杀。云贵总督吴达善诱宫里雁至,则坐以扰边罪,肆诸市。而木邦酋罕莽底亦兵败走死,槽驳立其弟罕黑。由是缅人益无忌。

明万历时,巡抚陈用宾因永昌府近缅,设八关控之。八关者,万仞、巨石、神护、铜壁、铁壁、虎踞、天马、汉龙也。其实八关皆无险扼可守,山箐间小径往往通人行。自永昌迤逦而南为顺宁,又南为普洱,其边袤亘盖二千余里。永昌之盏达、陇川、猛卯、芒市、遮放、顺宁之孟定、孟连、耿马,普洱之车里,数土司外,又有波龙、养子、野人、根都、佧佤、濮夷杂错而居,非缅类,然多役于缅。土司亦稍致馈遗,谓之“花马礼”,由来久矣。暨缅人内讧,礼遂废。瓮藉牙父子欲复其旧,诸土司弗应,乃遣兵扰其地,而普洱独先有事。

二十八年,刘藻为云南巡抚,额而格图为提督。是年冬,缅人先遣刀派先之兄刀派新自阿瓦还至孟连,征索币货,又遣头目卜布拉、木邦罕黑至耿马责其礼。普洱之十三板纳者,本车里土司地。雍正七年,鄂尔泰总督云南,招降之,始割其地置府。至是,缅人亦来索米。永顺镇总兵田允中、普洱镇总兵刘德成、知府达成阿檄土司各率兵御之,杀头目卜布拉、召罕标等,余众溃走。

孟艮本缅属,距普洱千余里,土司召孟容与弟召孟必不相能。召孟必之子召散谮召孟容于缅,缅人执之,其子召丙走南掌。寻入居于十三板纳之孟遮,召散因令素领散听、素领散撰、素领党阿乌弄等犯打乐,分侵九龙江橄榄坝,车里土司遁去,贼入据其城。总督刘藻檄大理顺宁营兵七千往剿,游击司邦直先进。为贼人所围。会参将刘明智至,夹攻破之,乘胜复车里土司城。进攻猛龙、猛歇、猛混、猛遮诸垒。连破之，然贼往往窜伏屯聚，未肯即退。藻议益以曲寻、楚姚兵二千，未至，而参将何琼诏、游击明浩等闻猛阿为贼所攻，遽率兵过滚弄江，束器械以行，不设备，入山遇贼，兵败，皆论斩。时乾隆三十年也。

三十一年正月，诏大学士杨应琚自陕甘移督云南，降刘藻湖北巡抚，藻自刎死。是月乙亥，应琚至云南，楚姚镇总兵华封已平打乐，猛腊参将哈国兴已平大猛养，合剿孟艮，召散遁，官军得其城，而刘得成与提督达启及参将孙而桂攻整欠，亦克之。普洱边外悉平。

素领散听亦为其妻杀死。应琚乃请以召丙居孟艮，叭先捧居整欠，均授以指挥，使守其地。时提督李勋方至云南，应琚令往孟艮，整欠正经界，定赋税，附入版图，为久远计。然召丙为人懦，不能安辑其人；叭先捧不敢至整欠，退其于猛辖。四月，召散之党召猛烈、召猛养以次被获，其弟僧召龙亦自投首，惟召散遁逃未得。

应琚见夷人之易于摧殄也，遂上奏云："臣两月以来，访问召散踪迹，逃往阿瓦，已饬土司缮写缅文索取，不献，当即兴师问罪。臣查缅甸连年内乱，篡夺相寻，实有可乘之会。臣谨选人潜往阿瓦，将地方之广狭，道路之险夷，详悉绘图，探明奏报。现已备可调之兵，布置练习，密修戎器，以待进行。疏入，帝谕曰："应琚久任边疆，必不至轻率喜事。如确有把握，自可乘时集事，克日奏功。倘劳师耗饷，稍致张皇，转非慎重筹边之道。务须熟计兼权，期于妥善，以定行止。"

是时诸将希应琚意，争言内附。李勋以猛勇、猛散告，刘德成以猛龙、补哈告，华封以整卖、景线、景海告，率侈言夷地广轮或二千里，或二千余里，为边外大都。应琚一一奏闻，以其头目为千总、守备。缅宁通判富森言木邦人杀缅立土司罕黑，奉线瓮团为主，愿求内属。永昌知府陈大吕亦言蛮暮土司被缅残虐，久愿归诚，请发兵为助。应琚乃往驻永昌，而遣副将赵宏榜将永顺、腾越兵三百余人出铁壁关屯新街，为蛮暮捍蔽。宏榜抵关，遇大吕所遣使，羁之，而自受蛮暮土司瑞团降。大吕恚，诉应琚，应琚曲解之。是时腾越知州陈廷献招猛育、猛英、猛密，陈元震招戞鸠、允帽、结紫，富森招伖佤，而宏榜又招孟养、乃坝竹、孟岳十六赛诸夷，先后遣人来约降。

应琚又为文檄缅，侈言天朝有陆路兵三十万，水路兵二十万，陈于境以待速降，不然则进讨。缅闻，乃大出兵。缅人素不善兵，有事则于所属土司诸寨籍户口多寡出夫，名曰"门户兵"。自瓮藉牙据阿瓦，蓄胜兵万人。一人给以饷四十两，其余派夫如故。每战则以所派土司濮夷居前，胜兵督其后，而以马兵为左右两翼。战既合，两翼分绕而进，往往以此取胜。若自度不可胜，则急树栅自固，而发连环枪炮蔽之。比烟开则栅木已立，入而拒守。其兵法如此。

九月，贼先以兵出落卓攻木邦。线瓮团不能守，入居遮放，又以兵溯江而上，抵新街。宏榜相持两日，势不支，烧其器械辎重及伤病之兵。退回铁壁关驻守。而蛮暮土司亦偕其母走入内地。

应琚忧甚，痰疾遽作，诏而广总督杨廷璋赴滇，代治应琚军，并廉宏榜兵败状。又遣侍卫傅灵安挟御医诊应琚病，又命其子江苏按察使重英、湖南宝庆知府重古赴滇省视之。

应琚所调兵一万四千名将集，令永镇顺总兵乌尔登驻宛顶进剿木邦，永北镇总兵朱仑由铁壁关进驻新街，而令提督李时升在杉木笼山居中调度。仑至楞木，突遇贼，战四尽夜，贼退走，追击之。懵驳之弟卜坑及其舅莽聂渺节速诡求和，言愿顶经吃咒水。顶经者，以经加于首；咒水者，取水咒之，分与其众饮，盖夷人盟誓之礼也。议未定，贼已拥众越神护、万仞关，入掠盏达，围游击马拱垣于盏达江上，分兵入户撒，游击邵应泌亦被围。刘德成在千崖有兵二千人，坐视不救。时升因檄仑还守铁壁。又闻贼欲从库弄河出关后，仑复引兵却，驻守陇川。贼势张甚，应琚数以檄促德成，始击贼于铜壁关下，破之，贼自西而东趋陇川，德成亦由户撒击其后。时升又檄乌尔登额帅宛顶兵至邦中山，以助声势，于是军威稍振。贼人见大兵之集也，复来乞降，仑以报应琚，命许之。

贼伺我军懈，遂走犯猛卯。与木邦亲，木邦之降。猛卯实左右焉。贼怨，故蹂躏之。时三十二年正月丙寅朔也。副将哈国兴帅兵二千五百人越猛卯，比至，见贼势盛，乃入城与土司坚守。贼攻城，缘梯而上，城上矢炮交发，贼不敢近。围八日，癸酉，副将陈廷蛟游击雅尔姜阿各以兵至，城中出合击之。贼大溃；而乌而登额久不至，故贼得浮猛卯江而逸。朱仑乃造浮桥过宿养渡，由景阳、暮董偕乌尔登额进剿木邦。是月丁丑，杨廷璋至军，见贼未易遽平，遂奏言应琚病已痊，臣当归粤。帝召廷璋还京师。

　　时贼入关侵扰，应琚皆不以闻，仅言朱仑杀贼几万人，贼震惧，乞降，欲以新街、蛮暮与之。而时升亦言猛卯之捷，诛其大头目播定鲊、皮鲁布。奏入，帝视应琚所进地图，用蓝笔分中外累，而猛卯、陇川均在蓝线内，疑之，以为如果歼贼万余及大头目，贼当遁走不暇，何以朱仑辗转退却，贼敢蔓延内地土司之境？降旨驳诘。而傅灵安先奉诏廉访军事，具言赵宏榜弃新街，朱仑退守陇川，及李时升未经临敌情事，与帝所驳诘者悉合。应琚复劾刘德成。乌尔额登逗留贻误。于是逮李时升、朱仑、刘德成、乌而登额、赵宏榜，而晋杨宁为提督。且以应琚欺罔乘谬不能任事。乃召明瑞于伊犁，以将军督军云南，遣额而景额为参赞大臣，徙巡抚汤聘于贵州，以鄂宁代之。

　　上年冬，缅人已据整卖、景线，召散遂率以攻孟艮。召丙惧，出奔，贼延入打乐，思茅同知黑光以闻。时汤聘未闻上命，杨重英方至自江苏，乃偕赴普洱，奏总兵华封、宁珠安坐普洱，失剿御，请革职治罪。奏入，华封、宁珠与游击权恕、司邦直，都司甘其卓皆被逮，调开化镇总兵书敏总统进剿。顷之，鄂宁亦到普洱，奏言："上年九龙江外兵马以瘴死者不可胜数，官弁夫役死亦大半。此时正盛瘴发生，汤聘乃称严饬将卒，克日进剿，怀诈塞责，实无诚款。"奏入，汤聘以革职逮治。应琚见前所招抚土司复阴附缅，其土司头目夷人千百为群，皆荡析离居，而缅贼时出没为患，边事日棘。鄂宁复奏应琚贪功启衅，为朱仑等讳饰，又不令汤聘、傅灵安与闻边务，及隐没游击班第、守备江纪阵亡各状。应琚惧，乃奏请是秋大举征缅，调兵五万，五路并进，兼约暹罗夹攻。帝下其议，廷臣皆斥之。诏逮应琚至京,赐死。

四月,明瑞至永昌。时杨宁壁军木邦,饷道为贼所断,溃退满河。永北镇总兵索柱及乌尔登额亡其印信。明瑞以闻,杨宁亦被逮,调谭五格为提督。诏派八旗兵三千、四川兵八千、贵州兵一万、云南兵四千,赴边进讨。绿营马匹皆本营预备,惟作旗兵三千人,每兵例需马三匹,合官员所用,计马几万匹。明瑞议拨广西马一千、广东马八百、四川马五千八百、贵州马六千、湖南马二千,每兵裹二月粮。计六斗,驮以一马。马、驴少,购牛代之。粮不足,可杀牛以抵。共用驴、马、牛八百余。其粮于大理、鹤庆、蒙化三府发六万石,又于永昌、顺宁买三万石。兵行之道,自宛顶、木邦进者为正兵,明瑞身统之。乌尔登额、谭五格则由猛密分进。至新街,水路,时方暑雨,难造舟,宜削木柿沿江流下,疑贼以牵其势。奏入,帝嘉之,悉从其议。

九月诸路兵皆至永昌,马、牛亦集。甲寅,明瑞率军启行。值大雨,路江舟少,以次待渡,而汉路阴仄,辎重雍塞于道,军士立雨中竟夕。十月甲申,抵帕儿,帝复遣参赞大臣珠鲁讷至军,而参赞大臣额尔景额、楚姚镇总兵国柱相继病殁。贼侦知,毁津渡桥梁,且伐大树扑之。又雨多道坏,军行迟滞,明瑞乃选锐兵一半,帅以先驱。领队大臣观音保由孟谷出木邦之右。十一月丙戌,抵木邦城。贼先挟夷民以去,获其粮贮,留珠鲁讷以兵四千守之。进之锡箔江,江宽,架桥以渡。行四日,到天生桥,桥南有贼寨相逼。会商人马子团言桥之东三十里水浅可涉,且岸颇平,乃以兵绕出其后。贼复弃寨去,遂进至蛮结。贼依山立十六栅以待。明瑞抵栅下,亲冒枪炮督兵进攻。观音保麾众先据山左。哈国兴等三路登山,俯薄之,呼而逼其垒。贵州步兵王连睍栅左有积木,藉之以登,跃入栅内,八十余人继之。贼慌乱,莫知所措,多被杀,遂破其一栅。旋复攻破三栅,而十二栅之贼悉乘夜潜逃。捷闻,晋封明瑞诚嘉毅勇公,以恩泽侯与其弟奎林,特擢王连为游击,余俱交部叙功。

然夷境益峭险。其草率绿竹、王刍之属,马乏食。多致毙,而牛行迟滞,棰之以登,死者尤众。贼烧其村塞,敛积贮而窖埋之,掠食无所得，军粮垂竭。进至象孔，迷失道。明瑞度不能至阿瓦，约乌尔登额等军由猛密入。其地近孟笼，，有缅屯粮，且可与猛密军相合，乃议向孟笼，果大获粮。而乌尔登额等赶猛密，出虎踞关，闻老官屯有贼，意轻之，先率众往攻。贼固守，弗能下，军士多伤亡，陕西兴汉镇总兵王玉廷亦中枪卒。

　　珠鲁讷守木邦，有夷数十人来降，疑其伪。悉诛之，而遣索柱等往锡箔江设一部，以通明瑞军信息。索柱等至蒲卡，闻贼至，以兵少，退守锡箔，贼蹑之，战殁。贼遂附木邦城下，绝营南水道。粮运之从宛顶来者，贼又截之，军士皆饥渴，火药亦尽，贼审其困，佯为好语求和，珠鲁讷不得已，遣杨重英及守备王呈瑞往报。贼人留之，且诱军士出汲，断其后，皆不得还。三十三年正月，益兵攻城。丁未夜，兵乱，珠鲁讷自刎死，普洱镇总兵胡大猷亦殒。贼之围木邦也，珠鲁讷屡促鄂宁救援，而永昌兵尽行，无可调发。已而促之急，始令游击袁梦麟等率驻宛顶兵三百人以往，遇贼，皆不知所之。知府陈元震、郭鹏翀持参赞印先三日逸出，鄂宁捕得之，磔死。

　　明瑞即就粮孟笼，谍知乌尔登额未至猛密，而谍者报大山土司瓦喇遣弟罗旺育来迎，且率其子阿陇从军。而缅自去冬象孔改道后，获官军病卒，知粮尽，不向阿瓦，即悉众蹑官军后。官军且战且行，每日先以一军拒敌，即以军退至数里外成列，待军至，则列者复迎战。明瑞及观音保、哈国兴更番殿后，步步为营，每曰行不三十里。正月丙午，至蛮化，营于山巅，贼即营山半。明瑞曰："贼轻我甚矣，不一痛创之不可！"时贼识官军号，每晨吹波伦者三而起行，贼亦起。次日五鼓复吹波伦三，乃尽出营伏箐中以待。贼闻波伦声。争上山来追，万枪突出，四面兜击，贼溃坠者趾顶相藉，坑谷皆满，杀四千余人。

　　明瑞休军蛮化数日，取所得牛马犒士。又自蛮化至邦迈、虎布、蛮移、小天生桥，僮子坝，大小数十战，永顺镇总兵李全殁于阵。又稍稍闻木邦失守。明瑞耻是役之无功也，二月巳未，至猛育，距宛顶粮台一二百里，贼蝟集数万。明瑞乃令军士乘夜出，而自与领队大臣及巴图鲁待卫数十人率亲兵数百断其后。及晨,血战万贼中,无不一当百。俄,明瑞枪伤于胁,呼从者取水至,饮水少许而绝。观音保、扎拉丰阿皆战死,死者几千余人。是夕也,星陨如雨,余军先后溃归宛顶。

明瑞自蛮结破贼后,悬军深入。帝久不得报,命户部尚书果毅公阿里衮以参赞大臣赴边援应。又闻木邦被困,命明瑞旋军,而助乌尔登额撤老官屯之围,往援木邦。贼觉,扼马膊子岭,乌尔登额几不得出。而自旱塔抵猛密,木邦有奏径颇近,乌尔登额以马尽粮乏,纤道入虎踞关,经猛卯,至宛顶,复驻军。明日而明瑞阵亡之信已至,鄂宁劾其有心玩误,诏逮至京,磔之,并诛谭五格于市,而厚恤明瑞。其后阿里衮募人至猛育,求其尸,归于京师以葬。是为征缅前一役。

明瑞之死也,缅人不知,震其余威,惧再讨。五月,纵所获兵许尔功等八人自木邦持缅书来,且使杨重英、王呈瑞等言:“懵驳之母得罪天朝,欲使懵驳内附。”重英恐缅书翻译误,乃译清、汉字各一通,益以木邦蜡戌头目苗温之书。苗温者,缅人守土官之称。腊戌在木邦南。木邦残破,而腊戌城在岭下,险可守,故苗温勘居于此。缅书云:“暹罗国、得楞国、得怀国、白古国、一徙国、罕纪国、结紫国、大耳国及金银宝石厂,飞刀、飞马、飞人,有福好善之王殿下掌事官拜书领兵元帅。昔吴尚贤至阿瓦,敬述大皇帝仁慈乐善,我缅王用是具礼致贡,蒙赐缎帛、玉器诸物,自是商旅相通,初无仇隙。近因木邦、蛮暮土司播弄是非,兴兵兆衅,致彼此人马互有伤亡。兹特投文叙明颠末,请循古礼,贡赐往来,永息干戈,照旧和好。”阿里衮以闻,帝念明瑞军入关者尚逾万,所丧亡不过十之一二,然将帅亲臣捐躯异城,而缅夷求款未亲遣头目,非大举无以雪忠愤,命绝之勿报。自后缅人数请以书与陇正野人及遮放土司访问许尔功状,皆置不答;而以杨重英偷生阿瓦,籍其家,并置其子于理。

时大学士公傅恒自请督师,乃命为经略;阿桂、阿里衮皆为副将军,明德为总督,哈国兴为提督。八月,阿桂诣热河行在,奏言:

"缅贼慭不畏死。臣至滇，当相度时势。以正天诛，不敢卤莽灭裂。误军国大事。"帝颔之。既陛辞，至襄阳，会守备程辙前从杨宁军陷于贼，至是密以书来告，言缅人方与暹罗仇杀，可约以夹攻。帝遣人驰问阿桂，奏言："官军会合暹罗，必赴缅地。若由广东往，则远隔重洋，相去万余里，期会在数月之后。恐不能如期。"帝以为然。盖自明陈用宾有要暹罗攻缅之说，杨应琚、杨廷璋先后奏上，廷议虽斥之，不能释然也。因诏两广总督李侍尧询察之。李侍尧奏言："闻暹罗为花肚番残破，国主诏氏窜迹他所，余地为属下甘恩敕、莫士麟分据。"花肚番者，缅人以膝股为花，故云。由是约暹罗之议始寝。

是年冬，帝念明瑞所统旗兵劳苦，命回京，复选旗兵五千人赴滇。合荆州、贵州、四川兵一万三千人。阿里衮乃令副都统绵康、曲寻镇总兵常青帅二千人驻陇川，侍卫海兰察、乌尔图纳逊帅二千人驻盏达，领队大臣丰安、鹤丽镇总兵德福帅二千人驻遮放，侍卫兴兆、巴朗帅一千人驻芒市，侍卫王林、普尔普帅五百人亦驻盏达。侍卫恒山保、永顺镇总兵常保柱帅三千人驻永昌，广东右翼镇总兵樊经文帅一千人驻缅宁，荆州将军永瑞、四川副都统雅朗阿、提督五福帅六千人驻普洱，而腾越兵一千令绵康兼辖之。防守严密，边以无事。帝以缅人狡恶，思出偏师疑之，使其疲于奔命。欲出九龙江及旧小，皆不果。阿里衮乃议动戛鸠。十一月，阿桂至永昌，闻信弛往会师讨之。十二月，出关，焚数寨，歼其众数百人，止丹山。濮夷围五卒者，率四十余户来降，迁之盏达。

三十四年二月，经略傅恒发京师，帝御太和殿授以敕印，或告傅恒曰："元伐缅，由阿禾、阿昔二江以进。今其迹不可考，意其为大金沙江无疑。前鄂宁言腾越之银江，下通新街，南甸之槟榔江，流注蛮暮，两江皆从万山中行。石砌层布，舟楫不可施。苦于近江地为舟具，使兵扛运至江浒，合成之以入于江，下阿瓦既速且可免运粮，而师期亦较早一二月，缅人必不暇设备。又以一队渡江而西，覆其木梳旧巢。如此，缅不足平也。"傅恒然其言。四月丙辰，至永昌，条奏进兵事宜，皆如所议。遂遣护军统领伍三泰、左副都御史傅显及哈国兴,率夷人贺丙往铜壁关外相视造舟地。还报野牛坝山势爽垲,树木茂密,且距蛮暮河一百余里,于入江为宜。乃令常青等率兵三千人,督湖广工匠四百六十余,驰往造办。又使贺丙潜行招抚。贺丙者,戛鸠头目贺洛子也。

是役也,续遣满洲、索伦、鄂伦、珲春、吉林、西襄、厄鲁特、察哈尔,及自普洱调赴腾越之满洲兵,共万余人;又福建、贵州、本省昭通镇兵,共五万余人。河南、陕西、湖广与在省曲靖各府饲养之马,凡六万余匹。益以四川工咒术之喇嘛、京城之梅针箭、冲天炮、赞叭喇、乌枪,河南之火箭,四川之九节铜炮,湖南之铁鹿子,广东之阿魏,云南省城制造之鞍屉、帐幕、旗纛、火绳、铅铁、灰油、麻呆诸船料物,悉运往以资军实。

乃议分路进:傅恒由江西戛鸠路,阿桂由江东猛密路,阿里衮以肩疮未愈,由水路,都计新旧调兵二万九千人。其由戛鸠路者,满洲兵一千五百人,护军统领伍三泰、侍卫玉麟、纳木札、五福、鄂宁、乌尔衮保,参领满都虎、德保领之;吉林兵五百人,护军统领索诺木策凌、侍卫占坡图领之;索伦兵二千人,副都统呼尔起、奎林、莽克察、侍卫塔尼、布克车德、受菩萨,参领占皮纳领之;鄂伦春兵三百人,侍卫成果领之;厄鲁特兵三百人,侍卫鄂尼、积尔葛尔领之;绿营兵四千人,提督哈国兴,开化镇总兵永平及德福领之。其由猛密路者,满洲兵二千人,副都统绵康、丰安、常保柱,侍卫海兰察、玛格、乔苏尔、兴兆、普尔普领之;索伦兵一千人,散秩大臣葛布舒,侍卫额森退领之;厄鲁特兵三百人,侍卫巴朗领之;绿营兵四千人,曲寻镇总兵常青,永北镇总兵马彪,楚姚镇总兵于文焕领之。其由水路者,健锐营兵五百人,侍卫乌尔图纳逊,奈库纳领之;吉林水师五百人,副都统明亮,侍卫丰盛额领之;福建水师兵二千人,福建提督叶相德,福建建宁镇总兵依昌阿领之。又令副都统铁保,侍卫永瑞领成都满洲兵一千二百人,侍卫富兴,蒙古尔岱,鄂兰,必拉尔海领西襄兵一千人,提督本进忠,临元镇总兵吴士胜领绿营兵二千二百人,分守驿站。又令侍卫诺尔奔领满洲兵五百人,永顺镇总兵孙尔桂领绿营兵一千人,屯宛顶,以牵制木邦之贼。又令雅朗阿领荆州满洲兵二千人,普洱镇总兵喀木齐布领绿营兵一千五百人,驻守普洱。

分置略定,而贺丙往戛鸠招抚孟拱,挟其头目脱乌猛以来。其言曰:"上年槽驳遣头目盏拉机以千人守猛戛,需索烦重,土司畏其逼,避往户工。孟拱人苦缅人鱼肉久矣,闻大军来,皆呀呷忻喜。请由戛鸠济江出孟拱。孟拱米谷多,可以佐军食。头目归,当集舟于江以待。"傅恒上言:"孟拱遣大头目来,称归备舟以候官兵过渡。臣思野牛坝造舟之役,贼早有见闻,若于西岸设伏沿江拒我,未易渡也。今忽由戛鸠过江,先从陆路据蛮暮西岸,已出贼意计之外。且自戛鸠渡后,可将舟楫顺流放至蛮暮,添备东岸官军过渡。如造舟处有缓急,我兵在西岸,乘舟往来策应亦最便利。臣傅恒谨先统兵进发,阿里衮、阿桂偕往野牛坝督办船工。"

癸卯,次盏达,分道行,阿里衮固请从傅恒。庚申,出万仞关。八月癸丑,次允帽,江浒也。贺丙、脱乌猛以舟三十余来迎。丙子,次孟拱。土司浑觉窜往节东,踪迹之,获其小妻姘头目兴堂札,愿往寻浑觉,纵之,即日偕来,献象四。傅恒令其持大纛骑以先,夷人望见皆敬骇。而予浑觉银万两,市牛数千头,米数千石,以给军。

时阿桂以七月戊申次野牛坝。舟工毕,八月乙酉,进次蛮暮。初,官兵之裹粮两月也,议以进剿为始;而督工时仍令内地馈运,总督明德面诺之,不为具。及是,移檄往促,始令腾越州发运。泥深道远,经月不能至。乃奏粮运迟误状,降明德江苏巡抚,以阿思哈代之。九月壬辰,阿桂由蛮暮进至新街。舟成,将出江口,贼人从猛戛来逆战,阿桂伏兵甘立寨。贼至,水陆奋击,发巨炮,沉其舟,噪而从之,箛鼓竞作,贼大沮,退走。

先是傅恒在江西,文报越两三日辄一至,自孟拱而南,信益稀。阿桂闻苍浦、蛮闽闻有伏戎,乃募夷间道以书往讯。及伊犁将军伊勒图、总督阿思哈奉命皆至军中,乃以兵二千属伊勒图渡江迎傅恒,并令玉麟,哈青阿率兵据西岸以待。伊勒图渡江遇贼,击走之,栅贼一夕皆遁去。

傅恒率十八骑，以是月戊申抵哈坎。是时缅人列船江岸，且于沙洲及林莽间树栅以守。十月戊午，傅恒及阿桂督水师击之，侍卫阿尔苏纳首先乘小舟行入，众继进，夺其栅，获旗纛、器械无算，歼头目宾哑得诺。而阿里衮、伊勒图攻西岸诸栅，贼皆弃而走。丙寅，傅恒、阿桂循江东岸，伍三泰、常青循江西岸，阿里衮、伊勒图率水师并进。丁卯，阿里衮以疮甚卒于舟。伊勒头领其众已抵老官屯。贼栅径围三里许，栅尾迤逦属于江中，潴水可泊船。栅以巨木深入土中，外周三壕，壕外横卧大树，锐其枝末外向，盖其大头目布拉莽傥所居也。西岸头目得楞孝楞率船一百三十、兵三千，起两栅。及夕，栅木杪皆悬火。有顷，鼓登登，难以管籥侏离之歌，传呼以达于江西，远近相和，竟晓乃辍，而老官屯南巴洼、章薄贼，皆筑栅以为应援。庚午，进攻其栅，经略将军亲摩垒。总兵德福中枪。逾日卒。乃令舟师经两栅中，下泊于栅南，断贼江中援救。发威远大炮，炮重三千斤，子三十余斤，声如奔雷，遇木辄洞以过，栅不为塌。又改用火攻之法，先以桿牌御枪炮，众挟膏薪随之，百牌齐进，逾壕抵栅；而江自四更大雾起，迄平旦始息，栅木沾润不能热，兼值反风，遂却。又取生革为长绠钩之，力急绠辄断；乃伐箐中数百丈老滕，夜往钩其栅，役数千指曳之，辄为贼斧断。总兵马彪乃阙隧寙药其中，深数十丈。药发，栅突高起丈余，贼号骇；俄栅忽落平地，又起落者三，遂不复动。盖栅坡迄下，而地道平进，故土厚不能迸裂也。贼自巴洼、章薄来铅丸、火药、粮米，卒不得断绝，是以无逃志。然懵驳闻新街之败，大惧，而攻围日久，死伤者多。十一月已丑，布拉莽傥乃遣使求罢兵。明日，复以懵驳书至。傅恒阿桂召诸将问可否，诸将皆言懵驳从阿瓦致书，非震悚诚切不出此，可借此息兵。壬辰，作檄答之，言："汝国欲贷天讨，必缮表入贡，还所拘絷官兵，永不犯边境。如撤兵背约，明年复当深入，不汝贷也。"癸已，缅十三头目来议事，乃遣明亮、海兰察、哈青阿、明仁、哈国兴、常青、马彪、依常阿、于文焕、雅尔姜阿等会议，申谕所约三事，头目皆拱手听命。哈国兴曰：

"汝国僻在海裔,不知藩臣典礼,汝入贡当具表文,文首行书'缅甸王臣某奉表大皇帝陛下',与安南、高丽各外藩等。"其管五营头目得勒温曰:"谨受教。"目左右具书以归。丁酉,陈锦布、呢毯百余端,献经略将军,而进鱼盐犒军。于是焚舟熔巨炮,奏闻,以己亥班师。甲辰,进虎踞关,缅人遣头目率六十余人送至关上,是日,奉旨以缅地瘴疠,命贳其罪,令浑觉还孟拱,而以所进四象送京师。伊勒图、傅恒先后还京。

木邦、蛮暮两土司走入内地后,线瓮团居缅宁之海腊,丁山、瑞团居盏达之坝筑,其猛密头人线官猛亦率众居绵川户南山,余迁徙无常处。及是,移线瓮团于蒙化,移瑞团、线官猛于大理,各取官庄租赡之,而贺丙则从其请,居于万仞关外之南底坝。其后又以召丙、叭先捧等分置于宁洱县之蕨箕坝,而大山之侄阿陇、允帽头目之女老安皆属县官,予以廪给。猛勇头目召工、整欠头目召教、景海头目召别,咸愿输诚进献。

三十五年二月,因缅入贡使不至,帝令毋许奸商挟货贸边以利缅,且漏内地消息。时阿桂还至省城,命核所用军装马匹,又命总督彰宝檄斥缅人贡使迟滞状,使都司苏尔相持至老官屯,布拉莽傥留之。阿桂回至永昌察贼状,三十六年三月,阿桂奏言:"蛮暮、木邦、猛密三土司外,始有缅人村落,距边已二千余里,偏师不可深入。若出近边,则所夷乃濮夷野人,与缅无损。不如休息数年,外约暹罗同时大举。"帝以大举非计,乃罢阿桂,以温福代之。明年,金川反,温福、阿桂皆赴四川。而缅亦方用兵暹罗,于是暹罗灭于缅。

四十一年,金川平。时缅甸先遣孟遮等五人以书呈云南总督图思德,总督絷之归京师。及是,命赴市曹观状,且告之故,乃纵使归缅,而令阿桂以大学士赴永昌备边。缅惧,请入贡,愿出杨重英、苏尔相,求开关互市。明年,出苏尔相,而杨重英不至。

四十三年,暹罗遗民起兵逐缅人复国。五十一年,诏封郑华为暹罗国王,于是缅益惧。五十二年,耿马土司罕朝瑷报言:"滚弄隔岸即缅甸木邦,缅酋孟云遣大头目叶渺瑞洞、细哈觉控、委卢撒亚三名,率小头人从役百余人,赍金叶表文,金塔及驯象八、宝石、金箔、檀香、大呢、象牙、漆盒诸物,绒毡、洋布四种,恳求进贡。译其文,称孟云乃雍藉牙第四子,幼为僧,懵驳其长兄也。懵驳死,子赘角牙立。孟云次兄孟鲁,以雍藉牙有兄终弟及之谕,懵驳死而子袭,非约,乃戕杀赘角牙,欲自立,国人不服,亦杀孟鲁,迎孟云立之。孟云深知父子行事错谬,感大皇帝恩德,屡欲投诚进贡,因与暹罗构衅,且移建城池,未暇备办。今缅甸安宁,特差头目遵照古礼进表纳贡。"总督富纲等以闻,帝允所请,赍其使而归之,且赉孟云佛像、文绮、珍玩器皿。五十四年,孟云遣使贺八旬万寿,乞赐封,又请开关禁以通商旅。帝皆从之,封为缅甸国王,赐敕书、印信,及御制诗章、珍珠手串,遣道员,参将赉往其新都蛮得列,定十年一贡。自是西南无缅患。

六十年,缅王遣使祝厘,进缅石长寿佛、贝叶缅字经、福字镫、金海螺、银海螺、金镶缅刀、金柄麈尾、黄缎伞、贴金象轿、洋枪、马鞍、象牙、犀角、孔雀、木化石、玄猴皮、各色呢、各色花布,都十有八种。时有缅盗逸入印度,缅人以五千人追之,突入印度之势他加境,英人领土也。英守将尔斯根诘缅人,以盗付之。嘉庆元年,缅王复遣使朝贡。总督勒保以缅使甫经回国,不宜数来,檄云南司道拒勿纳。事闻,帝谕曰:"缅甸国王以本年国庆,特遣使臣赍表备物申虔积贺,勒保不据实奏闻,遽行拒绝,致令使臣徒劳跋涉,殊失柔远绥怀之意。勒保交部严议。"命军机大臣拟旨晓谕缅王,颁赐蟒锦四端。五年,缅甸入贡。十年冬,缅甸复遣使叩关求入贡,以是年暹罗伐缅,有敕谕暹罗罢兵故也。帝以非贡期,却之。时缅甸虽失暹罗,国势犹盛。其疆域南尽南海,北迄孟拱。西包阿拉干,东联麻尔古。又有掸人之地环其东境,旧称九十九国,多为领属,地广兵强。既东失暹罗。乃西觊印度之富,时思袭取。缅西北有曼尼坡部,又有西阿萨密部,缅常以兵攻二部,渐有从西黑特旁侵入英领之势。西黑特居阿隆密南,为印度孟加东北境,过此即克车部,英人所保护也。缅人恃其习战,蔑视英人,后果侵英边,杀英戍兵,掳其人民。又南侵入势他加,英人以少兵守内府河口之刷浦黎岛。道光三年,缅人攻守岛英兵,英以众寡不敌而溃,亡数人。英人来责言,缅置不答,益轻英。

明年,英人伐缅,水师副提督喀姆稗儿率师进厄勒瓦谛江,即大金沙江也。次仰光,缅人御诸海口而败,英军遂登陆攻仰光、克曼庭村寨。缅兵惧,每战辄奔溃,然去必毁其积贮,坚壁清野以待,英人野无所掠,粮运又不继,遂大困。缅王乘其敝,自阿瓦遣大队围攻之,英军固守不动,缅人不能胜。英军寻以巨炮反攻缅,缅军溃。逾数月,喀姆稗儿乘间攻克艾报、墨尔阶两城,与濒海地那悉林之地,然英军伤病相属,其强壮能胜战者仅三千人,乃移病卒休养于艾报诸城,势复振。进攻扰古河口之悉林工场,与葡萄牙所筑旧堡,悉取之。又克马尔达般省。

缅人惧,征镇守阿拉干长胜军回援,其帅班都拉,健将也。班都拉既至,急突英军,不得入,乃退而集师。十一月,班都拉以众六万攻仰光及克曼廷村寨,不克。还至丹阿卜,掘地营而守,喀姆稗儿于是进攻普罗美,其地西距厄勒瓦谛江约三里许。明年,英军分水陆进,将军可敦将水师,喀姆稗儿将陆军,会于丹阿卜,合力夺地营,缅将班都拉中炮死,遂长驱入普罗美城,时值大雨,约各休兵一月,以九月十七日为期。入夏以来,英别将马立生攻克阿拉干部,并逐阿隆密北部缅人,进驻克车。

十月,缅军三路攻普罗美,英守将仅有欧人三千,印人二千,缅军不能入,十二月,英人分击缅军,缅军沿厄勒瓦谛江败退,各以一万二千人分入米投、麦龙,筑垒坚守。未几,米投破,余兵奔麦龙,缅人力竭,求成于英,英将允之,遣人议和款,要以四事:一,割阿拉干、艾报、墨尔阶与意爱各城归英辖;二,阿萨密部与各小部,缅人勿得干预其治权;三,赔军费一千万罗比;四,应集各国代理人驻扎缅京,且得以兵五十名为卫,英舰之入缅港者,勿得勒令缴枪弹船舵。

议员签押呈缅王署押。缅王不允,饬整战备。英将侦知缅王无和意,明年一月十九日,攻克麦龙城,缅人复遣使议和,且征蒲甘兵卫京城。英将知非王本意,进攻不已,缅廷乃使美士迫拉意斯持前署押约章,并罗比二百五十万至英军乞止兵,英乃撤兵去。时道光六年也。

约成,缅国遂失西偏沿海地数部,然缅国上下均不服此约。迨缅王弗极道为其弟撒拉瓦第所篡,撒拉第素主排英,尤蔑视前约。先是英使臣军佐白奈驻阿瓦,与缅王龃龉而去,两国交遂破,英政府撤回驻缅职事人。是后缅人遇英人颇暴厉,英舰至缅者,缅人常与其水手哄,英廷遣使诘缅廷,且护以水师。比英使至仰光,谒其督臣,语不合,英使遂以兵舰封其港,责偿前英船所受损失费,要缅廷礼接英使,仰光督臣在英使前谢罪。时缅王蒲甘曼嗣立,执不允。于是英、缅再失和,而修职贡于中国如故。

咸丰二年十一月,罗绕典奏缅国贡使入京,请变通办理。帝谕军机大臣曰:"朕念缅甸国王久列藩封,贡使远道输诚,具征忱悃。惟其国贡使向取道贵州、湖南、湖北进京。现在粤匪未平,若令绕道而行,殊非所以示体恤。即传旨其使臣,此次无庸来京,仍优予犒赏,委员护送回国。"

是年,缅、英再开战,南方严城要地尽入于英,前所交还摆古部亦为英扰。英将道好西宣言以摆古隶英版图。适缅亲王曼同下王于狱,自立为王,遣使说印督道好西索还扰古,英廷命军佐雅实勿里为扰古行政长官,且充使以报。偕雅实勿里行者为参赞亨利幼儿、地质学家倭尔罕,挟缅王立永让摆古之约,缅王拒焉。久之,至同治元年始定约,英乃于缅甸海岸设官分部,称"英领缅甸",即摆古、厄勒瓦谛、阿拉干、地那悉林也。以厄勒瓦谛江东支海口为会城。即所谓仰光镇,以温个那职视巡抚。

初,英人欲觅一自英领缅甸通中国商路,苦为缅隔。后缅王许英人威廉游历缅境,北抵八募,又溯厄勒瓦谛江而上,至江上流之山峡,同治六年,缅廷与英人结通航缅境之约,又命英人代收入募与其他口岸商税。次年,缅王曼同薨。子锡袍嗣位,复命旅于仰光之英工程师威廉、生物理学学士爱迭生、水师兵官暴厄尔与司炁华德、白恩诸人探访运路，而以军佐斯赖登率之行，且谕八募守臣以兵五十人护行。于是安抵八募东北之中国腾越厅境。八年，缅始开厄勒瓦谛江航路，上通八募，命水师兵官斯讨拉尔驻八募，理其事。缅王颇注重商务，凡克亨山一带危险地皆设官防护，英人交口誉之。然缅王戆而多忌，废斥旧臣，诛锄兄弟亲戚殆尽。外官虽有四千六百余土司，皆禄无常奉，专朘民膏，百姓恒产，任意抄没。缅、英虽交好，而猜忌尤深。

光绪九年，法兰西由下安南进踞北圻，逻罗亦命官分驻老挝土酋各部，英据南缅既久，洞知上缅宝藏之区，甲于南海，且虑法人由北圻西趋，蔓及缅甸。十一年十月三日，英首相侯爵沙力斯伯里值伦敦府尹大宴时，宣布伐缅意，假判断木商歇业为名，由印度派兵进攻，入蛮得勒。擒其王，流之于印度孟买海滨拉德乃奇黎岛。初，缅与法兰西、意大利立私约，损自主权利，英弗善也，至是欲存缅祀，则私约不能废，遂决计灭之，并取所属掸人地。南缅地区部为四：曰摆古部，曰阿拉干部，曰厄勒瓦谛部，曰地那悉林部。北缅地区部为六：曰北部，曰中部，曰拉歇山岭部，曰南部，曰东部，曰喀伦尼山岭部。各部皆设行政长官，而隶于印度总督。缅甸自是遂亡。

时出使大臣曾纪泽驻英，帝以属国故，命与英外部会商缅事。初议立君存祀，俾守十年一贡之例，不可得。旋议由英驻缅大员按期遣使赍送仪物，其界务、商务两事，则拟先定分界，再议通商。英人自以骤辟缅甸全境，所获已多，有稍让中国展拓边界之意。英外部侍郎克蕾称："英廷愿将路江以东之地，自云南界之外起，南抵逻罗北界，西滨潞江，即洋图所谓萨尔温江，东抵澜沧江下游，其中北有南掌国，南有掸人各种，或留为属国，或收为属地，听中国自裁。"会纪泽转咨总理衙门，言："南掌本中华贡国，英人果将潞江以东让我，宜即受之，将掸人，南掌均留为属国，责其按期朝贡，并将上邦之权明告天下，方可防后患而固边围。"

纪泽又向英外部索还八募，八募即蛮幕之新街。昔时蛮幕土司地甚大,后悉拼于缅,其商货汇集之区谓之新街,洋图译音则为八募,距腾越边外百数十里,在大金沙江上游之东,龙川江下游之北,槟榔江下游之南,向为滇缅通商巨镇。英人以其为全缅菁华所萃,不许。争论久之,克蕾始云,英廷已饬驻缅英官勘验一地,以便允中国立埠,且可在彼设关收税。参选官马格里言八募虽不可得,其东二三十里旧有八募城,似肯让与中国,日后贸易亦可大兴,且允将大金沙为两国公共之江,如此,则利益与彼分之,其隐裨大局,尤较得潞东之地为胜。议未定,纪泽旋回国。

　　十二年六月,总署与英使欧格讷议约五条:第一,申明十年呈进方物之例;第三,中缅边界应由中、英两国派员会同勘定,其边界通商事宜另立专章。约成,迁延者五年。

　　十七年,出使大臣薛福成始申前议,奏言:“英人所称愿让潞东之地,南北将及千里,东西亦五六百里,果能将南掌与掸人收为属国,或列为瓯脱之地,诚系绥边保小之良图。惟查南掌即老挝之转音,臣阅外洋最新图说,似老挝已归属暹罗。若徒受英人之虚惠,终不能实有其地,非计之得者。南掌、掸人本各判为数小国,分附缅甸、暹罗。宜先查明南掌入暹罗之外是否尚有自立之国,以定受与不受。其向附缅甸之掸人,地实大于南掌,稍能自立,且素服中国之化。若收为我属,则普洱、顺宁等府边徼皆可巩固矣。至曾纪泽所索八募之地,虽为在英人所不肯舍,其曾经默许之旧八募者,亦可为通至大金沙江张本,若将来竟不与争,或争而不得,窃有五虑焉。夫天下事不进则退,从前展拓边界之论,非谓足增中国之大也。臣闻乾隆年间,缅甸恃强不靖,吞灭滇边诸土司,腾越八关之外,形势不全。西南一隅,本多不甚清晰之界,若我不求展出,彼或反将勘入。一虑也。我不于边外稍留余地,彼必筑铁路直接滇边,一遇有事,动受要挟。二虑也。长江上源为小金沙江,最上之源由藏入滇,距边甚近,洋图即谓之扬子江。我若进分大金沙之利,尚可使彼离边稍远,万一能守故界。则彼窥知江源伊迩,或寖图行船。径入长江以争通商之利。三虑也,夫英人经营商埠,是其长技。我稍展界,则通商在缅甸。设关收税，亦可与之俱旺。我不展界，则通商在滇境，将来彼且来择租界、设领事，地方诸务不能不受其牵制。四虑也。我得大金沙之利，则迤西一路之铜，可由轮船送海北上，运费当省倍蓰。否则彼独据运货之利，既入滇境，窥知矿产之富，或且渐生狡谋。五虑也。凡此五虑，皆在意计之中。又查中、英所定《缅约》第一条内，缅甸每届十年，向有派员呈进方物成例。英国允由缅甸最大之大臣，每届十年派员循例举行，所派之人应选缅甸国人等语。当时中外注意专在申明成例，惟缅甸何年入贡，并未计及，所以但有此约，而英之驻缅大员尚未举行。窃唯恐久不催问，此约即成虚设。臣查成案，缅甸向系十年一贡。自道光二十三年入贡后，道路不通，至光绪元年始复入贡一次。计截至光绪十一年，正应缅甸入贡之期。若不按时理论，彼亦断不过问。此与勘界各为一事，未便受其牵制，臣拟再加查访，即行文交部，请其知照驻缅大员，补进光绪十一年应呈方物，俟光绪二十一年，再按定例办理。万一彼谓必俟驻缅十年始呈方物，则经此一番考核，彼于光绪二十一年之期断难宕缓矣。”

　　既而英人不认允曾纪泽三端之说，谓普洱外边南掌、掸人诸地，及大金沙江为公用之江，与八募设关也。十九年七月，福成奏言：“英人自翻前议，虽以公法解，实亦时势使然。前议三端，既不可恃，则展拓边界之举，毫无把握。前岁英兵游弋滇边，以查界为名，阑入界内。常驻之地，则有神护关外之昔董，暨铁壁关外之汉董。云贵督臣王文韶迭经电达总理衙门。臣承总理衙门急电，照会外部，斥其违理，责令退兵。又屡赴外部争论，英兵稍自撤退，滇边到今静谧。臣又查野人山地，帛亘数千里，不在缅甸辖境之内。曾纪泽曾照会外部，请以大金沙江为界，江东之境，均归滇属，英人坚拒不纳。其印督至进兵盏达边外之昔马，攻击野人，以示不愿分地之意，臣相机理论，稍就范围，于是有就滇境东南让我稍展边界之说。据称已与印督商定于孟定橄榄坝西南边外让我一地曰科干，在南丁河与潞河中间，盖即孟艮土司旧壤，计七百五十英方里。又自孟卯土司边外包括汉龙关在内,作一直线,东抵路江麻栗坝之对岸止,悉划归中国。约计八百英方里。又有车里、孟连土司,辖境甚广,向隶云南版图。近有新设镇边一厅,系从孟连属境分出。英人以两土司或常入贡于缅,并此一厅争为两属,今亦愿以全权让我,订定约章,永不过问。至滇西老界与野人山地毗连之处,亦允我酌量展出。其驻兵之昔董大寨,虽未肯让归中国,愿以穆雷江北现驻英兵之昔马归我,南起坪陇峰,北抵萨伯坪峰,西逾南嶂至新陌,计三百英方里;又自穆雷江以南、既阳江以东有一地,约计七八十英方里。是彼于野人山地亦稍让矣。其余均依滇省原图界划分。外部于三月二十三日行文照会前来,臣先行文外部,订定大局。惟腾越八关界趾未清,尚须理论。外部请待印督所寄地图,又值外部诸员避暑在外,稍有停顿。前据督臣王文韶电称汉龙关自前明已沦于缅,天马关亦久为野人所占据,则人关仅有六关。现经再三争论,此二关亦可归中国。又前年英兵所驻之汉董,本在界线之外,因其扼我形势,逼处堪虞,向彼力索。外部亦愿退让,以表格外睦谊。刻下界务已竣,商务本不似界务之繁重,且已先将大意议明,无甚争论。现正商订条款,计可刻期蒇事。”寻福成议定商约,续争回铁壁、虎踞二关,时二关皆英兵占据也。

二十年正月,订《滇缅新约》十九条,划定自尖高山起,向西南行至江洪抵湄江之界线,大金沙江许中国任便行船,删去八募设关一条。于是缅事粗结。惟十年进呈方物之例,英外部初许待到光绪二十三年照约举行;继称英廷已豫备光绪二十年第一次派员赴中国,至是又声请展缓,迄未实行云。

暹罗,在云南之南,缅甸之东,越南之西,南濒海湾。顺治九年十二月,暹罗遣使请贡,并换给印、敕、勘合,允之。自是奉贡不绝。

康熙二年,暹罗正贡船行至七洲海面,遇风飘失护贡船一,至虎门,仍令驶回。三年七月,平南王尚可喜奏暹罗来馈礼物,却不受。其年,议准暹罗进贡,正贡船二艘,员役二十名,补贡船一艘,员

役六名，来京，并允贸易一次。明年十一月，国王遣陪臣等赍金叶表
文，文曰："逼罗国王臣森列拍腊照古龙拍腊马呼陆坤司由提呀菩
埃诚惶诚恐稽首，谨奏大清皇帝陛下。伏以新君御世，普照中天，四
海隶骈嵝，万方被教化。卑国久荷天恩，倾心葵藿，今特竭诚朝贡，
敬差正贡使握坤司齐喇耶迈低礼、副贡使握坤心勿吞瓦替、三贡使
握坤司救博瓦绦、大通事揭帝典，办事等臣，梯航渡海，赍上金叶表
文、方物进献，用伸拜舞之诚，恪尽远臣之职。伏冀俯垂天听，宽宥
不恭，微臣不胜瞻天仰圣战栗屏营之至，谨具表以闻。御前方物：龙
涎香、西洋闪金缎、象牙、胡椒、牓黄、豆蔻、沉香、乌木、大枫子、金
银香、苏木孔雀六足龟等；皇后前半之。"帝锡国王缎、纱、罗各六；
金缎、纱、罗各四，王妃各减二。正副使等赏赍有差。定逼罗贡期三
年一次，贡道由广东，常贡外加贡无定额。贡船以三艘为限，每艘不
许逾百人，入京员役二十名，永以为例。

　　十二年，贡使握坤司齐喇耶迈低礼等至，具表请封。四月，册封
逼罗国王，赐诰命及驼纽镀金银印，令使臣赍回。诰曰："来王来享，
要荒昭事大之诚；悉主悉臣，国家著柔远之义。朕缵承鸿绪，期德教
暨于遐陬，诞抚多方，使屏翰跻于康义，彝章具在，涣号宜颁。尔逼
罗国森烈拍腊照古龙拍腊马呼陆坤同由提呀菩埃秉志忠诚，服躬
礼义，既倾心以向化，乃航海而请封。砺山带河，克荷维藩之寄；制
节谨度，无忘执玉之心。念尔悃忱，朕甚嘉尚。今封尔为逼罗国王，
锡之诰命，尔其益矢忠贞，广宣声教，膺兹营宠，辑乃封圻。于戏！保
民社而王，纂休声于旧服；守共球之职，懋嘉绩于侯封。钦哉，无替
朕命！"

　　二十三年，王遣正使王大统。副使坤字述列瓦提，赍金叶表入
贡。帝谕逼罗进贡员役，有不能乘马者，官给夫轿，从人给舁夫。先
是贡船抵虎跳门，守臣查验后，进泊河干，封贮货物，俟礼部文到，
方准贸易。至是疏请嗣后贡船到广，具报即准贸易，并主本国采买
器用，乞谕地方官给照置办，允之。颁赏逼罗之靴，始折绢。贡使回
国。礼部派司官、笔贴式各一人伴送。二十四年，议定逼罗国王原

赏缎三十四,今加十六,共表里五十。四十七年,贡驯象二,金丝猴二。是年,礼官议准暹罗贡船厂舱货物在广东贸易,免其征税。

六十一年,部议暹罗入贡照安南国例,加赐国王缎八、纱四、罗八、织金纱罗各二;王妃缎织金缎、纱、织金纱罗、织金罗各二。是年,国王奏称彼国有红皮船二,前被留禁,请令广东督抚交贡使带回。帝可其请,并谕礼部曰:“暹罗米甚丰足,若运米赴福建、广东、宁波三处各十万石贸易,有裨地方,免其税。部臣与暹罗使臣议定,年运三十万石,逾额米粮与货物照例收税。

雍正二年十月,广东巡抚年希尧陈暹罗运米并进方物,诏曰:“暹罗不惮险远,进献谷种,果树及洋鹿、猎犬等物,恭顺可嘉。压船货物既免征税,用奖输心化之诚。”六年,帝谕暹罗商船运来米谷永远免税。七年,常贡内有速香、安息香、袈裟、布匹等,帝以无必须之物,免其人贡,著为例。时贡使呈称“京师为万国景仰,国王欲令观光上国,遍览名胜,归国陈述,以广见闻。”帝命贤能司官带领游览,并赏银一千两,遇所喜物购买。使臣复称本国产马甚小,国王命购数匹带归,允之,命马价向内库支给。复赐国王御书“天南乐国”扁额、缎二十五、玉器八、珐琅器一、松花石砚二、玻璃器二、瓷器十四。贡使赴广采买京弓、铜线等物,复诏赏给。

乾隆元年六月,国王遣陪臣朗三立哇提等赍表及方物来贡,增驯象一只,金缎二匹,花幔一条,并言昔赐蟒龙袍藏承恩亭上,历世久远,难保无虞,垦再赐一二袭。帝特赏蟒缎四匹。礼部奏暹罗照丕雅大库呈称伊国造福送寺需铜,垦弛禁,议弗许,帝特赏八百斤。八年,诏暹罗商人运米来闽、粤诸省贸易,万石以上免船货税银十之五,五千石以上免十之三。其米照市价公平发粜。若民间米多,官为收买,以补常平社仓,或散给沿海标营兵粮之用。十三年,入贡方物外,附黑熊一,斗鸡十二,太和鸡十六,金丝白肚猿一。十四年,国王遣陪臣朗呵派提等入贡,锡御书“炎服屏藩”四字。十六年帝谕闽督喀尔吉善等筹办官运暹罗米法。疏陈非便,并言不如奖励商人赴暹罗运米至二千石以上者,予议叙给顶戴,从之。十八年,国王遣使入贡，垦赐人参、缨牛、良马、象牙、及通彻规仪内监。礼臣不可。帝加赐人参四斤。特饬使臣归国晓谕国王"恪守规制，益励敬恭"。二十二年，入贡，特赐其王蟒缎、锦缎各二、闪缎、片金缎各一。丝缎四、玉器、玛瑙各一，松花石砚二，珐琅器十有三，瓷器百有四。三十一年，暹罗入贡，赐与前同。

顷之，两广总督李侍尧奏暹罗为花肚番所破，缴还原颁赐物。花肚番即缅甸也。当其时，缅甸攻暹罗。进围其国都阿由提亚，三月陷之。杀其王，暹罗遂亡。

缅甸酋懵驳既破暹罗，恃强侵云南边，高宗叠遣将军明瑞、大学士傅恒、将军阿桂、阿里衮等征之，缅甸调征暹罗军自救。阿由提亚之陷也，暹罗守长郑昭方率军有事柬埔寨，闻都城陷，旋师赴援，叠与缅甸战，构兵数年。既以缅甸困于中国，郑昭乘其疲敝击破之，国复。昭，中国广东人也，父贾于暹罗。生昭。长有才略，仕暹罗。既破缅军，国人推昭为主，，迁都盘谷，镇抚绥辑，国日殷富。四十六年，郑昭遣使良丕彩悉呢，霞握抚突等入贡，奏称暹罗自遭缅乱，复土报仇，国人以诏裔无人，推昭为长，遵例贡献。帝嘉之，宴使臣于山高水长。所贡方物，收象一头、犀角一石，余物准在广东出售，与他他货皆免税。特赐国长蟒缎、珍物如旧制。

四十七年，昭卒，子郑华嗣立。华亦材武，屡破缅，缅酋孟陨不能敌，东徙居蛮得勒。五十一年，华遣使入贡御前方物：龙涎香、金钢钻、沉香、冰片、犀角、孔雀尾、翠皮、西洋毡、西洋红布、象牙、樟脑、降真香、白暖香、大枫子、乌木、白豆蔻、檀甘密皮、桂皮、滕黄、外驯象二。中宫前无象，物半之。并请封。十二月戊午，封郑华为暹罗国王，如康熙十二年之例。制曰："我国诞膺天命，统御万方，声教覃敷，遐迩率服。暹罗国地隔重洋，向修职贡，自遭缅乱，人民土地悉就摧残，实堪悯恻！前摄国事长郑昭，当举国被兵之后，收合余烬，保有一方，不废朝贡。其嗣郑华，克承父志，遣使远来，具见忱悃。朕抚绥方夏，罔有内外，悉主悉臣，设暹罗旧王后嗣尚存，自当择其嫡派，俾守世封。兹闻旧裔遭乱沦亡，郑氏摄国长事，既阅再世,用能保其土宇,辑和人民,阖国臣庶,共所推戴。用是特颁朝命,封尔郑华为暹罗国王,锡之诰印,尚其恪修职事,慎守恪封,抚辑番民,勿替前业,以副朕怀柔海邦、兴废继绝之至意。"是年,粤督穆腾额奏定暹罗正副贡船各一免税,余船按货征榷,以杜奸商取巧。

先是缅甸惮国威内附,后屡为暹罗所败。五十三年,来贡,乞谕暹罗罢兵。五十四年正月,帝赐郑华敕曰:"朕惟自古帝王功隆丕冒,典重怀柔,凡航海梯山重译而至者,无不悉归涵育,咸被恩膏。尔暹罗国王郑华远处海隅,因受封藩职,遣使帕使滑里逊通亚排那赤突等恭赍方物,入贡谢恩,具征忱悃。朕念尔国与缅甸接壤,往者懵驳、赘角牙相继为暴,侵陵尔国,兴师构怨,匪尔之由。今缅甸孟云新掌国事,悔罪输诚。吁求内附,已于其使臣回国时谕令孟云与尔国重修和好,毋寻干戈。尔亦宜尽释前嫌,永弭兵衅,同作藩封,共承恩眷,滋特赐国王丝、币等物,尚其只受嘉命,倍笃忠忱,仰副眷怀,长膺天宠。钦哉!"

明年,郑华咨称:"乾隆三十一年,乌肚构兵,国破君亡。其父郑昭光复故物,十仅五六。书有丹荖氏、麻叨、涂怀三城,仍被占据,垦谕令乌肚归还,以复国土之旧。"粤督郭世勋以闻。帝念暹罗所称之"乌肚番"即缅甸。前缅甸与暹罗诏氏构兵,系已故缅酋懵驳,非今王孟云之事。丹荖氏等三城,亦系诏氏在国时被缅甸侵占,非郑氏国土。相安年久,自应各守疆界。今暹罗已经易世,暹罗又系异姓继立为王,更不当争论诏氏旧失疆土。命军机大臣代世员勋拟檄谕止之。是年,入贡,因庆祝万寿,加进寿烛、沉香、紫胶香、冰片、燕窝、犀角,象牙、通大海、哆啰呢九种,帝亦加赐国王御笔"福"字。六十年,暹罗破柬埔寨,取阿可耳及破丁篷二地。

嘉庆元年,暹罗遣使进太上皇帝、皇帝汉、番字金叶表文并方物,正月,命使臣与宁寿宫千叟宴,赐正使《圣制千搜宴诗》一章。二年,遣使贺归政及登极,贡龙涎香、冰片等二十四种。帝奉太上皇帝命赐郑华敕曰:"九服承风,建极著会归之义,三加锡命,乐天广怙冒之仁。旧曲维昭,新纶用沛。尔暹罗国王郑华屡供王会。久列藩封。兹于嘉庆二年，复遣使臣奉表入贡，鉴其忱悃，允荷褒扬。至以天朝叠庆重熙。倍呈方物，具见输诚效顺，弗懈益虔。国家厚往薄来，字小柔远，自有定制。第念尔国僻处海陬，梯航远涉，其所备物若从摈却，劳费转多，特饬收受，加赐文绮等物。嗣后止宜照常进呈一分，以示体恤。王其只承眷顾，益懋忠纯，永膺蕃庶之恩，长隶职方之长。钦哉！"三年，召暹罗使臣宴重华宫。五年，国王遣使赍祭文、仪物，诣高宗纯皇帝前进香，并献方物，广东巡抚遵旨令使臣毋庸来京，悉将方物赍回。六年，副贡使怕窝们孙咟哆呵叭病殁广东，谕地方官妥为照料，赏银三百两，先行回国。

十年，暹罗贡表，言与缅甸战获捷，有诏和解之。十二年九月，帝谕郑华："不许违例用中国人驾船，代运货物往来，以免奸商隐匿，致启讼端。倘有违背，奸商治罪，国王亦难辞其咎。特申禁令，以严逾越之防。尔国王其凛遵毋忽！"

十四年，遣使祝嘏，加赏正副使筵宴重华宫。秋，郑华卒，世子郑佛继立。遣使入贡，请封，遭风沉失贡物九种，帝谕不必补进。十五年，封郑佛为暹罗王，给诰命、驼纽镀金银印，交使赍回。十八年冬，总督蒋攸铦奏暹罗正贡船在洋焚毁，仅副贡船抵粤，副使唧拔察哪丕汶知突有疾，闻正贡船遭焚，惊惧，益剧，不能即赴都。帝命副使留粤调治，所存贡物十种，派员送京，失物勿庸补备。且谕曰："暹罗国王抒忱纳贽，沿海申虔，即与到京赍呈无异。例赏物件及敕书，交兵部发交两广总督颁给。"明年，暹罗王闻贡船焚毁。补备方物入贡，遇飓风，船漂散。二十年秋，正副贡船先后抵粤，蒋攸铦以闻。仁宗嘉其恭顺，谕曰："暹罗向系三年一贡，明年又届入贡之期。此次方物，可作二十一年例贡。"暹罗王复表请准用内地水手驾驶，部议驳之。

道光元年，暹罗远征马来半岛开泰州，悬军深入，破沙鲁他军，南下服派拉克，进与色兰格耳国战，以军疲，由新格拉而还。三年，遣使入贡贺万寿。四年，郑佛在位十五年，传位其子郑福。明年，遣使入贡请封，舟毁，贡物沉没。帝免补进，仍封郑福为暹罗王。福朝贡益恭。十九年三月,宣宗以暹罗服事之勤。谕曰:"暹罗三年一贡,其改为四年。"

咸丰元年,郑福卒,弟蒙格克托继立,中国称曰郑明者是也。明奉孝和睿皇后、宣宗成皇帝遗诏,遣使进香并赍递表文、方物,庆贺登极。又因例贡届期,请将贡物一并呈进。文宗命两广总督徐广缙传知使臣毋庸来京,仪物,方物悉令赍回。至应进例贡,现当国制,二十七月之内不受朝贺,并停止筵宴,俟嗣王请封时再行呈递。二年,徐广缙奏:"暹罗国王遣使补进例贡,并请敕封,现已行抵粤东。"帝命于封印前伴送来京,应给嗣王诰命,俟贡使抵都发给赍回。适粤匪乱炽。贡使竟不能至,入贡中国亦于此止。此后暹罗遂为自主之国矣。

郑明通佛学,善英语,用欧人改制度,行新政,国治日隆,称皇帝。复与英、法诸国订约,遣使分驻各国。同治七年,郑明卒,子抽拉郎公继立,废奴隶,行立宪。北部乱贼蜂起,讨平之。法既吞越南,复迫暹罗割湄江东地。光绪十九年,国王派军防守。法藉口暹罗军侵越南,出兵占孔格沙丹格、托伦格二地,复进据老挝之加核蒙隆拍拉朋,暹军败退湄河西岸,法复以海军攻盘谷海港,暹人惧,乞和。既,英人疾法日盛,不利于已,乃与法立约,保证湄南属暹罗,暹罗赖以少安,致力内政,日蒸富强。宣统二年,卒,子马活提路特立。

暹罗版图,北纬六度至二十度,东经九十七度至一百七度。官制,设外务、内务、财政、陆军、海军、司法、教育、农务、交通九部,佐国王管理国政。另设枢密院,国王选亲贵勋臣充之,国之大事皆咨询而行。中央称畿甸省。全国分十七州,置总督。州下有县、郡、村。人口八百万,中国人占三分之一。军备仿德国征兵制,常备军三万人,战时可增十倍。海军有炮船、水雷艇数艘。制造枪炮厂、造船所皆备。暹罗叠出英君,政治修明,故介于英、法诸大国属地,而能自保其独立也。

南掌,旧称老挝。雍正七年,云贵总督鄂尔泰疏言:"南掌国王

岛孙遣使奉销金缅字编蒲表文一道、驯象二只,求入贡。"帝嘉奖,
其贡道命由普洱府入,沿途护送,从厚支给,八年二月,遣使表贡,
并请定贡期,命五年一贡。赐之敕谕并文绮等物,令使臣赍捧回国。
九年六月,表谢颁敕谕恩。

乾隆元年,赐国王岛孙彩缎、文绮。八年二月,帝以南掌远道致
贡,改为十年一次。十四年正月,贡驯象。二十六年二月,国王准第
驾公满奏言:"臣母喃玛喇提拉同臣遣使奉表,进驯象二只,庆贺皇
上五旬万寿,皇太后七旬万寿。"准第驾公满又别备表文一、贡象
二,宴赏如例。六月十三日,礼臣议:"嗣后各省巡抚值南掌、琉球、
苏禄、安南等国贡使到境,遴委同知、通判中一员,武弁守备一员,
伴行长送至京,并知照经过各省添派妥员护送,按省更替;贡使回
国,亦一例办理。"从之。又奏:"南掌外藩入贡使臣俱于陈设卤簿之
日,带领道旁瞻仰天颜,备观仪典。今国王准第驾公满遣使叭哩细
哩门遮昆来京,拟于七月初八日圣驾起銮之期,带领大东门道旁叩
见。"

四十七年。国王召翁遣使臣叭整哄等四人入贡,帝于山高水长
连日赐茶果,又赐宴于紫光阁、三无私殿。五十五年,国王表贡驯象
祝厘,并附进例贡。帝谕云贵总督富纲派员护送。使定于七日二十
日至热河行在,与蒙古王公、各外藩贡使同预寿筵。五十八年,谕免
例进贡象。明年,国王召温猛遣使请封,特颁诰敕,并驼纽镀金银
印,交使臣赍回。六十年,国王奉表祝厘,进《长生经》一卷、阿魏二
十斤、象牙四十、夷锦四十。时召温猛已播迁越南昭晋州地,既受敕
印,仍未能返国。

嘉庆四年,国王遣使赍表,垦求赴京进香。帝谕止之,令云贵督
臣由驿站进呈金叶表文,所贡檀香三枝交太常寺。十二年,国王遣
使进驯象四只、象牙四百斤、犀角三十斤、土绢一匹,帝赏赉有加。
十四年,越南国王阮福映遣使恭缴南掌敕印。帝谕曰:"南掌国王召
温猛软懦不振,流徙越南,遗叶敕印,朕念其流离,不加声责,岂能
复掌国事?听其在越南居住可也,其国事以其伯召蛇荣代办。"二十

四年,召蛇荣子召蟒塔度腊虔修职贡,吁垦再颁敕印。礼臣覆称前缴印信字画完好,勿庸另铸,准于颁给敕印外,再给诰命一道,交召蟒塔度腊祇领。道光二十二年,遣使赍敕封召喇嘛呢呀宫满为南掌国王。

咸丰三年,南掌国长召整塔提拉宫满遣使叩关,请入贡。帝以南掌贡使向由贵州、湖南、湖北、河南取道进京,惟现在粤匪未尽歼除,命云贵督臣吴文镕等即传谕南掌使臣,此次毋庸来京,仍优与犒赏,俾先行回国。贡物象只即由督臣派员送京。然自是云南回匪乱起,贡道遂绝。时南掌兼贡越南之顺化,暹罗之曼谷。嗣越南衰,南掌入暹罗,号为暹罗属国。光绪十一年,法人得越南全境,以南掌地居湄公江中间,为传教通商孔道。复设法保护之,于是南掌又折入于法矣。

南掌国都曰隆勃剌邦,据湄公江左岸,江东折南流,南冈江自东来会,曲注如玦环,城在山下,当南冈江会流处,水穿城而过。王宫在城之北,背山建屋,规制壮丽。佛墓寺塔森立城市中。濒江两岸多花园。居民大半老挝种,或喀木种。老挝种人俗同暹罗,不文身雕题,性愚而懒,奉佛教,好生恶杀。务耕种、畜牧、能铸造、纺织。其状貌短小,鼻宽而唇厚,肤色红紫,剪发留顶,不蓄须。男子衣饰,横布一幅围腰至膝,富贵者以䌷缎为之。妇人下裳似裙,上服摺盖于胸,发黝黑,鬃垂于后项,耳手足皆带环圈,以金银铜为饰。其房屋率用藤竹缚造。富室官廨则用坚木,极壮丽,常食糯米,杂以秔稻。中国人教以制酒醴、养蚕丝之法。家畜象、牛,供耕田驮货。其物产有五金各矿,稻则有秔有糯,多包谷,少粟麦,有靛青、漆、藤、竹、麻、棉、椰叶、桃榔、甘蔗、槟榔、豆蔻、烟叶、芝麻、花生,而松木、楸木尤多。其货币或用暹罗之体格,或印度之鲁卑,皆银钱也。此外或用铜钱、用铁钱、或用银锭、用海贝。然用钱颇少,以货易者为多。天气温和,自二月到八月多东风、多雨,九月至正月多北风、多晴云。

苏禄,南洋岛国也。雍正四年,苏禄国王毋汉未母拉律林遣奉表,贡方物。五年六月,贡使至京,贡珍珠、玳瑁、花布、金头牙萨白幼洋布、苏山竹布,燕窝、龙头、花刀、夹花标枪、满花番刀、藤席、猿十二种。赐宴赍赏,颁敕谕一道,令使臣赍回。定期五年一贡,贡道由福建。十一年六月,国王奉表谢恩。并奏:"伊祖东王于明永乐间入朝,归至德州病故,帝命有司营葬,勒碑墓道,谥曰:'恭定',留妻妾兼从十人守墓。毕三年丧,遣归。今事隔三百余年,所有坟墓及其子孙存留周恤之处,垦请修理给复。"礼臣议覆:"苏禄国东王巴都葛叭哈答殁,长子都马含归国袭封。次子安都禄,三子温哈喇,留居守茔,其子孙以祖名分为安、温二姓,应如所请。饬查王墓所有神道享亭、牌坊,修理整饬,于安、温二姓中各遴一人给顶戴奉祀。著为例。"帝允之。乾隆五年八月,苏禄国王麻喊味呵禀胜宁遣番丁护送遭风商人回内地。八年,贡使马明光奏请三年后复修朝贡,帝命仍遵雍正五年所定五年一贡之例。十九年,苏录国王麻喊味安柔律嶙遣使贡方物,并贡国土一包,请以户口人丁编入中国图籍。帝谕:"苏禄国颂心向化,其国之土地人民即在统御照临之内,勿庸复行赍送图册。"二十八年,国王遣使贡方物。自后遂不复至。

苏禄本巫来由番族,悍勇善斗。西班牙既据吕宋,欲以苏禄为属国。苏禄不从,西人以兵攻之,为所败。独慕义中国,累世朝贡不绝。其国小,有巉岩之岭,其极南为石崎山、犀角屿、珠池,因岛环绕。海内有珍珠,土人与华商市易,大者利数十倍,此外土产则苏木、豆蔻、降香、藤条、荜茇、鹦鹉之类。户口繁多。地硗瘠,食不足,常籴于别岛。土人奉回教。与婆罗洲芒佳瑟民结为海盗云。

清史稿卷五二九
列传第三一六

属国四

廓尔喀　　浩罕　布鲁特　哈萨克　安集延
玛尔噶朗　那木干　塔什干　巴达克山　博罗尔
阿富汗　坎巨提

　　廓尔喀,在卫藏西南,与巴勒布各部相邻。巴勒布三汗:曰阳布,曰叶楞,曰廓库木;后皆为廓尔喀酋博纳喇赤并吞,及小部二十三。其国境东西二千里,南北约五百里。东与哲孟雄、宗木、布鲁克巴接壤,西与作木朗接壤,南距南甲葛尔,北连后藏边境。传至孙拉特纳巴都尔,年幼嗣位,其叔巴都尔萨野用事,操国大权。

　　乾隆五十三年,廓尔喀人至藏贸易,以争新铸银钱,与唐古忒开衅构兵,进侵藏界。帝命四川总督鄂辉、将军成德往查,以巴忠熟悉藏情,令为会办。巴忠迁就议和,称内附,帝锡封廓尔喀王爵。廓尔喀私责后藏班禅喇嘛赔偿银两,巴忠不以闻,既而后藏不能偿,班禅复与弟红帽喇嘛沙玛尔巴不协,沙玛尔巴因导廓尔喀同人侵。五十六年,廓尔喀遂以唐古忒兵欠款、班禅负约为辞,遣兵围聂拉木,唐古忒兵闻风溃,进至达木,番兵亦败退。八月,廓尔喀围札什伦布,将军成德赴藏援剿,帝复命四川总督鄂辉督后队赴援,鄂辉复调金川兵二千、云南兵二千助讨。九月,廓尔喀六七百人攻宗喀,陈谟、潘占魁等率唐古忒兵固守。击却之,斩首四十六,贼退济咙。

帝始议大举往征。

十月，召两广总督福康安入京，授以方略，命为将军，督参赞海兰察等由青海赴藏，总领大军讨廓尔喀。十二月，成德次聂拉木四十里，战拍甲岭，败之。明年正月，攻克聂拉木东官寨，斩其酋呢玛叭葛嘶及踏巴等，二月，以地雷破西北碉寨，获咱玛达阿尔曾萨野，巨酋玛木萨野之侄也。聂拉木既平，进军济咙。

三月，福康安抵后藏，诏晋为大将军。各军咸受节度。廓尔喀筑寨据险死守。四月，福康安偕海兰察由绒辖、聂拉木进，决议先剿擦木、济泷。擦木地最险，两山夹峙，中亘山梁。五月六日，乘夜雨。分五队，海兰察等居中，哲森保等由东西山趋贼寨，墨尔根等绕出贼背。黎明，攻擦木山两石碉，克之，擒斩二百余人。进至玛葛尔辖尔甲，济咙援贼三百据山力拒，海兰察趋进，马中枪，挥军奋击，尽歼之。济咙贼闻官军将至。建大寨山冈外，扼险筑三大碉相犄角。福康安檄巴彦泰、巴彦寨、萨宁阿、长春攻西北欧河大碉，桑吉斯塔尔、克色保、筹保、巴哈、张占魁攻东北石上大碉，哲森保、墨尔根保攻东南山梁上大碉，蒙兴保、绰尔浑等攻山下喇嘛寺，阿满泰、额尔登保等攻大寨，以惠龄为策应之军，海兰察率骑兵张两翼截击逸贼。六月初六日，哲森保等攻克山梁大碉，蒙兴保等克喇嘛寺，复会攻临河及石上两大碉，皆克之。设炮石上，战一昼夜，破其东北隅，遂拨济咙。斩级六百余，擒二百，获贼目七。

当福康安之攻济咙也，先遣成德、岱森保率兵三千出聂拉木南行，牵缀贼势，壁上木萨桥。贼筑三卡于德亲鼎山下，建木栅于下木萨桥，以拒官兵，岱森保悉攻破之。于是自擦木至济咙也界尽复。济咙西南皆高山峻岭，路险恶。距济咙八十里有热索桥，其大河自东来注，渡桥即廓尔喀界也。贼屯北岸三四里外索喇拉山，设石卡一，南岸临河，设石卡二。官军进破索喇拉山卡，追至热索桥。逸贼甫上桥，南岸守桥贼见追兵至，仓卒撤桥，逸贼皆落河死，官军隔河施枪，河阔不能及，乃退还。密遣阿满泰、哲森保、墨尔根保、翁果尔海等率土兵东出峨绿大山，绕至上流，伐木编伐以济。时贼与官军隔河相持，不虞间道军骤至，仓皇抵抗，不能敌，溃而奔，遂夷二石卡。

　　六月十七日，福康安、海兰察、惠龄等渡热索桥，进密里顶大山，山重叠无路径，乃令乌什哈达、张芝元开路以进。明日，抵旺葛尔，山势险峻，玛尔臧大河傍山南注。我军循河东，路逼仄，不能驻足，士卒皆露宿崖下，深入贼境百七十里，不见一贼。寻侦知旺葛尔西南协布鲁克玛贼树木城，外环石壁，城西里许夹河筑卡，城东三十里环克堆筑寨。以相犄角。二十日，官军由旺堆伐树建桥，城贼居高施弹，桥不能成。我军以炮轰其城，贼随缺随补，终不得渡。二十二日，福康安、海兰察由间道越伯尔噶臧兴三大山，攻克堆，贼阻河以拒。日暮大雨，我兵佯退伏丛林中，夜深偷渡，毁贼垒五，斩级三百余，径趋协布鲁克玛，与惠龄等前后夹击，贼惊溃，木城石卡俱下。

　　协布鲁克玛既克，福康安分道而前。一由噶多趋东觉为正道，一由噶多东越山趋雅尔赛拉、博尔东拉为间道。海兰察督桑吉斯塔尔、阿满泰、珠尔杭阿等出间道，福康安出正道。命台斐英阿等与贼相持于作木古拉巴载山梁，躬率额尔登保等潜趋噶多普。七月初六日晨，渡河破其碉卡，进毁寨十一、木城五，殪贼目苏必达奈新及巴撒喀尔，斩级四百。海兰察亦破贼博尔东拉前山，毁木城三，石卡七，追至玛拉，遇伏，击破之。东觉余贼俱尽，两军复合。进至雍鸦，贼据噶勒拉山梁，道路崎岖，士卒履皆穿，跣足行石子上，多刺伤，又为蚂蝗嗜啮，两足肿烂。其地多阴雨，惟辰巳二时稍见日，届午则云雾四合，大雨如注，山颠气寒凛，夜则成冰雪，于是顿兵休息。当是时，成德军亦克札木，过铁索桥，进至多洛卡，破贼陇冈，覆利底寨。

　　八月，福康安分军为三，过雍鸦趋噶勒拉。廓尔喀境皆山，东西对峙，中贯大河。自过雍鸦，山势皆南北向，噶勒拉、堆补木、甲尔古拉、集木集诸大山层层环抱，横河阻之，我军须渡河仰攻。初二日，破石卡，逼噶勒拉山颠木城。侍卫墨尔根保、图尔岱，参将张占魁攀堞以登，中枪而殒，士益奋，抛火弹入焚其帐房，自辰至未，克木城

石卡各二,歼贼三百余,毙其目五,落崖死者无算。乘胜追数十里,
抵堆补木山口之象巴宗,贼蜂拥出拒,袁国璜等陷入阵,毙贼百余。
复檄珠尔杭阿等攻集木集,阿满泰、额尔登保等渡河扑甲尔古拉。
贼扼险列木栅长数里阻官军,阿满泰与贼争桥,中枪落水,额尔登
保等奋呼而进,遂渡河,斩贼目三,毙贼百余。大军竞进集木集,贼
众分三道来援,殊死斗。福康安躬督战,英贵殒于阵。台斐英阿、张
芝元、德楞泰往来奋击,射死红衣贼目二,贼始败走。

　　是役也,连战两日一夜,克大山二,大木城四,石卡十一,斩贼
目十三,进抵帕朗古,深入贼境七百余里,毙六百余人。廓尔喀酋震
惧,乞降。初,福康安在破东觉,贼酋乞降,福康安不许,檄令拉特纳
巴都尔、萨野躬亲至军,并献祸首及所掠财物,贼不应。至是,拉特
纳巴都尔、巴都尔萨野遣大头人禀请交送札什伦布什物,缴出西藏
所立条约,并献祸首沙玛尔巴之骨。

　　福康安、海兰察、惠龄合疏入告曰:"窃臣等秉承朝算,统率劲
兵,自察木进剿以来,连战克捷,边界肃清,遂夺热索桥,深入贼境,
协布鲁、东觉、博尔东拉、噶勒拉、堆补木、帕朗古诸处皆系峭壁悬
崖,大河急溜,我兵绕山涉水,间道出奇,贼匪碉卡木城悉行攻克,
所向无前,贼匪败岈奔逃。大兵进至雍鸦,送出上年被裹兵丁王刚
诸人,具禀乞降。旋遣贼目噶布党普都尔帮哩等迎赴军前,悉将上
年被裹之葛布伦丹津班珠尔及兵丁卢献麟等全行送出,禀陈沙玛
尔巴唆使情形,悔罪哀祈。臣等严加驳饬,复进兵至帕朗古,移营进
逼,贼匪益加震恐。即将沙玛尔巴眷属、徒弟、什物等项,及抢掠扎
什伦布银两物件,皆已遵檄呈交,并缴出私立合同二张,不敢复提
西藏给银之事。再三禀求圣主,逾格施恩,赦其已往,以全阖部番民
之命,兹于八月初八日,遣办事大头目噶箕第乌达特塔巴、苏巴巴
尔底曼喇纳甲、察布拉咱音达萨野、喀尔达尔巴拉巴达尔四名,恭
赍表文进京,并虔备乐工、驯象、番马、孔雀、甲葛尔所制番轿、珠
佩、珊瑚串、金银丝缎、金花缎、毡呢、象牙、犀角、孔雀尾、枪刀、药
材共二十九种,随表呈进。另禀恳臣代奏,当即译阅表文,词意极为

恭顺恳至。并据第乌达特塔巴等伏地哀恳，叩头乞命，至于泣下。跪称：‘廓尔喀部长拉特纳巴都尔、部长之叔巴都尔萨野，本系边外小番，曾归王化，渥受大皇帝天恩，特加封爵，锡赉多珍，高厚恩慈，至今顶感。乃拉特纳巴都尔年幼无知，巴都尔萨野罔识天朝法度，因沙玛尔巴从中簸弄，唆使廓尔喀与唐古忒藉端滋事。拉特纳巴都尔等轻听其言，侵犯后藏，仰烦大皇帝天兵远讨，诛戮头目人众三四千人，攻据地方七八百里，天威震叠，廓尔喀胆落心惊。拉特纳巴都尔及巴都尔萨野自知罪在不赦，惶惧尤甚。从前侵犯藏界之事，虽系被人煽惑，而孳实自作，万不敢丝毫置辩，诿咎于人。惟有仰恳转奏大皇帝大沛恩施，开一线之路，如蒙允谁，免其诛灭，廓尔噶阖部地土、人民皆出大皇帝所赐，衔感宏施，曷其有极！前立合同混行开写各条，万不敢复提一字。廓尔喀永为天朝属下，每届五年朝贡之期，即差办事噶箕一名，仰观天颜，子子孙孙，恪遵约束。恳求大将军据情转奏’等语。臣等随谕：‘拉特纳巴都尔、巴都尔萨野自速诛锄，侵扰藏地，天兵至此，本应灭尔部落，噍类无遗。今拉特纳巴都尔敬凛大皇帝天威，万分悔惧，屡恳投降。情词恭顺，本大将军不敢壅于上闻，当即据实具奏。大皇帝如天好生，或可仰蒙鉴察，宥罪施恩。倘荷圣慈允准，从此尔部落惟当遵奉天朝法度，不得复滋事端，方可永受大皇帝天恩，保守境土。此次天兵威力，尔已深知，若稍抗违，即是自取灭亡，后悔无及。’其头目跪聆之下，战栗叩头，感惧之诚，形于辞色，臣等伏思廓尔喀恃其险远。构衅称兵，上年藏事，迁就议和，兵威未加，罔所只惧，是以投诚甫及两年，复行反覆，此次兴师问罪，仰承圣主指授机宜，士卒争先用命，越险摧坚，兵到之处，屡战屡胜，大半歼擒。廓尔喀在西番各部素称强悍，今见天朝兵力精强，所向无敌，全部震詟，屡遣大头人来营乞降，察看情辞，实出诚悃。伏查前承明旨，旨，谕令臣等‘酌量情形，倘军临贼境，贼匪心怀折伏，悔罪乞哀，或可申明约束，俯允所请，纳款班师’。仰见我皇上庙算精详，几先指示，义正仁育，威德覃敷，臣等实深钦服。今廓尔喀业已悔罪投诚，遣大头人恭进表文，请与象马方物之外，虔备乐工,使隶于太常,附各国乐舞之末;并恳定立贡期,遣使五年朝贡一次。详察贼情,实属倾心向化,不限再滋事端,卫藏全境似可永底敉宁。相安无事矣。"

疏入,帝允受降,谕福康安等筹善后撤兵,仍以所获热索桥以西协布鲁、雍鸦、东觉、堆补木、帕朗古各地还廓尔喀,热索桥以内济咙、聂拉木、宗喀前属藏地,为廓尔喀所据者,仍归后藏。沿边设立鄂博,如有偷越,即行正法。遇有遣使表贡,先行禀明,边吏允许,始准进口。八月,廓尔喀酋遣苏必达巴依喇巴忻喀瓦斯并亲信玛泌达拉喀瓦斯至营,呈水牛、猪、羊各百头,米二百石。果品糖食百筐、酒百篓犒师。福康安谕留牛羊各十头、米十石,以答其诚敬之意,余皆发还。复赏锦缎各四匹,廓尔喀益感服,受允束。二十一日,班师。十月初三日,福康安还后藏。

五十八年正月,廓尔喀贡使噶箕第乌达和特塔巴等来贡物至京师,帝赐宴,命与朝鲜、暹罗各使同预朝贺,封拉特纳巴都尔为廓尔喀王。自是五年一贡,听命惟谨。

其后英吉利据印度,时时被侵略,迫订《西古利条约》,廓尔喀始将西界克美恒山地及开利川河流域割于英。廓尔喀既为英逼。勤修国政,力保自主之权,英虽见觊觎之,无如何也。光绪末,犹入贡中国云。

浩罕,古大宛国地,一名敖罕,又曰霍罕,葱岭以西回国也。东与东布鲁特接,南与西布鲁特接,西与布哈尔国接。有四城,俱当平陆。一曰安集延,东南至喀什噶尔五百里。其人长于心计,好贾,远游新疆南北各城,处处有之,故西域盛称安集延,遂为浩罕种人之名。从安集延西百有八十里城为玛尔噶朗城,又西八十里为那木干城,又西八十里为浩罕城。四城皆滨近纳林河,惟那木干在河北。南北山泉支流会合。襟带诸城之间,土膏沃饶,人民殷庶。其人奉回教。习帕尔西语,亦布鲁特种也。其头目冠高顶皮帽,衣锦衣。民人戴白毡帽,黄褐。诸城皆有伯克,而浩罕城伯克额尔德尼为之长,众听命焉。

　　乾隆二十四年，将军兆惠追捕霍集占兄弟，遣侍卫达克塔纳等抚布鲁特诸部。至其境，额尔德尼迎之入城，日馈羊酒瓜果，询中国疆域形势，畏慕，奉表请内附。并上将军书，称为"至威至勇如达来札木西特之将军"。旋遣头目托克托玛哈穆等贡马京师。二十五年，遣侍卫索诺穆策凌赍敕往谕，额尔德尼率诸伯克郊迎成礼。是为浩罕属中国之始。浩罕风俗与天山南路诸部略同，而鸷勇过之，有"百回兵不如一安集延"之语。初，大军追霍集占急，霍集占遣使欲投浩罕，不报。寻，霍集占兄弟为巴达克山所歼，波罗尼都次子萨木萨克逃入浩罕，浩罕藉其和卓木之名，居为奇货。和卓木译言"圣裔"也，回教徒尊之，所至景从。

　　嘉庆二十五年，萨木萨克次子张格尔，由浩罕纠布鲁特寇边。道光六年，张格尔复求助浩罕入寇，约破西四城，子女玉帛共之，且割喀什噶尔酬其劳。浩酋自将万人至，则张格尔已探喀城无援，背前约。浩酋怒，自督所部攻喀城，不下，率兵宵遁。张格尔使人追诱其众，归投者二三千人，张格尔置为亲兵。及西四城破，浩罕兵尽得府库官私之财，并搜括回户殆遍。杨芳追张格尔至阿赖岭，遇浩罕伏兵二千，军几殆，鏖战一昼夜始出险。八年，张格尔既伏诛，其妻子留浩罕。钦差那彦成檄令缚献，不从。诏命绝其互市困之。那彦成并奏驱留商内地之夷，且没入其资产。诸夷商愤怒，乃奉张格尔之兄玉素普为和卓木，纠结布鲁特、安集延数千入寇，围喀什噶尔、英吉沙尔，犯叶尔羌，璧昌、哈丰阿等拒而破之。贼悉掠喀、英二城，遁出边。十一年，浩罕闻大军且至，由伊黎、乌什、喀城三路出师，筑边墙拒守。又乞俄援，俄弗许。浩罕念无外援，遂遣头目至喀城谒钦差长龄呈诉，并请通商。长龄遣还二使，留其一使，令缚献贼目，释回被虏兵民。浩罕报言，被虏兵民可释还，惟缚献夷目事，回经所无。且通商求免税，并给还钞没资产。

　　长龄疏言："安边之策，振威为上，羁縻次之。浩罕与布哈尔、达尔瓦斯、喀拉提锦诸部落犬牙相错，所属塔什干、安集延等七处均无城池，其临战皆恃骑贼，然在马上不能施枪炮。倘以乌枪连环击之，则骑贼必先奔。其卡外布鲁特、哈萨克向受其欺凌，争求内徙，而卡内回众亦恨其虏掠无人理。果欲声罪致讨，但选精锐三四万人整军而出，并于伊犁、乌什边境声称三路并进，先期檄谕布哈尔等部同时进攻，则不待直捣巢穴，而其附近诸仇部已乘衅并起，可一举而平之矣。惟是大军出塞，主客殊形。自喀浪圭卡伦至浩罕千六百余里，中有铁列克岭，为浩罕、布鲁特界山。两山夹河，仅容单骑，两日方能出山。此路奇险。劳师远涉，胜负未可尽知。今拟遣还前所留来使一人，令伯克霍尔敦寄信开导，为相机羁縻之计。盖浩罕四城外有三小城：曰窝什，在东南；曰霍占，在西南；曰科拉普，在西北。塔什干别为一部，属右哈萨克，亦附浩罕，称浩罕八城，故云所属七处也。"奏入，诏一切皆如所请。浩罕大喜过望，遣使来抱经盟誓，通商纳贡焉。

是时，浩罕酋谟哈马阿里势颇张，既与中国和，北结俄罗斯，南通印度。其人有才略，而性淫暴。征民女，纳父妾。布哈尔酋遣使责之，谟哈马阿里怒，髡其使。布哈尔遂率众攻浩罕，擒斩谟哈马阿里及其父妾，并俘获姬妾四十车，凯旋。以伊布拉兴留守，遣使至中国卡伦告捷。时道光二十二年也。会伊布拉兴虐浩罕民，浩罕叛，立西尔阿里。布哈尔遣兵二万来伐。有谟苏满沽者，浩罕人，谓布酋曰："此可说而下也！请先行。"布酋许之。至浩罕，乃力劝拒守。布哈尔兵至，攻四十日，不克，解围去。于是谟苏满沽预国政。西尔阿里死，次子古德亚嗣立。谟苏满沽妻以女，防之甚严，不使接宾客。会塔什干人犯境，谟苏满沽挟以出征，兵交而古德亚逃入敌军。后塔什干平，谟苏满沽获之，复载回国。六月，党人沙特杀谟苏满沽及其党万余人。古德亚走布哈尔，众立古德亚之弟马拉。又二年，党人基布查怨望，谋逆，杀马拉。立古德亚徒弟沙漠拉。古德亚之在外也，为人佣工，以塔什干之力得复国。后阿林沽作乱，又出奔。商于外，复以布哈尔之力复国。

时俄兵日南，古德亚不能御敌，请和。古德亚有子曰那西亚丁，颇得民心，种人谋立之，诛其贪者者，于是国内乱，古德亚奔俄，那西亚丁立，率党人叛俄，以俄非回教国也。

光绪二十九年，俄人灭其国，置费尔干省。

布鲁特分东、西二部。东布鲁特在伊犁西南一千四百里，天山特穆尔图淖尔左右，古为乌孙西鄙塞种地。其部有五，每部各一鄂拓克。最著者三：曰萨雅克鄂拓克；曰萨拉巴噶什鄂拓克；曰塔拉斯鄂拓克。其酋长戴毡帽，似僧家毗卢，顶甚锐，卷末为檐。衣锦衣，长领曲袷。红丝绦，红革鞾。民人冠无皮饰，衣褐。

先是东布鲁特为准葛尔侵逼，西迁安集延。乾隆二十年，准部平，得复故地。二十三年六月，将军兆惠等追捕准部余党哈萨克沙喇至东布鲁特界，遣侍卫乌尔金、托伦泰往抚，抵其游牧珠穆翰地。萨雅克、萨拉巴噶什两鄂拓克不自主，别推一年长者玛木克呼里主之。年九十余，体硕，趺坐腹垂至地，不能远行。遣使献牛羊百头，将军等宴而示之讲武，咸诧服天朝骑射之利，乞内附。于时兼抚定霍索楚、启台两鄂拓克。七月，参赞大臣富德复遣侍卫伊达木札布往谕，萨娄鄂拓克阿克拜亦率众五千户来归，同遣使入朝。其贡道由回部以达京师。

西布鲁特与东布鲁特相接，在回疆喀什葛尔城西北三百里。西接布哈尔国。道由鄂什山口逾葱岭至其地，盖古之休循、捐毒也。凡十有五部，最著者四：曰额德格纳鄂拓克，曰蒙科尔多尔鄂拓克，曰齐里克鄂拓克，曰巴斯子鄂拓克，衣冠风俗皆同东部。

乾隆二十四年，将军兆惠既定山南，追捕逸回道其地。其渠长遮道奉将军书曰：“额德格纳布鲁特部小臣阿济比恭呈如天普覆广大无外、如爱养众生素赍满佛之鸿仁、如古伊斯干达里之神威、如鲁斯坦天下无敌之大勇、富有四海乾隆大皇帝钦命将军之前。谨率所部，自布哈尔以东二十万人众尽为臣仆。头目等以未出痘，不敢入中国，谨遣使入朝京师。”兆惠以闻，诏受之。于是东、西两部皆内附。凡布鲁特大首领称为“比”，犹回部阿奇木伯克也。比以下有阿哈拉克齐大小头目。喀什噶尔参赞大臣奏给翎顶二品至七品有差。

岁遣人进马,酌赉绸缎、羊只。商回以牲畜、皮张贸易至者,税减内地商民三分之一。二十七年,阿济比所属鄂斯诸部地为浩罕所扰,新疆大臣谕还之,明年,别部长阿瓦勒比愿以其地供内地游牧,帝喜,许之,赐四品服。

然布鲁特人贫而悍,轻生重利,喜虏掠。乾隆后,边吏率庸材,抚以驭失宜,往往生变。嘉庆十九年,孜牙憞之案,枉诛图尔第迈莫特,其子阿仔霍逃塞外,愤煽种类图报复。二十九年,叛回张格尔纠布鲁特数百寇边,有头目苏兰奇入报,为章京绥善叱逐。苏兰奇愤走出塞,遂从贼。道光四年,张格尔屡纠布鲁特扰边。五年九月,领队大臣色彦图以兵二百,出塞四百里掩之。不遇,则纵杀游牧之布鲁特妻子百余而还。其酋汰列克恨甚,率所部二千人追覆官兵于山谷,贼遂猖獗。于是有八年重定回疆之役。

迨同治三年,布鲁特叛酋田拉满苏拉满与库车土匪马隆等勾结为乱,逆回金相印等乘之,新疆沦陷十有余年。光绪四年,钦差大臣左宗棠遣刘锦棠收复南八城,驻军喀什噶尔,有布鲁特头目来谒锦棠,愿仍归中国。自言部落十四,盖即向之西布鲁特也。而东布鲁特接伊犁边者,又有五部:曰苏勒图,曰察哈尔,曰萨雅克,曰巴斯特斯,曰萨尔巴噶什,已投附俄罗斯矣。光绪初,俄人并吞浩罕后,西部亦大半为俄所胁收。其附近中国卡伦,喁喁内向,代为守边,可纪者仅千余家而已。

哈萨克部有三:曰东部,曰中部,曰西部。东哈萨克在旧准葛尔部之西北,东西千里,南北六百里,东界塔尔巴哈台,西界右哈萨克部,南界伊犁,北界俄罗斯。汉康居国地也。哈萨克汗阿布赉之告顺德纳曰:"我哈萨克之有三玉兹,如准葛尔之有四卫拉特也。东部者,左部也,曰鄂图玉兹,谓之伊克准。中部者,右部也,曰乌拉克玉兹,谓之多木达都准。西部最远,曰奇齐克玉兹,谓之巴罕准。左部之汗曰阿布赉,右部之汗曰脱卜柯依,西部之头人曰都尔逊。"

初,阿布赉乘准葛尔平,遣使往谕,阿布赉投诚。适阿睦尔撒纳叛走哈萨克,阿布赉纳之。我兵进,败其众。阿布赉大悔,密计擒阿逆以求臣于我。会阿逆遁归准葛尔。二十二年，阿布赉以其兵三万助攻阿逆，陈情谢罪，奏表请内附。后阿睦尔撒纳奔俄而死，阿布赉乃擒其党额布济齐巴罕以献。其别部和集博尔根及喀拉巴勒特并率其属三万户来附。二十四年以后，屡遣使朝贡，并赐冠服。宴赍如例。

右哈萨克在左哈萨克之西二千里。东界左部，西界塔什干，南界布鲁特、安集延诸部，北界俄罗斯，东南界伊犁。亦汉康居五小王地也，其汗曰阿布勒班毕特，即阿比里斯。其巴图尔有三：曰吐里拜，曰辉格尔德，曰萨萨克拜，而吐里拜实专国政。乾隆二十二年，左部阿布赉既臣服，请招右部。会参赞大臣富德方以兵索逆贼哈萨克锡拉到右部，时吐里拜方与塔什干交兵，为平之，乃下。于是吐里拜诣军门，纳款奉马，进表请归附。二十三年以后，屡遣使人朝，恩赐宴赍如例。其贡道均由伊犁以达京师。今则自中、俄定界后，哈萨克已分属两国矣。

安集延，亦大宛国地。喀什噶尔西北五百里，西至浩罕三百八十里。其贡道由回部以达京师。乾隆二十四年，将军兆惠檄谕协擒逆回霍集占，其伯克以逆回未至彼境，即专使领请入觐。二十五年，伯克托克托玛哈墨第等来朝贡，赐宴赍赏如例。

马尔噶朗，在安集延西百八十里。乾隆二十四年，伯克伊拉斯呼里拜率属投诚。

那木干，在玛尔噶朗西北八十里。其地东北与布鲁特杂处，东境逾河即为塔什干地。乾隆二十四年，与浩罕同时输诚内附。

塔什干，在喀什噶尔西北一千三百里。汉为康居、大宛地，唐之石国也。居平原，有城郭，人民奉回教。与哈萨克同以三和卓分辖其众：曰莫尔多萨木什，曰沙达，曰吐尔占。旧为准噶尔羁属。莫尔多萨木什者，哈萨克所置和卓也。吐尔占逐之，与哈萨克构兵。乾隆二十三年，参赞大臣富德追捕哈萨克沙喇至其地，遣使往抚，军于莽格特城外待之。时吐尔占方与哈萨克战河上，因谕以睦邻守土之义，皆感悟释兵，和好如初。乃遣其属默尼雅斯奉表求内属，曰：

"臣莫尔多萨木什恭奉谕音,若开瞽昧。蠢兹边末,敢备外藩,罔或有二心。谨以准孳额什木札布献之阙下。外臣草莽,冀瞻圣容,躬服彝训,同归怗冒,永永无极。"额什木札布者,阿睦尔撒纳兄子也,帝宥而遣之。吐尔占亦贡马称臣,遣子入觐。塔什干至是自通于中国,列藩臣焉。嘉庆中,塔什干附浩罕,为浩罕八城之一。

同治三年,俄人以伐浩罕之师夺塔什干,开锡尔达利亚省,于是塔什干部遂亡。塔什干居纳林河流域之中枢,扼中亚细亚通道。纳林河今又名锡尔河,西北流入咸海。由塔什干西南行,逾锡尔河到萨马匀罕,又逾阿母河,分入印度、波斯。北出痾伦不尔厄,越乌拉山脉达欧俄,而东行可至伊犁河以通中国。故俄人置土耳其斯坦总督驻之。塔什干山泉畅流,其乞尔乞河、卡拉苏河、安噶连河皆发源雪山,灌溉农田,地宜五谷,故人民常有余粮。树木丛杂,多果木。宜蚕桑,而棉花产额尤巨云。

巴达克山,在叶尔羌西千余里,居葱岭右偏。由伊西洱库尔西稍南行,渡喷赤河至其国。有城郭,部落繁盛,户十万余。其酋戴红毡帽,束以锦帕,衣锦毡衣,腰系白丝绦,黑革鞾。其民人帽顶制似葫芦,边饰以皮,衣黄褐,束白丝,黑革鞾,亦有用黄牛皮者。妇人不冠,被发双垂,衣紫氈,余与男子同。其国负山险,田地腴美,筑室以居,耕而兼牧猎。

乾隆二十四年八月,回酋博罗尼都、霍集占兄弟败奔巴达克山,富德率师至其地,以博罗尼都、霍集占逆状谕示巴酋素尔坦沙,令擒献。时二贼窜八巴达克山之锡克南村,诡称假道往墨克祖国,大肆劫掠。素尔坦沙缚博罗尼都,而以兵攻霍集占于阿尔浑楚哈岭。霍集占退保齐那尔河,不能支,伤背及乳,擒之,囚于柴札布。柴札布者,系囚处也。素尔坦沙遣使诣军门投款,且报擒二贼。富德令献俘,进军瓦罕城以待。是时温都斯坦方以兵临巴达克山,谋劫霍集占克弟。霍集占阴通巴达克山仇国塔尔巴斯。会谋泄,素尔坦沙迁霍集占兄弟密室,以二百人围而杀之,刃其馘以献,并率其部落十万户及邻部博罗尔三万户以降。二十五年,遣额穆尔伯克朝京师,贡刀斧及八骏马。二十七年,再遣使来朝。二十八年贡马、犬、鸟枪、腰刀。后其国为爱乌罕所并。巴达克山酋所居地曰维萨巴特,在喀克察河上。喷赤河自瓦罕帕米尔流入境,绕其东北,喀克察河西流入之,下流为阿母河。《唐书》言竭盘陀国治葱岭负徙多河,即巴达克山地也。

博罗尔,在巴达克山东,有城郭,户三万余,四面皆山,西北则河水环之。

乾隆二十四年,既与巴达克山同内附,遣其陪臣沙伯克等朝京师。二十七年十一月,博罗尔伯克沙呼沙默特贡剑斧诸物。二十九年,贡匕首。是时博罗尔与巴达克山屡构衅,沙呼沙默特乞援于叶尔羌,都统新柱遣谕巴达克山遵约束,还俘罢兵。至是,沙呼沙默特以所宝匕首进贡谢恩。三十四年,又进玉把双匕首。

博罗尔人别一种,筑室而居,有村落,无文字,与诸回部言语不通,惟衣帽则与安集延相类。人皆深目高鼻,浓髭绕嘴。男多女少,兄弟四五人共一妻,生子女次第分认,无兄弟者与戚里共之。土半沙卤,故甚人苦贫。地多桑,取葚曝干为粮。饮山羊乳,以马湩为酒。称其酋曰"比"。以人口为赋税,生子女纳其半,卖于各回城为奴婢,值颇昂,每口值八九十金。后亦为阿富汗所并。

阿富汗,即爱乌罕,其国北界布哈尔,南界俾路支,东界印度,西界波斯,东西二千余里。由巴达克山西南行约七百里,历依色克米什、班因、察里克尔诸回部,越因都库什山到喀布尔,其国都也。因都库什山者,葱岭山脉右旋之支,迤逦而西,名伊兰高原。其地波斯处其西,而阿富汗处其东。本罽宾故国。分七大部:首曰喀布尔部,内属部七;曰冈大害部,内属部四;曰射士当部;曰爱拉部,内属部二;曰欧波部,内属部三;曰爱乍尔部;曰加非利士当部,内属部七。西与波斯接壤。有沙碛,余皆沃壤。其气候,高地多寒,近低地则热。物产,果木、棉花、甘蔗、烟草之属。人皆土著,业农,无游牧。工织毛布,著名西域。户口约五百余万,分二十四族,每族聚居一地,皆自治。其长之升降,则听命于王焉。其人勇猛朴诚出天性,易抚循。

　　乾隆二十四年,大军追讨霍集占兄弟二贼,欲假道巴达克山赴
阿,巴酋中道邀而杀之。其属有奔阿者。告以情,阿酋爱哈摩特沙
将兴师,巴尊素尔坦沙惧,赂以御赐灯及中国文绮,阿遂罢兵,且遣
使密尔汉偕巴使来纳款,欲窥中国虚实也。二十七年,入贡良马四,
马高七尺,长八尺。是为回疆最西之属国。时阿富汗初离波斯独立,
自称算端,势张甚,六侵印度,北印度大半为所略。爱哈摩特沙死,
国人争立,纷扰者数十年。

　　道光六年,德司脱谟哈美德起兵喀布尔,统一阿富汗,爱哈摩
特沙元孙希耶速的逃印度,求庇于英,十九年,英印度总督奥克兰
德攻阿富汗,取乾陀罗、哥疾宁,遂陷喀布尔,立速的为阿富汗王。
阿人厌速的,并起绝英军归路。英军败,德司脱谟哈美德仍复位。二
十九年,始与英和。英之有事于阿富汗也,俄人灭布哈尔,次第南
侵。英人以阿富汗为印度藩篱,抗之尤力。光绪间,帕米尔分疆之
议起,英人复以保护阿富汗为名,出而干涉帕事矣。

　　帕米尔者,葱岭山中宽平之地,供回族游牧者也,帕地有八,其
中皆小回部错居。乾隆中,大部隶属中国,羁縻之使弗绝。厥后迤
北、迤西稍稍归俄,迤南小附于阿富汗,东部、中路则服属于中国。
于是帕米尔遂为中、俄、阿富汗三国平分之地。出帕米尔,南逾因都
库什山,即达印度,故俄人尽力经营之,而英人亦遂急起而隐为之
备。英之为阿争,即不啻为印度争也。

　　初,乾隆二十四年,高宗平定回疆,穷追贼首至伊西洱库尔,三
战三捷,遂蒇大功。高宗御制碑文勒铭淖尔,《西域图志》所指为什
噶尔西境外地者也,当日喀城边卡西境之玉斯屯阿喇图什卡,仅八
十里;西南之鄂坡勒卡,仅一百二十里。道光间,钦定边卡西至乌帕
喇特卡,一百二十里;西北至喀浪圭卡,一百五十里。追光绪间,克
复新疆,刘锦棠始增设七卡于旧界之外。十五年,又设苏满一卡于
伊西洱库尔淖尔北十里,是卡距喀城千六百里,最为窎远,仅以布
鲁特回人守之,未驻兵也。英使之初议分帕也,我国严拒之,未允其

请。既而俄兵阑入帕地，我国责其称兵越界，俄人即引咎退归。光绪十七年，英兵入坎巨提，逐其头目，其意在觊觎帕地也。新疆巡抚檄马队巡历边境，屯于苏满。十八年春，俄人来言帕地为中、俄两属，未经勘界，中国不应驻兵。总理衙门遂电疆抚退兵，而仍留苏满卡伦。俄复请尽撤新设诸卡，然后勘界，正相持间，而英人阴嗾阿兵突至苏满，胁据布回而去，俄遂进兵与阿人战于苏满，其东队则游弋于郎库里湖、阿克塔什，渐近喀边。总理衙门疏言："我国先驻苏满之兵不早撤回，则俄、阿战事将自我启之，转难收束。阿虽占地地而适致俄兵，蛮触相争，原可不必过问。但其东骎骎逼近边境，颇为可虑耳。"盖阿富汗自乾隆后朝贡不通，久置之度外矣，至是复一见焉。二十一年，帕米尔界议始定。

坎巨提，即乾竺特，在叶尔羌西地约一千五百里。自叶尔羌西行入葱岭，到塞勒库勒之塔什库尔干，即蒲犁厅也。由是西行，逾尼若塔什山口，又西南至塔克敦巴什帕米尔，为八帕之一。由是南逾瓦呼罗特、明塔戛两山口，西为因都库什山，东为穆斯塔格山。出山口顺棍杂河南行，又顺河折西抵棍杂，即坎巨提都城，城濒棍杂河北岸。《西域水道记》言："塞勒库勒在叶尔羌之西八百里，为外蕃总会之区。自塞勒库勒西五日程，曰黑斯图济；又西南三日程，曰乾竺特。"即坎巨提，译文异耳。乾隆二十六年，其酋有黑斯娄者，始内附，即叶尔羌办事大臣新柱奏称"乾竺特伯克黑斯娄遣子贡金"者也。

其人皆奉玛罕默德回教。其部落东西宽二十里，南北长六百里。两山夹立，广大峻削，中有大河，为入南疆要隘。坎部民住河西，河东则哪格尔所属也。棍杂城大约三里，城北有大山曰温吉尔，河曰崇带雅。所辖村庄二十五，城中居民二千余，其在各庄者约五千余人，城乡大小头目一百四十。土产牛、羊、马匹，无布帛，尽衣毛褐。五谷诸果俱备。敌国有犯境者，民即为兵，选精壮者出关御之。人皆业农，不纳粮，不征税，惟岁与其酋耕敛而已，每岁贡中国砂金一两五钱，派之民，农户收麦十二斤，畜牧家则户收羊羔一，以集此款，无他徭也。贡使至，朝廷赏大缎两端。其贡至宣统间不绝。

　　道光间，克什米尔国王热吉苦罗普散令其将布甫山率兵犯境，夺坎属麻云卡，坎酋夏孜牌尔败之。追斩七千人余名。克什米尔遣使构和，年与坎酋洋银一千五百元，元重二钱五分；坎酋以马二匹，细狗二只报之。人谓入贡克什米尔者，妄也。同治四年，克什米尔国王令贝尔萨再犯境，坎王艾赞木复战败之，盖至是克什米尔已四犯坎属矣。

　　光绪间，俄兵入帕米尔，英人闻之，率兵至哪格尔，并檄坎巨提修平道路，备兵进帕地。哪格尔首抗英，坎酋助之。十七年，英人败哪格尔，直抵坎城，赛必德哎里罕战败，携眷属潜通，英人遂据其地。先是赛酋私与俄通，上降书，押结约俄夺占帕米尔，修筑堡垒于黑孜吉牙克、阿克素睦尔瓦、苏满三处，并建营于包子滚拜子，以扼要冲。俄人复书。报以金币千元、金丝呢布诸货六驮、快炮六杆。赛酋悖逆无信，不恤部众，且狡而好利，屡挑衅英、俄以求赂，视其部为市贩。其副目歪孜尔素执兵权，同恶相济，部民皆深忌之。至是，率其众五百余人将奔俄，塔墩巴什头目窝思满集众邀之。张洪畴拘诸色勒库尔，屡谋突城出，不得，后解省羁禁十有七年，嗣复安置库车。其子米则拜尔及家属男女五十二人，均编住沙车热瓦奇庄，赛酋之外产也；胁从之众悉送还部，并谕饬赛酋之弟买卖提哎孜木代理坎巨提头目，以安民心。

　　出使英法义比大臣薛福成与英外部商定派员会立坎酋，其疏略云："中国回疆之外，向有羁縻各回部，惟自咸丰、同治以来，中国内寇不靖，未遑远略。俄国既以兵力吞并浩罕、布鲁持、哈萨克、布哈尔诸部，而巴达克山、鲁善、什克南、瓦罕诸小部，则皆服属于阿富汗。迩来阿富汗为英属国，英之大势骎骎由印度北向，有与俄国争雄之意，而中国西边之外，遂日以多事。坎巨提一部近喀什噶尔，南界在葱岭以南，厥地纵横数百里，户口约近万人。近年属回之入贡中国者祇此一部，盖即《新疆识略》之乾竺特、《一统舆图》及《时宪书》之喀楚特,同音而异译也。英之印度总督岁贴坎巨提经费,以助彼整理防务为名,实隐收其内政之权。去年夏秋间,坎巨提已有赴喀什噶尔告急之举,则以英人筑一炮台俯临境也。本年正二月间,叠承总署电信,以英兵侵坎巨提,其头目连战不胜,率其众逃诣卡外求援。臣以起衅情节诘英外部,询知英兵修筑一路直贯坎境,北抵兴都哥士大山,意在扼此隘口,以杜俄众南侵而保印度门户。其头目兴师拦阻,为英兵击败,踞其所居之棍杂城。臣与英相兼外部尚书沙力斯伯里晤商,据称并无灭坎之意,亦无阻坎入贡中国之意。只以坎酋罪恶甚多,轻慢英官,不得不示以惩儆也,臣与总署电商,因坎酋声名素劣,势难必使复位。其部既系两属之国。与专属中国者又稍不同,祗可酌就外部之辞与之理论。外部语言闪铄,其初次存坎之说既甚游移,而必欲据坎之心则甚坚韧。幸而窥彼隐情,颇以俄焰方张。亟思联络中国,不欲敛怨树敌,臣得就此设法磋磨。英廷近称选得旧酋之弟买提哎孜木,可为坎巨提头目,拟请中国派员会同英员行封立之礼,已由总署电告新疆巡抚选派妥员前往。臣与外部商订仪节,华员、英员共为一班,克什米尔系英属国,位次应稍居后,行礼之期,初订在十八年闰六月二十三日,现展至七月二十五日,届时彼此和衷妥办。即可藏事。”新疆巡抚陶模即委阜康县知县田鼎铭、都司张鸿畴前赴坎部,会同英员热布生,更立买卖提哎孜木为坎巨提头目,封立仪节,华员居右,英员次之,英属克什米尔委员居左稍下,新酋又次之。张鸿畴宣布皇上德意,赏给大缎,谕令贡金照旧呈进,镇抚部民,毋任剽掠。其酋悉俯首听命云。

　　坎部国于山谷中崇峰叠嶂,道路险绝。中有喀喇阔鲁穆大冰山,时至十一月,积雪甚厚,以长毛牛负囊橐而行。明塔戞山口高万四千四百尺,路有巨石,盖古时流冰所经地也。出山口里许,有一流冰,过此即易行。再喻数涧,两崖壁立,顶有积雪,至米斯戞。居人皆靼尔靼回教。不幕,有室庐,村各为堡,垒石为之。性强悍,以寇钞为俗,然皆酋所使,所劫货物大半归酋。四出剽掠,或远至库车。

雅尔山脉下垂如簹,水流其间,土较腴美。近帕苏又一流冰,其融处高八千尺。

　　光绪十五年,英人杨哈思班游至其部,坎酋言:"我受上帝命,亲断父母死罪而杀之,并杀其兄弟,投于山下,遂践是位。"其悖逆如此。或谓其地立国最古,殆周时曹奴氏之所居。《穆天子传》"庚辰,济于洋水;辛巳,入于曹奴,曹奴之人献天子于洋水之上。"洋水即棍杂河。《山海经》言:"洋水西南流注于丑涂之水。"今棍杂河发源因都库什山,西南流至几勒几特城,东南入印度河。丑涂为印度转音。丑涂水即印度河也。